2016

陆川县地方志编纂委员会 编

陆川年鉴

LUCHUAN

NIANJIAN

国家图书馆出版社

图书在版编目(CIP)数据

陆川年鉴 . 2016 / 陆川县地方志编纂委员会编 . --
北京：国家图书馆出版社，2018.12
　ISBN 978-7-5013-6403-9

　Ⅰ . ①陆… Ⅱ . ①陆… Ⅲ . ①陆川县—2016—年鉴
Ⅳ . ① Z526.74

　中国版本图书馆 CIP 数据核字(2018)第 061258 号

国家图书馆出版社官方微信

书　　名　陆川年鉴(2016)
著　　者　陆川县地方志编纂委员会　编
责任编辑　于春媚
特邀编审　夏红兵
设　　计　南宁市佳彩广告设计有限公司
出　　版　国家图书馆出版社(100034　北京市西城区文津街 7 号)
　　　　　(原书目文献出版社　北京图书馆出版社)
发　　行　010-66114536　66126153　66151313　66175620
　　　　　66121706(传真)　66126156(门市部)
E - mail　nlcpress@nlc.cn(邮购)
Website　www.nlcpress.com→投稿中心
经　　销　新华书店
印　　刷　深圳市精一瑞兰印刷有限公司
版　　次　2018 年 12 月第 1 版　2018 年 12 月第 1 次印刷
开　　本　889×1194(毫米)　1/16
印　　张　26.5
字　　数　896 千字
书　　号　ISBN 978-7-5013-6403-9
定　　价　260.00 元

陆 川 县 地 图

图 例

图例	
县级行政中心	铁路及车站
乡镇政府驻地	S208 省道及编码
行政村	县道
社区(街)居委会	乡道
自然村	村道
农林场	河流
省界	中型水库
县级界	小型水库
乡镇级界	景点
S21 高速公路及编码	793▲谢仙峰 山峰及高程

比例尺1:318 000

广西壮族自治区地图院编制   审图号:桂S(2014)84号   2014年11月

陆 川 城 区 图

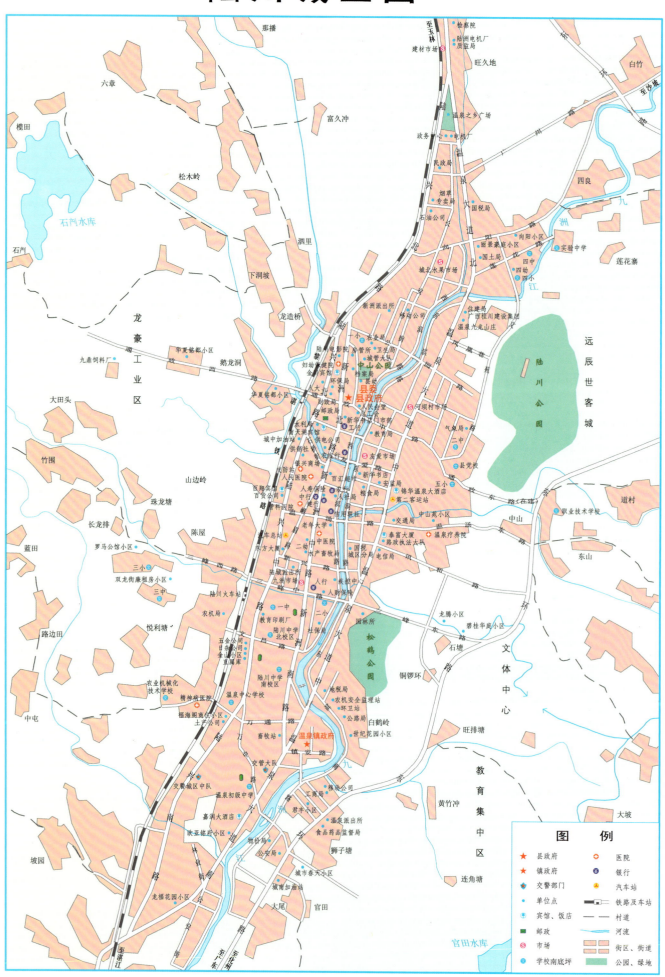

图 例

★ 县政府	⊕ 医院
★ 镇政府	Ⓑ 银行
交警部门	汽车站
• 单位点	铁路及车站
宾馆、饭店	--- 村道
邮政	河流
Ⓢ 市场	街区、街道
学校南底坪	公园、绿地

广西壮族自治区地图院编制　　　　　审图号：桂S（2014）84号　　　　　2014年11月

荣誉陆川
RONG YU LUCHUAN
2015

- 全国粮食生产先进县
- 全国生猪调出大县
- 全国绿化模范县
- 全国休闲农业与乡村旅游示范县
- 全国防震减灾工作先进县
- 广西农业重点产业（中药材产业）发展先进单位

世客城一景　世客城提供　2015 年 11 月摄

数字 陆川

SHUZI LUCHUAN

2015

- 行政区域面积 1554.32 平方千米
- 镇 14 个
- 村（社区）164 个
- 总户数 32.74 万户
- 户籍总人口 108.71 万人
- 女性人口 51.01 万人
- 乡村人口 79.69 万人
- 60 岁以上人口 13.27 万人
- 人口自然增长率 7.35‰
- 年均气温 22.7℃
- 日照时数 1559.7 小时
- 总降雨量 2366.4 毫米
- 耕地面积 3.36 万公顷
- 森林面积 9.12 万公顷
- 森林覆盖率 58.61%
- 农田有效灌溉面积 2.06 万公顷
- 农业机械总动力 53.91 万千瓦
- 地区生产总值 218.93 亿元
- 第一产业增加值 31.19 亿元

- 第二产业增加值 107.67 亿元
- 第三产业增加值 80.07 亿元
- 人均地区生产总值 2.79 万元
- 公共财政预算收入 10.13 亿元
- 公共财政支出 38.86 亿元
- 工业总产值 341.99 亿元
- 规模以上工业产值 328.75 亿元
- 工业化率 2.99%
- 城镇化率 41.76 %
- 全社会固定资产投资 179.22 亿元
- 农林牧渔业总产值 53.69 亿元
- 粮食播种面积 4.43 万公顷
- 粮食总产量 27.21 万吨
- 经济作物种植面积 6927 公顷
- 铁路里程 85 千米
- 公路里程 1671 千米
- 等级公路里程 855 千米
- 外贸进出口总额 502 万元
- 实际利用外资 344 万美元

- 接待游客 309 万人次
- 社会消费品零售总额 52.83 亿元
- 城镇居民人均可支配收入 25959 元
- 农民人均纯收入 10087 元
- 城乡居民年末储蓄存款余额 126.80 亿元
- 金融机构各项存款余额 143.53 亿元
- 金融机构各项贷款余额 80.05 亿元
- 全社会用电量 7.26 亿千瓦时
- 在校小学生 8.57 万人
- 在校初中生 4.06 万人
- 在校高中生 1.55 万人
- 职业学校在校生 783 人
- 医疗卫生机构 32 家
- 卫生技术人员 2544 人
- 医疗卫生机构床位 2460 床
- 固定电话用户 5.84 万户
- 移动电话用户 44.89 万户
- 互联网.宽带接入用户 6.45 万户

- 邮电业务总量 6.44 亿元
- 有线电视用户 3.80 万户
- 广播人口综合覆盖率 98.78 %
- 电视人口综合覆盖率 97.58 %
- 民用汽车拥有量 4.13 万辆
- 道路客运量 298 万人次
- 道路货运量 3298 万吨
- 客运周转量 2.30 亿人千米
- 货运周转量 82.08 亿吨千米
- 城市污水日处理能力 2 万立方米
- 企业职工基本养老保险参保 3.83 万人
- 城乡居民社会养老保险参保 28.27 万人
- 新型农村社会养老保险参保 28.49 万人
- 机关事业单位职工养老保险参保 2998 人
- 新型农村合作医疗保险参保 92.64 万人
- 城镇职工基本医疗保险参保 11.15 万人
- 城镇登记失业率 2.92 %

❶ ┐ ❷

└ ❸

❶ 2015 年 7 月 23 日，自治区主席陈武（前排左一）、玉林市市长苏海棠（前排左三）
到陆川绿丰合作社调研工作　　　　　　　　　　　　县扶贫脱贫指挥部办公室　提供

❷ 2015 年 3 月 31 日，自治区副主席蓝天立（前排左四）到陆川调研九洲江沿线污水
处理厂项目建设进展情况及九洲江环境综合治理工作情况　　　　　　叶礼林　摄

❸ 2015 年 6 月 16 日，自治区副主席张秀隆到陆川调研九洲江流域水环境综合整治工
程工作。图为召开座谈会　　　　　　　　　　　　　　　　　县九洲办　提供

1　2015 年 1 月 12 日，自治区侨联主席韦干（右二）到马坡镇东西村慰问困难户

县侨联　提供

2　2015 年 3 月 31 日，自治区审计厅厅长何小聪（中）到陆川县审计局调研

县审计局　提供

3　2015 年 5 月 26 日，自治区农机局局长黄铭福（右四）到陆川调研金丰源农机专业合作社建设情况

叶礼林　摄

4　2015 年 11 月 16 日，自治区粮食局局长吴宇雄（右二）率队到陆川调研粮食储备工作，并看望自治区粮食局驻村第一书记

县粮食局　提供

❶ 2015 年 10 月 21 日，玉林市委书记、市人大常委会主任王凯（中）等领导到陆川调研精准扶贫工作情况　　　　　　　　　　　　　　　　　　　　　　　　　　　叶礼林 摄

❷ 2015 年 3 月 4 日，玉林市市长韩元利（右三）到陆川调研民政项目建设工作　　叶礼林 摄

❸ 2015 年 7 月 16 日，玉林市市长苏海棠（前左二）到陆川调研扶贫工作　　　　罗 钊 摄

❹ 2015 年 4 月 28 日，玉林市委常委、玉林军分区司令员王志强（中）到陆川文昌社区调研社区规范化建设情况　　　　　　　　　　　　　　　　　　　　　　　　县人武部 提供

1 陆川英平牧业有限公司有机肥转化
　生产车间一角
　　　　　叶礼林　2015 年 5 月摄
2 正在建设的广西玉林市美盛塑料制
　品有限公司
　　　　县工业园区提供　2015 年摄
3 2015 年建成投产的玉林市祥来福
　不锈钢制品有限公司生产车间一角
　　　　　县工业园区　提供
4 广西永耀玻璃制品制造有限公司生
　产车间一角
　　　　县工业园区提供　2015 年摄
5 2015 年 6 月 29 日，广西航宇塑业
　有限公司开工建设
　　　　县工业园区提供　2015 年摄
6 玉林市恒伟机械制造有限公司外景
　　　　县工业园区提供　2015 年摄
7 玉林市兰科铸造材料有限公司一景
　　　　县工业园区提供　2015 年摄
8 玉林市川迪机械制造有限公司厂房
　远景　县工业园区提供　2015 年摄

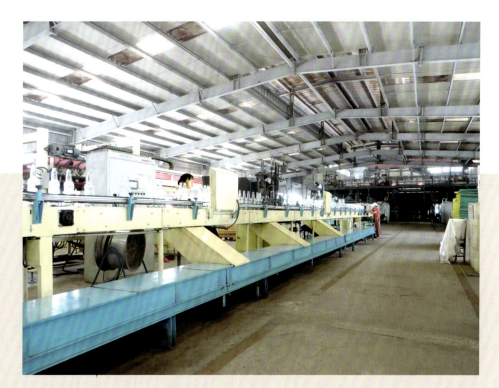

陆 川 猪

1 陆川猪获国家农产品地理标志　　　县水产畜牧兽医局　提供
2 2015年2月，陆川县举行名猪争霸赛暨选美赛。图为获奖选手领奖　　　县水产畜牧兽医局　提供
3 陆川猪养殖保种　　　县委组织部　提供
4 鹅　　　县委组织部提供　2015年3月摄
5 神龙王陆川猪养殖园，图为猪跳水台
　　　县水产畜牧兽医局提供　2015年12月摄
6 羊　　　县委组织部提供　2015年3月摄
7 鱼　　　县委组织部提供　2015年3月摄
8 黄牛　　　县委组织部提供　2015年3月摄

农业生产

1. 2015 年 6 月 21 日，清湖镇举行塘寨村 2015 年首届葡萄节　　　　　　　　县委组织部　提供
2. 向日葵观光农业　　　县农业局提供　2015 年 9 月摄
3. 珊罗镇格桑花休闲农业　　　县农业局提供　2015 年 4 月摄
4. 清湖镇塘寨村的葡萄园基地　　　叶礼林　2015 年 10 月摄
5. 首乌种植基地　　　县农业局提供　2015 年 1 月摄
6. 油菜花观光农业　　　县农业局提供　2015 年 2 月摄
7. 大棚育秧　　　县农业局提供　2015 年 8 月摄
8. 橘红产品　　　县农业局提供　2015 年 5 月摄

生态乡村
SHENGTAI
XIANG CUN

①	世客城一景	世客城提供	2015 年 11 月摄
②	县城区九洲江畔	县委组织部提供	2015 年摄
③	长纳村委会新貌	县委组织部提供	2015 年 2 月摄
④	十里画廊醉美岸边	李 婷	2015 年摄
⑤	十里画廊一景	县乡村办提供	2015 年摄
⑥	官田村委会新貌	县委组织部提供	2015 年 8 月摄
⑦	鹤山村委会新貌	县委组织部提供	2015 年 4 月摄

社会
SHEHUI
SHIYE
事业

1 2015年6月29日，陆川县"爱国歌曲人人唱"歌咏比赛在县人民会堂举行　县委组织部　提供
2 2015年7月30日，县文艺志愿者参加警民联欢文艺晚会演出　　　　　　　　县文联　提供
3 2015年5月22日，"中浩杯"中国传统文化经典诵读比赛在县城举行　　　　　县文联　提供
4 客家八音演奏　　　　　　　　　　　　　　　　　　　县委组织部提供　2015年摄
5 2015年9月24日，温泉镇文昌社区举行迎中秋国庆联欢晚会　　　　　　县委组织部　提供
6 客家古装涯（话）戏表演　　　　　　　　　　　　　　县委组织部提供　2015年摄
7 2015年"五一"期间，陆川县庆"五一"职工广场文艺晚会在县城召开　　　县总工会　提供

1 2015 年 12 月，温泉镇文昌社区举行扑克比赛　　　　　　　　　　　　　　　　　　　　　　　　　　　　县委组织部　提供

2 2015 年 8 月 8 日，第七届广西体育节　玉林市全民健身系列活动（陆川分会场）启动仪式在陆川松鹤公园举行。图为参加开幕式的运动员代表队
　　叶礼林　摄

3 2015 年 8 月 8 日，第七届广西体育节　玉林市全民健身系列活动（陆川分会场）启动仪式在陆川松鹤公园举行。图为运动员代表队　叶礼林　摄

4 2015 年 4 月 23 日，县总工会举行拔河比赛。图为比赛现场　　　　　　　　　　　　　　　　　　　　　　　　　　县文体广电局　提供

5 2015 年 5 月 29 日，县长蒙启鹏（前排右三）到珊罗中心学校与学生共庆"六一"国际儿童节。图为参看学生拔河比赛　　　叶礼林　摄

6 2015 年 7 月 28 日，陆川县开展征兵宣传一条街活动　　　　　　　　　　　　　　　　　　　　　　　　　　　　　　叶礼林　摄

7 2015 年 12 月 2 日，陆川县"122 全国交通安全日"宣传活动启动仪式在县人民会堂前举行　　　　　　　　　　　　　　叶礼林　摄

8 2015 年 4 月 2 日，陆川开展"缅怀先烈，传承优良传统"活动　　　　　　　　　　　　　　　　　　　　　　　　　　叶礼林　摄

地区生产总值

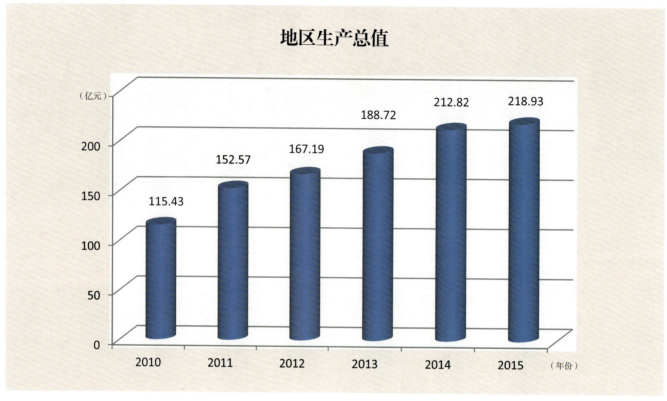

三次产业结构

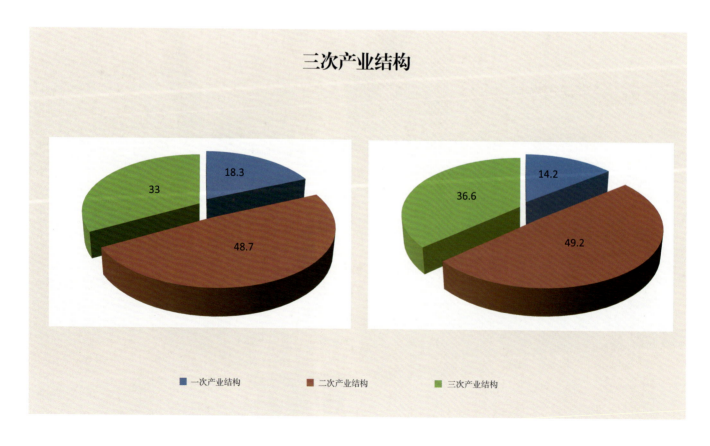

■ 一次产业结构　　　■ 二次产业结构　　　■ 三次产业结构

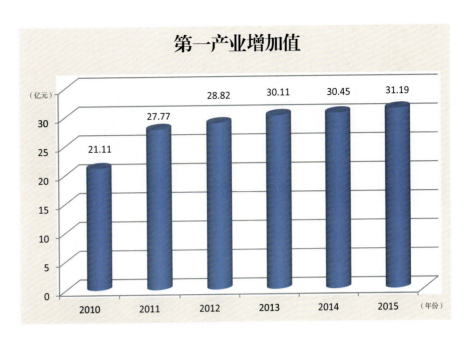

第一产业增加值

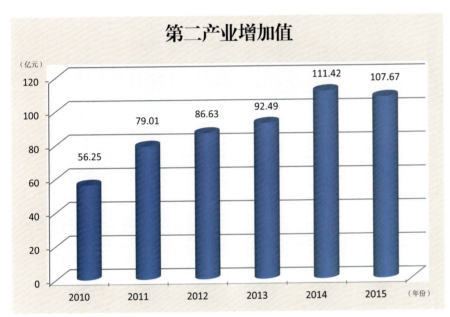

第二产业增加值

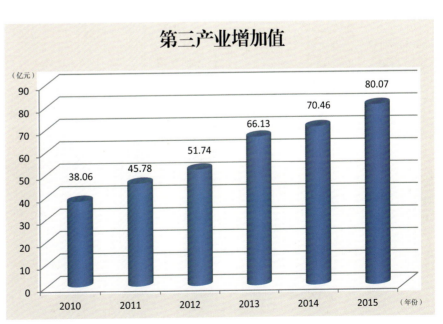

第三产业增加值

农林牧渔业总产值

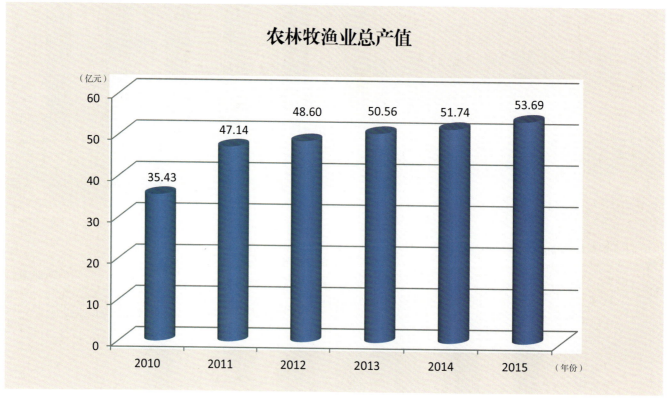

（亿元）

35.43　47.14　48.60　50.56　51.74　53.69

2010　2011　2012　2013　2014　2015　（年份）

工业总产值

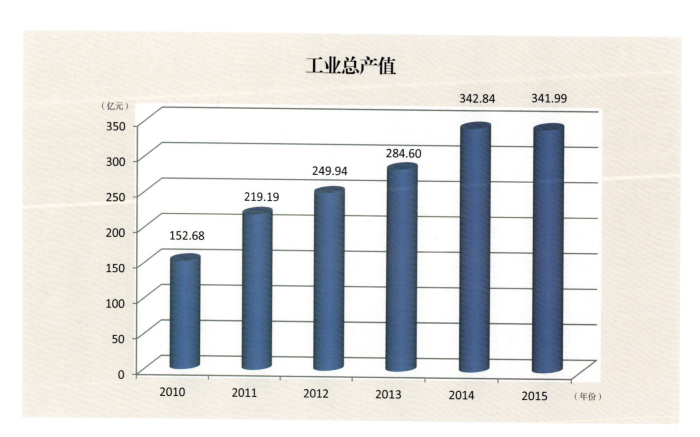

（亿元）

152.68　219.19　249.94　284.60　342.84　341.99

2010　2011　2012　2013　2014　2015　（年份）

预算内财政收入

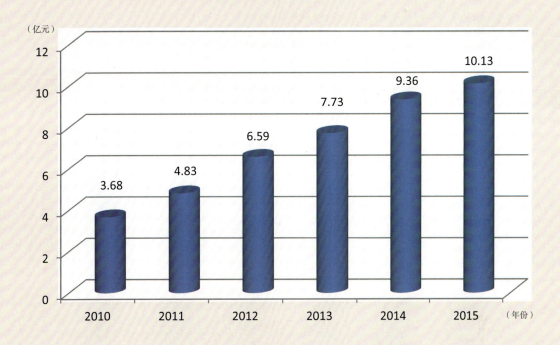

全社会固定资产投资

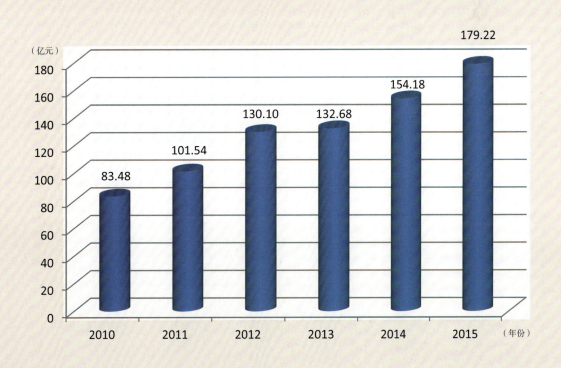

社会消费品零售总额

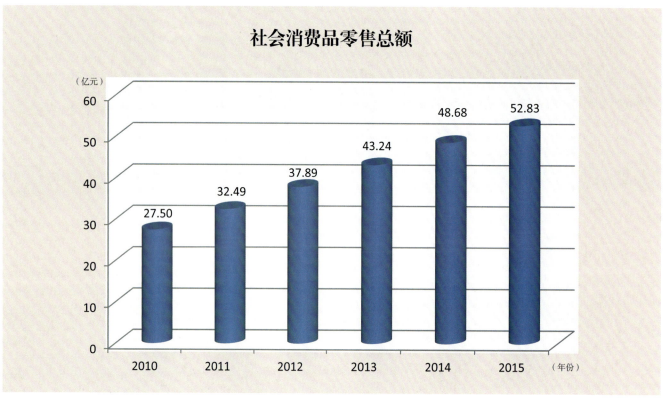

外贸进出口总额

金融机构存款余额

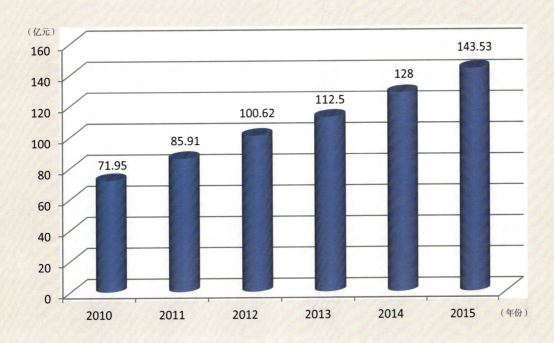

（亿元）

143.53 2015
128 2014
112.5 2013
100.62 2012
85.91 2011
71.95 2010

（年份）

金融机构贷款余额

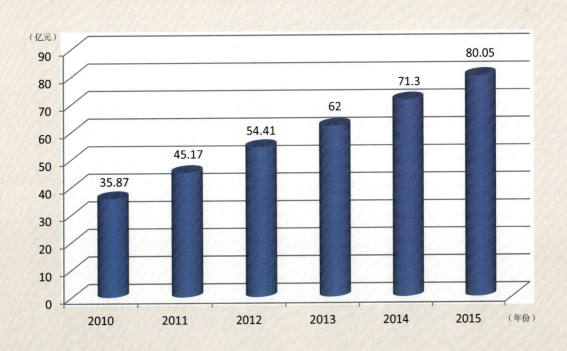

（亿元）

80.05 2015
71.3 2014
62 2013
54.41 2012
45.17 2011
35.87 2010

（年份）

农民人均纯收入

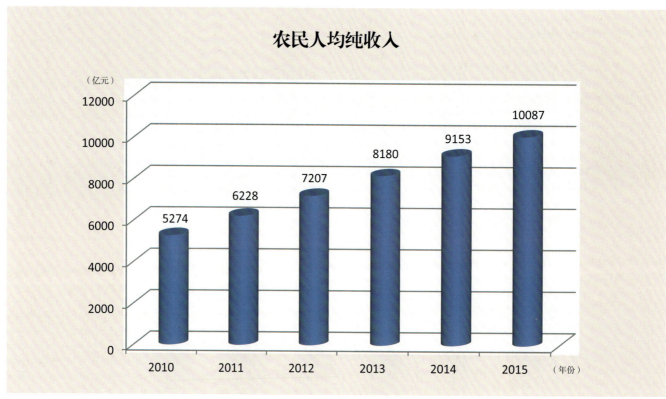

（亿元）

年份	2010	2011	2012	2013	2014	2015
数值	5274	6228	7207	8180	9153	10087

（年份）

城镇居民可支配收入

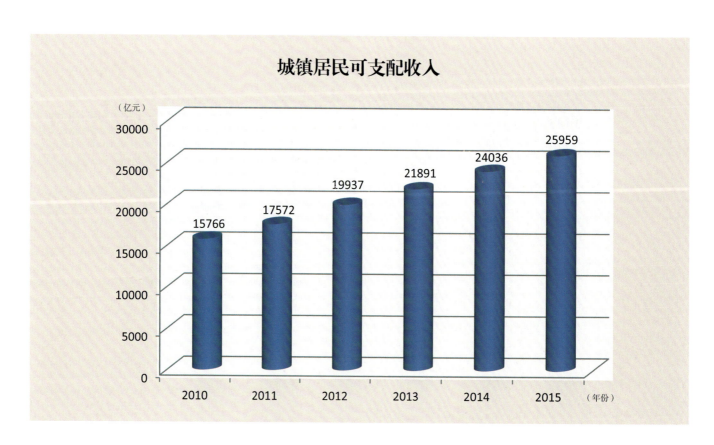

（亿元）

年份	2010	2011	2012	2013	2014	2015
数值	15766	17572	19937	21891	24036	25959

（年份）

编 辑 说 明

一、《陆川年鉴》是陆川县人民政府组织编纂的年度资料性文献,由各乡镇、县直(市直、区直、中直)单位撰稿,陆川县地方志编纂委员会编纂。2008年出版第1卷,每年1卷,2016年卷年鉴为第9卷,国内外公开发行。

二、《陆川年鉴》编纂以马克思列宁主义、毛泽东思想、邓小平理论、"三个代表"重要思想、科学发展观、习近平新时代中国特色社会主义思想为指导,力求全面、系统、翔实地记述陆川自然、政治、经济、文化和社会的基本概貌和发展情况,为各级党委和政府科学决策提供参考资料,为社会各界和广大读者认识陆川、了解陆川、研究陆川以及陆川发展提供地情资料。

三、2016卷年鉴着重记述陆川县2015年的基本情况及大事要闻,刊载重要信息资料和统计数据。年鉴基础框架保持相对稳定。基本内容分为卷首、综合情况、动态信息、辅助资料四大部分。综合情况设特载、大事记、概况3个部类;正文动态信息部分设中共陆川县委员会、陆川县人民代表大会、陆川县人民政府、政协陆川县委员会、人民团体、法治·国防建设、财税·金融、经济管理与监督、农林水牧渔业、工业、商贸·旅游、国土资源·城建·环保、交通·邮政·通信、教育·科技、文化·体育、医疗卫生·计划生育、社会生活、镇·农场、人物等;辅助资料设统计资料、附录。

四、本卷年鉴采取分类编辑法,设类目、分目、条目3个层次,以条目为信息主体,条目标题用黑体加【 】表示,一般先设介绍行业、事业的概况条目,后按一项或一事一目的原则设置条目。类目和条目之间设分目层次,部分类目的分目下面还设次分目层次。

五、本卷年鉴中,未冠以行政区划专名的"自治区""全区"是指"广西壮族自治区","市""全市"是指玉林市,"县""全县"是指陆川县;相关单位名称在首次出现时用全称,括注简称以后用简称。

六、本卷年鉴涉及的历史纪年,清及清以前使用朝代帝王纪年用汉字数字表示,括注公元纪年;民国纪年使用阿拉伯数字,括注公元纪年。数字、计量、面积用法按国家法定规定书写。大事记部类内的"△"表示该内容日期与上条目为同一日期。

七、本卷年鉴配备双重检索系统,卷首设中文目录及英文目录,卷末编有索引,索引款目按汉语拼音字母顺序排列,范围详及条目、图片、表格等。

八、本卷年鉴的文稿资料由各单位编写组提供,并经各单位主要负责人审核。因统计口径不同,各部门统计数据可能与统计部门公布的数据不一致。特载数据为初步统计的数据。某些对应指标数据在上年卷刊出后做了调整的,一般不予说明,以本卷年鉴刊出数据内容为准。年鉴照片由县委宣传部及有关单位编写组提供。封面图为陆川县世客城远景。

陆川县地方志编纂委员会

（2016 年 9 月）

名誉主任　蒙启鹏　县委书记
主　　任　潘展东　县委副书记、县长
副 主 任　陈基林　县委副书记
　　　　　张耕书　县委常委、组织部部长
　　　　　莫亚坤　县委常委、宣传部部长、副县长
　　　　　李红伟　县委常委、办公室主任
　　　　　丘玉梅　县人大常委会副主任
　　　　　吴祖强　县政府副县长
　　　　　温文彪　县政协副主席
　　　　　李红飞　县政府办主任
　　　　　丘　玲　县委办副主任
　　　　　周锦芬　县政府办副主任
　　　　　姚紫燕　县地方志编纂委员会办公室主任
成　　员　黎崇东　县法制办（行政执法监督局）主任（局长）
　　　　　江乃洪　县委统战部副部长、宗教事务局局长、民族事务委员会主任
　　　　　林　忠　县机构编制委员会办公室主任
　　　　　黄有雄　县委党史资料征集办公室主任
　　　　　冯柏维　县财政局局长
　　　　　黄平越　县发展和改革局局长
　　　　　谭　兵　县经济贸易局局长
　　　　　于利臣　县科技局局长
　　　　　黎　颜　县教育局局长
　　　　　郭永强　县民政局局长
　　　　　黎小明　县人力资源和社会保障局局长
　　　　　李德运　县住房和城乡建设局局长
　　　　　陈锦泉　县交通运输局局长
　　　　　罗光明　县农业局局长
　　　　　蒙拉夏　县文体广电局局长
　　　　　江永强　县卫生和计划生育局局长
　　　　　罗　亮　县统计局局长

吕冰心　县外事侨务办公室主任

廖　杏　县旅游局局长

陈立猛　县档案局局长

王　锋　县地方志编纂委员会办公室副主任

罗　昭　温泉镇镇长

黄　彬　米场镇镇长

吕俊林　沙湖镇镇长

丘　新　马坡镇镇长

李　武　平乐镇镇长

赖　剑　珊罗镇镇长

陈　炬　沙坡镇镇长

温文冕　大桥镇镇长

庞雪梅　横山镇镇长

黄祖强　乌石镇镇长

朱振锋　滩面镇镇长

戚贤东　良田镇镇长

陈振东　清湖镇镇长

廖胜伟　古城镇镇长

《陆川年鉴（2016）》编辑部

总　　编　蒙启鹏　潘展东

副 总 编　莫亚坤　吴祖强

主　　编　姚紫燕

副 主 编　王　锋

编　　辑　黄　敏　陈祖芬　黄超彬　吕洪波

总　　纂　姚紫燕

图片策划　姚紫燕

图片收集　黄　敏　陈祖芬

装帧设计　姚紫燕

《陆川年鉴·2016》编写组

中共陆川县委员会办公室　黄超彬　谭顺华

中共陆川县委组织部　李汉权

中共陆川县委宣传部　彭　斐

中共陆川县纪委、监察局　李伟荣　杨　枫

中共陆川县委统一战线工作部　林云莎

中共陆川县直机关工作委员会　黎良成

陆川县机构编制委员会办公室　吕寿钦

陆川县信访局　谭腾辉

中共陆川县委老干部局　江焕海

中共陆川县委党校　蓝恩明

中共陆川县委党史资料征集办公室　姚日成

陆川县绩效考评小组办公室　唐敏钢

中共陆川县委统筹城乡工作部　姚金成　姚子虎

中国共产党陆川县非公经济组织和社会组织党工委
　　黄友清

陆川县人民代表大会常务委员会办公室　谢志松

陆川县人民政府办公室　陈　欢　苏俊潮　刘仙富
　　叶华志　李兆文

陆川县法制办公室　江　城

陆川县政务服务中心管理办公室　许　昕

陆川县人力资源和社会保障局　党光梅

陆川县民政局　范永锋

陆川县外事侨务办公室　吕冰心

陆川县接待办公室　黄新梅

陆川县机关事务管理局　谢武光　李诗宇

陆川县九洲江流域污染治理工作指挥部　江小玲

陆川县"美丽陆川"乡村建设活动领导小组办公室
　　廖卓林

政协陆川县委员会办公室　李文镇

陆川县总工会　黄　聪

共青团陆川县委员会　刘桂丞

陆川县妇女联合委员会　陈珍梅

陆川县科学技术协会　陶晓艳

陆川县归国华侨联合会　余金梅

陆川县工商业联合会　林　勇

陆川县文学艺术界联合会　林　波　阮小露

陆川县残疾人联合会　陈桂彩

陆川县社会科学界联合会　龙韵岚

中共陆川县委政法委员会　王福鼎

陆川县人民法院　李贞娴

陆川县人民检察院　黎江霞

陆川县公安局　万　芬

陆川县交通管理大队　吴甲锋　李彦华

陆川县司法局　林　垦

陆川县人民武装部　夏　傲

中国人民武装警察部队陆川县中队　张曙光

中国人民武装警察部队陆川消防大队　何恒漩

陆川县人民防空办公室　陈永杰

陆川县财政局　黎　泉

陆川县国家税务局　万志辉

陆川县地方税务局　丘立为

中国人民银行陆川县支行　伍达勇

玉林银监分局陆川办事处　罗贤昆

中国工商银行股份有限公司陆川县支行　林　葵

中国建设银行股份有限公司陆川支行　黄艳娟

中国农业银行陆川县支行　黄明川

中国银行股份有限公司陆川支行　阮东全

中国农业发展银行陆川县支行　梁建聪

陆川县农村信用合作社联合社　谢　浩　何思蓉

中国邮政储蓄银行股份有限公司陆川县支行

　　周永健

广西陆川柳银村镇银行　李春晓

中国人民财产保险股份有限公司陆川支公司

　　廖　雄

中国人寿保险股份有限公司陆川支公司　李　沛

陆川县发展和改革局　程欢武

陆川县招商促进局　庞家胜

陆川县物价局　蓝春华

陆川县国土资源管理局　陈　丹

陆川县工商行政管理局　黄飞声

陆川县审计局　陈　东

陆川县统计局　龚二勇

陆川县质量技术监督局　叶曼蓉

陆川县食品药品监督管理局　周　柳

陆川县安全生产监督管理局　吕海明

陆川县社会保险事业管理局　李小雁

陆川县农业局　孟智强

陆川县农业机械化管理局　丘　超

陆川县林业局　覃崇敏

陆川县水利局　李羽恒

陆川县水库移民工作管理局　王瑞莽

陆川县扶贫开发办公室　李辉利

陆川县水产畜牧兽医局　陈旭锋

陆川县经济贸易局　陈　智　罗成志　黎明强

陆川供电公司　钟棣庆

陆川县水利电业有限公司　苏贞帅

陆川县发电分公司　罗子金

陆川县二轻工业联社　刘育辉

陆川县工业园区管理委员会　陈　诚

中共陆川县龙豪工业园区工作委员会　黄考生

陆川县市场服务中心　陈宗活

陆川县供销合作社联合社　吕伯仁　黎敏鲜

陆川县粮食局　吕海平

陆川县烟草公司　蓝春丽

中国石油化工股份有限公司广西玉林石化分公司陆

川片区　谢志斌

陆川县物资总公司　李良生

陆川县住房和城乡建设局　吕文成　林小清

陆川县城市建设投资有限公司　吕玉霞

陆川县工业投资有限公司　徐　颖

陆川县小城镇建设有限公司　丘　婷

陆川县经济发展集团公司　黄　成

玉林市住房公积金陆川县管理中心　简恒美

陆川供水（污水处理）有限公司　李　洪

陆川县环境保护局　陈虹求

陆川县旅游局　姚明仿

陆川县征地办公室　卢天富

陆川县市政市容管理局　丘茂东

陆川县火车站　刘　华

陆川县交通运输管理局　李思明　江彩慧

陆川公路管理局　黄红梅

中国邮政集团公司广西壮族自治区陆川县分公司

　　张小霞

中国电信股份有限公司陆川分公司　李俊蔓

中国移动通信集团广西有限公司陆川分公司
　　何海芬

中国联合网络通信有限公司陆川分公司　李　佳

陆川县教育局　陈　浪　李裕权

陆川县科学技术局　陈国燕

陆川县气象局　杨志华

陆川县地震局　吕欢萍

陆川县文体广电局　陈　洪

陆川县新华书店　姚　曼

广西广电网络陆川分公司　肖维东

陆川县档案局　陈恒利

陆川县地方志编纂委员会办公室　姚紫燕

陆川县人口与计划生育局　陈明晖　杨　辉

广西总工会陆川温泉疗养院　尧　露

温泉镇　周全辉

米场镇　蓝　恒

沙湖镇　黄　漫

马坡镇　张允秋

平乐镇　刘夏青

珊罗镇　周　玲

沙坡镇　龙适才

大桥镇　黄文良

横山镇　吴胤达

乌石镇　钟诗博

滩面镇　潘　燕

良田镇　江　渤

清湖镇　王　欢

古城镇　罗　平

广西农垦国有五星总场　谢苏华

目　录

中共陆川县委员会

陆川县人民代表大会

陆川县人民政府

政协陆川县委员会

人民团体

法治·国防建设

财税·金融

经济管理与监督

农林水牧渔业

工　业

商贸·旅游

国土资源·城建·环保

交通·邮政·通信

教育·科技

文化·体育

医疗卫生·计划生育

社会生活

镇·农场

人　物

统计资料

附　录

索　引

Contents

LuChuan County Committee of CPPCC

Mass Organization

Rule of Law & National Defense Construction

Finance, Tax & Banking

Economic Management & Supervision

Agriculture, Forestry, Water, Animal Husbandry & Fishery

Industry

Commerce, Trade & Tourism

Land Resources, Urban Construction & Environmental Protection

Transportation, Postal & Communications

Education & Science & Technology

特　　载

TEZAI

2015 年 9 月 25 日，陆川县九洲江流域生态乡村示范带现场会宣传工作协调会在县党政
会议室召开　　　　　　　　　　　　　　　　　　　　　　　　叶礼林　摄

践行五大发展理念
落实"四个全面"布局
奋力建设区域性新兴城市

——在中国共产党陆川县第十四次代表大会上的报告

（2016年7月7日）

县委书记 蒙启鹏

各位代表，同志们：

现在，我代表中共陆川县第十三届委员会向大会做报告。

中国共产党陆川县第十四次代表大会是在"十三五"开局之年，经济发展进入新常态，我县进入转型发展关键期，召开的一次十分重要的会议。大会的主题是：以邓小平理论、"三个代表"重要思想、科学发展观为指导，深入学习贯彻习近平总书记系列重要讲话精神，深入践行五大发展理念，落实"五位一体"总体布局和"四个全面"战略布局，把发展作为第一要务，紧抓九洲江跨省区生态补偿试点的重大机遇，全面转变发展方式，为把陆川建成区域性新兴城市、生态养生乐游目的地以及玉林东向发展的战略支点（"一城一地一支点"）而努力奋斗！

一、过去五年工作的回顾

陆川县第十三次党代会以来的五年，是陆川发展史上极不平凡的五年。面对严峻复杂的宏观环境和艰巨繁重的发展任务，县委认真贯彻落实上级党委各项决策部署，团结带领全县广大党员和干部群众，全力推进陆川各项建设，全面完成县第十三次党代会确定的各项目标任务，开创了陆川经济社会发展的崭新局面，多项工作获中央、自治区、玉林市的肯定表彰和主流媒体宣传报道。

——过去五年，是积极应对严峻挑战、综合实力和发展质量明显提升的五年。面对逐年加大的经济下行压力，县委坚持稳中求进的工作总基调，主动适应新常态，积极转方式、调结构，全县经济逆势上扬、持续增长。工业总产值、规上工业增加值、财政收入等6个指标翻一番以上；工业总产值、规上工业总产值分别突破

300亿元。全县经济发展质量进一步提高，被评为广西科学发展十佳县。2015年，地区生产总值实现218.93亿元、年均增长10.6%；财政收入实现13.33亿元、年均增长17.75%。三次产业结构由2010年的18.3∶48.7∶33.0调整优化为2015年的14.2∶49.2∶36.6，工业化率由2.35提高到2.99。

——过去五年，是全力推进九洲江治理、美丽陆川建设大步迈进的五年。全面落实自治区党委"三个典范"重要部署，标本兼治，打造九洲江污染治理和生态乡村建设和谐并进的发展新模式。全面治理养殖污染，清拆猪场864家，清拆猪舍面积24万平方米，开展"高架网床＋微生物"生态养殖示范，建成高架网床养殖场105家；实施生猪小散养殖治理，减少养殖污染。全面治理工业污染，依法整治涉水企业，推动涉水企业退江入园，建成九洲江上游流域中小企业产业转移园标准厂房2万平方米。全面治理生活污染，县城新增污水管网27千米，18个污水口完成截污建设；建成9个镇污水处理厂、6个镇垃圾中转站，奠定了争创全国农村生活污水治理示范县的良好基础。全面治理江河污染，重拳整治九洲江河道非法采砂，抓好河道清理工程。大力推进美丽陆川建设，结合九洲江治理开展"三清""三化"活动，投资7000多万元推进九洲江流域生态乡村示范带建设，示范影响力不断扩大，市生态乡村建设现场会在陆川召开；森林覆盖率达58.61%，被评为全国绿化模范县。注重抓好长效机制建设，秦镜水库等4个生态补水工程推进顺利；编发《保护母亲河》《乡村文明》乡土教材，河长制、"一元钱工程"、生态种养培训持续深化。九洲江水质由整治前的五类水提升到目前整体三类水，得到两广主要领导高度肯定。

——过去五年，是农业发展提质增效、农村面貌不断改善的五年。农业规模化、基地化、集约化、标准化程度不断提升，农林牧渔业总产值达53.69亿元，年均增长4.1%，

2015年9月24日，陆川县"美丽陆川"乡村建设"一元钱工程"现场推进会在珊罗镇召开。图为与会人员到平乐镇参观"一元钱工程"推进情况

叶礼林 摄

增速排在全市前列。荣获全国粮食生产先进县,被列为广西唯一的全国整建制推进粮食高产创建示范县,2011年至2015年连续5年被评为全国生猪调出大县。农业龙头企业累计达98家,其中自治区龙头企业14家;农民专业合作组织达441家。农村"六权"改革扎实开展,土地流转总面积达20.7万亩,建成"陆川县九洲田园中药材产业(核心)示范区"。农村基础设施建设全面加强,全县154个行政村全部通水泥硬化路,完成水库除险加固63座,能源、水利、通信等基础设施不断完善。

——过去五年,是工业化城镇化步伐加快、旅游商贸活力涌现的五年。坚持推进工业化城镇化及旅游商贸融合发展。全县工业总产值达341.99亿元,年均增长20.4%。园区基础设施建设完成投资5.9亿元,新增规上工业企业47家。项目建设成果丰硕,争取到中央预算内投资13.92亿元;3000万元以上重大项目新开工320个,投资1亿元以上重大项目83个,完成固定资产投资697.13亿元;华润(陆川)水泥、永耀玻璃等一批重大工业项目相继竣工投产;滩面光伏、博世科等一批战略性新兴产业项目快速推进。以提升城市品位为主题实施旧城改造,总投资14.3亿元的棚户区改造项目有效推进,温泉大道、金穗桥等30多个市政项目相继竣工;以"海绵城市"为主题推进新城扩建,文体中心、政务中心建成使用,世客城、教育集中区、东环路改扩建等一批重大城建项目扎实推进,城市功能逐步完善,城市面貌大为改观;城区建成面积达14.69平方千米,城镇化率达41.76%。旅游商贸服务业快速发展,旅游收入年均增长14.5%,被评为全国休闲农业与乡村旅游示范县;谢仙嶂、龙珠湖、"十里河画"等重大旅游项目有效推进;锦源物流城等物流项目进展顺利;县阿里巴巴农村淘宝项目、65个淘宝村建成运营,当前网上累计交易额在广西阿里巴巴农村淘宝网中增量第一、总量第二;金融业发展加快推进,政银企关系进一步融洽;房地产业规范发展,中浩地王等百米高楼开建,城市天际线进一步丰富。

——过去五年,是民计民生有效改善、社会事业繁荣发展的五年。财政五年累计投入民生资金115.43亿元,是"十一五"时期的3倍。扶贫开发成效明显,扎实做好精准识别、产业扶贫等工作,建成了清湖塘寨、马坡新山等可借鉴、可复制、可推广的产业扶贫模式,实现9万农村贫困人口稳定脱贫。社会事业繁荣发展,教育改革稳步推进,办学条件、教学质量不断提升,陆川县中学2011年至2014年高考上一本线人数连年居广西同类学校第一名,实现四连冠。覆盖城乡的公共卫生和医疗服务体系基本建立,城乡医保基本实现全覆盖,被评为全国计生优质服务先进县;社会保障体系建设深入推进;科技创新不断加强,被评为全国科技进步县;文化体育活动深入开展,被评为全国群众体育工作先进县、中国民间文化艺术之乡。基础设施明显改善,新建高速公路15.6千米,完成了玉林至陆川二级公路大修工作,规划建设玉林至湛江高速公路、陆川动车站改造等重大交通项目。各重点领域改革有力推进,实施行政审批流程再造,有序推进农业人口市民化。人民生活水平持续提高,城镇居民人均可支配收入达25959元,农村居民人均纯收入达10087元,年均分别增长10.5%和13.8%;五年来全县汽车入户19276辆,比"十一五"增长576%。

——过去五年,是民主法治建设持续推进、社会综合治理能力不断加强的五年。全面推进陆川法治建设,支持人大、政府、政协依照法律和章程履行职责,统筹推进依法执政、依法行政、公正司法、全民守法和法治队伍建设,广泛开展"六五"普法活动。支持县人大及其常委会依法履行职能,支持政府依法行政,支持政协开展议政协商活动,支持法院、检察院依法独立开展审判工作和法律监督工作。巩固和发展最广泛的爱国统一战线,进一步发挥工青妇等群团组织建设作用,保障基层群众的民主权利。认真履行党管武装职责,加强国防和后备力量建设,持续巩固双拥成果;关心支持老干部和下一代工作。创新完善社会治理格局,推进陆川版"枫桥经验";大力提升群众安全感和满意度,着力化解社会不稳定因素,积极化解信访积案和历史遗留问题,维护社会公平正义;进一步健全公共安全体系,强化反恐防恐工作,全力保障人民群众生命财产安全;全县社会大局持续稳定,维稳成功经验在中央维稳办《维稳工作简报》刊登,2015年连续第10年被评为"广西平安县"。

——过去五年,是党的建设持续深化、从严治党全面加强的五年。围绕经济发展大局,推进党建载体创新,基层党建工作全面加强,2013年、2014年连续两年在全市组织工作绩效考评中排名第一,2014-2015年度县委书记"基层党建创新项目"考评全市第二,2015年荣获年度县委书记抓基层党建工作考评全市第一,连续第7年获全区党员教育电视片摄制工作先进县。狠抓学习型党组织建设,深入学习贯彻习近平总书记系列重要讲话精神,认真践行党的群众路线和"三严三实"要求,营造了全县上下凝心聚力、共谋发展的良好氛围;创造性开设"书记论坛"凝聚干部干事创业的正能量,以"名师进陆川"提升干部执行力,创新打造"学准则·铸情操""'三会一课'人人讲"等党建载体。按照好干部标准推进干部队伍管理,抓好干部队伍建设。进一步夯实基层党建基础,创造性打造"136"干部回乡工作制度,实现机关干部回乡服务常态化,密切了党群干群关系;开展"双向五统一集中"活动,实现资源向基层集中精准投放;快速推进社区规范化建设"双十"工程,抓好非公党建工作。持续加压推进党风廉政建设,狠抓"两个责任"落实,严格执行八项规定,坚决反对"四风";注重源头预防,以"守纪律、讲规矩""两学一做"等载体落实《准则》《条例》,打造陆川廉政文化建设名片;大力开展查处发生在群众身边的"四风"和腐败问题专项工作,专项工作经验得到自治区纪委推介肯定;力度不减,保持遏制腐败的高压态势,全县纪检监察机关五年来共立案422件,挽回经济损失6878万元。

过去的五年是全县综合实力快速提升、城乡面貌快速

2015年12月16日,陆川县推进非公有制经济发展座谈会在县政府二楼会议室召开
叶礼林 摄

改观、产业结构持续调整、党的建设成果丰硕的五年,也是广大人民群众得实惠较多的五年。这些成绩的取得,是上级党委正确领导的结果,是历届县委打下良好基础的结果,是全县广大党员和干部群众奋发努力,离退休老干部、驻陆官兵、社会各界积极参与、大力支持的结果。在此,我谨代表中共陆川县委员会,向所有为陆川经济社会发展做出贡献的同志们、朋友们表示衷心的感谢!并致以崇高的敬意!

五年艰辛而辉煌的历程,我们深刻体会到,开创陆川改革开放和现代化建设事业新局面,必须始终坚持从陆川实际出发,深入贯彻落实习近平总书记系列重要讲话精神,解放思想,顺势而为,勇争一流,把贯彻上级精神与陆川县情结合起来;必须始终坚持把发展作为第一要务,排除一切干扰,抓住一切机遇,狠抓项目建设,千方百计加快经济社会发展;必须始终坚持求真务实,埋头苦干,以实干树形象,以实干促崛起,大力弘扬求真务实作风,集中精力抓大事、干实事;必须始终坚持立党为公,执政为民,扎根群众,把群众冷暖忧乐放在心上,采取一系列亲民惠民措施,为群众解决实际问题,不断提升社会治理现代化能力,巩固发展和谐稳定的社会局面;必须始终坚持党的领导,抓好各级领导班子建设,维护好领导班子团结,落实好民主集中制,真真正正在全县上下形成推动陆川事业发展的强大合力。

回顾五年来的工作,在充分肯定工作成绩的同时,也要清醒地看到面临的困难和问题。主要是:经济发展总体水平不高,经济总量不大,经济结构不够优化;产业布局散、技术水平低、链条短、规模小,进出口下滑,稳增长的基础还不够牢固;城乡交通基础设施还比较落后;脱贫攻坚和九洲江治理任务还很重;一些干部作风不实,一些地方的基层基础工作比较薄弱,基层党组织建设和党风廉政建设还需要进一步加强。我们必须高度重视这些问题,切实加以解决。

二、明确奋斗目标,加快建设区域性新兴城市

提出建设区域性新兴城市的目标,是按照近年来中央、自治区党委、市委对陆川发展明确的新定位、提出的新要求,顺应今后五到十年陆川新的形势变化、新的发展条件、新的发展需求而做出的战略部署。一是顺应经济发展转型升级,提高区域经济竞争力的需要。世界经济在深度调整中曲折复苏;我国经济发展进入新常态,经济运行呈L型的走势,经济发展方式加快转变,新的增长动力正在孕育形成。桂东南与珠三角地区尤其是粤西地区相连相通,经济发展活跃度高,加快建设区域性新兴城市,才能为陆川县经济转型创建载体,在区域经济发展中谋求新出路,取得经济发展制高点和主动权。二是顺应新型城镇化换挡提速趋势,加快撤县设市步伐的需要。陆川县是桂东南地区百万人口大县,但是城市规模小、建设落后的问题还比较突出,城市瓶颈急需突破,城市发展方式急需转变,加快建设区域性新兴城市才能使陆川在新型城镇化发展大潮中抢抓机遇、整合资源、积聚力量、追赶跨越,实现城市转型、提速升级、撤县设市的目标。三是顺应陆川交通基础设施条件新变化,打造玉林东向发展战略支点的需要。随着国家"一带一路"、自治区"双核驱动"、玉林市"东靠南下,通江达海""两城市一中心"战略全面实施,玉林至陆川至湛江、南宁(苏圩)经陆川至北流(清湾)这一"十字形"的高速公路网将于今年下半年开工建设,陆川动车站改造全面启动,陆川的交通条件将全面改善,陆川区位优势日益明显,加快建设区域性新兴城市才能使陆川充分抢抓交通大发展的新机遇,加快建成区域发展的新支点。四是顺应九洲江跨省区生态补偿试点机遇,全面打造粤桂合作新平台的需要。中央《生态文明体制改革总体方案》明确将广西、广东九洲江治理列入"跨省区生态补偿试点",九洲江生态治理模式已得到两广各级认可,未来以九洲江为主线的两广合作将不断深化,发展空间巨大。加快建设区域性新兴城市,才能使陆川发挥生态治理的更大作用,在两广合作中承担更大功能。

建设区域性新兴城市的指导思想和总体要求是:高举中国特色社会主义伟大旗帜,全面贯彻党的十八大和十八届三中、四中、五中全会,以及习近平总书记系列重要讲话精神,认真践行"创新、协调、绿色、开放、共享"五大发展理念,认真落实"五位一体"总体布局和"四个全面"战略布局,紧抓九洲江跨省区生态补偿试点的重大机遇,全面实施"一城一地一支点"发展战略,全力推进经济转型攻坚、生态治理攻坚、城市提升攻坚、基础设施攻坚、精准脱贫攻坚、社

治理攻坚"六大攻坚",与全国、全区、全市同步全面建成小康社会,努力把陆川建设成为区域性新兴城市、生态养生乐游目的地以及玉林东向发展的战略支点。

今后五年我县经济社会发展的主要目标是"五个全面提升":

——经济保持较快增长,综合实力和发展质量全面提升。地区生产总值年均增长8%左右,财政收入年均增长7%,固定资产投资年均增长14%,工业增加值年均增长8%,社会消费品零售总额年均增长9%,居民人均可支配收入年均增长8%。

——打赢精准脱贫摘帽攻坚战,人民生活水平全面提升。全力打赢2016年脱贫摘帽攻坚战,实现陆川脱贫摘帽,全面完成"十三五"脱贫攻坚任务。就业、教育、医疗、文化、社保、住房等公共服务体系更加健全。

——九洲江水质稳定达标,生态文明建设全面提升。完成九洲江跨省区生态补偿试点任务,绿水青山与金山银山实现双丰收,节能减排降碳完成上级下达任务,空气、水体、土壤环境质量优良。

——城乡建设持续推进,美丽陆川建设全面提升。加快创建"文明城市""智慧城市""海绵城市",打造首位度高、辐射带动力强的岭南新兴生态城市,力争到2020年年末县城建成面积达25平方千米以上、全县城镇化率达50%以上。持续推进美丽乡村建设,巩固乡村建设成效,打造生态宜居幸福乡村。

——民主法治建设全面加强,社会综合治理能力全面提升。社会治理能力明显增强,群众安全感和满意度全面提升,公民国防意识、文明素质和社会文明程度明显提高,共建共享、团结进步、平安和谐的社会局面进一步巩固。

三、实施"六大攻坚",朝着建设区域性新兴城市目标大步迈进

（一）实施经济转型攻坚,打造创新驱动的产业新城。

全面发展绿色工业。树立"创新驱动、产城融合、绿色发展"的理念,以工业扩量提质攻坚为主线,着力在产业创新驱动上求突破,在构建绿色工业体系上求突破,在工业园区提档升级上求突破,在做大做强陆川工业总量上求突破,全面推进经济转型升级。建设现代化工业园区,大力打造产业发展平台。按照"一区多园、组团发展、产城同步、多规合一"的原则,科学规划布局工业园区,抓好园区产业发展规划,推进园区基础设施建设,推进一批园区重大项目,培育百亿元产值支柱产业和一批重点企业,加大园区招商引资工作,大力推进产业集聚,着力打造具有陆川特色的园区产业链。在北部工业园区,重点建设先进制造业基地,集聚发展新型建材制造及工业物流产业,推动无水港建设,构筑特种机械、电机、物流工业园区;在中部龙豪创业园区,抓好产城一体化建设,引进布局服装、电子等劳动密集型产业,加快推进九洲江上游流域中小企业产业转移园建设,打造环保产业园;在南部绿色工业园区,重点发展健康食品产

业,推进橘红等中药材以及陆川猪、牛肉制品等特色农产品的深加工,引进国内知名肉食品深加工企业入园,打造千亩陆川猪肉产品深加工产业园区。加快传统产业转型升级,做强做优传统产业。全面推进传统企业"退二进三""退城进园"。将九洲江流域及县城周边的传统工业企业搬迁到九洲江上游中小企业产业转移园。坚持企业搬迁与推进技术进步相结合,与产业集聚整合相结合,推动全县传统产业"腾笼换鸟",支持传统中小企业科技创新,大力引进先进技术,全面实施企业技改项目,重点在塑料、电机、铁锅、酱油等部分产业优先取得突破,通过搬迁改造扩大规模、提升水平、提高质量、节能降耗,实现传统产业规模和经济效益全面提高。加快培育新兴产业,在新兴产业的培育上求突破。积极引进节能环保产业企业,争取国家绿色发展基金,推进节能环保降温隔热材料生产项目建设,全力创建自治区战略性新兴产业集聚发展基地。大力培育发展太阳能、风能、生物质能源等战略性新兴产业。重点发展中医制药、中药养生、中药保健、医疗器械、保健器具等医疗健康产业。规划建设电子商务产业园区,培育一批电商服务企业,扶持农村电商产业发展,拓宽产品销售渠道,助力新兴产业发展。培育企业品牌,发展品牌经济。重点引进知名品牌企业,培育自治区级以上名牌产品、驰名、著名商标,加大技术改造和新产品研发力度,加快开发一批具有自主知识产权、自主知名品牌、较高附加值和市场竞争力的工业新产品,培育机械制造、新型建材、农林产品加工、健康食品、有色金属等产业品牌。加快企业上规上市,做强做大企业规模。全力服务企业生产发展,解决企业经营和发展难题,支持企业壮大规模,帮助企业提高管理水平和开拓市场,鼓励企业加大资金投入和产品创新,实现产业结构调整和优化升级,带动产业发展,把一批中小企业培育成为上规、上亿的大型企业。有序推动有实力的企业实现资产证券化。

全面发展现代特色农业。陆川是传统农业大县、养殖大县,要坚持走产出高效、产品安全、资源节约、环境友好的农业现代化道路,在现代农业发展上求突破,实现农业提质增效。加快调整优化农业产业结构。严格保护耕地,稳定粮食生产,确保粮食安全,不断提高粮食生产效益。鼓励发展橘红、淮山等中药材种植,加快中药材种植专属区建设。加快推进速丰桉纯林改造,推广种植优良品种。重点推进区、市、县、镇现代特色农业(核心)示范区建设,辐射带动全县现代农业发展。加快培育新型农业经营主体。以工业化的理念谋划农业,重点发展中药材、陆川猪、肉牛、肉羊等特色农产品的研发和深加工,逐步实现产加销一条龙的现代农业发展格局。加快农村土地流转,大力培育农业龙头企业、农民专业合作社、专业大户和家庭农场等新型经营主体,引导农业企业采用"公司＋基地＋农户"的产业化经营模式,全面提高农业生产的组织化程度。

全面发展开放型经济。坚持向改革开放要动力活力,保持经济强劲发展势头。深化与珠三角合作,大力实施精准

招商。实施招商引资攻坚行动,加强开放带动能力。通过开放来赢得陆川"十三五"时期发展的新空间,通过招商引资来培育新动能,形成新优势。主动对接国家和自治区的政策,把政策变成项目,在新兴产业上求突破。找准自身产业定位和优势,深化与珠三角等经济发达地区合作,大力引进技改资金,促进转型升级。深入推进简政放权,着力激发市场动力活力。强化形成经济增长内生动力,持续转变政府职能,不断优化服务,规范优化审批程序及流程,持续推进简政放权、放管结合、优化服务;加快工商登记制度改革,激活民间资本,活跃非公经济。深化农村综合改革,激发农村经济发展动力活力。抓好农村"六权"确权登记颁证,推动农村产权抵(质)押融资试点工作,完善农村产权交易体系,进一步拓宽农民、涉农企业融资渠道;推进户籍制度改革,促进农业人口有序城镇化,进一步做大农村消费市场。

(二)实施生态治理攻坚,打造生态养生乐游目的地。

陆川最大的价值在生态、最大的潜力在生态、最大的责任也在生态。要紧抓国家实施"九洲江跨省区生态补偿试点"的重大机遇,全力开展生态治理攻坚,在环境治理和生态保护上求突破,打造"三个典范"升级版,加快建设生态良好、绿色发展、宜居宜游的生态养生乐游目的地。

全力推进江河生态综合治理。以九洲江及其支流、米马河流域的综合治理为重点,全力优化全县江河生态环境,切实巩固治理效果。统筹做好生态治理重大项目筹划储备,围绕跨省区生态补偿试点战略,统筹全县工作实际,谋划、申报一批生态重大项目,推动实现与中央、自治区、玉林市江河生态治理政策、资金、项目的无缝对接。深入治理养殖污染,推进全国生态养殖示范基地建设。严格禁养区、限养区管理,对流域禁养区开展常态化督查,坚决防止养殖"回潮",继续抓好九洲江干流和重点支流养殖场整治。推进高架网床、林下种养、微生物养殖等生态种养模式,大力推进全县规模养殖场高架网床改造,加大生猪小散养殖污染治理力度,深入开展生态种养培训,鼓励发展庭院经济,引导小散养殖户转变养殖观念、养殖方式和养殖结构,推进全国生态养殖示范基地建设。深入治理工业污染,严厉整治涉水企业,实现涉水工业100%退入园,流域内不再新建涉水企业项目。抓好九洲江上游流域中小企业产业转移园配套设施建设。深入治理生活污染,加快生活污水和生活垃圾处理设施建设,抓好已建成污水处理厂、垃圾中转站的运营管理工作,推进新增的镇、村污水处理厂和垃圾中转站筹建工作,确保成功创建全国农村生活污水治理示范县。加快推进九洲江生态补水工程,按期完成秦镜、石夹、六潘、陆选等4座水库建设,增加水环境容量,提高九洲江自净能力,改善九洲江水质。加强生态公益林保护,推进湿地生态保护项目,抓好九洲江源头水源及水源林、涵养林等森林资源保护。

全力打造九洲江流域生态景观带。重点抓好龙珠湖、谢仙嶂、东山森林文化公园、世客城、谢鲁山庄以及九洲江"十里河画"等景区景点建设,与玉林市五彩田园有效衔接,形成一条宜居、宜游的九洲江流域生态景观带。以新制定实施的《广西壮族自治区乡村清洁条例》为引领,深化"三清""三化"活动,大力实施美丽乡村建设。加快建设九洲江流域生态乡村示范带,推动美丽乡村建设、江河治理、产业发展有机融合,引领农村发展,带动农民就业增收,实现休闲农业与乡村旅游产业的提质增效。借助旅游知名企业实施旅游"走出去"战略,开拓旅游市场,提升陆川旅游知名度。

全力推进生态保护工作。实行最严厉的环境保护措施,敢于担当、从严从实坚守生态环境的红线和底线,依法严厉打击环境违法犯罪行为,加强生态保护法制宣传,提高打击环境违法犯罪行为的震慑力,巩固严厉打击环境污染违法犯罪专项行动成果。大力抓好生态保护宣传教育工作,建立健全全社会参与的生态保护制度,深化生态保护长效机制建设,完善多元化投入机制,深化"一元钱工程"及"河长制""路长制",切实强化群众生态保护主体作用。

(三)实施城市提升攻坚,打造功能完善的新兴城市。

坚持以人民为中心的城市发展理念,加快新型城镇化建设。加强城市规划建设。推进土地利用规划、产业规划、城市规划的"三规合一",突出城市规划的战略引领和刚性控制的作用,实现城市有序建设、适度开发、高效运行。加快生态城市重点项目建设。以新城扩建和旧城改造为抓手,加快推进城镇化建设。新城扩建主要着眼于拉大城市框架,按照城市东区优先发展、城市西区适当发展的原则,重点推进世客城、教育集中区、东山森林文化公园等项目,打造客家温泉文化名城;旧城改造以改善旧城人居环境、提升城市品位为主,重点推进棚户区改造、九洲江两岸景观改造、温泉大道景观改造等项目,完善市政设施,打造岭南新兴生态城市。推进陆川"大县城"建设。以陆川撤县设市为目标,加快推进陆川城市版图、城市人口、城市产业、城市管理同步提升,全面改变陆川城市面貌。加快推进温泉撤镇改街工作,完善城区路网、管网、电网、绿网、"天网"等市政基础设施。加强市政市容环境综合整治,加快街道美化亮化,提升城市管理水平。加快推进专业市场、农产品批发市场等项目建设,引进大型商贸企业进驻,促进商贸业集聚成市。大力推进"文明城市""智慧城市""海绵城市"建设。以"八项工程"为抓手全面推进文明城市建设;推动实现陆川城市运行状态全面可视化、城市安全实现全方位预防可控、城市运行管理决策实现有效支撑的智慧运行,建立切合陆川实际的"源头控制、过程管理、末端治理"海绵城市建设管控体系。大力实施小城镇"六个一工程",促进全县城镇均衡发展,加快实施米场、马坡、乌石、良田、清湖等5个镇的小城镇"六个一工程"建设,以产业发展和基础设施建设为抓手,加大小城镇建设力度,示范带动集镇和村庄的建设,形成布局合理、各具特色、协调发展的城镇建设体系。

(四)实施基础设施攻坚,打造玉林东向发展的重要交通支点。

"十三五"时期,陆川必须紧抓交通基础设施加快发展的重大机遇,进一步奠定玉林市东向发展战略支点的地位。

加快建设一批交通基础设施重大项目。重点抓好"修高速、接高铁、二改一"三件大事,推动加快玉林经陆川至湛江高速公路和南宁(苏圩)经陆川至北流(清湾)两条高速公路陆川段的建设,加快推动陆川至阳江高速公路的规划建设;积极配合做好玉林至铁山港铁路、黎湛铁路电气化改造工程的陆川段建设以及陆川动车站的改造;推进马盘二级公路改造建设一级路的"二改一"工程,构建"二横二纵"的陆川对外交通主骨架。加快推进东环路扩建工程,推动西环路的规划建设。大力提高公路等级,实现镇镇通二级路的目标。

着力推进交通配套设施建设。依托陆川经济发展条件、交通基础,加快推进客货中转、发送、到达所需的多种配套设施的建设,建成协调运营、组织联合运输的交通结合部。释放高速铁路、高速公路带动发展的新活力,充分发挥客流、车流、物流、资金流、信息流的集聚效应,促进生产要素快速集聚、高效流动,把高速铁路、高速公路沿线建设成为开放通道、产业通道、惠民通道。规划建设物流园区,重点推进锦源物流城、华杰物流、温南商贸物流城等物流基地建设,大力发展现代仓储、冷链冷藏、电子商务物流,集聚形成一体化的客货流重要集散地,全力打造广西物流强县。

全面提升交通运输管理和服务能力。以信息化、网络化为基础,改进运输组织方式,实现各种运输方式一体化管理,提高运输效率、降低运输成本、实现交通可持续发展。做强我县汽车公司、公交公司、出租公司等运营企业,打响陆川"汽车运输王国"品牌,不断提升交通服务能力和保障水平。进一步整合交通行政执法力量,提高运输业监管和服务能力。

(五)实施精准脱贫攻坚,打造共享共富的协调城乡。

坚持发展为了人民、发展依靠人民、发展成果由人民共享,全力保障和改善民生,使全体人民在共建共享发展中有更多获得感和幸福感。

全力打赢脱贫摘帽攻坚战。坚持把脱贫攻坚作为最大的政治任务、最大的民生工程、最大的发展机遇来抓。必须统一思想,按照自治区党委、自治区政府的部署要求,做到精准施策、精准脱贫。以"贫困县脱贫摘帽认定表""贫困村脱贫标准""贫困户脱贫标准"三张表为核心,继续加强31项指标的清单管理,加大精准帮扶力度,补齐短板、巩固提升,确保全部指标达标。以挂职作战、挂图作战、挂牌作战、挂联作战、挂账作战"五挂作战"为抓手,进一步摸清底数、落实责任、明确措施,全面按期完成脱贫摘帽任务。全力争取危房改造项目,通过新建住房以及加固、加建房屋的方式,实现贫困户有安全稳固住房。全力抓好产业扶贫、扶贫小额信贷、劳务输出扶贫、电商扶贫等模式,重点抓好环九洲江生态乡村旅游,把乡村旅游业打造成贫困农民增收的重要产业,确保贫困户有稳定收入。全力抓好移民搬迁工程,加快推进扶贫搬迁安置点的建设,确保按期完成扶贫搬迁任务。

全力拓宽就业创业渠道。就业是民生之本,创业是就业之源。按照"大众创业、万众创新"要求,实施更加积极的就业政策,落实创业扶持政策,深入推动全民创业。结合精准脱贫工作,大力支持劳动密集型产业、中小企业以及服务业带动就业。大力支持农民工返乡创业,多种渠道促进劳动力就业。充分利用陆川县生态农业培训中心、职校等平台加大对农民工和专业技术人员的就业培训、职业培训。妥善处理各类群体性劳动争议事件,把劳资纠纷化解在基层,全力构建和谐劳动关系。

全力加强教育医疗等重大民生建设。深化教育领域综合改革,大力实施名校、名师、名生"三名工程",着力推进义务教育均衡发展、义务教育学校标准化和普及高中阶段教育等工程,加大教育基础设施建设力度,改扩建一批中小学校,着力解决学前教育"入园难"、城区学校"大班额"、寄宿制学校"大通铺"问题。优化教育资源配置,提升教学质量,巩固高考成绩。推进教育集中区建设,打造广西一流的现代化新校区和教育基地。完善医疗卫生服务体系和区域卫生规划,实施医疗卫生基础设施重大工程,完善县、镇、村(社区)三级公共卫生服务网络,切实解决群众"看病难,看病贵"问题。规划迁建县人民医院,实现县中医院、妇幼保健院异地搬迁。加大乡村医生队伍建设,推进医疗资源向基层、农村流动。推进县级公立医院综合改革,建立覆盖城乡的基本医疗卫生制度和现代医院管理制度。

全力繁荣社会事业。社会事业关系到最广大人民群众的切身利益,必须更加注重构建多样化、多层次的公共服务体系。完善安全生产责任和管理制度,实行党政同责、一岗双责、失职追责,强化安全发展观念,提升全民安全素质。实施食品药品安全放心工程,全面提升食品药品安全保障水平。加强防灾减灾救灾和应急管理能力建设,健全应急体系。加强城乡体育设施建设,提升体育事业水平。

全力构建覆盖城乡的社会保障体系。按照"全覆盖、保基本、多层次、可持续"的方针,加快构建覆盖城乡的社会保障体系,不断扩大保障范围、提高保障标准。完善基本养老、基本医疗、失业、工伤、生育保险,实施全民参保计划,不断健全社会保险体系。整合城乡居民基本医疗保险,确保人人公平享有基本医疗保障。健全社会救助体系及社会福利体系,推进救助及福利制度整合。健全受灾群众生活救助保障制度。鼓励社会力量参与慈善事业,加强社会救助基础设施建设,提升社会救助能力。积极应对人口老龄化,加快发展养老服务业,不断满足老年人持续增长的养老服务需求。

(六)实施社会治理攻坚,打造公平正义的社会环境。

着力深化社会主义民主法治建设。全面加强法治陆川建设,推进公正司法、严格执法、全民守法。继续支持县人大及其常委会依法履行职能,促进依法行政和司法公正;支持县政府依法行政,推进法治政府建设,深化行政体制改革,推进简政放权,以法治思维和要求依法履职行政;支持县政协发挥政治协商、民主监督、参政议政作用;支持县法院、检察院依法独立开展审判工作和法律监督工作;巩固和发展最广泛的爱国统一战线,充分发挥统一战线在协商民主中的重要作用;切实加强基层民主法治工作,进一步发挥工青妇等群团组织建设作用;大力加强基层民主建设,保障基层群众的民主权利;进一步加强新形势下党管武装工作,全面提升国防动员和后备力量建设水平,加强双拥共建工作,积极推动军民融合深度发展。

着力加强和创新社会治理。进一步完善多元主体共同参与的社会综合治理格局,进一步优化依法治理、综合治理形式,让社会运行更有效率、更有活力。优化基层组织建设,强化基层综合治理能力。创新工作机制,推动集各系统力量的县镇两级调处化解矛盾纠纷综合平台建设;推进"两代表一委员""三官一律"进村(社区)服务机制;大力推进网格化管理建设,建立健全职责明确、管理精细、信息共享、渠道畅通、服务有效的网格化管理体系,着力化解社会不稳定因素;深入推进陆川版"枫桥经验",建立科学有效的利益协调机制、诉求表达机制、矛盾调处机制、权益保障机制,健全人民调解、行政调解、司法调解"三位一体"的调处化解矛盾纠纷体系;加强陆川模式"天网"建设,提高综合治理信息化水平。

着力提升群众安全感和满意度。把提升群众安全感和满意度纳入"一把手"工程。深入开展"抓宣传,提高知晓率;抓教育,提高参与率;抓防范,提高见警率;抓打击,提高安全感;抓服务,提高满意率;抓测评,提高精准率;抓督查,提高执行力""七抓七提高"活动,有效提升群众安全感和满意度。明确"五个等次"督查机制,明确督查结果纳入绩效考核、干部任用挂钩。实行治安员、调解员、信息员、宣传员"四员合一"为民推进民生项目、精准扶贫服务。推行"阳光信访""责任信访""法治信访",深化下访约访工作机制,落实县四家班子领导包案负责制,下大力气化解一批信访积案、解决一批群众反映强烈的热点难点问题,切实维护社会公平正义,让人民群众生活更有安全感、更有尊严感,力争全县群众安全感和满意度再上新台阶。

四、坚持党要管党、从严治党,进一步提高党的建设科学化水平

坚持党要管党、从严治党不放松,全力落实党建责任,推动党建工作实现新发展、新突破,持续推进风清气正政治生态建设,为建设区域性新兴城市提供坚强的政治保障。

全面落实思想政治建设责任,加强思想建党。把思想建党放在管党治党的首位,持续完善载体,培育和践行社会主义核心价值观。把深入学习贯彻习近平总书记系列重要讲话精神作为推进各项工作的总抓手,统一思想共识、凝聚发展力量,进一步提高观大势、谋大局能力水平。始终践行"三严三实"要求,突出抓好"两学一做"学习教育,拧紧干

部思想"总开关"。进一步落实党委领导意识形态工作责任,创新宣传舆论引导方式,营造良好宣传舆论氛围,加强网络舆情引导和虚拟社会治理,强化互联网使用安全、管理安全。优化公共文化资源配置,推进传统优秀文化的传承与发展,发展乡村文明,传播乡贤文化,建设良好村风民风,全面提高我县精神文明水平。

全面落实基层党建责任,发挥基层战斗堡垒作用。大力推进挂职作战、挂图作战、挂牌作战、挂联作战、挂账作战的党群"五挂"精准帮扶工程,形成"四个一线"转作风、促脱贫工作格局,实现党建工作与脱贫摘帽工作深度融合、共同推进。实施"三联五服务"民心工程,深化基层服务型党组织建设。围绕"六化"目标,抓好机关党建规范化建设;深化干部回乡工作制,促进干部返乡服务群众、助力脱贫长效化常态化。深化"双向五统一集中"载体,抓好"百村攻坚、百村示范""双百"工程,推进整合资源投放基层,进一步强化村(社区)规范化建设,让党员干部凝聚群众、服务群众有抓手。深入推进"两新"组织党建工作,切实服务非公经济组织和社会组织发展。主动顺应新形势下时代发展趋势,创新做好信息化党建文章。

全面落实抓班子带队伍责任,打造一支忠诚、干净、担当的干部队伍。从严从实推进换届选举工作。把抓班子、带队伍作为发展的重要保障来抓,优化人员配置,注重班子成员之间的优势互补、配合协调,做到团结一致、步调一致、行动一致,领导干部靠前指挥、率先垂范。着力选准人、用好人,坚持德才兼备、以德为先的用人导向,凭实绩使用干部,让能干事者有机会、干成事者有舞台。从严加强干部教育管理监督,注重抓早抓小抓苗头,强化纪律约束和制度落实,坚决杜绝失之于宽、失之于软、失之于轻的现象。着力通过加强干部交流轮岗促进年轻干部、后备干部、妇女干部、党外干部的培养,促进班子结构优化及干部保护激励,充分激发干部队伍活力,营造心齐、风正、气顺、积极向上的工作氛围。

全面落实党风廉政建设责任,营造风清气正良好环境。压紧压实"两个责任",推进全面从严治党向基层党组织延伸。强化对落实"两个责任"情况的日常监督。挺纪在前,健全责任追究机制,使问责形成制度。实践监督执纪"四种形态",一以贯之深入推进查处发生在群众身边的"四风"和腐败问题专项工作,寸步不让严防"四风"反弹,以实实在在成效取信于民。从严从实抓好中央八项规定精神落实,推动作风建设常态化长效化。坚持立德立规相统一,抓好惩治和预防腐败警示教育,持续深化纪检队伍"三转"建设。坚持力度不减、节奏不变,坚持无禁区、全覆盖、零容忍惩治腐败,努力实现不敢腐的目标。

同志们,建设区域性新兴城市,是陆川人民的期盼,是时代赋予我们的重任。全县各级党组织和全体党员必须增强责任意识、担当意识,以更加坚定的信念、更加顽强的努力,奋力开创陆川开放发展、科学发展的新局面!

名词解释：

一城一地一支点：把陆川建成区域性新兴城市、生态养生乐游目的地以及玉林东向发展的战略支点。

五大发展理念：创新、协调、绿色、开放、共享的发展理念。

四个全面：即"四个全面"战略布局，全面建成小康社会、全面深化改革、全面依法治国、全面从严治党。

五位一体：经济建设、政治建设、文化建设、社会建设、生态文明建设。

L形的走势：《人民日报》2016年5月9日《开局首季问大势——权威人士谈当前中国经济》报道中，"权威人士"对我国经济运行阶段性走势的判断，我国"今后几年，总需求低迷和产能过剩并存"，增速不会迅速回升并保持高增长，但"我国经济潜力足、韧性强、回旋余地大"，又决定了经济增速不会一直下行，"即使不刺激，速度也跌不到哪里去"。

海绵城市：新一代城市雨洪管理概念，指城市在适应环境变化和应对雨水带来的自然灾害等方面具有良好的弹性，下雨时吸水、蓄水、渗水、净水，需要时将蓄存的水"释放"并加以利用。

文明城市：在全面建设小康社会，推进社会主义现代化建设新的发展阶段，坚持科学发展观，经济和社会各项事业全面进步，物质文明、政治文明、举止文明与精神文明建设协调发展，精神文明建设取得显著成就，市民整体素质和城市文明程度较高的城市。

智慧城市：运用信息和通信技术手段感测、分析、整合城市运行核心系统的各项关键信息，对包括民生、环保、公共安全、城市服务、工商业活动在内的各种需求做出智能响应。其实质是利用先进的信息技术，实现城市智慧式管理和运行，进而为城市中的人创造更美好的生活，促进城市的和谐、可持续发展。

三个典范：跨省区小流域治理的典范、产业转型升级的典范、生态文明的典范。

八项工程：行政效能创优建设、理想信念教育、社会诚信教育、公民思想道德建设、净化社会文化环境、公共服务设施建设、创新社会管理工作、生态文明建设。

小城镇"六个一工程"：一条主干道、一个主街区、一个规范化集贸市场、一批污水垃圾处理设施、一条特色产业示范带、一批特色文化名村。

四个一线：党组织+产业组织，党组织建在扶贫产业第一线；机关党组织+村党组织，党组织结对帮扶在一线；机关党员+农村贫困户，党群结对帮扶一线；先富党员+农村贫困户，党员结对帮扶一线。

三联五服务：县领导联镇、部门联村、干部联户，服务项目落地、服务宜居乡村、服务九洲江治理、服务和谐稳定、服务精准扶贫。

六化：组织设置规范化、活动阵地标准化、党务队伍专业化、教育管理常态化、党建服务品牌化、工作保障制度化。

政府工作报告

——在陆川县第十六届人民代表大会第一次会议上

（2016年9月2日）

代县长　潘展东

各位代表：

现在，我代表县人民政府，向大会做政府工作报告，请予审议，并请县政协委员和列席会议的同志提出宝贵意见。

一、过去五年的工作

县第十五届人民代表大会第一次会议以来的五年，是我县经受住严峻考验、实现跨越发展的五年。面对持续加大的经济下行压力和接踵而来的困难挑战，全县人民在上级党委、政府和县委的坚强领导下，团结拼搏，砥砺奋进，全面实施"一廊一城三园五业""工业强县、旅游活县、生态美县"发展战略，以九洲江治理倒逼产业转型升级，矢志不渝把改革开放和现代化建设推向前进，圆满完成了县第十五届人民代表大会确定的目标任务，成为我县经济发展速度最快、城乡面貌变化最大、产业集聚成效最明显、人民生活改善最显著的历史时期。

——这五年，我们始终坚持发展第一要务，县域经济实现了量质并进的重大转变，进入了实力倍增的新时期。在极其复杂严峻的经济形势下，我们主动引领新常态，县域经济实现了向速度和质量同步提升的重大转变，经济综合实力大幅跃升。地区生产总值由2010年的115.43亿元增加到2015年的218.93亿元，年均增长10.5%；财政收入由5.89亿元增加到13.33亿元，年均增长17.8%；规上工业增加值由37.48亿元增加到88.34亿元，年均增长16.4%；固定资产投资由80.2亿元增加到177.74亿元，年均增长17.3%。工业化率由2.35提高到2.99。2011年第三次被评为广西科学发展十佳县。2014年地区生产总值首次突破200亿元，广西县级排名第10位，比2010年上升7位。2015年人均地区生产总值达2.79万元，经济发展总体进入中等收入阶段。

——这五年，我们始终坚持转方式这条主线，产业建设实现了优势崛起的重大转变，进入了结构趋优的新时期。紧紧围绕加快转变经济发展方式这条主线，产业建设呈现内涵提升、结构趋优的良好态势。三次产业结构由2010年的18.3∶48.7∶33调整优化为2015年的14.2∶49.2∶36.6。工业方面，新增入园企业34家、规上工业企业47家。华润

（陆川）水泥、永耀玻璃、双胞胎饲料等一批重大工业项目竣工投产。机械制造、新型建材、有色金属、健康食品、林产品加工等五大支柱产业发展壮大。规上工业总产值由2010年的120.8亿元增加到2015年的328.75亿元，年均增长22.5%。农业方面，总产值由2010年的35.43亿元增加到2015年的53.69亿元，年均增长4.1%。粮食总产量由2010年的25.9万吨上升到2015年的27.21万吨。"九洲有机田园"现代特色农业示范区有效推进。获得"全国休闲农业与乡村旅游示范县""全区农业重点产业（中药材产业）发展先进单位"称号。第三产业方面，增加值由2010年的38.06亿元增加到2015年的80.07亿元，年均增长9.1%。世客城、谢仙嶂、龙珠湖、"十里河画"等重大旅游项目稳步推进。旅游

2015年6月9日，廉江市环保局局长杨振升一行5人到陆川商议签订《廉江陆川两县市跨界流域水污染联防联治合作的协议》　　县九洲办　提供

产品开发逐年增多，游客人数年均增长8.4%，旅游收入年均增长14.5%。锦源物流城、嘉益商贸城等物流项目有序推进。4000平方米的县电子商务服务中心、45个淘宝村建成运营。开发房地产项目20个，商品房销售面积99.38万平方米。全县汽车入户1.9万辆，比"十一五"增长5.8倍。三大产业的加速发展，有效促进了我县经济结构调整和转型升级。

　　——这五年，我们始终坚持抓住政策叠加效应，项目建设实现了打基础利长远的重大转变，进入了跨越发展的新时期。五年来，累计争取到中央预算内投资13.92亿元。3000万元以上重大项目新开工320个，投资亿元以上重大项目83个，完成固定资产投资697.13亿元。玉柴重工配套产业园、教育集中区、世客城、九洲江上游流域中小企业产业转移园、谢仙嶂民俗文化生态旅游、滩面35兆瓦光伏发电等一批自治区层面统筹推进的重大项目取得了重大进展。新建铁路6.4千米，二级以上公路31.1千米。投入4000多万元，实施马盘二级公路玉林至陆川段大修工程，并移交自治区公路部门管理。项目建设水平的全面提升，极大增强了加快发展的支撑保障能力。

　　——这五年，我们始终坚持发展经济与保护环境两手抓，九洲江水质实现了由"劣五类"到"整体三类水"的重大转变，进入了可持续发展的新时期。从2013年8月起，认真落实广西、广东两省区联手共治九洲江的部署。累计投入资金6.97亿元，清拆猪场910家、面积26万平方米。建成高架网床养殖场105家、面积18.6万平方米。500头以上规模养殖场高架网床普及率达80%，名列广西县（市）首位。县城新增污水管网27千米，18个污水口完成截污建设。建成9个镇污水处理厂、33个农村环境连片整治项目，建设3个有机化肥厂、2个畜禽无害化处理厂和3个垃圾中转站。新建农村户用沼气池1.04万座，大中型沼气池20座。完成

九洲江源头速丰桉纯林改造3200亩、荒坡植树1500亩、沿线绿化35千米、村屯绿化136个。森林覆盖率达58.61%，比"十一五"时期提高2.81个百分点。九洲江文车桥跨省交界断面的水质由原来的五类水，转变为现在的整体三类水，生态文明建设取得显著成效。

　　——这五年，我们始终坚持新型城镇化建设，城市化实现了从注重"量"到注重"质"的重大转变，进入了生态宜居的新时期。加快建设"岭南客家温泉文化名城"。城镇固定资产投资由2010年的67.98亿元增加到2015年的171.57亿元，年均增长20.34%。城北、城东、城南、龙豪4个新区建设拉开了城市发展框架。棚户区改造、教育集中区、地王国际等重点城建项目有效推进，文体中心、政务服务综合大楼建成使用。温泉大道、陆兴北路、温汤东路、金穗桥等31个改造或新建市政项目竣工。松鹤公园成为城区最大的休闲健身场所。县城LED节能路灯改造全面完成。县城建成面积由2010年的10.21平方千米扩大到2015年的14.69平方千米。城镇化率由2010年的33.09%提高到2015年的41.76%。城镇居民人均可支配收入由15766元增加到25959元，年均增长10.5%。

　　——这五年，我们始终坚持夯实"三农"基础，农村面貌实现了根本性的重大转变，进入了转型发展的新时期。投入2160万元，建成滩面镇新旺村、良田镇文官村、沙坡镇茶子山庄等12个新农村示范点。投入3269万元，建设古城镇北豆村那沙等49个移民新村。建成吹塘客家文化村、文官客家文化村、吹塘码头公园、龙化放生公园、英平家庭农场生态园、迈塘橘红生态园等九洲江生态乡村示范带项目。实施中央小型农田水利重点县建设，水利建设投资6.3亿元，完成病险水库除险加固63座。实施农村人饮工程380个，全县自然村通自来水普及率达56%，农民群众普遍

喝上干净水、放心水。实现"村村通"硬化路,建设村级硬化路1525千米,146个村通客车,自然村屯硬化路覆盖面达65%。农业企业累计达115家,农民专业合作社576个。土地流转总面积累计达19.1万亩。中药材种植面积由2010年的1万亩增加到2015年的8万亩。"三农"基础全面改善,农村居民人均纯收入由2010年的5274元增加到2015年的10087元,年均增长13.9%。

——这五年,我们始终坚持改革开放带动,发展格局实现了深度拓展的重大转变,进入了活力焕发的新时期。全面推进农村综合改革,成立县级农村产权交易中心、农村土地流转服务中心,土地流转率达46.4%。取消(减少)行政审批事项253项,承接上级下放行政审批事项264项,277项行政审批权限进驻县政务中心办理。推进工商登记制度改革,各类市场主体由2010年的1.26万户发展到2015年的1.93万户,注册资本总量突破65亿元。长隆电子、陆洲机械、铁都厨具、净水先生、百汇百货等5家企业在北部湾股权交易所挂牌上市。五年来,累计招商引进项目471个,到位资金373.88亿元。改革开放的全面深化,为经济社会发展释放出更多的潜力。

——这五年,我们始终坚持保障和改善民生,社会事业实现了全面健康发展的重大转变,进入了共享发展的新时期。五年来,财政民生资金投入累计达115.43亿元,是"十一五"时期的3倍。新增城镇就业2.3万人、农村劳动力转移就业3.2万人。城镇、农村低保补助标准比2010年分别提高87%、150%,新农合筹资标准、城镇居民医保补助标准分别增长3倍、3.2倍,城乡居民基本养老保险制度全面建立。建设保障性住房2705套,农村危房改造10508户。脱贫攻坚成效明显,9万农村贫困人口稳定脱贫。抓好自治区级学校布局调整综合改革试点县、学前教育发展机制改革试点县、农村学校教师周转宿舍试点县建设,新建、改扩建

学校38.58万平方米,新建县第五小学、城东小学、城北小学。在全国学前教育三年行动计划现场推进会上作典型发言。陆川县中学高考成绩位居全区同类高中前列。科技创新不断加强,被认定为国家知识产权强县。公共文化服务体系不断完善,新建14个镇综合文化站、83个村级公共服务中心。《陆川啀戏》被列入"第五批自治区级非物质文化遗产名录"。覆盖城乡的公共卫生和医疗服务体系基本建立,文化体育活动深入开展。法治陆川、平安陆川建设扎实推进,全面完成"六五"普法任务,社会治理格局不断完善,食品药品安全监管持续加强,安全生产形势总体平稳。建立广西首家县级政法综治门户网站("平安陆川网")、广西首家县级网上信访大厅。连续10年被评为"自治区平安县",连续4年被评为"全国防震减灾工作先进县",荣获"全国国土资源节约集约利用模范县""全国全民健身运动先进县"等称号。

——这五年,我们始终坚持加强政府自身建设,工作作风实现了从严从实的重大转变,进入了高效务实清廉的新时期。适应新形势对政府工作提出的新要求,加强民主法治建设,推进行政管理制度改革,不断提高行政效能。深入开展党的群众路线教育实践活动和"三严三实"专题教育活动,严格贯彻执行中央八项规定和国务院"约法三章","三公"经费2015年比2013年下降45.4%。认真执行县人大及其常委会的决议和决定,自觉接受人大、政协和社会的监督。重大决策程序机制不断完善。建立政府法律顾问制度,被命名为自治区级依法行政示范点。稳步推进政府机构改革,调整和转变国土、环保、文化、卫生、计生、工商、质监、食品药品、市政市容等部门职能。全面落实党风廉政建设"两个责任",反腐败工作深入推进,监察和审计监督进一步加强。政务服务体系不断完善,在全区率先实现乡镇政务服务全覆盖,政务公开和政府信息公开持续深化。绩效管理工作不断加强,三年获全市一等奖。

五年来,国防教育和国防后备力量建设深入开展,双拥工作取得新成绩。统计、物价、人防、质监、农机、供销、轻工、市场服务、机关事务、接待、地方志、档案、老龄、机构编制、统战、民族、宗教、外事、侨务、台办等工作取得新进步。各群团社团组织在经济社会发展中发挥重要作用。中直、区直、市直驻陆各单位,驻陆部队在支持地方建设上做出了积极贡献。

各位代表!回顾五年历程,成绩来之不易,这是上级党委、政府和县委正确领导的结果,是县人大及其常委会、县政协监督支持的结果,是全县各级各部门和110多万人民团结奋斗、顽强拼搏的结果。在此,我谨代表县人民政府,向辛勤工作在各条战线上的工人、农民、知识

2015年,陆川县加大招商引资工作。图为3月县长蒙启鹏(右一)等领导到广东开展招商引资洽谈
叶礼林　摄

分子、干部和各界人士,驻陆部队、武警官兵、公安干警,向各民主党派、工商联、人民团体,向所有关心支持陆川发展的朋友们,表示衷心的感谢和崇高的敬意!

各位代表!五年来的实践使我们深刻体会到,推动陆川科学发展,必须全面贯彻创新、协调、绿色、开放、共享的发展理念,以新理念推动新发展;必须抓好机遇,把机遇优势转化为发展优势;必须加快经济结构调整和发展方式转变,推动产业转型升级;必须加强生态建设,把生态文明融入经济社会发展各领域各环节,变绿水青山为金山银山;必须把改善民生作为最大责任,办好安民心、得民心、暖民心的实事,让全县人民共享改革发展成果。

在总结五年发展成就的同时,我们也清醒地看到,全县经济社会发展还面临很多困难和挑战。主要表现在:发展的质量效益还比较低,产能过剩等结构性矛盾突出,经济下行压力仍然较大;资源环境约束趋紧,九洲江治理是一项长期而艰巨的任务;改革开放相对滞后,制约发展的体制机制亟待破解;保障改善民生的任务还很繁重,8.597万农村人口尚未脱贫;政府职能转变还需加快,行政执行力还需进一步提升。我们将高度重视,并认真解决这些问题,使陆川改革发展的道路越走越宽广。

二、在新的发展阶段再创辉煌

"十三五"时期是全面建成小康社会的决胜阶段,也是我县全面建设"一城一地一支点"的攻坚阶段。我们肩负着重大的历史使命,同样也面临着难得的发展机遇,中央《生态文明体制改革总体方案》明确把广西、广东九洲江治理列入"跨省区生态补偿试点工作",给我县带来了历史性发展机遇。我们要因势而谋、因势而动、因势而进,推动经济社会发展不断迈上新台阶。

今后五年我县政府工作的指导思想和总体要求是:全面贯彻党的十八大和十八届三中、四中、五中全会,以及习近平总书记系列重要讲话精神,认真践行"创新、协调、绿色、开放、共享"五大发展理念和以人民为中心的发展思想,认真贯彻"五位一体"总体布局和"四个全面"战略布局,按照县第十四次党代会的部署,紧抓九洲江跨省区生态补偿试点的重大机遇,深入实施"一城一地一支点"发展战略,全面落实经济转型攻坚、生态治理攻坚、城市提升攻坚、基础设施攻坚、精准脱贫攻坚、社会治理攻坚"六大攻坚",与全国、全区、全市同步全面建成小康社会,

努力把陆川建设成为区域性新兴城市、生态养生乐游目的地以及玉林东向发展的战略支点。

今后五年我县经济社会发展的主要目标是:地区生产总值年均增长8%左右,比2010年翻一番;财政收入年均增长7%;固定资产投资年均增长14%;工业增加值年均增长8%;社会消费品零售总额年均增长9%;城镇居民人均可支配收入年均增长9%;农村居民人均纯收入年均增长10%;全县城镇化率达50%以上。农村贫困人口全部脱贫,就业、教育、医疗、文化、社保、住房等公共服务体系更加健全;节

能减排降碳完成上级下达任务。

围绕上述目标,今后五年,要大力实施项目带动战略,以项目作为政府工作的主抓手,推进各项发展目标的有效落实。

(一)以园区项目为抓手,奋力实现工业转型升级。以园区为主战场,完善园区平台,加速园区项目落地,推进园区产业聚集,做大工业总量,为建设区域性新兴城市提供产业支撑。

规划建设一批产城一体化项目。北部工业集中区:推进北部园区与"五彩田园"、玉柴产业新城相连接。园区面积达26平方千米。按照创建国家级高新技术产业园区的目标和产城一体化的思路,科学规划园区布局,全面扩大园区投资,全速推进园区基础设施建设,重点是投资5000万元,建设经二路、经三路、三环路、鹤山大道东段;投资5200万元,建设污水处理厂、铺设污水管网。建设园区培训服务中心大楼,推进商业、住宅、仓储、金融、信息、公共设施等项目,人们可以就近就业、工作、生活,使工业园区成为生产和生活的综合体。龙豪创业园区:抓好九洲江上游流域中小企业产业转移园建设,推进龙豪园区一期路网、广州路片区路网、西环路建设,启动创业基地、物流园、园区安置用地等基础设施建设。南部园区:规划建设千亩陆川猪产品深加工基地。引进有实力的健康食品企业,打造健康养生的陆川猪系列品牌以及产业链。实施一期路网、园区安置用地基础设施建设。把南部园区打造成绿色产业园区。

实施一批传统产业技改升级项目。充分利用上级技改政策,大力支持机械制造、新型建材、有色金属、健康食品、林产品加工等五大传统产业改造升级,技改投资年均增长15%以上。以玉柴重工、开元机器、陆洲机械、兴宝金属、华润水泥、千业汽配、志强新型发电机等30个项目为代表,全面提升产品技术、工艺装备、能效环保等水平。鼓励企业加大研发投入,新增自治区级高新技术企业2家、市级工程技术研究中心3家。通过技改,进一步打响陆川铁锅地理标志品牌,发展壮大乌石酱油、陆川电机等产业品牌,形成传统品牌经济效应。

培育一批上规、上市企业项目。上规方面:引导支持铁锅企业兼并重组。加大对宝康源、川迪机械、永大汽配、漫山红红木家具、千业工贸等项目的扶持力度,力争到"十三五"末,主营业务亿元以上的工业企业85家,新增规上工业企业25家、限额以上贸易企业25家。上市方面:大力支持企业上市,出台具体扶持政策,力争永耀玻璃、净水先生、陆洲机械、长隆电子、百汇百货等8家公司实现上市目标。

引进一批新兴产业项目。准确把握产业发展趋势,在坚持改造提升传统产业的同时,积极培育壮大战略性新兴产业,力争到"十三五"末,新兴产业占GDP的比重达15%。着力抓好滩面35兆瓦光伏发电、博世科固体废弃物天然气综合利用、陆川风电、蓝正药业、顺达电子等项目,推动新能源、新材料、医药健康、电子信息、节能环保等新兴产

业发展,促进产业结构调整升级。

搭建工业园区平台。按照"产业集聚、区域集中、开发集约、能量集合"要求,从三个方面来提升承载力。围绕园区定位抓招商。北部工业集中区,重点引进机电、机械制造、新型建材、物流项目。龙豪创业园区,重点引进电子、服装等劳动密集型产业。南部园区,重点发展健康食品产业,推进中药材、陆川猪、牛肉制品等特色农产品深加工。围绕产业定位抓供地。着力提高用地的集约度。推行工业用地长期租赁、先租后让、租让结合等多种供地方式。推进标准化厂房建设,促进土地复合开发利用。清理、处置闲置土地,采取开工、收回、置换等多种途径,盘活利用存量建设用地,杜绝闲置土地再度沉积。围绕项目投资抓管理。着力提高产出比,加强对产业聚集度、投资密度以及产能等方面的跟踪服务,坚决防止签而不投、大项目小投资、用项目圈地、倒卖土地等现象。

(二)以城市项目为抓手,奋力加快建设区域性新兴城市。坚持以人民为中心的城市发展理念,着力完善城市功能,建设宜居、宜商、宜业、宜游的区域性新兴城市。

实施城乡规划提升工程。突出规划的龙头和引领作用,抓好城乡总体规划修编,聘请国内知名规划设计单位重新对县城总体规划和特色小镇规划进行提质修编。推进土地利用规划、城镇总体规划、产业发展规划"三规合一",增强规划的前瞻性、科学性和权威性。城区和小城镇建设要注重"留白、留绿、留旧、留文、留魂",严格划定水体保护线、绿地系统线、基础设施建设控制线、历史文化保护线、永久基本农田和生态保护红线,促进生产空间集约高效、生活空间宜居适度、生态空间山清水秀。

实施城区交通畅通工程。一个优良的交通体系是陆川奔向区域性新兴城市的有力臂膀。加快东环路、西环路、高速路南北出入口建设。完善铁路涵洞通道,促进县城东西区均衡发展。加快推进通政东路、讯和路、九龙路、经六路、经七路、锦源大道等市政道路建设,实施罗庚塘桥、中山公园桥、文昌桥、公安街桥、妙垌河桥等5座跨九洲江桥梁,以及三峰路与温泉大道交叉十字路口人行天桥等项目建设,打通城区循环路网,完善对外通道,构建四通八达的交通网络。

实施老街区美化、亮化、绿化、净化工程。我县旧城区人口密度大、街道狭窄、功能建设落后,必须坚持以人为本,提高城市管理水平。大力推进旧城区提升改造,重点推进陆兴路、城投公司、向阳、汇丰、九洲江城区段一江两岸等5个片区棚户区改造项目,完善旧城区综合配套功能。对温泉大道两侧、九洲江一江两岸、陆兴路等主干道的外立面,实施岭南客家民居风貌改造和灯光夜景亮化工程,进一步提升陆川城市品位。完善城区园林规划,做好城市道路、河堤、公园、小区和周边山体绿化,加快推进九龙公园、文昌公园、松鹤公园(二期)、东山森林公园等休闲生态项目,在东山、西山规划建设植物园、城市湿地公园,着力打造密集型绿地景观城市。统筹生态基础设施建设,优化供水、供电、

排水、治污、通讯和网络等管网建设,计划投资3.1亿元,建设县城雨水排放系统,铺设90千米雨水管网。实施县城九洲江段、妙垌河、泗里河等河道清淤、疏浚、改直,以及水闸改建等工程,推进城市水系与城市管网建设协调发展,破解中山苑等居民小区低洼地带的内涝问题,确保城市安全。规划建设一批公共厕所、一批停车场、停车点、停车位。强化城市综合执法管理,加强城市执法力量和制度建设,建设一批城市执法岗位,建立环境卫生、交通秩序、市场秩序整治的长效机制,坚决遏制城市"五乱"现象,打造文明、整洁、优美的人居环境。

实施陆川新城区拓展提速建设工程。坚持东区优先发展、西区适当发展的原则,突出重大项目示范带动作用,抓好世客城、中浩地王国际、碧桂城、锦源物流城、教育集中区、文体中心、县中医院、县人民医院分院、东山森林文化公园、东山湖等项目,加快新城区开发建设的广度、深度,到2020年,再造一个陆川新城区,县城建成面积达25平方千米,人口达20万人,形成老城区五彩缤纷、新城区生机勃勃的发展局面。

实施城市特色产业培育工程。产业是城市发展的血液。今后五年,重点在发展城市商业、旅游、健康养生养老三大产业上实现新突破,打造生态养生乐游目的地。城市商贸服务方面:抓好中浩·地王国际商业中心、德利·藏龙世家等商住小区,以及锦源物流城、桂东南工业品批发市场、阿里巴巴农村淘宝、电商产业园等项目建设。引进布局红星美凯龙、华润万家等现代化大型商场。规划建设大型农贸市场、活禽市场、家居市场、建材市场、肉料市场和香料批发市场。改造城北水果市场、建材市场、城中九洲市场。城市旅游方面:以龙珠湖—世客城—湿地公园—谢鲁山庄为核心建设九洲江生态景观带。加快推进世客城、谢仙嶂、龙珠湖、谢鲁山庄与五彩田园联合申报5A级改造、塘寨红色生态乡村旅游区等项目建设。规划实施澳之山、东山森林运动养生、七彩高山乡村旅游等项目。力争创建A级景区、星级乡村旅游区、星级农家乐20家以上,旅游总收入年均增长18%以上。城市健康养生养老方面:围绕居家养老、旅游休闲养老、医养结合型养老三种模式,积极培育老年医疗保健、老年旅游、老年文化、老年用品加工等四大配套养老产业。鼓励医院举办养老院、养老院设立医院、养老院与医院联办等形式,构建养老与医疗相互融合的服务模式;支持社会资本开办老年护理院、康复医院和提供临终关怀服务的医疗机构等。大力发展机构养老服务。

(三)以农业农村项目为抓手,增强农村发展动力活力。把发展现代农业贯穿于农村建设的全过程,加快推进农村一、二、三产业融合发展,不断提高农业效益,增加农民收入,促进农业经济转型升级、农村繁荣发展。

建设一批现代特色农业(核心)示范区项目。着眼推进农业产业转型升级,加大对农业经营主体的政策支持,重点打造2个自治区级现代特色农业(核心)示范区、20个玉林

市级现代特色农业（核心）示范区。重点抓好绿丰农业专业合作社、桂菜园等（核心）示范区建设。加快陆川现代特色菜篮子工程建设，解决城镇居民买菜难、买菜贵的问题。到2020年，把我县建设成为广西现代特色农业示范县。

培育壮大一批带动能力强的农业合作组织和农业龙头企业。以生态养殖、绿色发展引领合作组织和农业龙头企业发展。扶持经济效益好、农户参与度高、带动能力强、特色鲜明的种养型专业合作社，新增农业合作组织100个。扶持生产经营专业化、标准化、规模化、集约化的农业企业发展，新增农业龙头企业20家。到2020年，力争实现年销售额超5亿元的龙头企业5家，年销售额超5000万元的20家，形成100个"一村一品"专业村（屯），把陆川打造成玉林市重要的绿色农产品生产加工基地。

打造一批陆川特色农产品品牌。大力推广优质高产的杂交水稻品种，粮食种植面积保持在65万亩左右，总产量稳定在27万吨以上。投资3亿元，建设九洲江上游万亩有机田园，在温泉、大桥、乌石建设标准化万亩农业生产基地，种植中药材、花卉、果蔬等经济作物。加快中药材种植专属区建设，力争中药材种植面积达到20万亩，产值达到200亿元，成为玉林中药港最大的原材料基地和加工基地。加大农业品牌和"三品一标"认证支持力度，新增认证"三品一标"产品10个以上，做大做强"陆川猪""陆川橘红""瓜头鱼苗"等品牌，推动陆川农业从品种向品牌、从产品向产业转变。

实施一批农田水利设施项目。计划投资1亿元，抓好九洲江及其支流河道防洪工程、水库除险加固、中小河流整治、小型农田水利、小流域综合治理等五大类水利项目建设。

推进一批新农村示范点项目。规划实施15个新农村示范点建设。抓好农村新建桥、危桥改造30座，农村公路加宽改造22条，硬化村屯公路2500千米。新建水库移民新村、旧房改造工程67个。建设移民村（屯）垃圾收集、转运和污水集中处理设施90处。扶持库区移民种植橘红、天冬等中草药5000亩。利用库区毗邻广东的有利条件，建设1个工贸园区，解决移民就业问题。

推进农村一、二、三产业融合发展。依托现代特色农业示范区的种植、养殖和农产品加工业，按照乡村旅游业的标准，建设一批农家乐、休闲农庄、民俗村、休闲农业观光、红色文化旅游等项目。重点扶持绿丰农业专业合作社、塘寨葡萄产业园、桂菜园、英平家庭农场、吹塘农家乐生态农业、龙化中药材种植基地等项目，打造一批一、二、三产业融合发展的农村产业，推动农村经济转型升级。

（四）以生态项目建设为抓手，建设生态文明示范县。牢固树立绿水青山就是金山银山的理念，全面落实九洲江跨省区生态补偿试点工作，促进经济与环境协调发展。

加快建设九洲江生态补水工程项目。实施秦镜、陆选、石硖、六潘等一批水库项目建设。抓好新建水库周边开发建设规划，依法严格保护水库水源，科学合理利用水库资源，确保九洲江枯水期的水质得到有效改善，使水库效益转化为生态效益、社会效益。

加快推进创建全国农村污水处理示范县项目。到2020年年末，新建成5个镇污水处理厂、4个镇垃圾中转站、8个片区垃圾处理中心、100个村级污水处理设施、20个村级垃圾处理设施，全县14个镇全部建有生活污水处理厂、生活垃圾中转站。实施一批农村环境连片整治项目。做好污水、垃圾处理设施市场化运营工作。

加快推进一批生态养殖项目。规划建设陆川县生态养殖示范场项目。对九洲江禁养区、限养区进行严格管理。在米马河、古城河、北豆河、石垌河、清湖河设立禁养区和限养区。投资2.5亿元，对全县339家生猪规模养殖场改造成高架网床生态养殖模式，九洲江流域内生猪养殖高架网床改造完成100%。建设2座病死畜禽无害化处理厂，对病死畜禽进行集中处理。投资3亿元，建设3家有机肥料厂，对畜禽粪便进行综合再利用。投资2亿元，在县南部建设标准化养牛小区。投资3亿元，建设500个生猪标准化示范场。

加快实施一批生态修复项目。继续实施重点区域清拆。对九洲江主干流禁养区范围内该拆未拆、限养区内无法上马环保设施、无整改条件的养殖场进行清拆。实施生态工程建设。投资6600万元，规划建设乌石吹塘湿地公园、龙颈瀑布风景区湿地、马嘶河人工湿地等项目。投资5000万元，实施九洲江源头水源林保护工程。投资3000万元，在九洲江沿岸实施1万亩纯林改造，推进10万亩人工造林，完成980个自治区级村屯绿化任务，全县村屯绿化达标率65%以上，森林覆盖率达59.11%以上。实施河道整治工程。投资8500万元，实施一批防洪整治、水土保持综合治理、清淤工程，推进北豆河、古城河、白肚河、沙江河、龙化河等流域水体修复项目。保持打击非法采砂的高压态势。加大工业污染治理。投资7110万元，加大淘汰落后产能力度，对19家重点涉水工业企业进行监控，关闭工艺技术落后、环境污染重的生产企业。推进农业面源污染治理。实施测土配方施肥技术25万亩，推广节水农业10万亩，农业清洁生产达到60%以上。

（五）以重大基础设施项目为抓手，全面提高陆川开放发展承载力。基础设施建设既解决民生所需，又扩大投资、增强后劲。我们要推动一批重大基础设施项目建设，进一步增强"一城一地一支点"的发展支撑能力。

加快建成一批重大交通设施项目。抓好黎湛铁路电气化改造、陆川火车站提级改造、站房及站前广场建设，推进动车接南宁、桂林、广州高铁。加快建成玉林至湛江高速公路、马坡至陆川一级公路、岑溪南渡至陆川二级公路、清湖至浦北二级公路、乌石经谢鲁山庄至良塘二级公路等重大交通项目。积极争取规划建设玉林—陆川—阳江高速公路。立项建设马坡至平乐、大桥至横山、良田经清湖至古城等一批二级公路项目，实现镇镇通二级公路目标。新建城东运美车站、城南客运站，不断完善交通基础设施。

加快建设一批物流项目。在北部工业园区规划建设无水港。在马坡镇规划建设物流园。重点推进华宇物流中心、锦源仓储物流城、农副产品配送物流基地、现代农业贸易物流中心、盛基综合商贸物流城、建材产业物流园等项目。

加快建设一批信息、金融项目。抓好县、镇、村三级通信网络基础设施建设。建设泛在普惠的信息网络，实现所有镇、村、工业园区光纤网络全覆盖，县城、镇实现高速Wi-Fi全覆盖，城镇家庭、98%的建制村光纤接入能力达到100兆。按现代企业管理制度打造基础设施建设投资公司。重点是抓好县城投公司、小城镇建设投资公司、工业投资公司和交通旅游投资公司建设，加强公司运营管理，不断提升融资、投资、项目运营能力。大力推进公司按照现代企业制度进行改革，企业管理者由委任制向聘任制转变，建立适应市场经济的现代企业管理制度。

加快建设粤桂合作试验区项目。利用我县紧邻广东的区位优势，与化州市合作，在九洲江流域外围的清湖镇和化州市平定镇交界处，共同规划建设粤桂产业合作试验区，重点承接加工业、制造业、农业产业化项目。通过5~10年的跨区域资源整合、高水平的开发建设、科学的生态环境保护，将试验区发展成为边界合作的示范引领区，打造新的经济增长极。

（六）以扶贫项目为抓手，奋力实现脱贫攻坚目标。这是我们"十三五"时期最大的政治责任、最大的民生工程、最大的发展机遇，必须全面推进脱贫攻坚战，在2016年完成6.2万贫困人口脱贫、实现脱贫摘帽，到2020年实现8.597万贫困人口全部脱贫，确保贫困发生率低于3%。

实施一批产业扶贫项目。推广塘寨葡萄基地、新山绿丰橘红基地等可借鉴、可复制、可推广的典型，依托中药材等特色产业，因地制宜发展种植蔬菜、食用菌、水果等经济作物，发展生态养猪、养鸡、养鸭、养鹅等养殖业。通过扶贫小额信贷等金融扶贫手段，加大产业扶贫投入力度，确保每个贫困村至少组建1家以上合作社或农业企业，形成1个以上增收脱贫的主导产业和特色产业，带动60%以上贫困户脱贫。

实施一批易地搬迁项目。计划投资3.23亿元，实施易地扶贫搬迁806户、3228人。依托城镇、园区、旅游区进行集中安置，分别在珊罗镇、沙湖镇、县城城东、龙豪创业园、滩面镇规划建设5个易地扶贫搬迁安置点。统筹考虑搬迁后的后续发展问题，充分依托安置区资源优势，培育和发展适合提高贫困户收入的产业，让他们"搬得出、稳得住、能发展、可致富"。

实施一批基础设施项目。加快完善贫困村的路、水、电、房等重点基础设施。安全稳固住房方面，实施农村危房改造，解决5825户住房不达标问题。饮用水方面，通过打井或引用山泉水、自来水等方式，解决1118户饮水困难问题。路通自然村方面，投入5500万元，建设村屯道路271千米，解决145个自然村屯的道路问题。村级公共活动场所建设方面，投入3030万元，新建或改建78个村级活动场所。

实施一批农村电商项目。依托阿里巴巴农村淘宝的有利平台，打造"互联网＋"脱贫致富示范点，实现67个贫困村村村有淘宝店，销售特色农产品、手工艺品等产品，新增就业5000余人，带动5000户脱贫。

实施一个脱贫工作机制。健全扶贫大数据管理平台，实现精准帮扶。完善扶贫财政投入稳定增长机制。统筹扶贫标准与低保标准有效衔接。健全扶贫考核机制，建立贫困村、贫困户脱贫退出机制和精准帮扶激励机制。

（七）以民生项目为抓手，推进城乡发展一体化。为政之道，民生为本。该给群众办的实事一件也不能少，我们要一件接着一件办，一年接着一年干，持续增进人民福祉，努力把"福"字写得更大、更好！

教育项目。深化教育综合改革，推进义务教育均衡发展、义务教育学校标准化和普及高中阶段教育。加大教育基础设施建设力度，新建、改扩建一批中小学校。新建陆川中学东校区。规划建设城东、城西初中学校。把陆川县实验中学创建成自治区示范性普通高中。按照每校60个班级、每班45人的标准，新建龙豪小学、世客城小学，2016年年底前开工建设。加大学前教育投入，在新区开发、旧城改造中配套建设3-5所幼儿园。逐步解决"入园难""大班额""大通铺"问题，切实办好人民群众家门口的教育。

医院项目。把人民健康放在优先发展地位，以建设医疗健康项目、普及健康生活、优化健康服务、完善健康保障、建设健康环境、发展健康产业为重点，加快推进健康陆川建设，全方位、全周期保障陆川人民健康。加大基层医疗卫生投入力度，着力缩小城乡医疗卫生服务差距。加快搬迁县中医院、县骨科医院、县妇幼保健院等项目。加快温泉疗养院综合楼建设。规划建设县人民医院分院、县公立精神病人医院、社区卫生服务中心。实施良田、乌石、马坡等镇中心卫生院项目建设。加快推进清湖、沙坡、古城等镇中心卫生院续建项目。提高新农合保障水平，参合率稳定在97%以上，统筹基金使用率达到85%以上，确保群众受益更多。加快异地就医、大病保险、付费方式改革。缓解人民群众看病难、看病贵问题。实施好全面二孩政策，统筹做好人口工作。

就业项目。投资1550万元，建设县就业和社会保障服务中心。统筹做好高校毕业生、城镇就业困难人员、农村转移劳动力、残疾人等各类群体就业工作。做好退役军人转业安置。落实好社保补贴、税费减免等政策。规划建设农民工返乡创业园。健全职业技能培训制度。让广大群众有事干、有钱挣、有奔头。

文化项目。重建陆川三峰书院、文昌阁。规划实施陆川革命历史斗争陈列馆、陆川客家山歌歌剧院、县客家博物馆、县体育学校、县青少年体育俱乐部、县工人文化宫等项目。加大名人故居、历史文化名村、重点文物的修缮保护，加大县志、陆川建筑文化志的修编，传承陆川历史文化。

科技项目。以经济转型为引领，以提高技术含量、延长产业价值链、增加附加值、增强竞争力为目标，围绕我县重点产业、重点项目,加大科技投入,加快人才培养,加强与科研院所合作,推进重点研发平台、特色基地和创新团队建设,创建科技型中小企业孵化器,培育高新技术企业,以科技创新的新成果为转方式、调结构、促升级开辟新空间。

民政项目。实施县民政园、14个镇农村养老服务中心、30个农村幸福院等项目建设。不断提高城乡居民基本养老保险、失业保险、工伤保险覆盖面。完善城乡社会救助体系,提高低保标准和补助水平。建立困难残疾人生活补贴制度,加大对农村留守老人、留守妇女、留守儿童的关爱力度,使困难群众遇急有助、遇困有帮,让社会充满关爱和温暖。

(八)以社会治理项目为抓手,全面建设平安陆川。平安社会是人民群众的基本期盼。我们要创新社会治理,保障社会和谐,让人民群众的生活更安全、更安心、更安定。

实施社会网格化管理项目。投资3472万元,规划建设县城社区网格化管理中心,县城网格化管理覆盖率达100%。用三年时间,推进154个行政村网格化管理项目,把全县所有村、社区划分为908个网格。到2020年,实现县、镇、村(社区)网格三级社会管理信息共享,做到信息无遗漏、民情底数清、服务零距离、管理无盲点、人在格中走、事在网上办。

实施天网工程。深入推进"天网工程"建设,切实发挥"天网工程"在城市管理、安全防范、警卫安保等工作中的作用。在治安复杂和市场、学校、道路出入口、人口较多村屯等人员密集的地方,新增高清治安监控点1836个、高清治安卡口68个、电子警察40个。到2020年,形成出村、出镇、出县三道视频监控防范圈。

实施地网工程。在全县一级、二级、三级、四级路和村道出入口、学校、住宅小区、停车场、出租屋、娱乐场所、宾馆等地方,新增信息采集点1573个、平安卡2万个。投资1000万元,在治安薄弱的城区居民小区、治安难点村建立一批"地网"视频监控系统,架设探头500个。到2020年,形成街面有巡逻、路面有"天网"、社区有探头的立体治安防控体系。

实施城市应急中心工程。抓好公共突发事件信息预警发布系统项目建设。投资1800万元,建设抗震救灾应急指挥中心、抗震救灾应急服务中心、防震减灾科普教育基地等项目。投资1000万元,实施县城应急避难场所(二期)工程建设。完善消防、人防基础设施,建设多种形式的应急救援队伍。

实施综治突出问题化解工程。投入专项资金,解决征地拆迁、经济发展过程中的历史遗留问题,通过提供回建地、安置地、回迁房、资金补偿、社保、就业等方式,有效满足群众合法合理合情的诉求。完善征地拆迁管理办法,依法严格执行,促进社会和谐稳定。

进一步深化改革,着力推进农村综合产权、行政审批、商事、"四所合一"、投融资、土地利用和供给管理、财税管理等重点领域改革。严格落实安全生产"党政同责""一岗双责"责任体系,强化企业责任落实,坚决遏制重特大安全事故发生。落实最严谨的标准、最严格的监管、最严厉的处罚、最严肃的问责"四个最严"要求,加强食品药品监督管理。加强政务服务工作,提升"一站式"服务能力。继续开展法制宣传教育。加强国防动员和后备力量建设,加强人防、双拥工作,推动军民深度融合发展。依法保障公民,特别是妇女、未成年人和残疾人的合法权益。充分发挥工会、共青团、文联、妇联及妇儿工委、残联、侨联、工商联、社科联、科协、老科协、老促会、老体协、老年学会、关工委、客家商会等群团社团组织的作用。继续做好统计、统战、民族宗教、外事侨务、台办、征地办、供销、轻工、粮食储备、市场服务、质监、农机、地方志、档案、老龄、绩效、机构编制、机关事务、住房公积金、防震减灾、消防、气象、烟草、保险、工商、电信、邮政、网络等工作。

三、建设人民满意的政府

重任千钧惟担当。面对"十三五"异常艰巨复杂的改革发展任务,我们要增强政府执行力和公信力,建设人民满意的法治政府、创新政府、廉洁政府和服务型政府,努力实现干部清正、政府清廉、政治清明。

(一)坚持依宪履职,依法行政,把政府工作全面纳入法治轨道。宪法是我们根本的活动准则,必须严格遵守。自觉运用法治思维和法治方式推动工作,法定职责必须为,法无授权不可为。积极推行政府法律顾问制度。积极推进决策科学化、民主化、法治化。全面实行政务公开。依法接受县人大及其常委会的监督,自觉接受县政协的民主监督,以及社会监督,让权力在阳光下运行。一切违法违规的行为都要追究,一切执法不公正不文明的现象都必须纠正。

(二)坚持廉洁履职,依法用权,深入推进党风廉政建设和反腐败工作。认真落实党风廉政建设主体责任,严厉整治各种顶风违纪行为。加强行政监察,推进审计全覆盖,对公共资金、公共资源、国有资产严加监管。始终保持反腐高压态势,对腐败分子零容忍、严查处。对腐败行为,无论出现在领导机关,还是发生在群众身边,都必须严加惩治。

(三)坚持勤勉履职,主动作为,切实做到勤政为民。政府工作人员要恪尽职守、夙夜在公,主动作为、善谋勇为。健全并严格执行工作责任制,确保各项政策和任务不折不扣落到实处。健全督查问责机制,坚决整肃庸政、懒政、怠政行为,决不允许占着位子不干事。坚持从严管理和关心关爱干部相结合,为担当者担当、让有为者有位,提振干事创业精气神,让广大干部肯干事、敢干事、能干成事,凝聚起推动陆川跨越发展的强大合力。

各位代表!回顾五年成就,鼓舞人心;展望未来前景,催人奋进。陆川的发展已经站在了新的起点上,让我们在中央、自治区、玉林市和县委的坚强领导下,咬定发展不放松、蹄疾步稳向前走,为加快实现"一城一地一支点"战略目标、与全国全区全市同步全面建成小康社会而努力奋斗!

大 事 记

DASHIJI

8月20日，自治区改善农村人居环境和"美丽广西"乡村建设调研组到陆川调研。图为召开调研座谈会   叶礼林 摄

1 月

6 日 陆川县开展冬修水利及植树活动。

8 日 玉林市学习贯彻中共十八届四中全会精神宣讲团到陆川县开讲,玉林市宣讲团成员、玉林市社科联主席黎波作宣讲报告。

10 日 陆川县"110,与您携手共创平安"宣传月活动在县中医院门口举行。

11 日 国家环保部核查组到陆川县核查2014年主要污染物减排工作,对企业污染物减排情况进行现场核查。

12 日 自治区侨联主席韦干到陆川县马坡镇东西村开展"送温暖·献爱心"慰问活动。

△ 玉林市委书记、市人大常委会主任王凯到陆川县检查指导城乡社区规范化建设和生态乡村建设工作。

△ 陆川县重大项目建设工作汇报会在县城召开。

13 日 自治区政法工作督查调研组到陆川县检查平安建设工作情况。

△ 玉林市委常委、政法委书记周彬率玉林市落实党风廉政建设责任制推进惩防体系建设考评组到陆川县开展专项考核。

△ 玉林市培育发展新型农业经营主体现场推进会在陆川召开。

△ 陆川县2014年度落实党风廉政建设责任制推进惩治和预防腐败体系建设工作汇报会在县城召开。

15 日 陆川县落实党风廉政建设"两个责任"暨领导干部警示教育大会在县城召开。

17 日 由自治区文联、摄影家协会、文艺服务志愿者协会和陆川县文联、摄影协会联合举办的《摄影基础知识》讲座在陆川县国税局会议室举行。

△ 自治区文联副主席、摄影家协会主席施兴良率自治区文联志愿服务队到陆川县开展慰问活动。

20 日 玉林市人大常委会副主任、市总工会主席张福文率玉林市第三检查组到陆川县检查群众路线教育实践活动"回头看"工作。

21 日 陆川县第十五届人民政府第50次常务会议在县城召开。

22 日 自治区政府教育督导团到陆川县检查"特岗计划"工作。

27 日 玉林市2014年度县级政府消防工作暨冬春火灾防控工作检查考核组一行到陆川县开展检查考核工作。

28 日 自治区供销社调研组到陆川县调研供销社综合改革工作情况。

29 日 县十五届人民政府第51次常务会议在县城召开。

30 日 自治区教育督导团到陆川检查"特岗计划"工作。

1 月 陆川县开展寻找"最美青少年"活动。

2 月

3 日 自治区检察院党组成员、反贪局局长兰志才到陆川县检察院检查指导工作。

△ 陆川县十五届人大常委会第35次会议在县城召开。

4 日 "守法回家·平安相伴"—陆川县2015年度春运启动仪式在县汽车总站举行。

5 日 陆川县党政机关办公室领导干部培训班在县城举行。

7 日 陆川县第十三届纪律检查委员会第六次全体会议在县城召开。

2015年2月4日,陆川县2015年春运启动仪式在县汽车总站举行

县交管大队 提供

8日 陆川县世客城项目洽谈对接会在县城召开。

△ 陆川县在县市政广场开展"中医养生知识"健康大讲堂活动。

8—9日 陆川县政协第八届委员会第五次会议在县人民会堂召开。

8—10日 陆川县第十五届人民代表大会第五次会议在县人民会堂召开。

10日 陆川县公共安全应急管理工作会议在县城召开。

10—11日 陆川县"守望九洲江·青春建新功"服务返乡农民工活动在县汽车总站举行。

11日 陆川县文艺工作座谈会在县政府二楼会议室召开。

12日 陆川县"铁路安全在我心中"宣传活动在县人民会堂门前路段举行。

13日 陆川县春节期间城乡市容环境和交通秩序安全综合整治工作会议在县城召开。

14日 陆川县"情系九洲江·携手青春梦"单身青年联谊晚会在川海龙福小区举行。

24—28日 陆川县新春书画摄影展在县人民会堂举办。

27日 陆川县县审计工作会议在县城召开。

△ 陆川县"生态美县"工作动员大会在县城召开。

△ 陆川县发展和改革工作会议在县城召开。

28日 陆川县第十五届人民政府第四次廉政工作会议在县城召开。

3月

3日 陆川县"春风行动"企业用工大型招聘会在县城召开。

△ 陆川县"保护母亲河·诗情系九洲"新春诗歌朗诵会在县人民会堂举行。

4日 玉林市市长韩元利到陆川调研民政项目建设工作。

△ 陆川县食品药品安全工作会议在县城召开。

5日 陆川县"青春雷锋行,共践价值观"志愿服务一条街活动在县城开展。

△ 陆川县春季期开学第一课"法律护航,快乐成长"法制宣传教育活动在米场镇初级中学开展。

6日 陆川县人民法院首例落实"被告人不穿马甲受审"刑事案件在第一审判庭开庭审理。

9日 陆川县"守纪律、讲规矩"主题教育活动启动。

11日 玉林市人民法院院长梁文华一行到马坡镇、古城镇开展信访维稳督查工作。

13日 县法院、工商局、质监局、烟草局等部门单位联合在人民会堂门口前举行"携手共治 畅享消费"法制宣传活动。

△ 陆川县开展城乡社区"规范化建设集中攻坚年"活动推进会在县党政会议室召开。

17日 自治区禁毒工作督导组到陆川县就贯彻落实中央自治区文件及禁毒工作会议精神情况进行督导检查。

△ 陆川县"守纪律、讲规矩"主题教育活动专题辅导讲座在县委党校举办。

24日 陆川县老体协工作会议在县城召开。

26日 玉林市委组织部到陆川开展"双百"工程专题调研。

△ 共青团陆川县委第十七届四次全委(扩大)会议在县委党校召开。

△ "陆川县汇聚青春助力生态九洲江建设暨'共青示范河'创建行动"启动仪式在大桥镇举行。

27日 陆川县洞心河小流域水土保持综合治理工程开工建设。

29日 县中学、学校团委在县革命烈士纪念碑开展"缅怀先烈·报效祖国·圆梦中华"主题教育活动。

31日 广东省、自治区水库移民局一行到陆川县检查指导移民项目建设工作,并到良田镇迈塘橘红基地、车田村水库移民新村和古城镇盘龙村符竹山屯水库移民新村等地调研。

△ 自治区副主席蓝天立到陆川调研九洲江沿线8个镇的污水处理厂项目建设进展情况及九洲江环境综合治理工作开展情况。

△ 自治区审计厅厅长何小聪率调研组到陆川县检查指导审计工作,并到大桥镇食品站猪场清拆现场、盛隆示范养殖场等地,对陆川县九洲江治理项目进展情况进行实地调研。

3月 县法院、检察院、公安局、司法局、教育局、团委、妇联联合签订《陆川县关于在办理未成年人刑事案件中推行合适成年人到场制度的实施办法(试行)》。

4月

1日 县委政法委主办的"提

升公众安全感、创建平安和谐家园"宣传活动在清湖镇、古城镇、良田镇举行。

2日 陆川县"温暖童心 青春建功"慈善助学活动启动仪式在市政广场举行。

△ 陆川县在县革命烈士纪念碑前举行纪念革命先烈仪式。

7日 陆川县举办处级领导和科级主要领导"学习贯彻十八届四中全会精神全面推进依法治国"专题研讨班暨"守纪律、讲规矩"主题教育活动党课,市纪委副书记梁小平做报告。

8日 玉林市委常委、组织部长覃天卫到陆川调研基层(社区)组织建设、干部队伍建设以及经济社会发展情况。

9日 自治区水库移民局局长沈永明一行到陆川县就水库移民避险解困试点工作开展情况进行调研。

△ 陆川县第二季度防范特大安全生产事故工作会议在县城召开。

10日 陆川县2015年学校安全工作会议暨安全稳定工作培训班在

县委党校举行。

13日 陆川县"守纪律、讲规矩"主题教育活动专题报告会在县第一会议室召开。

14日 陆川县、廉江市企业用工大型招聘会在陆川县人民会堂前举行。

15日 自治区公安厅"执法不严、司法不公"自查自纠活动及"回头看"第六检查组到陆川县公安局检查指导"执法不严、司法不公"自查自纠及"回头看"活动开展工作。

16日 玉林市党的建设理论专题研讨会在陆川县召开。

△ 陆川县公检法机关刑事司法工作联席会议在县公安局召开。

△ 全县政府网站建设普查和政务信息报送培训班在县第一会议室举行。

17日 自治区方志办副主任邓敏杰到陆川对三峰书院、亲睦书院、陆阳书院进行专题调研。

△ 自治区二轻联社领导到陆川县调研铁锅产业发展情况。

△ 陆川县委人民武装委员会、

县国防动员委员会暨民兵整组工作会议在县第一会议室召开。

22日 环保部华南督查中心副主任韩保新率广东、广西两省区和湛江、玉林两市及相关县市环保部门到陆川县开展九洲江流域、鹤地水库周边重点排污单位环保联合执法检查。

23日 玉林市"守纪律、讲规矩"主题教育活动先进人物事迹巡回报告会陆川县专场在县人民会堂举行。

△ 玉林市检察院党组书记、检察长杨天寿一行到陆川县检察院检查指导工作。

△ 陆川县棚户区改造项目可行性研究报告评审会在陆川九龙山庄会议室召开。

24日 陆川县重大投资项目现场审批活动在县党政会议室举行。

25日 自治区文化厅副厅长顾航一行到陆川县调研文化遗产保护工作。

27日 新华社、人民网、《光明日报》《广西日报》及《当代广西》杂志、《玉林日报》、玉林电视台、玉林电台等10多家主流媒体资深记者组团对陆川第10期"书记论坛"开讲情况进行宣传报道。

28日 玉林市委常委、玉林军分区司令员王志强到陆川县调研社区规范化建设情况。

△ 陆川县第十五届人大常委会第三十八次会议在县城召开。

29日 自治区公安厅出入境总队政委苏学勉、副总队长江家勇一行到陆川县公安局出入境管理大队督导调研。

2015年4月10日,县交管大队为全县中小学校长上交通安全课

县交管大队 提供

4月 《九洲江》在首届广西优

秀文艺期刊(内部)评奖中被自治区文联评为优秀期刊。

△ 黎湛铁路电气改造陆川段动工建设，全长67.46千米。

△ 县疾控中心防疫站首次对陆川县2014年度农村饮水安全工程进行取水化验。

5月

4日 陆川县纪念"五四"运动96周年共青团建团93周年首届青年文化节开幕式暨九洲江跨省流域生态乡村示范带建设"青春建功·青年先行"大行动启动仪式在县人民会堂举行。

△ 陆川县九洲江流域生态乡村示范建设百日攻坚动员大会在县城召开。

5日 陆川县"美丽广西"乡村建设(扶贫)工作会议在县人民会堂召开。

△ 陆川县医改工作暨卫生和计划生育工作会议在县第一会议室召开。

6日 玉林市副市长邓长球到陆川县马坡镇调研城乡社区建设工作。

△ 玉林市政协副主席薛丽容到陆川县就社会养老服务工作进行调研。

△ 玉林市开展城乡社区"规范化建设集中攻坚年"活动督导组到陆川县督查。

△ 玉林市玉州区"美丽乡村"考察组到陆川县就"美丽陆川·生态乡村"工作进行考察。

△ 陆川县乡镇部分机构职能整合试点工作推进会议在县政府二楼会议室召开。

7日 玉林市政协副主席徐建伟到陆川县调研开展"双联双助"活动工作，并到联系点温汤社区检查指导社区规范化建设。

△ 玉林市委"守纪律 讲规矩"主题教育活动督查组第五小组到陆川县开展专项督查。

8日 陆川县药械化妆品不良反应事件药物滥用监测上报工作会议暨培训班在县城举办。

△ 陆川县"十三五"规划编制暨申报2015年下半年中央预算内投资项目工作会议在县城召开。

11日 县政务服务中心组织50多个单位部门在县市政广场开展第三届"政务公开日一条街"活动。

15日 自治区乡村办领导到陆川调研乡村建设情况。

△ 陆川县2015年人力资源和社会保障工作会议在县城召开。

18日 陆川县纪念"五四"运动96周年共青团建团93周年首届青年文化节"中浩杯"篮球比赛在龙腾嘉园小区球场举行。

19日 县检察院组织检察官法律宣传队开展《中华人民共和国信访条例》修订实施10周年宣传活动。

20日 陆川县28个农村饮水安全工程开工建设，项目总投资6040.67万元。

26日 自治区农机局局长黄铭福到陆川调研农机专业合作社建设工作。

△ 玉林市、陆川县两级法院、检察院、妇联，到乌石镇陆河村小学留守儿童帮扶基地，开展"庆祝六一·关爱留守儿童·送法进校园"活动。

△ 陆川县水稻生产全程机械化示范项目开工。

30日 陆川县纪念"五四"运动96周年、共青团建团93周年首届青年文化节"品国学经典·扬'五四'精神·传客家文化""中浩杯"中国传统文化经典诵读、书法绘画总决赛暨"中浩·圆梦助学"资助贫困学生公益活动在松鹤公园举行。

5月 陆川县开展民生资金专项检查活动。

6月

1日 陆川县党政联席会议在县城召开。

2日 陆川县公共机构节能工作暨能源消耗统计业务培训会议在县政府会议室召开。

△ 县市政市容管理局在九洲大市场周边开展环境综合大整治行动。

3日 "共建网络安全，共享受网络文明"——第二届"国家网络安全宣传周"活动在县人民会堂前举行。

△ 陆川县"安全生产月"活动启动仪式暨专题文艺晚会在县市政广场举行。

4日 陆川县夏季火灾防控工作会议在县城召开。

△ 陆川县涉农资金专项整治工作会议在县城召开。

11日 由自治区水产畜牧兽医局组织的中央驻桂及广西主流媒体记者，到陆川县开展九洲江沿岸养殖污染治理成效专题采访。

△ 陆川县第十五届人民政府第55次常务会在县城召开。

△ 陆川县城乡规划委员会第三次会议在县城召开。

△ 陆川县举办提高社会公众安全感和满意度工作知识讲座，自治区统计局社情民意调查中心主任、高级统计师、广西统计学会秘书长方春主讲。

12日　陆川县落实党风廉政建设"两个责任"集体约谈会在县城召开。

△　陆川县文艺活动中心在松鹤公园旁挂牌成立。

△　陆川县"把纪律挺在法律面前"学习研讨会在县城召开。

15日　陆川县公共机构节能宣传周和低碳日活动启动仪式在县人民会堂门口举行。

16日　九洲江水环境综合整治工程推进会在县陆川九龙山庄召开。自治区副主席张秀隆出席会议并调研九洲江污染综合治理工作进行调研,实地考察调研九洲江水源监测、养殖业污染治理等情况。

△　陆川县"十三五"规划纲要编制工作座谈会在县城召开。

△　陆川县第十四个"安全生产月"咨询日活动在新洲中路举行。

△　陆川县食品安全宣传周活动在县人民会堂门口举行。

17日　陆川县非煤矿山安全生产应急救援演练活动在清湖镇南冲尾石场举行。

18日　自治区人大常委会调研组到陆川县就进城务工人员有关情况进行专题调研,并召开座谈会,听取陆川县相关工作情况汇报。

△　玉林市委常委、副市长刘世斌一行到陆川县检查污水处理厂建设情况。

△　县质监局、安监局联合在九鼎牧业公司锅炉房开展锅炉缺水应急救援演练。

△　陆川县集中资源推进社区规范化建设工作会议在县城召开。

△　陆川县"6·26"全民禁毒宣传月工作动员会在县政法委召开。

19日　自治区公安厅督察专员刘国栋、治安总队支队长赵义宏到陆川县进行立案突出问题专项治理工作专项督察。

△　玉林市创新金融服务促进稳增长工作推进情况督查汇报会在陆川县召开。

△　县纪检监察机关纪律审查工作会议在县城召开。

24日　玉林市委常委、常务副市长丘德奎到陆川县就经济发展、城镇化建设、九洲江综合治理等工作进行调研。

25日　玉林市政协主席梁伟江到陆川县调研社区规范化建设工作。

△　玉林市、陆川县两级检察院联合到陆川县乌石镇开展"举报宣传周"活动。

△　陆川县防震减灾暨创建自治区防震减灾示范县工作动员会在县城召开。

26日　自治区组织部调研组到陆川县就整合资源向基层投放活动进行调研。

△　县禁毒成员单位在县市政广场举行禁毒宣传活动。

29日　陆川县"爱国歌曲人人唱"歌咏比赛活动在县人民会堂举行。

30日　自治区住建厅副厅长封宁率区污垃圾督查第三组到陆川就污水垃圾处理设施建设运营情况进行督查。

△　陆川县与建设银行玉林分行签订全面战略合作协议,在全县启动中小企业助保金贷款业务。

6月　自治区层面统筹推进的重大旅游项目——岭南世界(陆川)客家温泉文化城成功申报并入选国家优选旅游项目。

△　岑溪南渡至陆川二级公路陆川段动(全长7.38千米)工建设。

△　县司法局组织开展"三级联调化矛盾,息诉息访促平安"人民调解专项活动。

7月

1日　陆川县人民政府法律顾问室成立。

2日　玉柴产业新城(陆川)一期项目建设工作推进会在玉柴产业新城项目(陆川)指挥部召开。

3日　陆川县"提升公众安全感、创建平安和谐家园"宣传活动在平乐镇举行。玉林市委常委、政法委书记周彬到现场参加宣传活动。

△　县文化馆创作的独幕哩戏《河长轶事》获自治区第十七届"八桂群星奖"金奖。

△　陆川县在职中共党员"到社区报到　为群众服务"工作会议在县城召开。

△　陆川县加快服务业发展暨服务业重大项目推进会在县第一会议室召开。

5日　陆川县防御洪涝灾害Ⅲ级应急响应工作会议在县城召开。

6日　由广西旅发委旅游质量监督总队队长陈园月带队的旅游质量监督检查组,到陆川县开展旅游质量监督检查和指导。

△　陆川县气象防灾减灾应急中心成立并举行揭牌仪式。

7日　玉林市残疾人就业和就业保障金征缴工作督查组到陆川督查。

△　陆川县环境保护突出问题整改工作推进会在县城召开。

△　陆川县储备粮直补订单收购工作会议在县城召开。

△　陆川县生猪屠宰监管工作会议在县城召开。

△　团县委举办"智汇陆川"青年干部读书活动"学党章、讲党史"

沙龙。

△ 陆川县开展"智汇陆川"青年干部读书活动。

9日 自治区林业厅副厅长韦纯良一行到陆川县对村屯绿化工作进行调研。

13—16日 广西电视台国际频道到陆川县拍摄旅游宣传片。

15日 陆川县政协第八届委员会常务委员会第十八次会议在县城召开。

△ 陆川县道路交通安全工作联席会议在县城召开。

△ 广西戏剧院文化惠民全自治区巡演活动温泉镇东山村专场演出在区世客城举行。

△ 陆川县第一、二季度突发事件应急会商会议在县城召开。

△ 陆川县新建秦镜水库项目前期工作暨陆川县标准化养牛小区项目推进会在县城召开。

16日 自治区环保厅环境监测能力建设工作组、区监测中心站能力建设帮扶指导技术组一行,到陆川县环境监测站进行监测能力标准化建设达标验收工作帮扶指导。

△ 玉林市市长苏海棠到陆川县调研扶贫工作。

△ 陆川县加快中央预算内投资项目推进和项目申报工作会议在县城召开。

22日 玉林市人大常委会有关领导率由玉林市及自治区驻玉新闻单位组成的记者采访团,到陆川县开展采访报道活动。

△ 陆川县养殖业转型升级培训班在县城举办。

△ 陆川县"九洲青少年体育俱乐部杯"3人男子篮球公开赛在县雪碳工程篮球馆举行。

△ 陆川县第二次全国地名普查工作推进会在县城召开。

23日 自治区主席陈武到玉林市九洲江流域部分县乡村,实地检查九洲江综合整治工作,并主持召开现场会。

△ 陆川县"1+1"大、中基层培养计划岗前培训会在县城召开。

24日 陆川县政府信息公开和政府网站普查整改培训班在县城举办。

25日 民革玉林市委慰问组到陆川县看望慰问抗战老兵徐荣周。

27日 自治区高级法院法警总队副总队长陆铭荣率工作组到陆川县法院调研指导司法警务工作。

28日 玉林市、陆川县公检法部门维护未成年人刑事诉讼权利座谈会在陆川县检察院召开,玉林市、陆川县公安局、检察院、法院等相关部门领导参加会议。

△ 陆川县体育总会成立大会在县城召开。

△ 陆川县夏秋季征兵宣传一条街活动在新洲路举行。

29日 陆川县第三季度防范重特大安全事故工作会议暨县安委会全体会议在县城召开。

30日 玉林市畜禽养殖污染减排技术培训班在陆川县举办,自治区、玉林市有关畜牧专家授课。

△ "中国梦强军梦"纪念建军88周年暨抗日战争胜利70周年警民联欢文艺晚会在县武警中队操场举行。

△ 陆川县年中工作会议在县城召开。

△ 陆川县地质灾害防治知识培训班在九龙山庄举办。

△ 县公安、工商行政管理、市政市容、文体广电、市场服务等系统部门执法人员在三峰路、陆兴路等路段开展城区市容环境卫生联合大整治行动。

31日 陆川县生态经济工作会议在县城召开。

8月

3日 陆川县精准识别贫困户贫困村试点工作调研培训会在县城举办,自治区扶贫办党组成员、广西外资扶贫项目管理中心主任成伟光出席会议。

5日 自治区绿化办核查组到陆川县核查全国绿化模范县创建工作,实地考察中山公园等绿化点,详细了解县城乡绿化发展规划及绿化建设进展情况。

6日 玉林市委常委、纪委书记秦邦元到陆川县调研发生在群众身边的"四风"和民生资金领域腐败问题专项治理工作。

△ 陆川县在县实验中学举办"名师进陆川"干部教育培训工程(第9期)传统文化与为政之德专题讲座,中国孔子研究院院长、教授、博士生导师杨朝明主讲。

7日 玉林市和陆川县在陆川联合开展发生在群众身边的"四风"和民生资金领域腐败问题专项治理工作接访活动。

△ 玉东新区考察团到陆川县考察生态旅游带建设工作。

8日 第七届广西体育节·玉林市全民健身系列活动(陆川分会场)启动仪式在陆川松鹤公园举行。

10日 陆川县马兰径农村饮水安全集中供水工程(二期)开工建设。

△ 陆川县开展发生在群众身边的"四风"和民生资金领域腐败问题专项治理工作会议在县城召开。

18日 陆川县农村土地承包经

营权确权登记工作会议在县政府二楼会议室召开。

19日 自治区供销社党组成员、理事会副主任梁纪豪到陆川县调研供销社综合改革试点工作。

△ 玉林市委常委、政法委书记周彬到陆川县参与"强法治创平安，不断提升社会公众安全感和满意度"宣传活动，并到县人民检察院派驻乌石检察室检查指导。

20日 自治区改善农村人居环境和"美丽广西"乡村建设调研组到陆川县调研。

△ 广西吕贻标爱心基金会2015捐赠助学金、奖学金、奖教金仪式在陆川县中学举行。

21日 陆川县第十五届人大常委会第四十次会议在县城召开。

△ 陆川县东成农村饮水安全集中供水工程（二期）开工建设。

24日 陆川县提升社会公众安全感工作会议在县城召开。

△ 陆川县第十五届人民政府第58次常务会议在县城召开。

25日 自治区安全生产交叉检查组到陆川县检查金属非金属矿山安全生产工作。

△ 由南宁文学院（《红豆》杂志社）、陆川县文联联合举办的《红豆》作者何燕作品研讨会暨南宁陆川两地文学交流会在陆川县城举行。

△ 陆川县中小学（幼儿园）领导干部暑假培训班在县实验中学开班。

26日 陆川县领导干部集体约谈会在县城召开。

△ 陆川县召开九洲江流域重点污染源整治工作会议。

28日 玉林市安全生产督查组到陆川督查安全生产工作。

△ 鱼川窝、老虎窝、桃子坪、塘

介水、四王塘水库除险加固工程开工建设。

30日 自治区公安厅督察专员程建宁、赵云林到珊罗派出所对中国抗日战争暨世界反法西斯胜利70周年纪念活动维稳安保工作进行专项督察。

△ 大塘、青年塘、猪母塘、榄冲水库除险加固工程开工建设。

31日 陆川县突发地质灾害演练活动在乌石镇坡脚村举行。

8月 陆川县获全国休闲农业与乡村旅游示范县称号。

9 月

1日 陆川县全面实行"三证合一、一照一码"登记制度。

2日 陆川县安全生产"打非治违"专项行动暨道路交通安全和消防安全工作会议在县城召开。

6日 陆川县定兵工作会议在县城召开。

△ 陆川县"智汇陆川"青年论坛暨"九洲江生态乡村示范带建设"青年志愿者礼仪培训专题讲座九洲江生态乡村示范带建设"青年志愿者礼仪培训专题讲座在县城举办，全国专业人才教育专家委员会礼仪专家委员、国家高级礼仪（礼宾）师、国家高级礼仪培训师袁霞作礼仪培训。

8日 玉林市"十三五"规划调研组到陆川县进行专题调研。

9日 自治区检察院党组成员、反贪局局长兰志才一行到陆川县检察院检查指导工作。

△ 陆川县食品安全委员会全体（扩大）会议在县城召开。

10日 自治区环保厅督查组到陆川开展环境保护大检查阶段性督查工作。

△ 陆川县新兵入伍欢送大会在县城召开。

14日 县市容市政局在县城主要街道开展"市容环境综合整治和创园宣传万人大行动"的专项活动。

15日 中国南方电网公司供电

2015年9月10日，陆川县举行新兵欢送大会 　　　　叶礼林 摄

可靠性及电压质量检查组成员到陆川县开展供电可靠性和电压质量专项检查。

△ 县安监、公安、工商行政管理、质监等系统部门在县城开展烟花爆竹"打非治违"联合执法大行动。

△ 陆川县城乡规划委员会2015年第五次会议在县城召开。

15—16日 廉江市人大考察团到陆川县考察九洲江生态综合治理工作。

16日 陆川县九洲江流域养殖场升级改造暨生猪小散养殖调查工作推进会在县城召开。

17日 玉林市调研组到陆川县开展"加快健全全民医保体系建设"专题调研活动。

△ 陆川县十五届人民政府第60次常务会议在县城召开。

△ 陆川县与广西艺术学院建筑艺术学院生态乡村建设友好交流座谈会在陆川县城举行。

18日 玉林中级人民法院院长梁文华一行到陆川县人民法院调研诉讼服务中心建设工作。

△ 陆川县秋季重大动物疫病防控工作会议在县城召开。

△ 陆川县社会保险扩面征缴工作会议在县城召开。

20日 北京书法家郑仁龙、王新民到陆川县调研。

22日 陆川县开展全民第十五个国防教育日宣传活动。

△ 陆川县"浓浓客家情·醉美九洲江"贺中秋庆国庆书画摄影展在县人民会堂前举办。

23日 陆川县上半年老干部情况通报会在县城召开。

△ 陆川县"月光下的九洲江之江河情韵"中秋音乐晚会在县人民会堂举行。

24日 自治区环保厅检查组到陆川县检查污水处理设施建设和试水工作。

△ 玉林市人大常委会副主任杨红率市人大常委会执法检查组到陆川县,就新修订的《中华人民共和国环境保护法》贯彻实施情况开展执法检查。

△ 陆川县"美丽陆川"乡村建设"一元钱工程"现场推进会在珊罗镇召开。

△ 陆川县推行政府部门权力清单制度工作培训会议在县城召开。

28日 陆川县农村危房改造和水库移民后期扶持专项资金审计进点会在县城召开。

△ 陆川县查处发生在群众身边的"四风"和腐败问题专项工作推进会在县城召开。

28—29日 陆川县少先队第三次代表大会在县城召开。

29日 玉林市副市长邓长球到马坡镇调研村屯绿化和扶贫开发工作。

△ 陆川县十五届人民政府第61次常务会议在县城召开。

△ 陆川县生态养殖培训班在大桥举行。

△ 县教育系统在县人民会堂举行"治理九洲江保护母亲河"文艺比赛。

30日 县第十五届人大常委会第四十二次会议在县城召开。

△ 陆川县在革命烈士纪念碑前开展公祭活动。

△ 陆川县开展市容市貌环境卫生大整治活动。

9月 县疾控中心防疫站第二次对县2014年度农村饮水安全工程进行取水化验。

△ 县检察院被检察日报社评为2015年度全国检察宣传先进单位。

△ 民革玉林市委会"关于加大对旅游产业的扶持力度,把旅游业发展成为玉林经济增长的主导产业的研究"课题组到陆川县调研。

10月

9日 玉林市县级法学会建设工作现场会在陆川召开。

△ 陆川县第三届畜牧渔产业博览会暨陆川猪养殖协会2015年年会在县城召开。

10日 自治区技术质量监督局组织广西标准化协会专家评估组对陆川县谢鲁山庄旅游风景区服务业标准化试点建设工作进行验收评估,总得分86.70分,通过评估验收。

△ 陆川县加快中央预算内投资项目执行进度专题工作会议在县城召开。

12日 陆川县2015年全国1%人口抽样调查工作推进会在县城召开。

14日 陆川县组建精准扶贫识别工作队协调会在县城召开。

15日 自治区政法委调研组到陆川县就关于开展政法网群建设情况进行调研。

△ 陆川县森林消防业务知识培训班在县城举办。

△ 内蒙古自治区安监局检查工作组一行代表国家安监总局,到陆川对华润水泥有限空间作业条件确认工作进行检查。

16日 陆川县贯彻落实自治区、玉林市领导批示精神深入推进查处发生在群众身边的"四风"和腐败问题专项工作会议在县城召开。

△ 陆川县精准扶贫攻坚动员

大会暨精准识别工作队员培训会在县人民会堂召开。

19日 玉林市委常委、统战部部长郑杰忠率市委第四督查组到陆川县就党风廉政建设"两个责任"落实情况进行监督检查。

△ 广西电视台公共频道《魅力广西》栏目组到陆川县摄制旅游文化专题。

20日 玉林市副市长吕剑枫到陆川县开展"敬老节"走访慰问百岁老人活动。

△ 玉林市督查组到陆川县督查党风廉政建设"两个责任"落实情况。

△ 岑溪市委常委、副市长李槐率岑溪市政府考察团一行,到陆川县珊罗镇、乌石镇就供销合作社综合改革试点工作进行考察学习。

21日 玉林市委书记、市人大常委会主任王凯,市委常委、市纪委书记秦邦元,等等领导到陆川,调研开展查处发生在群众身边的"四风"和腐败问题专项工作和精准扶贫工作情况。

△ 县食品药品监督管理局组织县城各大医院及各大药店在县城联合开展"全国安全用药月"宣传咨询服务活动。

22日 陆川县关工委系统人员"五老"培训班在县老年大学举办。

△ 陆川县青年企业家协会成立暨第一次会员大会在县城举行。

△ 广西卫视"一声所爱·大地飞歌"全区选手征集活动陆川站正式启动。

23日 陆川县第四季度防范重特大安全事故工作会议在县城召开。

△ 陆川县十五届人民政府第62次常务会议在县城召开。

26日 自治区扶贫办检查组一行到陆川县检查指导精准扶贫识别工作。

△ 自治区现代生态养殖工作现场会在陆川召开。

△ 玉林市委常委、玉林军分区政委李必文到乌石镇陆河村调研扶贫工作。

27日 陆川县开展查处发生在群众身边的"四风"和腐败问题专项工作会议在县城召开。

△ 陆川县落实党风廉政建设"两个责任"和开展查处发生在群众身边的"四风"和腐败问题专项工作业务培训会在县城举办。

△ 陆川县提高中学食堂《餐饮服务许可证》持证率供餐工作会议在县城召开。

28—29日 广西电视台新闻中心重点报道部记者一行到陆川县进行采访报道活动。

29日 陆川县获 2013—2014 年度建设平安广西活动先进县称号。

30日 2015 年粤桂两省区跨界流域水污染联防联治工作交流座谈会在陆川县举行,粤桂两省领导和部门负责人就如何做好粤桂两省区跨界流域水污染联防联治工作进行交流。

△ 由玉林市政府主办,自治区政府应急办、环保厅和广东省环保厅负责指导,模拟跨省的水污染突发环境事件应急演练在陆川县举行。

△ 县民兵应急分队训练考核动员大会在县城召开。

10月 县检察院课题成果《如何遏制错案发展——以检察官之相对独立为中心的描述》获第十届"中国·西部法治论坛"一等奖。

△ 玉林市打击传销工作领导小组授予陆川县"无传销县"称号。

△ 陆川县开展国土资源节约集约模范县创建活动通过自治区国土资源厅达标考核。

2日 玉林市 2015 年基层党建工作督导组到陆川县开展巡回督导。

△ 陆川县微就业平台正式投入使用。

3日 自治区纪委监察厅第四纪检监察室副主任陆兵率督查组到陆川县,就开展查处发生在群众身边的"四风"和腐败问题专项工作情况进行督查。

△ 玉林市人大常委会副主任、市总工会主席黄少明到陆川调研工会工作。

△ 陆川县农村土地承包经营权确权登记颁证试点工作汇报会在县城召开。

5日 自治区扶贫办副主任杨宏博到陆川县就精准识别工作和"雨露计划"扶贫培训工作进行督查。

△ 玉林市实施妇女儿童规划中期评估督查组到陆川县督查。

△ 玉林至湛江高速公路(陆川段)工程可行性研究报告征求意见会议在县城召开。

△ 玉林市新闻媒体采访组到陆川县公安局就"神剑1号"专项行动工作进展情况进行联合采访报道。

6日 陆川县"生猪绿色生态健康养殖模式与集成技术示范"培训班在县城举办,邀请广西大学动物科学院院长以及相关教授授课。

10日 自治区住建厅督查组到陆川县检查村镇项目。

△ 玉林市政协副主席江贵成率市政协委员第五分团到陆川县就开展城乡社区"规范化建设集中攻坚年"活动情况进行视察。

11日 玉林市调研组到陆川县

调研发生在群众身边的"四风"和腐败问题专项治理工作。

△ 陆川县农村危旧房改造工作业务培训班在县委党校举办。

12日 陆川县第十五届人民政府第63次常务会议在县城召开。

13日 国家水利部移民局处长李铭到陆川县，专项检查大中型水库移民避险解困试点工作。

△ 自治区党委组织部调研组到陆川县长纳村调研基层党建工作。

16日 自治区粮食局局长吴宇雄率队到陆川县调研粮食储备工作，并看望自治区粮食局驻村第一书记。

△ 陆川县开展"学准则·铸情操"提升思想道德境界主题教育活动动员会在县城召开。

△ 陆川县提升社会公众安全感工作会议在县城召开。

18日 陆川县2016年新型农村合作医疗宣传发动工作会议在县城召开。

△ 陆川县北豆河小流域水土保持综合治理工程开工建设。

19日 自治区粮食安全检查督导组到陆川检查督导工作。

△ 陆川县在米场镇举办冬季企业用工招聘会。招聘企业21家，提供就业岗位1340个，进场人数4630多人，免费职业介绍人数130多人，政策咨询110多人，发放宣传资料5600多份，达成用工意向140人。

20日 陆川县开展查处发生在群众身边的"四风"和腐败问题工作汇报会在县城召开。

△《陆川县志（1990—2005）》攻坚工作会议在县城召开。

△ 陆川县食品安全突发事件应急演练在县城举行。

△ 陆川县村（社区）党组书记

综合素质提升培训班在县城举办。

24日 玉林市农机化工作会议暨2015年玉林市水稻烘干现场观摩会在陆川县召开。

△ 陆川县十五届人民政府第64次常务会议在县城召开。

△ 陆川县直机关事业单位党组织书记培训班在县城举办。

25日 新华社广西分社副社长刘伟一行到陆川县对开展查处发生在群众身边的"四风"和腐败问题专项工作进行采访报道。

△ 玉林市人大调研组到陆川县就贯彻落实市四届人大四次会议《关于开展城乡环境综合整治，扎实推进创建生态文明示范市活动的决议》的执行情况进行调研。

△ 陆川县"世界艾滋病日"宣传工作会议在县城召开。

26日 自治区检查验收组对陆川县落实"限粘禁实"墙改工作落实情况进行专项检查。

27日 自治区精准识别工作督查组到陆川县进行督查。

30日 陆川县第十五届人大常委会第四十三次会议在县城召开。

△ 陆川县阿里巴巴农村淘宝项目启动大会在县城召开。

△ 陆川县招商引资项目签约仪式在县城举行。

△"中国梦"文化惠农文化进万家玉林市法治宣传专题文艺晚会在陆川县举行。

11月 陆川县青年作家何燕获2015年中国小小说年会十大新秀称号。

△ 县检察院课题成果《化解矛盾如何融入司法实践——以检察权尊重和保障群众诉求为切入点》获第三届"中国·民族区域法治论坛"征文三等奖。

△ 陆川县将国有建设用地使用权于网上试点公开挂牌出让，并于2015年年底实现国土资源网上交易。

12月

1日 陆川县世界艾滋病日宣传活动在县城新洲路举行。

2日 广东省政协副主席唐豪率考察团、玉林市政协主席梁伟江到陆川县考察九洲江流域水环境综合治理情况。

△ 陆川县雅松河小流域水土保持综合治理工程开工建设，项目总投资280万元。

△ 陆川县"文化下乡·扶贫助困"千万扶贫惠民工程启动仪式在县城举行。

△ 陆川县交通安全联席会议第四个"122全国交通安全日"宣传活动启动仪式在县人民会堂前举行。

△ 陆川县开展"两岸一路"夜宵摊（夜市）食品安全专项整治大行动。

3日 陆川县"12·4"国家宪法日暨全国法制宣传日系列宣传活动在县城举行。

4日 陆川县国家宪法日宣传活动在县城举行。

5日 团县委组织青年志愿者开展"点亮青春，志愿同行"国际志愿者日系列活动。

7日 玉林至湛江高速公路（陆川段）工程可行性研究报告预评估结果征求意见会在县城召开。

9日 玉林市委常委、政法委书记韦绍仕到陆川县委政法委、公安局指挥（情报）中心和温泉派出所等地开展调研工作。

△ 陆川县社会救助工作联席会议在县城召开。

10日 玉林市2015年中央专项彩票公益金支持乡村学校少年宫项目启动仪式，在陆川县米场镇中心学校举行。

△ 县市政市容管理局联合交通等部门组成联合执法检查组，在县城东环路沿线开展环境综合大整治行动。

△ 陆川县教育集中区项目开工建设。

11日 湘粤桂边界护林联防委员会第五联防区第36次会议在陆川县九龙山庄召开。

12日 "提升社会公众安全感和群众满意度·创建平安陆川文艺晚会暨陆川一滴水捐资助学活动启动仪式"在县人民会堂举行。

14日 陆川县召开全县领导干部大会，传达贯彻自治区党委十届六次全会和玉林市委四届六次全会精神。

16日 自治区污垃督查第二组到陆川县就污水垃圾处理设施建设运营情况进行督查。

△ 玉林市组织驻桂及驻玉的全国、自治区、玉林市三级部分人大代表，到陆川县开展年终视察活动。

△ 陆川县推进非公有制经济发展座谈会在县政府二楼会议室召开。

16—18日 县党外代表人士暨统战干部培训班在县城举办。

18日 玉林市生态乡村现场会在陆川县召开。玉林市市长苏海棠，玉林市委副书记李常官，玉林市委常委、常务副市长丘德奎参加现场会。

19日 陆川县第一批农村淘宝合伙人招募大会在县城召开。

21日 陆川县大良水库除险加固工程开工建设。

22日 自治区综治委护路办考核组到陆川县考评年终铁路护路联防工作。

△ 玉林市副市长、市公安局党委书记、局长李庄浩到陆川县公安局调研。

22—23日 陆川县2015年度党委（工委、党组）书记抓基层党建工作和履行党风廉政建设主体责任述职评议会在县城召开。

23日 陆川县第一个水稻生产全程机械化示范基地在县城建成。

△ 陆川县第十五届人大常委会第四十四次会议在县城召开。

△ 陆川县开展人民调解案件观摩评比活动。

25日 自治区机关事务局检查组到陆川县就公共机构节能绩效考评和办公室用房统一管理工作开展检查调研。

△ 陆川县生态养殖技术培训班在县生态农业培训中心举办。

25—26日 广西卫视"一声所爱·大地飞歌"歌手选拔赛陆川站半决赛、总决赛在陆川县城松鹤广场举行。

28日 中共十八届五中全会精神陆川宣讲报告会在陆川县实验中学学术报告厅举行。

29日 陆川县岁末年初及2016年元旦春节期间安全生产工作会议在县城召开。

30日 陆川县各镇团委换届选举工作培训会议在县城召开。

△ 陆川县珊罗至平乐三级公路建成通车。

12月 《金田》期刊陆川作品专号出版。

△ 县食品药品监管局开展药品安全突发事件应急演练。

△ 县城温汤东路建成通车。

△ "美丽陆川·生态乡村"建设大型图片展览活动在县人民会堂门口举行。

2015年12月29日，陆川县岁末年初及2016年元旦春节期间安全生产工作会议在县城召开
叶礼林 摄

概　　况

GAIKUANG

2015年5月15日，自治区乡村办等领导到陆川调研乡村建设情况　　叶礼林　摄

陆川概貌

【历史沿革】 今陆川县地,在唐虞时期,属南交之地。所谓"荆州之南垂,为虞南极"。夏为荆扬南境,属扬越地。商周皆为南越蛮夷国所谓百越地。

秦始皇三十三年(公元前214),于岭南置桂林、南海、象郡后,今陆川县地属象郡地,郡治临尘县(今崇左市境)。秦末汉初属赵佗南越国。

西汉元鼎六年(公元前111)属合浦郡合浦县地,郡治初在徐闻县(今雷州市地),东汉建武十九年(43),迁合浦县,县址在今浦北县泉水镇古城头,隶交趾刺史部合浦郡。东汉建安八年(203),属交州合浦郡合浦县地。

三国属吴,直至晋均为交州合浦郡合浦县地。

南北朝宋泰始七年(471),合浦郡合浦县地属越州,改隶越州合浦郡合浦县;南北朝齐时(479—502)析合浦县地置陆川郡;郡治良国(今北流市地);梁陈(548—581)间废陆川郡设陆川县,县治在郡治所,陆川正式建县开始。建县之初的区域包括今陆川沙坡、乌石月垌、温泉、米场、平乐、珊罗及北流市的平政、石窝、六靖、六麻一带。

隋初因旧制,属合浦郡。大业元年(605)省入北流,仍属合浦郡。

唐,县地分合最为复杂。先后共置陆川、罗卜、龙豪、温水、南河、龙化等六县。唐武德四年(621)复置陆川县,县地在北流县罗卜和陆川县一部分。初属东峨州,后属容州。武德四年析合浦县地置龙豪县,境域包括今大桥镇、横山乡一带,治在今大桥镇古城垌。武德四年又析南昌县(南朝梁置,治在今博白三滩圩)地置温水县,县境包括现温泉镇、陆城街、沙湖镇及大桥镇、横山镇、米场镇一部分,治在今陆川县城。武德五年(622)析石龙县地置南河县、龙化县。南河县境域包括今清湖镇、古城镇全部,良田镇大部、滩面镇小部分,治在今古城街。龙化县辖地包括今乌石镇大部分、滩面镇部分、温泉镇部分,治在今乌石镇龙化村石子岭。陆川、罗卜、龙豪、温水、南河、龙化等6县分属禺州、白州、辩州、罗州等,且州名常反复。大历八年(773),容管经略使王翃奏析禺州、罗州、辩州、白州地立顺州、顺义郡,州治、郡治均在龙化县治地,辖龙化、温水、龙豪、南河四县,罗卜县(即旧陆川县)为禺州辖。顺州、禺州均属容州都督府所辖。

五代十国,陆川先属楚,后属南汉,龙化、温水、龙豪、南河4县仍属顺州,罗卜县仍属禺州,均为南汉容州都督府所统。

宋开宝五年(972),废顺州、禺州,罗卜县更名陆川县,省龙化、温水、龙豪、南河4县入陆川县,县治在原罗卜县县治下二、下三里(今北流市六靖镇长江村一带);开宝九年(976)移治公平(今北流市平政镇);淳化五年(994),县治迁温水县治(今陆川县城),陆川隶属广南西路容州都督府。

元至元十六年(1279)改容州都督府为容州路总管府,陆川属容州路总管府,隶广西行中书省。

明洪武元年(1368),撤容州路立梧州府,陆川属梧州府。

清初沿旧制,属梧州府。雍正三年(1725),广西巡抚李绂奏升鬱林为直隶州,陆川改属鬱林直隶州辖。

中华民国,民国元年(1912)1月鬱林直隶州改府,属鬱林府。民国2年(1913)7月废府设道,属鬱江道,民国3年(1914)6月改隶属苍梧道。民国16年(1927)直隶广西省政府,民国19年(1930)隶属鬱林民团区,民国21年(1932)改隶梧州民团区,民国23年(1934)隶属梧州行政监督区。民国25年(1936)7月改隶属浔州行政监督区,10月改属鬱林行政监督区。民国29年(1940)4月隶属第六区行政督察专员兼保安司令公署。民国31年(1942)3月隶属第三区行政督察专员兼保安司令公署。民国33年(1944)4月改隶属第九区行政督察专员兼保安司令公署。

中华人民共和国成立后,1949年11月30日陆川解放,初属鬱林专区。1951年7月,鬱林、梧州专区合并为容县专区,属容县专区。1956年鬱林改称玉林;1958年7月撤容县专区分设玉林专区、梧州专区,陆川属玉林专区;1971年专区改地区,陆川隶属玉林地区。1997年玉林撤地改市,陆川属玉林市管辖。　　（县方志办）

【地理位置】 陆川县位于广西壮族自治区东南端,地处北纬21°53′—22°38′,东经110°04′—110°25′,东北连北流市,东南与广东省化州、廉江接壤,西与博白县毗邻,北靠玉林市。县境最东至沙坡镇水表尾,与北流市六麻镇、石窝镇接壤。在东边沿上的村有大山、长旺、平乐、桥头、三安、清秀、平塘、旺同、六高、白马、北安、沙坡、仙山、龙湾、陆选、陆龙等村。最西抵沙湖乡新街村葛麻山与蒋万屯,与博白县三育、三滩等乡镇及玉林新桥毗邻,在西边沿上的村,西南有北豆、陆因、旺垌、车田、竹山、冯杏、新村、佳塘、上旺、谢鲁、良塘、陆洪、高冲、石塘、旺坡、四和、陆透、中屯、长沙等村;西北有新街、永安、永旺、界垌、雄英等村。最南至古城镇盘龙村,与广东省廉江市、化州市交界,边沿有黎洪、陆河、坡子、旺岭、塘寨、三水、陆坡、清湖、新官、官冲、长径、古城、清耳、盘龙、陆落等村街。最北至珊罗镇田龙村龙塘屯,与玉州区及北流市塘岸镇接壤,边沿有靖西、硃砂、六燕、田龙、四乐等村。全县东西宽32千米,南北长78千米,行政区域土地面积1554.32平方千米,占玉林总面积12.50%。县人民政府驻温泉镇,距自治区首府南宁市260千米,距广东省湛江市129千米。黎湛复线铁路、玉陆二级公路纵贯南北,玉林至铁山港铁路和高速公路及九洲江过境,是自治区通往湛江、海南省的门户之一。　　（县方志办）

【行政区域界线】

省界线　已勘定与广东省廉江

市、化州市边界,埋桩5条。

陆川—廉江段22.54千米,埋设界桩2条。其中,4445025号桩位于广东省江市石角镇四头管理区田头村与广西壮族自治区陆川县古城镇清耳村茶根队两省交界处的山坡上;4445026号桩位于广东省廉江市石角镇石角管理区石角村与陆川县古城镇盘龙村两省、区交界处鹤地水库边上。

陆川—化州段85.834千米,涉及地图11幅,埋设界桩3条。其中,4445022号桩位于化州市文楼镇新德管理区与乌石镇低阳村两省区交界处的水沟侧边;4445023号桩位于化州市平定镇平定管理区沙坡村与清湖镇陆坡村交界处的山顶上;4445024号桩位于化州市平定镇平定管理区与古城镇长径村甘村队两省区交界处的山坡上。

县级行政区域界线 1998—2001年,勘定与毗邻玉州区、博白县、北流市、福绵管理区等行政区域界线,埋设界桩4条。

陆川—福绵段34.15千米,埋设界桩2条。其中,0902092201-1为木质桩,位于马坡镇雄英村与福绵区石和镇塘茂村交会处;090209220923S为木质桩,位于福绵区沙田镇云龙村与陆川县沙湖镇新街村和博白县径口镇旺垌村之间。

陆川—博白段94.44千米,埋设界桩2条。其中,0922092301号桩位于博白县径口镇旺垌村与陆川县沙湖镇长沙村之间的山顶上;0922092302号桩位于博白县黄凌镇社角村与陆川县横山镇良塘村交界的小山腰上。

陆川—北流段94.42千米,埋设界桩2条。其中,0922098101号桩位于陆川县珊罗镇大山村洛塘组与北流市塘岸镇凉亭村13、15组交界处(即平乐圩图幅、天鹅岭西北面山坡上,名为洛塘坡);0922098102号桩位于北流市石窝镇石禄村石梯组与陆川县沙坡镇仙山村径口组交界处(即河浪图幅北面305.9岭顶上南侧)。

陆川—玉州段25.04千米,埋设界桩2条。其中,090109220981S号桩为三面桩。位于云岭三交点上。东为北流市塘岸村,西为陆川县珊罗镇田龙村,西北为玉州南江云良村;0901092201号桩位于分界墟图幅东南93.1岭顶上,东南为陆川县珊罗镇六燕村,西北为玉州区南江分界村。

乡级行政区域界线 2002—2003年,勘定乡级行政区域界线27条319.70千米,尚未埋设界桩。其中,珊罗—平乐线16千米,马坡—珊罗线9千米,平乐—马坡线17千米,马坡—米场线16千米,沙湖—马坡线11.20千米,沙湖—米场线9千米,温泉—米场线6.50千米,米场—沙坡线18千米,沙坡—温泉线14千米,温泉—沙湖线9千米,大桥—温泉线14千米,陆城—温泉线7千米,沙坡—月垌线8千米,温泉—乌石线4千米,乌石—大桥线13千米,温泉—月垌线5千米,月垌—乌石线17千米,横山—大桥线18千米,横山—乌石线12千米,横山—滩面线0.30千米,乌石—滩面线15千米,良田—滩面线18千米,良田—乌石线4.50千米,清湖—乌石线14.50千米,良田—清湖线20.70千米,清湖—古城线11.50千米,良田—古城线11.50千米。 (县民政局)

【地形地貌】

地形 云开大山余脉从东北面入境,经沙坡镇至县城中部,分东西两支,呈南北走向。东侧有东山嶂、天子印、十二岭岗、谢仙嶂、单竹坑顶等,西侧有马鞍岭、沙湖嶂、簕篱嶂、交椅肚、谢鲁嶂等。东西之间峡谷平原面积3.77万公顷。构成东西两侧高、中间低的峡谷走廊地形。东系山脉主峰谢仙嶂,西系山脉主峰簕篱嶂,均坐落在县中部,是县境屋脊。县北毗邻玉林盆地,地势开阔平坦,县南部与广东廉江交界,地势低,盘龙街最低点海拔仅30米,形成中部高、南北低的拱背地形。从高空鸟瞰,陆川形似广西南门一叶要破陆下水的扁舟,故有"八桂南门一叶扁舟"的雅称。

地貌 陆川属华南桂东南丘陵区,地貌类型多样,有山地、丘陵、台地、平原等,东北部的龙岩岩溶地貌千姿百态。

低山 主要分布在县东系山脉和西系山脉,县境低山面积11平方千米,占全县总面积0.71%。

丘陵 分布广,面积大。主要分布于温泉、沙坡、平乐、马坡、米场、沙湖、大桥、横山、乌石、滩面、良田、清湖、古城13个镇100个村。总面积869.53平方千米,占总面积55.94%。其中,高丘陵181.53平方千米,中丘陵514.40平方千米,低丘陵173.60平方千米。

台地 全县台地总面积1172平方千米,占全县总面积75.40%。台地有十大坡,即珊罗镇鹤山坡、温泉镇风淳与大桥镇三善、乌石镇双垌交界处的十字坡,大桥镇三善罗伞坡,大桥镇大塘坡,横山镇四和坡,横山镇同心东山庙坡,乌石镇旺岭坡,乌石镇龙化坡,良田镇车田木棉坡,古城镇清耳坡。

平原 县境有峡谷平原、河谷平原。峡谷平原主要分布在县内丘陵峡谷平地,河谷平原主要分布在九洲江流域、米马河流域。平原面积376.60平方千米,占总面积24.23%。

(陈 丹)

【山脉水系】

山脉 县内山脉分东、西两系。海拔400米以上的山峰有33座。

东系山脉经沙坡、温泉、乌石、滩面、良田、清湖、古城、米场、马坡、平乐、珊罗11个镇。主要山峰105座,其中海拔400米以上山峰有东山嶂、大王嶂、金坑嶂、天子印、老鼠顶、勾头嶂、鹅公头、先锋顶、大岭顶、十二岭岗、谢仙嶂、岗头顶、八字岭、黄狗嶂、单竹坑顶、中庸岭、云岭寨、帽岭、凤凰岭、黑石顶、马鞍嶂、那囊嶂22座。沙坡镇谢仙嶂海拔792.70米,为全县最高峰。

西系山脉经温泉、沙湖、马坡、米场、大桥、横山、乌石、滩面、良田9个镇。主要山峰48座,其中海拔400米以上的山峰有靠椅嶂、马鞍岭、琅伞岭、沙湖嶂、大簕篱嶂、猫拱峰、麻地岭、交椅肚、羊米峡、应午嶂、沙帽嶂11座。横山镇石塘村西北面的沙帽嶂为西系山脉最高峰,海拔596米。

(陈 丹)

水系 陆川县境内河流水系分为珠江流域西江水系、桂南沿海诸小河水系和粤西沿海诸小河水系等3个水系。

西江水系 河流有沙坡的榕江河和大水河,县内流域面积75.3平方千米。

桂南沿海诸小河水系 河流有米马河、沙湖河、石夹水、陆豹水等,均为南流江支流。县境内流域面积505.80平方千米。

粤西沿海诸小河水系 河流有九洲江、清湖河、低阳河、三水河、新官河、龙湾河、黎冲水、地贡水等,县境内流域面积969.90平方千米。低阳河、清湖河属鉴江水系。其中,九洲江入鹤地水库,经廉江安铺出北部湾,其他小河先汇入平定水,再汇入罗江到鉴江,在广东省吴川出南海。

(县水利局)

【气候】 2015年,陆川县气候属于偏差的年景,年平均气温为22.70℃,比气候标准值(21.80℃)偏低0.90℃,年极端最高气温为36.10℃,出现在7月3日,年极端最低气温为5.60℃,出现在2月6日;年总降水量为2366.40毫米,比气候标准值(1914.10毫米)偏多452.30毫米,日最大降水量为105.10毫米,出现在7月19日;年总日照时数为1559.70小时,比气候标准值(1692小时)偏少132.30小时。

(杨志华)

【水文】 2015年,陆川县内河流众多,分布广,水量丰富,落差大,适宜发展小水电。大大小小河流数百条,集雨面积大于10平方千米的有44条,其中集雨面积超过50平方千米以上的河流有6条。主要河流有6条,即九洲江、米马河、沙湖河、清湖河、榕江、低阳河,主要河流总长179.24千米,集雨面积1449.50平方千米。陆川县年降雨量地理分布与地形关系相当密切,县内地势中部高南北低,东西两面高,中间低,形成一个从县城向南北两头开口的喇叭状通道,由于地形的"狭管效应",县城附近成为多雨中心,县城向南北两边逐渐减少,南面有云开大山余脉抬升,雨量比北面稍多,在古城以南一带的开阔地带,雨量聚减。降雨量季节分配不均,冬季风时期干旱少雨,夏季风时期潮湿多雨。雨季主要集中在汛期4—9月。

(县水利局)

【资源】

土地资源 陆川县土地面积1554.32平方千米,约占广西土地面积0.66%。据2014年陆川县土地利用变更调查显示,全县耕地面积3.36万公顷(水田面积2.71万公顷、旱地6481.16公顷),占全县土地总面积的21.63%;园地面积9369.77公顷(果园7421.39公顷、茶园9.51公顷、其他园地1938.87公顷),占土地总面积的6.03%;林地面积7.59万公顷(有林地5.90万公顷、灌木林地1400.28公顷、其他林地1.55万公顷),占土地总面积的48.80%;草地面积1.07万公顷,占土地总面积6.88%;城镇村及工矿用地面积1.54万公顷(建制镇2233.33公顷、村庄1.09万公顷、采矿用地741.94公顷、风景名胜及特殊用地1462.72公顷),占土地总面积的9.90%;交通用地面积2064.52公顷(铁路用地220.12公顷、公路用地969.08公顷、农村道路用地875.27公顷、管道运输用地0.05公顷),占土地总面积的1.33%;水域及水利设施用地面积5872.38公顷(河流面积1529.07公顷、水库面积1281.99公顷、坑塘面积1972.44公顷、内陆滩涂139.39公顷、沟渠852.15公顷、水工建筑用地97.34公顷),占土地总面积3.78%;其他土地面积2567.03公顷(设施农用地278.05公顷,田坎2000.07公顷、沙地2.54公顷、裸地286.37公顷),占土地总面积的1.65%。

(陈 丹)

水资源 县境内雨量充沛,河流众多,水资源较丰富。多年平均降雨量1878.72毫米,多年平均年径流系数 $\alpha = 0.55$,多年平均年径流深1068.5毫米,多年平均年径流总量16.57亿立方米。由于地质构造原因,地下水资源丰富。从全县地层构成和分布情况来看,95%左右的面积为火成岩、砂岩和变质岩,是含水微弱的贫水地层,在这些地层分布区的断层、裂隙密集带含有较丰富的地下水,以温泉、下降泉、上长泉的形式出露,平乐、珊罗属石灰岩分布地区,地下水资源比较丰富。全县泉水一般正常流量为3.10立方米/秒,可开发为农业灌溉用水及人畜饮水之用。陆川县城至乌石谢鲁村一带的地下热水3处,流量33.12升/秒,县城温泉、乌石镇谢鲁温泉已开发利用。全县已查明马坡农场、马坡火车站、马坡黄花岭李家庄、马坡供销社、乌石镇谢鲁村等矿泉水点5处,马坡农场、马坡黄花岭、乌石谢鲁村的矿泉水已开发利用。

(县水利局)

表1   2015年陆川县各月降雨量、平均气温、日照时数情况

项目 \ 月份	1	2	3	4	5	6	7	8	9	10	11	12	合计(平均)
平均温度(℃)	14.4	17.3	19.5	22.8	27.3	28.3	27.3	28.1	27.1	23.9	21.5	14.6	22.7
降雨量(毫米)	67.9	23.2	31.8	34.3	215.3	419.5	531.2	186.6	209.3	447.0	70.0	130.3	2366.4
日照时数(小时)	153.3	59.8	29.0	142.3	130.3	197.0	148.8	205.6	158.7	175.2	113.4	46.3	1559.7

动植物资源　全县有陆栖脊椎动物350多种，其中爬行动物40多种，鸟类250多种，兽类30多种。其中，一级保护动物有蟒、鹧鸪、白鹤等；二级保护动物有穿山甲、水獭、鹰类、山瑞鳖等。有木本植物680多种，草本植物80多种。木本植物，一是乔木类，主要有尾叶桉、巨叶桉、隆缘桉等桉类为主，以马尾松、杉木、湿地松、红椎、火力楠、樟类、栎类、相思类、八角、荔枝、龙眼、竹子、橡胶、木菠萝等为辅；二是灌木类，主要有桃金娘、黄牛木、野牡丹、三叉苦、岗松、枪木等。草本植物有蕨类、芒类、鹧鸪草等。

（县林业局）

矿产资源　全县已发现矿产34种，包括黑色金属矿（铁、锰、钛），有色金属矿（铅、锌、铜、钼、锡），贵金属银（伴生），稀有金属（铌、钽、磷钇矿、独居石、锆英石），化工原料矿（磷、硫、钾长石），其他矿产有水泥原料矿产资源（灰岩、黏土、闪长玢岩、铁矿）、高岭土、滑石、云母、熔炼水晶、脉石英、饰面花岗岩、砖瓦黏土、砖瓦用安山岩、建筑用灰岩、建筑用花岗岩、建筑用砂（河沙）、矿泉水、地热（水）。全县有矿产地61处，包括大型矿床4处，中型矿床5处，小型矿床30处，其余为矿点。优势矿产主要是非金属矿，有水泥原料矿产资源（灰岩、黏土、闪长玢岩、铁矿）、饰面花岗岩、建筑用花岗岩、建筑用砂石（灰岩、河沙）、高岭土、滑石等；金属矿产有磷钇矿（锆英石、独居石）、钼（锡）矿、钛铁矿、铁矿和铅锌（银）矿；还有矿泉水、地下热水。

水泥用灰岩。荔枝寨中型水泥用灰岩矿保有资源储量6053万吨，矿石质量好。

砖瓦用黏土。珊罗—马坡砖瓦用黏土矿区，资源量3500万立方米，已开发利用。

建筑用砂。分布于九洲江流域。资源量比较丰富，已广泛开采利用。

铁矿。有沙坡、下水江督、大桥亚已嶂小型铁矿区3处，保有资源储量870.2万吨，多为贫矿。另有磁铁矿、褐铁矿点10处，未开采。

钛铁砂矿。清湖钛铁矿资源量371万吨，大型，已开采利用。

铅锌矿。有下水小型铅锌矿、沙坡茶亭小型铅锌矿和沙坡平田坡铅锌矿点，保有资源储量2.56万吨，锌资源储量5.25万吨。

钼矿。安垌中型钼钨矿1处，保有资源量2.04万吨，尚未开发利用。

钾长石。石垌小型钾长石矿区1处，保有资源储量436.10万吨，尚未开发利用。

硫铁矿。平塘小型硫铁矿，保有资源量42.70万吨，已利用。

高岭土。白坭高岭土大型矿1处，保有资源量550万吨，含氧化铝16.5%，已开发利用。良田石垌小型矿1处，未利用。

滑石。查明三胎顶中型矿1处，保有资源量10万吨。另有白马村、黎洪村六吉和古城镇水冲矿点4处。

饰面花岗岩。温泉镇官田大型矿区1处，资源量2500万立方米。

矿泉水。有马坡农场等矿泉水5处（已开发2处），允许开采量2084.55立方米/日。

地下热水。查明温泉镇、乌石镇的热泉、温泉3处，流量33.124升/秒，其中温泉镇九龙热泉、乌石镇谢鲁山庄温泉已开发利用。

（县国土资源局）

旅游资源　陆川旅游资源丰富，是广西第一批对外开放旅游县。辖区内风景名胜可分为自然景观和人文景观两大类。自然景观有主要有山岳峰丛景区、江河水库景区等，山岳峰丛景区主要有龙珠湖、沙湖嶂、谢仙嶂、东震山等景区，江河水库景区有九洲江、东成水库、温泉景区或景点有温泉九龙山庄、疗养院、飞龙山温矿泉。人文景观主要有谢鲁山庄及十大文物历史古迹，以中山亭、中山公园、英雄纪念碑为代表的革命名人纪念地，以龙岩将军寨、大坑寨等为代表的古寨民宅，以谢仙嶂、东震山修竹庵、东成文武庙、沙湖嶂关圣寺为代表宗教寺院。陆川风光新八景主要有：仙嶂奇峰、石湖晴雪、东城绿岛、东山飞瀑、伏波险滩、谢鲁幽庄、龙岩抱珠、温泉水暖。陆川温泉、谢鲁山庄、龙珠湖风景区为广西风景名胜。龙珠湖风光有"小桂林"美称，为国家AAA级旅游景区；谢鲁山庄是国内著名的保留最完整的四大私人山庄之一，被海内外游客称为"岭南第一庄"，为国家AAAA级旅游景区，第七批全国重点文物保护单位。陆川温泉历史久远，蕴藏着丰富的温泉资源，是广西内外旅游观光疗养胜地。

【土特产品】　陆川县属南亚热带季风气候，气候环境非常适宜农作物生长，是广西和全国重要的商品粮基地，杂优水稻品种优良。地方名优果蔬品种有乌石淮山，珊罗韭菜，马坡大白菜，乌石番石榴，良田、清湖的橘红，乌石双горный西瓜，沙坡秦镜西瓜，沙坡百香果，横山马铃薯，大桥果蔗，米场、沙坡、沙湖的砂糖橘等；养殖品种主要有全国地方八大良种猪之一——陆川猪，是国家农产品地理标志保护产品，肉质优，等等；广西陆川鹅村——古城陆因村狮子鹅，沙坡三黄鸡，大桥平山土鸭等出名。特色饮食有乌石猪脚、米场牛杂、平乐狗肉、沙坡鸡肉、大桥平山鸭肉，食品产品主要有乌石酱油、珊罗米酒、品华居月饼等，矿泉水有茶花山矿泉水、真龙泉矿泉水、好龙泉矿泉水。铁锅生产历史悠久，陆川是广西铁锅生产基地，中国铁锅之都。为中国最大的小型挖掘机生产出口基地。

【人口】　2015年年末，全县户籍总户数32.74万户，总人口108.71万人，其中男性57.70万人，女性51.01万人；女性占总人口46.92%，男女性别比为113∶100（女性=100）。城镇人口29.02万人，占26.69%；乡村人口79.70万人，占73.71%。省内迁入1943人，省外迁入779人；迁出省内4128人，迁出省外2289人。人口自然增长率7.35‰。人口密度为每平方千米701人。0~17岁33.45万人，占全县总人口的30.77%；18~34

岁 32.38 万人,占 29.79% ;35~59 岁 29.61 万人,占 27.23%;60 岁以上 13.27 万人,占 12.21%。0~17 岁青少年儿童人口所占比重比上年上升 2.51 个百分点,60 岁以上老年人口所占比重比上年增加 0.38 个百分点。温泉镇 5.72 万户 15.57 万人,米场镇 1.95 万户 6.25 万人,沙湖镇 8921 户 3.06 万人,马坡镇 2.88 万户 10.52 万人,平乐镇 1.64 万户 5.55 万人,珊罗镇 1.75 万户 6.08 万人,沙坡镇 2.28 万户 8.21 万人,大桥镇 1.82 万户 5.91 万人,横山镇 1.55 万户 5.04 万人,乌石镇 4 万户 13.35 万人,滩面镇 1.13 万户 3.69 万人,良田镇 2.80 万户 9.78 万人,清湖镇 2.09 万户 7.72 万人,古城镇 2.24 万户 7.97 万人。

【行政区划】 2015 年,全县行政区划为温泉、米场、沙湖、马坡、平乐、珊罗、沙坡、大桥、横山、乌石、滩面、良田、清湖、古城 14 个镇,154 个建制村、10 个社区,3050 个自然村;4523 个村民小组、103 个居民小组。县城社区有长安社区、新洲社区、文昌社区、九洲社区、温汤社区、九龙社区 6 个社区;乡镇社区有马坡街社区、乌石街社区、良田街社区、清湖街社区 4 个社区。

【语言】 陆川主要方言有客家话(当地称为新民话或涯话)、粤语(当地称土白话、士州话)两种。以县城为界,县城以南是客家话区,县城以北为粤语区,县城两种方言皆用。客家话和粤语的人口比例约为 2∶1。随着流动人口的增多,语言之间出现相互渗透和同化的现象;随着普通话的推广使用及互联网兴起和发展,机关单位对外招聘人员逐年增多,学生、年轻人及机关单位人员之间普通话交流逐渐普及。

【民族】 陆川县是汉族聚居地区,居民主要是汉族的客家人和广府人。县内各少数民族主要是工作或婚姻等

表 2 　　　　　　　　　　　　　　　2015 年陆川县各镇区域情况

镇	面积(平方千米)	建制村、社区(个)	自然村(个)	村(居)民小组(个)	辖村(社区)名称
温泉镇	123.27	20	245	457	温泉村、东山村、白坭村、官田村、洞心村、安宁村、风淳村、长河村、中屯村、万丈村、泗里村、中兴村、淫塘村、四良村、长安社区、新洲社区、文昌社区、九洲社区、温汤社区、九龙社区
米场镇	90.11	9	168	298	米场村、五柳村、南中村、桥鲁村、旺同村、平塘村、旺荐村、乐宁村、新民村
沙湖镇	71.35	5	131	140	永旺村、永安村、新街村、长沙村、官山村
马坡镇	145.20	14	249	478	马坡村、朱砂村、东西村、清秀村、六平村、良厚村、界垌村、大兴村、雄英村、大良村、新山村、靖东村、靖西村、马坡街社区
平乐镇	70.99	7	102	226	平乐村、六凤村、新兴村、石村村、三安村、桥头村、长旺村
珊罗镇	53.49	7	118	228	大山村、田龙村、珊罗村、长纳村、鹤山村、四乐村、六燕村
沙坡镇	154.80	13	307	397	沙坡村、北安村、仙山村、高庆村、大连村、六潘村、秦镜村、和平村、中心村、白马村、横山村、六高村、龙湾村
大桥镇	89.01	11	235	306	大桥村、雅松村、瓜头村、陆透村、唐侯村、大垌村、三善村、平山村、大塘村、美坡村、北桑村
横山镇	91.47	11	155	286	稳坡村、高冲村、石塘村、旺坡村、四和村、旱塘村、同心村、清平村、潭村、陆洪村、良塘村
乌石镇	228.19	24	419	625	沙井村、沙江村、龙化村、吹塘村、谢鲁村、子良村、紫恩村、塘域村、老圩村、双垌村、那囊村、坡脚村、旺岭村、坡子村、蒙村、王沙村、黎洪村、陆河村、陆龙村、陆选村、安东村、月垌村、水花村、乌石街社区
滩面镇	63.23	6	126	162	滩面村、上旺村、坡头村、新旺村、覃村、佳塘村
良田镇	132.72	14	329	372	良田村、龙口村、鹿垌村、石垌村、旺垌村、车田村、竹山村、文官村、冯杏村、新村、三联村、甘片村、莲塘村、良田街社区
清湖镇	127.19	13	247	348	清湖村、陆坡村、三水村、塘寨村、旺山村、永平村、平安村、水亭村、塘榄村、那若村、官冲村、新官村、清湖街社区
古城镇	113.30	10	219	303	古城村、长径村、良村、八角村、陆因村、北豆村、楼脚村、陆落村、盘龙村、清耳村
合计	1554.32	164	3050	4626	

原因迁入,零星分布于全县各镇,没有形成少数民族聚居点。2015年,全县有民族30多个。其中,汉族人口占全县总人口99%;其他少数民族1.22万人,占总人口1%。居住的少数民族主要有蒙古族、回族、藏族、苗族、彝族、壮族、布依、朝鲜族、满族、侗族、瑶族、白族、土家族、哈尼族、傣族、黎族、傈僳族、畲族、拉祜族、水族、纳西族、土族、仫佬族、毛南族、仡佬族、普米族、鄂温克、京族、独龙族。

（县方志办）

【宗教】 2015年,陆川县辖区内的宗教有佛教(汉传)、基督教、天主教3个教派。有宗教团体1个,陆川县佛教协会。登记备案的教职人员3人。登记的宗教活动点3个,即米场镇居上林佛教活动点、县城基督教礼拜堂、珊罗镇田龙村油麻坡天主教临时活动点。年内,陆川普照禅寺佛教活动场所正在建设(位于沙坡镇仙山村谢仙嶂)。全县经常参加基督教礼拜堂集体活动信教群众约250人,天主教信教群众约100人,佛教皈依徒约500人。

（林云莎）

陆川县党政群机关企事业单位及领导人（2015年度）

中共陆川县委员会

书　记　陈　杰
副书记　蒙启鹏
　　　　严海波(任至4月)
　　　　周建洪(4月任职)
常　委　陈　杰
　　　　蒙启鹏
　　　　严海波(任至4月)
　　　　周建洪(4月任职)
　　　　欧远胜(任至4月)
　　　　周国静(4月任职)
　　　　温电波(任至4月)
　　　　陈　锦(女,4月任职)

莫家耀(挂职)
陈基林
詹　博
莫亚坤
陈锦华(女)
王启忠
黎福章(任至7月)
李红伟(9月任职)
余朝文(10月挂职)

办公室主任　黎福章(任至9月)
　　　　　　李红伟(9月任职)
纪律检查委员会书记　詹　博
组织部部长　陈基林
宣传部部长　莫亚坤
统一战线工作部部长　陈锦华(女)
政法委书记　王启忠
督查室主任　廖胜伟(任至1月)
　　　　　　黄　彬(1—6月任职)
　　　　　　吕健清(6—7月任职)
　　　　　　李旭元(7月任职)
机要局、国家密码管理局局长
　　　　黄　荣
保密委员会办公室(国家保密局)主任
　　　(局长) 李红飞(任至1月)
机构编制委员会办公室主任　林　忠
台湾工作办公室、台湾事务办公室
　　　主任　曾祥军(任至11月)
老干部局局长　余尉先
信访局局长　丘　新(任至6月)
　　　　　　龚　成(7月任职)
党史资料征集办公室主任　江家一
党校校长　苏　毅
直属机关工作委员会书记　何汉文
精神文明办公室主任　赖　进
非公有制经济组织和新社会组织工作
　　　委员会书记　莫小明
绩效考评领导小组办公室主任
　　　罗　亮
工业园区工作委员会书记　赖仕冠
龙豪创业园区工作委员会书记
　　　刘玉文
统筹城乡工作部部长
　　　严海波(任至4月)
　　　周建洪(4月任职)
社会治安综合治理办公室主任
　　　龚　成(任至7月)
　　　龚　伟(9月任职)

维护社会稳定办公室主任　龚　伟
防范和处理邪教领导小组办公室主任
　　　吕永利(7月任职)

陆川县人民代表大会常务委员会

主　任　陈前驱
副主任　黄永华
　　　　温文彪
　　　　谢卡娜(女)
　　　　丘妙军
办公室主任　陈世荣(任至1月)
　　　　　　罗国生(1月任职)
财政经济工作委员会主任　谢里斌
教科文卫工作委员会主任　叶宗海
法制工作委员会主任
　　　李腾将(任至8月)
　　　林培全(8月任职)
代表联系工作委员会主任　庞森贵

陆川县人民政府

县　长　蒙启鹏
副县长　温电波(任至4月)
　　　　陈　锦(女)
　　　　莫家耀(挂职)
　　　　莫亚坤
　　　　梁正高
　　　　吴祖强
　　　　李红伟(任至9月)
　　　　甘　俭(4月任职)
　　　　余朝文(10月挂职)
　　　　何志勇(10月任职)
办公室主任　王　羽(任至1月)
　　　　　　李红飞(1月任职)
发展和改革局局长
　　　吕辉云(任至1月)
　　　黄平越(1月任职)
经济贸易局局长　黄平越(任至1月)
　　　　　　　　谭　兵(1月任职)
教育局局长　黎　颜
科学技术局局长
　　　吕冰心(女,任至1月)
　　　李海燕(女,1月任职)
财政局局长　罗国生(任至1月)
　　　　　　冯柏维(1月任职)
民政局局长　宁　浩(任至1月)

郭永强(1月任职)
人力资源的社会保障局局长　黎小明
监察局局长　杨富源(任至1月)
　　　　李志进(9月任职)
住房和城乡建设局
　　局长　陈建军(任至1月)
　　　　李德运(1月任职)
交通运输局局长　陈锦泉
农业局局长　李海燕(女,任至1月)
　　　　刘朝状(1月任职)
林业局局长　王兆强(任至1月)
　　　　王　羽(1月任职)
水利局局长　冯柏维(任至1月)
　　　　何深龙(1月任职)
环境保护局局长　杨汉勇(任至12月)
　　　　苏红波(12月任职)
审计局局长　谢桂越
卫生局局长　万学成(任至1月)
人口和计划生育局
　　局长　何深龙(任至1月)
卫生和计划生育局局长
　　　　江永强(1月任职)
文化和体育局局长
　　　　俞伟汉(任至1月)
广播电视局局长　丘　琛(任至1月)
文体广电局局长
　　　　蒙拉夏(女,1月任职)
公安局局长　梁正高
　　政委　江德岸(女)
司法局局长　黎福才
物价局局长　陈　振
法制办(行政执法监督局)
主任(局长)　覃良川
工商行政管理局局长　丘小波
质量技术监督局局长　庞理松
安全生产监督局局长　赖永磊
食品药品监督管理局局长　钟耀武
统计局局长　刘　通(任至1月)
　　　　陈立猛(1月任职)
扶贫办公室主任　刘朝状(任至1月)
　　　　刘　汉(1月任职)
粮食局局长　刘仁光
机关事务局(后勤服务中心)
　　局长(主任)　谭　兵(任至1月)
　　　　吕辉云(1月任职)
旅游局局长　廖　杏(女)
接待办公室主任　丘绍辉

农业机械化管理局
　　局长　庞　勇(任至1月)
　　　　丘　琛(1月任职)
水产畜牧兽医局
　　局长　江永强(任至1月)
　　　　陈世荣(1月任职)
水库移民工作管理局局长　黄增元
招商促进局局长　罗文焕
外事侨务办公室
　　主任　李健武(任至1月)
　　　　吕冰心(女,1月任职)
民族事务委员会
　　主任　何鼎奎(任至1月)
　　　　江乃洪(1月任职)
宗教事务局局长　何鼎奎(任至1月)
　　　　江乃洪(1月任职)
档案局局长　姚　坚
地方志编纂委员会办公室
　　主任　姚紫燕(女)
人民防空办公室主任　刘　钊
政务服务管理办公室
　　主任　吕宗清(任至1月)
　　　　王兆强(1月任职)
市场服务中心主任　丘祖昌
工业园区管理委员会主任　黎云明
龙豪创业园区管理委员会
　　主任　吕健清(任至6月)
　　　　俞伟汉(6月任职)
地震局局长　陈立猛(任至1月)
　　　　刘　通(1月任职)
供销合作社联合社
　　理事会主任　周广才
　　监事会主任　黄久光
二轻工业联社
　　主任　廖　何(任至6月)
　　　　梁振林(7月任职)
社会保险事业管理局局长　姚培新
市政市容局(城市管理行政执法局)
　　局长　罗武超(任至1月)
　　　　赵志雄(1月任职)
征地办公室主任　李德运(任至6月)
　　　　江拥军(6月任职)

政协陆川县委员会

主　席　吕焕坤(任至2月)
　　　　李永金(2月任职)

副主席　何健华(任至12月)
　　　　李福其
　　　　黎　政
　　　　江紫艺(女,2—9月任职)
秘书长　吕水涛
办公室主任　吕水涛(任至1月)
　　　　宁　浩(1月任职)
提案法制委员会主任
　　　　吕宗清(1月任职)
经济联谊委员会主任　范碧莉(女)
科教文卫委员会主任
　　　　丘跃进(任至1月)
　　　　陈建军(1月任职)

法院　检察院

人民法院院长　詹一林
人民检察院检察长　许　安(女)

人民团体

陆川县总工会主席　温文彪
共青团陆川县委员会书记　李　武
妇女联合会主席　徐　莉(女)
科学技术协会主席
　　　　江紫艺(女,任至1月)
　　　　丘玉梅(女,1月任职)
归国华侨联合会主席　万　胜
工商业联合会主席
　　　　丘玉梅(女,任至1月)
　　　　江紫艺(女,1—7月任职)
　　　　李　蔓(女,7月任职)
文学艺术界联合会主席　黄晓红(女)
残疾人联合会理事长　杨道静
社会科学界联合会主席　王　燕(女)

县直企业单位

经济发展集团公司总经理
　　　　钟伟杰(7月任职)
物资总公司总经理　陈小勇
城市建设投资有限公司董事长
　　　　俞汉华
小城镇建设有限公司董事长
　　　　姚　勇
工业投资有限公司董事长　黄祖东

中直、自治区直、市直单位

陆川县国土资源局
　　局长　吕　强(任至2月)
　　　　　詹宗利(2月任职)
陆川县国家税务局局长　阙　堃
陆川县地方税务局局长　林　琳
陆川县烟草专卖局局长　王汉宏
陆川公路管理局局长　周冬明
中国人民银行陆川县支行
　　行长　黄旭才
玉林银监分局陆川办事处
　　主任　陈占礼
中国工商银行股份有限公司陆川县
　　支行行长　廖广龙(任至9月)
　　　　　　　丘立达(9月任职)
中国银行股份有限公司陆川支行
　　行长　王惠文
中国农业银行股份有限公司陆川县支
　　行行长　施柏锐
中国建设银行股份有限公司陆川支行
　　行长　吴文东(任至4月)
　　　　　罗祖旺(5月任职)
中国农业发展银行陆川县支行
　　行长　李焕先(任至3月)
　　　　　谢小军(4月任职)
陆川县农村信用合作社联合社
　　理事长　陆本宏
　　主　任　宁贵明
中国邮政储蓄银行股份有限公司陆川
　　县支行行长　丘律宁(2月任职)
广西陆川柳银村镇银行
　　董事长　丘恩明
　　行　长　尹　曲(女,任至11月)
　　　　　　饶连发(12月任职)
中国人民财产保险有限公司陆川支公
　　司经理　李　游
中国人寿保险股份有限公司陆川支公
　　司经理　江剑锋(任至8月)
　　　　　　钟　军(8月任职)
玉林市住房公积金陆川县管理中心
　　经理　简恒美(女)
中国邮政集团公司陆川县分公司
　　总经理　(缺)
中国电信股份有限公司陆川分公司
　　总经理　钟英华

中国移动通信集团广西有限公司陆川
　　分公司总经理　蓝金维(任至1月)
　　　　　　　　　黄　毅(1月任职)
中国联合网络通信有限公司陆川分公
　　司总经理　刘伟军(任至1月)
　　　　　　　陈海华(2月任职)
广西广播电视信息网络股份有限公司
　　陆川分公司总经理　杨　镇
陆川县气象局局长　(缺)
陆川供电公司总经理　周　山
广西总工会陆川温泉疗养院
　　院长　陆见尉
广西农垦国有五星总场场长　黄春华
陆川火车站站长　黄先志(任至12月)
　　　　　　　　刘　华(12月任职)
陆川县汽车站站长　李　森
陆川新华书店经理　陈浩如
陆川县水利供水(污水处理)有限公司
　　总经理　谢米加
陆川县发电总公司经理　何　军

军事单位

陆川县人民武装部
　　政委　欧远胜(任至2月)
　　　　　周国静(2月任职)
　　部长　谭荣锥
中国人民武装警察部队陆川消防大队
　　教导员　黄　浩
　　大队长　周人普
中国人民武装警察部队陆川中队
　　指导员　黄佐邦(任至3月)
　　　　　　袁新宇(3月任职)
　　中队长　袁新宇(任至3月)
　　　　　　张　平(3月任职)

镇

温泉镇
党委书记　罗　昶(任至6月)
　　　　　朱万勇(6月任职)
人大主席　罗　昭(任至6月)
　　　　　覃升波(7月任职)
镇　长　朱万勇(任至6月)
　　　　罗　昭(6月任职)

米场镇
党委书记　邱炎义

人大主席　梁振林(任至7月)
　　　　　林昭坚(7月任职)
镇　长　龚杰华(任至6月)
　　　　黄　彬(6月任职)

沙湖镇
党委书记　丘春荣
人大主席　王孝通
镇　长　吕　戈

马坡镇
党委书记　甘　俭(任至6月)
　　　　　罗运锋(6月任职)
人大主席　吕松杰
镇　长　罗运锋(任至6月)
　　　　丘　新(6月任职)

平乐镇
党委书记　林华生
人大主席　吕永利(任至6月)
　　　　　吕志强(7月任职)
镇　长　刘　猛(1月任职)

珊罗镇
党委书记　黄　波
人大主席　赖　剑
镇　长　张志高

沙坡镇
党委书记　罗新强
人大主席　陈　炬
镇　长　江妙东

大桥镇
党委书记　江　舟
人大主席　吕俊林
镇　长　王秀辉

横山镇
党委书记　李　林(任至6月)
　　　　　龚杰华(6月任职)
人大主席　庞雪梅(女,任至6月)
　　　　　罗绍东(7月任职)
镇　长　黄有雄(任至6月)
　　　　庞雪梅(女,6月任职)

乌石镇
党委书记　陈光前

人大主席　陈祖春(任至6月)
　　　　　张铁军(7月任职)
镇　　长　罗建锋(任至6月)
　　　　　黄礼志(6月任职)

滩面镇

党委书记　何达勇
人大主席　朱振锋(任至6月)
　　　　　何超锦(女,7月任职)
乡　　长　黄礼志(任至6月)
　　　　　朱振锋(6月任职)

良田镇

党委书记　苏红波(任至11月)
　　　　　李家胜(11月任职)
人大主席　戚贤东(任至11月)
　　　　　吕坤珑(11月任职)
镇　　长　李家胜(任至11月)
　　　　　戚贤东(11月任职)

清湖镇

党委书记　丘兆欢
人大主席　温文冕
镇　　长　丘纪生

古城镇

党委书记　陈永林
人大主席　黄祖强
镇　　长　廖胜伟

经济与社会发展

【经济运行】 2015年,陆川县实现地区生产总值218.93亿元,比上年增长2.89%。其中,第一产业增加值31.19亿元,第二产业增加值107.66亿元(其中工业增加值93.37亿元),第三产业增加值80.07亿元,分别增长0.90%、3.50%、12.60%。人均地区生产总值2.79万元,增长5.01%。财政收入13.33亿元,增长8.88%。其中,公共财政预算收入10.13亿元,增长8.18%;公共财政预算支出40.19亿元,增长19.09%。全社会固定资产投资完成额179.22亿元,增长17%。社会消费品零售总额52.86亿元,增长8.51%。外贸出口总额478万美元,下降49.50%。实际利用外资344万美元。城镇居民人均可支配收入2.60万元,增长8%;农民人均纯收入10087元,增长10.20%;城乡居民储蓄存款余额126.80亿元,增长13.12%。

【重大项目建设】 2015年,陆川县实施项目带动战略,实行县四家班子领导联系推进重大项目责任制,开展重大项目攻坚工作。共争取中央预算内投资项目174个(批),总投资3.90亿元,其中中央投资1.55亿元、自治区配套资金0.58亿元。新开工3000万元以上重大项目69个、续建186个、竣工38个,总投资145亿元,占全县固定资产投资的81.58%。其中,列入自治区层面统筹推进的世客城、九洲江上游产业转移园、谢仙嶂景区、滩面35兆瓦光伏发电、东环路扩建等5个重大项目总投资3.60亿元,占年度计划目标任务的180%;列入玉林市级层面统筹推进的锦源仓储物流城、教育集中区高中校区、中浩地王国际商业中心等亿元以上重大项目49个,总投资41.90亿元,占年度计划目标任务的101.7%。

【特色农业发展】 2015年,陆川县推进生态特色农业发展。完成粤桂跨省流域生态农业合作示范区建设规划。在乌石镇吹塘至滩面镇伏波桥间九洲江沿岸15千米建设现代农业示范园,综合开发面积666.67公顷,种植中药材品种有橘红、何首乌、佛手、淮山、莪术等,特色水果品种有葡萄、火龙果、猕猴桃等。玉林市药都投资有限公司种植何首乌、佛手、莪术等中药材53.33公顷,乌石镇谢鲁村香淮淮山专业合作社带领农民种植淮山66.67公顷。2月,该现代农业示范园被玉林市人民政府授予"陆川县九洲江田园中药材产业(核心)示范区"。

11月,被自治区人民政府评为优势特色产业。12月,陆川县绿丰农业专业合作社在马坡镇新山村投资980万元建立特色农业示范区,种植橘红60公顷、牛大力16.67公顷、粉蕉16.67公顷、水果10公顷,建鱼塘6.67公顷。

【生态环境治理】 2015年,陆川县开展生态环境治理,重点加大九洲江治理。清拆范围从主干流200米禁养区,扩展到支流和非禁养区污染较严重的养殖场,有效整治石垌河、北豆河、古城河等重点支流。年内,清拆流域内养殖场114家,清理生猪5.50万头,清拆猪舍面积9万多平方米。建成高架网床养殖场22家,完成标准化养殖场改造200家。英平液态有机肥厂、科环畜禽无害化处理厂投入运行,博世科生物质能源综合利用项目开工建设。9个镇污水处理厂竣工试水运行。建成垃圾中转站3个、5个建制村环境连片综合整治项目。整治9家涉水工业企业、53家非法采砂点。九洲江被列为国家"跨省区生态补偿试点"。

【产业集聚项目建设】 2015年,陆川县把产业转型升级作为加快经济发展的重要抓手。北部园区完成"两纵"路网建设。九洲江产业转移园完成平整土地50公顷,建成米标准厂房约2万平方米。新入园企业9家,新增规上企业9家。完成土地流转746.67公顷,新建农民专业合作社64家、家庭农场44家,种植中药材5333.33公顷。龙珠湖、东山运动养生、九洲江生态旅游等重大旅游项目完成投资7.50亿元,世客城入选国家优选旅游项目。陆川县获评为全国休闲农业和乡村旅游示范县、全区农业重点产业(中药材产业)发展先进单位。

【城乡项目建设】 2015年,陆川县完成城镇固定资产投资171.57亿元。推进县供销社、县经贸局、九洲江城区段一江两岸片区等棚户区改造项目建设,建成县政府黄楼棚改点主体框架。加快推进教育集中区、文体中心、地王国际等重点城建项目。顺利完成温汤东路建设、陆兴北路改造、温泉大道外立面改造、九洲大桥两岸外立面改造、金穗桥改造等21个市政项目，基本完成马盘二级路沿线外立面风貌改造工程。乌石镇市政工程被列为自治区城镇化百镇示范工程，有序推进沙湖、横山、滩面3个镇基础设施项目。投资7000多万元建设九洲江生态乡村示范带，建成吹塘公园、龙化放生园、生态农业培训中心、文官客家文化村、英平家庭农场生态园等示范点，玉林市生态乡村建设现场会在陆川县召开。

【民生项目建设】 2015年，陆川县以保障和改善民生为落脚点，公共财政用于民生领域支出32.30亿元，占公共财政预算支出82.80%。共有1.60万名80岁以上老人享受高龄津贴。全面完成10项为民办实事工程。新增城镇就业4510人，农村劳动力转移就业8320人。城乡居民社会养老保险参保率97.32%。发放城乡低保金1.02亿元、大中型移民后扶资金4084万元。新建公租房583套，实施农村危房改造3000户。投入扶贫资金2550万元，减少农村贫困人口1.30万人。清湖镇塘寨村葡萄产业经济示范园列为全市精准扶贫示范点。

【社会事业发展】 2015年，陆川县坚持社会事业与经济建设同步推进。陆川县中学高考一本上线人数稳居自治区县级中学前列。陆川籍运动员在广西第十三届青运会上获金牌9枚。《清清龙泉河》获广西第四届基层群众文艺汇演一等奖，《河长轶事》获广西十七届"八桂群星奖"戏剧类金奖。率先在玉林市成立县级法学会，开通广西第一家县级法学网站。全面深化行政审批制度改革，建立政府法律顾问制度，基本完成14个镇"四所合一"改革试点工作。县人民医院、中医院、骨科医院、妇幼保健院等4家公立医院实施基本药物零差率销售。加强和

创新应急管理工作，成立陆川县公共安全应急预警信息发布中心。加强安全生产和食品药品安全监管，着力化解各类矛盾纠纷，社会大局保持和谐稳定。

（县方志办）

政治文明建设

【中共党组织建设】 2015年，陆川县围绕经济发展大局，推进党建载体创新，加强基层党建工作。一是创新党建载体。创造性开设"书记论坛"，搭建党员干部崭新的学习平台，拧紧领导干部思想的"总开关"。抓好"三严三实"专题教育，把对象延伸到正科级干部，创新开展"学准则·铸情操"主题教育活动，促党员干部树新风、铸情操。实施"'三会一课'人人讲"，严肃党内组织生活。开展"双向五统一集中"活动，整合涉农项目、资金，集中打包投放到基层。推进社区规范化建设"双十"工程，巩固社区党组织建设。推进非公党建，持续深化"136"（走进基层；问政于民，问计于民，问需于民；提高农村经济发展速度和水平，提升农村矛盾纠纷排解效率和效果，提升民生幸福指数，提升平安工作满意度，提升干部队伍执行力，提升基层组织凝聚力和战斗力）党建载体，党的队伍建设持续优化。陆川县获2015年度县委书记抓基层党建工作考评玉林市第一、2014—2015年度县委书记"基层党建创新项目"考评全市第二。二是强化宣传思想文化工作，推进社会主义核心价值观的形成。落实党委领导意识形态工作责任，营造宣传舆论氛围，加强网络舆情引导和虚拟社会治理，在市级以上新闻媒体刊播正面宣传稿900多篇。推进国家公共文化服务体系示范区创建。三是推进党风廉政建设。贯彻落实管党治党责任，落实中央八项规定精神，严防"四风"反弹回潮。狠

抓"两个责任"（党委主体责任，纪委监督责任）落实。开展"守纪律、讲规矩"主题教育活动，抓好新修订《准则》《条例》学习贯彻。开展查处发生在群众身边"四风"和腐败问题专项工作，共有427人向组织交代问题并上缴违纪款174万元，专项工作经验得到自治区纪委介绍推介。加强正风反腐，年内查处党员干部违法违纪案件67件，处分59人，移送司法机关24人。

【民主法治建设】 2015年，陆川县坚持党的领导、人民当家做主、依法治国有机统一，强化民主法治建设。一是推进陆川法治建设，推进依法执政、依法行政、公正司法、全民守法和法治队伍建设，加强法治宣传教育。二是加强人大工作，支持县人大及其常委会依法履行职权，讨论决定重大事项，强化人大监督职能，开展代表联系人民群众活动，支持人大及其常委会加强自身建设。三是加强政协工作，健全民主协商制度，推动协商民主广泛多层制度化发展，支持实施"双联双助"活动。四是加强统战工作，深化"同心"品牌建设，抓好民族、宗教、对台和侨务工作，巩固和发展最广泛的爱国统一战线，陆川县获2015年度全区统战工作实践创新成果奖。五是发挥工青妇、文联、科协、残联等群团组织作用，加强基层民主建设。六是加强党管武装工作，推动军民融合深度发展，巩固和发展军政军民团结，双拥共建工作取得新成效。七是加强和创新社会治理。打击各类违法犯罪活动，强化反恐防恐工作，整治社会治安突出问题和治安混乱地区，提升群众安全感和满意度。开展信访积案化解活动，化解信访积案和历史遗留问题。建立玉林市第一家县级法学会、广西第一家县级法学网站。开展"平安铁路示范县""无邪教县"创建。完成重大会议和敏感时段维稳工作任务。全县社会大局持续稳定，陆川县连续9年被评为广西平安县，年内全县安全感满意度综合排名在自

治区 68 位、全市第 2 名。

【政府效能提升】 2015 年,陆川县加强政府自身建设,开展党的群众路线教育实践活动和三严三实专题教育,贯彻执行中央八项规定和国务院"约法三章"。"三公"经费[政府部门人员因公出国(境)经费、公务车购置及运行费、公务招待费产生的消费]比 2013 年下降 45.40%。落实党风廉政建设"两个责任",加强行政监察和审计监督。执行县人大及其常委会的决议和决定,自觉接受人大、政协和社会的监督。加强政务服务、政务公开和政府信息公开工作。建立政府法律顾问制度,全面完成"六五普法"规划任务。年内,陆川县被列为自治区级依法行政示范点。 (县方志办)

精神文明建设

【社会主义核心价值体系建设】 2015 年,陆川县继续加强社会主义核心价值观实践教育,社会主义核心价值观教育体系融入精神文明建设全过程。

社会主义核心价值观宣传教育 将社会主义核心价值观列入各级党委中心组理论学习、干部理论学习的核心内容,开展党委书记宣讲社会主义核心价值观活动。利用回乡工作队、美丽乡村建设工作队,成立"百支核心价值观宣讲小分队"103 支,深入乡村、企业、社区、学校开展以"三个倡导"(倡导"富强、民主、文明、和谐",倡导"自由、平等、公正、法治",倡导"爱国、敬业、诚信、友善")的基本内容宣传教育活动,引导公民践行社会主义核心价值观。组织县内各级文明单位利用单位内外宣传栏、宣传橱窗、宣传牌匾、LED(发光二极管)显示屏等宣传载体,制作展示以社会主义核心价值观、中国梦为主要内容的公益广告、遵德守礼提示

语等 100 多条(个),营造浓厚的文化氛围。

"我们的节日"主题教育 清明节期间,组织开展"缅怀革命先烈,传承优良传统"和"网上祭英烈"活动;国庆节期间,引导未成年人学生参与"向国旗敬礼"网上签名寄语活动。参与活动的未成年人学生等近 3 万人次,表达对先烈、先贤、先人的感恩和敬仰,以及对中华民族源远流长的传统节日的重新认识和感悟。

"学雷锋"志愿服务 宣传"奉献他人、提升自我"志愿服务理念,提高学习雷锋、做志愿者的文化自觉性;继续推进"邻里守望·情暖陆川"主题志愿服务活动。引导机关小区成立邻里互助组织,开展婚姻家庭关系调适、邻里冲突调解、心灵关怀、情感抚慰以及家政、家教等志愿服务活动,构建"和谐小区邻里"。3 月,组织举办学雷锋志愿服务月活动,学雷锋活动逐渐常态化。年内,全县学雷锋志愿服务活动共为群众办实事做好事 6 万多件。

"感恩教育"主题活动 继续开展"感恩教育"活动,开展"感恩故事"征集活动,共征集优秀"感恩故事"30 篇;开展保护母亲河主题摄影、书法等竞赛、展示活动,收集摄影作品 50 幅、书法作品 50 幅,年内共举办摄影、书法展 3 次,参与活动 5000 多人次。

"和谐建设在基层"活动 以"友善同行·和谐共享"为主题,开展"和谐建设在基层"活动,引导干部群众、在校师生、医务工作者参与"友善同行"道德活动,组织有关机关单位、学校、医院在各办事大厅或门口设立"善行义举榜"宣传栏,为活动的开展营造浓厚社会氛围。

"道德讲堂"活动 加大道德模范学习宣传,开展"道德讲堂"活动。制定全县加强"道德讲堂"建设实施方案,组织、引导县辖区内市级以上文明单位广泛开展"道德讲堂"活动,传播凡人道德故事,推动先进道德理念入脑入心,营造"讲道德,做好人,树新风"的浓厚氛围。共组织开展"道

德讲堂"活动 60 多场次,受教育人员 1800 人次。

"保护母亲河——从我家做起"主题教育实践活动 以"绿化、净化、美化"九洲江为主题,组织机关单位、村屯的志愿者 3000 多人次开展打捞河上垃圾、义务植树、清洁街道等形式多样的教育实践活动,参与生态环境保护建设。

【未成年人思想道德建设】 2015 年,陆川县重视和加强未成年人思想道德建设工作,组织开展未成年人思想道德建设主题教育实践活动,加强未成年人思想道德教育。

青少年"学雷锋——做一个有道德的人"主题活动 开展核心价值观进校园、青少年网上祭英烈、"学习争做美德少年""感恩故事"征集等系列活动,引导中小学生开展力所能及的志愿服务,参与科普知识宣传、"文明交通劝导一日行""为父母做一件好事""为学校做一件好事""种一棵树植一块绿"等多种体验教育;利用讲座、报告、校园广播、宣传专栏(墙)、电子屏等宣传载体,宣传社会主义核心价值观,增强师生践行核心价值观的自觉性;邀请专家、五老干部(老干部、老战士、老教师、老专家、老模范)到县城学校作爱国主义、文明礼仪教育报告,举办党史知识讲座,共举办讲座 15 场次,受教育学生 1 万多人次;利用校园广播、宣传专栏、宣传墙等宣传载体,对学生进行爱国主义和民族精神教育,增强未成年人爱党爱国的情感。

"弘扬真善美、贬斥假恶丑"主题教育实践活动 围绕"真善美"与"假恶丑"的议题,组织全县中小学开展互动讨论,开展"真善美"大展播活动,引导青少年明辨什么是真、善、美,什么是假、恶、丑,提高青少年对网络媒介的辨别能力,引导青少年养成真善美的日常行为习惯。

学校、家庭、社会"三结合"教育网络建设 组织各级文明单位开展"为未成年人做一件实事好事"活动,

发动各级文明单位为未成年人捐款、捐物，与未成年人开展有益身心的文化活动，全县有 40 个文明单位参与活动，为未成年人捐款、捐物价值 5 万多元。开展网上不良信息专项清理行动、校园周边环境专项整治，为未成年人成长营造"真善美"的社会环境；协助大桥镇中心校做好中央彩票公益金支持乡村学校少年宫项目申报工作。

【家庭文化建设年活动】 2015 年，陆川县以开展核心价值观进家庭、美德教育进家庭、爱心公益进家庭活动为契机，引导各镇、各部门、各单位、各学校开展核心价值观进家庭、美德教育进家庭、廉政文化进家庭、文化学习进家庭、文体活动进家庭、文明礼仪进家庭、绿色环保进家庭、爱心公益进家庭等"八进家庭"活动，倡导现代文明家风，倡导健康文明科学的生活方式和生活理念，加强家庭文化建设。

【城乡精神文明建设】 2015 年，陆川县推进统筹城乡精神文明建设，把支持农村精神文明建设纳入各级文明单位创建内容。各级文明单位与镇、村建立以城带乡、城乡共创的精神文明建设长效机制，加强以农村政策、致富技能、法律法规、思想道德为主要内容的农民素质教育，共举办各类农民教育 108 场次，受教育农民 5600多人次，引导和帮助农民尽快适应社会发展变化，做新时代的农民。

【文明单位创建】 2015 年，陆川县做好文明村镇、文明单位申报及复核工作。组织做好第十七批玉林市文明村镇、文明单位、军警民共建精神文明先进单位推荐申报工作。县国税局、大桥镇分别获第四届全国文明单位、文明镇荣誉称号。县第一小学等 11个单位（镇村）分别获第十七批玉林市文明村镇、文明单位荣誉称号。平乐镇、古城镇获玉林市文明镇；县第一小学、马坡镇中心学校、陆川路政

执法大队获玉林市文明单位；乌石镇陆河村、乌石镇龙化村、古城镇陆因村、古城镇良村村、大桥镇陆透村、良田镇良田街社区获玉林市文明村（社区）。组织做好第 1~15 批玉林市文明村镇、文明单位的复核工作。

（凌春雷）

生态文明建设

【耕地保护】 2015 年，陆川县有耕地面积 3.36 万公顷，约占全县土地总面积的 21.63%。水田面积 2.71 万公顷、旱地 6481.16 公顷。年内，县人民政府与所辖镇人民政府、县国土资源局与所辖镇国土资源管理所签订 2015年耕地保护目标责任状，明确全县各级政府耕地保护和基本农田保护责任目标，科学划定基本农田实行永久保护，在全县范围内划定基本农田保护保护区 14 个，建立基本农田保护块154 块，做到每村一个保护片，全县划定基本农田实行永久保护工作全部完成。

（陈丹）

【环境质量】

大气环境　2015 年，陆川县大气质量主要对城区悬浮微粒（TSP）进行监测。风景区 TSP 日均值为 0.096 毫克 / 立方米，控制在标准（执行一级标准 0.12 毫克 / 立方米）内；居民区TSP 日均值为 0.088 毫克 / 立方米，控制在标准（执行二级标准 0.3 毫克 / 立方米）内；交通干线 TSP 日均值为0.086 毫克 / 立方米，控制在标准（执行三级标准 0.5 毫克 / 立方米）内。

声环境　2015 年，陆川县商业集中区昼间值为 58.10 分贝，控制在标准 60 分贝以内。工业区昼间值为65.80 分贝。交通道路两侧昼间值为69.10 分贝，控制在 70 分贝以内；居民区昼间值为 53.20 分贝，控制在 55 分贝以内；特殊区昼间值为 48.80 分贝，

控制在 53.20 分贝以内。

水环境　2015 年，陆川县做好饮用水水源水质监测，对陆川县水厂处理前进行采样监测，饮用水水源水质达到国家地面水二类水质标准，符合饮用水源水质要求。九洲江文车桥国控省界断面水质达到国家地面水 3类水质标准。

【生态环境宣传】 2015 年 6 月 5 日世界环境日期间，陆川县围绕"践行绿色生活"、新修订《中华人民共和国环境保护法》和保护九洲江母亲河等内容，开展生态文明宣传活动，强调节约资源、减少污染的理念，普及环境保护、污染减排等知识，提高全民环保意识，全力营造良好的环境保护氛围。陆川县环境委员办公室及成员单位共开展"6·5"世界环境日大型集中宣传活动 3 场，悬挂宣传语 30多条，制作宣传展板 11 块，发放宣传资料 2500 多份、宣传礼品 2500 多份，接受群众环保咨询 1100 多人次。

（陈虹求）

【九洲江跨省流域生态乡村示范带建设】 2015 年，陆川县根据"美丽玉林·生态乡村"活动要求，抓好九洲江流域生态乡村示范带建设，依托百里九洲江，以乡村产业发展为基础，以乡村文明为主题主线，围绕产业发展、生活改善、生态提升目标建设生态乡村，坚持生态效益、经济效益与社会效益相结合，推进生态民居、生态种植、生态养殖、生态旅游等 4 个方面同步规划建设，传承和发展乡村文明，发展田园经济，打造陆川版的田园都市。

生态民居规划建设　以"不砍树、不占田、不拆房，因地制宜、因势利导，就地取材、集约节约利用资源"为原则规划建设九洲江百里生态民居示范带，传承和发展乡村建筑文明。开展农村风貌改造，突出白墙、灰瓦、坡顶、翘角的客家民居特色，对九洲江流域沿岸村庄、马盘二级公路沿线进行风貌改造，投资 1500 多万元

对吹塘村、文官村、龙化村等3个村186户民居住宅进行仿古式乡村风貌改造,带动100多户居民自行开展风貌改造;投资3000多万元,对马盘二级公路沿线600多户民居外立面进行进行客家特色风貌改造,利用1万多个废旧轮胎,经过就地加工,美化门前庭院100多户。加强村屯绿化,通过多种乡土树木,庭院多围篱笆等,既方便、经济又富有生态特色,凸显农村乡土气息。加大镇级污垃设施建设,相继投资3亿多元,建成沙坡、大桥、横山、乌石、滩面、良田、古城、马坡等8个镇污水处理厂,沙坡、大桥、横山等3个镇垃圾中转站10月开工建设,建设农村户用沼气池2500座。加大道路硬化,进村道路主干线铺水泥,屯内小道铺石块、砖头等;加强饮水净化,疏通农村排水渠道,对于农村符合安全卫生标准的水源妥善加以保护。引导老板开发种植草药园、稔子园、橘红园等方式绿化点缀九洲江沿岸的生态风景等,节约资金约2000多万元,实现集约节约资源建设生态乡村的目标。

生态农业发展 打造九洲江百里生态农业示范带,创建自治区级"九洲有机田园"现代特色农业(核心)示范区,加快发展节水、绿色的中药材种植,推进中药材种植专属区规划建设,利用3年左右时间,把陆川打造成为广西最大橘红种植基地、华南地区重要中药材种植专属区。年内,全县中药材种植面积5333.33公顷,建成千亩基地5个、百亩基地15个,主要种植橘红、何首乌、牛大力等中药材品种,平均亩产值1万元以上。九洲江特色农业流转土地6666.67公顷,种植橘红3333.33公顷,果蔗、香蕉、葡萄、火龙果、百香果2000公顷,带动养猪户转特色种植户218户,带动成立家庭农场35户、合作社123个,培育现代家庭农场等新型农业经营主体。实现生态农业的规模化、专业化发展,促进生态乡村建设。

生态养殖规划建设 推进九洲江百里生态养殖示范带建设。按照花园式、观光式、休闲式对英平家庭农场生产区、生活区以及鱼塘、道路等进行生态改造,水塘种上莲藕、玫瑰花,搭架观光大道,种植经济林70公顷,按照"生态养猪→发电→制肥→养鱼"的模式,打造成花园式的生态养殖小区。推进神龙王陆川猪标准化养殖园区建设,开展陆川猪博览苑、生态养殖展示长廊、猪游泳池等项目建设,打造成为陆川县生态农业培训中心,示范促使农户转变为生态的养殖模式和养殖品种,推进高架网床、林下、微生物养殖的发展,助推解决九洲江流域养殖污染问题。引进蚂蟥生态养殖,提取蚂蟥素,助推中医药加工发展,着力发展示范带内"一村一品、一村一业"的特色种养业,引导农户发展生态的养牛、养羊、养鸽、养蜂、经济花卉种植等特色种养业,发展庭院经济,吹塘村、龙化村、文官村的庭院经济有700多户,生态乡村与农村经济发展得到融合。

生态旅游规划建设 打造九洲江百里生态旅游示范带,突出旅游活县发展理念,发展生态旅游。利用九洲江水上漂流原生态资源,打造"乡村休闲观光区""江河风情游乐区";利用江滨码头在原非法采砂场上打造休闲观光的放生公园、吹塘码头江滨公园、车田欧克码头水上乐园,经过美化、绿化、亮化、硬化,建成集"休闲、娱乐、观光、放生"于一体的九洲江生态旅游示范点;建设吹塘至龙化等休闲步道,沿江打造"十里河画"体验式乡村休闲观光区,打造九洲江沿岸生态观光枢纽;以"休闲旅游观光"为主题,沿线布局集观赏效益与经济效益于一体的中药材、淮山、珍珠番石榴、生态稔子、油葵、油菜花种植示范基地,打造"美丽田园"观赏区;引导农户依托优美的自然风光和生态产业,发展庭院经济、农家乐、农家旅馆等乡村旅游配套设施,实现休闲农业与乡村旅游产业的提质增效。融合谢仙嶂、世客城、龙珠湖、谢鲁山庄、迈塘农家乐、塘寨红色生态旅游等旅游景点,形成乡村旅游新干线,打造具有陆川地标的乡村旅游文明。

(江小玲 廖卓林)

【节能减排】

环保节能减排 2015年,陆川县制定年度主要污染物总量减排实施方案,明确节能减排工作目标任务、工作措施、工作责任,加强结构减排和工程减排,加快淘汰不符合国家产业政策的落后产能。完成化学需氧量减排项目88项,核定减排量791.85吨;完成氨氮减排项目88项,核定减排量116.17吨;完成氮氧化物减排项目1项,核定减排量1754.70吨。全年各项减排目标完成。

(陈虹求)

建筑节能减排 2015年,陆川县完成新型墙材企业转型升级5家,关停淘汰落后产能红砖厂12家,关停拆除落后产能红砖厂4家。广西新基建材有限公司的蒸压加气混凝土砌块生产示范项目获"自治区新型墙体材料2015年度标杆示范生产项目"称号。陆川县"限黏禁实"(限制使用黏土制品的墙体材料,禁止使用实心黏土砖、实心页岩砖)工作通过自治区"限黏禁实"达标县检查验收。

(吕文成 林小清)

公共机构节能 2015年,陆川县推进公共机构节能。6月,在市政广场举行公共机构节能宣传周活动,制作宣传广告块30多快,发放宣传资料1.50万份,参加宣传活动1000多人。实施"绿色照明"节能改造工程,投资100万元,县政府机关单位和乡镇机关开展"绿色照明""绿色供热水"节能改造,在县政府大院安装节水节电监控系统,各机关单位推广使用节能灯、节能水龙头,重点对良田镇政府、马坡镇政府、马坡中心卫生院、县骨科医院等单位改造安装节能灯、节水器具。县城实行LED路灯的节能改造。年内,公务用车车均用油指标比上年下降3.11%,人均用水指标下降2.38%,人均用电指标下降2.38%,单位建筑面积水电节约指标下降3.11%。 (谢武光 李诗宇)

中共陆川县委员会

ZHONGGONG LUCHUAN XIAN WEIYUANHUI

2015年4月13日，陆川县"守纪律、讲规矩"主题教育活动专题报告会在县第一会议室召开

叶礼林　摄

县委综述

【县委机构及概况】 2015年，中共陆川县委员会（简称县委）有常务委员会委员12人（含挂职常委1人），委员33人，候补委员6人，书记1人，副书记2人。有基层党（工）委21个（其中镇党委14个、县直机关党委2个、农场党委1个、县直机关工委4个）设置县直机关党组50个。县委内设有部门8个，直属事业单位2个，分别为县委党校、县委党史资料征集办公室；县委管理机构2个，分别为县信访局（县委办管理机构）、县委老干部局（县组织部管理机构）；挂牌机构11个，其中县委办挂牌机构3个，分别为县委保密委员会办公室（国家保密局）、县机要局、县督查室；县统战部挂牌机构3个，分别为县台湾工作办公室、县宗教事务局、县外事侨务办公室；县政法委挂牌机构3个，分别为社会治安综合治理委员会办公室、县处理邪教问题领导小组办公室、县防范和处理邪教问题办公室；其他单位挂牌2个，分别为县精神文明建设委员会办公室（在县宣传部挂牌）、县绩效考评领导小组办公室（县纪委挂牌）；县委设在机构4个，分别为县委维护稳定工作领导小组办公室（设在县政法委）、县国家安全领导小组办公室（设在县政法委）、县互联网宣传管理办公室（设在县宣传部）、县统筹城乡工作部；派出机构2个，分别为中共陆川县工业园区工作委员会、中共陆川县龙豪创业园区工作委员会。

年内，县委坚持以改革创新促稳中求进，学习贯彻中共十八届四中、五中全会和中共中央总书记习近平系列重要讲话精神，团结和带领全县党员和干部群众实施"工业强县、旅游活县、生态美县同步发展"战略，加快发展服务业，促进产业结构调整，推动经济转型升级。县委主持召开中共陆川县委员会十三届第六次全体会议，审议通过《中共陆川县委员会关于制定国民经济和社会发展第十三个五年规划的建议》，做出《中共陆川县委员会关于贯彻落实中央、自治区、玉林市扶贫开发工作决策部署坚决打赢"十三五"脱贫攻坚战的决定》，为全面实现"十三五"各项目标任务提供组织保障和政治保障。

【县委工作重点】 2015年，县委的工作重点是：全面深化九洲江治理，强力推进九洲江流域生态乡村示范带建设；全面加快新型城镇化建设，推进"农民城"向"文化城"转变；全面发展旅游业，打造广西特色旅游名县；全面创新基层治理，大力解决历史遗留问题，维护社会稳定；全面推进"六权"（农村集体土地所有权、土地承包经营权、集体建设用地使用权、集体建设用地上房屋所有权、林权、小型水利工程产权）确认登记，积极深化农村改革；全面创新宣传思想工作，树立陆川新形象；全面落实党风廉政建设机制，推动"守纪律、讲规矩"主题教育活动；创新党建思路，扎实开展"书记论坛"，打造一流党建品牌。

【理论学习】 2015年4月15日，县委印发《中共陆川县委员会关于2015年全县理论学习的通知》，明确全县理论学习的总体要求：全面学习中共十八届四中、五中全会和中共中央总书记习近平系列重要讲话精神，坚持围绕中心、服务大局，坚持稳中求进、改革创新，开展实现中国梦的意识教育，着力用中国特色社会主义凝聚思想共识，着力推进社会主义核心价值观建设，为落实中央"全面建成小康社会、全面深化改革、全面推进依法治国、全面从严治党"的战略部署，为陆川实施"工业强县、旅游活县、生态美县同步发展"战略，实现"生态经济强县"目标提供强有力的思想保证和理论支持。全年理论学习分为6个专题：一是学习中共十八届中央纪委五次全会精神；二是学习中共中央总书记习近平在中央党校县委书记研修班学员座谈会上的重要讲话精神；三是全面推进依法治国，建设法治中国；四是全面深化改革，努力实现改革开放新突破；五是全面建成小康社会，加快实现生态经济强县目标；六是全面从严治党，模范践行"三严三实"（严以修身、严以用权、严以律己，谋事要实、创业要实、做人要实）要求。在学习中，要求全县领导干部坚持带头学习，弘扬马克思主义学风，健全党员干部学习制度，设定学习内容，制定学习计划，确定学习书目，规定学习时间，提出学习目标，加强学习督查，促进党员干部不

2015年12月28日，中共十八届五中全会精神陆川宣讲报告会在陆川县实验中学学术报告厅举行　　　　　　　　　叶礼林　摄

断积累知识、夯实基础、开拓思路、增长本领。

【自治区领导到陆川县调研】 2015年，自治区领导到陆川调研，并对陆川县经济社会发展等做出指示。3月31日，自治区副主席蓝天立到陆川调研污水处理厂项目建设进展情况以及九洲江环境综合治理工作开展情况，对九洲江沿线8个镇的污水处理厂项目建设进展情况以及九洲江环境综合治理工作开展情况进行调研，要求加快九洲江沿线污水处理厂项目建设进度，确保工程质量，从源头上保护九洲江流域水源生态环境，推广生态养殖，减少污染物排放，进一步调整优化农业产业结构，推动九洲江两岸养殖业向特色种植业转变，实现种植业和养殖业转型升级，促进陆川经济社会持续健康发展。6月16日，自治区副主席张秀隆到陆川调研九洲江污染综合治理工作，要求要重视九洲江水源保护，要明确目标，做好规划，把握时间节点，统筹协调，加快产业结构与布局调整，发展中药材种植等生态产业，改善环境，实现经济发展与生态建设双丰收；继续开展生猪养殖污染治理攻坚战、城乡生活污水处理攻坚战、工业企业污染治理攻坚战，推进九洲江水环境综合整治工程，确保九洲江流域及鹤地水库水质安全及粤桂两省区沿江民众饮用水安全。7月23日，自治区主席陈武到陆川检查九洲江综合整治工作，对九洲江流域部分县乡村进行实地检查，并主持召开现场会，要求把发展生态经济与推进环境治理结合，开展九洲江整治攻坚战，争创全国跨省流域合作治理典范。

重要会议

【中共陆川县委员会十三届六次全体会议】 2015年12月31日在陆川县城召开。县委委员33人、候补委员6人出席会议，县纪委常委和不是县委委员的县处级党员领导、各镇党委书记和镇政府镇长、县直（中直、区直、市直）各单位主要负责人、县十三届党代表中部分基层代表以及专家学者共153人列席会议。会议由县委常委会主持。会议学习贯彻中共十八届五中全会、自治区党委十届六次全会、玉林市委四届六次全会精神，听取和讨论县委常委会的工作报告，审议通过《中共陆川县委员会关于制定国民经济和社会发展第十三个五年规划的建议》，做出《中共陆川县委员会关于贯彻落实中央、自治区、玉林市扶贫开发工作决策部署坚决打赢"十三五"脱贫攻坚战的决定》。会议期间，全县14个镇党政主要负责人与县委、县政府签订脱贫攻坚责任书。

【县委中心组学习会】 2015年，县委中心组召开学习会8次。

中共中央总书记习近平在十八届中央纪委五次全会和中央党校县委书记研修班学员座谈会上两个重要讲话精神学习会 1月23日在县党政会议室召开。县委中心组成员畅谈学习体会，县委书记做以"适应新常态，清廉敢担当"为主题的中心发言。

"全面推进依法治国，建设法治中国"专题学习会 4月17日在县党政会议室召开。县委副书记周建洪领学摘自《人民日报》的新闻通稿《中共中央总书记习近平在省部级主要领导干部学习贯彻十八届四中全会精神，全面推进依法治国专题研讨班开班仪式上发表重要讲话时强调：领导干部要做遵法守法学法用法的模范，带动全党全国全面推进依法治国》和中共中央总书记习近平参加十三届全国人大三次会议广西代表团审议时的讲话精神。

"三严三实"专题学习教育暨"书记论坛"学习会 5月19日在县委党校一楼报告厅召开。县委副书记、县长蒙启鹏主持学习会，县委书记做主题中心发言，会议强调要求结合"书

记论坛"平台，加强"三严三实"教育，引导全县党员干部认真践行"三严三实"，做一个人民满意的公务员。

"中国传统文化"专题暨"书记论坛"学习会 6月9日在县实验中学学术报告厅召开。县委副书记、县长蒙启鹏主持学习会，县委书记做中国传统文化之嫉妒文化的主题发言。

"三严三实"专题教育第一专题"严以修身"学习会 6月28日—29日在县党政会议室召开。学习会要求做人做事要严以修身，要求领导干部要坚持理想信念，提升道德修养水平，忠实践行党的宗旨，保持清正廉洁，做守纪律、讲规矩的表率。

"三严三实"专题教育第二专题"严以律己"学习会 8月29日—30日在县党政会议室召开。学习会组织观看警示教育片《严守党的纪律》，县委副书记周建洪领学摘自《习近平总书记系列重要讲话读本》的文章《敢于啃硬骨头，敢于涉险滩——关于全面深化改革》。

《纪律处分条例》《廉洁自律准则》专题学习会 10月26日在党政会议室召开。县委副书记、县长蒙启鹏主持学习会，县委常委、县纪委书记詹博领学《中国共产党纪律处分条例》《中国共产党廉洁自律准则》和王岐山署名文章《坚持高标准，守住底线，推进全面从严治党制度创新》。

"三严三实"专题教育第三专题严以用权学习会 11月11日—13日在县党政会议室召开。县委书记主持学习会，县委常委、组织部部长陈基林领学中共中央总书记习近平关于"严以用权"论述摘编。

重要决策和工作部署

【新型城镇化建设】 2015年2月25日，县委、县政府印发《关于陆川县2015—2017年新型城镇化建设暨棚

户区改造实施方案的通知》,把大力推进和实施棚户区改造做为有效改善民生、拉动投资、促进住房消费需求,破解城市二元结构,推进经济持续发展的重大举措,以"美城镇、促发展、惠民生、增财力、出经验"为目标,做好"六个相结合"(把棚户区改造与国有企业改制相结合,与城镇基础设施建设大会战相结合、与城市公共安全建设相结合、与陆川历史文化相结合、与规范房地产市场相结合、与保障性住房建设相结合),打造宜居、宜商、宜业新县城。实施方案明确指导思想、基本原则、改造范围、目标要求与任务、实施步骤、保障措施。决定在2015—2017年,将陆川县城划分为5个片区实施棚户区改造,共实施改造2540户。其中,2015年实施县城陆兴路片区危房改造410户、县城市投资公司旧危房改造240户;2016年实施县城九洲江两岸危旧房综合整治1100户;2017年实施县城向阳片区城中村改造项目410户,汇丰片区危旧房改造项目380户。

【开展"守纪律、讲规矩"主题教育活动】 2015年3月10日,县委印发《关于在全县开展"守纪律、讲规矩"主题教育活动实施方案》,明确教育活动的总体要求、目标任务、时间范围、方法步骤、组织机构和工作要求。实施方案根据中央、自治区、玉林市的部署要求,针对陆川县党员干部中存在的理想信念动摇,政治纪律、组织纪律不强,贯彻落实中央八项规定精神、反对"四风"以及干部队伍执行力、协作力、创新力等方面存在的突出问题,加强学习教育,促使全县党员干部严格执行党章,坚持党纪国法,践行"三严三实",增强"守纪律、讲规矩"自觉性,为陆川建成"生态九洲江·美丽新陆川"目标提供有力保证。主题教育活动从3月1日开始至5月31日结束,时间3个月,参加人员为全县党员干部,重点是科级以上党员干部。分为强化学习、典型教育、查摆分析、整改提高4个阶段。主要围绕

"陆川县政治生态环境存在哪些突出问题""陆川县党员干部在守纪律、讲规矩方面的突出问题有哪些""怎样才能做到'三严三实'""如何做一名'四有'干部"等专题开展大讨论,突出思想教育,突出问题导向,突出建章立制,强化纪律观念和规矩意识,绷紧政治纪律和政治规矩这根弦,确保党的纪律和规矩成为刚性约束,推动全县形成守纪律、讲规矩的良好政治生态。

【纪念中国人民抗日战争暨世界反法西斯战争胜利70周年】 2015年,是中国人民抗日战争暨世界反法西斯战争胜利70周年。7月30日,县委、县政府印发《关于纪念中国人民抗日战争暨世界反法西斯战争胜利70周年有关活动安排的通知》,纪念活动以"铭记历史、缅怀先烈、珍爱和平、开创未来"为主题,深入进行中国人民抗日战争胜利伟大意义和宣传教育、中国共产党中流砥柱作用的宣传教育、中国人民抗日战争是东方主战场的宣传教育、民族精神和抗战精神的宣传教育。明确纪念活动的指导思想、重点工作、活动安排、工作要求。活动时间为5—12月,开展以"弘扬伟大抗战精神、同心共筑强大国防"主题双拥征文活动,举行"党在我心中""永远跟党走""祖国在我心中"演讲比赛,开展"讲抗战史、读抗战书、看抗战片"主题宣传教育活动,开展"老战士访谈"活动,开展"缅怀抗战先烈,弘扬抗战精神"主题活动,开展"勿忘国耻圆梦中华"抗战经典爱国诗词诵读活动,开设"开学第一课"学生铭记历史课程,开展"抗战精神在我心中"主题演讲活动,组织慰问县内健在的抗战老战士、老同志、抗日将领或其遗属,配合中央为健在的抗战老战士、老同志、抗日将领或其遗属颁发"中国人民抗日战争胜利70周年"纪念章,组织全县干部群众收看(听)9月3日中央在北京天安门广场举行的纪念中国人民抗日战争暨世界反法西斯战争胜利70周年大

会(大阅兵活动),组织学习贯彻中共中央总书记习近平在中国人民抗日战争暨世界反法西斯战争胜利70周年纪念大会上的重要讲话。

【加快服务业发展】 2015年9月15日,县委、县政府印发《关于加快服务业发展的实施意见》。实施意见指出:加快发展服务业,是促进产业结构调整,推动经济转型升级的重要支撑和关键所在,是经济社会全面协调可持续发展的必然要求。并明确加快服务业发展的指导思想、发展目标、发展重点、示范工程、保障措施。提出重点是加快发展现代物流业、做大做强商贸服务业、大力发展陆川特色生态旅游业、培养壮大信息与科技服务业、加快发展现代金融服务业、稳定发展房地产业、不断提升中介服务业、大力发展教育文化服务事业、培育发展养老服务业、大力发展农村服务业。要求到2020年,全县服务业增加值达到100亿元以上,税收收入达到12亿元以上,现代服务业就业人员数占全社会就业人数的比重达到35%左右,其中家庭服务业从业人数占现代服务业就业人数的比重从2014年的不足1%提高到5%以上。培育形成一批富有竞争力和影响力的服务业大企业大集团、一批具有先导性和示范性的现代服务业新兴产业、一批具备较强产业集聚和辐射带动能力的现代服务业集聚区,把陆川打造成为泛北部湾服务业最发达的县(市、区)之一,基本造成广西特色旅游名县、岭南客家温泉文化名城、广西重要的健康养老产业基地。

【"十三五"规划建议】 2015年12月31日,中共陆川县委十三届六次全会审议通过《中共陆川县委员会关于制定国民经济和社会发展第十三个五年规划的建议》,确定"十三五"期间,全县发展的指导思想、总体目标、重大举措。该规划建议提出今后五年全县经济社会发展的总体目标:与全国全区全市同步全面建成小康社会,基本建成生态文明示范区、粤桂生态经

济合作试验区;产业转型升级实现新突破,把创新作为转型的动力,培育优质产业,优化企业生存环境,经济增长的速度保持或高于玉林平均水平,全面建设广西生态经济强县;美丽陆川建设实现新突破,落实九洲江跨省区生态补偿试点工作,九洲江保持三类水质标准,走出一条具有陆川特色的绿色转型绿色崛起之路;精准扶贫实现新突破,完善扶贫开发政策,实施精准扶贫和精准脱贫,创新脱贫长效机制,实施"七个一批"("扶持生产发展一批、转移就业扶持一批、生态补偿脱贫一批、移民搬迁安置一批、教育扶智帮助一批、医疗救助解困一批、低保政策兜底一批")"十大行动"(特色产业富民行动、扶贫移民搬迁行动、农村电商扶贫行动、农民工培训创业行动、基础设施建设行动、科技文化扶贫行动、贫困户产权收益行动、金融扶贫行动、社会扶贫行动、农村留守妇女、留守儿童、留守老人等"三留守"人员和残疾人关爱服务行动)脱贫攻坚,实现无线脱贫摘帽、贫困村脱贫出列、贫困人口全部脱贫;交通物流实现新突破,积极打造跨省出海现代综合交通体系,抓好"高速路、'二改一'(二级路改一级路)、动车站"建设,规划建设物流园,打造广西物流强县;文化旅游实现新突破,依托优势旅游资源,加快打造一批精品旅游景区,形成四大特色旅游精品,巩固提升全国休闲农业与乡村旅游示范县创建成果,打造广西特色旅游名县;法治建设实现新突破,弘扬宪法精神,加强普法教育,建设法治政府,完善社会治理体系,进一步提升群众安全感和满意度,形成共建共享、团结进步、平安和谐的社会局面。

【推进"十三五"脱贫攻坚工作】 2015年12月31日,中共陆川县委员会十三届六次全会审议通过《中共陆川县委员会关于贯彻落实中央、自治区、玉林市扶贫开发工作决策部署坚决打赢"十三五"脱贫攻坚战的决定》,明确打赢"十三五"脱贫攻坚战

的总体要求、目标任务和工作措施。要求到2020年,确保全县现行标准下的9.91万名农村贫困人口实现脱贫,确保67个贫困村脱贫摘帽。精准识别贫困户、贫困村(屯)、脱贫村脱贫户,充分运用精准识别成果,建立扶贫大数据管理平台。精准实施脱贫攻坚"七个一批",全力推进脱贫攻坚"十大行动"。强化党政"一把手"负总责的脱贫攻坚责任制,充分发挥基层党组织战斗堡垒作用和贫困群众主体作用,进一步创新完善脱贫攻坚工作机制,努力形成全社会参与脱贫攻坚的强大合力和浓厚氛围。

【"书记论坛"开设】 2015年,为适应新常态和新要求,县委决定从3月开始,开设"书记论坛",打造全新的理论学习平台。"书记论坛"以"论复兴之路,学历史经验,解理论困惑,答工作难题"为主题,由县委书记、副书记,各镇党委、各园区工委、县直各部门党委(党组)书记轮流主讲。论坛每周举办1~2期,每次安排1~2名党组织书记上台脱稿主讲,形成县、镇、村三级党组织书记"上讲坛、大讲学、大讨论、大交流、促发展"的形式。选题上,着重从4个方面进行讨论:一是围绕中华民族伟大复兴的中国梦,深入学习中共中央总书记习近平系

列讲话精神,畅谈学习中共中央总书记习近平系列讲话精神的体会和打算;二是围绕党和国家在不同历史时期的成功实践经验,深入学习历史经验,畅谈历史对现实的启示;三是围绕现实深化改革工作中的理论、政策困惑,深入学习中国特色社会主义理论体系、深化改革系列政策,畅谈如何运用理论指导实践以及从实践中总结理论、总结改革经验;四是围绕基层工作难题,深入学习新形势下各项工作的新要求,讨论破解基层工作的难题的办法。年内共举办"书记论坛"42期。"书记论坛"引起各大主流媒体关注,新华网、凤凰网、《广西日报》等国内外100多家媒体进报道,人民网进行多次网络直播,第1期论坛直播在24小时内网民点击量240多万次。

【九洲江流域生态乡村建设示范带建设】 2015年,陆川县按照中共中央总书记习近平关于加快建成"机制活、产业优、百姓富、生态美"的美丽乡村指示要求,落实自治区党委关于开展"美丽广西·生态乡村"活动的决策部署,以"九洲江畔党旗红"为总载体,以"三个典范"(小流域治理的典范、产业转型升级的典范、生态文明的典范)为引领,以"科学规划布局美、村容整洁环境美、创业增收生活

2015年9月7日,陆川县举行书记论坛讲座。图为玉林市社会科学联合会主席做题为《领导干部执行力的建设与提升》报告　　　　叶礼林 摄

美、乡风文明身心美""四个美"为要求，争取把九洲江保护工作列入国家级良好湖泊保护项目，坚持"宜养则养、宜种则种、宜游则游、宜特则特"，坚持产业生态化、绿色化，把九洲江治理、生态乡村建设与产业发展、农民增收和民生改善紧密结合起来，着力解决九洲江流域"每平方千米700人、1000头猪"的环境容量问题和养殖污染、生活污染、工业污染的环境污染问题，全面建设宜居、宜业、宜游的九洲江流域生态乡村示范带，把九洲江发展成为生态产业高度发达的流域，建设生态乡村旅游精品县，让九洲江上下游广大群众对生态文明和幸福生活有更多获得感。

【粤桂跨省流域生态农业和生态旅游合作试验区建设】 2015年，陆川县以创新改革、政策叠加、合作共赢、试验示范为主线，通过招商引资方式，引进自治区内外先进的技术、管理模式和建设资金，开展技术人才、科技研发、农业信息、市场营销体系等多方面、多层次、多领域的交流与合作，统筹九洲江上下游资源优势，打造广东、广西两省、区认同的九洲江治理合作载体，为两省、区对九洲江治理的资金、项目、政策等扶持措施营造互联互通平台，发展生态型经济，推动粤桂跨省流域生态农业和生态旅

游合作试验区建设，使试验区成为发展生态经济的标杆。注重在基础设施建设、服务体系建设、体制机制创新、项目招商等方面统筹推进，加快取得重大突破。加快九洲江源头谢仙嶂民俗文化旅游、九洲江源头水资源保护森林公园（含水资源博物馆）、九洲江上游两岸生态农业休闲观光旅游带、九洲江上游谢鲁山庄生态乡村旅游、九洲江上游绿色能源环保项目、九洲江上游千亩生态养牛小区、九洲江上游万亩有机田园、九洲江上游速丰桉分期改造、九洲江上游中药材种植专属区中药材种植及加工、九洲江流域农业废弃物综合利用、九洲江上游龙豪创业园区电子及服装加工等劳动密集型企业、九洲江上游农业中小企业园区、九洲江上游流域中小企业产业转移园等项目建设。

【加快新型城镇化建设】 2015年，陆川县顺应趋势，遵循规律，把加快推进新型城镇化作为事关经济社会发展全局的大事要事来抓。一是科学规划，传承与发展相结合。相关业务部门抓好传承与发展相结合，强调文化软实力，突出陆川的特色和风貌，综合陆川的文化、陆川的特色、客家人的习俗等亮点以及现代城镇化的特点，严把图纸设计关，做好科学规划。二是破阵突围，打造文化新城。以破

阵前行的非常规思维，跳出资源过度消耗、环境污染加剧、交通拥堵等诸多"城市病"的怪圈，以提升文化内涵为重点，打造集现代化、文化内涵的城镇化。要结合生态乡村建设推进农民就地"市民"化。三是顺势而为，推进以棚户区改造为中心的新型城镇化。抓住有利契机，利用国开行政策性住房贷款，处理好棚户区改造建筑高度、密度、色彩、风貌、功能等方面的关系，使新与旧相互协调、有机统一。全面加快城镇化建设，实现"农民城"向"文化城"的转变。

【推进特色旅游名县建设】 2015年，陆川县围绕打造特色旅游名县工作，结合陆川客家文化内涵，与自然风光有机结合起来，打造别具一格的旅游特色和品牌。一是突出陆川特色。以客家民俗文化、温泉养生、九洲江健康休闲、马盘百里客家乡村生态、桂东南红色革命旧址、陆川八景山水等特色旅游为重点，加快全县的旅游业发展。二是推进九洲江上游两岸生态农业休闲观光旅游带建设。加快观光旅游带规划进度，推广九洲江流域向日葵、橘红、油菜花、格桑花等作物种植，让九洲江畔一年四季鲜花盛开，打造九洲江梦幻客家风情美景。三是配套完善旅游基础设施建设。推进旅游项目的招商和建设，加快完善旅游交通基础设施建设。四是加强旅游品牌建设。发挥新闻媒体特别是网络的传播、营销、服务功能，建立旅游公共信息和咨询综合平台，提升和完善陆川政府网旅游专题。加强旅游调研，加大旅游标识系统、旅游宣传导览系统投入，实施"精品旅游"工程和精品旅游线路设计。鼓励旅行社发展陆川精品旅游线路。搭建旅游营销平台，主动加入相关旅游联盟，提高旅游营销水平，拓宽旅游发展空间。

【推进法治陆川建设】 2015年，陆川县一是加快法治政府建设。推进依法全面履行政府职能，把政府职能转

2015年5月29日，陆川县九洲江流域养殖场标准化改造和转型升级工作会议在县城召开　　　　　　　　县九洲办　提供

到宏观调控、市场监管、社会管理和公共服务上，建立健全统一、公开、公平、公正的现代公共服务体系。把行政决策纳入规范化、民主化、法治化的轨道，提高决策质量和水平，切实搞好政务公开。加快推进行政审批制度改革，简化政审批事项，规范审批行为，提高行政效能和服务水平。强化对权力的监管，完善全方位监督制约机制，坚决整治懒政怠政，坚决纠正不作为乱作为，坚决惩处失职渎职。二是强化公正司法。提高司法主体素质，深化司法体制改革，加强司法管理和监督。健全开放、动态、透明、便民的阳光司法机制，推进审判公开、检务公开、警务公开等试点工作，保障群众对司法活动的参与权、知情权，不断促进社会公平正义。三是提高社会治理现代化水平。引导全县人民自觉学法尊法信法守法用法。坚持依法治县和以德治县相结合，抓好宪法的学习宣传，做好"六五"普法工作，强化法治宣传教育工作。健全信访积案化解机制。四是抓好法治队伍建设。加强司法队伍、行政执法队伍和法律服务队伍的理想信念教育、法治教育，提高法治队伍的职业素养和专业水平。

【加强党建工作】 2015年，陆川县以"三严三实"专题教育、"守纪律、讲规矩"主题教育活动、"九洲江畔党旗红""九洲江畔空气新""书记论坛""双十"工程、"'三会一课'人人讲""双向五统一集中"等载体，推进全县各行各业作风建设，持续解决"四风"问题（形式主义、官僚主义、享乐主义和奢靡之风），优化陆川政治生态。一是加强作风建设。开展"九洲江畔党旗红"创建活动、"三严三实"专题教育和"守纪律、讲规矩"主题教育活动。解决党员干部中存在的"不严不实"问题，改进工作作风，推进党员、领导、干部"守纪律、讲规矩"。二是加强党风廉政建设。从严治党、依规治党，加强党的纪律建设，强化上级重大决策贯彻情况的监督检查和

县委、县政府中心工作的专项效能监察。开展理想信念和宗旨教育，抓好县惩治和预防腐败警示教育中心（县检察院）和县廉政教育示范点（县看守所）的建设。三是从严落实党风廉政建设"两个责任"。强化各级党委（党组）、"一把手"抓党风廉政建设和反腐败工作。各级纪检监察组织负责人履行监督职能，严格执纪问责。四是落实党建责任制。各级党组织书记抓党建，实行年度考核测评。改进完善基层党组织领导机构建设，建立县、镇、村党组织党建工作责任体系，逐级健全党建督察机制。五是深化"136"干部回乡制。深化干部回乡工作制建设，开展"一走三问六有为"活动、"'三会一课'人人讲"教育实践活动，加强党员党性修养。六是实施城乡社区规范化建设"双十"工程。建设服务型社区党组织，推进"六个规范化"（场所建设要标准化、社区服务要精细化、工作队伍要专业化、经费投入要多元化、社区治理要民主化、运行管理要制度化）建设，建设"十有"（有民事直通站、心桥驿站、健身站、长寿站、夕阳站、朝阳站、平安中心、文化中心、美化中心、议事中心）服务阵地、开展"十个一"（点亮一条巷、疏通一条沟、硬化一条道、美化一条街、平安一片区、就业一批人、帮扶一群体、助学一区域、健康一家庭、文明一社区）服务活动，提高社区管理服务水平。七是创新党建活动载体。继续推进"党员群众服务综合体"服务型党组织建设活动和非公党建"强示范堡垒·创活力企业"领航活动；每个镇新建党群服务综合体1个以上；继续选派一批科级领导干部到企业担任党支部书记，派驻率达30%以上。抓好社区党建工作，开展"双向五统一集中"（选派一批优秀科级领导干部进驻非公企业担任党组织书记、公开招聘一批大学毕业生到企业工作、组建一支助企发展服务队进驻企业深入服务、成立一个法律服务工作组帮助企业解决治安、纠纷及债权债务问题，坚持"六个同步"开展党建

工作）活动，加强基层组织服务阵地建设。建立派出单位党组织与企业党组织结对共建制度，提升非公党建水平。八是坚持抓反"四风"工作。抓好反对"四风"的长期工作，严格贯彻落实中央八项规定，推进从严治党。

（黄超彬 谭顺华）

县委综合事务

【县委办工作机构及概况】 2015年，陆川县委办公室（简称县委办）内设第一秘书股、第二秘书股、第三秘书股、文电股、会务股、信息股、后勤行政股，县委机要局（县国家密码局）、县委督查室、县国家保密局属县委挂牌机构，归属县委办公室编制，共有行政编制23名，后勤服务事业编制1名，实有人员22人。年内，县委办围绕县委中心工作和决策部署，县委办坚持办公室为领导、人员为部门、为基层服务的"三服务"思想，以"打造四个模范部门，建设过硬队伍"（讲政治、顾大局；敢担当、抓落实；讲认真、重细节；守纪律、严自律）为目标，主动做好服务工作，促进全县各项工作正常有效开展。

【办文办电办会】 2015年，县委办做好文、电、会工作。办文坚持严把"三关"（起草关、审核关、收发关）。共办理县委陆发文件8件、陆委文件15件、陆办发文件18件、办发文件82件，审核文稿143件，传阅上级文件122份，均无差错。办电做到不误时、不误传、不漏办、不漏报，坚持24小时领导带班和干部值班制度，做到件件有登记，件件有着落，确保县委各项工作及时、准确地贯彻落实。办会根据不同会议规格和要求，做好会场布置、材料准备、会议服务、会议食宿等工作，年内承办县委及全县政治、经济等重要会议25个。

【综合协调】 2015年，县委办做好统筹全局、协调各方工作，在加强本办各股(室、局)做好"三服务"工作的同时，做好县委及全县的调查研究、综合协调，促进县委重大决策和各项工作开展。围绕全县经济社会发展中的热点问题开展调研活动20次，撰写调研报告29篇。撰写汇报材料、领导讲话178篇，共82万字。

【信息报送】 2015年，县委办落实信息工作"三项制度"(信息上报工作制度、信息工作例会制度、信息工作奖惩制度)，信息报送做到及时、无误、不漏报、不瞒报、不误报、不迟报，为县委决策提供及时的信息参考服务。全年，县委办上报自治区党委办公厅、玉林市委办公室信息295条，被采用63条(次)，在自治区党委办公厅得分232分，在玉林市委办得分253分，编辑《陆川信息》16期。县委办获2015年度全市党委系信息上报工作二等奖。

【督查工作】 2015年，县委督查室按照县委重大决策做好督查工作。一是围绕县委重大决定开展重点督查。共开展督查活动76次，督查调研9次，编印督查通报，表扬先进、鞭策后进，使县委重大决策及时贯彻落实。二是紧扣领导批示件开展专项督查，共收转上级领导批示件18件，收转县委领导指示件192件，全部按时办理，并及时向领导及有关部门反馈督查情况，做到件件有回音，事事有结果。三是抓住群众关注的热点、难点问题和社会问题开展主动督查查办10次。

【机要保密】 2015年，县委办在做好自身机要保密工作的同时，加强对全县机要、保密工作的指导、督查和检查，严格机要保密文件的阅办、保管、清退、归档和销毁。机要人员坚持24小时值班，处理好机要保密件，全年没有出现泄密事件，确保县委与上级机关的工作联系和信息畅通。

(黄超彬 谭顺华)

组织工作

【组织工作机构及概况】 2015年，陆川县设党委、工委29个(一级党委17个，其中镇党委14个；二级党委7个，其中村级党委7个)，党组48个，党总支部160个，党支部1474个。全县党员24483人，比上年净增342人。年内，全县增加党员907人，其中发展党员280人，转入组织关系627人；减少党员526人，其中转出组织关系331人，出党41人，死亡154人。全县党员人数中，男性1.88万人，女党员5726人；在岗职工党员7521人，离退休职工党员4022人，农民党员1.84万人，其他党员1945人；高中以上学历党员1.50万人。中共陆川县委组织部(简称县委组织部)内设秘书股、干部股、干部调配股、调查研究股、组织股、组织员办公室、干部监督股、干部教育培训人才股(简称干教股)，下辖县党员干部现代远程教育管理办公室(简称远程办)、县基层组织建设协调领导小组办公室(简称基层办)。编制17名，实有人员15人；远程办编制6名，实有人员4人。年内，县委组织部围绕"三严三实"主题教育活动要求，开展"学准则·铸情操"提升思想道德境界主题教育活动活动和"'三会一课'人人讲"活动，创新开展"双向五统一集中"整合涉农项目资源向基层投放活动和干部队伍建设，加强人才管理和组工干部队伍建设。县"非公党建强示范堡垒·创活力企业领航活动"被玉林市委组织部评为2015年度县委书记基层党建创新项目第一名、2015年党的建设和组织工作量化考评排全市第二位。

【"三严三实"主题教育活动】 2015年，县委组织部按照中央、自治区党委、玉林市委的统一部署，把解决党员干部"不严不实"问题贯穿"三严三实"教育实践活动始终，并把开展活动的对象延伸到正科级干部。一是精心组织，高位推动。县委专门召开县委常委会、县委书记办公会，对开展专题教育进行研究部署，并成立专题教育活动领导协调小组。县财政划拨活动经费，为专题教育提供保障。二是领导表率，示范带动。先后召开3次常委会专题学习中共中央总书记习近平系列重要讲话精神以及《习近平谈治国理政》《习近平关于党风廉政建设和反腐败斗争论述摘编》《优秀领导干部先进事迹选编》《领导干部违纪违法典型案例警示录》，县四家班子先后集中学习讨论5次。三是带头调研，查摆问题。围绕查找"不严不实"的问题，各级领导先后深入镇村、群众开展调研，倾听群众意见，挖掘党员干部存在的"不严不实"的问题，组织撰写调研报告25篇，针对调研成果组织专题讨论1次。县四家班子领导带头讲"三严三实"专题党课。全县各级领导共上专题党课50多场次。四是边学边改，学用互动。结合实际，把"三严三实"专题教育融入县委、县政府各项中心工作中，坚持边学边查边整改的工作思路，解决党员干部存在的"不严不实"的问题，推动"三严三实"教育实践活动开展。五是"七一"前在各级党组织中开展"爱国歌曲人人唱"活动，提振干部干事创业精神气。

【"学准则·铸情操"主题教育活动】 2015年，县委组织部在"三严三实"在专题教育中，结合陆川实际，创新开展"学准则·铸情操"提升思想道德境界主题教育活动。着眼于刹住近年来部分党员干部中出现的封建迷信之风、赌博之风、送礼之风、生活不正之风"四股歪风"，整治软骨病、妄想病、腐化病、空虚病"四种疾病"，促使全县党员干部树立清正廉洁、用权严谨、忠于家庭、情趣健康、持家勤俭"五种新风"，铸造对党忠诚的政治品格、坦荡无私的做人境界、任劳任怨的敬业精神、健康文明的生活情趣、出淤泥而不染的清廉美德"五种情操",深化"三严三实"专题教育,开展"学准则·铸情操"提升思想道德境界主题教育活动,促使全县党员尤其是领导干部增强党章党规党纪意识,自觉培养高尚道德情操,弘扬中华民族传统美德,守住政治纪律底线,筑牢思想道德防线,坚定理想信念,践行"三严三实",作风明显转变,执行力不断提高,形成风清气正、齐心聚力干事创业的新常态。一是围绕工作不实典型事例摆进去剖析。就清洁乡村活动中出现的少数镇领导干部工作不实、措施不力被问责的典型事例,县四家班子领导结合自己分管的工作和挂点联系的镇,把职责和工作摆进去、把思想摆进去,分析原因,认领归账,真正红了脸、出了汗。二是围绕项目落地典型事例摆进去剖析。落实县四家班子领导联系项目制度,全县在建设的87个重大项目分别落实县四家班子领导负责,开展县四家班子领导与棚户区改造拆迁户结对子活动,并在项目工地成立"集装箱"党支部,推进项目建设。年内,中央预算投资项目开工建设28个,3000万元以上重大项目新建19个、续建186个。三是围绕违法违纪典型事例摆进去剖析。针对近年来机关干部中出现经济、生活作风等违纪违法典型,把自己摆进去剖析,从党性原则、权力观、利益观、思想品德上深刻剖析根源,建立常规约谈、警示约谈、勉戒约谈、跟踪约谈"四个约谈"机制,警示教育领导干部坚守为官底线、守住政治生命线,守住做人做事、用权交友的底线。专题教育开展以来,各级领导撰写调研报告265篇,组织专题学习研讨132场次,上专题党课353场次。

【党建专题活动】

"'三会一课'人人讲"活动 2015年,县委组织部在全县基层党组织开展"'三会一课'人人讲"活动。通过坚持党委(党组)书记必讲、党委(党组)副书记必讲、党委委员(党组成员)必讲、党支部书记必讲、党支部副书记必讲、支部委员必讲、党代表必讲、党员业务骨干必讲"八个必讲",建立通报制度、约谈制度、黄牌警告制度、后进支部整改制度、后进党员培训提高制度、不合格党员处置制度"六项制度",把开展"'三会一课'人人讲"活动列入党组织书记履行党建责任考评的重要内容,考评结果作为干部使用的重要依据,巩固拓展活动成果,促进活动持续健康深入开展,促进基层党组织"三会一课"规范化、常态化进行。全县1310个基层党组织共开展"人人讲"活动6560场次,组织学习讨论活动533场次,形成文字、图片、音像三项台账5800多本(张),市、县电视台播出10期50条新闻。

"强示范堡垒·创活力企业"领航活动 2015年,陆川县按照自治区、玉林市关于非公党建工作的部署要求,落实"三个书记"(县委书记、非公党组织第一书记、非公党组织书记)齐抓共管,非公党建迸发新活力。10月30日,在北海召开的自治区非公有制经济组织和社会组织党组织组建百日攻坚大行动总结暨"成长·活力"工程建设现场推进会上,陆川县作经验介绍。一是县委书记抓,率先垂范抓落实。把非公党建工作列为县委书记基层党建创新项目,并将任务分解到各级各部门,层层落实责任,解决非公党建工作和企业生产经营难题。每年从财政安排非公党建创新项目资金120万元,落实每年每个非公企业党组织活动经费2万元,推动企业按1:1的比例投入。二是非公党组织第一书记抓,服务指导激活力。采取个人自荐、组织推荐、企业挑选的方式,从县直部门选派20名科级领导干部到非公企业担任党组织第一书记。第一书记到任后,架起联系部门、联系企业、联系客户的桥梁,指导开展党建工作,共筹集270多万元改善党建硬件基础,帮助企业排忧解难。三是非公党组织书记抓,发挥作用促发展。全县非公党组织书记组织党员成立技术攻关小组80多个,研发新产品60多项,协调各方化解矛盾纠纷150

多件,引导企业捐资110多万元慰问困难职工2400多人,创建"九洲江畔党旗红""建设红色家园·发展绿色产业"等非公党建品牌40多个。

【基层组织建设】

"双向五统一集中"活动 2015年,县委组织部根据自治区党委、玉林市委的部署,为增强对中央各项强农惠农政策资源项目的使用效益,让农民切实得到实惠,创新开展"双向五统一集中"整合涉农项目资源向基层投放活动,通过"双向"征求村(社区)"两委"干部和部门意见,把投放项目与党建阵地建设、农村产业、基础设施、生态乡村、壮大村集体经济等五个方面统一,由县领导小组联席会议确定集中同村投放的项目和具体地点的方式,把分散在各部门的项目、资源、资金整合起来,集中打包投放到基层,有重点、有步骤整体推进陆川县农村各项基础设施建设。共整合23个县直部门的96个项目、资金7600多万元集中投向基层。全县通过整合资源投放建设的村有26个、社区7个,占全县164个村(社区)的20.12%。珊罗镇长纳村通过整合部门资金722万元,建成融生产生活服务、和谐服务、文体服务、政务服务、卫生服务、教育服务、农民工服务、党员志愿者服务等八大服务为一体的村级组织活动场所。新华社内参《广西参考》对"双向五统一集中"进行报道。

"一社区一特色"品牌创新 2015年,陆川县把城乡社区规范化建设作为党建工作重中之重来抓好,通过"四个盘活"(盘活资产、盘活土地、盘活资金、盘活项目)措施,破解新建(改建)社区征地难、建设经费难、服务设施和设备缺乏等实际问题。县财政投入500万元,拉动部门及社会投入1000多万元进行社区规范化建设。同时,把建设、民政、教育、卫计、文广、乡村办、政务中心等部门为民服务的资源进行统筹整合,实现部门职能下沉到社区,实施"双十"(建设

"十有"服务阵地、开展"十个一"服务活动)工程,主动将服务触角延伸至社区。并根据社区的地域特点、服务功能和目标定位,挖掘社区特色,突出品牌社区定位,做到一社区一特色。文昌社区,突出名师进社区;良田社区,突出水资源保护;温汤社区,突出客家文化传承;新洲社区,突出现代舞教学培训;马坡社区,突出社会和谐稳定。7月,全县10个社区中6个社区通过玉林市验收,占全县社区的60%,占全年建设任务的120%,在全市第一个率先完成全年社区规范化建设任务。此外,率先在全市乃至全自治区为村(社区)干部办理移动电话"村政网"服务,支书主任每月享受225元、文书135元、其他干部75元"村政网"移动电话套餐服务。

【党建管理信息平台推广】 2015年,全县远程教育系统改版升级一期工程全面完成,185个远教站点实现改版升级,并按照"统一规划、分片实施、全员培训"的原则,整合资源,通过现场教学、实地操作、送技术上门等方式,分期、分批、分镇对860多名远程教育终端站点管理员进行业务培训。在12月18日全自治区党员干部现代远程教育学用工作现场会暨改版升级工作推进会上,陆川县作远程教育系统改版升级工作经验介绍。

【干部人事管理】 2015年,县委组织部采取措施做好干部干部人事管理工作。

推进职务与职级并行 1月起,全县全面推进职务与职级并行工作。首次摸底调查共有1172人符合职级晋升资格条件。3月,完成第一批次257人职级晋升工作,其中镇82人,占32%。7月,完成第二批次565人职级晋升工作,其中镇71人,占13%。通过开展职务与职级并行工作,缓解干部队伍工资待遇增长缓慢的问题,提高干部工作积极性。

"三超两乱"治理 在集中自查、综合研判、专题研究的基础上,坚持分步实施、稳步推进的原则,通过削峰填谷、改非部分领导职务、免去兼任的领导职务等多项措施,继续推进"三超两乱"(超职数配备干部、超范围分设党政主要领导职务、超规格提高干部职级待遇,违规乱设非领导职务、违规乱设机构)治理。为如期完成消超任务,全县在每批次干部调整中,都确保有一定比例的职数消化调整。年内,全县空缺领导职数35名,超配领导职数19名,专设党组成员20名,减少超配领导职数23名。

年轻干部及女干部培养 根据个人实际,通过任职交流、"压担子"、跟班学习、培训等多种途径,增强责任感,加快年轻干部及女干部成长。共推荐年轻干部6名到市直、区直等上级部门跟班学习,在多个岗位进行锻炼。严格实行选调生基层锻炼培养制度。严格管理对选调生,不定期召开各种形式座谈会,帮助选调生尽快熟悉工作环境,融入基层安心工作。不允许以各种形式抽调、借调刚录用在镇基层工作时间未满两年时间的选调生。

个人有关事项报告 发挥领导干部报告个人有关事项制度在从严管理监督干部中的作用,开展年度全县科级领导干部报告上年度个人有关事项工作。年初,全县761名科级领导干部已全部上报2014年个人有关事项报告,督促和指导31名副处级以上领导干部填写《领导干部个人有关事项报告表》。

人事档案专项清理 抽调专门人员,成立陆川县干部人事档案专项审核领导小组,邀请市组织部相关档案工作人员到县里进行技术指导,举办培训50人次;组织相关人员到区、市参加培训14人次。按照有关干部人事档案审核工作会议精神和审核标准、程序、要求,核准干部"三龄两历一身份"(年龄、工龄、党龄、简历、学历、干部身份),全部完成县委组织部管理的干部人事专项审核档案1482册。

公务员考录 年内全县党群系列计划招录公务员11名(县纪委2名、县编委办3名、县检察院1名、县法院5名)。

【招才引智】 2015年,县委组织部根据全县各行业对高端人才、高层次人才紧缺需求状况,组织人员赴自治区内外招聘引进人才20多人。依托特色产业和重点企业引进高层次人才,在农业机械、钢铁、制药及陆川猪、陆川铁锅等特色产业发展上引进相关专业人才40多人,打造地方特色品牌。建立各级领导干部联系关护优秀人才制度,将领导干部联系关护优秀人才工作情况纳入年度考核和人才工作责任制考核。

【干部教育培训】 2015年,县委投入干部教育培训经费140多万元,举办各类培训班共66期,共培训各类干部2.38万人次。举办重点培训班3期,培训干部1600人次。开展培训讲坛(座)39期,培训干部9240人次。

"名师进陆川"干部教育培训 继续开展"名师进陆川"教育培训工程。通过多种方式,邀请国内各个领域的专家,尤其是在党的理论研究、干部教育研究领域的知名专家深入陆川,开展一系列的专题讲座及培训活动。"名师进陆川"教育培训工程强化三大培训,即党的群众路线教育实践和社会主义核心价值观专题讲座、国学知识专题讲座和健康知识专题讲座;创新三种方式,即创新师资力量、创新课堂模式、创新开展学员访谈模式;达到三个目的,即打造学习型领导干部、更新领导干部的知识结构、实现国学知识等培训与学习贯彻中共十八届三中、四中全会和中共中央总书记习近平系列重要讲话精神的有机结合。年内,"名师进陆川"工程累计举办11期,培训人数9710多人次,区域影响力扩大。

"青年引擎"干部培训班 3月,在县党校举办由各镇组织委员、组织员、网宣员、信息员和2012年以来新考录的选调生、公务员及80后年轻副科级以上领导等160多人参加陆川县

"青年引擎"——网络宣传及网络舆情处置培训班，邀请中共玉林市委组织部办公室主任蒋银辉和广西新闻网玉林站站长麦一帆讲授何如应对网络舆情问题。解决青年干部在成长过程当中所遇到的困惑。提升青年干部创新、基层服务、应对危机处理、统筹城乡发展和科学发展能力。

【干部监督】 2015年，县委组织部加强经济责任审计工作前移、纵深推进"先审计后离任"任中审计工作。共委托县审计局对9个单位共16位领导进行经济责任审计。开展干部选拔任用"一报告两评议"工作，加强干部选拔任用监督，提高选人用人公信度。年内，评议4个单位的干部选拔任用工作总体满意率均达98%以上。加强干部日常监督和举报案件的查处力度，加大"12380"举报的宣传力度，完善信访、电话、网络举报和执法部门联系等工作制度。

【远程教育】 2015年，县委组织部抓好教学资源摄制工作，完成自治区百部系列片9部。其中，《河长轶事》获2015年全自治区优秀党员教育电视片文化艺术类二等奖，《树高千尺扎深根》获2015年全自治区优秀党员教育电视片先进经验类优秀奖，陆川县委组织部获2015年全自治区党员教育电视片摄制工作先进单位称号，连续第七年获此荣誉。上报《玉林儿女》题材11个，制作完成并播出《玉林儿女》微纪录片7部。

【"美丽广西"乡村建设】 2015年，县委组织部出台《关于建立陆川县"美丽广西"乡村建设(扶贫)工作队员"三个一"管理制度的通知》，加强对工作队员的日常教育管理。从县直机关单位新选派27名党员干部进驻贫困村，担任村党组织第一书记；抽调人员组成精准识别工作队，进村开展精准扶贫工作。成立贫困村党组织第一书记(乡村工作队)管理办公室，加强对"美丽广西"乡村建设(扶贫)

工作队的日常管理与考核。年内，共选聘12名大学生村官，做好选聘人员的任职及住宿安排、签订协议、落实好政策待遇、相关管理及服务等工作，确保大学生村官下得去、待得住、干得好、流得动。加强队伍教育培训，举办贫困村党组织第一书记培训班、村党组织书记培训班、大学生村官培训班3期280人次。

【组工队伍建设】 2015年，县委组织部坚持"每周一学"学习制度，学习自治区、市委和县委的重大决策部署。通过"每季读一本好书"活动，扩大干部的理论知识水平。利用每周业务学习时间，围绕"三严三实"、社会主义核心价值体系等内容，开展专题讲座。采取专题讲座、红色教育、实地参观等丰富多彩的形式，强化革命传统教育，通过党性教育，达到政治上更加清醒坚定、执行上更加坚决有力。组织组工干部深入村(社区)开展精准扶贫结对帮扶调研，了解困难户家庭生产生活情况，为其脱贫出谋划策。坚持写作"帮扶"制度，即1名写作经验丰富的干部联系2~3名组工写作新手，提高干部队伍写作能力。全年报送组工信息60多篇，发表网评文章300多篇。其中7篇被评为全自治区优秀网评文章，数量居全市前列。

【信访处理】 2015年，县委组织部处理落实各种信访案件32起，100%完成处理落实工作。积极稳妥处理历史遗留问题，接访各类老人33人次，协调县民政局为2位老人办理享受农村低保待遇。

(李汉权)

宣传工作

【宣传工作机构及概况】 2015年，中共陆川县委宣传部(简称县委宣传部)

内设政秘股、理论股、宣传股、新闻股、党教股、新闻中心、陆川县网络宣传管理办公室、调研股，编制9名，实有人员10人。年内，县委宣传部围绕县委、县政府的工作中心，贯彻落实全国、自治区、全市宣传部长会议精神，推进宣传思想各项工作，为陆川县加快工业强县、旅游活县、生态美县同步发展，实现生态经济强县提供思想保证。陆川县获玉林市2015年度理论学习述学工作考核优秀档次，位居全市第一。

【理论武装】
理论学习 2015年，县委宣传部代拟《中共陆川县委员会关于2015年全县理论学习的通知》，对全县理论学习的指导思想、学习专题、学习要求、服务工作等作安排。全年，县委中心组安排专题学习8次。年内，创造性开设"书记论坛"，打造理论学习新平台。

理论宣讲 2015年，中共十八届四中全会召开后，县委组织县领导宣讲队、回乡工作宣讲队、理论工作者宣讲队，深入各镇、村、学习、机关、企事业单位开展党的中共十八届四中全会精神宣讲活动，宣讲活动采取报告式、座谈式、田间地头闲谈式进行，面对面群众释疑解惑，共举行宣讲会15场次，受教育人数5000多人。

理论调研 2015年，县委主要领导带头，创新"问题—课题—调研—解题"的专题调研学习方法，加强调查研究，问计于基层，问计于群众，在深入学习调研中获得真知灼见，作出科学判断，形成正确思路，推动工作落实。共形成理论文章、调研报告29篇，县委中心组成员在市级以上党报发表文章7篇。县委书记陈杰撰写的《践行"四有"，当好改革发展"一线总指挥"》以及《构筑惩治和预防腐败的高压线与防火墙》理论文章，分别在《广西日报》和《玉林日报》刊出。

【社会主义核心价值观建设】
"我们的价值观"宣传 2015年，

县委宣传部开展"我们的价值观"展示阵地试点建设，建成县城松鹤公园"我们的价值观"主题公园、马坡镇、大桥镇、良田镇等宣传展示阵地。开展"我们的价值观"六进（进学校、进机关、进农村、进社区、进企业、进家庭）活动。1月，县社科联牵头和群团组织、协会一起，制作30多块展板，用1个月时间，在各镇、村、学校、企业、小区、机关进行巡回宣传展示。5月，宣传部、文体广电局、教育局、团委、文联结合"五四"青年节，历时1个月，举办首届青年文化节，围绕核心价值观主题，举行"奋斗的青春最美丽"陆川最美青年先进事迹报告会、中华传统文化经典诵读比赛、中华传统文化书法及绘画比赛、"圆梦助学"资助贫困学生公益活动、全县中小学生"我们的价值观"征文比赛系列活动，评选出"陆川最美青年"4人、"陆川最美少年"10人。"七一"前夕，组织庆祝中国共产党成立94周年"爱国歌曲人人唱"歌咏比赛，各镇和县直（中直、区直、市直）单位共30个队2500多干部职工参加比赛，观看人数1万多人次，使干部群众受到一次社会主义核心价值观教育。年内，在公路主干线、车站、广场、公园、交通路口、小区和圩镇、村屯、企业共制作核心价值观户外宣传牌950多块，全县所有机关、学校、镇、企事业单位的电子屏每天都滚动展播核心价值观内容，使社会主义核心价值观宣传全覆盖。

核心价值观宣讲活动 2015年，陆川县开展"书记论坛"活动中，有6期主讲有关社会主义核心价值观内容，即《民族之殇》《财富论》《幼年共产党》《新常态 新征程 新梦想》《伏波文化》《中国传统文化》。

【对外宣传】 2015年，全县被市级以上新闻媒体刊播正面宣传稿900多篇条。其中，中央级60多篇条，自治区级140多篇条，玉林市级700多篇条。5月7日，中央电视台科教频道播放《住在高架床上的猪》专题片，宣传推介陆川县养猪大户黄祖东创造出高架

网床养猪新模式，宣传陆川县开展九洲江流域综合环境治理、建设美丽生态乡村的做法。《广西日报》《玉林日报》、玉林电视台、湛江电视台等新闻媒体多次组团到陆川县采访并刊播开展九洲江流域综合环境治理的经验。10月28日—29日，广西电视台新闻中心一行5人赴陆川县，对"陆川县重点整治九洲江流域污染源，把促进生猪养殖业转型与生态乡村建设结合"进行专题采访拍摄，并于11月5日晚6:30在《广西新闻》栏目播出。

【舆情信息】

网络舆情信息 2015年，县委宣传部在玉林市级以上新闻网站登载首发原创稿件17篇。其中，玉林新闻网采用稿件1篇，人民网采用稿件16篇。全年收集舆情183篇条，上报舆情专报158期，编写舆情信息周报58份。按要求完善"地方领导留言板"回复工作机制，推动网络问政工作规范化、常态化，共回复留言60条，留言量回复率96%以上。

舆情信息调研 2015年，陆川县加大舆情信息调研，围绕宣传思想文化领域的新形势、新变化和工作中的重点、难点问题，开展调查研究，年内向市委宣传部报送舆情信息及宣传文化工作动态、经验类信息共38条，其中《陆川县"九美"培育和践行社会主义核心价值观》被自治区党委宣传部采用。

（彭 斐）

统一战线工作

【统战工作机构概况】 2015年，中共陆川县委员会统一战线工作部（简称县委统战部）内设秘书股、党外人士民族宗教股2个部门，挂牌机构有陆川县委台湾工作办公室（陆川县人民政府台湾事务办公室）、陆川县民族事务委员会和陆川县宗教事务局，编制

8名，实有人员8人。全县有镇统战委员14人，其中专职统战委员4人；有党外人士担任副处级领导3人，党外科级领导20人。全县26个政府工作部门共配备党外领导7人，占比26.90%。

【党外代表人士工作】 2015年，县委统战部优化环境，加强党外代表人士工作。一是不断完善工作机制，建立县领导与党外代表人士联系交友制度，完善联谊交友长效机制。建立党外人士微信群、QQ群等新媒体平台，加强与党外人士沟通联系，传播社会正能量。与组织部门配合，做好党外代表人士发现、培养、推荐使用和管理。二是探索用人机制，推进党外代表人士政治安排和党外干部实职安排工作，新提拔党外领导正科1名，副科1名，县法院领导班子配备党外副职1名（挂职）。三是夯实后备队伍建设，挖掘党外优秀人才，建立近期、中期、远期党外代表人士数据库，实行动态管理，并有针对性的做好培养，增强党外代表人士走中国特色社会主义道路的政治共识。3月中旬，推荐1名乡科级领导到玉林市党外代表人士教育实践基地挂职锻炼；年内，先后组织10多名非公有制企业家参加区委统战部举办的非公有制强优企业高级人才培训班。通过挂职锻炼和培训教育，提升党外代表人士的素质和实践能力。

【非公有制经济统战】 2015年，县委统战部做好非公有制经济领域统战工作，促进非公经济健康发展。搭建平台，助推非公经济发展。整合资源，依托商会，建立政企沟通、融资服务、法律维权等平台，更好地服务企业发展。突出重点，加强和改进工商联工作。贯彻中共中央《关于加强和改进新形势下工商联工作的意见》精神，以工商联为主体，加强对新的社会阶层人士的形势教育和政治引导，关心非公有制经济代表人士队伍建设。引导会员企业参与捐资助学、修桥铺

路、敬老爱老等光彩事业和公益慈善事业。参与自治区党委统战部实施"千家民营企业扶助千个贫困村"活动。共落实结对帮扶的民营企业(商会)和贫困村共67对,动员和鼓励企业通过在贫困村投资项目,解决贫困村产业结构单一、基础设施不完善、缺少经济能人等难题,达到企业发展、农民脱贫致富的双赢。

【民族事务】 2015年,县委统战部按照创建民族团结进步示范区的要求,不断完善民族工作体制机制,促进各民族之间的交流交融,营造民族团结进步的氛围。一是做好民族团结宣传教育。学习贯彻中央民族工作会议精神,利用"三月三"壮乡节日的契机,精心谋划,举办文艺演出、民族政策进校园、少数民族代表人士座谈会、走访慰问少数民族困难群众、组织少数民族干部和群众代表到风景区赏花等活动;采取多种形式宣传党和国家的民族政策和法律法规。提高陆川干部群众关心和重视民族团结进步的思想意识,更好地践行社会主义核心价值观。二是建章立制,推进镇基层民族工作。制定涉及民族方面群体性事件应急预案,健全少数民族流动人口信息台账。在各镇设立少数民族联络点,加强对外来少数民族在就业、入学、医疗、维权方面服务,加强与公安、工商行政管理等系统部门的联系,掌握少数民族流动人口的动态情况。对少数民族方面的信访事件及时进行处理并向上级部门反映,把事态控制在萌芽状态。三是做好民品企业服务和助力发展工作。民品企业广西开元机器制造公司年内获贴息贷款5850万元,安排40多名少数民族群众到该公司就业。企业帮扶特困优秀学生10人,金额共1.50万元。四是立项争取少数民族发展资金,解决少数民族群众经济发展和改善民生方面的困难。共争取到上级民委少数民族发展资金40万元,分别安排到珊罗镇、横山镇、米场镇、温泉镇等道路工程和文化基础设施建设。五是做好城市民族工作。在县城文昌社区设立民族工作办公室,做好少数民族流动人口的服务,为他们经商办实业提供服务,帮助他们解决困难。六是做好少数民族成分变更工作,共审核变更民族成分29人。

【宗教事务】 2015年,全县正式登记的宗教活动场所有陆川县基督教会礼拜堂(位于县城祥和街右122号)、陆川县佛教居士林(位于米场镇乐宁村根山垌)、珊罗天主教临时活动点(位于珊罗镇田龙村)、陆川普照禅寺(在建,位于沙坡镇仙山村谢仙嶂)。年内,县宗教局依法管理宗教事务,全县宗教和谐稳定。开展以"教风"为主题的和谐寺观教堂创建活动和以"国法与教规的关系"为主题的宗教政策法规学习月活动,组织宗教界学习相关规定,帮助宗教界提高思想认识,自觉走宗教与社会主义相适应的道路。做好陆川普照禅寺设立的审批工作。加强对申报工作的政策和法律指导。协助申报单位积极完善相关申报材料并逐级上报,6月获自治区宗教局审批同意筹备设立陆川普照禅寺。加强管理,确保宗教领域和谐稳定。定期不定期对宗教活动场所进行巡查,抵御宗教渗透,打击非法宗教活动。

【港澳台同胞联谊交流】 2015年,县委统战部加强与港澳台同胞的联谊交流交往。不定期与港澳台同胞、港澳乡亲进行联系沟通,向他们通报内地经济社会发展情况,做好港澳人心回归工作,鼓励新一代港澳同胞爱国爱港爱澳,支持特区政府施政,维护港澳的繁荣与稳定,促进旅港乡亲与家乡之间的友谊和共同发展。3月,澳门广西玉林联谊会会长汤玉禅带领10多名会员到陆川开展联谊交友活动;4月,县委统战部领导受邀赴香港参加广西玉林市同乡联谊会活动,拓宽与香港陆川联谊会的交流;10月,县委统战部领导组织相关人员赴重庆参加海峡两岸同名镇"横山"互

动协作会议,拓展对外"三引进"工作,促进陆川对外招商引资和文化交流。做好涉台工作,依法维护台胞台属正当权益。开展走访、慰问等活动,增进与台胞台属的联系与交流。做好涉台来信来访工作,维护台胞台属台商合法权益。服务联系台资企业,通过走访调研了解台资企业生产经营和台商的生活状况,召开台商座谈会,帮助台商解决他们招工难、办证难等问题。

【为侨服务】 2015年,县委统战部关注侨情动向,做好为侨服务工作。开展暖侨心活动,春节期间走访慰问归侨侨眷,收集各镇特困归侨侨眷及部分老归侨相关资料,并加强联系。解决贫困家庭上学难的问题,帮扶贫困归侨侨眷子女上学,提高文化素质,增强劳动能力,使他们长大后为社会做出贡献,为家庭致富出力。

【"同心"实践活动】 2015年,县委统战部继续开展"同心"系列实践活动,深化"同心思想"。组织开展非公有制经济人士"同心工程"。创新同心实践,深入组织实施"同心工程",支持、引导非公有制经济人士参与社会光彩事业,造福人民、回馈社会。开展"同心·助残"活动。5月,利用全国助残日宣传之际,会同县残联组织开展"同心·助残"爱心轮椅捐赠公益活动,发放爱心轮椅60台,捐赠轮椅来自深圳狮子会联合服务队和深圳市进出口商会。开展"同心·助推生态乡村建设"活动。响应县委的号召,实施生态文明建设,在良田镇文官村打造"同心·生态园林""同心·生态道路",助推"生态九洲江·美丽新陆川"建设。开展"同心·扶贫"活动。根据自治区党委统战部的部署和要求,开展"民营企业扶助贫困村"活动,落实结对帮扶的民营企业(商会)和贫困村共67对,利用当地资源优势,加大招商引资力度,促进贫困村的经济发展和农民致富。开展"同心·助困"行动。引导统一战线成员

感恩社会、回报社会。全年全县统一战线成员扶贫济困和捐资助学金额200多万元,受助群众3000多人。

【统战宣传】 2015年,县委统战部做好信息宣传工作。采写的信息被《广西统一战线》《中国台湾网》《广西台办视窗》、自治区民委网站等采用10余条,并获2015年度全市涉台信息调研工作先进单位一等奖、全市涉台招商工作先进单位二等奖、广西统战工作实践创新成果二等奖。 (林云莎)

县直机关党建

【县直属机关党组织概况】 2015年,中共陆川县直属机关工作委员会(简称县直机关工委)下辖党总支部15个、党支部227个。有中共党员4922人,比上年增加76人。年内增加党员137人,其中发展党员27人,转入组织关系110人;减少党员76人,其中转出组织关系53人,出党5人,死亡18人。党员中,男性党员3739人、女性党员1183人;在岗职工党员2571人,离退休职工党员1811人,其他党员540人。高中以上学历党员4024人。全年收缴党费25万元。县直机关工委内设办公室、县直机关人民武装部、党政机关工会,编制9名(行政编制8名,后勤服务事业编制1名),实有人员8人。

【党组织建设】 2015年,县直机关工委做好党(总)支部换届选举工作,完成陆川县委办、法院总支(含研办政纪监行装、民一民二庭、刑庭司法警察大队、执行庭、立案行政审监庭、乌石清湖法庭、马坡法庭支部)、接待办、文物所、电信分公司、扶贫办、安监局、质量技术监督局、动物疫病预防控制中心、市场服务中心、地税局总支(含地税局机关、办公室、重点税源分局、温泉分局、联合一支部、联合

二支部、联合三支部、征收服务股支部)、良种猪场、统计局、磁选厂、石油公司、科协、地震局、外侨办、瓷厂、政务中心、五金公司等36个党(总)支部换届,选举产生支部书记36人,副书记8人,支委107人;补选支部书记53人,副书记5人,补选支委11人。撤销中国共产党陆川县卫生局支部委员会、中国共产党陆川县人口和计划生育局支部委员会、中国共产党陆川县广播电视局支部委员会、中国共产党陆川县文化和体育局支部委员会;成立中共陆川县个体工商户小微企业专业市场委员会、中共陆川县卫生和计划生育局支部委员会、中共陆川县文体广电局支部委员会、中共陆川县柳银村镇银行股份有限公司支部、中共陆川县市政市容局支部。

【党员队伍建设】 2015年,县直机关工委确定发展对象35人,发展新党员27人(女性党员11人,35岁以下的党员16人),办理预备党员转正手续28人。建立入党积极分子和发展对象档案,对县直机关入党积极分子、发展对象登记造册。坚持年度党员民主评议制度,评选年度优秀共产党员258人,合格党员4664人。3月21日—23日、7月18日—20日,县直机关工委举办入党积极分子、发展对象培训班,县直机关单位发展对象30人和入

党积极分子39人参加培训,培训主要内容有《中国共产党章程》党的基础知识及有关法律、法规知识,经培训考试,39人全部合格。

【党务干部培训】 2015年11月24日,县直机关工委举办县直机关党务干部培训班,县直机关分管党建工作的领导和组织委员参加新编《中国共产党发展党员工作细则》培训班学习,提高党务干部的业务水平和工作能力。

【党员服务活动】 2015年,县直机关党组织3700多名党员干部深入基层以"矛盾调解员""党员志愿服务"等形式,服务群众1.88万人次,做好事2215件,发放宣传品2.1万册(张),带头化解矛盾纠纷,落实发展项目,解决帮扶资金。开展在职党员到社区报到为群众服务活动,县直机关企事业单位组织在职党员到居住地社区或工作单位所在地社区党组织报到为群众服务,并印制《在职党员进社区服务手册》,按照手册要求开展服务活动。县直机关事业单位党组织加强与社区的沟通,定期了解单位党员在社区的现实表现,年底填写《在职党员所在单位年审结果备案卡》,对党员进社区情况进行年审。

【建党94周年活动】 2015年,县直

2015年6月29日,陆川县"爱国歌曲人人唱"歌咏比赛活动在县人民会堂举行

叶礼林 摄

机关工委组织开展建党 94 周年活动。县直机关各党（总）支部采取演讲、球赛、唱歌、郊游、慰问、座谈会等方式，庆祝中国共产党成立 94 周年，并结合各自单位工作的实际开展慰问特困党员、职工活动；县直机关工委组织人员慰问生活特别困难党员 25 人，了解困难党员的家庭生活、工作情况，并赠送慰问物品，每人发放慰问金 300 元。

（黎良成）

非公党建

【非公党建概况】 2015 年，全县共有非公有制经济组织党组织 236 个，覆盖企业 560 家；社会组织党组织 54 个，覆盖社会组织 59 家。其中，新建非公经济新组建非公经济组织党组织 110 个，成立"小个专"（小微企业、个体工商户、专业市场）党组织 47 家，社会组织党组织 36 家。年内，有党员 876 名，其中在册党员 149 名，流动党员 727 名，党组织书记平均年龄 44 岁，共派遣党建指导员 28 名，派驻组织第一书记 20 名，党组织组建率和覆盖率位居全市前列。在全自治区非公经济组织和社会组织党建百日攻坚大行动总结会暨"成长·活力"工程推进会以及全市"两新"组织党建百日攻坚大行动推进会、"两新"组织党建百日攻坚大行动暨"小个专"党组织建设总结会上，陆川县分别做经验介绍。南宁、柳州、北海等市组织系统领导先后前往参观考察。

【非公党建"强示范堡垒·创活力企业"领航活动现场推进会】 2015 年 5 月 16 日在县第一会议室召开。参会人员有县领导陈杰、蒙启鹏、周健洪、王启忠、陈锦等，还有非公党工委等有关部门领导、规模以上工业企业主、世客城业主、谢仙嶂旅游风景区业主。会上由县长蒙启鹏主持，县委

书记陈杰讲话，企业主代表范达林、冯因飞、罗仕南、黄祖东发言。

【"两新"组织党组织书记培训班】 2015 年 11 月 23 日在陆川县党校阶梯教室举行。各镇组委、"两新"组织党组织书记、北部园区及龙豪园区领导参加。县委组织部部长陈基林在开班仪式上讲话。县委组织部副部长、非公党工委书记（兼）莫小明作讲话，邀请有关部门领导到班上讲课。参加培训的有 170 人。

【非公党建"头雁"工程】 2015 年，陆川县结合服务型党组织建设和自治区、玉林市关于加强非公党建工作的部署，选派科级领导干部到非公企业担任党组织书记，开展非公企业"强示范堡垒、创活力企业"领航活动，形成"三向选择""双重管理"、发挥"四个领航"作用的"324"非公企业党组织书记队伍建设新模式。解决派驻党组织书记"如何派""如何管""如何用"的问题，发挥党组织书记的职能优势、政治优势、人脉优势、亲情优势，促进党建工作、政府中心工作与企业发展的融合，打造非公党建"头雁"工程，领航非公企业健康发展。

【非公党建规范化】 2015 年，陆川县在非公党建"规范化建设百日攻坚大行动"中，提出用三年时间完成 7 个 100%[具备条件组建党组织的"两新"组织 100% 建立党组织；规模以上的非公企业 100% 建立党组织；从业人员 50 人以上的非公企业和专职（从业）人员 10 人以上的社会组织，100% 有党员或入党积极分子；暂不具备组建党组织条件的"两新"组织 100% 选派党建工作指导员；已经建立党组织的 100% 建立工会、共青团和妇联组织；有党的"两新"组织党组织覆盖率 100%；所有"两新"组织党的工作覆盖率 100%]的工作目标，推进组织建设、队伍建设、阵地建设、组织活动、制度建设、经费保障规范化。在

全县推广"商圈"党建、"爱心联盟"党建、"红心家园"党群共建，探索联网党建、"1+ N"组织设置模式，创新组建方式。全县共有 29 个非公企业党组织建立现代远程教育终端，有 62 个非公企业党组织纳入 ISO 9001 党建质量管理平台管理。通过党组织规范化建设，激活企业的内力。

【非公党建活动】 2015 年，陆川县在非公党建工作中开展"'三会一课'人人讲"主题教育实践活动，坚持"三个必讲"（党支部书记必讲、支部委员必讲、党员业务骨干必讲）。开展"设岗定责"活动，在"两新"组织党组织中，分别设置技术服务岗、信息服务岗、卫生监督岗、矛盾化解岗、文体服务岗、生态种养岗等 6 种岗位，通过设岗定责、设岗评星。开展"五大系列"（万户培训、生态文化建设培训、结对带富、诚信先锋、"双微"党课）主题实践活动。开展党建精品创建活动，把非公企业开展"强示范堡垒·创活力企业"领航活动作为党建创新项目，一手抓党组织组建，一手抓作用发挥，让党旗引领企业科学发展，让党员展示先锋形象，把组织资源转化为发展资源，把组织优势转化为发展优势。全县共推出"双微"党课等党建精品 30 多个。

（黄友清）

机构编制工作

【机构编制机构及工作概况】 2015 年，陆川县机构编制委员会办公室（简称县编委办）内设政秘股、行政机构编制股、事业机构编制股，编制 10 名，实有人员 9 人。下属二层机构有陆川县事业单位登记管理局，编制 15 名，实有人员 7 人。年内，县编委办继续开展政府机构和事业单位机构改革、行政审批制度改革、镇机构"四所合一"（镇国土、建设、环保、安监

等机构)改革等工作;严控机构编制,完善机构编制实名制,强化机构编制管理;推行县政府部门权力清单制度工作;规范和完善事业单位设立登记和年检工作;完成年度机构编制工作任务。

【机构编制统计】 2015年,全县有行政机构54个,与上年相同;各类事业单位机构585个。其中,全额拨款单位528个(含参公单位74个,参公单位数包括4个群团机关),占90.25%;差额补贴36个,占6.10%;经费自理21个,占3.56%;镇行政机构14个,与上年相同。党政群系统有行政人员编制1317名。其中,县级769名、镇548名,与上年相同。党政群系统实有1164人。其中,县级739、镇425人,与上年相比减少19人,主要原因是退休与录用相比减少19人。政法系统有人员编制637名,与上年相同;实有608人,比上年增加8人。全县事业人员编制有14753名,与上年相比增加20名。其中,全额拨款11715名(含参公单位编制957名),占79.41%;差额补贴2265名,占15.35%;经费自理773名,占5.24%。事业单位实有1.37万人,比上年增加108人。其中,全额拨款1.15万人,占83.71%;差额补贴1582人,占11.52%;经费自理654人,占4.76%。

【政府机构改革】 2015年,县编委办一是抓好县文体广电局、县卫生计生局的"三定"方案制定和印发实施。二是工商行政管理、质监部门由自治区垂直管理调整为县政府管理,做好人员编制的交接,制定和印发"三定"方案。三是整合不动产登记。4月1日,县编委会以《关于整合不动产登记职责的通知》《关于县国土资源局地籍测绘管理股加挂不动产登记局牌子的批复》,将县土地、房屋、林地、草地等不动产登记职责整合由县国土资源局承担,在该局地籍测绘管理股加挂不动产登记局牌子,对不动产登记进行统一管理。11月13日,县编委

会以《陆川县机构编制委员会关于调整陆川县不动产登记局设置的批复》,将陆川县不动产登记局由原在县国土资源局地籍管理股挂牌调整为在县国土资源局挂牌,在县国土资源局增设不动产登记股,核定该股行政编制2名,在县国土资源局内部调剂解决。县编委会以《陆川县机构编制委员会关于成立陆川县不动产登记中心的批复》成立陆川县不动产登记中心,为陆川县不动产登记局管理的财政全额拨款、公益一类事业单位,核定事业编制15名,主要负责全县不动产登记工作。

【事业单位机构改革】 2015年,县编委办按照自治区和市的统一部署要求,结合政府职能转变和机构改革,统筹推进事业单位改革。一是开展县级公立医院综合改革核编调查。根据《陆川县人民政府办公室关于印发陆川县全面推进县级公立医院综合改革实施方案的通知》精神,11月,县编办组织开展对县级公立医院的有关人员编制情况进行调查,从县卫计局、财政局抽调相关人员,组成2个工作组深入县人民医院、县中医院、县中西医结合骨科医院、县妇幼保健院,对4家医院的时有床位、人员编制和编外用人进行实地调查摸底,全面掌握真实数据,按有关标准核定医院的人员编制数和聘用人员控制数。二是开展事业单位法人治理结构建设试点工作。经过调查研究和筛选,以陆川县图书馆为试点单位,按照"四个一"(建好一个理事会、选好一个管理层、制定一个章程、完善一套制度)开展相关工作。通过事业单位法人治理结构建设试点,探索管理体制和运行机制创新,规范主管部门和事业单位各自权责,落实事业单位法人自主权,通过《事业单位章程》明确理事会、管理层、监事会各自权责,构建决策、执行、监督相互制衡的权力运行机制。

【控编减编】 2015年,县编委办围绕

自治区"全区各级行政编制总量不得突破中央和自治区下达的限额,全区事业编制总量以2012年年底统计数为基数,5年内只减不增"的控编减编工作目标,抓好全县的控编减编工作。一是控制新设机构。新设单位按照"撤一建一,增减平衡"的原则办理。年内,新设行政机构3个:陆川县金融工作办公室、陆川县法学会、陆川县不动产登记局,县金融办为县政府办设在机构,县法学会为县政法委代管机构,县不动产登记局在县国土局挂牌,不算机构个数;新成挂牌事业机构6个:陆川县气象防灾减灾中心、陆川县中小企业服务中心、陆川县职业卫生监督管理所、陆川县流动木材检查站、陆川县计算机审计与信息管理办公室、陆川县水产畜牧兽医执法大队,这6个机构均不算机构个数;新成法人事业机构2个:陆川县绩效评估中心、陆川县不动产登记中心;撤销机构2个:陆川县重大项目推进服务办公室、陆川县教育艺术培训中心。新设机构的编制来源从撤销机构编制中划入或从现有空编单位的编制中调剂解决,符合"撤一建一、增减平衡"的控编减编工作要求。二是严格编制管理。强化组织人事、财政管理协调配合,规范领导干部配备、公务员招录、事业单位招聘以及人员调整进出程序。三是从严使用编制。凡属政府购买服务方式能解决的岗位,不予批准使用编制;职能萎缩的单位,人员只出不进。全县共使用编制406名,其中行政编制49名,事业编制352名,机关后勤服务聘用控制数5名。使用的406名编制中,用于公开招考(聘)256名,其中公务员(含参公单位)招考71名、事业单位招聘185名。四是全县机关和事业单位的新进后勤服务人员实行聘用制度改革,原在编在职后勤服务人员按"老人老办法"待遇不变,新招聘的后勤服务人员实行聘用制,不入编。五是调整部分机关事业单位编制。县编委根据《关于调整部分机关事业单位编制的通知》精神,注销机关事业编制5

名(县民政局3名,县住建局2名),调减陆川县龙岩风景区管理所事业编制3名,以解决镇部分机构职能整合新增的事业编制问题。

【行政审批制度改革】 2015年,县编委办一是抓好现有行政审批事项的动态管理。对全县现行的313项行政审批事项加强监管,不在行政审批目录清单的项目一律不再审批;对承接的行政审批项目,制定相应的接收工作方案,编制工作规范和办事流程向社会公开,进驻政务中心办理,并根据实际制定相关审批办法,加强事中事后的监管。二是抓好行政审批事项的清理。承接上级下放的行政审批事项57项,调整行政审批事项157项,取消(减少)行政审批项目169项。三是抓好非行政许可审批事项的清理。根据《广西壮族自治区人民政府关于全面清理规范非行政许可审批事项的决定》精神,对全县非行政许可进行清理,共清理非行政许可事项239项,其中取消76项,调整163项。清理结果于11月30日以《陆川县人民政府办公室关于印发陆川县全面清理规范非行政许可审批事项结果的通知》予以公布取消,不再保留非行政许可审批项目。四是清理规范行政审批前置中介服务。7月,县编委办根据《广西壮族自治区人民政府办公厅关于清理规范我区行政审批中介服务的通知》精神,组织人员对全县行政审批中介服务事项和机构进行调查摸底。

【县政府部门权力清单制度推行】 2015年,县编委办根据《广西壮族自治区人民政府关于推行各级政府部门权力清单制度的意见》和市政府有关工作部署要求,推行政府部门权力清单制度。一是制定实施方案。9月15日,印发《陆川县人民政府办公室关于推行陆川县人民政府部门权力清单制度实施方案》,对县级政府部门权力清单和责任清单工作具体部署。二是成立组织机构。成立由县长蒙启鹏任组

长、县委副书记周建洪和县委常委、常务副县长陈锦及县委常委、组织部部长陈基林任副组长、县相关部门为成员单位的陆川县推行政府部门权力清单制度工作领导小组,领导小组下设办公室,办公室设在县编委办,由县编委办负责做好全县推行政府部门权力清单制度工作。三是及时动员部署。9月24日,县举办推行政府部门权力清单制度工作培训会,部署县推行政府部门权力清单制度工作。会议邀请玉林市事业单位登记管理局副局长周慧进行业务培训。四是落实人员和经费。为确保按时间节点完成任务,县从相关部门借调具有法律专业知识或业务熟悉的人员6人到权力清单办工作,落实专项经费和办公室,确保工作开展。五是开展督查和业务指导。县权力清单办(县编委办)对权力清单工作进行具体的分工,组成4个工作组,对全县52个部门单位进行督促和实地业务指导,并形成周报汇报制度。六是全面梳理权力。政府各部门依据法律法规规章,对现有的行政权力进行全面梳理,初步梳理出全县有权力事项3755项,拟保留权力事项3600项,拟取消权力事项155项,拟调整权力事项266项。七是组织联审。对各部门上报权力事项和责任事项,县权力清单办组织法制办等

相关部门人员进行审查,年底已完成初稿审查。

【镇机构"四所合一"改革】 2015年,县编委办继续推进镇机构"四所合一"改革工作,各项改革任务基本完成。一是整合机构。整合国土资源管理、村镇规划建设以及城管、环境保护、环境卫生、安全生产监督管理等职责,全县14个镇均设立国土规建环保安监站,挂综合执法队牌子,落实人员编制。二是"四定"(定岗、定责、定编、定员)方案已完成。5月,印发14个镇国土规建环保安监站(综合行政执法队)的主要职责、内设机构人员编制和经费形式规定。三是人员已整合。各镇国土规建环保安监站人员已整合、法人证书已办理。四是相关制度已完善。相关牌匾、各种规章制度上墙、职责分工、办事流程、办事指南等均由县编委办统一印制与落实,部分镇已上墙公布。五是部分业务主管部门已委托授权。县安监局、环保局等部门根据法律、法规和规章的规定以及与镇政府签订委托或授权管理责任书的形式,委托受权下放相关职能。

【事业单位设立登记和年度报告审查】 2015年,县编委办依法对全县事业单

2015年9月24日,陆川县推行政府部门权力清单制度工作培训会在县第一会议室召开

位的设立、变更和注销进行登记或备案,监督全县事业单位贯彻落实《事业单位登记管理暂行条例》。一是把好材料审核关,确保材料的完整性、准确性以及各种证件的合法性和有效性;二是把好年度报告审查质量关,即把好事业单位法人承担民事责任的能力审查关,把好事业单位变更事项的真实性、合法性审查关。年内,全县事业单位变更登记63个,设立登记数16个,注销登记数(已废止)1个;应参加年度报告审查单位562个,已检549个,年检率97.69%,合格率100%。

【网站开办审核、网站标识和网上名称管理】 2015年,县编委办对全县党政机关、事业单位和社会组织网站进行开办资格审核、网站标识、网上名称管理。年底,全县党政机关、事业单位申请网站挂标593个,领取标识数(网站数)581个。政务和公益机构域名注册新增95个,全县域名注册共665个。通过域名注册与网站名称管理,提高县党政群机关和事业单位的合法权益,促进党政群机关和事业单位依法行政,提升社会管理和公共服务水平。 (吕寿钦)

信访工作

【信访工作机构及概况】 2015年,陆川县信访局局内设政秘股、信访股,编制5名,实有人员5人。下属县信访接待中心(县网上信访服务中心),属县财政全额拨款事业单位,编制6名,实有人员6人。全县设立镇综治信访维稳中心、村(社区)综治信访维稳工作站,有专(兼)职信访工作人员220人。年内,县信访局坚持以人为本、和谐信访的工作理念,推进信访工作制度改革,开展"信访法治建设年"活动,推行"法治信访""阳光信访""责任信访"工作。县信访局获自治区信访系统集体二等功,12月典型经验《大力推进网上信访 畅通渠道促进和谐》被《广西信访工作经验选编》选登。

【来信来访】 2015年,县信访局受理群众来信来访2058件次,比上年3581件次下降43%。上级督办的信访案件16件,办结15件,办结率94%;满意度信案件12件,办结12件,办结率100%;群众网上信访事项742件,到期办结680件,到期办结率92%;化解上级交办的信访积案10件,化解县内排查的信访突出问题78件。

【领导干部大接访活动】 2015年,陆川县继续开展县委书记大接访活动,每月15号为县委、县政府领导定期接访日,坚持每天安排一名处级领导负责当天的信访维稳值班工作。按照"五个一"(一名包案领导、一个工作班子、一套化解方案、一份会办纪要、一套稳控措施)和"五包"(包掌握情况、包解决困难、包教育转化、包稳控管理、包依法处理)工作机制,配合县委、县政府实行领导干部包案责任制,确保疑难复杂信访问题得到解决。年内,县领导到县信访局维稳带班值班,共接待群众60批963人次,当场化解处置信访问题21个,批示转办及交办信访件39件。县四家班子领导带领县有关部门干部深入全县各挂点镇,深入村、屯,开展下访接访活动,各镇党、政主要领导也开展接访下访活动,推动各类信访问题就地处理。

【信访信息上报】 2015年,县信访局完善信访信息汇集、分析研判和上报制度。坚持每月把群众来信来访情况汇集研判,综合分析,形成《信访通报》11期,上报县委、县政府领导阅示,为领导决策提供依据。对突发的、典型的、大规模的群体上访事项或敏感时期群众上访情况,根据上访的性质及时整理《信访要情》9期,在第一时间呈送县有关领导。

【法律宣传和诉求代理工作室创建】 2015年8月起,县信访局在县信访接待中心创建"法律宣传和诉求代理工作室",有志愿者律师和法律服务工作者共9人。县委、县政府主要领导重视律师参与信访工作,亲自批示和听取汇报;县分管领导负责抓信访工作,县综治办会同司法局、信访局下发文件,由县司法局安排志愿者律师和法律服务工作者到法律宣传和诉

2015年10月9日,县信访接待中心创建"法律宣传和诉求代理工作室"。图为上级领导到陆川调研
县信访局 提供

求代理工作室值班开展工作。必要时律师参与县领导接访。年内,律师参与诉求代理工作8件,参与县领导接访上访群众5批31人次,解答法律咨询20人次,协助处理信访案件3件,参与信访案件协调会2次,参与化解重大矛盾纠纷2起,在抗战胜利70周年活动、东博会、玉博会期间,陆川县实现到玉赴邕进京零非访、零上访、零失控。实现上访群众满意、责任单位满意、接访领导满意的目标。

【网上信访信息系统运行】 2015年4月30日,陆川县网上信访信息系统建设竣工;7月30日,县信访局、有权处理信访事项责任部门和镇全部接入全自治区网上信访信息系统,开通14个镇、39个部门,并将信访事项录入系统,实行网上受理信访制度,推行阳光信访。运行网上信访信息系统,建立网下办理、网上流转的群众信访事项办理程序,实现办理过程和结果可查询、可跟踪、可督办、可评价,增强透明度和公正性;提升信访工作公信力,推动信访工作规范化,带动信访工作制度改革,打造"阳光信访",提高信访工作整体水平。年内,陆川县网上信访信息系统共受理信访件146件,办理146件,办结率100%。

【《信访条例》宣传日活动】 2015年5月19日,陆川县组织《信访条例》修订实施10周年集中宣传日活动,县信访、公安、住建、民政等部门在活动现场展示宣传展板,向群众发放信访宣传资料。通过县信访局LED电子显示屏、悬挂宣传标语、《信访条例》宣传车、发放信访宣传资料等多种形式进行宣传,教育群众以理性合法的方式表达利益诉求,引导群众在当地反映信访问题,增强群众的法律意识和法律素质,提高全县领导干部依法办事的能力和水平,为信访工作的制度化、规范化、法制化建设奠定基础。

（谭腾辉）

老干部工作

【老干部工作机构及概况】 2015年底,陆川县委老干部局内设综合股,编制4名,实有人员4人。年内,县委老干部局服务管理的离休干部68人(含县工商局转入2人),其中行政机关单位44人、全额拨款事业单位8人、差额拨款事业单位1人、自收自支事业单位1人、国有企业14人;享受厅级1人、正处级8人、副处级24人、科级35人;原县四家班子领导离休8人;抗战前期2人、抗战后期1人、解放战争时期65人;90周岁以上16人,80~89岁的52人;在县城安置53人,在镇安置3人,在农村安置5人,跟随子女长期在南宁、玉林居住的7人。离休干部中享受生活完全不能自理护理费的29人。

【老干部政治待遇落实】 2015年,县委老干部局继续为每位离休干部订阅《老年知音》《中国老年》各1份,为老干部阅览室订阅党报、党刊和杂志20多种;组织老干部学习政治理论、各级重要会议精神、重要文件4次;组织老干部参加县委、县政府召开的重要会议、举办的重大活动7次;组织老干部听取县主要领导通报陆川县经济社会发展情况2次。

【老干部生活待遇落实】 2015年,县委老干部局加强老干部生活待遇落实。一是抓好重大节日慰问。在春节和中秋节,分别走访慰问原籍陆川或在陆川工作过,现在玉林、自治区离退下来的厅级以上老领导、原县四家班子离退休老领导和离休干部,向老干部发放慰问金和慰问品28万元,走访慰问离休干部遗属3人,发放慰问金2400元。二是坚持日常走访、生日祝寿、住院探视、去世送葬等制度,走访老干部216人次,为老干部生日祝寿68人,发放祝寿

金6800元,探望生病住院老干部71人次,接待来访的老干部35人次、来信6件,协助做好老干部后事处理3人。三是落实医疗待遇。8月26日,组织离休干部及原县四家班子退休干部110多人到县人民医院进行健康检查;建立老干部健康档案;健全完善离休干部医疗帮扶机制,为8名离休干部报销因病住院治疗的自费药费1.20万元;帮助居住县外的离休干部10人报销药费37笔23.40万元;替特困离休干部向县社会保险事业管理局借医药费5笔14万元。根据《转发关于为抗战时期及以前参加革命工作的离休干部发放一次性慰问金的通知》的文件要求,县委副书记周建洪,县委常委、组织部部长陈基林登门探望抗战时期陆川县参加革命工作的离休干部3人,为每人发放慰问金5000元,纪念勋章1枚;根据民政、财政部下发的通知要求,对抗日战时期在国民党军队服役,后在解放战争中起义,投诚编入解放军序列的离休干部2人,每人发放慰问金2000元,纪念勋章1枚。

【老干部参观考察活动】 2015年7月16日,县委老干部局组织离退休老干部30多人考察陆川县北部工业园区玉柴重工配套园建设、世客城、县文体中心、良田车田橘红基地、乌石吹塘、龙化博途投资"十里河画"项目、生态乡村建设等重点项目。12月中旬,组织原县四家班子老领导20多人到井冈山、瑞金等革命圣地进行考察学习。

【老干部文体活动】 2015年,县老年大学开设时事政治、保健、书画、诗词、音乐、舞蹈等10专业,在校学员400多人。老年活动中心天天开放,做到日日有活动,月月有比赛。在春节、"五一""七一"、抗战胜利70周年和国庆节举办老干部文艺晚会。全年,组织老干部开展乒乓球、地掷球、门球、气排球、健身球、太极拳剑等比赛活动5次;组织老干部到自治区、玉林市参加太极拳、剑队等比赛各1次;选派2人分别参加自治区老体协举办的健身舞和健

身操培训班学习;选派 5 人参加玉林市老体协举办的健身球操培训班学习;举办健身舞培训班 1 期,参加培训 42 人;组织老干部艺术团深入镇、社区、街道,宣传中共十八届四中和五中全会精神、"美丽陆川、生态乡村"等演出 8 场次,组织老干部参加玉林市老干系统"多彩金秋"文艺演出,节目《八仙旅游到陆川》获优秀奖。

【老干部活动设施建设】 2015 年,县委老干部局不断改善老干部的活动环境,抓好老干部"两个阵地"建设。上半年自筹资金 13 万元,为县老年大学办公室添置电脑、二楼礼堂安装空调 5 台,在校园内安装监控设施和大屏幕显示屏等。下半年,自筹资金 7.30 万元,为县老年大学购买电子琴 20 台,在教室及曲艺室安装空调 4 台。

【关心下一代工作】 2015 年,县关心下一代工作委员会创新工作思路,加强基层关工组织建设,推进全县关心下一代工作。一是健全完善关工委组织机构,调整组织机构 10 个。二是在清明节期间组织 15 个老干部代表报告团,深入全县 156 所中小学校开展"缅怀先烈、报效祖国、圆梦中华"和"爱学习、爱祖国、爱劳动"等主题教育活动,作报告 152 场次,受教育师生 8 万人。三是开展"陆川最美青少年"评选表彰活动,评选表彰"陆川最美青少年"8 人。四是发动 20 个单位和个人捐赠资金 2.3 万元,帮扶贫困学生 37 人。五是深入镇、学校发动征订 2016 年《中国火炬》250 份。县关工委被中关工委评为 2015 年《中国火炬》宣传报道和征订发行工作先进集体。 (江焕海)

党校工作

【党校工作机构及概况】 2015 年,中共陆川县委党校(简称县委党校)内设办公室、教务培训科、教研室、科研科、总务室和后勤科,编制 19 名,实有人员 15 人,其中教师 7 人(高级讲师 2 人、讲师 2 人、助讲 3 人)。年内,县委党校推进干部培训工作,加强教学改革创新,增强培训教育实效性,开展科研工作,为县委、县政府决策服务,完成各项工作任务。获玉林市党校系统年度工作评比二等奖、获玉林市党校系统第三届优秀科研成果组织工作二等奖。

【干部教育培训】 2015 年,县委党校贯彻落实《干部教育培训工作条例》,按照县委以及上级党校有关干部教育培训的要求,围绕县委、县府中心工作确定培训内容和计划,开展党员干部的教育培训工作,举办主体班 5 期,培训干部 824 人次。先后协助水利局、农业局、安监局、财政局、水产畜牧局、县直机关工委等部门举办各类培训班 53 期,培训 7396 人次。按照县委的部署,由县委党校与县委组织部、县委宣传部联合承办县委党建"书记论坛"。

【教学改革与创新】 2015 年,县委党校根据干部不同岗位需要和自身能力需求,设置培训班次和内容,增强针对性和实效性。把解决陆川县经济社会发展的现实问题作为重点,结合实际,着重加强新理论、新政策、新形势、新法规和民生保障方面的教育培训。在教学中,综合运用讲授式、座谈交流式、案例式、实地调研式等方式方法,提高培训教育效果。在教学管理方面,建立健全教师选课制、集体备课制、学员评教制等教学管理机制。多次组织教师县委领导和玉林市委党校教授主讲的专题课,切实提高教师的理论水平和教学能力。年内,每位教师均完成每人 1 个以上新增教学专题课,全校完成新增教学专题 9 个。县委党校 2 名教师撰写的精品课教案《打造九州江生态长廊》《领导科学与领导艺术》分别获玉林市委党校颁发的玉林市党校系统精品课教案评比二等奖和三等奖。

【科研成果】 2015 年,县委党校科研工作坚持"四服务"(为理论创新服务,为教学质量服务,为党委政府决策服务,为"三文明"建设服务)的方针,围绕全县经济社会发展情况开展调研活动,为县委、县政府的决策出观点、提思路、当参谋。县委党校获玉林市党校系统第三届优秀科研成果组织工作二等奖。年内,

2015 年 12 月 19 日,陆川县危险化学品经营单位负责人和安全管理人员培训班在县委党校举行   县委党校 提供

全校教师撰写科研论文8篇,完成县情调研报告2篇,其中《关于陆川县建设具有岭南特色客家温泉文化名城的思考》《构建和谐健康向上的家庭文化》分别获玉林市党校系统第三届优秀科研成果二等奖、三等奖,课题组完成的"引导农村土地有序流转助推农业产业化""适应新常态落实全面从严治党的实践与思考"课题获玉林市党校系统科研课题结项优秀奖。

【外出施教】 2015年,县委党校发挥教学优势,鼓励和支持教师外出施教。选派教师3人到全县镇和部分县直单位宣讲中共十八届四中全会、"中央1号文件"精神,应有关部门邀请派出教师13人次到县直部门、企事业单位以及镇村屯上专题辅导课,听讲课人数1.10万多人次。

(蓝恩明)

党史编研

【党史编研机构及概况】 2015年,中共陆川县委党史办公室(简称县委党史办)内设政工秘书股、征编股,编制6名,实有人员6人。年内,征集资料22万字,出版《陆川大事记》《陆川革命故事集》,开展党史宣传教育和革命遗址修缮工作。

【党史资料编辑】 2015年,县委党史办征集年度陆川县党史大事记资料80多份6万字,整理上报大事记资料3000字;继续完善陆川县党史正本第一卷初稿约6万字,征集、整理第二卷资料约10万字;出版5万字的新民主主义革命时期《陆川大事记》3000本和12万字的《陆川革命故事集》7000本,分发到各机关、事业、企业、村公所、学校等单位及部分离休干部。完成《知识青年上山下乡》

专题资料征集工作,共征集资料6万字。图片68张。完成10万字的《陆川革命遗址遗迹》一书的修改和补充工作,基本定稿。

【党史宣传教育】 2015年,县委党史办征订党史专刊《玉林党史大事记》50份,发放到部分离退休人员和县委常委;在清明节期间联合县关工委开展陆川革命英烈事迹宣传活动,利用陆川解放纪念日到清湖纪念馆和已修缮的革命遗址,开展党史教育宣传活动;协助乌石镇坡脚村革命传统教育基地进行布展工作,并协助出版5万字的《坡脚地区革命史记》1000本。

【革命遗址遗迹保护】 2015年,县委党史办修缮革命遗址保护项目1个:即大桥镇瓜头村中共地下组织活动场所修缮工程,工程投资19.30万元,清除杂草,1212平方米,混凝土硬化路面1675平方米,砌挡土墙36立方米。

(姚日成)

绩效管理

【绩效管理机构及概况】 2015年,陆

2015年11月4日,玉林市委副秘书长、市绩效办主任黄维(前排左一)到陆川县平乐镇检查农村危房改造项目

县绩效办 提供

川县绩效考评领导小组办公室(简称县绩效办)内设政秘股、考评股、绩效评估中心,编制5名,实有人员3人。县绩效评估中心编制5名,实有人员1人。年内,县绩效办坚持以"加强绩效管理、争一流业绩,强化目标责任,让群众满意"为宗旨,探索具有陆川特色的绩效考评管理新方法,逐步构建科学、规范、公平、公正的绩效管理考评体系。陆川县获玉林市绩效综合考评二等奖、生态建设专题优秀奖。

【绩效目标制定】 2015年,县绩效办把自治区、玉林市和县委、县政府提出的战略目标和重大工作任务分解落实到各单位。7月29日,县委、县政府下发《陆川县2015年度机关绩效考评工作方案》;11月11日,县绩效考评领导小组下发《陆川县2015年度机关绩效考评指标体系和评分细则》,各镇、单位按照方案要求,结合本单位的职能工作实际设置年度绩效工作目标,明确责任,分解细化绩效目标任务。县绩效办根据各部门年度绩效目标,统一编印成《陆川县2015年度机关职能性绩效目标责任分解书》,并在一定范围内公布。全县14个镇和76个县直部门共90各单位纳入年度绩效考评。

【绩效目标考评】 2015年,县绩效办

采取指标考核、公众评议、领导评价和察访核验相结合的方式,从职能工作目标、共性工作目标、工作实绩目标和评议满意度4个方面开展考评。

绩效考评指标任务督查　县绩效办不定期对各镇、各单位进行绩效工作指导,建立和完善绩效目标压力传导机制,联合县委、县政府督查室开展绩效工作专项督查。全年共计进行了48次督查,重点对教育、国土、住建、民政、文体、卫生等项目进行督查,针对薄弱环节和进度缓慢的项目,印发《绩效专报》2期,进一步明确相关部门的主体责任,确保年度绩效目标全面完成。

年终考核　县绩效考评领导小组派出4个考评组分别对全县90各考评单位年度绩效工作进行核验,按照《陆川县2015年度机关绩效考评工作方案》要求,重点考核指标的落实执行情况。在考评过程中,县绩效办不断完善考核指标体系,突出亮点,增强加分项目优势;开展宣传,提升公众评议满意度。于次年1月,通过自治区、玉林市的察访核验。

绩效领导评价和公众评议　2月,县绩效办在县政府门户网站首页开设《2015年机关绩效考评网上调查》专栏,开展绩效社会评议活动。社会公众根据评议表上的内容,对接受评议机关的综合评价进行点击评议。在评议过程中,评议人员向接受评议的14个镇和县直76个部门单位提出意见建议。评议期间县绩效办开通咨询和投诉受理电话7212322,接受各界群众对评议活动监督。

【绩效考评结果】　2015年7月,县委办、县政府办联合发文通报了2014年度全县绩效考评结果,县委、县政府印发通报表彰文件,考评结果共设优秀、良好、一般3个等次。2014年度全县参与绩效考评单位93个,其中获优秀等次单位46个、良好等次45个单位、一般等次单位2个。　　　　　(唐敏钢)

统筹城乡工作

【统筹城乡工作机构及概况】　2015年,中共陆川县委员会统筹城乡工作部(简称县委统筹城乡工作部)内设统筹城乡综合改革股、统筹城乡规划发展股,编制9名(行政人员编制3名,参照公务员管理事业人员编制6名),实有人员6人,部长由县委副书记严海波兼任。

【农村产权制度改革】　2015年,陆川县全面推进农村产权制度改革工作。由县农业局负责的农村土地承包经营权确权登记颁证工作在珊罗、马坡、米场、温泉、乌石、清湖等6个镇78个村共9.80万户家庭承包农户开展。至12月底,调查家庭承包合同份数8.71万份,占2014年应确权总承包合同的100%;已测量面积1.37万公顷,占2014年应确权耕地总面积的100%;已完成确权登记颁证农户数为5.66万户,占2014年应确权总农户数的65%;已完成确权登记颁证耕地面积6418.17公顷,占2014年应确权耕地总面积的47%。年内同时开展沙湖、平乐、大桥、横山、沙坡、滩面、良田、古城等8个镇77个村的确权登记工作,实现该项工作的全覆盖。完成8个镇的航拍、人员培训及入户调查工作,进入数据录入阶段。

表3　　　　　　　　　　　　　　　　2014年度陆川县机关绩效考评情况

类别	优秀等次	良好等次	一般等次
镇	温泉镇、珊罗镇、米场镇、清湖镇、沙湖镇、良田镇、大桥镇、马坡镇	沙坡镇、乌石镇、滩面镇、平乐镇、古城镇、横山镇	
党群综合管理类	县委办、县委组织部、县委宣传部(含县文明办)、县委政法委、县人民武装部、县纪委监察局(含县绩效办)、县人大机关、县政协机关、县委统战部、县信访局、县总工会、县编委办	县直机关工委、县老干局、县妇联、团县委、县社科联、县委党校、县工商联、县文联、县科协、县非公党工委、县侨联	
经济调节管理类	县地税局、县国税局、县水产畜牧兽医局、县水利局、县发改局(含县委统筹部)、县财政局、县林业局、县粮食局、县住建局	县农业局、县交通运输局、县农机局、县供销社、县二轻联社、县工业园区、县招商局、县旅游局	县经贸局
社会管理服务类	县政府办(含应急办)、县人社局、县计生局、县卫生局、文体局、县地震局、县教育局	县移民局、县法制办、县民政局、县扶贫办、县人防办、县残联、县广电局、县外侨办	县科技局
执法监督管理类	县审计局、县检察院、县药监局、县安监局、县环保局、县公安局	县工商局、县法院、县司法局、县国土资源局、县市政市容局、县质监局	
专项事务管理类	县统计局、县物价局、县机关事务局、县接待办	县政务服务办、县气象局、县方志办、县档案局、县党史办、陆川公路局	
合计	46	45	2

由县国土局负责的集体建设用地使用权确权登记颁证工作，按照《玉林市2015—2016年农村改革试验实施方案》的通知，重点推进自治区国土厅统一部署的集体建设用地使用权和农村宅基地确权登记颁证二期工程的查漏补缺工作。至12月底，收到办证申请125宗，发证122宗。由县住建局负责的集体建设用地上房屋所有权确权登记颁证工作，根据县国土部门的二期工程工作范围推进，集体建设用地上房屋所有权按照"房随地走"原则，集中攻坚农村集体建设用地使用权二期工程覆盖范围房屋的确权颁证工作。至12月底，收到申请材料12宗，符合办证条件9宗，发证9宗。由县水利局负责的小型农村水利工程产权确权登记颁证工作，在沙湖镇长沙村、永安村试点。至9月底，完成试点村13处小型水利工程调查摸底工作，并对两村权属清晰、无纠纷的小型水利工程进行实地勘界、权属登记等工作；10月底，完成山塘10处、饮水安全工程3处的第一、第二次公示工作，2次公示均无纠纷、无异议。上报县政府审核批准，并颁发小型水利工程产权证书共13本，其中山塘10本、人饮工程3本。

（姚金成　姚子虎）

纪检·监察

【纪检监察机构及概况】 2015年，中国共产党陆川县纪律检查委员会、陆川县监察局(简称县纪委监察局)设县纪委常委7名，其中书记1名，副书记2名，常委4名；设县监察局局长1名(由县纪委副书记兼任)，副局长3名，其中1名由非中共人士担任。全县14个镇纪委各设书记1人、副书记兼政府监察室主任1名、兼职委员5人。县直机关单位设纪检组(纪委、纪工委)43个。县纪委监察局内设办公室、党风政风监督室、案件审理室、信访室、第一纪检监察室、第二纪检监察室、第三纪检监察室，编制人员33名，实有31人；县监察局下设陆川县纪检监察电教信息网络舆情中心。年内，县纪委监察局获2015年度全自治区纪检监察系统报刊网络宣传工作优秀组织单位、纪检监察信息工作第2名。

【中共陆川县第十三届纪律检查委员会第六次全体会议】 2015年2月7日在县城举行。出席会议的县纪委委员23人，列席173人。县纪委常委会主持会议。会议贯彻中共十八大和十八届三中、四中全会精神，学习贯彻十八届中纪委五次全会、自治区十届纪委六次全会、玉林市四届纪委六次全会精神，总结回顾2014年全县党风廉政建设和反腐败工作，研究部署2015年工作任务。全会审议通过县纪委书记詹博代表县纪委常委会所做的《从严落实责任，从严监督执纪，坚定不移推进陆川党风廉政建设和反腐败工作》工作报告。县委常委和县人大、县政府、县政协班子的党员领导，以及有关方面的负责人参加会议。

【党风廉政建设"两个责任"落实】 2015年，县委决定当年为"两个责任落实年"，推动"两个责任"落实到位。一是强领导，做到责任清。县委、县政府坚持把党风廉政建设作为首要责任。年初，召开县委常委会专题研究全县2015年党风廉政建设工作思路，研究制定《2015年陆川县落实党风廉政建设党委主体责任和纪委监督责任责任书》，对全县党风廉政建设工作进行部署。二是细分解，做到任务明。4月，依据《玉林市落实党风廉政建设党委主体责任和纪委监督责任工作细则(试行)》，对"两个责任"落实实行量化管理，对责任清单逐一列表、细化分解，并就党政领导干部问责情形及方式进行明确，将主体责任逐级有效传导。为强化各级党委(党组)、纪委(纪检组)履行"两个责任"的责任意识，县委、县政府、县纪委与14个镇、75个县直单位党政主要领导、纪检组织负责人签订责任书，强调"签字背书"。三是重考核，做到问责严。6月，县委组织核验组对全县14个镇、75个县直单位落实2015年党风廉政建设"两个责任"工作情况进行检查核验，对落实情况好的单位给予肯定，对落实不到位的进行责任追究，对履责不到位的2个单位进行降等和通报。

【党风廉政教育】 2015年，县纪委监察局开展"守纪律·讲规矩"主题教育活动，并创新开展"学准则·铸情操"提升思想道德境界主题教育活动，增强党员干部纪在法前、纪严于法观念。上专题教育课。邀请市纪委领导到陆川县作专题辅导，并组织全县主要党员领导干部参加先进人物报告会，感受榜样力量；新《中国共产党廉洁自律准则》《中国共产党纪律处分条例》颁布后，购买2000多本《准则》《条例》免费赠给各级领导干部学习，并邀请市宣讲团到县里宣讲。用身边违纪案例警示。编印《"四股歪风"典型案例警示录》1000多本，赠给全县各级领导干部；分批组织全县各级领导干部共3000多人次到市、县两级警示教育基地学习。抓廉政基地建设。重点建设县惩治和预防腐败警示教育中心(县检察院和看守所)，更新一批廉政文化点，打造廉政主题突出、富有陆川特色的廉政教育基地。

【作风建设】 2015年，县纪委监察局深化"作风建设服务年"活动，落实中央八项规定精神，持之以恒纠"四风"(形式主义、官僚主义、享乐主义和奢靡之风)。加强对党员干部日常监督，紧盯春节、中秋、国庆等重要节假日，加大开展巡查、抽查和暗访力度，查处公款吃喝、公款旅游、公车私用、公款送礼问题，专项清理基层领导干部"走读"、财政供养人员"吃空饷"、党员干部酗酒、违规操办婚丧喜庆活动和违规多占住房等问题。先后开展作风建设专项督查 16 次、暗访 12 次、发出通报 3 期，给予党政纪处分 2 人，责令 3 个单位和 5 名工作人员做出书面说明，促进干部作风转变。

【执纪办案】 2015 年，县纪委监察局运用监督执纪"四种形态"（党内关系要正常化，批评和自我批评要经常开展，让咬耳扯袖、红脸出汗成为常态；党纪轻处分和组织处理要成为大多数；对严重违纪的重处分、做出重大职务调整应当是少数；而严重违纪涉嫌违法立案审查的只能是极少数），扩大谈话、函询、诫勉范围，对中共十八大以来留存、暂存的纪检监察信访件进行大清理、大排查，按照 5 类方式分类管理、规范处置。坚持动辄则咎，从"只盯极少数到管住大多数"转变。坚决零容忍惩治腐败，对违纪行为发现一起、查处一起。全县各级纪律检查组织受理信访举报 345 件，初查初核 293 件，立案查处案件 67 件，同比增长 43%；结案 59 件。给予党政纪处分 59 人。其中，开除党籍 35 人，留党察看 2 年 1 人，留党察看 1 年 2 人，撤销党内职务 1 人，党内严重警告 10 人，党内警告 2

人，取消预备党员资格 1 人；行政开除 3 人，行政撤职 4 人，行政记过 6 人，行政警告 1 人；移送司法机关依法处理 24 人。为国家挽回经济损失 1140 万元。

【查处"四风"和腐败问题专项工作】 2015 年，县纪委监察局开展查处发生在群众身边的"四风"和腐败问题专项工作。以大宣传营造声势。通过大篷车下乡、告群众一封信、印发宣传资料、工作人员进村入户助力专项工作活动等方式，把宣传延伸到村屯。全县出动宣传车辆 510 多辆次、发放资料 7 万多份。印发《陆川县民生资金政策汇编》4000 册，发送手机短信 12 万余条，实现全天候宣传。以大排查发现问题。派出大接访工作组、联合检查工作组、问题线索排查组"三支队伍"，收集问题线索。全县排查出问题线索 406 条，完成初核 356 条，函询 16 条，了结 91 条。以大曝光形成震慑。印发通报 23 期 56 起典型案件，放大纪律审查的震慑效应。研究出台宽严相济的处理办法，利用会议传达、媒体公告、板报张贴等方式告知违纪人员。全县共有 604 人主动承认错误并退出违纪违规款 240 多万元。以大整改解决问题。对问题突出、性

质恶劣、群众反映强烈的典型案件，直查快办。立案审查群众身边的"四风"和腐败问题案件 198 件，给予党纪政纪处分 138 人，移送司法机关 18 人，挽回经济损失 697.59 万元。利用查处的典型案例，县、镇两级开展集体约谈 300 人次；对查处的违纪问题立行立改，出台《陆川县村（社区）"两委"干部及其近亲属申领民生资金管理办法》《陆川县民生资金监督管理办法》等 62 个制度，推动专项工作制度化、长效化。10 月 21 日，市委书记、市人大常委会主任王凯和市委常委、市纪委书记秦邦元到陆川县就专项工作进行调研，肯定陆川县专项工作开展情况。

【纪检监察队伍建设】 2015 年，县纪委监察局按照优化机构设置、明确职责定位、整合人力资源、聚焦主责主业的原则进行内设机构调整，将内设机构由 11 个室整合为 7 个室：监察综合室、调研教育室职能并入办公室；执法效能监督室职能并入党风政风监督室（陆川县人民政府纠正不正之风办公室）；第四纪检监察室职能并入第一、第二、第三纪检监察室；继续保留信访室、案件审理室。委局纪律审查力量超过 50%，执纪监督力量明显加强。深化体制机制改革，落实"两个为主"（查办腐败案件以上级纪委领导为主，各级纪委书记、副书记的提名和考察以上级纪委会同组织部门为主）要求，制定下发《关于加强县直派驻（派出）纪检监察机构干部管理工作的通知》《县直派驻（派出）纪检监察机构干部集中使用管理办法（试行）》和《县直派驻（派出）纪检监察机构干部年度考核办法（试行）》，加强派驻（派出）纪检监察机构的统一管理。抓好纪检监察干部培训，选派 23 名干部参加中央纪委、自治区纪委和市纪委举办的各类培训班学习。加强内部教育监督，加强和完善内部监督机制，促进纪检监察干部队伍建设。

2015 年 10 月 21 日，玉林市委书记、市人大常委会主任王凯（中）到陆川调研开展查处发生在群众身边的"四风"和腐败问题专项工作情况和精准扶贫工作

县纪委 提供

（李伟荣 杨枫）

陆川县人民代表大会

LUCHUAN XIAN RENMIN DAIBIAO DAHUI

2015 年 10 月 21 日，玉林市委书记、市人大常委会主任王凯(中)等领导到陆川调研扶贫工作情况。图为在清湖镇调研产业扶贫情况 　　　　　　　　　　　　叶礼林　摄

县人大综述

【人大机构及工作概况】 2015 年,陆川县有各级人民代表大会 15 个,其中县级人民代表大会 1 个、镇级人民代表大会 14 个。有各级人大代表 1538 人,其中驻陆川的玉林市人大代表 71 人,县人大代表 312 人、镇人大代表 1158 人。县人民代表大会常务委员会(简称县人大常委会)组成人员 23 人,其中主任 1 人、副主任 4 人、委员 18 人。县人大常委会设有办公室、财政经济工作委员会、法制工作委员会、教科文卫工作委员会、代表联络工作委员会,编制 22 名,实有人员 30 人。年内,县人大及其常委会召开全县人民代表大会会议 1 次、常委会会议 11 次、主任会议 14 次,听取和审议"一府两院"专项工作报告 6 项,做出决议、决定 9 项,组织人大代表开展各种专项调研、视察、执法检查 11 次。任免国家机关工作人员 42 人次,依法补选玉林市四届人大代表 2 人、陆川县十五届人大代表 5 人。

【人大规范化建设】 2015 年,县人大常委会抓好人大规范化建设,投入 50 多万元重点抓清湖、乌石、滩面、横山等 4 个镇人大以及珊罗镇鹤山村、大桥镇塘候村、良田镇良田村等 6 个村人大代表服务室和活动室建设,搭建人大代表履职平台,提升人大规范化建设水平。

【人大代表培训】 2015 年 5 月 12 日,县人大常委会举办人大代表业务学习培训班,围绕人大代表如何履职、开展代表视察进行专题学习,提高人大代表的政治理论素养和业务水平。县人大机关干部和部分市、县人大代表等 50 多人参加培训学习。

【信访办理】 2015 年,县人大常委会受理人民群众来信 37 件,全部转相关部门,并督促办理和答复;接待群众来访 83 批 342 人次;受理上级人大转办信访件 25 件,全部落实办理和答复。

重要会议

【县第十五届人民代表大会第五次会议】 2015 年 2 月 8 日—10 日在县城召开。出席会议的代表 312 人,列席人员 167 人。会议听取、审议通过县人民政府工作报告、县人大常委会工作报告、县人民法院工作报告、县人民检察院工作报告;审查和批准县 2014 年国民经济和社会发展计划执行情况与 2015 年国民经济和社会发展计划(草案)的报告、县 2014 年财政预算执行情况和 2015 年财政预算(草案)的报告,并做相应的报告决议。会议收到 10 名以上代表联名提出的议案 55 件,其中谢华蕃等 10 名代表提出《关于禁止在县内水库、九洲江两岸和马盘二级公路、铁路两边可视一面坡地山岭种植桉树的议案》,经过审议,会议依法做出《关于禁止在县内水库、九洲江两岸和马盘二级公

2015 年 2 月 8 日—10 日,陆川县第十五届人民代表大会第五次会议在县人民会堂召开。图①与会代表在听取工作报告;图②与会代表在投票选举

叶礼林 摄

路、铁路两边可视一面坡地山岭种植桉树的决议》,其余54件议案在大会闭会后由县人大常委会交由县政府及有关部门办理。会议依法补选罗国生、莫小明为县第十五届人民代表大会常务委员会委员。

【县人大常委会会议】 2015年,县人大常委会召开常委会议11次,即第三十四次至四十四次会议。

第三十四次会议 1月19日在县人大常委会会议室召开。县人大常委会主任陈前驱,副主任黄永华、温文彪、谢卡娜、丘妙军及委员等22人出席会议。会议对县交通运输局、教育局、司法局、食品药品监督管理局、安监局局长工作述职进行评议。会议审议决定,同意接受陈世荣、刘汉辞去陆川县第十五届人民代表大会常务委员会委员职务请求,依法任免人事32人次。

第三十五次会议 2月3日在县人大常委会会议室召开。县人大常委会主任陈前驱,副主任黄永华、温文彪、谢卡娜、丘妙军及委员等16人出席会议。县委常委、县人民政府副县长温电波及县人民检察院、县人民法院有关领导列席会议。会议审议通过《关于召开陆川县第十五届人民代表大会第五次会议的决定》(草案)、《关于陆川县第十五届人民代表大会第五次会议列席人员的决定》(草案)、《陆川县人大常委会工作报告》(草案)、《陆川县人大常委会2015年工作要点》(草案)、《陆川县人民政府关于县十五届人大四次会议议案、建议办理情况的报告》、县第十五届人民代表大会第五次会议议程(草案)及日程(草案)。

第三十六次会议 3月6日在县人大常委会会议室召开。县人大常委会主任陈前驱,副主任黄永华、温文彪、谢卡娜、丘妙军及委员等16人出席会议。会议审议通过《关于同意陆川县人民政府〈关于陆川县新型城镇化建设暨棚户区改造有关事项〉的决议》。会议采用无记名投票表决的方

式,依法补选玉林市第四届人大代表1人。

第三十七次会议 4月23日在县人大常委会会议室召开。县人大常委会主任陈前驱,副主任黄永华、温文彪、谢卡娜及委员等19人出席会议。会议审议决定,采取电子表决方式,任免人事4人次。

第三十八次会议 4月28日在县人大常委会会议室召开。县人大常委会主任陈前驱,副主任黄永华、温文彪、谢卡娜、丘妙军及委员等20人出席会议。会议审议决定,做出《陆川县人大常委会关于许可对陆川县第十五届人大代表万惠清采取强制措施的决定》。

第三十九次会议 5月25日在县人大常委会会议室召开。县人大常委会主任陈前驱,副主任黄永华、温文彪、谢卡娜、丘妙军及委员等18人出席会议。会议审议决定,采用无记名投票表决的方式,依法任命了陆川县人民法院人民陪审员21人次。

第四十次会议 8月21日在县人大常委会会议室召开。县人大常委会主任陈前驱,副主任黄永华、温文彪、谢卡娜、丘妙军及委员等18人出席会议。会议审议决定,做出《关于许可对陆川县第十五届人大代表李兵采取强制措施的决定》和关于接受黄彬辞去陆川县第十五届人大常委会委员职务的决定。会议采取电子表决方式,依法进行任免人事7人次。

第四十一次会议 8月26日在县人大常委会会议室召开。县人大常委会主任陈前驱,副主任黄永华、温文彪、谢卡娜、丘妙军及委员等21人出席会议。会议审议,采用无记名投票表决的方式,依法补选玉林市第四届人大代表1人。

第四十二次会议 9月30日在县人大常委会会议室召开。县人大常委会主任陈前驱,副主任黄永华、温文彪、谢卡娜、丘妙军及委员等20人出席会议。会议审议决定,同意接受李红伟辞去陆川县人民政府副县长职务的请求和同意接受李志进辞去

陆川县第十五届人大常委会委员职务的请求。

第四十三次会议 11月30日在县人大常委会会议室召开。县人大常委会主任陈前驱,副主任黄永华、温文彪、谢卡娜、丘妙军及委员等20人出席会议。会议决定,批准县人民政府提出的2015年预算调整方案;会议任命余朝文、何志勇为县人民政府副县长。

第四十四次会议 12月23日在县人大常委会会议室召开。县人大常委会主任陈前驱,副主任黄永华、温文彪、谢卡娜、丘妙军及委员等17人出席会议。会议审议决定,采取电子表决方式,依法进行人事任免。

主要工作

【法律监督】 2015年7月,县人大常委会组织执法检查组对县政府实施《中华人民共和国消费者权益保护法》开展执法检查。检查组到县工商局检查近年来贯彻执行消费者权益保护法的工作情况,听取县工商局局长丘小波关于贯彻执行消费者权益保护法有关情况报告,指出在法律意识、维权能力、部门组织协调配合、执法衔接、传统消费市场的监督力度方面等存在的问题,对消费者权益保护工作重要性认识、营造安全健康的市场消费环境等方面提出建议。检查组成员还深入到家家福超市维权站和县老年大学消费教育基地进行座谈和走访。

【专题调研】 2015年,县人大常委会组织开展代表调研视察活动2次,代表活动日活动2次,组织自治区、玉林市驻陆的人大代表和县人大代表到广东省廉江市、化州化开展会前集中视察活动。重点对开展对九洲江流域环境综合治理、生态农业、生态乡村建设工作

情况等进行视察调研,并召开民声反映会和代表建议办理专题询问会,加强和推进相关工作的开展。

人民法院案件执行情况调研 6月11日—12日,县人大常委会副主任黄永华及部分常委会组成人员组成调研组,到县人民法院执行庭、乌石法庭对2013—2015年案件执行工作进行调研,查阅案件执行档案、听取汇报和召开座谈会等,3年间县人民法院共收执行案件940件,结案815件;在各类案件的执行过程中,县人民法院整合部门力量,多措并举,取得成效。调研组并对法院工作的提出建议意见:继续抓执法办案,实现执行工作良性循环;继续加强执行工作规范化,提高公正司法水平;完善信用惩戒系统;健全涉执信访机构;加强执行队伍建设,确保公正廉洁执法。

工业园区建设情况调研 6月23日—25日,县人大常委会副主任温文彪、党组成员江家强及常委会部分组成人员组成调研组,对工业园区的建设情况进行调研。调研组听取工业园区、龙豪创业园区有关工作情况汇报,实地察看3家企业及部分项目土地平整工作,到玉柴工业园区进行考察。调研组对园区基础建设、区容区貌改善予以肯定,全县工业园区形成“县北、县中、县南”的规划布局,工业园区成为全县工业企业发展的重要载体。调研组并工业园区的工作提出建议意见,要求统一思想认识,形成建设工业园区的强大合力;强化土地征管,为工业园区建设提供用地保障;加强基础设施建设,提高工业园区承载能力;加大招商引资,夯实工业园区产业基础;创新体制机制,增强工业园区服务能力。

现代特色农业发展情况调研 5月上旬,县人大常委会副主任丘妙军及部分常委会组成人员组成调研组,对现代特色农业发展情况进行调研。调研了解到:全县登记注册的农业企业95家,农民专业合作社322家,家庭农场23家,种植大户259家,年出栏万头以上养殖场12个,土地流转面积1.27万公顷。调研组对现代特色农业发展提出建议意见:加大农业基础设施建设力度,增强农业抗自然灾害的能力和创新现代农业发展机制,提高农业产业化水平。

学前教育发展情况调研 5月28日,由县人大常委会副主任温文彪、党组成员江家强及部分常委会组成人员组成调研组,对学前教育发展情况进行调研。调研组听取县教育局有关工作情况汇报,实地察看县幼儿园和温泉镇、沙坡镇中心幼儿园,经调研了解:全县有幼儿园322所,学前教育工作取得较大发展,学前三年幼儿入园率逐年提高,基本形成公办幼儿园为示范、民办幼儿园为主体、多种办园形式相结合的发展格局。调研组并对学前教育发展工作提出建议意见,要求提高认识,坚持政府主导;完善机制,优化幼师队伍建设;加强监督,提升幼儿园的办园质量。

旅游发展情况调研 7月21日—22日,县人大常委会副主任温文彪、党组成员江家强及部分常委会组成人员组成调研组,对旅游发展情况进行调研。调研组听取县旅游局有关工作情况汇报,实地察看县龙珠湖、谢鲁山庄景区基础设施及九洲江放生园建设情况。对全县旅游工作提出要求:统一思想认识,营造全力兴旅氛围;强化品牌建设,构筑大旅游格局。

人民法院信息化建设工作调研 9月10日,县人大常委会副主任黄永华及部分人大常委会组成人员组成调研组,对人民法院信息化建设工作进行调研。调研组听取县法院有关人员情况汇报,观看视频资料,并到基层法庭进行实地察看,对加强人民法院信息化建设工作提出建议意见:加强统一业务应用软件及检务系统建设、广泛开展检察技术协助办案、加快基层检察院远程接访系统建设、加强信息规范化管理、加强检察技术信息队伍建设。

社区矫正工作情况调研 11月12日,县人大常委会副主任黄永华及部分常委会组成人员组成调研组,对社区矫正工作情况进行调研。调研组通过到县司法局、大桥镇、温泉镇司法所听取汇报,查阅社区矫正相关台账资料,进行实地察调研,并对社区矫正工作提出建议意见:要完善机制,形成工作整体合力;创新方法,提高教育监管质量;凝聚共识,共造良好社会氛围;强化保障,夯实基层工作基础。

九洲江流域水源保护情况调研 9月,县人大常委会组成调研组,对九

2016年5月25日,自治区人大代表到陆川县绿丰合作社调研

陆川县绿丰橘红产业(核心)示范区　提供

洲江流域水源保护情况进行调研。调研组到县水利局、环保局、林业局、沙坡镇、乌石镇、良田镇听取汇报,查阅资料,进行现场实地察看,并提出加强九洲江流域水源保护的建议意见:要整合资料,扎实推进九洲江环境综合整治,建立健全九洲江流域水源保护机制;强化宣传,增强全民水源保护意识。

创建岭南特色客家温泉文化示范县情况调研 9月15日—20日,县人大常委会副主任温文彪及部分常委会组成人员组成调研组,对创建岭南特色客家温泉文化示范县情况进行调研。调研组到县住建局、温泉镇、良田镇、世客城、龙珠湖等有关岭南特色客家温泉文化的建设项目基地,听取汇报、查阅资料、实地察看现场等,对加快岭南特色客家温泉文化

示范县的建设提出建议意见:抓好宣传,争取群众支持、配合;抓好规划编制,提高规划水平;抓好规划实施,积极服务创建工作;抓好项目建设,打造创建示范县精品工程。

新型农村合作医疗服务体系建设情况调研 11月19日,县人大常委会副主任温文彪及部分常委会组成人员组成调查组,对新型农村合作医疗服务体系建设情况进行调研,调查组深入到县卫生计生局、乌石镇、滩面镇、良田镇卫生院实地察看,走访村医代表,听取汇报、召开座谈会,对进一步完善新型农村合作医疗服务体系建设提出建议意见:加大对新农合政策的宣传;加大对基层医疗卫生事业的投入;进一步规范定点医疗机构诊疗行为和药品使用管理;加强协调,提升基层保障水平;加强队伍

建设,提升监管能力。

【人大代表议案和建议办理】 2015年2月9日,县十五届人大五次会议共收到代表议案43件。其中,城乡环境综合整治方面2件,农林水方面6件,财经方面7件,教科文卫方面6件,交通方面10件,城镇化建设方面2件,基础设施建设方面5件;旅游方面1件,电力方面1件,协法方面1件,其他方面2件。

【人事任免】 2015年,县人大常委会依法任免国家机关工作人员42人次。其中,县人大机构负责人6人次,县人民政府提请任免的人员39人次,县人民法院提请任免的人员74人次,县人民检察院提请任免的人员23人次。

表4　　　　　　　　　2015年陆川县第十五届人大常委会任免国家机关工作人员名单

时间	会议	任免	姓名	职务
1月19日	第34次会议	任命	罗国生	陆川县人大常委会办公室主任
1月19日	第34次会议	免去	陈世荣	陆川县人大常委会办公室主任
1月19日	第34次会议	任命	李红飞	陆川县人民政府办公室主任
1月19日	第34次会议	任命	冯柏维	陆川县财政局局长
1月19日	第34次会议	免去	冯柏维	陆川县水利局局长
1月19日	第34次会议	任命	郭永强	陆川县民政局局长
1月19日	第34次会议	任命	李海燕	陆川县科学技术局局长
1月19日	第34次会议	免去	李海燕	陆川县农业局局长
1月19日	第34次会议	任命	何深龙	陆川县水利局局长
1月19日	第34次会议	免去	何深龙	陆川县人口和计划生育局局长
1月19日	第34次会议	任命	陈立猛	陆川县统计局局长
1月19日	第34次会议	任命	王羽	陆川县林业局局长
1月19日	第34次会议	免去	王羽	陆川县人民政府办公室主任
1月19日	第34次会议	任命	黄平越	陆川县发展和改革局局长
1月19日	第34次会议	免去	黄平越	陆川县经济贸易局局长
1月19日	第34次会议	任命	谭兵	陆川县经济贸易局局长
1月19日	第34次会议	任命	刘朝状	陆川县农业局局长
1月19日	第34次会议	任命	李德运	陆川县住房和城乡建设局局长
1月19日	第34次会议	任命	江永强	陆川县卫生和计划生育局局长
1月19日	第34次会议	任命	蒙拉夏	陆川县文体广电局局长
1月19日	第34次会议	任命	杨富源	陆川县监察局局长
1月19日	第34次会议	免去	俞伟汉	陆川县文化和体育局局长

续表

时间	会议	任免	姓名	职务
1月19日	第34次会议	免去	吕辉云	陆川县发展和改革局局长
1月19日	第34次会议	免去	刘通	陆川县统计局局长
1月19日	第34次会议	免去	万学成	陆川县卫生局局长
1月19日	第34次会议	免去	罗国生	陆川县财政局局长
1月19日	第34次会议	免去	宁浩	陆川县民政局局长
1月19日	第34次会议	免去	吕冰心	陆川县科学技术局局长
1月19日	第34次会议	免去	王兆强	陆川县林业局局长
1月19日	第34次会议	免去	陈建军	陆川县住房和城乡建设局局长
1月19日	第34次会议	免去	王镇	陆川县人民检察院检察委员会委员、检察员
3月6日	第36次会议	任命	赖伯富	陆川县人民法院刑事审判庭庭长
3月6日	第36次会议	任命	谢祖宁	陆川县人民法院审判监督庭庭长
3月6日	第36次会议	免去	谢祖宁	陆川县人民法院刑事审判庭庭长
3月6日	第36次会议	任命	陈玉彦	陆川县人民法院执行庭庭长
3月6日	第36次会议	免去	陈玉彦	陆川县人民法院行政审判庭庭长
3月6日	第36次会议	任命	吕渊	陆川县人民法院立案庭庭长
3月6日	第36次会议	任命	庞政	陆川县人民法院行政审判庭庭长
3月6日	第36次会议	免去	庞政	陆川县人民法院执行庭副庭长
3月6日	第36次会议	任命	陈静	陆川县人民法院民事审判庭第一庭长
3月6日	第36次会议	任命	李凯帆	陆川县人民法院马坡人民法庭庭长、审判员
3月6日	第36次会议	任命	苏斌	陆川县人民法院乌石人民法庭庭长
3月6日	第36次会议	免去	苏斌	陆川县人民法院清湖人民法庭庭长
3月6日	第36次会议	任命	谢裕	陆川县人民法院清湖人民法庭庭长
3月6日	第36次会议	免去	谢裕	陆川县人民法院执行庭副庭长
3月6日	第36次会议	任命	龙显奇	陆川县人民法院执行庭副庭长
3月6日	第36次会议	免去	龙显奇	陆川县人民法院刑审判庭副庭长
3月6日	第36次会议	任命	罗良彬	陆川县人民法院执行庭副庭长
3月6日	第36次会议	免去	罗良彬	陆川县人民法院乌石人民法庭副庭长
3月6日	第36次会议	任命	李恒	陆川县人民法院刑审判庭副庭长、审判员
3月6日	第36次会议	任命	李丽明	陆川县人民法院刑事审判庭副庭长、审判员
3月6日	第36次会议	任命	覃彬	陆川县人民法院民事审判第一庭副庭长
3月6日	第36次会议	免去	覃彬	陆川县法院清湖人民法庭副庭长
3月6日	第36次会议	任命	彭冬梅	陆川县人民法院民事审判第一庭副庭长、审判员
3月6日	第36次会议	任命	姚飞	陆川县人民法院民事审判第二庭副庭长、审判员
3月6日	第36次会议	任命	蒋乐	陆川县人民法院立案庭副庭长、审判员
3月6日	第36次会议	任命	钟雄	陆川县人民法院执行庭副庭长
3月6日	第36次会议	任命	吴萍	陆川县人民法院民事审判第二庭副庭长、审判员
3月6日	第36次会议	任命	陈晟	陆川县人民法院行政审判庭副庭长、审判员
3月6日	第36次会议	任命	林剑波	陆川县人民法院乌石人民法庭副庭长、审判员
3月6日	第36次会议	任命	杨耿	陆川县人民法院清湖人民法庭副庭长、审判员
3月6日	第36次会议	任命	李创	陆川县人民法院审判员

续表

时间	会议	任免	姓名	职务
3月6日	第36次会议	任命	覃 坤	陆川县人民法院审判员
3月6日	第36次会议	任命	刘 宇	陆川县人民法院审判员
3月6日	第36次会议	任命	庞夏丽	陆川县人民法院审判员
3月6日	第36次会议	任命	李贞娟	陆川县人民法院审判员
3月6日	第36次会议	任命	李祖梅	陆川县人民法院审判员
3月6日	第36次会议	任命	谢宝平	陆川县人民法院审判员
3月6日	第36次会议	免去	何雨军	陆川县人民法院执行庭庭长
3月6日	第36次会议	免去	肖 春	陆川县人民法院乌石人民法庭庭长
3月6日	第36次会议	免去	韦晓颖	陆川县人民法院马坡人民法庭庭长
3月6日	第36次会议	免去	陈闰奎	陆川县人民法院民事审判第一庭庭长
3月6日	第36次会议	免去	罗圣伟	陆川县人民法院审判监督庭庭长
3月6日	第36次会议	免去	刘伟忠	陆川县人民法院立案庭庭长
3月6日	第36次会议	免去	朱小玲	陆川县人民法院刑事审判庭副庭长
3月6日	第36次会议	免去	李辉龙	陆川县人民法院民事审判第一庭副庭长
3月6日	第36次会议	免去	何玉森	陆川县人民法院民事审判第二庭副庭长
3月6日	第36次会议	免去	陈雪艾	陆川县人民法院行政审判庭副庭长
3月6日	第36次会议	免去	范海峰	陆川县人民法院行政审判庭副庭长
3月6日	第36次会议	免去	陈家珍	陆川县人民法院立案庭副庭长
3月6日	第36次会议	免去	吕德霖	陆川县人民法院执行庭副庭长
3月6日	第36次会议	免去	邓 机	陆川县人民法院审判员
3月6日	第36次会议	任命	林焕侃	陆川县人民检察院检察委员会委员
3月6日	第36次会议	任命	罗振刚	陆川县人民检察院检察委员会委员
3月6日	第36次会议	任命	张广志	陆川县人民检察院检察委员会委员
3月6日	第36次会议	任命	廖 军	陆川县人民检察院检察委员会委员
3月6日	第36次会议	任命	温烈斌	陆川县人民检察院检察委员会委员
3月6日	第36次会议	任命	李文广	陆川县人民检察院检察委员会委员
3月6日	第36次会议	任命	林 银	陆川县人民检察院检察员
3月6日	第36次会议	任命	吕华冠	陆川县人民检察院检察员
3月6日	第36次会议	任命	朱海平	陆川县人民检察院检察员
3月6日	第36次会议	任命	范丽娟	陆川县人民检察院检察员
3月6日	第36次会议	任命	陈 欢	陆川县人民检察院检察员
3月6日	第36次会议	任命	赖洪英	陆川县人民检察院检察员
3月6日	第36次会议	任命	钟 翔	陆川县人民检察院检察员
3月6日	第36次会议	任命	韦晓兰	陆川县人民检察院检察员
3月6日	第36次会议	任命	刘理理	陆川县人民检察院检察员
3月6日	第36次会议	任命	陆泽锋	陆川县人民检察院检察员
3月6日	第36次会议	任命	邱 璐	陆川县人民检察院检察员
3月6日	第36次会议	任命	徐富根	陆川县人民检察院检察员
3月6日	第36次会议	任命	李超龙	陆川县人民检察院检察员
3月6日	第36次会议	任命	黄统君	陆川县人民检察院检察员

续表

时间	会议	任免	姓名	职务
4 月 23 日	第 37 次会议	任命	甘 俭	陆川县人民政府副县长
4 月 23 日	第 37 次会议	免去	温电波	陆川县人民政府副县长
4 月 23 日	第 37 次会议	任命	陈华昭	陆川县人民检察院副检察长
4 月 23 日	第 37 次会议	免去	徐英杰	陆川县人民检察院副检察长
5 月 25 日	第 39 次会议	任命	余尉先	陆川县人民法院人民陪审员
5 月 25 日	第 39 次会议	任命	陈伟泽	陆川县人民法院人民陪审员
5 月 25 日	第 39 次会议	任命	李广宝	陆川县人民法院人民陪审员
5 月 25 日	第 39 次会议	任命	庞家胜	陆川县人民法院人民陪审员
5 月 25 日	第 39 次会议	任命	庞 然	陆川县人民法院人民陪审员
5 月 25 日	第 39 次会议	任命	丘保贤	陆川县人民法院人民陪审员
5 月 25 日	第 39 次会议	任命	程 奔	陆川县人民法院人民陪审员
5 月 25 日	第 39 次会议	任命	张祖权	陆川县人民法院人民陪审员
5 月 25 日	第 39 次会议	任命	李德龙	陆川县人民法院人民陪审员
5 月 25 日	第 39 次会议	任命	阮桂全	陆川县人民法院人民陪审员
5 月 25 日	第 39 次会议	任命	庞广华	陆川县人民法院人民陪审员
5 月 25 日	第 39 次会议	任命	吕小泽	陆川县人民法院人民陪审员
5 月 25 日	第 39 次会议	任命	刘海和	陆川县人民法院人民陪审员
5 月 25 日	第 39 次会议	任命	江金凤	陆川县人民法院人民陪审员
5 月 25 日	第 39 次会议	任命	徐涑如	陆川县人民法院人民陪审员
5 月 25 日	第 39 次会议	任命	农广荣	陆川县人民法院人民陪审员
5 月 25 日	第 39 次会议	任命	丘雪筹	陆川县人民法院人民陪审员
5 月 25 日	第 39 次会议	任命	吕桂华	陆川县人民法院人民陪审员
5 月 25 日	第 39 次会议	任命	王扬选	陆川县人民法院人民陪审员
5 月 25 日	第 39 次会议	任命	刘娜莉	陆川县人民法院人民陪审员
5 月 25 日	第 39 次会议	任命	何锐衍	陆川县人民法院人民陪审员
8 月 21 日	第 40 次会议	任名	林培全	陆川县人大常委会法制工作委员会主任
8 月 21 日	第 40 次会议	免去	林培全	陆川县人大督委会办公室副主任
8 月 21 日	第 40 次会议	任命	李呈万	陆川县人大常委会教科文卫工作委员副主任
8 月 21 日	第 40 次会议	免去	李腾将	陆川县人大常委会法制工作委员会主任
8 月 21 日	第 40 次会议	任命	丘小波	陆川县工商行政管理局局长
8 月 21 日	第 40 次会议	任命	庞理松	陆川县质量技术监督局局长
8 月 21 日	第 40 次会议	任命	李益林	陆川县人民法院审判员
8 月 21 日	第 40 次会议	免去	陈增礼	陆川县人民法院审判员
9 月 30 日	第 42 次会议	任命	李志进	陆川县监察局局长
11 月 30 日	第 43 次会议	任命	余朝文	陆川县人民政府副县长
11 月 30 日	第 43 次会议	任命	何志勇	陆川县人民政府副县长
12 月 23 日	第 44 次会议	任命	苏红波	陆川县环境保护局局长
12 月 23 日	第 44 次会议	免去	杨汉勇	陆川县环境保护局局长

（谢志松）

陆川县人民政府

LUCHUANXIAN RENMIN ZHENGFU

2015 年 5 月 15 日,陆川县 2015 年人力资源和社会保障工作会议在县城召开

叶礼林 摄

县政府综述

【政府机构概况】 2015 年,陆川县有镇以上人民政府机构 15 个,其中县人民政府 1 个,镇人民政府 14 个。陆川县十五届人民政府设县长 1 人,副县长 9 人。县人民政府(简称县政府)有行政工作机构 25 个,直属事业单位 9 个,事业单位 6 个,挂牌机构 9 个,部门管理事业单位 573 个,直属公司 4 个(不归编办管),派出机构 1 个。政府机关有公务员编制 1956 名,实有人员 1793 人。其中,县政府机关公务员编制 1408 名,实有人员 1386 人;镇政府机关公务员编制 548 名,实有人员 425 人。

【全县总体工作要求】 2015 年,县政府贯彻中共十八大和十八届三中、四中全会,以及中共中央总书记习近平系列重要讲话精神,落实中央、自治区、玉林市和县委的部署,坚持稳中求进工作总基调,坚持顺势而为、统筹兼顾、突出重点的工作总原则,适应经济发展新常态,以发展生态经济为主线,实施工业强县、旅游活县、生态美县同步发展战略,加快实施主体功能区规划,以九洲江流域环境综合治理倒逼产业转型升级,打造"三个典范"(小流域治理的典范、产业转型升级的典范、生态文明的典范),深化改革开放,保障和改善民生,促进经济平稳健康发展与社会和谐稳定,为加快建设岭南民俗文化旅游目的地、粤桂跨省流域生态农业合作试验区,实现生态经济强县的目标奠定基础。

【全县经济社会发展主要目标】 2015 年,陆川县地区生产总值增长 8.50% 以上;财政收入增长 9%;规模以上工业增加值增长 12%;固定资产投资增长 16%;社会消费品零售总额增长 11%;外贸进出口总额增长 8%;城镇居民人均可支配收入增长 9%;农民人均纯收入增长 11%;城镇化率 45%;人口自然增长率、城镇登记失业率、节能减排等其他指标控制在上级调控目标以内。

【全县经济工作重点】

工业 2015 年,陆川县围绕未来产业发展趋势,提高产业关联度,形成产业链,提高产业抗风险能力,重点发展机械机电、新型建材、健康食品、林产加工、饲料加工等传统优势产业,培育发展太阳能风能发电、生物质新材料等战略性新兴产业,促进一批投资 5000 万元以上的重大工业项目建设,加快工业结构调整和转型升级。力争全年完成工业投资 120 亿元,新增规模以上企业 8 家、亿元以上企业 5 家、10 亿元以上企业 2 家。

农业 2015 年,陆川县加快发展生态农业,推进九洲江生态绿带、沿江特色中药材种植长廊、亚热带水果种植基地建设,扩大无公害蔬菜、优质桑蚕、软脂油茶等经济作物种植,推进生态养殖示范建设,建立布局合理、规模适度、技术先进、设施完善、相关产业链完整的规模化、集约化、标准化的养殖体系。重点规划建设粤桂跨省流域生态农业合作试验区,创建自治区级现代特色农业(核心)示范区"200 公顷九洲有机田园",加快推进中药材专属区建设。全年计划新增土地流转面积 1333.33 公顷,新增中药材种植面积 3533.33 公顷以上。

交通 2015 年,陆川县着眼今后 10~20 年的城市空间来规划陆川城市发展,科学规划玉湛高速公路城区出口,主动对接包海高铁项目规划,分步建设西环路,增加完善铁路涵洞通道,打通西区与东区连接通道,促进县城东西区均衡发展。加快推进通政东路、三峰路东段、经六路、经七路、东环路扩建、九洲大道等市政道路建设,进一步完善城区交通路网建设,提升县城交通环通能力。

服务业 2015 年,陆川县重点发展现代商贸物流、生态旅游和电子信息产业,打造玉林现代商贸物流基地、岭南民俗文化旅游目的地。继续抓好锦源物流城、城市综合体商贸城、温南商贸物流城、桂东南工业品批发市场、农产品批发市场等一批商贸物流项目,促进商贸物流业发展壮大。

旅游业 2015 年,陆川县坚持城镇规划发展旅游化,旅游规划发展城镇化,推进世客城、九洲江两广生态旅游、龙珠湖、谢仙嶂、东山运动养生、澳之山生态园等重大旅游项目,加快建设旅游酒店设施,推进谢鲁山庄旅游服务业标准化示范点建设。加快革命老区红色生态旅游产业发展,加大红色革命遗址建设、重修、保护的力度,启动建设清湖镇塘寨村桂东南抗日武装起义打响第一枪纪念碑公园项目,启动重修古城镇盘龙村廉化陆博边界革命烈士陵园纪念公园项目,建设桂东南红色革命圣地。创建广西特色旅游名县。

城乡建设 2015 年,陆川县继续加强保障性住房建设管理,实施农村危房改造和水库移民新村建设,建设公租住房 538 套、教师周转房 532 套。统筹推进各重点镇建设,抓好沙湖、横山、滩面撒乡改镇基础设施建设,抓实清湖香港城项目以及乌石、马坡等 13 个镇的农贸市场项目,实施乌石镇"百镇示范工程"建设,推进良田镇车田新农村建设。完成九洲江流域 8 个镇污水处理厂、3 个垃圾中转站等 11 个污垃项目,推进马坡镇污水厂建设,启动县南部生活垃圾填埋场项目。

【全县经济社会发展主要成效】 2015 年,全县经济发展呈现总体向好。实现地区生产总值 218.93 亿元,比上年增长 2.89%;工业增加值 93.37 亿元,下降 4.42%;规模以上工业总产值完成 328.75 亿元,超额完成玉林市下达的目标任务,增长率超任务 41%;固定资产投资 177.74 亿元,增长 18.3%;社会消费品零售总额 52.83 亿元,增长 8.51%;财政收入 13.33 亿元,增长 8.89%;城镇居民人均可支配收入 2.60

万元,增长 8% ;农民人均纯收入 1.01 万元,增长 10.20%。

重要会议

【陆川县十五届人民政府第四次全体(扩大)会议】 2015 年 1 月 30 日上午在县第一会议室召开。县人民政府县长、副县长、政府办主任和县政府组成部门主要负责人出席会议。县长蒙启主持会议。县政府办副主任,各镇人民政府镇长、县直机关各部委办局、各人民团体、各企事业单位和中直、区直、市直驻陆各单位负责人等列席会议。会议讨论通过并决定将《政府工作报告(草案)》(以下简称《报告(草案)》)提交县委常委会讨论,并提请县第十五届人民代表大会第五次会议审议。会议研究部署近期相关工作。蒙启鹏作讲话。县委常委、常务副县长温电波作关于《报告(草案)》起草情况的说明。会议号召,全县各级各部门要全面贯彻落实中共十八大和十八届三中、四中全会,以及习近平总书记系列重要讲话精神,按照这次会议的部署要求,做好 2015 年政府各项工作,为加快建设岭南民俗文化旅游目的地、粤桂跨省流域生态农业合作试验区,实现生态经济强县的目标做出新贡献。

【政府常务会议】 2015 年,陆川县政府召开常务会议 16 次,即第 50 至 65 次常务会。

第 50 次常务会议 1 月 21 日在县政府常务会议室召开。会议讨论并原则通过《粤桂跨省流域生态农业合作试验区建设实施方案(草案)》《陆川县"双八工程"项目实施方案(草案)》《陆川县辐射事故应急预案(草案)》《陆川县药品安全责任制和责任追究制》《陆川县人民政府关于进一步加强食品安全工作的意见(2014 年

修订)》《陆川县食品安全事故应急预案(2014 修订)》《陆川县药品和医疗器械安全突发事件应急预案(2014 年修订)》《陆川县东山运动养生旅游开发项目合作协议书(初稿)》《陆川县处置校园突发公共事件应急预案(讨论稿)》《陆川县学前教育三年行动计划(2014—2016 年)》《陆川县关于政府购买公共服务的实施意见(意见稿)》《关于广西玉柴重工有限公司请求拨付财政扶持款报告》《陆川县消防大队招聘政府合同制专职消防员的议题》《陆川县村(社区)干部参加城乡居民养老保险实施方案(讨论稿)》《关于给予侦破"12·28"持枪杀人案有功人员表彰奖励的议题》《陆川县 2015—2017 年棚户区改造实施方案(草案)》《中共陆川县委员会、陆川县人民政府关于成立陆川县棚户区改造指挥部的通知(送审稿)》《陆川县棚户区改造项目资金管理实施细则(草案)》《陆川县棚户区改造项目建设工程协议书(讨论稿)》等议题。会议还组织学习《习近平在十八届中央纪委五次全会上发表重要讲话》《李克强、汪洋同志在中央农村工作会议上的讲话》等文件精神。

第 51 次常务会议 1 月 29 日在县政府常务会议室召开。会议讨论并原则通过《政府工作报告(讨论稿)》《陆川县 2014 年国民经济和社会发展计划执行情况与 2015 年国民经济和社会发展计划(草案)》《陆川县政府投资建设项目工程量变更核实管理暂行办法(送审稿)》《陆川县 2014 年预算执行情况和 2015 年预算(草案)》《陆川县住房和城乡建设局关于请求安排业务用房用地的请示》等议题。会议还组织学习《广西壮族自治区人民政府关于深入推进依法行政加快建设法治政府的实施意见》《广西壮族自治区人民政府办公厅关于建立政府法律顾问制度的意见》等文件精神。

第 52 次常务会议 3 月 10 日在县政府常务会议室召开。会议讨论并原则通过《陆川县九洲江上游流域

中小企业产业转移园用地统一标高土方平整工程(变更土质)需增加预算造价评审结果的报告》《陆川县教育城回建地进行场地土方平整的议题》《省道 212 线桂平至盘龙二级公路马坡至陆川段改建为一级公路工程有关事项的协议书》《陆川县领导干部离任经济事项交接办法(草案)》《关于给予俞振雄行政开除处分的议题》《陆川县城重污染天气应急预案》《陆川县生态九洲江建设实施方案》《陆川县九洲江流域重点支流养殖污染整治工作方案》《关于陆川县新型城镇化建设暨县城棚户区改造范围相关事项的议题》《关于盘活财政存量资金的请示》等议题。会议还组织学习《习近平、王岐山同志在第十八届中央纪律检查委员会第五次全体会议上的讲话和报告》等文件精神。

第 53 次常务会议 4 月 1 日在县政府常务会议室召开。会议讨论并原则通过《陆川县新型城镇化建设暨棚户区改造工作指挥部办公室关于陆川县棚户区改造项目拆建安置补偿标准的请示》《关于拨款建设陆川县温泉镇东山村委会业务用房的议题》《陆川县人民政府办公室关于建立政府法律顾问制度的实施意见》《陆川县人民政府办公室关于建立政府法律顾问制度的实施方案》《陆川县 2014 年依法行政工作报告》《陆川县创建国家公共文化服务体系示范区工作情况汇报》《陆川县 2014 年学前教育奖补类资金分配方案》《关于增加陆川县工业投资有限公司、陆川县城市建设投资有限公司、陆川县小城镇建设有限公司聘用职工工资薪酬的议题》《关于签订世客城项目补充协议的议题》等议题。会议还组织学习《习近平总书记在参加十二届全国人大三次会议广西代表团审议时的讲话》《广西壮族自治区工商行政管理体制调整实施方案》《广西壮族自治区质监行政管理体制调整实施方案》等文件精神。

第 54 次常务会议 5 月 26 日在

县政府常务会议室召开。会议讨论并原则通过《关于规范聘请法律顾问的指导意见》《陆川县统计工作情况报告》《陆川县创建自治区防震减灾示范县实施方案》《陆川县人口和计划生育目标管理责任制考核办法》《2015年陆川县九洲江流域养殖场标准化改造和转型升级实施方案》《陆川县行政审批流程再造工作方案》《陆川县固定资产投资项目联合审批实施方案》《陆川县重大项目约谈制度》《陆川县重大项目推进工作联席会议制度》《特变电工陆川县150MW风电并网项目开发协议书》《建设红木家具加工生产项目协议书》《建设陆川桂东南城乡规划设计综合业务用房项目协议书》《关于陆川县建筑设计院体制改革的议题》《关于陆川县2015年镇教师及卫生院公租房建设项目前期工作经费拨付的议题》《关于招录县城东新区警务室巡防队员的议题》《关于110千伏东山变电站10千伏世客城线新建工程预算价评审结果的议题》《陆川县行政审批管理办法》等议题。会议还组织学习《李克强总理在国务院第84次常务会议上关于落实〈政府工作报告〉重点工作部门分工确保完成全年经济社会发展主要目标任务的讲话》《李克强总理关于应对经济下行压力做好当前经济工作的讲话》等文件精神。

第55次常务会议 6月11日在县政府常务会议室召开。会议讨论并原则通过《关于陆川县九洲江流域生态乡村示范带建设项目的议题》《陆川县中小企业助保金贷款实施方案》等议题。

第56次常务会议 6月25日在县政府常务会议室召开。会议讨论并原则通过《关于调整陆川县机关事业单位基本工资标准、增加离退休人员退休费的议题》《陆川县突发重大动物疫情应急预案(2015年修订)》《关于县城金穗桥桥面改造工程的议题》《关于陆川县标准化养牛小区项目建设的议题》《关于拨款铺设县宣传文体中心地板砖的议题》等议题。会议

还组织学习《李克强总理在全国推进简政放权放管结合职能转变工作电视电话会议上的讲话》《彭清华同志在自治区党委常委会会议上关于当前经济形势和经济工作的讲话》等文件精神。

第57次常务会议 7月30日在县政府常务会议室召开。会议讨论并原则通过《陆川县农业综合开发扶持农业优势特色产业规划(2016—2018)》《关于加强和规范征地管理前期工作的通知》《建设光伏发电项目投资协议书》《关于陆川县市场服务中心请求借款发放职工工资的议题》《关于给予戴健民行政警告、罗武超行政撤职处分的议题》等议题。会议还组织学习《李克强总理重要讲话精神》《彭清华同志在自治区党委常委会(扩大)会议上关于扶贫开发工作的讲话和危朝安同志在贵州学习考察扶贫开发工作总结会上的讲话》等文件精神。

第58次常务会议 8月24日在县政府常务会议室召开。会议讨论并原则通过《陆川县安全生产工作情况汇报》《2015年陆川县GDP增长计划任务分解表》《关于全面推进县级公立医院综合改革的实施方案》《关于请求落实九洲江河道采砂规划点的请示》《陆川县2014年财政决算(草案)报告》《陆川县2014年度预算执行和其他财政收支的审计工作报告》等议题。会议还组织学习《习近平总书记在部分省区市扶贫攻坚与"十三五"时期经济社会发展座谈会上的讲话》《李克强总理关于上半年经济形势和做好下半年经济工作的讲话》等文件精神。

第59次常务会议 9月1日在县政府常务会议室召开。会议讨论并原则通过关于给予刘恩元行政开除处分的议题。

第60次常务会议 9月17日在县政府常务会议室召开。会议讨论并原则通过《关于调整县教育集中区废弃土方运距的议题》《建设陆川县华杰仓储物流项目协议书》《建设陆川

蓝正中药深加工生产线项目协议书》《建设陆川中药材加工仓储检测交易培训中心项目协议书》《建设广西华电陆川生态农场光伏发电项目协议书》《建设广西陆川县40MW光伏并网发电项目开发协议》《关于县工业投资公司增加注资的议题》《陆川县县直机关办公用房统一管理实施细则》《关于按照新标准收取小城镇建设配套费的议题》等议题。会议还组织学习《彭清华、危朝安同志在全区党的群团工作会议上的讲话》《玉林市"美丽玉林"乡村建设活动问责办法》等文件精神。

第61次常务会议 9月29日在县政府常务会议室召开。会议讨论并原则通过《陆川县深入推进依法行政加快建设法治政府的实施意见》《陆川县行政机关负责人出庭应诉工作规则》《陆川县食品安全工作情况汇报》《关于发放2014年度绩效考评奖金的议题》《关于陆川县镇机关事业单位工作人员实行镇工作补贴的议题》《关于调整镇属内聘干部工资待遇的议题》《关于支付世客城项目3.5万伏管线迁移补偿款的议题》等议题。会议还组织学习《广西壮族自治区行政机关负责人出庭应诉工作规则》《中华人民共和国环境保护法》等文件精神。

第62次常务会议 10月23日在县政府常务会议室召开。会议讨论并原则通过《陈武主席赴玉林市调研需要研究落实的有关事项办理情况》《陆川县2015年扶贫移民搬迁工程实施方案》《关于温泉镇东山猪场拆迁补偿的议题》《陆川县普通公路乡道网规划(2016—2035)》《陆川县普通公路县道网规划(2016—2035)》《关于征用龙珠湖景区大门前土地的议题》《关于明确陆川县扶贫移民搬迁工程项目借款主体的议题》《陆川县畜牧业发展规划(2015—2025)》等议题。

第63次常务会议 11月12日在县政府常务会议室召开。会议听取陆川县"十二五"规划主要指标完成情况汇报和2015年1月—10月依法行政工作情况汇报,讨论并原则通

过《关于对全县采石行业税收管理的调查报告》《关于广西三零一机械有限公司等7家重点中小企业融资的议题》《关于划拨土地建设县公安交管大队技术用房和查扣交通违法车辆停车场等交通管理设施的议题》《关于建设陆川县"天网工程第三期公共视频监控"的议题》《陆川县城乡困难群众门诊医疗救助实施办法》《陆川县"十百千"产业化扶贫示范工程项目2015年度实施方案》《陆川县养殖扶贫合作项目2015年度实施方案》《2015年陆川县扶贫贷款贴息实施方案》《2015年陆川县第二批财政专项扶贫资金（发展资金）安排和第一批财政专项资金调整的请示》《陆川县2015年1月—8月预算执行情况及2015年预算调整方案（草案）》等议题。会议还组织学习《习近平总书记在中央政治局第二十六次集体学习时的讲话》《彭清华同志在全区深化"三严三实"专题教育工作座谈会上的讲话》等文件精神。

第64次常务会议　11月24日在县政府常务会议室召开。会议听取陆川县行政审批事项"接、管、用"落实情况的汇报，讨论并原则通过《县城温泉热水厂租赁经营协议书》《关于解除陆川县城生活垃圾清扫收集保洁服务承包合同的议题》《陆川县2015年生猪调出大县奖励资金使用方案》《陆川"谢鲁山庄"景区合作经营协议》《陆川"十里河画"旅游景区项目投资合作协议》《陆川"欧客码头"创意乐园项目投资合作协议》《陆川县电子商务服务中心入驻及服务合作协议》《陆川县阿里巴巴农村电子商务合作意向协议》《陆川县阿里巴巴农村电子商务合作资金池协议》《关于确定马坡至陆川一级公路勘察初步设计工作投标控制价的议题》等议题。

第65次常务会议　12月23日在县政府常务会议室召开。会议讨论并原则通过《陆川县城镇土地定级与基准地价更新结果》《关于用自治区政府债券置换原县财政通过县土地

收储中心借县温泉九龙山庄有限责任公司项目融资贷款的议题》《2016年陆川县行政事业单位部门预算编制的原则、口径及标准（草案）》《关于成立陆川县中学附属初中的议题》《陆川县2015年扩大学前教育奖补中央和自治区资金分配方案》《陆川县2015年支持学前教育发展中央和自治区（多元普惠幼儿园发展奖励）专项资金分配方案》《关于配备县劳动保障监察工作协管员的议题》《陆川县机关公务用车制度改革实施方案》及有关人员行政开除处分等议题。会议还组织学习《李克强总理关于当前经济形势和下一步重点工作的讲话》精神，并对3名领导、干部严重违纪问题的通报。

【全县经济工作会议】　2015年1月5日在县第一会议室召开。县四家班子领导、各镇各部委办局负责任人参加会议。会议由县委副书记严海波主持。会议学习贯彻中央、自治区、玉林市经济工作会议精神，县长蒙启鹏总结陆川县2015年经济工作，部署2016年经济工作。会议并对当前年终岁末的各项工作进行部署。

【陆川县新型城镇化建设暨棚户区改造工作动员大会】　2015年1月9日

在县第一会议室召开。县四家班子、各镇书记镇长、各部门一把手参加。常务副县长陈锦主持会议，县长蒙启鹏部署工作，县委书记陈杰作讲话。会议指出，要处理好"三个关系"，坚持"六个相结合"，全力推进棚户区改造工作，力争到2017年基本完成陆兴路片区、汇丰片区、城投公司片区旧危房改造和九洲江县城段一江两岸危旧房综合整治、向阳片区城中村改造等5个项目。

【年中工作会议】　2015年7月30日在县第一会议室召开。县四家班子领导、各镇各部委办局负责任人参加会议。常务副县长陈锦主持会议。会议贯彻落实自治区、全市年中工作会议精神，总结陆川县上半年工作，分析研究当前发展形势，部署落实下半年工作，确保全面完成2015年既定目标任务，为"十二五"发展画上圆满句号。

重大工作部署

【开展"三大会战"】　2015年，陆川县政府以"三大生态建设"为中心，开

2015年3月13日，陆川县开展城乡社区"规范化建设集中攻坚年"活动推进会在县党政会议室召开　　　　　叶礼林　摄

展"三大会战"。一是以建设生态城市为目标,以棚户区改造为突破口,开展城镇基础设施建设大会战。把陆兴路片区、九洲江城区段一江两岸片区、城投公司片区、向阳片区、汇丰片区等5个片区分别打造成为"客家记忆""生态家园""安居家园""文化家园""山水家园"等生态型的家园。加快推进通政东路、三峰路东段、经六路、经七路、东环路扩建、九洲大道等市政道路建设。二是以建设生态乡村为目标,以九洲江治理为重点,开展生态乡村建设大会战。加强对限养区养猪场进行升级改造,促进养殖业转型升级。推进陆川猪养殖国家农业标准化示范区建设。加快建成3个有机肥厂、3个病死畜禽无害化处理厂(点)。加快建设域内镇污垃项目。加快推进县食品公司整体搬迁重建项目。抓好域内9家重点废水排放企业整治,依法打击非法采砂。推进域内8个镇农村环境连片综合治理和河道综合整治工程,确保九洲江水质稳定向好。三是以建设生态园区为目标,以园区风貌改造为重点,开展园区基础设施建设大会战。北部工业集中区,建设完善民主南路延长线、各主要道口交通信号灯、主要干道路灯、园区绿化亮化工程。抓好经一路、经二路、平岭大道二期绿化工程和天网工程等基础设施建设。龙豪创业园:加快推进园区内2号路、西环路等7条道路,抓好沙湖污水处理厂、供电供水等工程项目建设。南部产业园:加快推进园区内路、水、电、管道等基础设施建设,全面布局绿色环保项目,抓好园区项目跟踪服务。

【实施"双八工程"】 2015年,陆川县政府以"双八工程"为重点,培育拉动经济的新增长点。一是展开8个66.67公顷工作面。即世客城、龙豪创业园、九洲江上游流域中小企业产业转移园、北部重工产业园、花园式养殖小区、马坡新山千亩橘红种植基地、龙珠湖千亩观光油葵种植基地、马坡至乌石二级公路沿线千亩油菜

种植基地等8个重点项目,各展开66.67公顷工作面。二是展开8个33.33公顷工作面。即锦源物流城、滩面闲置土地拟建项目,广州路供电小区和机动车辆检测站,文体中心和城市综合体、东山整治项目、桂东南市场和天祐小区,东环路改造、龙珠湖综合开发、教育集中区等8个重点项目,各展开33.33公顷工作面。掀起重大项目落地建设的热潮。

【民生保障"四个就近"】 2015年,陆川县政府坚持以改善民生为根本,建立公平暖心的民生保障体系。一是努力实现就近教育。新建学校1所,改建学校130所。建立城乡互通的教育资源共享网络。二是努力实现就近就业。发展农村电子商务、农村养老等服务业,激活农村就业市场。发展农产品加工、农业企业、家庭农场等农村经济实体,不断容纳农村就业。三是努力实现就近医疗。完善新型农村合作医疗制度,确保2015年新农合参合率95%以上。推进镇卫生院特色医疗项目,计划年内建成全自治区示范性中医科3个,建成全市"群众满意卫生院"2个以上。四是努力实现就近办事。加强村(社区)政务服务中心、信访维稳中心建设,完善"四员合一"(综治信息员、信访信息员、司法调解员、食品安全员"四员合一",

统称网格信息员)代办、上门代办和全程代办等服务制度,让群众在家门口就能享受到优质的政务服务。

【深化农村综合改革】 2015年,陆川县政府以农村综合改革为突破,解放和发展社会生产力。一是深化农村综合改革。重点抓好农村"六权"[农村土地承包权、农村集体土地所有权、农村集体建设用地使用权(含宅基地使用权)、农村集体建设用地上房屋所有权(含农房所有权)、集体林权、小型水利工程产权]确权登记颁证、健全农村产权流转交易市场体系等六方面改革。二是深化投融资体制改革。加快筹建县金融办,加强社会金融机构监管,提升金融机构服务经济社会发展水平。开展股权融资、产权交易融资、债券融资等多样化融资。三是推进简政放权。加快工商登记制度改革,深化行政管理体制改革,激活民间资本,活跃非公经济。四是深化社会事业改革。加快推进教育、医药卫生、食品药品安全、科技、文化、就业创业、收入分配、社会保障、计划生育、社区建设等各项事业改革。

【优化投资环境】 2015年,陆川县政府一是加强交通基础设施建设。坚持以交通建设为着力点,构建通江达海新格局。推进黎湛铁路陆川段电

2015年12月10日,陆川县教育集中区项目开工仪式 　　　　叶礼林 摄

气化改造工程。推进岑溪南渡至陆川、陆川清湖至浦北石碚等二级公路建设，不断改善陆川交通区位条件。二是推进开放合作。重点组织好粤桂跨省流域生态农业合作试验区的招商推介活动，全面推介九洲江源头谢仙嶂民俗文化旅游、九洲江源头水资源保护森林公园、九洲江上游两岸生态农业休闲观光旅游带、九洲江上游谢鲁山庄生态乡村旅游等13个招商项目。

【推进财税工作机制改革】 2015年，陆川县政府坚持以开源节流为原则，创新财税工作新机制。一是加大财源培植力度。扶持重点项目和企业，加快形成骨干财源，力争主体税种收入稳步增长。二是抓好财税收入。加大重点项目税收征管，挖掘增收潜力。加强国有资产整合运营，争取国资收益最大化，提高财政收入质量。三是优化财政支出结构。执行中共八项规定，"三公"经费支出实行"零增长"，控制非生产性支出。

政府综合事务

【政府办机构概况】 2015年，陆川县人民政府办公室（简称县政府办）内设部门第一至第八秘书股、文电股、综合秘书股、信息调研股、政工人事股、督查股、信息化股、会务股15个和县政府督查室、县应急办、县调处办，共有人员编制34名（工勤编制4名），实有29人（工人3人）。县政府办公室下属事业单位有县信息化中心、县政府经济发展研究中心、县矛盾纠纷调解中心，编制23名，实有人员22人。

【参谋服务】 2015年，县政府办按照陆川县建设岭南民俗文化旅游目的地、粤桂跨省流域生态农业合作试验区，实现生态经济强县的目标，以发展生态经济为主线，实施工业强县、旅游活县、生态美县同步发展战略，加快实施主体功能区规划，以九洲江流域环境综合治理倒逼产业转型升级，打造小流域治理的典范、产业转型升级的典范、生态文明的典范等要求，开展专题调研活动80多次，撰写专题报告或调研论文10多篇，编印《今日经济信息》60期，印制《精彩陆川》卡片9期，为政府决策提供建设性的意见和建议。

【综合协调】 2015年，县政府办突出抓好政府重点工作、政府为民办实事工作和重点项目建设中相关事项的协调工作，处理以土地征用、房屋拆迁、企业改制职工为重点的群众上访等事件，共召开各种协调会议241次，协调解决各种事件178件。

【督查督办】 2015年，县政府督查室围绕县政府中心工作，突出工作重点，创新工作方法，推动县政府重要决策部署工作以及社会关注的民生热点、难点问题落到实处。组织开展重大项目建设、为民办实事工程、美丽乡村、九洲江流域环境综合整治、校园食品卫生安全、安全生产、防汛工作、招商引资、社会稳定、绩效工作等20多项督查活动，下发《督查通知》8份，撰写《督查报告》8份，印发《督查通报》4期500多份。专项督查为民办实事工程8次，撰写督查报告8份，报表300多份；督查重大项目落实情况18次。督办常务会议决定事项16期108项议题、县长办公会议决定事项17期65项议题，办结反馈率100%。督办县人大代表议案37件、县政协委员提案37件，办结率100%；承办市人大代表议案3件，均按上级要求办理答复。承办、转办县政府领导批示件（含信访件）共58件，部分按要求进行立项专题督办。接收市联督办、市政府督查室《督查专报》共15期，对《督查专报》涉及的须整改问题均按要求落实相关单位和人员及时整改落实，按时办结率100%。

【政务信息公开】 2015年，县政府办做好政务信息的采编、报送工作，定期搞好陆川政府门户网站内容的更新。加强政府信息公开的培训及政府网站普查整改工作。围绕全县中心工作，加强政务信息的搜集、研判、整理、报送工作量。共上报玉林市政务信息382条，其中被单独采用81条，总得分156分；上报自治区政务信息365条，采用28条，总得分95分，其中批示得分46分，加权得分20分。完成自治区和玉林市年度绩效考核任务。

【办事办文办会】 2015年，县政府办

2015年7月24日，全县政府信息公开暨政府网站普查整改培训班在县城召开
李远山 摄

共制发各种公文 850 件；审核各类大小文件 970 件；撰写总结材料、会议材料、县领导讲话稿等各种综合材料 731 篇。办理各种报告、请示、传真电报及其他文件 6466 件，打印文件、资料 2020 件。承办或协办各种会议 165 次，接待群众 182 人次，处理群众来信 225 件次。

【电子政务网络建设】 2015 年，县政府办加强县政府门户网站绩效评估改版建设工作。县政府门户网站编发信息 900 多条，在全自治区排位第 46 名、在玉林市排位第 2 名。对全县 79 个单位信息公开工作的进行日常监督、指导。县政府信息公开统一平台全年发布信息 6349 条，在全自治区排位第 36 名。县政府办 OA 系统共发布公文 390 份，接收公文 1770 份。

【"三大纠纷"调处】 2015 年，陆川县建立"三大纠纷"（土地、山林、水利权属纠纷）矛盾纠纷排查工作机制。根据排查的全县各种矛盾纠纷，制定矛盾化解实施方案，落实属地管理领导小组人员跟踪纠纷案件的发展，县调处办进行督促、协调及指导工作。年内，县调处办受理和指导国有、集体与集体之间的"三大纠纷"案件 72 件，调处 67 件（协议、和解结案 59 件，下处理决定 8 件），调结率 93%。协助镇、村化解单位与单位、单位与个人之间的"三大纠纷"案件 173 件。

（李兆文　陈　欢　刘贤文　苏俊潮　刘仙富　叶华志）

政府法制

【政府法制机构及概况】 2015 年，陆川县法制办公室（简称县法制办）内设政秘股、业务股，编制 5 名，实有人员 5 人。年内，县法制办围绕加快建设法治政府目标，落实年度依法行政工作计划，编制县政府行政决策事项目录，审查县政府规范性文件，加强依法行政考核，推进全县依法行政。县依法行政工作获玉林市依法行政考核验收优秀等级。

【依法行政】 2015 年，县法制办负责统筹谋划部署县依法行政工作，印发《陆川县 2015 年依法行政工作要点》，明确 2015 年依法行政、法治政府建设工作重点。7 月 6 日，召开全县依法行政工作会议，总结 2014 年依法行政、法治政府建设工作，分析依法行政、法治政府建设面临的新形势、新任务，部署 2015 年依法行政、法治政府建设工作。实现依法行政工作汇报、报告制度常态化；在县十五届政府第五十三次、第六十三次常务会汇报依法行政工作。5 月，分别向玉林市政府及县委、县人大常委会报告依法行政工作。继续开展县级第四批依法行政示范点创建活动，经创建、申报、初审、公示，并报经县全面推进依法行政工作领导小组批准，米场镇人民政府、县烟草专卖局、县质量技术监督局 3 个单位列为县级第四批依法行政示范点。10 月 12 日，县人民政府印发《陆川县深入推进依法行政加快建设法治政府的实施意见》，明确推进依法行政加快建设法治政府的目标和任务。11 月 4 日，召开 2015 年依法行政示范点经验交流会，对示范单位推进依法行政、建设法治政府的新经验进行推广和交流。实现依法行政考核制度常态化，印发《2015 年陆川县依法行政考核指标和评分标准》。12 月，组织考核组对 14 个镇人民政府、50 个县直（中直、区直、市直）部门和县工业园区及县龙豪创业园进行依法行政考核，评出优秀单位 57 个，良好单位 9 个。

【行政决策事项目录编制】 2015 年，县法制办执行《广西壮族自治区重大行政决策程序规定》，编制 2015 年陆川县人民政府行政决策事项目录，明确界定县政府重大行政决策事项的范围，规定未经合法性审查的决策项目，不得提交集体讨论。年内，提交县政府行政决策前经过县法制办合法性审查的事项包括规范性文件、行政行为、社会经济建设领域的法律事务等有 112 件。

【规范性文件审查】 2015 年，县法制办审查县政府规范性文件 2 件，提出意见和建议 6 条，并报玉林市法制办备案，做到有件必报，有报必备，备案率 100%。加大监督辖区内各镇以及县政府部门规范性文件的备案工作，年内各镇各部门没有出台规范性文件。

2015 年 7 月 6 日，陆川县依法行政工作会议在县城召开　　县法制办　提供

【法律顾问制度建立】 2015年4月13日,陆川县人民政府印发《陆川县建立法律顾问制度的实施意见》《陆川县人民政府法律顾问工作规则》。4月24日,召开全县建立法律顾问制度动员会,对建立健全法律顾问制度进行全面动员和部署。7月6日,县政府成立政府法律顾问室。10月,建立法律顾问制度,设立法律顾问室61个,确定专职法律顾问197名,聘请法律顾问66名。

【行政执法监督】 2015年,县法制办按照《广西壮族自治区行政执法监督办法》的要求,组织开展档案、公路、食品药品、农民负担、价格执法等专项监督检查工作。通过行政执法专项监督检查,监督行政机关依法履行工作职责,纠正不当执法行为。对14个镇政府和50个县直(中直、自治区直、市直)行政执法部门的行政许可、行政处罚、行政强制案卷330多宗进行评查。对县政府直接收到的或上级行政执法监督机构转办的行政执法投诉举报,依法处理,监督投诉举报行政机关的案件2件。

【行政机关负责人出庭应诉】 2015年,县法制办为规范行政应诉工作,及时化解行政争议,按照《中共中央关于全面推进依法治国若干重大问题的决定》《中华人民共和国行政诉讼法》和《广西壮族自治区人民政府办公厅关于印发〈广西壮族自治区行政机关负责人出庭应诉工作规则〉的通知》要求,制定《陆川县行政机关负责人出庭应诉工作规则》,规范全县行政机关行政应诉工作。年内,县政府副县长出庭应诉2次。

【行政复议规范化建设】 2015年,县法制办继续开展行政复议规范化建设活动,完善审理方式,改变过去重书面审、材料审的做法,强调实地审、事实审,对所有的"三大纠纷"案件都实地勘查现场、调查取证;行政复议决定书格式规范并且注重说理性阐述,

陆川县2015年行政执法人员资格续职培训班

2015年5月16日—17日,陆川县2015年行政执法人员资格续职培训班在县委党校举行　　　　　　　　　　　　县法制办　提供

做到说理清楚,论证严密,逻辑性强。年内,收到行政复议申请1件,受理1件,决定维持1件;依法向玉林市政府提交行政复议答复书及有关证据材料12件,得到玉林市政府的维持;依法向法院提交做出具体行政行为的有关证据材料和答辩状16件,并接受委托出庭应诉16件26人次。

【法制教育培训】 2015年,县法制办落实领导干部和公务员法制讲座、法律培训、法律知识考试等制度,在县第十五届政府第五十一次、六十次常务会议上学习《广西壮族自治区人民政府关于深入推进依法行政加快建设法治政府的实施意见》《广西壮族自治区行政机关负责人出庭应诉工作规则》《中华人民共和国环境保护法》等法律法规。5月16日—17日,分别举办陆川县行政执法人员资格、续职考试培训班和执法业务知识培训班。6月13日,组织175名行政执法人员参加全自治区行政执法人员资格、续职考试统一考试,130人考试及格,及格率74%。

【法制宣传】 2015年,县法制办派员参加国际禁毒宣传日、公共机构节能宣传周等宣传活动,发放依法行政、行政执法监督、行政复议等法制

知识宣传资料2万多份,为群众义务提供法律咨询服务。上报依法行政信息60条,被自治区政府法治网采用56条。　　　　（江　城）

政务服务管理

【政务服务管理机构概况】 2015年,陆川县政务服务管理办公室(简称县政务服务中心)内设部门有综合股、监督股、政务信息公开与技术股,编制5名,实有人员5人。下辖二层事业单位县政务服务中心服务站,编制5名,实有人员5人。

【政务服务】 2015年,县政务服务中心制定出台《2015年全县政务服务政务公开政府信息公开工作要点》《陆川县行政审批管理办法》《陆川县行政审批流程再造工作方案》《陆川县固定资产投资项目审批实施方案》等,减少审批环节,规范审批行为,提高审批效率。协助县审改办组织各单位开展新一轮行政审批事项清理工作,对行政审批目录实施标准目录化管理;调整、修订和完善各镇各部

门行政审批项目操作规范和流程图，公开行政审批标准和程序；做好自治区、玉林市取消和下放行政审批项目的衔接工作，加强行政审批的事中事后监管；举办陆川县行政审批流程再造动员会暨重大投资项目现场审批活动，现场审批项目3个。年内，接到各类审批事项申请5.45万件，受理5.45万件，办结5.46万件，平均日结率82.02%，当月办结率99.98%，群众满意率100%，办理提速91.80%。

【政务服务基础设施建设】 2015年，县政务服务中心加强政务服务基础设施建设。11月9日，县政务服务中心新办公楼正式启用，总建筑面积1.11万平方米，共有43个单位（部门）160人进驻中心，为群众办理267项行政审批事项。先后投入60多万元，完成温泉镇温汤社区九洲、新洲、马坡街、良田街、乌石街等社区和珊罗镇鹤山、滩面镇新旺、沙湖镇新街、大桥镇大塘、古城镇楼脚、清湖镇塘寨、新官等村10个镇的13个村（社区）政务中心示范点建设。

【政府信息公开】 2015年，县政务服务中心加强政府信息公开内容保障工作，协调各镇各单位落实分管领导具体抓，落实操作员1人具体负责日常编辑、录入工作。全县政府信息公开的单位有80个，工作人员159人。3月31日前，各镇、各部门在政府信息公开统一平台公布本镇本部门2014年年度政府信息公开报告。5月11日，组织50多个部门在县市政广场开展"政务公开日一条街"活动，现场发放宣传单6000多份，接待咨询3000多人次。每季度出版一期《陆川县人民政府政务公开栏》。抓好自治区政府信息公开统一平台、自治区政务服务政务公开政府信息公开基层信息化应用平台"两个平台"的内容保障工作，深化公开内容，拓宽公开渠道。重点抓好财政、食品药品安全、环境保护、安全生产、价格和收费、教育等9个重点领域的政府信息公开，

以及以教育、医疗为重点的公共企事业单位办事公开。年内，全县通过政府网站、政务微博、政务微信及其他方式主动公开政府信息8673条。其中，重点领域政府信息发布335条。

（许 昕）

人力资源管理

【人力资源管理机构概况】 2015年，陆川县人力资源和社会保障局（简称县人社局）内设部门有秘书股、行政审批办公室、工资福利与退休股、公务员和事业单位人员管理股、劳动监察仲裁与政策法规股、社会保险和基金监督股、规划财务股、就业促进与职业能力建设股、专业技术人员管理股（陆川县职称改革工作领导小组办公室）、纪检监察信访股，编制29名，实有人员29人。下辖单位有县就业服务中心、县社会保险事业管理局、县人才交流服务中心、县劳动保障监察大队、县仲裁院，编制107名，实有91人员人。

【人事考录与考核】 2015年，陆川县考试录用公务员（参照公务员法管理

单位工作人员）53名，公开招聘工作人员303人［县直部门所属事业单位35人，公开招聘教师（含代课教师、特岗教师）157人，免费师范生安置11人）；考核政府公务员（含参公人员）1314人，事业单位504家、人员1.29万人；安置退伍士兵5人，发放困难企业军转干部生活困难补助134.67万元。

【工资福利与离退休人员管理】 2015年2月底，县人社局按时完成全县近600多个机关事业单位的工资统计工作，报送到市人社局汇总。完成机关（参公）单位2000人次级别晋升、档次工资变动审批，440多个事业单位1.10万人次的晋升薪级工资审批工作。全年完成823人的职级并行调资工作；完成县在职2.70万人及离退休6000多人的调资工作；新办理50多人次遗属生活困难补助；发出干部工人到龄退休通知函89份，全县审批职工退休260多人。

【职称评审】 2015年，县人社局做好职称评审工作。完成当年度申报高、中、初级职称材料验证及高、中级职称推荐评审工作。推荐验审高级职称评审146人、中级职称556人的材料。全县各系列参加大中专毕业生转正定

2015年5月11日，陆川县第三届政务公开日活动在县城举行　李远山　摄

级的有 186 人,参加评审的有 128 人。

【企业军转干部慰问补助】 2015 年,县人社局办理企业军转干部调整生活困难补助 99 人,依政策发放相应的困难补助金。春节及"八一"期间,对企业军转干部进行慰问 202 人次。通过救助等形式,为自主择业的 3 名军转干部补缴当年所欠的大额补充医疗保险费、医疗补助待遇费共 1.03 万元。 （党光梅）

民政事务

【民政服务机构及概况】 2015 年,陆川县民政局内设部门有政秘股、城市居民最低生活保障股、老龄办、优抚安置股、救灾救济股、社会福利、社会事务和民间组织管理股、基层政权和区域地名股、财政股、婚姻登记处,编制 12 名,实有人员 10 人。下辖单位有县社会福利院、救助管理站、殡葬管理所、军队离退休干部服务站、农村居民最低生活保障工作办公室、低收入居民家庭经济状况核对中心、拥军优属拥政爱民工作领导小组办公室 7 个,事业人员编制 50 名,实有 46 人。年内,重点推进农村幸福院、农村五保村、社区服务站、赈灾物资储备库项目建设,实施农村住房政策性保险,加强减灾救灾、城乡最低生活保障、社会救助、社会福利等工作。

【基层规范化建设】 2015 年,县民政局做好社区规范化建设,推进创新社会管理服务。开展城乡社区"规范化建设集中攻坚年"活动,重点建设社区服务场所,温泉镇文昌社区、温汤社区、新洲社区,马坡镇马坡街社区,良田镇良田街社区 5 个社区建成投入使用。推进村务公开民主管理,开展工作督查 2 次。完成粤桂线(陆川—廉江段边界线、陆川—化州段边界线)联检工作。

【双拥工作】 2015 年,陆川县开展拥军优属活动。在春节和"八一"期间成立拥军优属慰问团,走访慰问玉林军分区和部队等单位 15 个次(含部门),慰问重点优抚对象 2619 多人次,赠送慰问金 35 万多元、慰问品一大批。落实优抚政策,按时足额发放抚恤补助金。全县有重点优抚对象 2619 人,发放抚恤和定期生活补助金 1609.51 万元。做好退役士兵接收安置工作。接收安置 2014 年度退伍军人 226 人,发放优待金 316.90 万元,组织退伍军人 226 人次参加职业教育技能培训,组织铀矿开采退役人员 57 人参加身体健康检查。

【地名普查】 2015 年,县民政局根据自治区、玉林市、陆川县的要求和部署,从 2014 年 7 月至 2018 年 6 月在全县范围内开展第二次全国地名普查。年内,县民政局全面开展陆川县第二次全国地名普查,制定陆川县地名普查方案和实施细则,完成地名普查工作队员业务培训,正开展信息采集及地名录入工作。

【减灾救灾】 2015 年,县民政局建立健全防灾减灾救灾工作机制。开展 5·12 防灾减灾日及防灾减灾宣传周活动,加强救灾物资储备管理,形成纵向到底、横向到边的救灾应急体系,确保救灾应急工作有序开展。灾害发生后,局班子领导带领干部职工转移安置受灾群众,安排灾民的基本生活。

冬春灾民生活救助 2015 年冬春期间,全县需政府救助的困难群众有 4.27 万人,采购下拨大米 219 吨、棉被 5400 床、棉夹衣 1.05 万套、蚊帐 246 床,确保全县需救助的灾民全部得到救助,没有出现饿死人、冻死人、外出逃荒等非正常现象,促进全县社会稳定。

因灾倒损房恢复重建 自治区下达陆川县因灾倒损房恢复重建任务 18 户,共下拨倒损房恢复重建补助资金 27 万元,陆川县按规定为倒损房恢复重建户每户补助 1.50 万元。春节前,按时完成倒损房重建 18 户任务。

农村住房政策性保险 自治区财政、县财政共同出资 241.66 万元(自治区财政出资 181.38 万元、县财政落实资金 60.28 万元),推进陆川县农村住房政策性保险。县民政局做好农村住房政策性保险政策宣传,落实保费资金,做好查勘理赔。年内,接到农户因火灾、洪灾倒房的出险报案 399 例,符合赔付的有 218 例,共赔付保险金 93.50 万元。

2015 年 3 月,在建的镇民政项目　　　　叶礼林 摄

【社会救助】 2015年,县民政局完善社会救助体制机制。在全县14个镇和县政务服务中心建立社会救助"一门受理,协同办理"平台,设立社会救助服务窗口,专人负责受理或转办工作,开展城乡低保、临时救助、大病医疗救助等社会救助各项工作。

城乡最低生活保障 镇人民政府是直接受理低保申请的主体,村(居)委员会为协助受理低保申请的责任,实行调查核实→评议→公示→审批→再公示的审批程序。坚持动态管理,应保尽保,按时足额发放低保金。年内,筹集城乡最低生活保障金1.42亿元,发放城乡低保金103.88万人次1.32亿元(城市低保金8.94万人次2386.73万元,农村低保金94.94万人次1.08亿元),保障城乡困难群众的基本生活。

五保户供养 2015年,陆川县全面落实五保供养政策,按时足额发放供养资金,保障五保户基本生活,共发放五保户生活费1618.95万元;落实五保户丧葬补助费,共发放五保户丧葬补助270.26万元。

城乡医疗救助 执行城乡医疗救助办法,实行资助参保(合)、即时住院救助、大病救助、政策性救助、门诊医疗救助等多种形式,对城乡低保户、五保户、孤儿和低收入家庭重病患者进行救助。全年筹集医疗救助资金1569.60万元,累计救助11.55万人次1791.23万元,医疗救助支出1600万元(缺口395.80万元)。

临时生活救助 对因自然灾害、重大生活变故、重残、重病等原因导致临时生活困难的群众,通过临时救助机制给予及时的救助。全年筹集临时救助资金561.60万元,救助852人次、发放救助金32.70万元。

【社会福利和社会事务】 2015年,县民政局抓好社会福利和社会事务工作。

流浪乞讨人员救助 救助流浪乞讨人员756人次,其中流浪未成年人28人次。

殡葬管理 加大殡葬改革宣传,推进惠民殡葬政策,对农村五保供养对象、城乡最低生活保障对象和重点优抚对象死亡人员实行基本殡葬服务免费政策,全年火化数530具,交通安全事故死亡人员的火化率95%。

【民间组织管理】 2015年,县民政局加强社团和民办非企业单位的管理。全县共有社团90个(年内新增15个),民办非企业单位31个(年内新增2个),已年检的社团59个,民办非企业7个。尚未进行年检的社团12个,民办非企业单位2个,主要原因是这些社团无经费来源,开展活动少或基本不开展活动。

【老龄工作】 2015年,县民政局做好高龄老年人生活津贴发放、村级老年协会建设等工作。

高龄老年人生活津贴发放 按照国家政策标准,为全县80周岁以上老年人发放高龄老年人生活津贴补助。发放80周岁以上老年人生活津贴1.65万人共569.66万元。

村级老年协会建设 对全县48个村级老年协会落实专人专职管理。加强对申请成立的老龄协会进行培训、现场指导,组织人员到周边县、市观摩学习,让当地老年人提供安静、舒适的健身、娱乐、交流、学习的场所。

老年人优待证办理 办理老年人优待证1131件,让老年人享受应有的待遇。 (范永锋)

外事·侨务

【外侨机构及工作概况】 2015年,陆川县外事侨务办公室(简称县外侨办)内设部门有秘书股、外事侨务股,编制4名,实有人员5人。年内,陆川县有华侨、华人3.19万人,归侨侨眷2.62万人。是玉林市的重点侨乡之一。该县华侨、华人主要分布在马来西亚、新加坡、印度尼西亚、越南、泰国、美国、加拿大、老挝、缅甸、澳大利亚、新西兰、英国、西班牙、日本等20多个国家。年内,县外侨办坚持以侨为本、为侨服务的宗旨,加强外事管理和推进对外交流与合作,推动陆川和谐社会建设。

【外事管理】 2015年,县外侨办按照陆川县《关于加强临时因公出国(境)管理工作的通知》文件规定,规范县辖区的因公出国管理工作。共审核审批

2015年5月23日,自治区、市、县侨办在陆川开展侨爱工程——广西侨界医疗专家义诊暨侨法宣传
县侨办 提供

因公出国(境)1批、2人次,接待国外(境外)宾客85人次。

【为侨服务】 2015年,县外侨办利用侨务资源优势,筹集资金、申请项目解决群众实际困难,为温泉镇长河村筹集资金13.28万元,完成里村铁桥维修。春节,对生活困难归侨侨眷开展救济和节日慰问,共慰问贫困归侨侨眷15户,发放慰问金、慰问品共8100多元。做好外派东盟各国教师工作,先后共外派3名教师到柬埔寨、泰国、老挝3国任教。加强对侨务政策法规宣传工作,开展《中华人民共和国归侨侨眷权益保护法》宣传活动2次。 (吕冰心)

接待工作

【接待工作机构概况】 2015年,陆川县接待办公室(简称县接待办)是县人民政府直属的参公事业单位,内设部门有综合股,编制4名,实有人员4人。

【公务接待】 2015年,陆川县公务接待按照中央八项要求办理,对无公函的公务活动和来访人员一律不予接待。凡需县接待办接待或协助接待的任务,由对口部门按所属系列,分别行文和填报公务接待审批表报县委、人大、政府、政协办公室主任批示同意后,交县接待

办办理。凭公函和县委、县政府两办的审批方案接待,陪餐严格控制人数,接待对象在10人以内的,陪餐人数不得超过3人;接待对象超过10人的,陪餐人数不得超过接待对象人数的三分之一,餐饮主要为地方特色和家常菜,人数多的接待尽量安排自助餐,杜绝接待上高档酒水和烟。公务接待经费报账,一律实行公务卡结算,九龙山庄、金川宾馆接待费实行由县财政支付中心直接支付,其他酒店、宾馆实行公务卡结算,并附有公函、有领导签批、有明细的接待清单、有接待吃、住原始菜单一起报账,每一项接待都有单位主要负责人及经手人、核算人签名。年内,县接待办共接待宾客662批6909人次,接待费11.13万元,比上年下降35%。其中,主要接待省级领导7批,厅级以上组团317批,其他检查组、投资商338批。 (黄新梅)

机关事务管理

【机关事务管理机构及概况】 2015年,陆川县机关事务管理局内设部门有政秘股、财会股、保卫股、房产股、车管股、会务股、公共机构节能股,编制46名,实有人员46人。另招聘公益性岗位人员5人、外聘日工30多人,政府大院、各宿舍区保安移交物业管理人员35人。下属金川宾馆(县政府招待所)、县政府卫生所。年内,县机

关事务管理局加强财务管理、后勤保障、安全保卫、会议服务及公共机构节能等方面的管理和服务工作,推进机关后勤管理工作常态化、科学化,县机关事务管理局获玉林市机关事务管理局系统公共机构节能特等奖和自治区机关事务管理系统饮食文化比赛民族特色菜品奖。

【房屋管理】 2015年,县委办、县政府办出台《关于陆川县党政机关办公用房统一管理实施细则》。县机关事务管理局所属房产管理有政府大院内的县委办公大楼、县政府办公大楼、县政府办东楼、西楼、县人大办公楼、县政协办公楼及各镇党委、各镇政府办公楼;县直各部门办公楼和县政府3个职工宿舍区。年内,县机关事务管理局投资约300万元,完善新政务中心办公楼、文体中心办公楼部分单位进驻办公用房装修、改造、隔墙等工作;投入资金约400万元,新建政府黄楼棚户区改造工程项目。

【水电管理】 2015年,县机关事务管理局加强机关大院各单位用电线路改造及路灯环境建设。投资12万元,对县政府机关大院各单位电表的用电线路进行改造,改善用电环境,减少线路耗损;投资10万元,更换大院内节能路灯20多盏,重新安装政府灯光球场的灯柱6条、节能灯6盏。

【会议服务】 2015年,县机关事务管理局明确音响灯光、主席台设置、横标吊挂、茶水供应、会场打扫等各个

表5   2015年陆川县重要接待活动情况

日期	接待团组	接待事由
2月5日	自治区十一届人大常委会副主任文明	考察调研新农村建设
3月31日	自治区政府副主席蓝天立	调研污水处理设施建设
6月16日	自治区政府副主席张秀隆	调研九洲江综合治理工作现场会
7月23日	自治区政府主席陈武	调研工作
8月4日	自治区党委副书记危朝安	调研农村改革、生态养殖、乡村建设等工作
9月20日	中国工程院院士李宗文	考察有关工作
12月2日	广东省政协副主席唐豪	考察政协有关工作

工序的岗位责任制,做好各种会议的准备工作,并实行会议全程跟踪监控,保障服务工作。年内,共承办自治区级会议20多次,参会人员2000多人次;玉林市级会议10多次,参会人员1500人次;县内各种会议1000多次,参会人员近2万人次。

【安全保卫】 2015年,县委办、县政府办出台实施《关于陆川县机关大院车辆管理细则》,进入机关大院车辆实行凭证出入,规范大院车辆停放,确保机关大院车辆停放有序,通道畅通。2月,机关大院、人大、政协、政府宿舍一、二、三区等保卫工作移交玉林市创业物业公司管理。年内,县政府机关大院共接待来访登记人员3000多人次,协助县信访部门处置群众集体上访30批1500多人次。

【财会管理】 2015年,县机关事务管理局代管县委、县政府等24个单位的财务工作,按照财经制度管理要求,设置执行财会人员2人,财会实行一支笔签字,年资金流量约400万元,资金运转正常。

【宾馆餐饮服务管理】 2015年,县机关事务管理局加强县政府招待所环境综合整治,投资200多万元,对金川宾馆的环境进行重新改造,新安装餐厅电梯1个,重新粉刷客房、餐厅外墙和装修工程。年内,金川宾馆接待各种会议住宿和婚宴用餐1200多次,销售总额1000多万元,上缴税金80万元,利润60多万元。

【医疗服务】 2015年,县政府卫生所有医师1人,护士2人,药师3人,共接诊病人2万多人次,协助县卫生局接种预防600人次。营业性收入约10万元。

【"美丽庭院"建设】 2015年,县机关事务管理局以县开展"美丽陆川、清洁乡村"活动为契机,推进县政府机关大院美丽庭院建设。加强县政府大院内的绿化亮化工作,投资3万元,对县市政广场的景观和绿化进行重新布局,机关大院内原有的绿化带、花圃进行调整设置、补种栽培,配置景观树木,增添固定垃圾桶一批。更新市政广场金贵、含笑、红花桎木等景观树木,对原有树木进行修剪、造型、设计,调整景观灯布局。对县政府各宿舍区的空地进行更新栽种木、花草等,改善居住环境。投资8万元,对县政府东楼一楼男女公共卫生间进行改造及走廊地板砖。加强机关大院景观花草养护管理,聘请有专业技术护理工1人,对机关大院花草树木进行养护管理。加强保洁工作,保洁员增至10人,实行一天两大扫清洁和白天全天跟班保洁。组织干部职工对县政府3个宿舍区和单位卫生责任区进行环境清理,疏通水沟,铲除杂草,拆除乱搭乱盖、杂物等一批。

【机关食堂建成使用】 2015年,县机关事务管理局贯彻落实中央八项规定的要求,厉行节约,反对铺张浪费,加强县政府机关食堂管理,解决单身领导、干部职工就餐难的问题。食堂实用面积460平方米,每天约130人就餐。县政府机关食堂由县机关事务局管理,共聘用厨师3人、工作人员5人,周一至周五期间供应早、中、晚餐,早餐每份3元,中餐、晚餐每份5元。用餐实行刷卡消费,干部职工用餐自行缴费。

【公共机构节能】 2015年,陆川县推进公共机构节能工作。加强公共机构节能宣传,6月13日—19日,在市政广场举行公共机构节能宣传周活动,制作宣传广告块30多快,发放宣传资料1.50万份,参加宣传活动1000多人。继续实施"绿色照明"节能改造工程,全县共投入100万元,其中在县政府机关大院投入30万元,改造政府机关单位和镇机关节能灯,以及"绿色照明"节能改造,投资10万元,购买节能灯、节能水龙头发放各机关单位使用和安装政府大院节水节电监控系统开展"绿色供热水"节能改造工程,重点对良田镇政府、马坡镇政府、马坡中心卫生院、县骨科医院等单位节能灯、节水器具改造安装。推进合同能源管理,县城实行LED路灯的节能改造。全年完成玉林市各项能源资源降消耗等计划目标任务,公务用车车均用油指标比上年下降3.11%,人均用水指标比上年下降2.38%,人均用电指标比上年下降2.38%,单位建筑面积水电节约指标比上年下降3.11%。

2015年6月13日—19日,陆川县公共机构节能宣传周活动在县城举行

县机关事务局 提供

（谢武光 李诗宇）

政协陆川县委员会

ZHENGXIE LUCHUANXIAN WEIYUANHUI

2015年5月19日，玉林市政协副主席徐建伟（左排左二）到陆川调研政协工作。图为召开调研工作座谈会

县政协办　提供

县政协综述

【政协机构及概况】 2015年,中国人民政治协商会议陆川县第八届委员会(简称县政协)有委员258人,常委会组成人员34人(其中主席1人,副主席4人,秘书长1人,常务委员28人)。年内,县政协召开全体委员会议1次、常委会会议5次、主席会议16次,开展专题调研4次,组织委员开展视察活动1次,组织政协机关干部集体开展走访委员活动1次。县政协下设办公室、提案法制委员会、经济联谊委员会、科教文卫委员会,编制16名,实有人员26人。

【领导服务项目建设】 2015年,县政协常委会领导参加全县重要工作,服务工农业项目建设。县政协常委会领导在负责联系的谢仙嶂民俗文化、客家乡村风貌改造、新农村建设、橘红种植示范基地、棚户区改造等企业和重大项目开展调研和指导,克服各种困难,化解大量矛盾,推动项目推进。

2015年5月20日,县政协主席李永金(前排右三)到乡镇调研重大项目建设情况   县政协办 提供

【提案办理】 2015年2月,县政协第八届委员会第五次全体会议期间共收到委员提案79件,经审查立案78件。其中,政治法律方面5件,占6.40%;工交城建方面48件,占61.50%;农林方面14件,占14.90%;科技文教卫生方面10件,占12.80%;其他方面1件,占1.30%。3月下旬,县政协与县人大办、县政府办联合召开人大建议、政协提案交办会议。年内,县政协采取领导督办、协商督办、跟踪督办等多种形式,加强与承办单位的联系、做好催办工作,立案的78件提案全部按时办复,办理回复率100%,大多数委员对提案的办理表示满意或基本满意,部分提案经过办理后,取得良好的社会效益和经济效益。其中,《九洲江风雨桥损毁严重》《关于县城公厕的合理布局和建设》等提案反映的问题,通过县政协的督办和有关单位的办理,逐步得到解决。

【社情民意反映】 2015年12月15日—17日,县政协组织4个小组,深入基层走访委员、企业、群众,收集社情民意。共收集到社会信息53条,意见建议45条,涉及市政市容、城市建设、交通建设、生态建设、医疗卫生、教育教学等10个方面。主要的社会信息有加强城区车辆停放管理、三峰桥红绿灯时间设置不合理、加快污水处理厂建设、建立健全村医生的福利待遇制度,意见建议有建议东山和西山边开通外环道路建设、加快北部工业园区的规划建设力度、完善学校布局,解决幼儿上学难问题。经梳理归纳后,通过《社情民意专报》报送县委、县政府领导参阅及有关部门办理,促使一些问题得到解决。如反映的"要加快生态农业发展,帮扶群众脱贫致富"社情民意得到采纳,县政府推动生态农业发展,采取"协会+基地+农户"等模式,扶持群众发展连片特色葡萄园,加快群众脱贫致富步伐。

重要会议

【县政协第八届委员会第五次全体会议】 2015年2月8日—9日在县城召开。出席会议的委员236人。县委、县人大常委会、县政府的领导和玉林市政协驻陆川委员及县直、市直、市直、自治区直、中直驻陆单位的主要领导应邀出席会议,县政协主席吕焕坤主持开幕大会。副主席何健华、李福其分别代表县政协常委会做工作报告和提案工作情况的报告。会议审议通过县政协八届五次会议的政治决议、县政协常委会工作报告等决议;补选李永金为县政协第八届委员会主席、江紫艺为县政协第八届委员会副主席;增选宁浩、吕宗清为县政协第八届委员会常务委员会委员;3名委员在会上分别做《用好棚改资金建设美丽县城》《关于我县城九洲江桥栏翻新及两边人行道改造的建议》《关于加快城区学前教育发展的建议》议政发言。会议收到委员提案79件,立案78件,办结78件。会议期间,出席会议的委员列席陆川县第十五届人民代表大会第五次会议,听取并讨论县长蒙启鹏所做的政府工作报告及其他重要报告。

表6 　　　　　　2015年政协陆川县第八届委员会第五次会议提案立案情况

序号	提案名称	提出提案人员
1	搬迁县城屠宰场,打造美丽九洲江	李成新
2	文苑路中砌围墙,民愤大,应拆!	江庆儒
3	九洲江风雨损毁严重	李 见
4	关于加强县初中周边环境整治维护学生安全的建议	陈小霞
5	新洲路街面车辆停放难,应加强管理	李桂珍
6	关于对我县县城至马坡镇二级路的桥面与公路接口修整的建议	江紫艺
7	加强市容市貌执法管理	徐建瑞
8	建设温泉镇与三峰桥路口立交桥	徐 群
9	加强城区温泉大道中站隔离护栏管理	赖弘耀
10	拓宽县城江滨东路振兴桥头至温汤桥头路段	黎福才
11	要关注和建设小街小巷的人行道	朱路生
12	关于县城公厕的合理布局和建设	刘玉文
13	关于加强"两违建筑"整治力度的提案	李海生
14	取消县城中心街道小汽车停车位	丘德良
15	关于在沙坡入口设置红绿灯的提案	卢 云
16	关于从中小学生开展(增设)游泳课的建议的提案	许嗣森
17	关于"带本书给农村的孩子们"的建议	黄伟红
18	关于加强教师队伍素养提升的提案	韦美色
19	关于加快建设城区学前教育的建议	何思慎
20	大力推进我县义务教育均衡发展	高 才
21	加强陆川县各镇教育事业	黄海仁
22	提高教师待遇,引进更多优秀教师	蓝宗权
23	加强对春节前后道路、街道流通	徐利森
24	关于整治农村接送学生车辆超载、非法营运的提案	吕伟璇
25	大桥镇陆透村至温泉镇兴宝钢铁厂道路存在交通安全隐患	陈业才
26	关于保持温泉大道交通标线清晰醒目建议	徐英杰
27	在东环路沙坡路口处设置安全警示标志	徐 群
28	关于在县城桥东路口和东环环路、沙坡路设置红绿灯的提案	黎文超
29	县城的扬尘治理	欧余春
30	硬化温泉镇长河村至大桥镇大垌村乡村公路	李 珉
31	良田镇车田村所辖的文车大桥交堵塞及危桥问题	刘春达
32	关于护建平乐至马坡公路的提案	谢业妮
33	关于拓宽官风路路面的建议	许嗣森
34	关于害羞马坡至二级路桥梁接给点维修的建议	严祖华
35	岭南路水泥路硬化	吴祖明
36	陆川县马坡二级公路路肩应平整硬化	吕焕清
37	陆川县物流运输业要稳定发展	徐利森
38	加快农村面包车非法营运的整治	王 燕
39	大横过境公路大桥街段改路通过	李 蔓
40	加强村屯道路路肩及绿化树管护	刘 锟

续表

序号	提案名称	提出提案人员
41	加强城区电动三轮车管理	罗淇元
42	关于整治城区交通问题	董文华
43	关注农村的"适度环境"建设,加强泗里河,城区段的治理	谢机
44	沙湖镇新街村陆子塘新农村建设点的河堤加固问题	王燕
45	关于恢复平乐村被破坏的公路及田硬原状的提案	谢德彪
46	关于加强农田设施建设的提案	杨龙
47	农村饮水工程为要收装表费	林孝坚
48	关于进一步加强我县农村饮水安全工程指定管理的建议	黄燕
49	加强九洲江河道及两岸的管理	刘锟
50	关于饮用水净化问题的提案	韦美色
51	振兴桥西南面长期驻扎外来务工人员及车辆,影响美丽陆川形象	李桂珍
52	关于增设通贸街、永兴街、创豪街路灯的建议	杨福泰
53	关于规范泥头车在城区道路运营的建议	范碧莉
54	关于陆川城区九洲市场周边脏乱差的整治的提案	刘伟梅
55	关于提高村医待遇,落实"五险一金"	李莹
56	关于在县南B区征地搬迁陆川县中医院问题	何世陪
57	关于建议我县设立"文化广场"的提案	黎纪宏
58	关于加强县城健身器材管理的提案	黎曼海
59	清宝二级公路的风景树问题	王燕
60	建立专项财政资金扶持机制,加大病死尸体集中无害化处理力度,从源头控制污染的产生,确保九洲江污染综合治理实现长治久安	林勇
61	整治九洲江必须先治污染源	许嗣森
62	关于加强市场建设,规范市场经营的提案	韦美色
63	城区主贩占道经营,六合彩资料公开买卖猖狂	陈浩如
64	关于提议关停传统石灰窑的提案	何日清
65	完善条件,吸收更多优秀师范毕业生回乡就业,推动陆川县教育事业发展	林琼生
66	关于改善平乐镇部分村委会办公条件的提案	谢业妮
67	关于提高镇干部待遇的提案	吕伟璇
68	关于成立陆川县铸铁锅经济发展促进中心的建议	庞宗志 何雄文
69	加快土地流转,发展投资环境	林孝坚
70	关于抓好县北部工业集中清洁工程的提案	赖仕冠
71	搬迁温汤桥东侧水泥电杆	丘德良
72	关于加强对社区(街道)的管理和投入的建议	丘伟清
73	关于珊罗镇珊罗街危旧改造的建议	何日清
74	关于完善珊罗镇街道排污排水道提案	何日清
75	关于修建平乐镇街道的提案	谢业妮
76	关于加快生态家园建设建议	谢廉光
77	城镇基础设施建设(清湖镇)	温莲英
78	关于沙坡路口人行道安装提示灯的建议	丘彩兰

【县政协第八届委员会常委会议】 2015年，县政协第八届委员会共召开常委会议5次，即第十六次至第二十次会议。

第十六次常委会议 1月30日在县政协常委会议室召开，应出席会议委员34人，实到会委员30人。县政协主席吕焕坤主持会议。会议审议通过任宁浩为县政协办公室主任、吕宗清为县政协提案法制委主任、陈建军为县政协科教文卫委主任，免去吕水涛县政协办公室主任、邱跃进县政协科教文卫委主任；协商增补李永金、宁浩、陈建军、李德运、郭永强、王羽、丘祖昌、李海燕、林琼生、王举兰、曾文生、丘小鹏等为八届政协委员，免去李影八届政协委员；协商通过八届五次会议有关事项、2015年县政协工作要点。

第十六次常委会议 2月8日在县人民会堂主席台召开，应出席会议委员34人，实到会委员32人。县政协主席吕焕坤主持会议。协商通过李永金为县八届政协补选主席建议候选人、江紫艺为县八届政协补选副主席建议候选人，协商通过宁浩、吕宗清为县八届政协增选常务委员会委员建议候选人。

第十七次常委会议 2月9日在县人民会堂主席台召开，应出席会议委员34人，实到会委员31人。县政协副主席何健华主持会议。会议协商审议通过吕焕坤辞去陆川县政协主席请辞事宜。通过补选李永金为县八届政协主席、江紫艺为县八届政协副主席正式候选人；通过增选宁浩、吕宗清为县八届政协常务委员会委员正式候选人。

第十八次常委会议 7月15日在县政协常委会议室召开，应出席会议委员34人，实到会委员28人。县政协主席李永金主持会议。会议听取环保部门关于上半年九洲江及环境保护工作情况的通报，政协委员开展"双联双助"（联千村助发展、联千户助和谐）活动情况，对下半年的工作提出建议和意见。

第十九次常委会议 10月10日在县政协常委会议室召开，应出席会议委员34人，实到会委员24人。县政协主席李永金主持会议。会议审议通过免去江紫艺县八届政协副主席、常委、委员；免去庞策超县政协科教文卫委副主任，任县政协办主任科员；免去罗武超、周家洪、谢廉光县八届政协委员。

第二十次常委会议 12月28日在县政协常委会议室召开，应出席会议委员33人，实到会委员27人。县政协主席李永金主持会议。会议审议通过免去何健华县八届政协副主席；免去陈国燕县八届政协常委、委员。会议听取部分镇关于开展"双联双助"活动的情况汇报。

重要工作

【民主协商】 2015年，县政协常委会通过召开委员全体会议、常委会议、主席会议和开展专委会对口协商活动，就事关全县经济社会改革发展和重大决策开展协商讨论。八届政协五次会议期间，委员们听取并审议政协常委会工作报告和提案工作报告，列席县县人大十五届五次会议，听取并协商讨论政府工作报告及其他报告。围绕县九洲江治理、棚户区改造、精准扶贫、市政建设等重大工作进行协商议政，县政协主席会议就县"十三五"脱贫攻坚、国民经济和社会发展第十三个五年规划等重要事项进行协商。县政协常委会第十八次会议听取县环保局等部门的工作汇报，就生态综合治理方面进行协商讨论，对九州江两岸风貌改造、猪场拆迁、排污处理、生态养殖等提出意见和建议。组织委员深入有关部门、单位，开展协商民主活动，共同协商历史难题破解的计谋良策，探索改革发展的策略措施。各专门委员会主动与县直部门开展对口协商活动。邀请各人民团体、工商联、社会各界人士参加调研、视察、考察、协商等活动，为其知情参政、建言献策创造条件、营造氛围。

【民主监督】 2015年，县政协常委会围绕中心工作和重大决策开展民主监督，突出社会焦点和民生热点问题，强化推进提案工作，提高提案工作实效。八届政协五次会议，收到提案79件，经审查立案78件。3月下旬，与县人大办、县政府办联合召开人大建议、政协提案交办会议。委员在九洲江治理、生态乡村建设、棚户区改造、市政市容、医疗卫生、教学教育、村屯道路等方面提出建设性意见和建议。以棚户区改造、市政市容、九洲江治理等10件提案为重点提案，由县政协领导督查督办，促进办理效果。年内，全县共由办复提案78件，办理回复100%。其中，党校路口垃圾堆放、龙豪工业园区铁路涵洞口排污排水等提案，得到县委、县政府的采纳，督促相关部门整改落实，取得良好成效。参加上级政协组织的会议和学习视察活动，配合玉林市政协做好社区化建设、精准扶贫等方面调研工作，落实视察项目，开展走访委员活动，协调落实玉林市政协驻陆委员到北流市视察活动。加强与其他县（市）政协的联系合作，协调落实其他县（市）政协到陆川参观考察活动，积极宣传县改革发展成果。开展委员视察活动，组织80多名政协委员深入到乌石、良田等实地，对九洲江综合治理、生态乡村建设等方面进行视察。组织政协委员和机关干部与其他县市区交流学习，借鉴学习先进地区的生态建设、生态农业、城市建设等方面经验，及时向县委、县政府反馈建议。

重要活动

【"双联双助"活动】 2015年，县政协开展政协委员"双联双助"(联千村助发展、联千户助和谐)活动。围绕经济社会发展难题、生态乡村建设、民生福祉改善、百姓切身利益、和谐稳定等焦点热点问题,以助力宣传方针政策、助力解决难题、助力经济建设、助力和谐建设"四大任务"为重点,推动活动深入开展。全县285名政协委员,共联系帮扶28个建制村137个村屯,帮扶困难农户650多户,为群众办实事、做好事665件次,协助解决问题450多个,提出意见和建议400多条,为贫困村、困难户送去衣被、米油、化肥、种苗等一批。《人民政协报》《广西日报》《广西政协报》等主要媒体报道陆川县政协的经验和做法,自治区、玉林市等上级政协部门领导给

予肯定。10月,陆川县作为全自治区110多个县市区中8个代表之一,在自治区政协工作经验交流会上做经验介绍。

【专题调研】 2015年,县政协组织部分委员和政协机关干部,会同县相关单位组成课题调研组,深入镇、部门、现场开展专题调研,形成《陆川县城学校发展情况调研报告》《关于陆川县发展家庭农场的调研报告》《关于加强社区规范化建设的调研报告》《关于我县城棚户区改造工作的存在问题及建议》4篇专题调研报告。并报送县委、县政府和有关部门参阅。所提交的调研报告得到县委、县政府的重视,部分建议分别纳入"十三五"规划和相关部门决策。

县城学校发展情况专题调研 6月,县政协科教文卫委员会牵头,会同县教育局、住建局、发改局等相关单位组成调研组,听取县教育局有关情况的汇报,深入城区各级各类学校,召开教育、发改、财经、住建、国土等相关职能部门参加的座谈会,听取意见和建议,形成《陆川县城学校发展情况调研报告》。

陆川县发展家庭农场专题调研 7月,县政协提案法制委牵头,会同县农业局、水产畜牧局、林业局等部门组成专题调研组,深入乡村、部门进行实地调研,以全县家庭农场发展的现状、特点和存在的问题为重点,并针对存在问题提出发展建议,形成《关于陆川县发展家庭农场的调研报告》。

加强社区规范化建设专题调研 8月,县政协科教文卫委牵头,会同县委组织部、县民政局和温泉镇、马坡镇、乌石镇、良田镇、清湖镇政府等相关单位组成调研组,对全县社区规范化建设进行调研。对全县社区规范化建设现状、发展情况进行了解调查,查找出存在的问题和困难,提出建议和意见,形成《关于加强社区规范化建设的调研报告》。

县城棚户区改造工作专题调研 10月,县政协经济联谊委牵头,会同县住建局、县财政、发改局等部门组成专题调研组,对全县打造"五朵金花"、推进"六个结合"的思路,加快推进棚户区项目改造,促进新型城镇化建设等情况进行调研,形成《关于我县城棚户区改造工作的存在问题及建议》。

【政协委员视察】 2015年12月28日,县政协组织玉林市政协驻陆川部分政协委员和部分县政协委员,对九洲江生态环境综合治理、生态乡村建设进行视察。委员们通过现场参观、听取情况介绍、协商讨论后提出意见建议,以视察报告的形式报送县委、县政府。

（李文镇）

① 2015年5月27日,县政协组织人员到企业开展调研工作;② 2015年5月12日,县政协组织人员到大桥镇开展"双联双助"活动　　县政协　提供

人民团体

RENMIN TUANTI

2015 年春节期间,陆川县春节游园活动在县城举行   县总工会 提供

陆川县总工会

【工会组织及概况】 2015年,陆川县有基层工会425家,工会会员5.40万人。年内,陆川县总工会内设办公室(挂财务部、女职工部牌子)、组织基层宣教文体部、法律保障生产保护部3个部门,编制9名,实有人员11人。对外挂有职工维权中心、法律援助中心、困难职工帮扶中心、职工医疗互助保障办公室等牌子,下属事业单位有工人文化宫、职工业余学校2个,驻会机构有县教育工会。年内,县总工会根据自治区总工会和玉林市总工会四届三次全委会议的工作部署,按照"固基层、强服务、促创新、谋发展"的工会工作总要求,发挥工会组织在组织职工、引导职工、服务职工和维护职工合法权益中的重要作用,推进各项工作发展。

【县总工会十四届十一次全委(扩大)会议】 2015年3月25日在县城召开。县总工会十四届全体委员、经审委员及基层工会主席190多人参加会议。会议由县人大常委会副主任、县总工会主席温文彪主持。县委常委、副县长莫家耀出席会议并讲话。会议总结回顾县总工会2014年工作,研究部署2015年任务。听取、审议并通过县总工会十四届常委会所做的《努力开创新常态下工会工作新局面,团结动员全县广大职工为推进我县改革发展建功立业》工作报告。

【工会组织建设】 2015年,县总工会抓好工会组织建设,提高工会组织覆盖率和职工入会率。健全完善"党建带工建、工建服务党建"工作机制,强化建会工作合力,拓宽建会渠道,带动企业普遍建会和各类法人单位全面建会,非公企业法人单位数据库建会率99%,非公企业法人单位数据库入会率97%。加强镇工会工作委员会建设,镇工会的各项工作不断规范,根据玉林市总工会的部署,县总工会将开展建立镇总工会试点工作向县委、县政府主要领导汇报,争取支持,建立温泉镇总工会所需的机构编制问题和人员问题得到解决。加强基层工会建设,基层工会规范化建设加强。开展创建合格职工之家活动,增强基层工会的吸引力和凝聚力,417家基层工会开展创建合格职工之家活动,376家基层工会建成合格职工之家,合格职工之家的比例达到基层工会总数的90%。开展"会员评家"活动,指导基层工会将每年的建家工作向会员大会(职工大会)报告和开展评议工会主席(副主席)履行职责情况,355家基层工会开展"会员评家"活动,覆盖面85%。在非公企业工会中开展"三亮"(工会组织亮牌子、工会主席亮身份、职工之家亮品牌)活动,145家非公企业工会开展活动,覆盖面85%。年内新组建工会23家,发展会员1365人。全县基层工会经审组织和女职工组织同步组建。

【职工维权服务】 2015年,县总工会推进职工民主管理工作,落实职工民主权利。县总工会转发玉林市2014事业单位——2018年民主管理、职工代表培训五年规划2个文件,组织参加玉林市总工会举办的2015年全市职工代表培训班,配合开展全市厂务公开民主管理工作调研活动,贯彻落实《中华人民共和国工会法》《企业民主管理条例》,深化职代会和厂务公开民主管理机制,推动规模以上非公有制企业建制步伐,推行区域(行业)职代会制度,巩固职代会、厂务公开制度建制率,维护职工群众民主权利。一是继续坚持职工代表大会制度。77家建立工会组织的公有制企业建立职工代表大会(职工大会),建制率100%;126家建立工会组织的事业单位建立在职职工代表大会(职工大会),建制率100%;153家建立工会组织非公有制企业建立职工代表(职工大会)制度,建制率99%。二是深化和规范厂务公开工作。77家建立工会组织的公有制企业建立厂务公开制度,建制率100%;126家建立工会组织的事业单位建立厂务公开制度,建制率100%;153家建立工会组织的非公有制企业建立厂务公开制度,建制率99%。三是抓好工资集体协商工作。推行工资集体协商,建立平等劳务机制。推进集体合同和劳动合同实施,规范企业用工行为。年内,有504家企业签订集体合同时同时签

2015年3月25日,陆川县总工会十四届十一次全委(扩大)会议在县城召开

县总工会 提供

订工资协议,签订率 85%。签订女职工权益保护专项集体合同 504 份,女职工权益保护专项集体合同在已建工会组织企业中覆盖率 100%。四是构建和谐劳动关系。抓好劳动争议调解体系建设,把劳动争议问题和矛盾化解在基层。县工会参与劳动争议调解、劳动争议仲裁 4 件次。五是建立健全职工法律援助机构和工作网络,为职工提供法律援助等维权服务。县总工会职工法律援助服务站聘请专职律师 1 名,为来访职工提供法律咨询服务。六是做好信访维稳工作。县总工会接待来访 12 人次,来信 1 件。经过工会调处后的案例没有出现集体上访、越级上访等上访现象。

【劳动竞赛活动】 2015 年,县总工会组织开展劳动竞赛,激发职工劳动热情和创造活力。加强机制建设,建立和完善竞赛活动、竞赛评估、竞赛激励、竞赛保障、劳模选树等工作机制,组织国有及国有控股企业、规模以上非公企业、园区组织和职工参加竞赛活动。继续实施《陆川县总工会 2011—2015 年劳动竞赛规划》,并按照《自治区总工会关于开展百万职工服务“两个建成”劳动竞赛的意见的通知》精神,组织全县职工开展百万职工服务“两个建成”劳动竞赛活动。405 家国有及国有控股企业开展劳动竞赛,参赛面 100%,职工参赛率 100%;143 家规模以上非公企业开展劳动竞赛,参赛面 90%,职工参赛率 90%;2 个园区组织开展劳动竞赛活动,参赛面 100%,职工参赛率 100%。全县 53 家企业参加广西“安康杯”竞赛活动,覆盖面 90%。

【劳模工作】 2015 年,县总工会做好 5 年一次的劳模评选表彰年工作。通过评选,陆川县获得全国先进工作者 1 名、自治区劳动模范和先进工作者 3 名。是陆川有史以来,获全国、自治区先进劳模人数最多的一年。年内,做好春节前慰问劳模工作;组织安排 17 名劳模进行健康体检;为非财政拨款的企事业单位退休劳模申请增加待遇;组织劳模和 15 名一线骨干职工进行疗养。

【职工帮扶救助】 2015 年,县总工会拓展帮扶职工工作,发挥工会困难职工帮扶中心作用,开展送温暖、送清凉活动,为职工群众办实事好事。元旦、春节期间,走访慰问困难企业 8 家,慰问困难职工 523 人(农民工 148 人),发放款物共值 27.49 万元(含农民工 7.50 万元)。对 37 名特困职工、农民工进行日常生活救助。做好春送岗位、夏送清凉、金秋助学、冬送温暖“四季送”品牌工作。在“春风行动”中,配合人社部门开展免费就业服务人数 1250 人;在夏送清凉活动中,深入走访企业、建筑工地 11 家(处),共为 2980 名一线生产职工发放清凉饮料,价值 3.40 万元;金秋助学活动期间,共慰问当年有子女参加高考的困难职工家庭 33 户,发放慰问金 1.65 万元,帮助困难大学生、高中生共 219 名,发放助学金 40.76 万元。开展困难教师帮扶活动,共慰问困难教师 80 名,发放慰问金 4 万元。开展 2015 年女职工维权行动月活动,开展关爱女职工活动,发放慰问金 2.70 万元。

【农民工服务】 2015 年,县总工会在重点工程或园区等农民工集中的地方建立 2 个工会工作站和“职工之家”,制定完善相关制度,接受农民工咨询服务 1200 多次。元旦、春节慰问困难农民工 148 人,发放款物 7.50 万元。在“春风行动”中,配合人社部门开展免费就业服务农民工 620 人次。在开展“夏送清凉”活动中,督促企业改善农民工生产、生活环境,走访慰问农民工 1500 人,发放防暑降温用品 1.80 万元。开展农民工劳动安全卫生专项检查行动,参加安全生产大检查 4 次,参与安全生产事故调查 1 件。发展农民工加入工会,年内发展农民工会员 331 人。成立陆川县良田镇春旺橘红种植专业合作社工会委员会和陆川县清湖镇塘寨村种养协会工会委员会,为陆川县成立的首个农民专业合作社和种养协会工会组织。

【职工医疗互助保障】 2015 年,县总工会贯彻落实玉林市总工会法律保障生产保护工作会议精神,加大职工医疗互助保障工作的宣传发动力度,加强职工医疗互助保障服务,扩大职工医疗互助保障工作的规模和保障范围。开展“三零服务”(零距离、零差错、零投诉)活动,做好参保职工和给付慰问工作。年内,宣传发动职工医疗互助保障 2.17 万份,完成市总工

2015 年“五一”期间,县总工会举办 2015 年庆“五一”职工拔河比赛

县总工会 提供

会下达任务6990份的331.87%。因病给付的职工25人,赔付金20.56万元;对患病职工进行医疗救助60人,救助金额9.41万元。

【职工文体活动】 2015年,县总工会组织多种文娱活动,丰富职工文化生活。春节期间,在县人民会堂门口举办以飞镖夺奖、太公钓鱼、喜送银球、金圈套饮料、喜点花炮等为主要活动项目的游园游艺活动,参与活动的职工、群众3500多人次,同时组织举办气排球精英赛。"五一"期间,举办职工拔河比赛和职工广场文艺晚会。各基层工会根据实际,组织举办形式多样文娱活动,丰富职工文化生活。发挥《工人日报》《广西工人报》在引领职工践行社会主义核心价值观中的作用,发行《工人日报》110份、《广西工人报》394份。加强职工文化阵地建设,抓好职工书屋、职工之家等系列职工文化阵地建设,年内新增市级职工书屋1个。 （黄 聪）

共青团陆川县委员会

【共青团组织及概况】 2015年,共青团陆川县委员会(简称团县委)内设办公室、组织部、宣传部、团务部等,编制9名,实有人员11人。年内,团县委下辖基层团委50个(镇团委14个,学校团委34个,机关事业单位团委1个,公有制企业团委1个),团总支29个,团支部1053个("两新组织"团支部9个,县直机关团支部47个,镇、村、学校团支部997个)。各级团干部167人(其中专职75人,兼职92人)平均年龄33.50岁。中专以上学历占95%,大专以上学历占87%,本科以上学历占67%。全县14~28岁青年18万人,团员9万人,团青比例50%。有少先队辅导员大队部182个(含县直小学大队5个,镇中心校大队

14个、村级小学大队163个),少先队大队辅导员219人,中队辅导员2889人,平均年龄39岁。全县新发展团员9056人,推优入党33人。县各级团组织共组织青年、团员、少先队员开展活动464次1.41万人次。

【青少年思想政治教育】 2015年,团县委用社会主义核心价值观教育引导青少年树立正确的世界观、人生观和价值观。一是突出理想信念教育。抓住纪念"五四"运动、建党、建团周年纪念日和中华人民共和国成立65周年、抗战胜利70周年、首个烈士纪念日、"清明缅怀革命先烈"等契机,共举办主题活动50多场,参与青年5000多人。二是增强青少年的共青团意识。在全县组织开展以青年文化节、主题团队日等形式多样的活动。如陆川县首届青年文化节、九洲江青年读书论坛、"缅怀革命先烈·践行核心价值观"主题教育活动、"红领巾心向党"主题活动、"保护母亲河·诗情系九洲"新春诗歌朗诵会、大中学生"1+1"基层培养计划、广西卫视"一生所爱·大地飞歌"陆川站活动等,提高团员青年的思想政治素质和理论水平,帮助青年构筑精神支柱。三是以优良的传统感召青少年。开展青少年传统教育。利用入学、入队、入团、入党等时机,开展"青年学生18岁成人宣誓仪式""民族精神代代传"、学雷锋志愿服务月等主题实践活动,进行国情、党史和团史教育。四是以先进模范典型激励青少年。举办"奋斗的青春最美丽"最美青年分享会、"最美少年"等各类典型评选表彰活动,选树一批可亲可信可学的榜样,涌现出以黄祖东、梁丽娜、李依莉、陈浩为代表的80后青年楷模,推动青少年形成勤奋学习、爱岗敬业的风尚。

【党建带团建】 2015年,团县委加强共青团的基础建设,扩大团的基层组织覆盖面,推动团建工作向各类产业团支部发展,加快"两新"团建工作步伐,在非公企业建团15家、"两新"组

织建团8家。加强团干部队伍建设。组织基层团组织召开"团干部如何健康成长"大讨论活动座谈会。围绕习近平总书记对团干部提出的四点要求进行讨论。贯彻落实中央八项规定精神和"三严三实"的要求,在青年团干部中开展"守纪律、讲规矩"主题教育活动。树立农村团建工作先进典型。履行组织青年、引导青年、服务青年和维护农村青少年合法权益基本职能,打造枢纽型团组织,动员社会力量参与农村青少年工作,运用社会化服务手段,帮助农村青少年成长成才,在陆川县珊罗镇鹤山村等14个村成立"青春驿站"青少年服务中心,组建一支青少年志愿服务队,下设爱心公益服务岗、维权服务岗、就业创业服务岗和心理咨询服务岗4个岗位,常态化开展志愿服务活动,使农村青少年感受到农村团组织的存在和价值,拓展组织覆盖面和组织影响力。创新基层社区团建。通过开展"智汇学堂"九洲江青年志愿者社区服务孵化培训基地,以"少儿运动馆""青年艺馨馆""老年解忧馆"为三大载体,为社区群体提供"无围墙、无盲区"的社区综合服务,重构群众公共生活结构,孵化和培养一批青年社会组织,促进共青团组织转型升级。

【青年就业创业服务】 2015年,团县委成立陆川县青年企业家协会。发挥陆川县青年企业家协会的组织优势,多次开展陆川县青年企业家经济发展沙龙、青年创新创业沙龙进农村等活动,为青年解决在创业过程中得到惠农惠创的政策扶持和放宽创业资金贷款条件等问题。同时整合有关职能部门资源,为全县创业青年户搭建创业资源共享平台,推动全县"创业圈"体系的打造,发挥和挖掘青年企业家在经济建设和社会事业发展中的生力军作用。实施陆川县电商创业扶持计划。配合陆川县阿里巴巴农村淘宝项目,加快转变经济发展方式,培育新的经济增长点,深化"互联网+",促进农村就业创业,释放农村

消费潜力培育特色网货品牌,建立青年创业孵化区 1 个,扶持创业青年开设农村淘宝村级服务站 45 个。成立"青年就业创业见习基地"。年内,新增青年就业创业见习基地 18 家,累计共有 22 家;提供见习岗位 250 个,推荐上岗见习人 300 人,见习期结束聘用人数 183 人。

【希望工程关爱行动】 2015 年,团县委举办"温暖童心.青春建功"慈善助学活动。在家家福超市设立"爱心箱"募集捐款,所募捐款项用于资助贫困学生上学,并有 9 名学生长期得到家家福超市每月 200 元的生活补贴,直至毕业。开展"中浩.圆梦助学"公益助学活动。共有 36 名学生各获一次性助学金 2000 元。开展大学生圆梦助学活动,通过"远辰助学""茅台助学""加多宝助学"等助学项目,共资助新入学大学生 15 名。

【志愿服务主题活动】 2015 年,团县委开展"守望九洲江·青春建新功"服务返乡农民工活动。春节前期,组织志愿者在陆川县汽车站开展"爱心企业"送礼包、"文明巡导"送畅通、"应急援助"送平安、"热水热茶"送温暖、"免费代购"送方便等活动,青年志愿者服务站共接待名陆川老乡 1000 人,帮助农民工返乡与回城。同时,开展"守望九洲江.青春建新功"各镇团委基层走访慰问活动。各镇团委走访慰问各镇的留守儿童 200 多名,并为其送去书籍、文具、米油等物品。开展"青春雷锋行,共践价值观"活动。3 月 5 日,组织全县青年志愿者开展"学雷锋"志愿服务一条街活动,县法院、地税局、人民医院、爱心促进会等 20 多个团支部组织青年志愿者,为群众提供维修电器、法律咨询、便民义诊等多项服务,活动吸引 1000 余名居民参加。元宵节前夕,团县委组织 30 多名志愿者到沙湖敬老院看望孤寡老人,给老热煮汤圆,并给孤寡老人剪头发、刮胡子、打扫院子、整理房间,给老人送上水果、

面条、面包等慰问品。开展金秋助残活动。9 月 19 日,在中秋节来临之际,组织青年企业家到残疾人服务中心开展慰问活动。

【重点青少年群体预防犯罪和服务】 2015 年,团县委建立县级、镇预防专职人员、兼职人员队伍,制定完善各项工作预案,落实责任,强化措施。利用新媒体拓展权益工作领域,利用 12355 热线、微信平台为接听渠道,组织志愿者对生活压力大、有心理障碍等问题的青少年,有针对性地开展心理干预,疏导理顺情绪,化解心理危机。开展"青春自护·平安春节"活动。1 月 30 日,组织青年志愿者到温泉镇风淳小学给学生上一节防火防盗的自护教育课,并给留守儿童送去文具。3 月 13 日,组织青年志愿者到乌石镇旺岭小学看望旺岭村幼儿园的留守小朋友,并送去书包、笔盒衣服等物品。开展"送法进校园"活动。6 月 12 日,组织县检察院、爱心促进会的志愿者来到平乐镇长旺小学,给留守儿童上法制教育课,提高利用法律知识保护自己、自我防范的意识,并给学生送去面包、蛋糕、雨伞、字典等物品。

【青年相亲联谊活动】 2015 年 2 月 14 日,团县委在川海龙福花园水景广场开展"情系九洲江.青春建新功"单身青年联谊晚会,100 多位单身青年男女参与晚会,并牵手成功 3 对。

(刘桂丞)

陆川县妇女联合会

【妇联组织及概况】 2015 年,陆川县妇女联合会(简称县妇联)内设办公室、权益部、综合部,行政编制 6 名,实有人员 4 人。县妇女儿童工作委员会挂牌在县妇联,属县政府部门,没有独立编制和工作人员。全县有妇女 51.11 万人,少年儿童 33.45 万人。县妇女联合会 1 个,镇妇联组织 14 个,妇女之家 164 个(自治区级妇女之家 2 个,玉林市级妇女之家 11 个,县级妇女之家 151 个),儿童家园 95 个(自治区级儿童家园 3 个,玉林市级儿童家园 12 个,县级儿童家园 80 个),妇女活动中心 2 个,妇女儿童维权服务站 18 个,村街妇代会 164 个。女企业家联谊会 1 个。镇妇联干部 14 人,村街妇代会主任 164 人。年内,县妇联以服务大局、服务妇女为宗旨,以建设"坚强阵地"和"温暖之家"为目标,统筹城乡妇女发展,推进妇女儿童实事项目建设,优化妇女儿童发展环境。

2015 年 5 月 28 日,陆川县妇联、县公安局等单位在县城开展宣传"关爱儿童、反对拐卖"宣传咨询活动

县妇联 提供

【"三八"妇女节活动】 2015年,县妇联举行或参加庆"三八"妇女节系列活动。3月3日,在陆川县河坝村市场开展春风行动宣传活动。通过散发宣传资料、设立咨询台、悬挂宣传横幅、制作宣传板报等形式,为群众提供政策宣传、法律咨询、反家庭暴力、就业招聘等宣传活动。现场发放宣传资料2000多份,接受现场咨询30多人次。3月4日,组织女性舞蹈爱好者20多人,参加玉林市妇联在玉林市体育馆举办的庆"三八"广场健身舞大赛,获二等奖。组织8个家庭分别参加家庭3人篮球接力赛和"家庭奔小康"100米接力赛。3月5日,在县中医院门口路段开展"三八"维权周宣传活动。通过悬挂横标、设置展板、设立咨询平台,向过往的妇女群众提供法律咨询、法律援助,发放妇女劳动权益保障、财产、人身、婚姻家庭维权知识手册资料3000多份,接受咨询300多人次。3月6日,县妇联组织各镇妇联、女企业家联谊会理事等30多人到玉东新区"五彩田园"考察学习。

【"巾帼示范基地"建设】 2015年,县妇联开展"巾帼示范基地"创建活动。创建自治区巾帼示范基地1个(陆川县大鹏现代农业发展有限公司),玉林市级巾帼示范基地2个(珊罗镇田龙村竹园韭菜基地,陆川县鸿鑫生态农业巾帼科技示范基地),获自治区级扶持资金4万元、玉林市级扶持资金5000元。全县累计创建自治区巾帼示范基地2个,玉林市级巾帼示范基地5个。4月,组织各镇妇联主席、女企业家代表等到清湖镇橘丰橘红种植示范基地学习考察,增强妇女的创业意识、创业能力。7月20日,组织留守妇女、单亲贫困妇女等60多人到广西英平畜牧业有限公司开展现场养殖技术培训。8月16日,组织返乡女农民工、留守妇女等50多人到陆川县大鹏现代农业发展有限公司现场进行种植技术培训,传授科学种植技术、市场供求等知识,提升农民工的职业技能。

【"寻找最美家庭"推荐活动】 2015年,县妇联开展"寻找最美家庭"推荐活动。加大"寻找最美家庭"宣传。召开各镇妇联主席会议2次,部署寻找"最美家庭"活动,村、社区"妇女之家"张贴"最美家庭"宣传画200余张。重点围绕家庭道德建设,挖掘与推荐群众身边的先进典型家庭,发动家庭踊跃参与、举荐"最美家庭"。深入乡村开展走访活动。根据各镇及县直机关推荐"最美家庭"候选户情况,县妇联走村入户,了解各镇组织开展活动情况,听取基层群众对"最美家庭"候选户的建议和意见。年内,各镇、县直单位及群众推荐的最美家庭候选户30余户,经过考察,从候选家庭户中推荐市级"最美家庭"5户、县级"最美家庭"16户。

【妇女儿童合法权益维护】 2015年3月,县妇联组织巾帼志愿者10多人到乌石镇、滩面镇开展法治宣传教育活动,共分发《中华人民共和国妇女权益保障法》《中华人民共和国婚姻法》《女性健康知识问答手册》等宣传资料5000多份,为妇女群众20多人提供法律政策解答,直接受教育妇女200多人。年内,县妇联与县政法委联合开展"双维双促、平安建设"工作,实行来信来访联接、矛盾纠纷联排、维权服务联动,解决侵害妇女儿童合法权益问题,共处理信访案件36件,信访案件结案率98%。 (陈珍梅)

陆川县科学技术协会

【科协组织及概况】 2015年,陆川县科学技术协会(简称县科协)内设综合部,编制5名,实有人员5人。全县有镇科协14个,农村专业技术协会87个,企业协会2个,会员1万多人,科普志愿队伍390人。年内,县科协开展科普宣传活动,加强未成年人、农民、城镇劳动人口、领导干部和公务员、社区居民等重点人群的科学素质教育。

【提高重点人群科学素质行动】 2015年,县科协发挥科协组织协调能力,发动成员单位和社会力量,开展提高"五大重点人群"(农民、未成年人、城镇劳动人口、领导干部及公务员、社区居民)科学素质行动。5月下旬,县科协联合县农业局、科技局开展中药材种植宣传大行动活动。到马坡镇马坡街、良田镇良田街、县城广场,开展农业水稻和树木种植培训、专家咨询、免费发放科普宣传资料和科普读本活动。举办培训班3期,培训农民800多人次,专家咨询1500多人次,免费发放科普宣传资料和科普读本7000份册,提高农民的科学素质和科学技能,满足农民依靠科技实现增收愿望。陆川县电视台、玉林电视台跟踪报道此次活动情况。

【"基层科普行动计划"实施】 2015年,县科协把申报2015年全国"基层科普行动计划"项目作为全县农村科普重要工作来抓,主要领导及分管领导深入各镇的农技协、科普示范基地进行调研。组织动员符合申报条件的农技协、科普示范基地、科普带头人申报。对符合申报条件的农技协、科普示范基地、农村科普带头人申报材料,组织有关部门专家进行评审,实地考察择优推荐。经逐级推荐,通过自治区科协、财政厅和中国科协、财政部专家组评审,陆川县晟展生态种养示范基地获2015年全国"基层科普行动计划"奖励。为展示陆川县实施"科普惠农兴村计划"新成果,促进基层农技协、科普示范基地与社会各界的交流与合作,县科协组织2008—2015年获全国"基层科普行动计划"、广西"科普惠农兴村计划"表彰奖励的10个基层农技协18个农产品,参加自治区科协举办的2015广西"科普惠农兴村计划"特色农产品展销会,推广"科普惠农兴村计划"实施成果与经验。

【科普讲座】 2015 年 5 月 7 日,县科协联合县老科协、县教育局开展"大手拉小手"科普进校园活动,邀请自治区科普专家组到陆川县中学、陆川县第二中学、陆川县初级中学、陆川县第四中学、陆川县温泉镇初级中学、陆川县第二小学等 6 所学校开展大型科普讲座活动。专家讲解《学会感恩,走向成功》《低碳——保护地球资源》《有了健康的身体,才有幸福的未来》等科普知识。活动共举办科普讲座 6 场,听众 3000 多人。

【青少年科技创新大赛】 2015 年 3 月中旬,县科协与县教育局联合下发《关于组织举办 2015 年陆川县青少年科技创新大赛的通知》,共同到学校指导开展大赛活动。各学校组织青少年学生参加大赛活动,共有参赛青少年科技创新成果项目论文、创新发明、科技实践活动、科幻画和科技辅导员科教作品共 466 篇(件),经过专家评委评审,共评出获奖作品 280 篇(件)。同时,大赛推荐青少年科技创新成果项目论文 14 篇、创新发明 5 件、科技实践活动 2 篇、科幻画 20 幅、科技辅导员科教作品 7 篇参加 2015 年玉林市青少年科技创新大赛,其中有 4 篇(件)获一等奖、14 篇(件)获二等奖、29 篇(件)获三等奖,3 个单位和 39 名科技辅导员被评为 2015 年玉林市青少年科技创新大赛先进单位和优秀科技辅导员。

【食品安全科普宣传】 2015 年,县科协在食品安全宣传周中,以"尚德守法,提升食品安全治理能力"为主题,参加食品安全宣传周活动启动仪式,在县市政广场悬挂大横标,在繁华街道张贴小标语,制作《中华人民共和国食品安全法》宣传展板,营造食品安全氛围。与县食品安全办联合举办"陆川科普行"——食品安全知识传播活动。在县城百超市广场举办食品安全知识传播活动,开设展板、专家咨询台,宣传食品安全法规、食品安全消费常识,免费发放食品安全宣传资料等。同时,组织专家在县老年大学开展食品安全知识科普专题讲座和咨询,普及突发性食物中毒急救方法等相关知识。活动期间悬挂大横标 1 条,张贴小标 30 条,制作宣传 5 板,举办讲座 1 期,听众 200 人次,专家咨询 1000 人次,免费发放宣传资料 2000 多份。

【"十月科普大行动"活动】 2015 年 10 月 14 日,县科协到珊罗镇村公所,举办"十月科普大行动——科普进社区"启动仪式。10 月 27 日,联合市科协到珊罗中心小学,举办"十月科普大行动——科普进校园"及"科普大篷车进校园"活动。采取 3D 眼镜观看科普专栏、发放科普新丛书的方式,使学生学科学、爱科学,提高青少年的科学素质。

【科普大篷车电视栏目】 2015 年,县科协、县广电局和中国科学技术馆继续合作,在陆川县广播电视台播放"科普大篷车"电视栏目内容。栏目每周播放两期,分为 A、B 两版,每期 15 分钟,周一、四、日播出。到 12 月 30 日,共播出 100 期。成为群众喜欢收看且收视率高的电视栏目之一。

【老科协工作】 2015 年 9 月 26 日,县老科协常务理事分别慰问走访教育、水利、林业部门的老科技工作者。10 月中旬,组织部分老专家到兴业县龙安镇和广东化州等地学习药材种植经验,回来指导陆川县镇中药材种植;28 日,县老科协理事会员一行 6 人去北流市老科协考察学习,参观北流市老科协开办的诊所。 (陶晓艳)

陆川县归国华侨联合会

【侨联组织及概况】 2015 年,陆川县归国华侨联合会(简称县侨联)内设办公室,编制 4 名,实有人员 5 人。全县有海外侨胞 2.39 万人,县内侨属、侨眷 1.64 万人。年内,县侨联召开侨联九届七次全委会议,加强为侨服务,开展侨界联谊活动。

【县侨联九届七次全委会议】 2015 年 4 月 24 日,陆川县归国华侨联合会第

2015 年 5 月下旬,陆川县开展科普大篷车进校园活动 县科协 提供

九届第七次全体委员会议在县城召开,参加会议的委员有21人。会议听取并讨论通过县侨联主席万胜作题为《适应新常态　开创新局面　为陆川经济社会发展做出新贡献》的工作报告。

【侨益维护】 2015年,县侨联维护归侨、侨眷权益,对归侨侨眷做到患重病必访、发生困难必访、婚丧嫁娶必访,解决归侨侨眷日常遇到的困难问题。年内,组织人员分别深入温泉镇万丈村协调化解老归侨陈相德与邻居房屋排水道纠纷问题和沙湖镇新街村协调解决归侨李祖德家庭困难救助问题。

【为侨服务活动】 2015年春节前夕,县委常委、副县长莫家耀,县委常委、统战部部长陈锦华分别率县侨联干部职工,对14个镇50多名困难归侨侨眷、老归侨、侨界人士进行慰问,发放慰问金和慰问品共值2.50万元。7月1日—31日,举办"中浩杯"中国传统文化经典诵读、书法、绘画比赛;"中浩杯"气排球、篮球比赛;"中浩·圆梦助学"等系列活动,全县中小学校、县直各单位有关人员等350人参与活动,发放助学金7.20元。

(余金梅)

4月24日,陆川县侨联第九届七次全委会会议在县城召开　县侨联　提供

陆川县工商业联合会（总商会）

【工商联组织及工作概况】 2015年,陆川县工商业联合会又称总商会(简称县工商联)内设办公室、会员部、联络部,编制5名,实有人员7人。镇商会有马坡镇、平乐镇、珊罗镇、米场镇、沙湖乡、沙坡镇、乌石镇、良田镇、清湖镇、古城镇等10个。行业协(商)会有陆川县铁锅协会、客家商会、农业水产畜牧协会、运输协会、陆川猪养殖协会、电子协会、塑料协会、珊罗

富农韭菜专业合作社、红砖协会等9个。年内,发展新会员10名,累计有会员665名。马坡镇商会获自治区工商联"六有"(有办公场所、专职人员、工作制度、工作经费、资料档案、丰富活动)商会称号。

【县工商联九届三次执委会(扩大)会议】 2015年3月12日在县城召开,参会会员127人。自治区工商联副主席黄振东、玉林市工商联和陆川县工商联领导出席会议。大会听取并审议通过陆川县工商联第八届执委会工作报告,届中增补选举陆川县工商业联合会(总商会)第九届执行委员会执委71人,常委35人,江紫艺当选为主席(会长),副主席16人(专职副主席3人,兼职副主席13人);总商会兼职副会长8人;工商联(总商会)秘书长1人。

【参政议政】 2015年,县工商联在县政协八届五次会议上提交提案《规划建设塑料产业园,引导塑料行业产品升级更新换代》《关于加快我县专业市场建设的建议》《九洲江流域生态经济发展思考》等5件。

【光彩事业】 2015年2月23日,县工商联领导和平乐镇(南宁)商会继

续到平乐街慰问70岁以上的老人50多人,发放慰问品及慰问金共值1.80万多元。马坡镇商会会员捐助善款2.80万元,帮助贫困学子圆大学梦。广东东莞市(陆川)商会连续几年来启动的"圆梦"工程捐资助学活动,共资助贫困大学生34人,捐助善款16.50万元,该商会还为陆川籍贫困大学生提供寒暑假期零工岗位,为贫困大学生解决求学路上资金短缺问题。

【经济考察与交流】 2015年,县工商联组织非公经济人士50多人次到化州、南宁、玉林及周边县市进行经济考察活动。8月24日,县工商联组织良田、清湖镇种植橘红的老板以及镇分管领导10多人,参加广东化州化橘红文化节经贸交流会,学习经济发达地区橘红种植经验。

【非公人士培训】 2015年,县工商联组织非经济人士85人参加自治区、玉林市非公经济人士各种培训班,了解当前经济形势,提高适应新常态的信心。10月,邀请广州电商界人物韦柠为陆川县非公经济人士授课,非公经济人士50人听课。

【参与"千企扶千村"活动】 2015年,

县工商联根据国家"十三五"脱贫目标,在非公企业中开展"千企扶千村"项目活动。广西振奋贸易有限公司、陆川县聚银有限公司、陆川县泓源擦菜有限公司等10家企业与玉林市委签订"千企扶千村"责任状,这些企业将与贫困村对接,就基础设施建设、就业、产业发展等方面进行扶持。

(林 勇)

陆川县文学艺术界联合会

【文联组织及概况】 2015年,陆川县文学艺术界联合会(简称县文联)内设综合部,编制4名,实有人员4人。下辖作家、戏剧、美术、音乐、舞蹈、书法、摄影、诗词8个协会,有会员215人。年内,县文联加强联络、协调、指导、服务工作。组织开展文化惠民义写春联活动1次,组织文艺志愿者慰问活动2次;组织文艺工作者深入基层或外出开展文艺采风活动6次;举办各类文艺创作座谈会、笔会3期;开展赠书活动2次,捐赠图书350多册;与有关部门联合举办文艺比赛、演出活动2场次。

【文艺创作成果】 2015年,县文联组织各协会或参与组织创作各类文艺作品900多件。其中,县作家协会文学创作骨干创作文学作品150余篇(首),书协、美协会员创作书画作品200多幅,摄影协会会员创作摄影作品350多幅,其他参展文艺作品200余件。在各级报刊发表文艺作品160余件,其中省级30多件,地市级120余件;获奖作品60余件,其中获省级奖励14件,地市级奖励48件。3月,在第8届中国·西南六省市区摄影联展赛中,江舟的摄影作品《谁与争锋》获铜奖,徐志新摄影作品《观战》获铜奖,黄晓红摄影作品《夏日小姐》获优秀奖。4月,江舟摄影作品《闹花灯》获惠海影像俱乐部·索尼"惠海杯"《回家》摄影赛三等奖。5月,江舟摄影作品《爱学习的老母亲》在"索尼杯"中华母亲摄影大赛中获优秀奖。同月,黄晓红摄影作品《演出前》获广西"书香八桂"摄影比赛优秀奖。7月,在玉林市双拥文化征稿活动赛中,林柳的美术作品《牡丹》获三等奖、书法作品《绝漠大军还》获二等奖。同月,在参加广西第十七届"八桂群星奖"比赛中,县文化馆、县戏剧协会共同创作的客家喂戏《河长轶事》获戏剧曲艺类金奖。8月,在第五届国际摄影艺术展中,江舟摄影作品《眼神》入选自由题材组铜奖,《家园》入选风光花卉组丝带奖。9月,在玉林市"勿忘国耻·圆梦中华"抗战爱国经典诗词朗诵活动暨全自治区"我邀明月颂中华"抗战爱国经典诗词配乐诵读大赛中,由黄有荣创作,钟子雄等朗诵的配乐诗朗诵《中国·我们共同的家》获第二名(一等奖)。在《美丽贺州》大型画册征稿中,罗晓露、林柳选送的摄影作品各1幅入选。

表7   2015年陆川县文艺作品在省级以上报刊网站发表名录(不完全统计)

作品名称	作品体裁	作者	发表刊物
《一不小心》	小小说	何 燕	《广西文学》7期
《别问我干啥》	小小说	何 燕	《广西文学》7期
《那些与"陆川猪"有关的日子》	散文	黄伟红	《当代广西》第二期
《梦幻新春》	摄影	江 舟	《中国摄影家》杂志第8期
《梯田》	摄影	江 舟	入选153届爱丁堡国际摄影展并刊登于美国杂志上

表8   2015年陆川县文艺作品获奖(省级以上)名录(不完全统计)

作品名称	作品体裁	作者	奖项	授奖单位
《谁与争锋》	摄影	江 舟	第8届中国·西南六省区市摄影大赛铜奖	中国西南摄影联展组委会
《观战》	摄影	徐志新	第8届中国·西南六省区市摄影大赛铜奖	中国西南摄影联展组委会
《夏日小姐》	摄影	黄晓红	第8届中国·西南六省区市摄影大赛优秀奖	中国西南摄影联展组委会
《演出前》	摄影	黄晓红	广西"书香八桂"摄影大赛优秀奖	广自治区新闻出版广电局
《六条鱼》	摄影	江 舟	2015第15届中国平遥国际摄影大展入选	中国平遥国际摄影大展组委会
《闹花灯》	摄影	江 舟	惠海影像俱乐部·索尼"惠海杯"《回家》摄影赛三等奖	南宁君人庆数码科技有限公司、惠海影像俱乐部、广西女摄影家协会
《面具人生》	摄影	江 舟	"美丽中国 贵州之旅"中国摄影报"走进毕节百里杜鹃节"影友擂台赛三等奖	贵州省摄影家协会、《中国摄影报》

续表·

作品名称	作品体裁	作者	奖项	授奖单位
《眼神》《家园》	摄影	江舟	国际摄影协会第五届国际摄影艺术展自由题材组铜奖、风光花卉组丝带奖	国际摄影协会
《爱学习的老母亲》	摄影	江舟	"索尼杯"中华母亲摄影大赛优秀奖	广西女摄影家协会、广西艺术摄影协会、国际摄影协会广西分会、艺术摄影俱乐部
《快乐的打鱼者》	摄影	江舟	第66届英国MIDLAND国际摄影大赛入选	美国摄影学会(PSA)、国际影艺联盟(FIAP)、英国皇家摄影学会(RPS)、国际摄影家联盟(UPI)
《晚霞》	摄影	江舟	"炎陵杯"第二届《美丽中国、文化风采》摄影艺术大展优秀奖	中华文化促进会、中国艺术摄影学会、湖南省文化厅、湖南中华文化促进会、炎陵县人民政府
《龙珠湖朝霞》	摄影	江舟	第三届希腊奥林匹克四地巡回展入选奖	国际摄影家联盟(UPI)、国际影艺联盟(FIAP)、美国摄影学会(PSA)、希腊摄影学会(HPS)及希腊克里特岛摄影学会(HPSC)
《胜利的喜悦》	摄影	江舟	北京摄影函授学院历届广西学员习作选展入选	广西摄影家协会、北京摄影函授学院广西函授站
《年味》	摄影	江舟	《大众摄影》南宁惠海俱乐部春节杯摄影大赛三等奖	《大众摄影》杂志社、大众摄影网站
《对手》	摄影	江舟	阿尔塔尼国际摄影展入选	国际影艺联盟(FIAP)及美国摄影学会(PSA)
《小心你的邻居》	小说	何燕	江苏省冯梦龙杯全国短篇小说大赛三等奖	中国小说协会、江苏省作家协会
《河长轶事》	戏剧	编剧：江家一	广西第十七届"八桂群星奖"比赛戏剧曲艺类金奖	自治区文化厅

【书画创作】 2015年,县书法、美术协会在全县各类文艺节庆活动及区市各级展览比赛活动中开展书画创作活动。6月,组织书协、美协骨干会员融入陆川元素、陆川特色创作平面设计、绘画艺术作品12幅,参与陆川县开展"文化扮靓美丽乡村——善行陆川"文化墙创意设计大赛。7月,协助县委做好社区创建相关工作:在温泉社区,由文联组织人员创作《温泉妹的传说》墙体漫画10幅;在九洲社区,组织人员创作《九洲江的传说》墙体漫画6幅;10月20日,组织县书协、美协骨干会员创作,选送书画作品10余件参与玉林市公安系统的书画摄影艺术展览。

【摄影创作】 2015年,县摄影协会组织开展开展各种摄影创作活动。2月6日,组织20人到玉林参观"玉林人·玉林事·玉林景"书画摄影获奖作品展,开阔协会会员的视野,拓宽他们的创作思路。3月19日,组织到良田镇橘红基地开展采风创作活动,创作的作品作为画册宣传之用。5月13日—14日,组织到沙坡镇、平乐镇考察古民居建筑并拍摄,协助县住建局出版反映陆川古民居、新村面貌一书。6月16日—18日,组织摄影协会会员到横山镇和平村开展美丽乡村主题拍摄,到龙珠湖进行荷花主题摄影创作。7月,创作关于陆川风景、民俗的摄影作品13幅用作温泉社区走廊摄影布置。11月2日,组织到沙坡镇开展摄影秋季梯田创作活动;18日,组织5人到良田高峰码头进

行拍摄葵花、江景活动,做好宣传陆川、推介陆川工作。加强与其他县、市、自治区摄影协会学习交流,拓展摄影创作活动。

【新春文艺活动】 2015年,县文联根据县委的部署,为弘扬中华文化精粹,构建和谐幸福家园,营造热烈的节日氛围,唱响陆川经济社会建设主旋律,开展一系列新春节庆文艺活动。

"文艺惠民、义写春联"活动 2月5日、10日、14日,县文联组织县内书法协会会员12人,分赴县内乌石、平乐、沙湖、温泉镇等6个镇,为群众义写春联。共书写春联2000余幅,全部赠送当地群众。

新春书画摄影展 2月23日—

28日，由县文联主办，县书法家协会、县美术家协会、县摄影家协会承办的陆川县新春书画摄影作品展在县人民会堂举行。共展出书画摄影作品100多件，其中部分摄影作品为广西摄影家协会会员的摄影作品。展出期间，县领导和机关干部群众及社会各界人士1万多人次参观展览。

新春诗歌朗诵会　3月3日晚上，由县文联和团县委联合主办，县作家协会、县诗词学会、音乐学会、县舞蹈学会共同承办，主题为"保护母亲河·诗情系九洲"的陆川县2015年新春诗歌朗诵会在县人民会堂举行。来自玉林市作家协会、玉林市诗词学会、玉州区诗词学会的特邀嘉宾，县内的诗词爱好者以及社会各界人士400多人参加活动。朗诵会期间穿插舞蹈、钢琴演奏等节目，历时近2小时。来自玉林市作家协会、玉林市诗词学会、玉州区诗词学会的特邀嘉宾，也登台进行诗词朗诵。

【陆川县文艺家创作基地成立】　2015年9月，陆川文艺家创作基地在陆川县松鹤公园挂牌建立。陆川县园林所热心支持文艺工作者的工作，无偿提供100多平方米的办公室，作为文艺家创作工作室使用，让全县的文艺家有一个交流学习创作的场所。

【摄影讲座进陆川活动】　2015年1月17日，由广西文联、广西摄影家协会、广西文艺服务志愿者协会、陆川县文联、陆川县摄影协会联合举办的《摄影基础知识》讲座在陆川县国税局会议室举行。该讲座由中国摄影家协会会员、北京摄影函授学院讲师、广西女摄影家协会副主席、广西摄影家协会艺术专业和培训委员会委员张秀清主讲。讲座由广西摄影家协会副秘书长庞凌宇主持。讲座内容包括：学会欣赏，才能从别人的作品中得到更多的东西；学会思考，寻找自我的感受；做好自己，相信总会给我们带来独特的美丽和感动。讲座专业性较强，又通俗易懂，并准备精彩的摄影

作品。玉林市、陆川县、博白县、北流市等县(市)的协会会员、摄影爱好者160多人参加讲座。

【文艺人才培养】　2015年，县文联加大文艺人才的培养力度，举办或参加各类文艺创作培训、座谈会4次，组织文艺采风6次，考察1次。1月11日，组织摄协会员8人参加由《大众摄影》摄影师徐晓刚主讲的摄影讲座。2月27日，邀请知名摄影家林波传授课，主讲纪实摄影、人像摄影、后期速成等摄影知识，40多人参与受课。4月8日，组织诗词学会学员3人一起到北流考察，学习先进经验。5月29日，组织文艺家5人参加玉州区城北"高山诗社"成立暨"历史名村、美丽高山"文艺家采风活动。6月1日—2日，组织作协会员10人参加第十七期广西文学创作高级讲习班。7月18日，组织摄影协会会员7人参加由玉林市文联、玉林市摄影家协会举办、陆川县的广西摄影家协会会员江舟授课的摄影讲座。9月8日，组织摄协10人参加广西容县"天下奇楼·千姿容州"全国摄影大赛启动仪式。10月25日，组织文学作者6人参加广西散文新锐号研讨暨散文创作培训班。年内，黄晓红、徐志新、江舟获准加入

广西摄影家协会；杜达强、谢有武等7人获准加入玉林市书法家协会。

【《九洲江》期刊出版】　2015年，《九洲江》季刊正常出版。季刊开设走南闯北陆川人、小说世界、散文随笔、诗歌长廊、古韵新声、小荷初露、曲苑舞台、客家歌台等栏目(根据需要，每期适当调整部分栏目)。年内，出版《九洲江》期刊4期，刊发小说、散文、诗歌、诗词、客家戏剧、歌曲、书画摄影等文艺作品425篇(首、幅)，30多万字。4月，在首届广西优秀文艺期刊(内部)评奖中，《九洲江》被评为自治区优秀期刊。

【文艺志愿者主题服务活动】　2015年，县文联根据自治区文联部署，开展"到人民中去——广西文艺志愿者深入基层主题服务活动"的要求，深入基层农村，开展文艺下乡、"种文化结对子"、文艺辅导和培训、慰问演出等多种形式的文艺志愿服务活动6次，参与的文艺志愿者共70多人次。

"情系基层送温暖"活动　1月17日—18日，由广西文联、广西摄影家协会、广西文艺服务志愿者协会主办，陆川文联、陆川县摄影家协会的"情系基层送温暖"活动在陆川县开

2015年1月17日，由广西文联、广西摄影家协会、广西文艺服务志愿者协会、陆川县文联、陆川县摄影协会联合举办的"摄影基础知识"讲座在陆川县国税局会议室举行

县文联　提供

展。广西文联副主席、广西摄影家协会主席施兴良率领志愿者服务队一行，先后走访慰问李德保、李继孙、刘广华等3名老艺术家以及5户特困户。志愿者服务队了解他们的生产生活情况，送上慰问品，和他们合影留念，并给慰问对象送上现场拍摄、打印的家庭照。

知识讲座与文艺辅导　5月16日，县文联在陆川县中学综合楼举办《艺术欣赏》培训讲座，邀请书画名家、讲师黄有荣主讲，300多学生参加讲座。5月23日，县文联到横山稔坡村开展"结对子、种文化"活动，县音乐家协会组织志愿者5人到该村进行音乐、舞蹈的专门文艺辅导，受惠群众100多人。6月3日，组织摄影协会会员到大桥镇举办"九洲江畔党旗红·名师进大桥"摄影知识讲座。9月22日，文艺志愿者到良田镇良田村指导书法爱好者练习书法。

文化进军营　7月25日—30日，县文联组织文艺家为武警官兵举办纪念抗日战争胜利70周年专题讲座1次、辅导书法2次，并赠送书法、美作品10余幅以及捐赠书籍100多册。7月30日，组织文艺志愿者参加庆"八一"文化进军营系列文艺活动，参与警民联欢文艺晚会演出。

诗词朗诵进校园　11月26日，县文联在县沙坡三中举办"诗词朗诵进校园"活动。朗诵活动使该校师生感受中华诗词之美，激发学习热情，丰富校园生活。

文艺支教　县音协主席黄琳琳等人到县第五小学上音乐辅导课5次；县摄协会员、县教师进修学校教师黄伟红等人，到县周边学校义务为师生上心理辅导课4场次；县舞蹈协会副主席何思慎、庞泽志、梁仕军，秘书长徐宁华、会员苏捷、蓝茜茜、温丹丹等人，到县内各中小学校开展文艺辅导工作。

【纪念抗日战争胜利70周年文艺活动】　2015年9月，县文联组织参加玉林市委宣传部主办的"勿忘国耻·圆梦中华"抗战爱国经典诗词朗诵活动暨全自治区"我邀明月颂中华"抗战爱国经典诗词配乐诵读大赛，组织人员创作原创诗歌《中国·我们共同的家》，并由县音乐家协会组织人员配乐朗诵，该朗诵节目获比赛第二名（一等奖）。年内，在2015《九洲江》第3期增设纪念抗日战争胜利70周年栏目，组织作协会员创作相关文学作品30余件，其中的优秀作品全部予以刊发；组织作协会员7人参加玉林市开展的双拥征文活动，撰写征文9篇，并有2篇获不同等次奖励；组织文学创作骨干10余人创作作品20余篇（首），参加玉林市抗战主题征文、楹联、诗词（网上）征集活动。

【"美丽陆川·生态乡村"歌词创作】　2015年5月，县文联组织作协、诗词学会骨干会员5人，深入基层采风，根据县各大广场舞盛行的词曲，结合县的实际，改编、创作10首歌词，送县乡村办审定，并制成光碟，作开展"生态乡村"活动宣传之用。

【何燕作品研讨会暨南宁陆川两地文学交流会】　2015年8月25日，由南宁文学院（《红豆》杂志社）、陆川县文联联合举办的《红豆》作者何燕作品研讨会暨南宁陆川两地文学交流会在陆川县城举行。自治区内外小小说、散文、文学评论界的众多名家杨晓敏、王剑冰、古耜、朱山坡、王迅、丘晓兰等出席研讨会，玉林市、陆川县有关领导、作家60多人参加研讨会。会议由南宁文学院院长、《红豆》主编丘晓兰主持，陆川县委宣传部部长、副县长莫亚坤致辞。会上，对《红豆》小说作者、陆川县青年女作家何燕的系列小小说作品《江边人家》展开研讨，提出中肯的评价和点拨，希望何燕能创作出更多好作品。

【《金田》杂志陆川专号出版】　2015年12月，《金田》期刊（2015第12期）推出陆川专号作品集，作品集刊发30多名陆川籍作者的小说、散文、诗歌、戏剧等文学作品，共39篇（首）8万多字。《金田》期刊推出陆川专号，在陆川尚属首次。对挖掘陆川文化内涵、提升陆川的知名度，推进陆川温泉客家文化品牌的打造，推动全县文化大发展大繁荣有积极意义。

【何燕获中国小小说十大新秀称号】　2015年11月22日，由河南省作协、河南省文学院、小小说作家网等联合举办的2015中国小小说年会在河南新乡举行。年会发布2015中国小小说十大重要事件、十大热点人物、十大新秀以及2015年中国小小说排行榜，陆川县青年女作家何燕获十大新秀称号。

【陆川县作品入选《红豆》精选集】　2015年11月27日，由南宁文学院（《红豆》杂志社）主办的《红豆》杂志年度文学盛典在南宁举行。2015《红豆》年度精选集，是该刊自1972年创刊40多年来第一次出版的精选集，分为散文卷、诗歌卷、小小说卷。陆川县女作家谢小敏的散文《龙河　龙河》、何燕的小小说《谁的电话》《谁的垃圾》，分别入选该刊2015年度散文、小小说精选卷。　　（林　波　阮小露）

陆川县残疾人联合会

【残疾人组织及概况】　2015年，陆川县残疾人联合会（简称县残联）内设秘书股、康复就业股、综合股，编制6名，实有人员7人。下辖事业单位有陆川县残疾人劳动服务站、陆川县残疾人康复中心2个。全县有镇残疾人联合会14个；县级残疾人协会5个；村级（含社区）残疾人协会164个，年内，县残联以"基层组织建设提升年"活动为契机，加强全县残联系统的组织建设和队伍建设，搞好残疾人康复服务、特殊教育、信访和维权等工作,陆川县获全国残疾人康复工作办公室授予"全国白内障无障碍市(县、区)"的称号。

【残疾人组织建设】 2015年,县残联以"基层组织建设提升年"活动为契机,加强全县残联系统的组织建设和队伍建设,并划拨办公经费7万元到各镇,促进各镇工作开展。6月26日,陆川县残疾人联合会第四代表大会主席团第二次委员会议召开,中共陆川县委副书记周建洪当选为名誉主席,中共陆川县委常委、组织部部长陈基林当选为名誉副主席;县人民政府副县长、县人民政府残疾人工作委员会主任吴祖强当选为主席;县人民政府办公室副主任周锦芬当选为副主席。

【残疾人康复服务】 2015年,县残联开展残疾人白内障复明手术、低视力康复、聋儿语训、肢体康复训练、假肢装配、用品用具供应等各项康复工作,完成贫困白内障患者免费实施复明手术244例,其他白内障手术432多例,低视力家长培训15人,盲人定向行走训练44人;聋儿听力语言康复训练6人,聋儿家长训练13人;肢体社区康复训练154人,智力残疾儿童社区康复训练50人;康复专业技术人员在职培训5人,社区康复协调员培训178人;安装假肢16人;孤独症儿童救助6人;轮椅助行器发放135件;智障儿童救助6人;配发辅具300人;低视力残疾人配发助视器150人。12月,陆川县被全国残疾人康复工作办公室授予"全国白内障无障碍县"称号。

【残疾人特殊教育】 2015年,陆川县残疾人特殊教育学校(2014年建成使用),招收残疾人学生3班43人,其中聋生班4人,培智一班22人,培智二班17人。

【残疾人日间照料服务】 2015年,县残疾人劳动服务站聘请教师2人,对16名精神残疾、智力残疾和肢体重度残疾人进行日间照料,实行全日托养照料、医疗康复、生活技能培训等各种康复服务,改善受照料的残疾人生活、精神状况。

【残疾人劳动技能培训】 2015年,县残联加强残疾人种养技术培训,举办为期5天的残疾人种养技术培训班5期,培训人员500人,对参加培训人员每人送复合肥100千克。

【残疾人原始点按摩技能培训】 2015年6月29日,县残联在陆川县残疾人综合服务中心举办残疾人原始点按摩培训班的开班仪式,培训班为期20天,邀请南宁市5名有关专家上课。参加培训人员有盲人残疾人和残疾人家属共50多人。

【残疾人证发放】 2015年,县残联按照二代残疾人证办理的条件,办理残疾人证2296本。

【助残日活动】 2015年5月17日,是第二十五次法定的全国助残日,活动主题是"关注孤独症儿童,走向美好未来"。全国助残日前后,陆川县开展形式多样的庆祝活动。5月12日,县残疾人工作委员会(扩大)会议召开,总结残工委2014年的工作,部署安排2015年残工委的工作;副县长、县残工委主任吴祖强出席会议并讲话,对助残日活动进行部署。5月13日县委书记陈杰在县城慰问残疾人,送上了大米、花生油等慰问品及慰问金,把党和政府的关怀送到残疾人的心坎上。同时,陈杰书记还慰问了残疾人特殊教育学校。13日,县委副书记周建洪慰问盲人按摩店自主创业的残疾人,并为残疾人送上慰问品和慰问金。14日,县长蒙启鹏带上慰问品和慰问金,走访慰问部分残疾人,到残疾人康复工疗基地和阳光家园日间照料处进行慰问,了解残疾人的工作、生活、学习情况,鼓励残疾人做生活的强者。14日,举办同心轮椅发

放仪式,县委常委、统战部部长陈锦华参加仪式,60多名残疾人得到捐赠轮椅。15日,吴祖强到米场镇慰问残疾人林文传,参观他的猪场和果场,肯定其自强不息的精神。

【惠残政策落实】 2015年,县残联发放阳光扶贫基地项目、阳光家园托养项目、农村贫困残疾人无障碍改造项目、"党员扶残 温暖同行"工程、残疾人无障碍改造工程等各项惠残项目资金共70万元。其中,阳光扶贫基地项目资金20万元、阳光家园托养项目资金22万元、农村贫困残疾人无障碍改造项目资金38万元、"党员扶残温暖同行"工程资金16万元。

【残疾人服务宣传】 2015年,陆川县组织各镇开展白内障知识宣传和白内障调查活动,发放白内障知识宣传1万多份。配合县政务中心开展一条街宣传活动2次,发放残疾人宣传资料5000多份。在各类新闻媒体发表有关残疾人工作的信息15条。开展对特奥运动员的调查与组织,落实特奥运动员19人。

【残疾人信访与维权】 2015年,县残联做好信访接待和调查处理工作,接待来访残疾人258多人,处理来访242人次,来信16件。解答群众提问,上门服务30人。做到零距离、零差错、零积压、零投诉。为25名残疾人提供法律服务,办理残疾人法律援助案件3件。11月,陆川县在全自治区残联系统维权和信访工作会议作典型经验发言。

【全国残疾人专项调查】 2015年1月1日—3月30日,全国开展残疾人基本服务状况和需求专项调查,陆川县需要调查和数据采集残疾人2.62万人,实际完成调查和数据采集2.55万人,其中入户调查2.53万人,电话调查223人,数据采集率97.16%,入户调查率99.12%,均按要求完成专项调查工作规定的指标。未完成调查744

人,占比2.84%,主要是2014年11月10日以后新增的死亡、搬迁、外出等情况。其中,死亡626人,占调查总数的2.39%;外出97人,占调查总数的0.37%;搬迁4人;空挂户4人;查无此人13人,占调查总数的0.05%。

【残疾人用器用具指导】 2015年3月26日,中残联康豪假肢矫形器专家战永安、自治区残联辅助器具主任周明辅、玉林市残联副理事长将伟军等一行带领技术人员,到陆川进行14周岁以下踝足与膝踝足矫形器需求者的筛查工作,参加筛查80多人,适合条件28人。

【玉林市残联领导到陆川调研残疾人工作】 2015年7月7日,玉林市残联党组成员、副理事长李华和市地税局、市财政局、市残联有关人员,到陆川督查落实按比例安排残疾人就业和残疾人就业保障金征缴工作进展情况。副县长吴祖强作汇报,县政府办、县地税局、县残联有关人员参加。督查组对广西金创汽车零部件制造有限公司、玉林市诚顺鞋业有限公司马坡分公司、陆川县人民医院等单位进行调研。 （陈桂彩）

陆川县社会科学界联合会

【社科联机构及概况】 2015年,陆川县社会科学界联合会(简称县社科联)编制3名,实有人员2人。年内,县社科联把公务员、农民、社区居民、中小学生作为社科知识普及的重点对象,立足实际组织开展课题研究及申报。

1人获全自治区社科联工作成绩突出个人称号。

【社科知识宣传普及】 2015年,县社科联把公务员、农民、社区居民、中小学生作为社科知识普及的重点对象,采取多种形式开展社科知识普及工作。一是对公务员举办社科知识专题讲座。1月8日,配合县委宣传部,在人民会堂举办中共十八届五中全会精神宣讲报告会,邀请市社科联主席黎波做报告,全县各镇、各部门、各单位、各中小学校领导、干部、教师共1000多人参加报告会。9月7日,2015年全自治区社科联科普大行动之"全面深化改革 推进依法治国"报告会在陆川县委党校举行,邀请市社科联主席黎波作题为《领导干部执行力的建设与提升》的专题报告,副科以上领导干部200多人参加报告会。12月28日,在县实验中学举办《学习贯彻党的十八届五中全会精神全面建设小康社会》专题讲座,邀请市社科联主席黎波作专题报告,500

多人参加报告会。二是对中小学生、社区居民、农民开展广场社科普及活动。5月,县社科联组织参加全县举办的广场科普宣传一条街活动,宣传法律法规、婚姻家庭、环境保护等与群众生活息息相关的知识,活动分发社科知识宣传资料300多份。12月,到镇、村开展社科知识宣传活动,重点宣传中共十八届五中全会精神、法律法规知识、妇女儿童健康知识,分发社科知识书籍1000多本,宣传资料2000多份。

【课题研究】 2015年,县社科联立足陆川实际,突出重点,组织开展课题研究及申报。在选题上,根据陆川县发展生态经济,推进生态文明建设,把生态优势转变为发展优势,走出一条具有产业强、百姓富、生态美的绿色转型和崛起之路的发展形势,确立研究课题——"陆川县生态旅游产业发展现状及对策研究"。年内,该课题获自治区社科联立项并结题上报。

（龙韵岚）

2015年6月3日,陆川县开展科普宣传一条街活动　　县科协　提供

法治·国防建设

FAZHI GUOFANG JIANSHE

2015 年 10 月 9 日，玉林市县级法学会建设工作会议在陆川召开。图为与会领导在会议期间参观温汤社区法律顾问室　　　　　　　　　　　　　　　　县司法局　提供

社会治安综合治理

【社会治安综治机构及概况】 2015年,陆川县政法系统机构有中共陆川县委政法委(简称县委政法委)、陆川县人民法院、陆川县人民检察院、陆川县公安局、陆川县司法局5个县级机构,下辖镇综治信访维稳中心14个,调解室14个,村(社区)综治信访维稳工作站164个,行业矛盾纠纷调处机构5个,村(社区)治保委员会164个。县委政法委内设秘书股、人事股、执法监督股3个部门,县综治办、县维稳办、防范和处理邪教问题办、国安办、铁路护路办、法学会与县委政法委合署办公,县委政法委下设县政法信息网络指挥中心(事业编二层机构)。编制7名,实有人员7人。年内,全县政法部门按照"维护社会大局稳定、促进社会公平正义、保障人民安居乐业"三大任务要求,推进法治建设、平安建设、创新社会治理等工作,开通广西第一家县级法学网,建立玉林市第一家县级法学会;陆川县在全自治区法学会工作经验交流会上做经验介绍,获2013—2014年度广西平安建设先进县称号。

【群众安全感和满意度提升】 2015年,县委、县政府抓好提升群众安全感和满意度工作,推进平安建设、法治建设,加强社会治安防控体系建设,优化社会治安环境,化解一批信访积案和矛盾纠纷。解决群众关注的热点、焦点、难点问题,为民办好事、办实事,群众上访明显减少,群众安全感和满意度提升。在玉林市2015年第二期群众安全感民调中,陆川县综合得分全市排名第三。其中,古城镇、马坡镇在玉林市各镇排名分别排第30名、第51名。

【社会稳定维护】 2015年,县政法系统组织开展信访维稳工作,落实维稳安保各项任务,化解城区征地拆迁、企业改制、农村三大纠纷、涉法涉诉等突出信访积案和敏感问题,消除各种不稳定因素。1—11月,县信访部门受理群众来信来访2058件次,比上年3581件次下降74%。调解案件4272件,成功4076件,成功率95%。完成春运、全国人大和政协"两会""八一""9·3"阅兵、"两会一节"(中国-东盟博览会、中国-东盟商务与投资峰会、南宁国家民歌艺术节)、中共十八届五中全会等重大会议和敏感时段维稳工作任务。"9·3"阅兵和中共十八届五中全会期间,全县实现进京零非访、零上访、零失控目标,没有发生重大群体性事件、重大集体上访事件、重大治安刑事案件、重大安全生产和道路交通以及消防安全事件、重大恶性刑事案件和治安灾害事件、群死群伤事件。

【社会防控整治】 2015年,全县政法系统强化对各类违法犯罪的打击,强化对重点部位、重点单位和繁华地区、路段等的巡逻制度,确保群众的出行安全。继续推进"天网工程"三期建设及"天网工程"进村、单位、企业建设,提升社会治安技防水平,刑事案件呈下降态势。年内,公安机关立刑事案件1354件,破451件,破案率33.31%,与上年同期立1545件破673件相比,分别下降12.36%、10.25%;破获犯罪团伙57个205人,抓获犯罪嫌疑人533人,刑拘525人,逮捕456人,逮捕人数与上年同期比少45人;破获涉毒案件78件,抓获涉毒人员1160人,缴获毒品海洛因26.05克、冰毒63.18克、K粉419克,收到法律效果和社会效果。

【县法学会成立】 2015年7月10日,玉林市县级第一家法学会——陆川县法学会成立,有会员150名。县法学会成立后,先后建立青少年校园法制教育示范基地33个、一村一法律工作者(律师)工作制度点37个、县信访法律事务服务中心1个。10月9日,玉林市县级法学会建设工作现场会暨陆川县法学会第一次会员代表大会在陆川召开,自治区法学会党组书记、常务副会长于娃宪,玉林市委常委、政法委书记、市法学会会长周彬,玉林市委常委、副市长刘世斌等出席会议,并为陆川县法学会揭牌,市直有关部门、各县(市、区)委政法委书记等参加现场会,参观陆川法学建设基地,观摩陆川县法学会第一次会员代表大会。同月,开通广西第一县级法学网,发挥法学网在法学、法律宣传的主导作用,推进法治陆川、平安陆川建设。

【基层综治E通基础建设】 2015年,县委政法委推进全县各镇、综治成员单位信息化建设,从2014年综治建设先进集体奖励资金中划拨经费20.80万元,为各镇和各综治成员单位配置综治E通电脑共68台,夯实基层综治E通基础建设。

【铁路护路联防】 2015年,县委政法委围绕"创平安、保畅通、促发展"的工作思路,开展创建"平安铁路示范县"活动。抓好玉铁新线开通安全隐患排查,开展管内线路危树、农作物专项整治和积水涵洞排查、防范汛期洪涝灾害工作。县境内没发生大的有影响的安全责任事故和刑事案件,确保铁路沿线治安秩序的持续稳定和铁路运输安全。

【平安建设宣传】 2015年,县委政法委加大对社会治安综合治理,加强法治建设、平安建设的宣传,投资150多万元,印制宣传物品和资料,组织政法干部深入基层向群众宣传和普及法治建设、平安建设有关知识。开展"强法治创平安,不断提升群众安全感和满意度"集中宣传活动,采取政法领导走机关单位宣传、政法干部进商铺宣传、手机短信宣传、每天气象广播前后播放平安建设内容、全县公众场所电子屏定期宣传等方式,加强宣传。开展"提升群众安全感 创建平安和谐家园"宣传活动,深入14个镇、6个小区、3600家商铺、企业20家,走访农户2万多家,共发放宣传资料8万多份,宣传手册6万多份,发放宣传品毛巾2000条,围裙3.80万条。5—6月,县政法系统主办的陆川县"弘扬法治精神、共建平安陆川"专题文艺晚会,在全县各镇、县城巡回演出16场,演出节目紧贴县中心工作、法治建设、平安建设,反响良好。

【政法队伍建设】 2015年,县委政法委在政法系统开展"守纪律、讲规矩"和"三严三实"主题教育活动,提升政法队伍整体素质。深化政法干部下基层走访群众工作机制,开展"转、走、促、创"活动,落实"三联三访"工作机制和开展"强法治创平安,不断提升社会公众安全感和满意度"集中宣传活动工作机制,推进走访宣传工作,密切干群警民关系。评选优秀政法干部和"五个十佳"(十佳办案能手、十佳调解能手、十佳为民标兵、十佳精品案件、十佳服务窗口)。组织政法系统合唱队参加陆川县庆祝中国共产党成立94周年"爱国歌曲人人唱"歌咏比赛,获特等奖。

(王福鼎)

公　安

【公安机构及概况】 2015年,陆川县公安局设有职能部门48个,其中机关内设机构25个,分别是办公室、政工室、纪检监察室、宣传室、警务保障室、机要保密室、刑事科学技术室、禁毒委员会办公室、指挥(情报)中心、科技信息化中心、警务督察大队、国内安全保卫大队、法制大队、刑事侦查大队、经济犯罪侦查大队、治安管

理大队、网络安全保卫大队、互联网管理中心、户政管理大队、出入境管理大队、巡逻防控大队、县交通管理大队、禁毒大队、预审大队、便衣大队;监管场所3个,分别是看守所、拘留所、强制隔离戒毒所;派出机构18个,分别是珊罗、平乐、马坡、米场、沙湖、沙坡、白马、新洲、陆城、温泉、大桥、横山、乌石、月垌、滩面、良田、清湖、古城18个派出所;其他机构2个,森林公安局和消防大队。年内,县公安局围绕推进平安陆川、法治陆川建设的总要求,加强过硬队伍建设,严厉打击各类刑事犯罪,共立刑事案件1755件,比上年下降6.30%;破案734件,破案率41.80%,破案年前案76件;破获犯罪团伙70个246人,刑拘632人,逮捕552人;各项业务均排在全市前列。

【社会稳定维护】 2015年,县公安局围绕县委、县政府的中心工作,严守维稳工作底线,先后完成春节、全国人大和政协"两会"、抗战胜利70周年纪念活动、"9·3"阅兵和"两会一节"及玉博会、中秋节、国庆节等敏感时期的安保维稳工作。特别是在全国人大和政协"两会"期间,全县实现零"非访";在抗战胜利70周年纪念活动期间,实现"零上访、零非访、零失控"目标。推进应急队伍建设,健全完善处突机制,严格信息即时报送制度,开展宣传发动,坚持全民反恐战争,部署开展涉疆涉藏人员排查工作。落实人防物防技防措施,加强重点目标安全防范。持续开展常态化的武装巡逻、公开示警、走访查缉。4—10月,全面启动良田公安检查站,实行公安、武警联勤,根据敏感程度实行一级、二级和三级查控警务。先后开展追缉新疆"三股势力"在逃人员会战和切通道打"蛇头"防报复"铁壁行动"。11月初,根据市公安局部署要求,抽调70名警力到玉林北高速服务区参加环桂省际反恐检查站查缉工作。打击邪教违法犯罪活动,年内,查处邪教组织案件2件。网上社

会平稳可控,没有发生重大以上涉警舆情。

【刑事犯罪打击】 2015年,县公安局各单位突出防范和整治重点,打击各类违法犯罪。一是刑事总案下降。立刑事案件1755件,比上年下降6.30%。二是命案全破。发生命案14件,破14件,破案率100%。三是"两抢一盗"等多发性侵财案件下降。立"两抢一盗"案件1253件,下降1.70%。四是打击涉黄涉赌成效突出。查处卖淫嫖娼案件9件,抓获违法人员18人;查破赌博案件155件(刑事案件12件),捣毁赌博窝点57个,抓获涉赌人员742人,其中刑拘18人,逮捕2人,治安处罚724人;查处取缔涉赌游戏机室33家,收缴赌博游戏机160台。五是开展打击"三非"外国人专项行动。共抓获、遣返"三非"(非法入境、非法居留、非法就业)外国人86人。六是打击非法开采。配合政府相关部门,破获非法采矿案2件,抓获犯罪嫌疑人16人,其中刑拘13人,逮捕6人,教育释放3人。七是"神剑1号"专项行动取得阶段性进展。10月13日起,开展"神剑1号"专项行动,年内共立刑事涉枪涉爆案件13件,破17件(年内专项行动前案件4件),缴获自制枪支21支(自制枪13支、仿制枪2支、仿真枪3支、气枪1支、其他2支)、仿制式子弹324发、军用手雷2枚、硝酸铵1500多千克、制枪工具及枪支半成品一批,抓获违法犯罪嫌疑人18人(涉枪案件网逃1人),刑拘1人,转逮捕10人,未批捕3人,其他处理4人。

【社会治安管理】 2015年,县公安局社会治安管理重点加强行业场所、涉枪涉爆物品、交通安全、消防安全、出入境和户政管理。一是强化行业场所管理。清查各类行业场所476家,处置非法业主3人,发出整改通知书3份,停业整顿娱乐场所3家。二是强化涉枪涉爆物品管理。组织安全大检查11次,检查涉枪涉爆单位215

家次,发出限期整改通知书2份,督促整改隐患2处。清查收缴子弹134发、枪支14支、管制刀具26把。三是强化交通安全管理。开展路面交通违法行为整治、交通事故查缉处理、交通安全宣传教育、落实24小时勤务制度,统筹安排警力投放路面,重点路段确保24小时有警车、警灯,规范交通安全管理。落实广西交警部门"二十项便民利民服务措施",组织"酒后驾驶""夜间道路通行安全检查"货车"双超"、电动自行车等系列专项整治,加大现场违法查纠力度。贯彻道路运输车辆动态监督管理相关规定,配合相关部门深入企业明察暗访、突击抽检,督促企业落实动态监管主体责任,强化对重点车辆的动态监管。四是强化消防安全管理。实施消防安全网格化管理,推动"户籍化"管理工作,推进社会消防安全"防火墙"工程建设,部署开展"清剿火患"工作,加强消防安全监督工作。全年发生火灾24起,无人员伤亡,直接财产损失23.23万元。火灾事故与上年比下降47.8%。五是强化出入境和户政管理。办理公民因私出国(境)证件3.50万人次,没有发生因证件办理问题引起群众投诉的现象。按照上级公安机关的要求开展户口清理整顿核查工作,共受理第二代居民身份证6.39万张,受理居住证5243张,接待群众咨询4.61万人,办理审批业务7356件,办理第二代临时身份证1.45万张。六是强化监所安全管理。各监管场所没有发生脱逃、自杀、牢头狱霸打伤打死在押人员等事故,实现全县监管场所安全无事故的目标。

【"天网工程"建设】 2015年,县公安局继续推进"天网工程"三期特别是"三进"(进企业、进社区、进农村)建设,全县建成高清双向智能抓拍治安卡口62套,有治安监控摄像头4297个,其中高清探头668个,形成以县城为中心,覆盖全县各镇甚至到村集"打、防、控、管、服务"一体化的"天网工程"。5月,古城镇实现天网工程"村

村通",全镇10个村的重点路口和路段全部安装高清视频探头,并接入派出所管理平台;沙坡镇1个村安装10个高清监控探头,接入县公安局和市公安局管理平台;其他镇的建设正在启动或实施中。

【群众安全感和满意度提升】 2015年,县公安局坚持全警走访,群众安全感和满意度提升。公安局各部门从群众的需要出发,通过走访、开展宣传、为民办实事好事等措施,使全县群众安全感继续保持在全市较好水平。年内,全县公众安全感获玉林市第2名;在全自治区政法队伍满意度测评中,陆川县公安局连续3年获全市第一名。

【公安队伍建设】 2015年,县公安局把队伍建设置于公安工作首位,不断创新队伍管理举措,狠抓履职能力建设,提升民警的综合素质能力。"五一"前夕,县公安局副局长邱树华获中共中央、国务院授予全国先进工作者称号,9个单位立集体三等功,8名民警立个人三等功,64名个人和16个集体受到县级以上表彰奖励。 (陈斯莉)

道路交通安全管理

【交通管理机构及概况】 2015年,陆川县公安局县交通管理大队(简称县交通管理大队)外加挂陆川县公安局公路巡逻管理大队牌子,内设综合工作中队、秩序管理中队、事故处理中队、车管所、打击车匪路霸中队、宣传中队、客运管理中队、特勤中队、信息通信中队、拯救中队及马坡中队、乌石中队、良田中队、清湖中队、城区中队。年内,县交通管理大队整治各类严重交通违法行为,遏制和减少道路交通事故的发生。年内,全县共发生道路交通事故1553起,死亡15人,

受伤874人,直接经济损失98万元。交通事故四项指数与上年同期相比"二升二降",事故起数上升18.64%,死亡人数下降28.57%,受伤人数下降0.68%,直接经济损失上升29.94%,没有发生1次死亡3人及以上的重特大道路交通事故。

【道路交通秩序专项整治】 2015年,县县交通管理大队在抓好日常道路交通安全管理工作的基础上,配合春运、"三月三""五一""十一"等主要节假日,开展整治县城交通秩序、"三无"(无牌、无证、无保险)违法机动车、无证驾驶、酒后驾驶、"三超一疲劳"、农村道路交通安全管理、"打非治违""百日攻坚战"等专项整治行动。共查处各类交通违法行为3.56万件(含电子监控),查扣违法车辆7000多辆,行政拘留无证驾驶违法人73人,查处酒后驾驶违法人18人,辖区没有发生一次死亡3人及以上的道路交通事故。

【道路交通事故处理】 2015年,全县共生交通事故1553件,其中上报死人交通事故14件,死亡15人。行政拘留交通肇事人5人,刑事拘留交通肇事犯罪嫌疑人17人。为防止因交通事故发生的群体性事件,县交通管理大队事故处理民警在警力紧缺的状况下,一是执行值班、出警、处警规定,所有事故均做到接警准确,出警迅速,勘查细致,认定公正。二是根据事故现场的勘查情况、当事人的过错原因等向双方公布事故责任,解释事故责任划分的法律依据。三是对事故成因明确、肇事方异议不大的,联系相关保险公司先行给付医等费用,或邀请相关保险公司到场参与调解,及时案结事了。四是先行垫付,稳定事态。如在处理2月22日发生的致人死亡的交通事故中,在肇事人无法赔付而保险公司因春节又不上班受理的情况下,县交通管理大队先行垫付埋葬费2万多元,给受害人家属处理死者丧葬事宜。年内,辖区没有发

生因事故执法处理而引起的警民冲突事件，没有发生因交通事故损害赔偿问题而引发的群体性事件。

【车管服务】 2015年，县交通管理大队车管所设立群众办事咨询岗，为群众提供咨询引导服务。坚持周一至周五下乡为群众办理摩托车入户、年检等业务。定期巡回到各镇开办摩托车驾驶证考试，与县内各摩托车驾驶员培训学校联系沟通，在报名人数达到一定数量时，举办农民群众摩托车驾驶证专场考证。从2月起，在专门设立的办公区域搭建遮阳栅，竖立醒目的指示标志、入户上牌的相关规定和收费标准等公示牌，协调相关保险公司现场提供保险购置服务，印制宣传资料2万份，宣传横幅110条，在全县范围发放、悬挂，委托各镇保险服务点就近为群众采集电动车相关信息等措施开展电动车入户上牌工作。年内，车管所办理摩托车入户6530辆、汽车入户1944辆；年检摩托车2.21万辆、汽车1.44万辆；办理初次申领驾驶证3251本，驾驶证补换证业务2.18万件，电动车入户7.35万辆，下乡服务240场次。

【交通安全宣传】 2015年，县交通管

2015年12月2日，陆川县2015年"122全国交通安全日"宣传活动启动仪式在县城举行　　　　　　　县交管大队 提供

理大队在加强日常交通安全宣传教育的基础上，配合"守法回家、平安相伴""安全生产月""打非治违"、学生交通安全等专题宣传内容，开展各种形式的交通安全宣传活动25场次，悬挂跨街横标250多条，出动宣传车100多辆次，群发交通安全宣传手机短信25次30多万人次，出版宣传板报96版，发放交通安全宣传资料16万多份；单独或联合县教育部门、县公安局法制大队深入全县18所中、小学开展各种主题宣传教育活动33场次；电台、电视台制播专题节目189条，预防和减少道路交通事故。

（吴甲锋　李彦华）

检　察

【检察机构及概况】 2015年，陆川县人民检察院（简称县检察院）内设办公室、侦查监督科、公诉科、反贪污贿赂局、反渎职侵权局、民事行政检察科、控告申诉检察科、监所检察科、检察技术科、政工科、人民监督工作办公室、职务犯罪预防局、监察科、案件管理中心、司法警察大队、未成年人刑事检察科，派出机构有派驻乌石检察室、派驻马坡检察室、派驻清湖检察室，编制74名，实有人员72人。年内，县检察院抓好各项检察工作，获市级以上奖励荣誉41项，其中获全国性奖励5项、自治区级奖励15项；反贪、未检、检察室等工作在全市检察机关相关会议上作经验介绍；信息宣传在全自治区检察机关会议上作经验交流，获2015年全国检察宣传先进单位；有3件案件被评为全自治区优质、精品案件；连续3年被评为全市检察理论研究组织奖单位，课题成果获最高人民检察院通报表彰；乌石检察室被评为全市先进基层检察室；2名干警分别被自治区检察院记二等功、三等功；3名干警分别被自治区人大常委会办公厅、自治区检察院评为优秀通讯员，1名干警获全自治区刑事执行检察业务能手称号。

【职务犯罪查处】 2015年，县检察院加大职务犯罪查办，保持惩治腐败高压态势。立案查办贪污贿赂犯罪案件10件20人，渎职侵权犯罪案件2件5人，其中贪污贿赂大案9件12人，侦结9件18人，移送审查起诉9件18人，起诉7件16人，生效判决1件4人。立案查办一批有影响的百万元以上贪污贿赂大案，如依法查办的陈某某贪污贿赂案，贪污贿赂数额1082.57万元。

【职务犯罪预防】 2015年，县检察院深化廉洁准入预防制度，行贿犯罪档案查询拓展到人事任命、干部录用、金融信贷等领域，共开展行贿犯罪档案查询3396件次。结合查办的职务犯罪案件开展案例分析14件次，开展预防调查11次，向有关单位提出预防职务犯罪检察建议10份，开展职务犯罪预防约谈18次。2014年度综合预防报告获县委书记的批示肯定；对县低保领域职务犯罪案件的分析被评为全自治区优质案例分析；向县水利局提出的检察建议被评为自治区"优

质检察建议";摄制微电影《阿拉丁神灯》被评为自治区首届预防职务犯罪专题微电影三等奖。

【批捕起诉】 2015年,县检察院依法批捕各类刑事犯罪嫌疑人520人,起诉486人。其中,批捕故意杀人、故意伤害、强奸、抢劫、贩卖毒品等严重刑事犯罪嫌疑人394人,起诉394人。回应社会对食品药品安全的关注和期待,批准逮捕涉嫌生产销售假药、不符合安全标准的食品罪2件14人,起诉1件1人。打击破坏生态环境刑事犯罪,批准逮捕涉嫌滥伐、盗伐林木、非法采矿等破坏环境资源犯罪17件26人,起诉14件29人。坚持在法治轨道上解决矛盾纠纷,年内无因案件处理不当造成当事人上访或引发群体性事件,维护社会和谐稳定。

【诉讼监督】 2015年,县检察院把严防冤假错案作为必须坚守的底线,对事实不清、证据不足的不捕60人;排除非法证据,坚持证据裁判规则,不诉27人。强化立案和侦查活动监督,监督侦查机关立案20件20人,对侦查活动中的违法情形提出纠正意见13件次;对漏捕的犯罪嫌疑人依法纠正漏捕9人,纠正漏诉20人。强化刑事审判监督,对认为法院裁判错误的提出抗诉3件。

【民事行政检察】 2015年,县检察院加强民事行政诉讼监督。坚持依法监督、居中监督等原则,重点监督虚假诉讼、违法调解、损害国家和社会公共利益的民事行政裁判,受理审查民事行政监督案件9件,对生效民事行政裁判、调解书依法提请抗诉或提出再审检察建议6件。依法开展民事执行活动监督,探索开展环境公益诉讼,逐步形成民事行政检察多元化监督格维护审判权威,对裁判正确的4件申诉案件,做好和解息诉工作。

【监所检察】 2015年,县检察院开展社区服刑人员脱管、漏管专项检查活动,对680名社区矫正人员进行全面清查,向看守所提出纠正意见30条,发出纠正违法通知书5份,发出检察建议3份,均收到纠正回函。加强羁押必要性审查,对不符合关押的,提出变更强制措施并获采纳2件3人,对在押人员进行谈话教育250人次。做好特赦罪犯的监督工作,对全县18名特赦罪犯的报请、审理及裁定工作实施全程同步监督。

【综治维稳】 2015年,县检察院参与平安陆川创建活动,提升社会公众安全感。深入社区开展走访活动。借助大型文艺巡回演出"弘扬法治精神、建设平安陆川"的契机到镇开展平安建设宣传。对涉罪未成年人给予更多司法人文关怀,与县法院、公安局、司法局、教育局等单位建立协作机制,成立陆川县合适成年人工作办公室,组建有300人的合适成年人工作队伍。开展春、秋季学期"开学第一课"法制宣传教育活动,共到30所学校上课42次,受教育学生7000多人次。全面开展分案起诉、犯罪记录封存、观护帮教等工作,依法宽缓处理8人,受理未成年人犯罪比上年下降43.5%。县人民检察院被授予2015年全市检察机关"妇女儿童维权岗"称号。

【服务基层】 2015年,县检察院依托派驻乌石检察室近距离服务基层的优势,受理群众来信来访170多人次,参与社会矛盾调解和解10件。加强刑事被害人合法权益保护,对15名生活确有困难的被害人或其近亲属提供司法救助金4.40万元。年内无涉检进京赴邕访案件。深入贫困村开展精准扶贫法制宣传4次,为当地群众摆脱贫困提供司法帮助。

【基础设施建设】 2015年,县检察院新建的办案用房和专业技术用房建设主体竣工,外部装修完成。7月,派驻乌石检察室挂牌成立,是全自治区第一家取得独立国有土地并办有国有土地证的镇检察室和全自治区首个按照广西检察机关派驻镇检察室办公用房标准进行建设的检察室。按照"一院一品"总体目标要求,在乌石检察室建成260平方米的涉农资金职务犯罪预防警示教育基地。乌石检察室被评为玉林市先进基层检察室。派驻马坡检察室已办好国有土地证,立项工作获得批复同意。加大检察信息化和装备现代化建设,配合全自治区推进信息化规划落实,建成一批分

2015年7月31日,广西首个标准化建设的检察室——陆川县人民检察院派驻乌石检察室举行揭牌仪式

县检察院 提供

级保护、现代侦查指挥中心、远程接访会商、电子卷宗等信息化系统,为实现办案信息化、规范化、科学化提供保障。

【接受社会监督】 2015年,县检察院依法接受人大监督,主动接受政协及社会各界监督。主动向人大常委会报告信息化建设工作,向政协推送检察信息9期,办结人大代表、政协委员建议13件。同时,为群众监督创造条件,会同司法局选任6名人民监督员,向人大代表、政协委员赠阅检察刊物300余份,邀请人大代表、政协委员和社会各界代表参与"检察开放日"、执法检查等活动3次,提高检察透明度。深化检务公开制度改革,开通检察微博、微信公众平台,打造指尖上的检察院。在检察公众微信平台、检察官方微博发布信息349条,在检察门户网站发布案件程序性信息1171件、重要案件信息23件、法律文书417件,法律文书公开率100%。

【检察队伍建设】 2015年,县检察院继续加强人才队伍建设,优化领导班子结构,提拔反贪局长为副检察长,提拔8名年轻干警担任中层领导,向县人大常委会提任检察员14名,搭建符合新时期干部标准的人才梯队。成立检察信息宣传调研写作小组,安排20多人跨部门多岗锻炼,全院共发表宣传稿件400多篇。加强专业化职业化建设。推进专业人才、业务尖子的培养工作,共培训检察人员516人次,选派5名干部到国家检察官学院轮训,选派7名干警到中国政法大学学习。 (黎江霞)

审 判

【审判机构及概况】 2015年,陆川县人民法院(简称县法院)内设办公室、政工科、立案庭、刑事审判庭、民事审判第一庭、民事审判第二庭、行政审判庭、审判监督庭、执行庭、研究室、审判管理办公室、司法警察大队、监察室、司法行政装备管理科、信访科;下设马坡、乌石、清湖等3个人民法庭。编制106名、事业编制12名,实有人员167人,其中聘用人员49人。年内,县法院改革创新,加强队伍建设,提升司法为民、司法公正、司法公开的水平,促进法治陆川建设。共受理各类案件3527件(含旧存),审(执)结案件3147件,结案率89.23%。2起民事案件分别入选全国指导性案例、自治区法院精品案件。

【刑事审判】 2015年,县法院打击各类严重危害社会公共安全和人民生命财产安全的犯罪。加大对职务犯罪的打击,有效促进反腐倡廉工作开展。年内,共受理各类刑事案件414件(含旧存),审结395件554人。

【民商事审判】 2015年,县法院践行"司法为民"工作方针,采取主动上门服务,加强诉讼指导、司法救助、巡回审判等各种便民利民措施,把司法为民工作落到实处。共受理与民生密切相关的医疗、交通事故、工伤事故、婚姻继承、赡养抚养等各类民商事案件2615件(含旧存),审结2308件。7月,审理一起老人起诉儿子、前儿媳要求支付"带孙费"的无因管理案件,法官综合全案证据及查明事实依法支持原告的诉讼请求,该案因对规范家庭关系具备重大指导价值,在全国引发热议,相继被广西电视台、中央电视台等媒体报道,并入选全国指导性案例。依法实行司法救助,对残疾人、老年人、农民工等弱势群体实行优先立案,提供法律咨询、诉讼指导和便民服务,对经济确有困难的当事人减、缓、免交诉讼费182万元,最大限度地满足群众的诉讼需求。

【行政审判】 2015年,县法院贯彻实施新《中华人民共和国行政诉讼法》,加强新行政诉讼法宣传。在行政审判工作中,加强沟通协调、业务指导,解决"官民"争议,促进行政机关加强和改进行政执法,减少行政争议。共受理行政案件12件(含旧存),审结12件。

【案件执行】 2015年,县法院根据自治区高级人民法院部署,开展阳光司法、清理涉民生案件和涉执信访案件、转变执行作风、规范执行行为、"执行案件集中清理月"等活动,完善执行联动机制,形成党委领导、人大监督、政府支持、法院主办、各界配合的执行工作格局。对66名拒不履行法律义务的失信被执行人在查询、冻结银行账户、划拨存款等基础上,利用县法院户外LED电子屏进行集中曝光。邀请人大代表、政协委员现场监督执行,促使当事人自动履行、和解执行,对于有执行能力拒不履行的,采取强制措施执行。年内,共受理执行案件484件(含旧存),执结432件,执行标的总金额1.52亿元。其中,司法救助案件6件,救助金额13.9万元;自动履行、和解执行案件42件;强制执行案件46件。

【立案信访和申诉】 2015年3月,县法院经过人员调整、配备和相关工作的交接,立案与信访工作正式分离。设立信访科,强化涉诉信访工作,推动信访机制改革,前移信访工作关口,从源头上减少上访苗头。年内共接待来访当事人63人次,处理群众信访事项26件。

【预防未成年人犯罪】 2015年,县法院做好未成年人审判工作,依法对32名未成年被告人处以刑罚,收到较好的法律效果和社会效果。强化对未成年人的教育帮扶,开展形式多样的青少年法制教育宣传活动,先后深入乌石镇陆河村留守儿童帮扶教育基地、陆河小学等地开展"送法进校园"法制宣传活动;到自治区未成年犯管教所回访帮教;联合新华社、玉柴集团、县青少年活动中心在"六一"前夕开展中小学生法制教育、赠书学生、关爱留守儿童等活动。对未成年人犯罪案件围绕庭前调查、庭中教育、庭后回访帮助的工作思路,落实对未成年人轻罪犯罪记录封存、合适成年人到庭等制度,加强教育和审理的效果。

【司法体制改革】 2015年,县法院改革创新,提升法院信息化水平,推进人民陪审员等工作,坚持审判质效并重,完善审判管理。

数字化审判管理机制建立 启用综合门户系统及审判管理新系统,贯彻落实自治区高级人民法院推行部署的"CA项目"要求,应用信息技术,依托法院专网,将案件的办案流程进行数字化处理,以自动化流程方式取代传统的手工书写、手工记录和人工传递方式,实现网上收立、移送、结案、归档及文书的撰稿、送签和审批等,实行对案件管理的全程监控。

人民陪审员制度改革 落实人民陪审员"倍增计划",按照不低于法官人数2倍的比例增补人民陪审员,扩大陪审案件范围,强调法官在审判活动中履行法律引导和告知义务,落实人民陪审员阅卷权、参审权,不断健全合议庭评议规则,落实群众对审判工作的知情权、表达权、监督权。全年邀请人民陪审员参加陪审830件,陪审率97.88%。

执行指挥中心试点建设 2月,根据上级统一部署,建成执行指挥中心,解决执行人员在执行过程中遇到的执行取证难、执行过程沟通难、不能记录执行现场等难题。5月,为强化网络查控系统信息安全管理,促进执行查控工作规范化,建成全国法院网络执行查控系统专用操作室。县法院多次通过执行指挥中心跟踪指挥,维护当事人的合法权益,保护执行人员的人身安全。

实行立案登记制 5月1日起,县法院案件受理制度由立案审查制变为立案登记制,对符合法律规定条件的民事起诉、行政起诉、刑事自诉、强制执行和国家赔偿申请,一律接收诉状,当场登记立案,做到有案必立、有诉必理,保障当事人诉权。全年立案2968件,"立案难"问题得到缓解。

【接受监督】 2015年,县法院增强接受监督意识,完善接受监督的措施,确保司法公正。按照《关于加强人大代表联络工作的意见》及《重大事项报告制度》等有关规定,主动与人大代表、政协委员进行沟通、联络,向人大及其常委会报告工作,落实人大及其常委会的审议意见和有关决议。重视人大代表建议办理,听取各级人大代表的意见建议,完善交办、督办、反馈机制。年内,县法院办理人大转来群众来信6件,指定专人逐案登记、督办督查,走访人大代表、政协委员20人次,邀请人大代表、政协委员、人民监督员观摩庭审、现场监督案件执行30人次,邀请人大代表、政协委员来院视察3次共203人次。

【阳光司法】 2015年,县法院推进"阳光司法"工程,以"互联网+"为依托,加大法院审判信息化进程,实现司法公开。推进审判流程公开、裁判文书公开、执行信息公开三大平台建设,深化司法"六公开"(立案、庭审、执行、听证、文书、审务公开),强化公开促进规范化建设,完善制度建设,保障阳光司法的正常运行。实行裁判文书公开上网、案件网络庭审直播,在法院官方网站公开裁判文书2182篇;强化当庭宣判,加强人民陪审员参与和监督审判工作;建立"网站+微博+微信"三位一体的宣传平台,通过法院网站、微博和微信发布要闻,宣传法院工作重点、亮点和新举措、新法律,引导社会舆论。开展"公众开放日"活动3次,为社会公众了解、监督法院提供便利。完善新闻发布会制度,召开新闻发布会4次,向社会通报法院工作。

【调解机制优化】 2015年,县法院进一步优化调解工作机制。一是建立多方联调工作机制,加强和谐司法。完善"妇女儿童维权岗(联络点)"进驻镇、村,加强与村委会、综治办、妇联等组织的联系,逐步形成资源共享、力量共用、良性互动的调解工作网络体系。民商事案件调解结案646件,调解率33.80%;撤诉案件343件,撤诉率11.60%。二是以"巡回法庭"为平台,拓展联动司法领域。建立完善与人民调解、公安、医疗卫生、社会保障、劳动仲裁等部门的协作机制,通过"交通巡回法庭""医疗纠纷巡回法庭""劳动人事纠纷巡回法庭",加大联动执法,拓宽联动司法领域,为群众提供便捷高效的"一站式"法律服务。交通巡回法庭收案195件,审结146件,结案标的额1476万元。其中,以调解方式结案25件,调解率17.12%;以撤诉方式结案15件,撤诉率10.27%。

【审判业务建设】 2015年,县法院推行院庭长办案制,形成院长、庭长直接办案,带头办大案、办难案的氛围,对促进审判工作规范化、制度化起到积极作用,审判质量和效率提升。组织干警到上级法院进行跟班学习,参加自治区高院"法官讲坛"、刑事、民商事、行政、立案、书记员、网络信息员培训28期489人次。发挥观摩庭的示范作用,对有法官资格的人员进行庭审评查,提高法官驾驭庭审能力和裁判文书制作水平,2起民事案件分别入选全国指导性案例、全自治区法院精品案件。组织干警结合审判实践撰写论文,参加应用法学研讨,组织相关人员撰写各类案例、调研论文、学术论文共21篇,完成玉林市中级人民法院和县委政法委指定的调研课题任务"农村基层组织人员职务犯罪案件实证分析与对策研究",共报送全自治区法院学术讨论会论文13篇,其中5篇学术论文、1篇调研课题获玉林市中级人民法院奖励。

【法院主题教育活动】 2015年,县法院开展"守纪律、讲规矩"主题教育、

"三严三实"专题教育、司法廉洁教育活动、"两个责任"落实年、"学准则、铸情操"提升思想道德境界等5个专题活动,全院干警撰写廉政教育心得体会224篇。在开展教育实践活动的同时,做好活动宣传,院机关及3个人民法庭共制作标语20余条、横幅5条、板报24版,发放宣传资料5000多份。规范落实财务管理、公车管理、公务接待等制度,对公务用车安装GPS定位系统进行监管,非工作时间实行统一封存。实行《随案廉政监督卡》制度,主动接受案件当事人对办案人员纪律和作风的监督。开展"三联三访"[院领导联系基层,党支部联系村(社区),法院干警联系群众;院领导要开展大接访,对案件进行大回访,法院干警要大走访]活动,先后组织法官"带案下访""回访"等活动30次200多人次。

【诉讼服务中心建设】 2015年3月,县法院筹划建设诉讼服务中心。6月动工兴建,9月15日建成投入使用。诉讼服务中心按照《人民法院诉讼服务中心建设指导意见》进行规范化设计,建设面积近200平方米,设立立案服务区、调解服务区、信访服务区、候访服务区、自助服务区5大区域,体现"全程透明、集约办理、分流引导、便捷高效"的理念。11月25日,自治区、市、县三级人大代表视察县法院诉讼服务中心,给予肯定。 (李贞娴)

司法行政

【司法行政机构及概况】 2015年,陆川县司法局内设政工秘书股、法制宣传股、公证律师管理股、基层司法工作股、法律援助工作股、社区矫正和安置帮教工作股6个部门,监管指导单位有县公证处、华锦律师事务所、泰盛律师事务所,九州事务所、桂立

恒事务所5个;县法律援助中心1个;镇司法所14个。全县司法行政系统编制51名,实有人员44人。年内,全县司法行政部门重点推进社会矛盾化解、社会管理创新、公正廉洁执法三项工作;开展民主法制示范村创建活动,米场镇新民村获全国"民主法治示范村"称号。

【法制宣传】 2015年,陆川县贯彻落实"谁执法、谁普法"的普法责任制,形成部门、行业分工负责、各司其职、齐抓共管的大普法工作格局。按照"六五"普法规划的要求,全县把农村法制宣传教育纳入政府对农村公共服务的重要内容,增加工作投入,在电视台、广播电台、农村广播电视网开辟学法专栏,农村普遍建立法律宣传栏、法制学校、法律阅览室等学法阵地。5月,开展有特色的深化农村法制宣传教育,组织陆川县"弘扬法治精神·共建平安陆川"专题文艺晚会在全县巡回演出16场次,宣传法治精神。按照《中小学法制教育指导纲要》的要求,加强对青少年法制教育,做到教育计划、教材、课时、师资教案"四落实",和机构人员、经费保障、刚性管理、责任督查的"四个到位",以及构建以学校为龙头,学校、家庭、社会衔接的多维立体法制教育网络。开展青少年法治教育基地创建活动。县实验中学、二中、一小、二小、万丈中心校等5所学校建成青少年法治教育基地。在学校开展法制板报、宪法法律知识演讲竞赛,法律书法、漫画等法制宣传教育活动,推动全县学校法制教育活动发展。开展陆川县"12·4"国家宪法日暨全国法制宣传日系列宣传活动。在国家宪法日暨全国法制宣传日宣传一条街活动中。50多个成员单位参加活动,展出宣传板报30多版,发放宣传资料2.50万份。年内,全县各单位、部门出版宪法宣传板报(墙报)230版,发放宪法、法律宣传资料3.50万份,悬挂宣传横标150条。在"六五"普法总结验收中,陆川县的受检项目

被玉林市检查验收组评为优秀。

【人民调解】 2015年,县司法局服务平安陆川建设,维护社会和谐稳定。整合县、镇、村三级人民调解资源,组织开展"三级联调化矛盾,息诉息访促平安"人民调解专项活动,共调处纠纷案件5400件,其中各司法所调处907件,村人民调解委员会调处4493件。完善人民调解组织机构。以全市"社区建设规范年"为契机,加大社区、村调委会规范化建设力度,筹资对温汤、文昌、乌石街、马坡街、良田街、新洲6个社区和珊罗镇鹤山,沙湖镇新街,大桥镇大塘,清湖镇新官、塘寨,古城镇楼脚6个村的调解室及法律顾问室进行规范化建设,统一购置调解台椅,有关制度上墙。争取县政府对"以案定补"实施办法进行修改,提高调解奖励机制,提高各类调解案件的补贴金额、扩大补贴范围。对优秀人民调解员、调委会进行奖励,评选优秀人民调解案卷、案例,提高人民调解员工作积极性,年内办理"以案定补"案件4149件,补贴金额29万元,陆川县人民调解"以案定补"工作走在全市各县市前列。强化对调解队伍的培训,提高队伍素质。组织各镇及专业性、行业性调解员参加自治区、市和县举办的各种业务培训班;组织开展执法案件质量评查工作,对司法所办理的各类案件(含人民调解案件、处理决定案件、处理意见案件等)进行评查,提高办案质量;组织开展全县人民调解案件观摩评比活动,交流调解经验,规范调解行为,提高调解工作水平。

【社区矫正与安置帮教】 2015年,县司法局做好社区矫正和安置帮教工作。一是加强组织和基础设施建设,按照"三定"方案要求,落实社区矫正和安置帮教工作工作人员,配备配齐电脑、相机、档案柜等办公用品。对每位社区服刑人员严格建立工作档案、执行档案,做到一人一档,解矫后二档归一,档案齐全规范,建档率

100%。二是推进社区矫正信息化管理平台应用和运行工作,实行社区服刑人员 GPS 手机定位管理,提高社区矫正工作效率和管理水平。得到玉林市司法局的肯定。三是建立健全社区矫正量化管理制度和社区矫正工作联席会议制度,继续开展"社区矫正质量提升年"活动,提高社区矫正工作制度化、规范化。坚持"惩管并举、严格执法"的理念,实施分级分类管理,严格各项社区矫正工作环节的实施和监管,没有出现任何漏管、脱管、虚管现象,预防和减少重新违法犯罪行为。做好重大节日和敏感时段社区服刑人员的。加强社会适应性帮扶工作,积极开展心理矫正和走访活动,使社区服刑人员回归社会。四是抓好社区服刑人员的特赦落实工作,根据有关特赦政策,拟报特赦人员 18 人,做到不错、不漏,完成特赦工作任务。年内,接收社区服刑人员 104 人,解除矫正 124 人,在册服刑人员 239 人;接收安置帮教人员 588 人。

【法律服务】 2015 年,县司法局推进法律服务工作。一是围绕县"美丽九州江·生态新陆川"发展新方向,创新法律服务方式和内容,先后参加世客城、温泉农贸市场、北部工业区等重大建设项目以及打击违法违规建筑、非法采砂等专项行动 18 次,出动人员 320 多人次。参与乌石卫生院患者死亡、沙坡北安村水塘纠纷以及珊罗镇戴谋谋违法上访等信访积案和重大突发事件的调处化解工作,维护社会的和谐稳定。二是推进"一村(社区)一法律顾问"工作,在全县每个镇 2 个重点村、所有社区及温泉镇所有村推行驻村法律顾问试点。共有 50 个村(社区)聘请法律顾问。10 月 9 日,玉林市县级法学会建设工作现场会在陆川县召开,与会人员参观温汤社区法律顾问室。三是加强法律援助组织建设,延伸服务触角,降低法律援助门槛,提高法律援助质量,让应援群众及时援助,维护群众的合法权益。年内,共办理法律援助案件

303 件,接受法律咨询来访 667 人次,来电 1020 人次。四是加强律师工作。全县有律师事务所 3 家、执业律师 23 人,均位于玉林市前茅。在律师队伍中组织开展依法治国教育活动,提高律师及法律服务工作者的职业道德和社会主义法治理念,开展法律服务市场整治活动,提高律师执业道德和素质。共办理各类案件 294 件,公证处办理各类公证 786 件;律师担任政府及部门法律顾问 42 家,担任企业法律顾问 90 家。五是依托陆川县司法局"温馨之家,贴心服务"平台,实现法律服务、法治宣传、人民调解、法律援助、安置帮教、社区矫正"一站式"服务。 (林 垦)

陆川县人民武装部

【人武部机构及概况】 2015 年,陆川县人民武装部(简称县人武部)内设军事科、政工科、后勤科。年内,县人武部按照"突出首位抓根本,聚焦中心谋打赢,从严治军保稳定,改进作风抓落实"的工作思路,抓好各项工作落实,被广西军区表彰为"全面建设先进团级单位"、被玉林军分区表彰为"安全工作四无"单位。

【政治教育】 2015 年,县人武部按照两级军区和玉林军分区的,围绕实现中共在新形势下的强军目标,开展"学习践行强军目标、做新一代革命军人"主题教育活动,把学习玉林军分区精神融入党史、国史、军史教育之中,持续培育当代革命军人核心价值观。贯彻全军文艺座谈会精神,开展"强军风采"系列文化活动。紧贴人武部实际,整合身边资源,开展纪念中国人民抗日战争暨世界反法西斯战争胜利 70 周年系列活动。开展严守政治纪律教育,加大热点敏感问题教育引导力度,增强官兵职工政治定

力和纪律意识,搞好网上舆情监控,开展网上暴露军人身份问题专项整治和"反间防谍"教育整顿活动,抓好涉密人员政治考核和经常性思想考察,杜绝窃密卖密问题。5 月,人民武装部党委班子成员开展"三严三实"专题民生生活会,围绕教育活动应解决的问题,开展批评与自我批评,达到增强党性、增加共识、增进团结、共同提高的目的。8 月,党委召开专题会议,彻底肃清郭伯雄、徐才厚案件影响,搞好思想引导和信息的清理清查,引导干部职工认清郭伯雄、徐才厚案件严重危害,坚定投身强军兴军伟大实践的信念信心。

【民兵整组】 2015 年 2 月,县人武部召开全县民兵整组工作会议,开展民兵整组工作. 根据军委、总部关于加强后备力量建设指示要求,贯彻编组出战斗力的思路,按照"布局合理、结构优化、重点突出、确保质量"的原则进行编组,通过细致的调查摸底、制定可行的调整方案,完成应急、支援、储备 3 大类基干民兵队伍组织整顿任务,逐步实现由数量规模型向质量效益型转变。对年满 18 岁的男性适龄青年进行兵役登记,落实预征对象。

【军事训练】 2015 年,县人武部按照中央军委主席习近平"能打仗、打胜仗"要求,以"军事基础扎实、业务技能优良、能力素质过硬"为总体目标,着眼使命任务需要,抓好军事斗争准备各项工作的落实,推进军事斗争准备由应急向常态化转变。投入 70 多万元,修缮民兵训练外场。2—3 月,组织人员完善修订各类作战和应急方案预案,提高"实案化"水平。4 月,组织民兵应急分队开展军事训练,提高应急队员的军事素质。7 月,组织基干民兵进行为期 10 天的大集中军事训练和演练,通过强化管理措施,确保人员、时间、内容、效果"四落实"。10 月,利用 8 天时间组织专武干部和民兵应急分队开展复训,高标准迎接玉林军分区对县

民兵应急连的考核,完成战备拉动、人员点验、3000米跑、冲锋枪实弹射击、维稳处突队形变换、"四会"(会讲、会做、会教、会做思想工作)教学等7个科目的考核,成绩优异。狠抓领导机关基础课目训练和战备演练,全年组织5次机关战备拉动,干部在军分区组织的半年和年底的军事训练考核中均获第一名,岗位能力素质考核全部达标。严抓后勤保障训练,落实后勤医疗救护分队的训练和管理,配齐各类物资器材,在分区抽查中得到肯定。

【征兵工作】 2015年,县人武部着眼征兵制度调整改革和征集高学历兵员这个重点,注重抓好征兵宣传发动工作。按照自治区和玉林市的统一部署,加强征兵工作的组织领导,开展宣传发动工作。从6月下旬开始,部领导带队深入县城高中进行调研,动员高中毕业生报名应征。通过召开征兵宣传协调会,明确相关单位宣传任务。开展征兵宣传"一条街"、与县城高中生面对面宣传、与外出适龄青年一对一宣传、帮助适龄青年网上报名等手段,调动适龄青年参军热情。按照优先选送学历高、身体素质好、思想觉悟高的青年的原则,依法征兵、廉洁征兵,严把体检政审关,完成年度新兵征集任务。

【拥政爱民】 2015年,县人武部组织人武干部、专武干部、职工和民兵预备役队伍参加县"美丽陆川·清洁乡村"活动,组织即将入伍新兵在镇、车站等公共场所开展"感恩家乡、清洁乡村"公益活动。利用民兵骨干集训、专武干部集训、学生军训、征兵、地方党政领导过军事日等时机进行国防教育宣传,先后组织地方领导共1300多人次过军事日活动,帮助陆中、二中、三中、实验中学等学校对6000余名新生进行军训。营造当兵光荣的氛围,部领导为立功受奖官兵家庭送去喜报。3月,组织干部职工和民兵预备役人员开展学雷锋做好事活动,义

2015年7月15日,陆川县人武部开展民兵训练　　县人武部　提供

务为老百姓理发、修理电器、打扫街道卫生。开展精准扶贫,同沙湖镇长沙村结成帮扶对子,协助解决道路硬化、生活用水、缺乏农业技术的问题,资助近4万元,为长沙村小学修建图书室、捐书1000余册。在"八一"期间,对军烈属和生活困难的军人家庭进行走访慰问。开展捐资助学活动,定期发给陆川县中学5名贫困学生学习补助。

（夏　傲）

中国人民解放军武装警察部队陆川县中队

【武警部队概况】 2015年,中国人民解放军武装警察部队陆川县中队(简称县武警中队)按照武警广西总队、玉林支队两级党委的工作部署,围绕强军目标,坚持按纲抓建,部队建设持续发展。县武警中队连续33年实现执勤安全无事故,被武警广西总队评为"基层建设先进单位""百日安全竞赛活动"优胜单位。

【组织建设】 2015年,县武警中队加强组织建设,贯彻落实武警广西总

队、玉林支队两级党委扩大会议和中央军委新修订的《军队基层建设纲要》精神,研究提出"建设全面过硬中队,奋力争创标兵中队"的奋斗目标,确立"精确制导求稳、精细管理保稳、精准帮扶促稳"的工作思路,开展组织生活制度大检查和基层风气专项整治活动,组织召开官兵座谈会3次,梳理归纳整改意见23条,纠正治理发生在战士身边的突出问题,提升官兵士气。年内选送预提士官集训6人,推荐选取初级士官4人,发展党员4人。

【思想政治建设】 2015年,县武警中队开展"三严三实"主题教育活动,采取专题授课与随机教育、板报宣传与网络引导、班排讨论与心得撰写相结合的方式,做到基础教育抓实、主题教育抓活、经常性思想教育抓灵、形势政策教育抓准,开展"新一代革命军人样子"大讨论、"寻找爱的理由"和"三互"(互帮、互学、互教)活动,组织撰写军人样子"自画像"、征集"爱的十条理由"等活动,挖掘宣传中队"爱的主角",举办"爱在警营、与爱同行"演讲比赛。7月,中队指导员袁新宇参加武警广西总队"四会"(会讲、会做、会教、会做思想工作)政治

教员比武获第一名。9月,中队大学生士兵1人考入部队院校;借助驻地文化资源开展学习成才活动,与县图书馆开展"流动图书进警营"活动,邀请县文化馆教师帮助战士编排文艺节目,丰富文化生活。7月底,在中队营区与驻地公安局、文体局共同举办庆"八一"警民联欢文艺晚会,与县文联组织开展文化进警营活动。

【军事训练】 2015年,县武警中队按照中央军委"能打仗、打胜仗"要求,贯彻军事训练"八落实"[人员、内容、时间、质量、弹药、摩托(飞行)小时、教练员、场地"八落实"],围绕"抓重点、训难点、补弱项、促提高"的思路,引导官兵树立"训练有为、训练有位"的思想,推进实战化训练,建立训练考核档案,完善军事训练奖惩激励机制;结合担负反恐"铁壁行动"机动备勤任务,研究细化应急处突方案,完善应急班人员编组,抓好专业技能训练,提升官兵军事素质,增强部队处置能力。开展装备行业风气专项整治活动,对照检查,查摆问题,发挥好装备作用,开展人装结合训练,做到定人定物,确保每名官兵都能够熟练掌握手中武器装备,为完成任务提供保障。年内,在武警玉林支队勤训轮换中,县武警中队获总分第二名。

【执勤安全保卫】 2015年,县武警中队贯彻落实"湖北会议"精神,5月开展执勤安全教育整顿活动,加强执勤教育,组织观看执勤安全教育典型执勤事例和警示录像片;针对"柳州包裹爆炸案"开展专勤专训,突出抓好"三员一兵一组一班"(作战勤务员、领班员、网络查勤员,哨兵,应急小组,应急班)协同和方案演练训练,提高部队快反能力;推进执勤"五防一体化"(人防、物防、技防、联防、犬防,一体化指挥平台)建设,先后协调目标单位投资5万多元,购置脸部识别系统、金属探测器、车底检查镜、岗楼空调等执勤设施;关注社情变化,坚持每日早、晚2次向公安机关询问了解,与目标单位开展"每日犯情一通报、每周议勤一会议、每月演练一检验、每节监舍一清查、每季隐患一治理"的"五个一"活动,协调目标单位投资3万余元,开展警戒区域草皮、下水道整治,清理山体滑坡等执勤隐患,确保固定执勤目标绝对安全。7月5日,成功处置看守所东面监墙外大面积山体滑坡险情。开展"优秀勤务值班员、优秀网络查勤员、优秀哨兵"评选活动,激发官兵内在动力。完成陆川"1·02"联合搜捕行动、"铁壁行动"机动备勤、敏感期县城武装巡逻、清明节敬献花圈、国庆升旗等任务,先后完成押解勤务11起,押解犯人167人。参与处置良田检查站非法营运管制刀具事件。

【部队管理】 2015年,县武警中队对照中央军委新《纲要》及武警广西总队"依法从严治警集训"要求,注重官兵集合站队、警容风纪、用水用电、卫生维护、内务整理、礼节礼貌、为人处世等方面建设,培养官兵令行禁止、雷厉风行、整洁大方、举止文明的良好习惯和行为养成,规范"四个秩序"(执勤、战备、工作、生活);结合条令法规学习、枪弹大清查和枪弹安全管理整顿、百日安全竞赛等活动开展,完善营区防卫措施,狠抓士官队伍教育管理,落实治酒"六个严禁"规定。结合条令学习活动,突出抓好一日生活秩序正规,做到集合站队严要求、查铺查哨严落实、工作开展严部署、课余活动严组织,部队管理正规有序;搞好安全隐患排查,加大对易燃易爆、毒麻药品等危险品的清查管控,共整改隐患5处,清退报废煤气罐1瓶、硫黄粉2包。

【后勤与营院建设】 2015年,县武警中队落实后勤战备规定,完置突发事件、反恐、抢险救灾物资器材和经费储备,提升应急保障能力;落实武器装备使用管理规定,按照"一人一责、一岗一责、一装一责"的要求,责任到人。开展"伙食管理规范年"活动,实行"一杯纯牛奶一个煮鸡蛋"和"六菜一汤"硬性规定要求,战士对伙食满意率99%以上;结合"财务大清查"活动,抓好开支预算、研究、审批、监督等环节的管理,规范经费使用。投入资金6万多元,更新文体训练馆地板、制作部分训练器材、维修障碍场等;投资6万余元,改造厨房设施。

(张曙光)

中国人民武装警察部队陆川县武警消防大队

【武警消防部队及工作概况】 2015年,中国人民武装警察部队陆川县武警消防大队(简称县武警消防大队)下辖消防中队,配备消防车5辆。年内,全体官兵按照年度计划开展工作,完成以防火、灭火和抢险救援为中心的各项工作任务,县武警消防大队获2015年度全自治区公安消防部队先进党委、玉林市消防支队先进党支部、玉林消防支队消防业务比武竞赛第五名。

【组织建设】 2015年,县武警消防大队完善党的组织建设,探索大队、中队党支部规范化建设,提高两级书记队伍开展党务工作能力,提升基层党建工作水平。坚持抓班子、带队伍、促工作的根本思路,落实各项组织生活制度,坚持民主集中制,严格官兵评优评先、战士入党考学、学习驾驶技术等重大问题,年内大队推荐官兵学习驾驶技术2人,转入党积极分子3人,预备转正式党员2人。针对现阶段社会发展情况与局势变化,把支队教育计划与官兵思想的实际情况、遂行任务相结合,学习中共中央总书记习近平系列重要讲话精神和中共十八届五中全会精神,开展各类基础知识教育,开展思想教育与一对一帮扶,协助解决士兵在服役期间遇到的各种现实困难与思想问题，帮助他们了解基本法规政策，提高政治觉悟和认识能力。按计划开展"三严三实"专题教育整顿暨"学习践行强军目标，做新一代革命军人"主题教育活动，培养新时期"四有"（有灵魂、有本事、有血性、有品德）革命军人；不断完善警营文化墙建设，通过文化墙学习烈士杨科璋事迹，深化官兵对"四有"革命军人的认识，筑牢官兵的思想根基。年内，县武警消防大队开展思想政治教育课115课时，经常性思想教育135人次，学习参观社会单位15家，群众性主题实践活动6次。落实"军地共建""从优待警"等原则，坚持把争创青年文明号作为加强部队全面建设的一项重大举措，坚持人民的利益高于一切，加强与地方单位的联系，开展扶贫结对、助学帮教活动，用实际行动践行着全心全意为人民服务的宗旨，共建和谐警民关系。在元旦、春节、清明、国庆等节日组织双拥共建活动，对孤寡老人和困难党员进行慰问。全年大队官兵共看望孤寡老人5次，打扫烈士纪念碑8次，为驻地清洁道路20多千米，与共建单位先后举行场篮球友谊赛15次。

【部队管理】 2015年，县武警消防大队、中队干部加强部队作风纪律建设，坚持抓好一日生活制度，每日交接班，每夜干部查铺查哨不少于2次，严格请销假制度，严格8小时外的管理，利用周末组织文体娱乐活动；组织学习公安部"三项纪律""十条禁令"、条令条例及各项的规章制度，督促官兵在生活、工作中严格遵守，做到有令必行、有禁必止、违者必惩，学习传达总队、支队转发的各类违纪事件的通报，在官兵中开展警示教育活动，使部队正规化管理、纪律作风、精神面貌等方面得到好转。年内，大、中队围绕安全创建活动方案，开展"条令条例学习月"和多种形式的安全教育活动。大、中队成立安全组织机构，通过查找安全隐患，完善安全措施，引导部队树立安全发展理念，强

化遵章守纪意识，规范安全管理工作和官兵的安全行为，并定期召开安全形势分析会，开展安全知识竞赛，增强官兵宗旨意识、安全意识和安全防范技能。全年大队没有发生任何安全事故。

【执勤岗位练兵】 2015年，县武警消防大队落实总队制定出台的正规化执勤训练管理规定、作战安全管理制度、灾害事故信息报告等制度和规范经常性战备工作。大、中队加强实战化训练和体能训练，注重强化战士、干部体能、技能训练，为提高官兵的体能和业务技能，大队组织对官兵的体能进行每周一小考、每月一大考，作为评优评先的依据，强化官兵的体能和业务技能，为灭火救援打下基础。大队每周开展不少于2次的实战化训练；每月对重点单位组织约6次的熟悉演练，其中夜间演练不少于2次，并将演练视频及图片上传至支队FTP文件夹内；每月对辖区的消火栓进行一次全面检查，并录入系统。全年，完成60个重点单位预案更新和15个类型预案的录入；无任何安全责任事故。

【消防管理监督】 2015年，县武警消防大队出动警力2031人次，检查单位场所1012家次，发现和督促整改火灾隐患558处，下发《重大火灾隐患整改通知书》2份，《责令改正通知书》458份，办理行政处罚案件60起，责令"三停"10家，处罚金额26.36万元，行政拘留7人。

消防安全专项整治活动 提请县政府将消防工作纳入目标责任考核体系，逐级签订目标责任书，县政府召开消防工作会议4次。县政府县委、县政府组织县安监、住建、工商行政管理等部门进行集中排查整治，开展消防安全检查行动12次，陆县政府对重大火灾隐患陆川县人民医院及陆川县木花山液化石油气供气站2家单位存在的重大火灾隐患进行挂牌督办。县武警消防大队发挥

消防安全委员会的作用，年内召开联席会议4次，督促行业部门开展今冬明春火灾防控暨专项行动"回头看"等4个专项整治活动，净化全县消防安全环境。

消防执法规范化 按要求利用执法记录仪并配齐配全移动执法终端和执法记录仪，在开展各项执法审批工作中，确保能100%使用执法记录仪进行现场记录，提高执法的公信力。在行政处罚、行政审批方面，按照支队《消防监督执法集体议案程序规定》，共举行集体议案28次，规范消防行政执法工作。共办理建设工程消防设计审核5项，建设工程消防设计备案15项，建设工程消防竣工验收备案3项，公众聚集场所投入使用、营业前消防安全检查1项。

派出所消防监督职责明确 通过提请县公安局，明确派出所对重点单位监督职责，将其纳入绩效考核，开展考核评比，推进派出所消防监督管理工作。同时，开展派出所消防监督培训，并实地指导69人次，提高派出所消防监督执法能力及工作积极性。年内，全县14个派出所共出动警力5369人次，检查单位场所2684家次，下发《责令改正通知书》939份，发现和督促整改火灾隐患954处，警告109人。

"网格化""户籍化"管理 组织召开镇街道消防安全负责人会议、重点单位消防安全责任人或管理人会议，落实各项专项整治任务，推动各级各部门落实街道、镇消防安全"网格化"管理，实行网格长负责制，落实网格员每日巡查、宣传任务。同时，对辖区内消防安全重点单位实行"户籍化"管理，定期抽查通报"三项报告备案"及互联网"户籍化"管理系统录入情况，经抽查消防安全重点单位"户籍化"管理、"四个能力"（提高社会单位检查消除火灾隐患的能力，提高社会单位组织扑救初起火灾的能力，提高社会单位组织人员疏散逃生的能力，提高社会单位消防宣传教育培训的能力）建设均100%达标。

【拥政爱民】 2015年,县武警消防大队推进拥政爱民活动。为群众做好事(拉水、摘马蜂窝、取钥匙、冲水等)65件次;打扫纪念碑8次、责任区33次;与共建单位先后举行篮球友谊赛15次;参与政府及各部门活动执勤18次;开展消防志愿者活动12次;通过电视播出消防公益广告50余条次,发放消防宣传品和资料3.50万份、知识短信20万条,悬挂条幅标语40余条,设置展板20余块;消防安全知识培训5万人受益;给全县高中、初中和小学进行一次消防知识宣传学习;消防站开放70次,受教育群众约1500人;慰问孤寡老人5次;为驻地清洁道路20多千米、为单位冲洗地板1000多平方米。

【警营文化建设】 2015年,县武警消防大队贯彻《广西公安消防部队警营文化建设实施方案》,推动文化基础设施建设达标活动,加强部队警营文化建设。继续落实《玉林市公安消防支队构建"和谐警营"工作方案》,从实际出发,完成大队荣誉室和青年文明号、廉政文化墙、廉政宣传栏等廉政文化景观更新和更换;开展"三个半小时活动",周末时间开展文化体育活动。坚持以人为本,构建部队与地方、上级与下级、领导与部属、干部与家庭、官兵之间的和谐关系。

【消防宣传】 2015年,县武警消防大队利用驻地媒体资源优势,加大宣传力度。印发放消防宣传图册1万多份,开放消防站及举办培训班30多次,组织社会单位开展灭火疏散演练20余次,培训社会单位员工和师生5000余人次,悬挂消防宣传横幅50多条,发放消防短信30多万条。

【消防新站建设】 2015年,县武警消防大队党委筹措新消防站的迁建工作,办理建设前期手续,获得建设预算经费1800万元。10月20日,举行新消防站开工仪式。

(何恒漩)

人民防空

【人防工作机构及概况】 2015年,陆川县人民防空办公室(简称县人防办)在县住房和城乡建设局挂牌,内设综合股、业务股,编制5名,实有人员7人。年内,县人防办贯彻执行人防法规政策,开展人防建设,先后被玉林市人防办评为2014年度、2015年度人防工作目标管理考评达标先进单位,被陆川县全面推进依法行政工作领导小组评为2014年度依法行政优秀单位。

【人防工程建设】 2015年,县人防办抓好人防工程建设,做好人防行政审批工作。根据上级要求,推进县人防办非行政许可事项清理、行政审批责任清单和权利清单制订、行政审批案卷评查、政府法律顾问制度建设等工作。对结建项目加强执法检查,推动防空地下室易地建设费征收工作开展。加强对政务服务中心人防办窗口的领导,主要领导和分管领导多次到窗口指导业务,提高行政效率和服务质量。年内,做好人防地下室审批工作,防空地下室报建项目1个;在建防空地下室1个;办理结建项目行政审批141项。

【防空专业队组训】 2015年,县人防办做好人防专业队组训工作。结合上级年度民兵整组的工作安排,对抢险抢修专业队、医疗救护专业队、防化专业队、通信专业队、运输专业队等5支专业队伍进行整组,共由150人组成。完善人防合成专业队,共由100人组成。7月,对人防专业队进行训练,提高人防专业队伍应急救援能力。

【人防指挥通信建设】 2015年,县人防办加强人防指挥通信建设。做好防空警报社会化管理维护,建立防空警报社会化管理制度,落实警报器协管员,组织警报器协管员进行培训,定期对防空警报系统维护检查,确保防空警报设备完好。按照全自治区、全市防空警报统一试鸣的要求,组织"9·18"防空警报统一试鸣,音响鸣响率100%,音响覆盖率98%,提高城市居民防空意识。结合防空警报统一试鸣活动,在温泉镇初中开展初二年级学生的防空袭紧急疏散演练。做好国防动员网的维护管理工作,确保终端设备齐全完好。

【人口疏散基地建设】 2015年,县人防办继续做好人口疏散基地建设工作。组织领导、干部到人口疏散示范基地进行调研,完善1个基地示范点建设,组织1次互访活动,巩固人口疏散基地建设。

【县人防指挥所工程项目筹建】 2015年,县人防办推进县人防指挥所工程项目建设。3月,该工程项目经自治区人防办、玉林市人防办批复同意立项,建设项目征地工作进展顺利。县人防办按照相关要求正开展项目可研工作。

【人防法规与知识宣传】 2015年,县人防办做好人防法规与知识宣传工作。5月,结合陆川县"第三届政务公开日"一条街活动,进行人防宣传咨询活动1次。8月31日,召开县城初级中学人防知识教育动员会,城区4所初中3200名学生接受人防知识教育。9月22日,结合国防教育日活动开展以"弘扬伟大抗战精神 同心共筑强大国防"为主题的宣传。年内,开设宣传橱窗,宣传人防法律法规和防空防灾知识;开展人防"五进"(进机关、进学校、进社区、进企业、进网络)活动;会同温泉镇政府,在长安等社区开展居民人防知识教育工作,共出版宣传专栏2期,发放《居民防空防灾应急手册》200本,印发宣传资料2000份;向《广西人防》杂志投稿3篇,刊登1篇;在陆川县电视台进行人防宣传报道4次。

(陈永杰)

财税·金融

CAISHUI JINRONG

2015年4月8日，县信用联社推进企业文化建设，对突出的先进集体和先进个人进行表彰

县信用联社 提供

财 政

【财政机构及概况】 2015年,陆川县财政局内设秘书股、预算股、行政政法股、综合股、国库股、教科文股、经济建设股、社会保障股、农业股、农村财政财务管理股、企业股、金融管理股、国资股、会计管理股、人事教育股、法规税政股、商粮贸股、监察室,编制26名(行政编制23名,工勤人员3名),实有人员20人;下辖县财政稽查局、县民族经济发展资金管理局、县国库支付中心、广西中华会计学校陆川函授站(县财政干部教育中心)、县政府采购管理办公室、县财政预算编审中心、县农业综合开发办公室、县财政信息网络管理中心、县财政投资评审中心、县非税收入征收管理局10个单位及14个镇财政所,二层事业单位实有人员67人,镇财政所实有人员106人。年内,县财政局加强财政收入征管,挖掘增收潜力,依法理财治税,加大财政组织收入,强化支出预算管理,加大重点支出保障,财政运行基本平稳。全县公共财政预算总收入45.26亿元,总支出42.04亿元,年终滚存结余3.21亿元。其中,上级追加专款结余2.76亿元,置换债券结余4500万元,当年收支净结余30万元。全县基金预算总收入4.53亿元,基金预算总支出3.92亿元,基金滚存结余6025万元。

【财政收入】

县财政总收入 2015年,县财政局公共财政预算总收入45.26亿元,比上年增加8.14亿元,增长21.93%。其中,地方公共财政预算收入10.13亿元,增长8.18%;税收返还收入8446万元,增加12万元,增长0.14%;一般性转移支付补助收入16.78亿元,增加1.74亿元,增长11.54%;上级专项转移支付补助收入8.19亿元,减少1.67亿元,下降16.97%;地方政府债券收入3.25亿元,增加3.06亿元,增长15.66倍;上年结余收入3.21亿元;调入资金收入2507万元;收回盘活财政存量资金2.61亿元。

表9　　　　　　　　　　　　　　2015年陆川县财政总收入情况

科　目	2014年收入 (万元)	2015年收入 (万元)	比上年增减额 (万元)	增减率 (%)
一、公共财政预算收入	93608	101264	7656	8.18
1.税收收入	51396	58317	6921	13.47
增值税(17%部分)	2986	3380	394	13.19
营业税改征增值税	573	772	199	34.73
营业税(60%部分)	5929	6358	429	7.24
企业所得税(30%部分)	2857	3740	883	30.91
个人所得税(25%部分)	672	676	4	0.60
资源税	502	506	4	0.80
城市维护建设税	1607	1692	85	5.29
房产税	653	752	99	15.16
印花税	316	333	17	5.38
城镇土地使用税	415	291	-124	-29.88
土地增值税	11513	9318	-2195	-19.07
车船使用税	723	896	173	23.93
耕地占用税	19517	25563	6046	30.98
契税	3133	4040	907	28.95
2.非税收入	42212	42947	735	1.74
专项收入	1363	3418	2055	150.77
行政性收费收入	4632	9483	4851	104.73

续表

科　目	2014年收入（万元）	2015年收入（万元）	比上年增减额（万元）	增减率（%）
罚没收入	2056	2427	371	18.04
国有资本经营收入	31830	25060	−6770	−21.27
国有资源(资产)有偿使用收入	1736	2167	431	24.83
其他收入	595	392	−203	−34.12
二、上级补助收入	257498	258149	651	0.25
1.税收返还收入	8434	8446	12	0.14
上划中央"两税"返还收入	3808	3820	12	0.32
上划中央所得税返还收入	1066	1066		
上划自治区"四税"返还收入	2017	2017		
油价税费改革收入返还	1543	1543		
2.一般性转移支付收入	150468	167835	17367	11.54
原体制补助收入	130	1,583	1453	1117.69
均衡性转移支付补助收入	18060	30400	12340	68.33
调整工资转移支付补助收入	10495	10495		
农村税费改革转移支付补助收入	3908	3908		
县级财力保障机制奖补资金	21465	23557	2092	9.75
结算补助	17908	2337	−15571	−86.95
成品油改革转移支付补助	756	828	72	9.52
公共安全转移支付补助	1924	1806	−118	−6.13
农村义务教育转移支付补助收入	20762	22689	1927	9.28
卫生转移支付补助收入	30073	36129	6056	20.14
农林水转移支付补助	3278	3690	412	12.57
社会保障转移支付补助	20302	28157	7855	38.69
革命老区及民族和边境地区转移支付补助收入	1052	1284	232	22.05
其他一般性转移支付补助	355	972	617	173.80
3.专项转移支付收入	98596	81868	−16728	−16.97
三、政府债券收入	1950	32500	30550	1566.67
四、上年结余收入	17806	32059	14253	80.05
五、调入资金收入(含基金调入)	308	2507	2199	713.96
六、收回存量资金		26091	26091	
收入总计	371170	45570	81400	21.93

县本级组织财政收入 2015 年，全县组织财政收入 13.33 亿元(不含政府性基金收入)，比上年增收 1.09 亿元，增长 8.88%。按职能部门分解，国税部门完成 2.97 亿元，增收 3395 万元，增长 12.91%；地税部门完成 6.16 亿元，增收 6740 万元，增长 12.28%；财政部门完成 4.20 亿元，增收 744 万元，增长 1.80%。按预算级次分解，地方公共财政预算收入 10.13 亿元，增收 7656 万元，增长 8.18%；上划中央"两税"收入 1.49 亿元，增收 531 万元，增长 3.69%；上划中央所得税收入 9129 万元，增收

1791 万元，增长 24.41%；上划自治区"四税"收入 7997 万元，增收 901 万元，增长 12.7%。按收入性质分解：税收收入 9.04 亿元，增收 1.01 亿元，增长 12.64%；非税收入 4.29 亿元，增收 735 万元，增长 1.74%，占公共财政预算收入比例为 42.41%，下降 2.68 个百分点。

地方公共财政预算收入 2015 年，地方公共财政预算收入 10.13 亿元。其中，地方税收收入 5.83 亿元，比上年增收 6921 万元，增长 13.47%；非税收入 4.29 亿元，增收 735 万元，增长 1.74%，占公共财政预算收入比

例为 42.35%，下降 2.74 分点。

政府性基金总收入 2015 年，县政府性基金预算总收入 4.53 亿元。其中，政府性基金预算收入 3.37 亿元，比上年减收 7044 万元，下降 16.6%；上级补助收入 6625 万元，减少 6308 万元，下降 48.77%；上年结余收入 4886 万元，减少 2429，下降 33.21%。

社会保险基金收入 2015 年，全县社会保险基金预算收入合计 5.80 亿元，比上年增长 23.29%。其中，城乡居民社会养老保险基金收入 1.43 亿元，增长 34.71%；新型农村合作医疗基金收入 4.37 亿元，增长 20.08%。

表 10 　　　　　　　　　　　　　　2015 年陆川县本级财政收入结构情况

收入分类	科 目	2014 年收入 (万元)	2015 年收入 (万元)	比上年增减额 (万元)	增减率 (%)
预算收入	一、公共财政预算收入	93608	101264	7656	8.18
	税收收入	51396	58317	6921	13.47
	非税收入	42212	42947	735	1.74
	二、上划"两税"收入	14401	14932	531	3.69
	增值税(75%部分)	13171	14912	1741	13.22
	消费税	1230	20	−1210	−98.37
	三、上划中央所得税收入	7338	9129	1791	24.41
	企业所得税	5726	7506	1780	31.09
	个人所得税	1612	1623	11	0.68
	四、上划自治区"四税"收入	7096	7997	901	12.70
	增值税	1405	1590	185	13.17
	改征增值税	382	515	133	34.82
	营业税	3953	4239	286	7.24
	企业所得税	953	1247	294	30.85
	个人所得税	403	406	3	0.74
职能部门组织收入	国税局	26305	29700	3395	12.91
	地税局	54876	61616	6740	12.28
	财政局	41262	42006	744	1.80
按性质分解收入	税收收入	80231	90375	10144	12.64
	非税收入	42212	42947	735	1.74
合计		122443	133322	10879	8.88

表11

2015年陆川县各镇财税收入情况

单位名称	合计			财政			国税			地税		
	2014年收入(万元)	2015年收入(万元)	增长(%)	2014年收入(万元)	2015年收入(万元)	增长(%)	2014年收入(万元)	2015年收入(万元)	增长(%)	2014年收入(万元)	2015年收入(万元)	增长(%)
温泉镇	12873.61	11774.60	-8.54	35.12	29.56	-15.83	3578.37	4794.93	34.00	9260.12	6950.11	-24.95
米场镇	4265.58	2564.17	-39.89	48.34	64.78	34.01	1122.00	1300.81	15.94	3095.24	1198.58	-61.28
沙湖镇	541.22	597.34	10.37	20.84	8.28	-60.27	310.02	350.26	12.98	210.36	238.80	13.52
马坡镇	4984.13	5752.20	15.41	120.53	141.17	17.12	2083.51	2600.15	24.80	2780.09	3010.88	8.30
平乐镇	504.52	602.58	19.44	28.62	13.71	-52.10	185.54	258.47	39.31	290.36	330.40	13.79
沙坡镇	671.14	718.35	7.03	60.08	37.68	-37.28	200.82	240.43	19.72	410.24	440.24	7.31
珊罗镇	14518.58	13898.84	-4.27	23.46	17.51	-25.36	12880.05	12115.43	-5.94	1615.07	1765.90	9.34
大桥镇	627.92	774.59	23.36	34.09	23.66	-30.60	253.38	385.25	52.04	340.45	365.68	7.41
横山镇	313.02	345.61	10.41	35.47	17.43	-50.86	102.07	132.68	29.99	175.48	195.50	11.41
乌石镇	1937.39	1829.77	-5.55	124.84	218.41	74.95	412.06	500.63	21.49	1400.49	1110.73	-20.69
滩面镇	421.75	442.78	4.99	30.64	31.81	3.82	170.68	180.65	5.84	220.43	230.32	4.49
良田镇	2312.69	2749.18	18.87	90.78	143.02	57.55	1201.91	1500.91	24.88	1020.00	1105.25	8.36
清湖镇	1777.11	2050.62	15.39	47.45	129.37	172.64	509.54	600.71	17.89	1220.12	1320.54	8.23
古城镇	1071.06	1190.35	11.14	45.45	29.20	-35.75	560.47	650.83	16.12	465.14	510.32	9.71
镇小计	46819.72	45290.98	-3.27	745.71	905.59	21.44	23570	25612.14	8.66	22503.59	18773.25	-16.58
县直	75623.23	88031.04	16.41	40515.9	41100.03	1.44	2734	4088.31	49.52	32373.01	42842.70	32.34
合计	122442.95	133322.02	8.89	41261.6	42005.62	1.80	26305	29700.45	12.91	54876.60	61615.95	12.28

【财政支出】 2015年,全县公共财政预算总支出42.04亿元,比上年增支8.13亿元,增长23.98%。其中,地方公共财政预算支出40.30亿元,增支6.51亿元,增长19.29%;上解支出1406万元,减支190万元,下降11.90%。地方政府债券还本支出1.64亿元,净增支1.64亿元。在公共财政预算支出中,民生支出32.58亿元,占公共财政预算支出的80.93%,比上年提高2.09个百分点。其中,全县政府性基金预算总支出3.92亿元,比上年减支1.86亿元,下降32.12%;全县社会保险基金支出合计5.10亿元,增长12.85%。其中,城乡居民社会养老保险基金支出1.12亿元,增长24.24%;新型农村合作医疗基金支出3.98亿元,增长10.02%。

【财政支持县域经济发展】 2015年,全县加大财政资金整合,集中支持农村基础设施建设。其中,加固拦河坝6座,投资60万元;衬砌渠道34.23千米,投资762.50万元;配套渠系建筑物26座,投资15.90万元;修建田间道路5.40千米,投资205.40万元;其他工作投资36.20万元;项目工程勘察设计,投资17.95万元。九洲江流域综合治理投入4.77亿元,节能环保支出4.42亿元,比上年增支1.66亿元,增长59.90%;生态乡村建设投入5768万元;对城镇基础设施进行改造升级投入7.22亿元。

【财政保障和改善民生】 2015年,全县加大教育强县建设投入。教育总支出9.80亿元,比上年增长18.29%。

全县中小学校舍建设工程共投入2.61亿元;支持落实和健全学生资助政策体系、完善扶困助学机制,资助资金3566万元。加大社会保障体系建设投入,社会保障和就业支出4.19亿元,增加8267万元,增长24.57%。加大公共卫生体系建设投入,医疗卫生完成支出5.73亿元,增长20.69%。加快健全全民医保体系,城镇居民医疗保险和新型农村合作医疗保险人均政府补助标准提高到360元。加大保障性安居工程建设投入,支出1.32亿元,增支2748万元,增长26.27%。加大公共安全体系建设投入,支出1.48亿元。

【财政支持精准扶贫】 2015年,全县支持推进精准扶贫,加强库区移民后期扶持工作,推进农业综合开发,抓好政策性农业保险工作,促进涉农政策落实,共发放涉农资金1.15亿元。其中,扶贫专项支出补助3036万元,水利基本建设支出4339.57万元;做好对全县种粮农民农资综合补贴发放工作,共发放补贴资金4094万元,受益农户15.10万户。继续开展村级公益事业"一事一议"财政奖补工作,共批复实施"一事一议"财政奖补项目428个,项目总投资5296万元,其中财政奖补资金4437万元。

【财政存量资金盘活】 2015年,全县分类开展存量资金清理和收回工作。共收回2012年及以前年度资金2.61亿元,重新安排使用,重点用于稳增长、调结构、惠民生等重点领域和关键环节。强化专项资金管理,逐步建立健全预算支出绩效考评机制。年内,全县90%的预算部门列入预算绩效评价和监控管理,纳入项目绩效评价的本级项目金额8.22亿元。

【财政改革】 2015年,县财政局深化国库集中支付管理改革,完善预算管理制度。纳入国库集中支付的资金43.5亿元(含专户资金),其中直接支付22.99亿元,授权支付20.51亿元。实施机关事业单位工资和养老保险

表12   2015年陆川县财政支出情况

预算支出项目	2014年财政支出（万元）	2015年财政支出（万元）	比上年增减额（万元）	增减率（%）
一、地方公共财政预算支出	337515	402631	65116	19.29
1. 一般公共服务	46033	48990	2957	6.42
2. 国防	403	293	-110	-27.30
3. 公共安全	12635	14768	2133	16.88
4. 教育	82817	97966	15149	18.29
5. 科学技术	3025	4074	1049	34.68
6. 文化体育与传媒	4883	3015	-1868	-38.26
7. 社会保障和就业	33647	41914	8267	24.57
8. 医疗卫生	47446	57263	9817	20.69
9. 节能环保	27663	41248	13585	49.11
10. 城乡社区事务	11516	11556	40	0.35
11. 农林水事务	40218	51352	11134	27.68
12. 交通运输	6606	6548	-58	-0.88
13. 资源勘探电力信息等事务	3864	3665	-199	-5.15
14. 商业服务业等事务	2902	1158	-1744	-60.10
15. 金融监管等事务支出	9	55	46	511.11
16. 国土海洋气象等事务	2636	3108	472	17.91
17. 住房保障支出	10461	13209	2748	26.27
18. 粮油物资储备事务	489	912	423	86.50
19. 国债还本付息支出	262	0	-262	0
20. 其他支出		1537	1537	
二、上解支出	1596	1406	-190	-11.9
三、地方政府债券还本支出		16400	16400	

制度改革,落实镇工作补贴制度和公务员职务与职级并行制度。探索政府购买服务改革,开展推广使用政府与社会资本合作(PPP)模式相关工作,实行政府购买服务项目3个,投入资金1114万元。推进公务用车制度改革工作。深化政府采购管理改革,加强对政府采购代理机构监督检查。年内,完成政府采购申报项目734项,采购预算10.81亿元,核准采购金额10.38亿元,节减资金4245万元,节约率3.92%。

【财政监督】 2015年,县财政局贯彻落实新《中华人民共和国预算法》,加强会计基础工作,推进依法理财治税,提升会计信息质量,共举办会计工作者培训会3期,培训人员1436人。加快内部控制建设。开展财税内部监督检查,持续强化监督检查,开展全县涉农资金专项整治检查,加强对农村危房改造、棚户区改造等重点民生资金的监督检查。加强财政投资评审工作,对所有项目评审实行会审制度。年内,评审完结项目709个,送审金额7.78亿元,审定金额7.17亿元,审减6130万元,审减率7.87%。

(黎 泉)

国家税务

【国家税务机构及概况】 2015年,陆川县国家税务局(简称县国税局)内设办公室、政策法规股、税源管理股、收入核算股、纳税服务股(办税服务

2015年,陆川县国家税务局获第四届全国文明单位称号。图为8月28日授匾仪式

叶礼林 摄

厅)、征收管理股、财务管理股、人事教育股、监察室、机关党政办公室,下辖信息中心、稽查局2个直属单位。下设陆城、马坡、乌石、良田4个税务分局。编制137名,实有人员104人。年内,县国税局管理全县14个镇范围内增值税、所得税、消费税纳税人5717户。组织各项税收收入3.14亿元,比上年增加15.61%。国税税收总体运行平稳增长,税收增收较好的行业体现在金融、电力、玻璃制品、"营改增"等行业。县国税局被中央文明委授予第四届"全国文明单位",为全市国税系统唯一获此荣誉的县级单位。在自治区国税局开展的年度纳税人满意度调查中,陆川县国税局获玉林市第一名、自治区第二名。

【国税收入】 2015年,县国税局抓好组织收入工作,共组织各项税收收入

3.14亿元,比上年增收4234万元,增幅15.61%。其中,组织玉林市国税局考核口径(自治区国税局口径)税收收入2.97亿元,增收3396万元,增幅12.91%;组织政府考核口径税收收入2.97亿元,增收3396万元,增长12.91%;完成年初考核任务3.30亿元的90%;完成政府调整后工作目标2.90亿元的102.48%。"营改增"税款累计入库1286万元,占增值税入库总额2.12亿元的6.07%。

【重点税源企业监控】 2015年,县国税局监控的重点税源企业有132户。入库税款比上年增收的有44户,增收税款共5538万元,减少的有88户,减收税款共7066万元。全县主体税种共增收税款3396万元,其中陆川县顺得木材加工厂、玉林市恒伟机械制造有限公司、广西陆川县坤元服饰有

表13

2015年陆川县国税局税收收入情况

单位:万元

考核口径	2015年总收入(万元)	比2014年增减额(万元)	增减率(%)	年度考核任务(万元)	占全年任务(%)
国家税务总局口径	31356	4234	15.61	29200	107.38
自治区国税局口径	29701	3396	12.91	28600	103.85
县政府口径	29700	3396	12.91	28980	102.48

表 14

2015 年陆川县国税收入结构情况

（按重点行业划分）

行业	2014 年度税收收入合计（万元）	2015 年度税收收入合计（万元）	比 2014 年增减额（万元）	增减率（%）
一、第一产业	33.04	34.98	1.94	5.87
二、第二产业	20222.89	19513.42	−709.47	−3.51
（一）采矿业	75.25	39.97	−35.28	−46.88
（二）制造业	18042.19	17217.59	−824.6	−4.57
（三）电力、热力、燃气及水的生产和供应业	1247.89	1937.85	689.96	55.29
（四）建筑业	857.56	318.01	−539.55	−62.92
三、第三产业	6866.19	11808.08	4941.89	71.97
（一）批发和零售业	5383.47	6276.39	892.92	16.59
1.批发业	3009.67	4131.73	1122.06	37.28
2.零售业	2373.8	2144.66	−229.14	−9.65
（二）交通运输、仓储和邮政业	364.14	392.25	28.11	7.72
（三）住宿和餐饮业		0.36	0.36	
（四）信息传输、软件和信息技术服务业	424.08	783.14	359.06	84.67
（五）金融业	−349.35	2083.23	2432.58	−696.32
（六）房地产业	0.93	405.70	404.77	43523.66
（七）租赁和商务服务业	64.26	74.07	9.81	15.27
（八）科学研究和技术服务业	101.11	101.16	0.05	0.05
（九）居民服务、修理和其他服务业	78.73	1145.19	1066.46	1354.58
（十）教育	8.88	17.60	8.72	98.20
（十一）卫生和社会工作	0.03	4.08	4.05	13500.00
（十二）文化、体育和娱乐业	0.96	0.74	−0.22	−22.92
（十三）公共管理、社会保障和社会组织	5.98	513.82	507.84	8492.31
（十四）其他行业	783.47	10.35	−773.12	−98.68
合计	27122.12	31356.48	4234.36	15.61

限公司、广西金之岳矿业有限公司 4 户上规模企业纯贡献税收 3230 万元，拉动全县税收小幅增长。

【纳税服务】 2015 年，县国税局落实《纳税服务规范(2.1 版)》，办税服务厅窗口新增 11 大项 67 项即时办结业务，36 项涉税审批事项前移到窗口办理；开展便民春风行活动，共走访纳税人 300 多户，发放宣传资料 2300 多份，通过微信平台发送税收政策信息 2900 余条；举办"纳税人学堂"培训班 4 期，培训纳税人 300 多人次；纳税人报送资料减少 39%，办税环节压缩 62%，办税时限缩减 56%，办税服务厅即办事项增加 50%。在自治区国税

2015 年，玉林市国税局局长陈建（前排右二）到陆川县基层分局检查指导工作

县国税局　提供

局开展的年度纳税人满意度调查中,陆川县国税局获玉林第一名、自治区第二名。

【税收执法】 2015年,县国税局增强法律意识,成立法律顾问室。各项税收优惠政策落实到位,小型微利企业税收优惠受惠面100%,全年减免退税总额3.42亿元;强化执法督察,促进简政放权和《征管规范》《出口退税规范》等政策落实,对玉林市国科局督察发现的存在问题进行整改;推进税务稽查,对涉嫌虚开、取得虚开发票的税收违法行为和医药、首饰、建材、混凝土等企业、行业开展专项稽查,共立案检查企业16户,组织企业自查12户,查补入库税款709万元。

【国税队伍建设】 2015年,县国税局强化干部培训,人均培训天数16.5天。推行公务员职务与职级并行、职级与待遇挂钩的工作,共有31名干部的职级和工资待遇得到提高。组织干部1人参加玉林市国税局选拔科级干部活动。 （万志辉）

地方税务

【地方税务机构及概况】 2015年,陆川县地方税务管理局(简称县地税局)内设办公室、法规税政股、征管和科技发展股、征收服务股、收入规划核算和财务管理股、人事股、纪检组(监察室),编制85人,实有人员175人。下辖重点税源管理税务分局及温泉、米场、沙坡、马坡、珊罗、大桥、乌石、良田、清湖、古城等镇税务分局11个。年内,全县在册纳税登记户有7112家(户),其中,国有企业95家,集体企业91家,联营企业5家,有限责任公司706家,私营企业1071家,其他纳税户5239户。县地税局组织地税收

入6.54亿元,县地税局获玉林市预测准确率第一名。

【地税收入】 2015年,县地税局共组织各项税收收入6.54亿元,比上年增收6994万元,增收11.98%。组织自治区考核口径收入6.39亿元,增收6881万元,增长12.06%;组织市政府口径收入6.15亿元,增收6751万元,增长12.33%。

【税收征管】 2015年,县地税局加强税收征管。企业所得税汇算清缴企业255户,汇算清缴企业所得税入库330.75万元;年所得税12万元以上个人所得税入库税款3064.42万元;土地增值税核定清算,共入库税款6221万元;加强征地核查及税收清理,共入库耕地占用税2.56亿元;核查土地税源,加强信息比对,扩围调标,共入库土地使用税290万元。完成2.91万户次的户籍信息清理工作;配合玉林市地税局稽查局开展稽查案件查处,查补地方税费172.90万元;参与县政府牵头组织开展的房地产开发税收、矿产资源税收、房屋租赁税收清理检查,共清理检查212户,清理税款入库1462.70万元;完成年度土地增值税清算任务2户,共入库709.86万元。组建纳税评估团队,对全县辖区内的房地产公司进行专案评估,强化房地产企业的税源管理,房地产业税收收入3.74亿元。完成玉林市地税局"金税三期"优化版推广应用的任务,得到玉林市地税局的通报表扬。

【纳税服务】 2015年,县地税局优化纳税服务,提高办税效率。个体纳税满意度调查在年度全市地税系统委托第三方调查中获第一名。完善代开发票、税务登记、发票领购、股权转让等10类一次性告知事项二维码使用功能,丰富陆川县地税局微信公众号版面内容,提升税收服务的信息化水平。完善办税服务厅24小时自助办税点,为纳税人提供更好的办税环境。

【地税队伍建设】 2015年,县地税局以创建文明单位为抓手,内强素质,外塑形象,开展法规政策、财务管理、档案管理、"金三"系统运用、骨干综合素质能力提升等培训班共12期,参加训班700多人次。贯彻职务与职级并行政策,共晋级副处非领导职务11人,晋级正科非领导职务2人,晋级副科非领导职务17人。开展"两年"(问题整改年、积案化解年)活动,制定整改方案,明确整改的路线图,逐案制定化解方案,明确责任主体,做到一案一策,分类化解,对办结的案件逐宗建档立卷,特别是破解"住房补贴"难题,成为玉林地税系统首个落实职工住房补贴的单位。开展谈心活动、"巩固深化拓展"主题教育活动、"四有"主题教育活动、"三严三实"专题教育活动。 （丘立为）

银行业综述

【银行业机构概况】 2015年,陆川县内国家金融管理机构派出机构有中国人民银行陆川县支行(简称人行陆川县支行);银行业监督管理机构有中国银行监督管理委员会玉林监管分局陆川办事处(简称陆川银监办);银行金融机构8家,其中国有股份制商业银行有中国工商银行股份有限公司陆川县支行(简称工行陆川县支行)、中国农业银行股份有限公司陆川县支行(简称农行陆川县支行)、中国银行股份有限公司陆川支行(简称中行陆川支行)、中国建设银行股份有限公司陆川支行(简称建行陆川支行)、中国邮政储蓄银行陆川县支行(简称邮储银行陆川县支行)5家,国家政策性银行有中国农业发展银行陆川县支行(简称农发行陆川县支行)1家,地方法人机构有陆川县农村信用合作联社(简称县信用联社)、广西陆川县柳银

表15　　　2015年陆川县银行业金融机构各项存款月度变化情况

月份	存款余额（万元）	当月新增存款（万元）	当月存款增幅（%）
1月末	1278821	−1135	−0.09
2月末	1330793	51972	4.06
3月末	1393372	62578	4.70
4月末	1392551	−820	−0.06
5月末	1419558	27007	1.94
6月末	1441235	21677	1.53
7月末	1431697	−9538	−0.66
8月末	1436471	4774	0.33
9月末	1454761	18290	1.27
10月末	1446952	−7809	−0.54
11月末	1435610	−11342	−0.78
12月末	1435255	−355	0.02

村镇银行股份有限公司(简称陆川柳银村镇银行)等2家。全县有银行机构网点78个,从业人员842人。全县金融机构人民币各项存款余额143.53亿元,各项贷款余额80.05亿元。

【存款快速增长】 2015年,全县金融机构人民币各项存款余额143.53亿元,比上年增长12.13%,增速下降1.65个百分点;新增存款15.53亿元,多增313万元,增长0.20%。

从存款来源结构看,个人存款继续主导各项存款的增长。年末,全县广义政府存款余额10.89亿元,增长11.89%,年内增加1.16亿元;个人存款余额126.80万亿元,增长12.79%,年内新增14.38亿元,占全部新增存款的92.61%,多增4006万元。

从存款主体看,县信用联社、邮储银行陆川县支行新增存款占比较大。年内,县信用联社新增存款7.16亿元,占全县新增存款的46.08%;邮储银行陆川县支行新增存款3.02亿元,占全县新增存款的19.47%;农行陆川县支行新增存款1.76亿元,占全县新增存款的11.34%。其他机构新增存款情况为:工行陆川县支行新增1.44亿元,占比9.29%;中行陆川支行新增8155万元,占比5.25%;建行陆川支行新增9445万元,占比6.08%;陆川柳银村镇银行新增4065万元,占比2.62%;农发行陆川县支行存款比上年下降1308万元。

从存款期限结构看,定期存款增速高于活期存款。全县新增储蓄存款1.44亿元,其中新增定、活期储蓄存款分别为8.34亿元、6.04亿元,分别占全部新增储蓄存款的58.01%、41.99%,余额比上年增速分别为13.69%、11.75%。定期储蓄存款增速比活期储蓄存款增速快1.94个百分点,存款稳定性趋强。

从存款季度变化看,1季度新增存款占全年新增存款的半壁江山,季末冲高特征仍存在。1—4季度,新增存款分别为11.34亿元、4.79亿元、1.35亿元、−1.95亿元,余额增速分别为8.86%、3.43%、0.94%、−1.34%。季末冲高、季后回落仍较明显。

【贷款增长加速】 2015年,陆川县各银行业金融机构经营性贷款带动各项贷款增长,全县金融机构人民币各项贷款余额80.05亿元,比上年增长12.27%,下降2.72个百分点;新增贷款8.75亿元,减少5486万元,下降5.89%。

表16　　　　　　　　　　　　2015年陆川县各银行机构存款业务情况

银行机构	2014年各项存款总额（万元）	2015年各项存款总额（万元）	2015年比上年增加（万元）	占全县银行存款比率（%）
工行陆川县支行	44973	76706	31733	5.34
农行陆川县支行	186026	241215	55189	16.81
中行陆川支行	47191	60795	13604	4.24
建行陆川支行	83198	114898	31700	8.01
农业发展银行陆川支行	4985	781	−4204	0.05
陆川县农村信用联社	412884	612635	199751	42.68
邮储银行陆川县支行	211027	313342	102315	21.83
陆川县柳银村镇银行	14043	13220	−823	0.92
其他	1852	1663	−189	0.12
合计	1006179	1435255	429076	100

注:陆川县邮政局并入中国邮政储蓄银行有限责任公司陆川县支行统计

表 17　　　　　　　　　　　　　　2015 年陆川县各银行机构贷款业务情况

银行机构	2014 年各项贷款总额（万元）	2015 年各项贷款总额（万元）	2015 年比上年增加（万元）	占全县银行贷款比率（%）
工行陆川县支行	50584	70846	20262	8.85
农行陆川县支行	85494	77025	−8469	9.62
中行陆川支行	24896	39585	14689	4.95
建行陆川支行	37794	47570	9776	5.94
农发行陆川县支行	34846	34466	−380	4.31
陆川县农村信用联社	293554	483408	189854	60.39
邮储银行陆川县支行	9851	29043	19192	3.63
陆川县柳银村镇银行	7043	18529	11486	2.31
合计	544062	800472	256410	100

从贷款主体看，县信用联社新增贷款成为推升各项贷款的龙头。年内，县信用联社新增贷款 7.20 亿元，占全县新增贷款的 82.28%；中行陆川支行新增贷款 8076 万元，占全县新增贷款的 9.23%；邮储银行陆川县支行新增贷款 6855 万元，占全县新增贷款的 7.83%；工行陆川县支行新增贷款 6686 万元，占全县新增贷款的 7.64%；建行陆川支行新增贷款 5540 万元，占全县新增贷款的 6.33%；农发行陆川县支行新增贷款 1034 万元，占全县新增贷款的 1.18%。农行陆川县支行贷款下降 1.24 亿元，陆川柳银村镇银行贷款下降 256 万元。

从贷款投向结构看，经营性贷款增加较多，是拉升各项贷款的主力。一是经营性贷款新增较多。年末，经营性贷款余额 51.95 亿元，比上年增加 5.06 亿元，占全部新增贷款的 57.86%，较大程度上满足中小微企业生产经营贷款的需求。二是涉农贷款快速增长，涉农信贷政策导向效果显著。年末，全县涉农贷款余额 65.90 亿元，比上年增长 14.73%，增速高于各项贷款 2.46 个百分点；年内新增贷款 8.46 亿元，涉农贷款中农户贷款余额 29.84 亿元，增加 4.23 亿元，增长 16.53%。三是个人消费贷款止跌回升明显。年末，全县个人消费贷款余额 21.03 亿元，比上年增加 3.56 亿元，多增 8337 万元，增长 20.36%，增速上升 1.9 个百分点。

从贷款期限结构看，短期贷款、中长期贷款均有所增长。年末，短期贷款余额 32.57 亿元，比上年增长 16.07%；年内新增 4.51 亿元，占全部新增贷款的 52.08%；中长期贷款余额 47.43 亿元，增长 9.69%；年内新增 4.19 亿元，占全部新增贷款的 47.92%。

从投放节奏看，新增贷款季度间波动较大，第 1、2 季度贷款增加较多。1—4 季度新增贷款分别为 2.98 亿元、3.07 亿元、2.30 亿元、4016 万元，增速分别为 4.18%、4.13%、2.97%、0.50%。

【再贷款投放减少】　2015 年，人行陆川县支行支农再贷款余额 7500 万元，比年初减少 1.41 亿元。其中，对县信用联社贷款余额 5000 万元，对陆川柳银村镇银行贷款余额 2500 万元。

【外汇存款规模小】　2015 年，全县辖区金融机构外汇存款 37 万美元，比年初减少 11 万美元；外汇存款为储蓄存款，其中中行陆川支行 35 万美元、建行陆川支行 1 万美元、农行陆川县支行 1 万美元。辖区金融机构尚未有外汇贷款业务。

【国有银行机构流动性资金较充裕】　2015 年，全县国有银行机构流动性资金整体较充裕，辖区国有银行余额贷存比例为 47.61%，比年初下降 3.56 个百分点，新增贷存比例为 15.84%；县信用联社准备金存款余额 6.13 亿元，余额贷存比例为 78.91%，比年初上升 2.87 个百分点，新增贷存比例为 100.61%。陆川柳银村镇银行准备金存款余额 1533 万元，余额贷存比例为 140.16%。

【不良贷款反弹】　2015 年，全县银行业金融机构经营效益明显向好，不良贷款有所反弹，全县银行业金融机构不良贷款余额 2.34 亿元，比上年增加 2914 万元，不良贷款率 2.92%，上升 0.05 个百分点。其中，国家银行机构不良贷款余额 547 万元，增加 348 万元，不良贷款比例为 0.23%，上升 0.14 个百分点；县信用联社不良贷款余额 2.23 亿元，增加 2484 万元，不良贷款比例 4.61%，下降 0.20 个百分点；陆川柳银村镇银行不良贷款余额 461 万元，减少 9 万元，不良贷款比例 2.49%，下降 0.01 个百分点。年内，全县银行业金融机构账面结益 2.03 亿元，比上年增加 4047 万元，上升 24.97%。其中，全县国有商业银行机构账面结益 9744 万元，增加 2614 万元，增长 36.66%；县信用联社账面结益 6881 万元，增加 841 万元，增长 13.92%；农发行陆川县支行账面结益 214 万元，减少 337 万元，下降 61.16%；邮储银行陆川县支行账面结益 2953 万元，增加 366 万元，增长 14.15%；陆川柳银村镇银行账面结益 462 万元，增加 563 万元，增长 557.43%。

银行监管与服务

【银监机构及概况】 2015年,陆川县银行监管机构有人行陆川县支行、陆川银监办。人行陆川县支行内设办公室、综合业务股、会计国库股,有职工25人。陆川银监办编制4名,实有人员2人。年内,陆川银行监管机构抓好服务经济转型、严守风险底线、加大改革攻坚、提升监管专业四项重点工作,加强银行业机构监管,引导辖区银行业机构深化改革转型,深入推进普惠金融,改善薄弱环节金融服务,防化重点领域风险,促进经济金融协调稳健发展。

【货币信贷政策落实】 2015年,人行陆川县支行引导辖区银行业金融机构适应经济金融发展新常态,贯彻执行稳健的货币政策及"有扶有控"信贷政策,合理配置信贷资源,着力盘活存量,扩大增量,做大总量,满足"三农"、小微企业和民生的信贷需求,助推全县经济持续平稳增长。发挥信贷政策支持再贷款的正向激励作用,增加对辖区村镇银行支农再贷款投放,增强其涉农贷款供给能力。发挥信贷政策导向效果评估结果的督促作用,推动辖区农信社发展普惠金融,开办农村"两权"贷款抵押业务,满足新型农业经营主体、农业产业化项目的有效信贷需求。年末,县信用联社发放农村承包土地经营权抵押贷款143万元。支持民贸民品企业用好民贸民品贴息贷款政策,对广西开元机器制造有限责任公司民品贷款贴息234.60万元,让企业享受政策红利。二是加强信贷监测管理。抓好地方法人金融机构合意贷款管理,强化合意贷款的监测考核。辖内2家法人金融机构新增贷款均能控制在人民银行下达的合意贷款额度

内。贯彻落实县域金融机构新增存款用于当地发放贷款政策措施,引导辖区法人金融机构通过挖掘存款资金潜力,增加有效信贷投放。辖区2家法人金融机构存贷比例均在70%以上。三是加强利率、存款准备金监管,落实支农再贷款检查制度。做好金融机构人民币存贷款基准利率调整和存款利率浮动区间扩大贯彻落实,转发存贷款降息文件,监测反馈辖区地方法人金融机构存款挂牌利率变化。组织对辖区农信社进行合格审慎评估,并反馈合格审慎评估意见。落实辖内法人金融机构利率报备和监测分析制度。执行中国人民银行降低存款准备金率货币政策,做好辖内法人金融机构准备金变化的动态监测。贯彻落实支农再贷款管理的新规定、新要求,合理确定和控制运用支农再贷款资金发放的涉农贷款利率加点幅度。四是完成县信用联社专项央行票据兑付后续监测考核。组织对辖区2家地方法人金融机构2014年度的资本约束、资产质量、盈利能力等监测项目考核,提出考查意见。向被考核的地方法人金融机构反馈监测考核结果,并对考核中的存在问题提出整改意见。加强跟踪监测,按季完成县信用联社经营财务数据库数据信息的采集、审核、录入和上报工作。

【普惠金融政策落实】 2015年,陆川银监办推进普惠金融。一是督促各银行业机构积极落实普惠金融政策,加大农户授信工作,积极扶持返乡农民工、被征地农民创业,努力促进农民增收。二是加强银行机构清理不规范收费督导,取消、整合收费项目,降低收费标准,让利于民。三是持续引导涉农银行机构下沉服务网点,推动基础金融服务"村村通"等"惠民生"工程。

【银行业改革】 2015年,陆川银监办进一步深化银行业改革,推动银行业机构转型发展。一是加强对陆川柳银

村镇银行高管尽责履职的监督,持续优化股权结构,提升公司治理水平、健全内部控制、强化内部管理,坚持"支农支小"市场定位,有效防范化解风险,加强镇微小服务网点布局和建设,陆川柳银村镇银行新增营业网点2个,促进村镇银行可持续发展。二是推进陆川县信用联社转型农村商业银行机构改革,优化考核机制,改进内部管理,加大合规文化建设,推动加快存量及隐性不良贷款清收处置,改善重点监管指标,夯实机构改革基础。

【金融服务】 2015年,人行陆川县支行规范和落实重大事项报告工作制度,加强新设机构网点管理。强化辖区金融机构重大事项报告制度的落实执行,年内收到辖区银行业金融机构重大事项报告7起。对陆川柳银村镇银行1个新设机构网点进行初审,并经上级行核准后加入账户管理系统和联网核查系统。做好金融消费权益保护,增强人民银行履职能力。按月上报金融消费权益保护工作专报12期。畅通"12363"金融消费投诉渠道,共受理消费者投诉4起,均按规定全部予以办结。开展综合执法检查和综合评估工作。组织对辖区地方法人金融机构使用管理支农再贷款检查4次,开展对柳银村镇银行综合执法检查。组织对辖内各银行机构2014年涉农信贷政策执行情况及效果进行评估,形成并上报信贷政策导向效果评估报告。陆川银监办加强全县银行机构服务,提升薄弱环节金融服务水平,推进"三农"和小企业金融服务工作,督导银行业落实银监会无还本续贷新政,减少过桥续贷,切实降低小微企业融资成本。

【金融统计信息管理】 2015年,人行陆川县支行辖区金融统计信息监测系统正常运行,金融机构统计信息采集、上报准确及时。做好货币监测分析工作,按月编制货币信贷统计报表及货币监测分析报告。做好辖内2家

地方法人金融机构2014年新增存款运用于当地贷款考核数据指标及考核结果的核对、确认工作。规范金融统计信息管理,执行数据信息披露使用制度。

【征信业宣传与管理】 2015年,人行陆川县支行组织对辖区个别基层信用社非工作时间集中查询个人信用报告的非正常行为进行现场调查,向上级征信部门报告调查情况。推进应收账款融资服务平台的推广应用,辖区有7个银行机构、3家企业成功在应收账款融资平台注册登记,拓宽企业的融资渠道和路径。做好组织机构信用代码证核发、信用报告查询等征信服务工作,为企业、个人提供优质征信服务。共受理个人信用报告查询量3390笔,收费106笔共2650元;企业信用报告查询35笔;机构信用代码证发放430户,机构信用代码证变更167户。

【支付结算、反洗钱和国库工作】 2015年,人行陆川县支行开展整治银行卡网上非法买卖专项行动。组织开展对农行、建行、农信社个人账户信息真实性核实验收工作。对工行陆川支行和国海证券公司陆川县营业部开展反洗钱监管走访,针对其存在问题提出处理意见和相关工作要求。加强国库管理与服务。严把资金出入关,防范国库资金风险;利用全国财税库行横向联网系统,做好TCBS(国库会计数据集中系统)运行工作,提高国库资金运行效率。根据上级国库部门的安排,开展财政专户摸底调。

【现金和反假货币管理】 2015年,人行陆川县支行组织辖区金融机构进行反假人民币宣传2次,提高城乡居民反假人民币意识。继续做好残损人民币回收工作,提高陆川流通中人民币的整洁度。以"假币零容忍"为目标,强化银行业金融机构反假货币,辖区金融机构收缴假币2.50万元。组织辖区金融机构开展反假货币

从业人员培训和上岗资格证书考试。组织指导辖区金融机构营业网点做好抗日战争暨世界反法西斯战争胜利70周年普通纪念币、航空纪念钞和纪念币兑换工作。

【金融宣传与信息】 2015年,人行陆川县支行组织辖区金融机构开展"3·15"国际消费者权益日、"6·14"征信宣传、9月"金融知识普及月"等金融知识宣传教育活动,宣传教育进乡入社;创新金融宣传形式,组织举办"两权抵押贷款"(农村承包土地经营权、农村住房财产权)知识讲座,得到地方政府及部门和银行业金融机构的肯定;开展具有特色的志愿服务活动,支行志愿者参加行内和社会公益服务活动120人次,为民服务300多人次。做好年度支行调研选题的上报,落实调研信息管理制度,督促各股室、中级职称以上员工完成分配的调研任务;编辑、报送支行动态信息,上报调研信息17期、金融宣传信息3期,其他图文信息49条。

【重点领域风险防范】 2015年,陆川银监办加强银行金融系统重点领域风险防范。持续对机械制造、养殖、服装、房地产、医药等重点行业进行监测分析,突出对各银行业机构前十大户贷款、集团客户贷款、隐性集团客户贷款、贷款行业集中高的客户贷款进行集中排查,对监测排查发现的风险隐患向各银行业机构进行风险提示,加强风险监管。

【金融稳定维护】 2015年,人行陆川县支行做好国务院《存款保险条例》颁布出台的工作方案和应急预案,成立工作小组,做好有关存款保险舆情和金融机构尤其是法人金融机构流动性风险的监测,建立和坚持日监测"零报告"工作制度,确保辖区金融秩序的正常和稳定。组织辖区2家地方法人金融机构落实执行存款保险制度,指导地方法人金融机构做好投保手续的办理、保费数据

的报送、保费缴纳等工作,确保存款保险制度实施。加强风险监测。对辖内2家地方法人金融机构经营风险状况进行跟踪监测,关注辖区金融机构风险变化与经营发展异常状况,持续监测辖区农信社不良贷款"双升"等部分信用风险、流动性风险监管指标恶化情况,做好分析预判,适时向县信用联联社提示风险预警。督促其加强风险管控,采取措施遏制风险的恶化。开展应急管理。制订支行年度应急演练和应急培训计划。组织开展应急管理知识培训和进行灭火应急演练,修订完善应急预案1个。统筹安排好应急值守、政务值班。在节假日及敏感时间段,落实24小时值班制度。加强应急设备、设施的管理和维护,定期检查应急物资,补充和更新有关应急物资,确保应急物资能满足应急需要。更换到期的消防灭火设备36台,升级更换红外监控设备1台。

(伍达勇 罗贤昆)

银行金融机构

中国工商银行股份有限公司陆川县支行

【工行陆川县支行机构及概况】 2015年,工行陆川县支行内设综合管理部、客户经理部,下辖支行营业厅和陆兴路支行2个营业网点以及陆川支行站北街自助银行、温汤路自助银行、温泉北路自助银行3个自助网点,有员工36人。有ATM自动存取款柜员机13台、自助服务终端机5台、自助智能终端机2台、自助产品机1台、自助网银机5台、回单打印机2台、自助发卡机1台、反假货币宣传机1台、排队机2台,年内,围绕自治区工商分行转型发展的总体要求,从严治

行,强化资本约束,加强风险管理,抓好内控案防工作要求再落实,守法、合规经营底线,走出资产质量优、资本效率高、盈利可持续的发展道路;顺应经济转型方向,科学优化信贷结构,支持小微企业等县域经济实体的资金投向。实现拨备前利润2168.88万元,比上年增加204.15万元,增长10.39%;中间业务收入711.89万元,增加139.98万元,增长24.47%。

【存款业务】 2015年,工行陆川县支行各项存款增长。各项存款余额7.67亿元,比上年增加1.44亿元,增长23.19%。其中,对公存款余额3.08亿元,比上年增加9617万元,增长45.35%;储蓄存款余额4.59亿元,比上年增加4822万元,增长11.74%。

【贷款业务】 2015年,工行陆川县支行贷款资产增长。各项贷款余额7.08亿元,比上年增加6686万元,增长10.70%。个人贷款增量2202万元,其中个人住房贷款增量5157万元,个人消费贷款和个人经营贷款增量2237万元。优先配置信贷资源,加强对中小企业客户的服务,年内小企业贷款增量4534万元。无不良贷款。

【银行卡业务】 2015年,工行陆川县支行银行卡业务提升,实现信用卡发卡量1656张,比上年增加751张,增长82.98%;不良透支清收比率100%;借记卡发卡量3.45万张,增加2.28万张,增长195.36%。

【电子银行】 2015年,工行陆川县支行推进e-ICBC战略,加快构建综合性、开放性的电子银行平台。丰富网上银行产品体系和手机银行业务功能,优化信用卡申请、向任意手机号汇款等特色服务,新增手机银行客户2926户。完善自助服务网点设备的业务功能,加大维护力度,提高的使用效率。

【结算与现金管理业务】 2015年,工行陆川县支行加强对公客户渠道建设,巩固客户规模优势,年末新增对公结算账户126户。现金管理服务向金融资产管理综合领域拓展,新增现金管理客户40户。 (林 葵)

中国农业银行股份有限公司陆川县支行

【农行陆川县支行机构及概况】 2015年,农行陆川县支行内设公司业务部、个人金融部、综合管理部、运营财会部、风险管理部,有员工30人。下辖马坡、米场、通政、营业室、中心、新洲、乌石、良田、清湖等9个网点,有员工87人。年内,农行陆川县支行优化网点布局,推进网点文明标准服务和营销技能,推进零售业务转型;开展不规范经营的专项治理活动,强化贷款行为合规意识;抓好农户不良贷款的呆账核销工作,拓宽中间业务增收渠道;加强内控管理和风险防控,提升全行基础管理工作水平,各项存款余额22.58亿元;各项贷款余额8.95亿元;中间业务收入1213万元;实现拨备后利润1813万元,比上年增加448万元。

【存款业务】 2015年,农行陆川县支行各项存款余额24.12亿元,比上年增加1.54亿元,增长6.82%。其中,储蓄存款余额21.97亿元,增加1.99亿元,增长9.96%;对公存款余额2.15亿元,减少4486万元,下降17.27%;其他存款余额1万元,增加1万元。

【贷款业务】 2015年,农行陆川县支行各项贷款余额7.70亿元,比上年减少1.24亿元,下降13.89%。其中,法人贷款4.16亿元,下降10.69%;个人住房贷款2.14亿元,下降10.69%;个人住房贷款2.14亿元,下降8.30%;房抵贷款4048万元,下降15.73%;个人商用房贷款余额343万元,增长7.52%;个人助业贷款余额1834万元,减少61.92%;农村个人生产经营贷款6730万元,下降12.70%;农户小额贷款1033万元,下降44.16%。

【不良贷款】 2015年,农行陆川县支行不良贷款余额204万元,比上年增加14万元,不良贷款率0.26%,上升0.05个百分点。其中农户小额不良贷款25万元,减少48万元,不良率2.42%。

【中间业务】 2015年,农行陆川县支行拓宽中间业务增收渠道,完善支行零售业务计价管理办法,抓好银行卡、电子银行业务、保险代理、基金销售等零售产品的联动综合营销,实行新发放贷款与理财业务、保险代理捆绑营销;抓好投资银行等新兴中间业务的营销。实现中间业务收入994万元,比上年减少219万元,下降18.05%。 (黄明川 文信鸿)

中国建设银行股份有限公司陆川支行

【建行陆川支行机构及概况】 2015年,建行陆川支行下辖支行营业部和九洲市场支行2个网点,在职员工30人。有离行式自助银行3个、CRS自动存取款柜员机9台、自助服务终端3台、自助发卡机1台、移动终端机3台、电子银行体验机3台、排队机2台。年内,建行陆川支行贯彻落实建行国家总行、建行广西分行的经营思路,推进建行各业务工作开展,实现利润总额2160万元。获中国建设银行广西区分行先进单位称号;建行陆川支行营业部获中华全国妇女联合授予"全国巾帼文明岗"荣誉称号。

【存贷业务】 2015年,建行陆川支行一般性存款余额11.48亿元,比年初新增9360万元,新增额在建行全自治区县支行中排前列,存款增长率9%。其中储蓄存款余额8.69亿元,比年初新增6786万元;企业性存款余额2.80亿元,比年初新增2574万元。各项贷款余额 4.76 亿元,累计发放贷款 1.22 亿元,不良贷款余额 0 元。

【中间业务】 2015 年,建行陆川支行抓好代理保险、理财产品的销售工作,引导客户树立科学、理性的投资理财观念;抓好信用卡发卡、分期付款业务、贵金属和电子产品营销,实现中间业务收入 486 万元。实现利润总额 2160 万元。 　　　（黄艳娟）

中国银行股份有限公司陆川支行

【中行陆川支行机构及概况】 2015 年,中行陆川支行内设营业部、业务发展部、办公室,在职员工 27 人。年内,中行陆川支行围绕中行自治区分行提出的"围绕发展、质量和效益,以基础客户拓展和创新产品推广为抓手,以管道优化和网络金融为依托,以风险管理和内控建设为保障,实现存款、贷款、中间业务收入的稳健增长"的发展思路,做好存款、贷款业务发展,网点业绩综合排序在广西中行辖内县域支行排名第一。

【存款业务】 2015 年,中行陆川支行存款余额 6.08 亿元,比上年增加 8516 万元,增长 17%。其中,企业存款 2.12 亿元,增加 4383 万元,增长 26.07%;储蓄存款 3.96 亿元,增加 3773 万元,增长 10.53%。外币存款 35 万美元,比上年减少 11 万美元,下降 23.91%;外币存款以美元、港币、英镑币种为主,外币业务有存款、取款及买卖、结售汇等。

【贷款业务】 2015 年,中行陆川支行各项贷款余额 3.96 亿元,比上年增加 8075 万元,增长 25.63%。其中,公司贷款余额 2310 万元,增加 48 万元,增长 2.12%;消费贷款余额 3.73 亿元,增加 8029 万元,增长 27.45%。

【中间业务】 2015 年,中行陆川支行

中间业务以开展中银信用卡、保险、基金、手机银行、网银营销等为主,中间业务收入 238.91 万元,比上年增加 69.64 万元,增长 41.14%。 （阮东全）

中国农业发展银行陆川县支行

【农发行陆川县支行工作机构及概况】 2015 年,农发行陆川县支行内设办公室、信贷部、会计出纳部 3 个部门,有员工 19 人。年内,农发行陆川县支行发挥农业政策性银行在农村金融中的骨干和支柱作用,坚持和完善支农惠农政策,各项贷款余额 3.45 亿元,比年初增加 1034 万元,增幅 3.09%;各项存款余额为 962 万元,比年初减少 1392 万元。中间业务收入 3.13 万元。贷款利息收回率 99.66%。账面利润 214 万元,无不良贷款。

【粮食收购资金供应和管理】 2015 年,农发行陆川县支行做好粮食收购资金供应和管作,促进农业增产、农村稳定、农民增收,维护国家粮食安全。年内,自治区下达陆川县储备粮订单收购任务 1700 万千克,需收购资金 4726 万元。农发行陆川县支行加强与相关部门联系沟通,配合政府和粮食部门做好订单粮食收购工,抓好收购资金预测和调度,确保收购资金及时足额供应到位,共发放储备粮订单收购贷款 4726 万元,收购粮食 1700 万千克。

【信贷业务】 2015 年,农发行陆川县支行发放土储中心二期土地收储项目贷款 7870 万元,为陆川经济发展招商引资提供用地保障。获自治区分行审批陆川县农村路网建设中长期项目贷款 3.80 元(东环路扩建工程项目),获自治区分行审批农村人居环境建设第一批项目贷款 2.72 亿元。

【资金计划管理】 2015 年,农发行陆川县支行加强资金分类管理,从传统

的敞开供应、简单调拨资金向资金营运管理的转变。加强对资金计划管理新知识和操作技能的学习,摸索信贷运行规律和资金营运规律,密切银企关系,加强信息沟通,搞好部门配合,落实银企每日资金往来通报制度,掌握企业资金需求和运行情况,提高资金计划预测水平和资金营运水平。

【贷款企业信用等级评定和授信】 2015 年,农发行陆川县支行根据上级行的要求,按照中国农业发展银行客户信用等级管理办法和中国农业发展银行客户授信管理办法,做好客户的评级、授信有关材料上报工作。共审批信用等级、授信额度的客户 11 个。其中,一类客户 2 个、三类客户 6 个、非系统评级客户 3 个;A 级客户 9 个,A+ 级客户 1 个,AA+ 级客户 1 个。总授信额度 6.55 亿元。

【粮食库存监管】 2015 年,农发行陆川县支行按照中国农业发展银行政策性贷款管理办法的有关要求,强化对粮食库存的监管,管户信贷员按旬对企业进行粮食库存检查 1 次,支行每季度组织交叉检查 1 次,并做好记录,配合做好全国粮食清仓查库工作。企业粮食出库坚持报告制度,坚持钱货两清,严禁赊销,并督促企业将货款归行,做好收贷收息工作。

【粮食风险基金监管】 2015 年,农发行陆川县支行做好财政补贴资金到位和拨补情况的测算,理顺与财政部门、粮食部门之间的关系,加强财政补贴资金管理,做好对粮食财政补贴资金的专户管理,督促到位,监督拨付,配合财政部门按政策做好专户管理,完善审批手续,确保专款专用,并按照粮食风险基金使用范围、标准,用好、管好粮食风险基金,加快拨付进度,防止专户滞留。年内各种财政补贴应补 5647 万元,实补 5642 万元,补贴资金到位率 99.61%。 （梁建聪）

陆川县农村信用合作联社

【信用联社机构及工作概况】 2015年,陆川县信用联社有理事会成员9人(非职工理事6人),监事会成员5人(非职工监事2人);内设办公室、人力资源部、经营核算部、信贷管理部、市场开发部、稽核审计部、保卫部、资产风险管理部、内控合规部、电子银行部、监察室,下设联社营业部、信用社16个、分社28处,共有在职员工429人。年内,县信用联社实行制度、管理、信贷产品创新,关注小微企业服务,各项存款余额61.26亿元,各项贷款余额48.34亿元,中间业务收入495万元。新资本充足率9.41%,比上年下降0.64个百分点;不良贷款率4.61%;拨备覆盖率131.31%,下降21.35%;成本收入增长55.92%,上升3.39个百分点。服务地方经济发展水平提升,发放各项贷款28.15亿元,其中涉农贷款27.41亿元。涉农贷款余额46.50亿元,占各项贷款的96.18%;小微企业贷款余额23.18亿元,占全部贷款的47.96%。

【存款业务】 2015年,县信用联社各项存款余额61.26亿元,比年初增加7.16亿元,增幅13.23%。其中,对公存款余额4.97亿元,储蓄存款余额56.29亿元,比上年增加7.88亿元,比同期增加4015万元,增幅16.28%。

【贷款业务】 2015年,县信用联社全辖贷款余额48.34亿元,收回贷款20.95亿元,发放贷款28.15亿元,新增贷款7.20亿元,贷款增长17.50%。其中,新增涉农贷款7.03亿元,增长17.81%;小微企业贷款3.67亿元,增速18.80%,小微企业贷款户数增长率21.61%,小微企业贷款获得率高于上年7.52个百分点,小微企业贷款增速、户数、获得率均实现不低于上年的目标;农户贷款

3.36亿元,增长16.61%。

【中间业务】 2015年,县信用联社有桂盛卡总量32.63万张,增量5.56万张;手机银行有效总量2.12万个,有效增量1.44万个;网银有效总量7425个,有效增量1736个;特约商户500户共514台,有效增量175户。其中,桂盛通便民服务点158户,覆盖154个建制村;自助设备总量71台(取款机25台、存取款一体机30台、自助服务终端16台);电子银行中间业务收入221万元,比上年增加51万元。全辖农信社实现中间业务收入495万元,增加101万元,完成自治区信用联社下达全年计划的126.92%。银行卡各项收入是中间业务收入的主要渠道,银行卡业务手续费收入272万元,比上年增加64万元,占中间业务收入的54.95%。

【管理创新】 2015年,县信用联社以开展"传承八德文化,建设现代金融企业文化"活动为契机,发挥人文管理理念,创新管理。提升全辖干部员工的凝聚力、战斗力、向心力、团队精神,举办第三届职工运动会、"八德"(忠、孝、诚、信、礼、义、廉、耻)与国学教育培训、晨训比赛、"八德教育与合规经营"演讲、"八德"征文比赛、"我为联社发展献计策"的征文活动;为庆祝自治区信用联社成立十周年,县信用联社职工23人自编自导自演客家小戏《盼梦》、音乐情景剧《真的爱你》节目,参加玉林办事处举办的玉林辖区"两赛一汇演"比赛活动。加强业务培训,加强文明优质服务、桂盛通业务、风险控制法律知识、安全生产等培训,做到全员、业务条线覆盖100%。优化人力资源配置,增强发展潜能,形成"重知识、重能力、重业绩"的选人用人标准。年内,从年青员工中提拔中层领导干部19人;轮换工作岗位77人次,优化人力资源。进一步修订完善相关考评办法,强化法律性文件、规章制度的审查,从源头把控风险,制

定和修订《陆川县农村信用合作联社风险管理机制建设规划方案》《陆川县农村信用合作联社突发事件应急预案》《陆川县农村信用合作联社案件防控治理工作实施方案》《陆川县农村信用合作联社2015年度业务经营综合考评办法》。

【创新普惠金融服务】 2015年,县信用联社为落实"抓小不放大"发展路线,创新普惠金融产品,创新贷款营销和管理方式。一是合理安排贷款规模,确保中小微客户有效信贷需求得到满足。新增贷款主要投向小微客户,对小微企业贷款增量不低于全年贷款增量的60%。二是拓展县域住房按揭类信贷市场。在符合房地产贷款比例不超过20%、涉农贷款实现"两个不低于上年"的前提下,拓展城镇居民自住和改善性住房信贷需求,出台《陆川县农村信用合作联社农村自建房按揭贷款实施细则》,推广"安居贷"金融产品。三是拓展个体工商户市场。推广个体工商户信用贷款,对信用良好、符合"有车、有房、有现金流"条件的个体工商户,可核定30万元以内的信用贷款额度。四是推广公务员消费按揭贷款。向信用好、收入稳定的公务员、国有企(事)业单位员工发放消费按揭贷款,培育更多优质客户,贷款额度、期限根据客户收入和共同还款来源给予3~5年或者5~8年不等的信用按揭贷款。五是落实小微企业无还本续贷政策。运用自治区信用联社出台关于"暂时取消贷款展期、续贷业务应先归还本金10%的限制性要求"的优惠政策,让小微企业在能够"安居乐业"。六是落实贫困农户脱贫致富信贷扶持政策。为促进贫困农户发展生产脱贫致富,缓解贫困农户贷款难、抵押难,制定《贫困农户小额信用贷款评级授信管理办法》,年内县信用联社发放在册精准扶贫贷款135户,金额253万元。

【信贷产品创新】 2015年,县信用联

社围绕农村承包经营主体和农户资金短缺的社情民意，开展深入调查，综合分析风险、收益、社会责任等因素，创新金融产品，将金融产品延伸到农村承包经营种植养殖和农户住建房领域，为农村农户量身打造"农承贷"（土地承包经营权贷款）和"农房贷"（农户以按揭方式发放的用于在农村集体土地、农村用地或宅基地上建设、大修或装修自住房屋的贷款）信贷产品，2 种信贷产品普遍受到农户的欢迎。年内，县信用联社发放农村土地承包经营权抵押贷款 4 笔，发放金额 157 万元；发放林权抵押贷款 10 笔，发放金额 4438 万元；发放农村住房按揭贷款 67 笔，金额 694 万元；金融支持现代农业（自治区重点农业龙头企业）4 户，支持金额 3290 万元。

（谢　浩　何思蓉）

中国邮政储蓄银行股份有限公司陆川县支行

【邮政金融机构及工作概况】 2015年，陆川邮政金融分为邮储银行陆川县支行和邮政集团陆川分公司。邮储银行陆川县支行设综合管理部、三农金融部、公司业务部，下辖营业室以及祥和路、米场镇、温泉南路 4 个自营二级支行，在职员工 56 人。邮政集团陆川分公司下辖马坡、珊罗、平乐、乌石、清湖镇等 5 个代理二级支行，峨眉路、大桥镇、横山乡、良田镇、古城镇、沙坡镇等 6 个代理营业所。年内，陆川邮政金融存款余额 31.33 亿元，发放贷款 2.53 亿元，中间业务收入 46.14 万元。

【存款业务】 2015 年，陆川邮政金融存款余额 31.33 亿元，比上年增加 3.02 亿元，增长 10.68%。其中，邮储银行陆川县支行个人储蓄存款余额 8.98 亿元，增加 8324 万元，增长 10.21%；自营对公存款余额 1.02 亿元，净增 3497 万元，增长 52.50%；邮政集团陆川分公司储蓄存款余额 21.34 亿元，

增加 18409 万元，增长 9.44%。

【贷款业务】 2015 年，陆川邮政金融信贷品种增加，信贷业务优化，为城乡农商户和中小企业提供融资服务。共发放贷款 2.53 亿元，比上年增加 138 万元，增长 0.55%，净增 4480.01 万元，年末贷款结余 3.84 亿元。其中，担保类小额贷款发放 3622.90 万元，结余 3333.54 万元；房产抵押类个人商务贷款放款 5551.9 万元，结余 7791.97 万元；房产抵押类个人消费贷款放款 7910.50 万元，结余 1.79 亿元；小企业贷款放款 8185 万元，结余 9365 万元。

【中间业务】 2015 年，陆川邮政金融业中间业务收入 46.14 万元，比上年增加 14.40 万元，下降 23.79%。其中，代理保险业务收入 11.28 万元；代理国债收入 0.28 万元；代理基金收入 3.31 万元；个人理财收入 26.07 万元；代理贵金属收入 5.20 万元。

【金融服务】 2015 年，陆川邮储银行服务"三农"、服务社区、服务中小企业，支持陆川生猪养殖行业农户、小微养殖企业的信贷需求，为生猪养殖行业的场地集约化、设备现代化、排放环保化提供资金支持，促进企业产业转型发展。为 16 个企事业单位代发养老金、工资、助学金等资金 3.97 亿元。推进电子银行和信用卡业务发展，提高柜面业务替代率，加办网上银行 2897 户、手机银行 5733 户，发放信用卡 1111 张。营销理财保险代销业务，丰富客户投资理财渠道，理财业务实际销售 5835 万元，代理保险保费 157.29 万元，满足客户金融理财服务需求。

（周永健）

广西陆川柳银村镇银行

【柳银村镇银行机构及工作概况】 2015年，陆川柳银村镇银行内设营业部、

业务发展部、零售业务部、综合部、风险管理部、稽核部，有员工 45 人。年内，陆川柳银村镇银行"潜心三农、关注微小、服务地方"的服务理念和市场定位，拓展存款、贷款等金融业务，主要推出的存款产品业务有定活宝、步步盈、取息宝、银行卡 15 大免费功能、网上银行等；贷款产品业务有"公司＋农户贷款"、店面通、循环贷、无还本续贷、惠农贷等，各项存款比上年增加 2168.17 万元，各项贷款余额 1.85 亿元，中间业务收入 2.50 万元。

【存款业务】 2015 年，陆川柳银村镇银行存款业务稳健发展，各项存款比上年增加 2168.17 万元，增长 23.68%。其中，对公存款增加 785.85 万元，增长 26.16%；储蓄存款增加 1382.32 万元，增长 22.47%。

【贷款业务】 2015 年，陆川柳银村镇银行各项贷款余额 1.85 亿元。涉农贷款余额 1.78 亿元，占贷款余额 96.23%；农户贷款余额 1.54 亿元，占贷款余额 83.07%，比上年增加 1180 万元，增长 8.30%；农户贷款 191 户，占总贷款户数 82.33%；小微企业贷款余额 1.81 亿元，占贷款余额 7.74%。

【基层支行建设】 2015 年，陆川柳银村镇银行分别在清湖镇清湖街增设清湖支行、温泉镇西滨路增设通政支行 2 家支行。3 月，陆川柳银村镇银行清湖支行正式开业运营；7 月，陆川柳银村镇银行通政支行正式开业运营。

（李春晓）

保险业综述

【保险业机构概况】 2015 年，陆川开办保险业务主要有财产保险和人寿保险两大类，分支机构 17 家。其中，经营财产业务的保险公司有 10 家，分

别是中国人民财产保险股份有限公司陆川支公司、中国人寿财产保险股份有限公司陆川支公司、中国大地财产保险股份有限公司陆川支公司、中国太平洋财产保险股份有限公司玉林中心支公司陆川营销服务部、安邦财产保险公司陆川营销服务部、华安产险陆川营销服务部、平安产险陆川营销服务部、阳光财产保险公司陆川营销服务部、北部湾财产保险陆川支公司、鼎和保险陆川营销服务部；经营寿险业务的保险公司有7家，分别是中国人寿保险股份有限公司陆川支公司、中国人民人寿保险股份有限公司陆川县支公司、太平洋人寿保险陆川营销服务部、新华人寿保险公司陆川营销服务部、泰康人寿保险陆川营销服务部、平安人寿陆川营销服务部、阳光人寿保险公司陆川营销服务部。

【保险业务】 2015年，陆川县保险业除巩固推进原有保险品种外，创新保险领域，优化保险服务。人保财险陆川支公司推进大病保险、农民等民生保险领域和政策性农房、能繁母猪、育肥猪、甘蔗、水稻、林木、香蕉等"三农"保险领域的创新服务。人寿保险陆川支公司推进五保对象、民政优抚对象人身意外伤害综合保险、计划生育家庭爱心保险及校园系列保险业务。2家公司全年保费收入合计1.66亿元，比上年增加5056.64万元。

中国人民财产保险股份有限公司陆川支公司

【人保财险机构及工作概况】 2015年，中国人民财产保险股份有限公司陆川支公司（简称人保财险陆川支公司）内设经理室、综合管理部、车险部、非车险部、营销服务部、农险部、

理赔分部，有城区服务网点3个、镇营销服务部2个、服务站12个，共有有员工24人、业务员60人。年内，人保财险陆川支公司坚持"风雨同行、至爱至诚"的核心价值理念，践行"人民保险、服务人民"的企业宗旨，保费收入6359万元，比上年增长111.80%，获中国人民保险集团颁发"农村保险先进单位"称号，获中国人民财产保险股份有限公司广西壮族自治区分公司颁发的"2015年年度标杆销售团队"荣誉。

【保险业务】 2015年，人保财险陆川支公司主要经营财产保险业务、车险业务、责任保险、信用保险、农业保险、意外伤害保险及上述保险业务的再保险业务，推进大病保险、农民等民生保险领域和政策性农房、能繁母猪、育肥猪、甘蔗、水稻、林木、香蕉等"三农"保险领域的创新服务，提升服务民生能力。年内，保费收入6359万元，比上年增加3353.64万元，增长111.80%，完成年计划的105.61%。其中，车险业务保费收入2638万元，减少7万元，下降0.27%；占市场份额27.21%，下降5.60个百分点。农业险保费收入1897万元，比上年减少386万元，下降16.90%。非车非农业务收入1510万元，增加360万元，增长31.30%。交叉销售业务完成182.24万元，增加17.24万元，增长10.45%。对中国人保财险95518服务专线实行24小时服务，保险理赔金额1466万元。 （廖 雄）

中国人寿保险股份有限公司陆川支公司

【人寿保险机构及工作概况】 2015年，中国人寿保险股份有限公司陆川支公司（简称人寿保险陆川支公司）内设经理室、综合管理部、客户服务

中心、个险销售部、银行保险部、团体业务部，有员工28人，业务员600人。年内，人寿保险陆川支公司推出等4大类200多个业务品种，保费总收入1.02亿元，比上年增长20.08%。

【保险业务】 2015年，人寿保险陆川支公司向客户推出人身保险、健康保险、人身意外伤害保险和分红保险等4大类200多个业务品种，涵盖生存、养老、疾病、医疗、身故、残疾等多种保障范围。拓展农村业务，加强推进五保对象、民政优抚对象人身意外伤害综合保险、计划生育家庭爱心保险及校园系列保险业务。保费收入1.02亿元，比上年增加1703万元，增长20.08%。其中，寿险新单保费收入4323万元，增加954万元，增长28.32%；短期保费收入1048万元，增加216万元，增加25.96%。

理赔案件保持4~5天结案率的时效，主要赔付险种为学生险附加险及农村小额意外伤害保险。短期保险累计赔款支出720万元，短期险综合赔付率68.70%。

【内部管理】 2015年，人寿保险陆川支公司加强财务管理，组织员工学习总公司的《治本抓源头责任制暂行办法》，从源头上治理和预防腐败、防范经营风险、明确责任内容、强化监督检查。坚持派驻人员会计制度，加强保全、财务的事后监督复核，加强理赔、新契约、单证、回访等业务基础管理工作。做好风险监控与防范，严把从"进口"到"出口"等系列流程，确保业务健康发展。执行内控标准制度，每个月按时对员工进行内控标准学习、非法集资专项教育、"反洗钱"培训等，并组织员工考试，撰写执行和学习的心得体会。按照岗位执行标准，定期对各部室和各岗位进行检查，确保每个岗位的工作规范有序。开展综合柜员评比活动。 （李 沛）

经济管理与监督

JINGJI GUANLI YU JIANDU

2015年7月29日，陆川县第三季度防范重特大安全事故工作会议暨县安委会全体会议
在县第一会议室召开

叶礼林　摄

宏观经济管理

【发展和改革机构概况】 2015年,陆川县发展和改革局(简称县发改局)内设政秘股、国民经济综合股、固定资产投资管理股、农村经济股、工业交通股、社会发展股、行政许可股、重大项目股,编制15名,其中行政编制14名。设置县国民经济动员办公室、深化医药卫生体制改革工作领导小组办公室、节能减排办公室、重点项目建设办公室、县公务用车制度改革领导小组办公室。二层机构有陆川县政府投资项目评审中心(参公)和陆川县经济信息中心2个全额拨款事业单位。其中,陆川县政府投资项目评审中心在职在编人员10人,陆川县经济信息中心在职在编人员7人。年内有7人获玉林市发展和改革系统先进个人、7人获玉林市投资和重大项目工作先进个人荣誉称号。

【年度计划编制】 2015年年初,县发改局在全面分析总结2014年国民经济和社会发展计划执行情况的基础上,2月初编制完成《陆川县2016年国民经济和社会发展计划》(草案),并提交2月9日召开的县第十五届人民代表大会第五次会议审议通过。年内,全县经济社会发展工作以建设"生态九洲江·美丽新陆川"为目标,实施"工业强县、旅游活县、生态美县"发展战略,加快实施主体功能区规划,推进九洲江生态环境建设,加快产业转型升级,深化改革开放,保障和改善民生。确定2015年经济社会发展的主要预期目标:地区生产总值增长8.5%;财政收入增长9%;规模以上工业增加值增长12%;固定资产投资增长16%;社会消费品零售总额增长11%;居民消费价格涨幅4%左右;外贸进出口总额增长8%;城镇居民人均可支配收入增长9%,农民人均纯收入增长11%;城镇登记失业率控制在3.5%以内;节能减排和人口自然增长率控制在上级下达指标以内。

【中长期规划编制】 2015年,陆川县委、县政府按照自治区、玉林市的工作部署,开展"十三五"规划编制工作。5月27日印发《陆川县"十三五"规划编制工作方案》,明确28个"十三五"重点专项规划,部署开展15个重大专题研究和9大领域基本思路研究,全面启动《陆川县国民经济和社会发展第十三个五年规划纲要(草案)》的编制工作。至9月,先后起草形成《陆川县"十三五"规划基本思路》《中共陆川县委员会关于制定国民经济和社会发展第十三个五年规划的建议》,谋划和上报重大项目83个、重大事项6个。其中,九洲江生态环境综合整治项目初步确定能列入国家"十三五"规划,玉林至湛江高速公路(陆川段)、马坡至盘龙公路"二改一"工程、滩面35兆瓦光伏发电项目、九洲江上游产业转移园基础设施建设、秦镜水库、世客城等7个项目初步确定能列入自治区"十三五"规划,中医院暨骨科医院迁建工程、长隆电子加工厂、宝康源中药饮片加工、谢仙嶂民俗文化生态旅游风景区、教育集中区等20个项目初步确定能列入玉林市"十三五"规划。从10月起,编制组着手开展纲要(草案)的起草工作,编制过程注重科学性,注重调研、学习、衔接、编写、征求意见与修改完善相结合,涵盖内容领域广泛,总体上与中共中央、自治区、玉林市及县经济发展的特点和区域要素保持一致,并与已形成的重大规划、项目设施建设相辅相成、沿革递进。在全面把握中共中央、自治区、玉林市和县委关于制定"十三五"规划建议精神并对我县"十二五"规划纲要的实施情况进行全面总结和评估的基础上,经过深入调研,系统研究,广纳民智,科学论证,10月中旬确定纲要(草案)的框架思路和提纲,10月底形成纲要(草案)初稿。11月2日,县政府召开全县十三五规划编制工作座谈会,广泛听取各镇党委、政府,各民主党派、工商联、群团组织、开发园区、县直(中直、自治区直)各有关单位企业的意见建议。之后,编制组就纲要(草案)相关内容与县直有关单位进行单独访谈和对接。在充分征求意见、集思广益的基础上,编制组结合中央、自治区、玉林市和县经济工

2015年5月8日,陆川县"十三五"规划编制暨申报2015年下半年中央预算内投资项目工作会议在县城召开

叶礼林 摄

作会议等重大会议精神,对纲要(草案)不断修改和补充完善。

【固定资产投资管理】 2015年,县发改局围绕稳投资促增长工作要求,加强全县固定资产投资管理。一是明确目标,落实责任。年初,县发改局按县政府要求将全年全县固定资产投资目标任务具体化、数字化、表格化,层层分解落实到各镇、各开发园区和县直相关部门,明确每项目标的责任单位、责任领导、和具体责任人。3月24日,县政府组织召开全县发展改革工作会议,会上县政府与各镇、各开发园区和县直相关单位签订年度固定资产投资目标任务责任状,把责任到实处。二是对固定资产投资项目实行动态管理,确保全年目标任务的完成。按照"四个一批"的要求对纳入固定资产投资统计的总投资500万元以上的项目实行动态管理,有计划、有步骤地安排好"一批新开工项目、一批续建项目、一批竣工投产项目、一批前期工作项目",要求每个责任单位在月底前对本月固定资产投资进行预测,报送项目投资进度,增加新开工项目和加快项目建设。同时每月召开固定资产投资工作例会,协调解决投资难题,开展项目入库培训,经验交流等帮助破解投资增长瓶颈,千方百计完成固定资产投资目标。三是统筹推进重大项目建设,实行县四家班子领导联系推进重大项目制度,开展重大项目攻坚,抓好5个自治区层面统筹、49个市统筹和县"双八工程"项目推进。全年新开工3000万元以上重大项目69个、续建186个、竣工38个,累计完成投资145亿元。其中,纳入自治区层面统筹推进的世客城、九洲江上游产业转移园、谢仙嶂民俗文化旅游、滩面35兆瓦光伏发电、东环路等5个重大项目累计完成投资3.60亿元,占年度计划目标任务的180%;纳入市级层面统筹推进的祥来福不锈钢制品、长隆电子、川迪机械、宝康源中药饮片加工及仓储等49个重大项目累计完成

投资41.9亿元,占年度计划目标任务的101.70%。同时,"双八工程"项目(即全县集中力量推进16个重点项目建设,其中8个项目完成66.67公顷工作面,另外8个项目完成33.33公顷工作面)全面完成年度建设目标。四是规范审批流程,实行限时办结。按照自治区、玉林市行政审批制度改革的要求,县发改局重新梳理现有行政审批事项,精简办事程序,实行限时办结。对重点企业、重点项目开通行政审批"绿色通道",对符合条件、材料齐全的开通直通车服务,采取"急事急办、特事特办"的办法,力求当天受理当天办结。全年共受理行政审批事项151件,其中审批项目75件,备案项目62件,核准项目14件,审批率100%,群众满意率100%。全县固定资产投资完成179.39亿元,同比增长16.50%。

【中央预算内投资项目管理】 2015年,县发改局做好项目资金争取工作,多次与上级发改部门进行沟通衔接,协调项目业主完善好项目前期工作,争取项目、资金和政策支持。全年累计争取到中央预算内投资项目174项(批),下达总投资2.72亿元,其中中央及自治区投资2.13亿元,包括农村饮水工程项目31项,总投资4547万

元;政法基础设施项目3项,总投资1600万元;保障性安居工程配套基础设施建设项目2项,总投资1971万元;中小型水利工程项目2项,总投资2103万元;职业教育实训综合楼项目1项,总投资1100万元;农村教师周房项目5项,总投资400万元;城镇污水处理设施项目1项总投资9240万元;卫计项目2项,总投资650万元;以工代赈乡村公路建设项目3项,总投资100万元;农村抗震改造项目(3000户)1项,总投资4560万元;沼气工程项目12项,总投资万元;道路水毁修复项目3项,总投资88万元。对已下达中央预算内投资项目实行动态管理,抓好项目组织实施,坚持每月定期报表制度,坚持做到每周一督查、每月召开1次工作例会,研究解决项目推进中出现的问题和困难,调动各方工作积极性,全力以赴克难攻坚,督促项目建设进度和资金拨付,确保有关项目按时间节点顺利推进。至年底,上级年度下达的174个中央预算内投资项目实现开工151个,开工率86.78%。其中,完工项目30个,完工率17.24%;完成投资1.28亿元,投资完成率47.25%;拨付中央资金6961万元,中央资金拨付率46.24%。

【节能减排】 2015年,陆川县各级各

2015年2月,沙湖镇官山小学学生食堂竣工　　　　县发改局　提供

部门贯彻落实中共中央、国务院的决策要求和自治区的工作部署,把节能减排作为调整经济结构、转变经济发展方式、推动科学发展的重要抓手和突破口,抓各项工作落实,取得显著成效。全县万元地区生产总值能耗同比下降6.12%,规模以上万元工业增加值能耗同比下降15.24%,完成化学需氧量减排691.40吨、氨氮减排89.70吨、氮氧减排910.62吨,均控制在上级下达指标以内。

【重点领域改革】 2015年,县发改局贯彻落实自治区、玉林市和县委有关改革决策部署要求,围绕全县改革发展大局,把准改革方向,坚持问题导向,聚焦群众期盼,精心组织,精准发力,推进各领域改革。全县共取消行政审批项目71项,调整行政审批项目2项,承接上级下放的行政审批项目5项。深化农村综合改革,完成土地流转746.67公顷。加快推进县级公立医院改革,县人民医院等4家医院实现基本药物零差率销售。成立县中小企业服务中心,6家企业获得"助保贷"融资贷款1965万元,4家企业获得玉林市"惠企贷"贷款资金5270万元。实施注册资本登记制度,新办理个体工商户登记1170户、私营企业登记371户、内资企业登记5户。基本完成机关单位和参公事业单位公车改革,全县共保留一般公务用车105辆、一般执法执勤车辆143辆、封存停驶85辆。 （程欢武）

工业与商贸行政管理

【经贸管理机构概况】 2015年,陆川县经济贸易局(简称县经贸局)内设政秘股、经济运行股、商务股、项目投资股、中小企业股、资源利用股、发展改革股;局机关公务员人员编制24名、工勤人员编制3名,实有人员23

人;下辖事业单位有陆川县商务行政执法大队、陆川县节能监察中心、陆川县中小企业服务中心;下属国有企业28家。县商务行政执法大队有事业编制6名,实有人员4人;县节能监察中心有事业编制3名,从县经贸局下属事业单位中调剂;县中小企业服务中心无人员编制,与县节能监察中心实行一个机构、两块牌子设置。年内,县经贸局开展工业及商贸经济运行的监控、指导、协调和服务;加强工业企业节能降耗监管,推进节能降耗和工业淘汰落后产能;做好工业技改项目备案登记服务工作,协调推进工业项目建设;协调帮助企业融资,培育发展规模以上企业,抓好企业上市培育;服务商务发展,加强对外经济贸易协调,开展酒类经营、成品油市场监管,抓好成品油经营企业年度审核;加强商务行政执法,查处酒类、成品油经营违法行为;推进"菜篮子"工程建设,做好生猪活体储备;推进陆川县电子商务服务中心建设,实施阿里巴巴农村淘宝项目;组织企业参加第十一届中小企业商机博览会(玉博会),负责玉博会陆川展馆建设,引导企业组织产品展示展销;推进九洲江流域重点工业企业废水污染治理,加快推进九洲江流域食品屠宰企业污染治理;加强下属企业管理,做好企业安全生产监管与检查;推进国企改革,配合县政府推进经贸改造片区棚户

区改造。被玉林市商务局授予"2015年度电子商务工作先进单位""2015年度玉林市商务工作二等奖";被玉林市工业和信息化委员会授予"玉林市2015年工业节能减排工作先进单位二等奖""2015年工业增长贡献奖二等奖""2015年技改投资增长做出突出贡献奖二等奖";被陆川县社会管理综合治理委员会授予"2015年度社会管理综合治理(平安建设)工作先进单位"。

【工业及商贸经济】 2015年,县经贸局按照县委、县政府"工业强县、旅游活县、生态美县"同步发展战略和全力打造"三个典范"(小流域治理的典范、产业转型升级的典范、生态文明的典范)要求,主动适应工贸经济发展新常态,加强企业指导和服务,促进工业及商贸经济实现平稳发展。全年完成规模以上工业总产值328.75亿元,比上年增长1.41%;实现规模以上工业增加值88.34亿元,增长2.50%;完成全部工业总产值341.99亿元,增长1.70%;实现全部工业增加值93.37亿元,增长2.60%;完成工业投资111.45亿元,增长14.30%;完成技术改造投资106.40亿元,增长17.70%;完成制造业投资106.55亿元,增长24.10%;新上规模以上工业企业9家,分别是坚艺厨具、坤元服饰、恒伟电气、华鑫电子、银星电子、

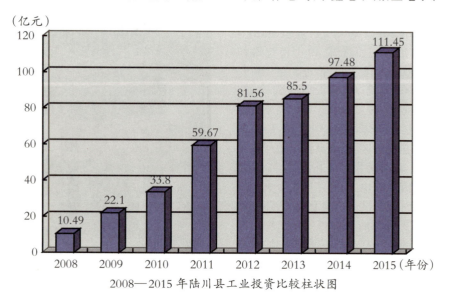

2008—2015年陆川县工业投资比较柱状图

中鑫电子、顺德木业、金之岳矿业、伟业蚕丝。完成全县社会消费品零售总额 52.83 亿元，增长 8.51%。完成外贸进出口总额 502 万美元，下降 48.90%。其中，完成出口额 478 万美元，下降 49.50%。全年合同外资金额完成 79 万美元，实际使用外资 344 万美元。

【陆川县中小企业服务中心成立】 2015 年 6 月 17 日，经县机构编制委员会批准，陆川县中小企业服务中心成立，与县节能监察中心实行一个机构、两块牌子设置，办公地址设在县经贸局。无人员编制，从县商务执法大队抽调人员 1 人兼职。主要搭建政府联系企业新桥梁，组织联系和引导社会各类服务机构共同为中小企业服务，加快陆川县中小企业服务体系建设，促进陆川县中小企业健康发展，解决中小企业创业难、融资难、办事难、发展难等工作。开展"助保贷"工作，至年底，广西陆川县志强电机厂、广西喜爱家饮水设备有限公司、陆川县三隆电子厂、陆川县华鑫电子厂、陆川县银星电子厂、广西三零一机械有限公司 6 家重点中小企业获得"助保贷"融资贷款 1965 万元。推荐给玉林"惠企贷"的陆川县长隆电子有限公司、陆川县永大汽车配件有限公司、广西桂能铁塔有限公司、广西陆洲机械制造有限公司 4 家重点中小企业获得 5270 万元的贷款资金扶持。

【重点工业项目推进】 2015 年，陆川县推进重点工业项目建设，长隆电子电子终端产品一期项目、开元机器履带式拖拉机生产项目、广誉装潢钢质室内门生产项目、祥来福不锈钢门及板材制品项目、永发机械配件二期项目、中鑫电子家用电器生产项目等 6 个重点工业项目列为玉林市级统筹推进项目，县经贸局抓好项目建设协调服务工作，帮助解决项目建设备案登记、用电用水等问题。至年底，6 个重点工业项目全部竣工投产。

【阿里巴巴入驻陆川县】 2015 年，陆川县贯彻中共中央"大众创业、万众创新"决策部署，发展县域电子商务。8 月 12 日，中国最大的电商平台——阿里巴巴（中国）软件有限公司广西总代表到陆川开展电商相关业务洽谈，并对陆川县农村淘宝项目的选址进行实地考察。8 月 19 日，副县长甘俭率队到阿里巴巴总部进行学习考察。11 月 30 日，陆川县举办招商引资项目签约仪式，县四家班子主要领导、阿里巴巴（中国）软件有限公司农村淘宝事业部广西区域经理文志勇、新浪媒体广西副总经理唐威出席签约仪式，陆川县与阿里巴巴（中国）软件有限公司正式签约农村淘宝项目，陆川县成为玉林"农村淘宝"第 1 个县，也是阿里巴巴在广西正式入驻的第 3 个县。

【电子商务项目建设】 2015 年 11 月 30 日，陆川县与阿里巴巴（中国）软件有限公司正式签约农村淘宝项目。12 月，陆川县电子商务服务中心开工建设，项目总面积 4000 平方米，主要建立陆川县电子商务网站、陆川 O2O 电子商务平台，并于 2016 年 1 月建成开业。陆川县电子商务网站，展示陆川特色农产品、工业品及旅游景点等，将陆川特色农产品、工业品进行电子化和物流化；建立陆川 O2O 电子商务

> **农村淘宝** 农村淘宝是阿里巴巴的战略项目。为了服务农民，创新农业，让农村变得更美好，阿里巴巴计划在三至五年内投资 100 亿元，建立 1000 个县级服务中心和 10 万个村级服务站。阿里巴巴集团将与各地政府深度合作，以电子商务平台为基础，通过搭建县村两级服务网络，充分发挥电子商务优势，突破物流、信息流的瓶颈，实现"网货下乡""农产品进城"的双向流通功能。农村淘宝，可概括"五个一"：一个村庄中心点、一条专用网线、一台电脑、一个超大屏幕、一帮经过培训的技术人员。农村淘宝给百姓带来便利：一是代购，让农村百姓足不出户就能买到价廉质优的农用物资和日用品；二是代销，通过分布在村民家门口的村淘网点，让陆川县的特色农产品卖到全国、全世界，从而为农民增收致富搭建新的渠道；三是生活，为村民提供手机充值、快递代收发、车票预定等等日常服务；四是平台，通过招募合伙人及其示范效应，让优秀的人才回乡创业。

2015 年 12 月 23 日，阿里巴巴农村淘宝项目陆川县第一批合伙人培训启动大会在县第一会议室举行　　　　　　　　　　县经贸局　提供

平台,把陆川农产品和工业产品在网站上进行展示和销售,建立线上陆川电商在线、线下实体体验店和村级服务站的电商模式,将工业产品带进农村,农村特色产品进入城市。县电子商务服务中心建成后并负责镇电子商务服务网点及村级产品生产基地服务中心建设的业务指导,对中小微企业电商开展培训。

【"助保金"贷款融资平台建设】 2015年,县政府贯彻落实国家、自治区有关支持中小企业发展的相关政策,缓解全县中小企业融资难、融资贵问题,促进实体经济平稳发展,与合作金融机构搭建陆川县中小企业"助保金"贷款融资平台。从6月起,由县财政安排专项资金作为政府风险补偿铺底资金,引导合作银行开展"助保金"贷款业务,对中小企业信贷融资进行支持。通过建立由政府引导的"助保金"贷款模式,由企业助保金与政府风险补偿铺底资金共同组成对中小企业贷款的增信和风险补偿,帮助解决企业融资难、融资贵问题。6月中旬,出台《陆川县中小企业助保金贷款实施方案》,与中国建设银行合作开展中小企业"助保金"贷款。6月30日,陆川县人民政府与中国建设银行玉林分行举行中小企业助保金贷款合作签约暨启动仪式。年内,有6家中小企业获得"助保贷"融资贷款近2000万元。

【企业上市(挂牌)工作推进】 2015年,陆川县根据自治区、玉林市关于加快推进企业上市(挂牌)工作要求,选择一批主营业务突出、产品竞争力强、具有良好发展前景和增长潜力的优势企业筛选入库,有重点地培育扶持。年内,广西开元机器制造有限责任公司、广西神龙王农牧食品集团有限公司、陆川县永大汽车配件有限公司、广西永耀玻璃有限公司4家企业备案纳入玉林市上市后备企业资源库。落实挂牌扶持政策,实施《玉林市鼓励中小企业改制并进入全国中

小企业股份转让系统挂牌暂行办法》,鼓励中小企业进行股份制改造并进入全国中小企业股份转让系统("新三板")挂牌,引导中小企业通过资本市场促进完善公司治理结构和资源优化配置,扶持中小企业做强做大。先后组织企业参加鼎索资产管理有限公司玉林分公司的"玉林市企业上市峰会"、玉林市中小企业股权挂牌和上市融资工作布置会、动员会,帮助企业熟悉和了解北部湾股权交易所有关中小企业股权挂牌和上市融资及企业申报的业务知识和工作流程,促使企业改变经营理念,通过出让股权获得融资。按照《关于加快推进我市中小企业股权挂牌工作的通知》要求,开展企业股权挂牌动员,推荐企业参与股权挂牌。年内,广西净水先生水处理设备有限公司、广西陆洲机械制造有限公司、陆川县长隆电子有限公司、陆川县百汇百货有限公司、陆川县铁都厨具有限公司5家企业与推荐商签订在北部湾股权交易所股权挂牌上市的协议。

【企业服务】 2015年,陆川县贯彻落实《关于印发玉林市工信系统服务规模以上工业企业工作方案的通知》《关于县政府职能部门联系服务企业工作的通知》精神,开展"进企业门、听企业言、解企业难"服务企业活动。按照自治区工信委"千名干部入千企"要求,对玉柴重工、开元机器、兴宝金属、双胞胎饲料、玉林正邦饲料、华润水泥(陆川)、九鼎牧业、永大汽配、沙湖蓄电池、广西金创等重点企业开展对口服务,帮助解决企业和项目生产建设中的关键问题和困难,如陆洲机械、志强电机等企业的用地,宝康源、兰科铸造等企业的道路征地,宝康源、祥来福、川迪机械等企业用电,华润混凝土(陆川)等企业的用水等问题得到解决。

【工业节能】 2015年,陆川县规模以上工业企业综合能源消费量46.84万吨标准煤,比上年下降3.11%。规

模以上万元工业增加值能耗比下降5.47%。年内,自治区跟踪考核的重点用能企业有广西陆川县宏达铸造物料有限公司、广西陆川明珠水泥厂、陆川县珠砂水泥有限公司、华润水泥(陆川)有限公司、广西陆川县嘉顺工艺品有限公司、广西陆川县华林陶瓷有限公司、广西永耀玻璃有限公司7家企业,玉林市跟踪考核重点用能企业有广西高峰九洲人造板有限公司、玉林市宏昌特种水泥有限公司、广西金创汽车零部件制造有限公司3家企业,这10家企业节约标准煤7.08万吨,降低能耗3.23%。

【落后产能淘汰】 2015年,陆川县推进工业淘汰落后产能工作,拆除广西陆川县第二水泥厂直径3×11米机立窑3座、直径2.40×8米生料磨2台等落后生产设备,淘汰落后水泥产能30万吨。11月18日、11月25日和12月4日,广西陆川县第二水泥厂分别通过陆川县、玉林市、自治区三级的检查验收。

【九洲江流域重点工业企业污染治理】 2015年,陆川县按照"一厂一案"要求,推进陆兴工贸、祥泰矿业、三林矿业、宏旭制丝、德联制药、荣丰纸业、红叶矿产、神龙王集团陆川猪食品加工、陆川钛白粉厂等9家企业污染治理。其中,县政府批复同意陆川钛白粉厂淘汰关停,对陆川县红叶矿产有限公司下达搬迁通知;广西祥泰矿业开发有限公司完成治污设施建设,并通过玉林市环保部门验收;陆川县三林矿业有限公司、陆川县宏旭制丝有限公司、广西德联制药有限公司、陆川县裕源纸业有限公司基本完成治污设施建设;广西神龙王集团陆川猪食品加工有限公司停产。12月14日—15日,由县九洲江办牵头,县经贸、环保、发改、财政等部门组成的"一厂一案"污染治理项目验收组对项目完成情况进行现场验收,督促三林矿业、宏旭制丝、德联制药、裕源纸业、神龙王等企业加快完善设施建设,做好迎

接市级验收工作。

【九洲江流域食品屠宰企业治理】 2015年，陆川县对九洲江流域的陆川县食品公司屠宰厂、温泉食品站屠宰场、沙坡食品站木梗桥屠宰场、大桥食品站屠宰场、横山食品站屠宰场、乌石食品站屠宰场、滩面食品站屠宰场、良田食品站屠宰场、古城食品站屠宰场等9家企业开展涉水污染治理工作，初步确定"三搬迁，三整改，三撤销"的治理模式，即陆川县食品公司屠宰厂、乌石食品站屠宰场、良田食品站屠宰场等3个屠宰场（厂）易地搬迁；沙坡食品站木梗桥屠宰场、大桥食品站屠宰场、古城食品站屠宰场等3个屠宰场对原有治污设施进行升级改造；温泉食品站屠宰场、横山食品站屠宰场、滩面食品站屠宰场3个屠宰场撤销，分别并入陆川县食品公司屠宰厂、大桥食品站屠宰场、良田食品站屠宰场。年内，陆川县食品公司完成新建屠宰场项目征地2公顷，完成项目前期报批工作，进入环评审报工作阶段；乌石食品站利用猪场场地作为新建屠宰场项目用地，项目占地2600平方米，项目总投资216.50万元，完成项目设计、项目用地平整及《项目可行性报告》评审；良田食品站开展项目选址工作；古城食品站开展治污设施升级改造前期准备工作；大桥食品站、沙坡食品站计划以验收合格的古城食品站屠宰环保设施升级改造工程为建设样本，年内未动工建设。

【工业项目建设推进】 2015年，陆川县落实自治区政府出台的《关于千方百计做好稳增长工作的意见》中的提出的48条稳增长政策措施及玉林市45条稳增长措施，稳步推进工业项目投资，推进重大项目建设，以项目建设拉动工业经济稳增长。年内，九洲江产业转移园、滩面35兆瓦光伏发电2个工业项目列入自治区层面统筹推进。北部工业集中区完成"两纵"路网建设，九洲江产业转移园完成平整土地50公顷，完成2万平方米标准厂

房大部分工程建设。华润水泥（陆川）商品混凝土生产项目、正邦饲料年产16万吨饲料生产线项目竣工投产；长隆电子、开元机器、广誉装潢、祥来福不锈钢、永发机械、中鑫电子6个列入玉林市重点推进工业项目全部竣工投产。促进全县工业投资持续平稳增长，全县工业投资完成111.45亿元，技术改造投资完成106.40亿元，制造业投资完成106.55亿元，工业投资三项指标（工业投资、技术改造投资、制造业投资）首次实现"三过百"。

【生猪定点屠宰监管职能移交】 2015年，陆川县根据玉林市机构编制委员会《关于调整畜禽屠宰行业管理职责有关问题的通知》要求，从1月15日起，将县经贸局畜禽定点屠宰监管职责划入县水产畜牧兽医局，从移交即日起，县经贸局不再承担对家畜定点屠宰进行监督管理的职责。

【商务行政执法】 2015年，县商务行政执法大队依法开展商务行政执法监督检查，规范流通市场秩序，保障消费者合法权益。年内，共出动执法人员581人次、执法车辆105辆次，悬挂宣传横幅15条、出动宣传车26辆次。加强全县二手车交易市场、典当、单用途商业预付卡管理等方面督促检查，督促企业落实有关制度和相关数据报送，共开展对典当行业执法检查1次、单用途商业预付卡执法检查2次、二手车交易市场执法检查2次，均无发现违规经营行为。促进二手车交易市场、典当行业、单用途预付卡管理工作的进一步规范。加强酒类市场专项整治，对各酒类批发商、零售商、宾馆、酒吧、名烟名酒店、超市等酒类经营市场进行专项整治，重点检查酒类经营者落实酒类流通备案登记制度、推行"随附单"监管制度情况，建立酒类经营责任追溯制，出动车辆25辆次，出动执法人员136人次，执法检查14个镇、19家超市、171家经营户，企业和经营户基本遵照酒类流通制度。开展成品油市场监管和执法检查，促使各成品油经营企业完善建章立制，加强

安全管理，依法开展经营。

【商务行政执法队伍建设】 2015年，县经贸局贯彻执行商务综合执法相关法律、法规，坚持"有法可依、执法必严、违法必究"原则，加强执法队伍素质建设。一是健全各项管理制度，规范岗位职责，强化执法纪律，制定一系列比较规范完善的管理制度，要求执法队员按照职责范围，严格遵守"事实清楚、证据确凿、法规准确、程序合法、处罚恰当、手续完备"的24字方针，保证案件质量。二是加强执法队员法律、法规等知识培训，采取集中和自学相结合的方法，不断提高执法人员综合执法素质。三是规范统一执法文书，要求执法文书严格按照商务部令2012第6号《商务行政处罚程序规定》统一文书格式；严格办案程序，较大案件通过召开集体会议研究决定；实现结案归档"一案一卷"。四是坚持例会制度，每周一召开会议，集中分析总结前一周执法工作情况，合理安排当周的工作。强化内部管理，做到依法行政、秉公执法、规范办文。年内全县未出现行政复议和申诉案例。

【生猪储备】 2015年，县经贸局制定《陆川县关于建立生猪储备方案》，完善生猪储备管理办法，落实储备企业，制定储备计划，签订承储合同，落实储备费用。陆川县生猪活体储备承储企业有大塘坡猪鸡场、陆川县振兴养殖场2家企业，年内落实储备生猪活体每轮3200头，分3次轮换储备，确保县内猪肉市场不脱销、不断档，保障市场鲜猪肉供应。

【成品油市场运行】 2015年，陆川县有运行加油站35座，其中中国石化加油站11座，中国石油加油站5座，社会加油站19座。年内，19家社会加油站完成现装汽油购销信息的系统安装工作。县经贸局、县公安部门联合对全县35座加油站进行反恐知识培训2次，培训70人次，确保成品油

市场安全运行。全年全县成品油销售6.20万吨。

【安全生产隐患大排查大整治】 2015年，县经贸局根据县安全生产委员会的相关文件要求，开展经贸系统内安全隐患大检查，对分管行业和下属企业开展安全隐患排查整治。年内，对管辖的27家生产经营企业进行检查4次，对属于行业管理的6家民营企业进行摸底检查。其中，排查出冶金铸造、金属制品行业5家企业安全隐患10处、橡胶塑料行业2家企业安全隐患5处、民爆器材1家企业安全隐患4处、下属28家企业安全隐患73处。这些隐患涉及电气设施、机械设备、房屋构筑物、粉尘、操作规程等领域，企业累计投入整改资金2.30万元。

【安全生产专项检查】 2015年，县经贸局开展安全生产专项行动，对冶金有色行业安全生产进行重点排查，对兴宝金属、宏达铸造、南发厨具、兴兴铁锅、明志铁锅、沙湖铝制品厂、裕镁金属等企业进行安全检查，对吊运铁水、铸造、抛光等生产环节重点检查，发现和整改事故隐患10处。督促冶金、有色金属企业全面贯彻落实安全生产主体责任，推动冶金、有色金属企业安全生产管理机构、人员配置到位，规章制度、操作规程制定和落实到位，安全生产教育和培训规范有效，重大危险源管理、隐患排查治理、事故报告和应急救援等方面的责任到位。对普利橡胶、兴鹏鞋material厂等涉粉尘企业进行重点检查，重点是对生产场所布局是否符合有害与无害作业分开原则；工作场所与生活场所是否分开，是否存在"三合一"（将人员住宿场所与加工、生产、仓储、经营等场所在同一建筑内混合设置）情况；是否按标准设置通风除尘装置并保障正常使用；电器设施是否符合粉尘爆炸场所的要求；工作场所职业危害因素强度或浓度是否符合国家职业卫生标准和行业标准，是否按规定为从业人员配备个人防护用品，坚持排

查不留死角、整治不留后患，发现和整改事故隐患5处，预防粉尘爆炸事故发生。

【国有企业改革推进】 2015年，县经贸局按照经贸系统国有企业的实际情况分类推进改革工作。陆川县麻纺织厂210户改制职工参与县公租房分配的抽签，解决职工的住房问题；广西龙珠股份有限公司召开股东大会，表决通过破产进行企业改制，开展财务审计和清产核资，制定改制方案（草案）；陆川县磁选厂完成债权债务和解工作，县法院撤销破产程序，启动企业改制，成立县磁选厂资产核资工作小组，开展职工人数、工龄核实等改制前期工作，制定企业改制方案（草案），召开职工大会和部门协调会。

【县经贸系统棚户区改造】 2015年，根据县委、县政府《关于印发陆川县2015—2017年新型城镇化建设暨棚户区改造实施方案的通知》精神及县棚户区改造工作指挥部的部署，推进县经贸系统辖区棚户区改造，加强入户摸底调查和做好棚改户的思想工作。至12月，经贸系统棚改户68户全部签订协议，并搬离原住区，列入棚户区改造的旧房全部完成拆除。

（陈　智　罗成志　黎明强）

招商引资

【招商引资工作机构及概况】 2015年，陆川县招商促进局（简称县招商局）内设政秘股、招商股、项目信息协调股，编制8名，实有人员7人。年内，县招商局按照县委、县政府年初确定的招商引资总体目标，围绕"建设粤桂跨省流域生态农业和生态旅游合作试验区"的主题，坚持"走出去"和"请进来"相结合，领导挂帅，全员上阵开展招商引资工作，全年全县新签实施招商引资项目（含续建项目）50个，计划投资总额108.14亿元，实现自治区外境内到位资金73.26亿元；实际利用外资（全口径）1280万美元。

【项目签约】 2015年，陆川县加快推进粤桂跨省流域生态农业和生态旅游合作试验区建设。3月，组织招商小分队赴广东省江门、中山、惠州、广州市开展考察招商，3月29日在广州市举办"粤桂九洲江生态农业和生态旅游项目招商推介会"，会上共签约意向项目4个，项目涉及生态旅游、生

2015年3月29日，陆川县领导到广州参加粤桂九洲江生态农业和生态旅游项目招商推介会

叶礼林　摄

态农业、清洁能源等。组织县招商小分队外出招商10次，其中与特变电工、博世科、中国华电成功签约。在第十二届东盟博览会(南博会)、第十一届中小企业商机博览会(玉博会)上，全县共签约项目8个，涉及新能源开发、中草药深加工、数控自动化、智能家居生产系统、商贸物流等领域。年内，全县招商引资在政府层面签约项目16个，项目总投资98.55亿元。

【投资环境优化】 2015年，县招商局抓好投资软环境建设，营造主动热情、廉洁高效的招商服务环境，最大限度的用足、用好、用活现有政策，确保招商引资企业"招进来，留得住，能发展"。每个招商项目落地，落实一个挂点领导、一个责任单位跟踪服务，坚持"一把手"带头落实招商责任制，为外来企业提供"零距离"服务。年内，县政府为投资方协调解决用地、办证、生产等方面的突出问题。坚持重大项目每季督查报告制度，注重宣传效应，利用玉林市招商局信息宣传网络服务平台进行信息发布宣传，1—12月，上报采用信息24篇(条)，完成全年任务的100%。　(庞家胜)

社会保障管理

【劳动就业】 2015年，陆川县城镇新增就业4510人，下岗失业人员再就业485人，大龄就业困难人员再就业65人，农村劳动力转移就业新增8320人。城镇登记失业率控制在2.92%，比目标控制率4%低1.08%;办理《就业失业登记证》345本。

【劳动用工检查】 2015年，县人社局接待上访投诉、法律法规咨询人员750人，受理拖欠工资案件29件，涉及人数645人、金额235万元;结案29件，追发645人工资235万元，结

案率100%。日常巡视检查用人单位238个，依法下达劳动保障监察限期改正指令书5份，督查用人单位依法与职工补签劳动合同3214份，追缴社会保险322万元。

【劳动争议调解仲裁】 2015年，县人社局处理劳动争议调解仲裁案件99件，案前调解处理75件，立案受理20件，不予受理4件，结案14件，结案率70%，接待来访、来电咨询政策法规人数550多人次。

【人才档案管理】 2015年，县人社局共接待大中专毕业生报到2820人，推荐就业1020人，接收和整理档案3000多册，转出1000多册。对3000多名本地生源就业和未就业的高校毕业生建立实名登记数据库，为高校毕业生全方位跟踪服务提供详细的资料。

【企业用工招聘会】 2015年3月3日，县人社局举办陆川县"春风行动"暨大型企业用工招聘会，为进城农民工提供就业服务，实现农村劳动力转移就业人数3800多人，免费政策咨询1620多人次，提供就业信息4300多条，免费发放"春风行动"宣传资料1.40万多册，为农村劳动者提供免费职业介绍3500人次。当天进场人数

1.56万人，参加招聘的企业106家，提供就业岗位1.23万个。年内免费职业介绍1800多人，政策咨询1600多人，发放宣传资料2.47万份，求职者5600人，达成用工意向2860人。

【职业培训】 2015年，县人社局发挥职业技能定点培训机构作用，开展农村转移就业劳动者和下岗失业人员职业技能培训，并进行相应的职业技能鉴定工作。全年举办职业技能培训班20期，培训910人，核发《职业资格证书》830本。开办职业技能培训班3期，培训返乡农民工260人，现场接受就业指导服务320多人次、社会保险政策咨询210多人次，劳动维权3人，发放宣传资料8100多份，提供就业信息1200多条。出动宣传车2辆，巡回各村16多次。

【农村劳动力资源调查】 2015年1月，县人社局建立健全县农村劳动力资源信息库，全面掌握全县农村劳动力资源和培训就业情况，在2014年11月开展农村劳动力资源调查工作的基础上，开展数据录入工作，至4月8日基本完成各镇数据录入，并陆续上报玉林市人社局。组织人员对各镇的录入数据进行汇总核查，按要求时限，将农村劳动力资源调查数据上报

2015年4月14日，陆川县、廉江市企业用工大型招聘会在陆川县人民会堂前举行　　　　　　　　　叶礼林　摄

玉林市就业局。

【社会保险档案建设】 2015年,县人社局全面落实"记录一生、保障一生、服务一生"社保工作目标,根据《玉林市社会养老保险业务档案管理规定》的要求,加强社会保险档案建设。年内整理入库各类档案有:社会保险管理类189卷,社会保险征缴类1022卷,养老保险待遇类168卷,医疗保险待遇类424卷,失业保险待遇类42卷,工伤保险待遇类22卷,生育保险待遇类32卷,社会保险稽核监管类3卷,社会保险业务统计报表类9卷,合计整理1911卷。另对保存期限为30年以上的业务档案扫描图像为30.94万页。

【定点医疗机构监管】 2015年,县人社局受理职工门诊慢性病申请469人,城镇居民门诊慢性病申请104人;受理转诊转院411人次、异地安置113人。对陆川县18家定点医疗机构、58家定点零售药店进行监督管理。

(党光梅)

物价管理

【物价管理机构及概况】 2015年,陆川县物价局内设综合股、收费审批股、价格监测股,编制12名,实有人员11人。下辖县物价检查所、县价格认证中心。县物价检查所编制8名,实有人员8人;县价格认证中心编制17名,实有人员15人。年内,县物价局被评为自治区、玉林市价格先进集体。

【物价水平】 2015年,县物价局创新价格监测工作,组建兼职价格监测员队伍,价格监测工作延伸至镇一级。调查和监测显示:全县蔬菜类价格大幅度上升,当令鲜菜均售价为每千克1.36元,比上年每千克1.32元上升3.03%。肉类价格有升有降,猪肉均售价每千克6.31元,每千克5.59元上升12.78%;牛肉均售价每千克20元;鸡肉每千克8.00元,与上年持平;鸡蛋均售价每千克2.64元,下降13%。粮食零售价格微升,全县粮食供求量相对稳定,加上粮食储备充足,对居民生活影响不大。

【收费减免政策落实】 2015年,县物价局贯彻执行国家和自治区出台的各项收费政策措施,清理取消、免征、暂停征收一批行政事业性收费项目,切实减轻企业和群众负担。年内,根据《广西壮族自治区财政厅广西壮族自治区物价局关于减免养老和医疗机构行政事业性收费有关问题的通知》精神,免征或减半收取的行政事业性收费项目包括国土资源部门收取的土地复垦费、土地闲置费、耕地开垦费、土地登记费,住房城乡建设部门收取的房屋登记费、白蚁防治费、城市园林绿化补偿费、城市绿化用地面积补偿费,人防部门收取的防空地下室易地建设费。根据《广西壮族自治区财政厅广西壮族自治区物价局关于取消一批地方性行政事业性收费项目的通知》精神,取消的地方性行政事业性收费项目包括教育部门收取的区外院校定向生录取费、高职升本录取费、职(农)中师资班录取费,公安部门收取的办理户口变更更正、为单位打印常住户口登记册、非刑事案件痕迹检验费,交通部门收取的机动车驾驶培训许可证。根据《财政部国家发展改革委关于取消、停征和免征一批行政事业性收费的通知》精神,取消的行政事业性收费项目包括国土资源部门收取的征地管理费,人力资源社会保障部门收取的保存人事关系及档案费、国际商务师执业资格考试考务费,商务部门收取的纺织品原产地证明书费,中国贸促会和地方贸促会收取的货物原产地证书费;暂停征收的行政事业性收费项目包括国土资源部门收取的石油(天然气)勘查、开采登记费、矿产资源勘查登记费、采矿登记费,工商行政管理部门收取的企业注册登记费、个体工商户注册登记费,质量监督检验检疫部门收取的工业产品许可证审查费、出口商品检验检疫。对小微企业免征的行政事业性收费项目包括国土资源部门收取的土地登记费,住房城乡建设部门收取的房屋登记费、住房交易手续费,交通运输部门收取的船舶港务费(对100总吨以下内河船和500总吨以下海船予以免收)、船舶登记费(对100总吨以下内河船和500总吨以下海船予以免收)、沿海港口和长江干线船舶引航收费(对100总吨以下内河船和500总吨以下海船予以免收),农业部门收取的国内植物检疫费、动物及动物产品检疫费、新兽药审批费、《进口兽药许可证》审批费、《兽药典》《兽药规范》和兽药专业标准收载品种生产审批费、已生产兽药品种注册登记费、拖拉机号牌(含号牌架、固定封装置)费、拖拉机行驶证费、拖拉机登记证费、拖拉机驾驶证费、拖拉机安全技术检验费、拖拉机驾驶许可考试费、渔业资源增殖保护费、渔业船舶登记(含变更登记)费,质量监督检验检疫部门收取的组织机构代码证书收费、社会公用计量标准证书费、标准物质定级证书费、国内计量器具新产品型式批准证书费、修理计量器具许可证考核费、计量考评员证书费、计量考评员考核费、计量授权考核费,环保部门收取的环境监测服务费,新闻出版部门收取的计算机软件著作权登记费,林业部门收取的森林植物检疫费、林权勘测费、林权证工本费,食品药品监督管理部门收取的已生产药品登记费、药品行政保护费、生产药典、标准品种审批费、中药品种保护费、新药审批费、新药开发评审费,旅游部门收取的星级标牌(含星级证书)工本、A级旅游景区标牌(含证书)工本费、工农业旅游示范点标牌(含证书)工本费共58项行政事业性收费,取消的行政事业性收费,年减轻企业和群众负担50多万元;暂停征收的行政事业性收费,年减轻企业和群众负担100多万元;对小微企业免征的行政事业性收费项目45项,减轻小微企业和群众负担。

【价费项目审批】 2015年,县物价局对政府定价、政府指导价项目的审批,坚持严格程序审慎出台。首先,做好定价成本监审,并作为重要的定价依据,综合考虑全县的经济发展水平、群众的承受力度因素,召开价格审批委员会集中讨论决定定调价标准,不符合审批条件的不予审批。核定陆川县社会福利院、有形建筑市场服务收费标准;及时复函县幼儿教育收费意见;深入调查研究,根据实际核定卫生系统床位费收费标准;完成旅游参观点门票价(征求意见稿)修改意见;解决良田电站、飞鹅岭电站的上网电价问题;对县内公立幼儿园收费进行审批;对永盛机动车监测站等2个单位提出的收费申请,严格按照审批权限、程序报玉林市、自治区物价局审批。

【价格监管】 2015年,县物价局开展居民生活所需的重要商品的价格监测,按时上报各种价格监测数据及监测分析材料。做好日常价格监测,每天按时深入各超市、农贸市场采集物价数据,上报上级有关部门。加强节假日期间的价格监测,保证特殊时期和节假日监测工作的连续性、及时性,做好应急监测。年内,形成监测分析报告9篇,完成市场监测数据1100条,为县委、县政府以及主管部门控制物价上涨的决策提供基础性、准确性的参考依据。

【节假日期间市场商品价格巡查】 2015年,县物价局根据《广西壮族自治区物价局转发国家发展改革委关于加强2015年元旦期间市场价格监管工作的通知》《广西壮族自治区物价局转发国家发展改革委关于加强2015年春节期间市场价格监管工作的通知》精神,在元旦、春节、五一期间,派

出8名检查人员,分2个检查组,重点对超市、农贸市场、汽车站、旅游景点的明码标价进行检查,规范市场价格秩序。

【价格热点问题监督检查】 2015年,县物价局对价格热点问题进行监督检查。

客运汽车票价宣传及检查 春运前,与县交通运输局向全县客运企业、客运车主发放《2015年春运期间公路客运价格政策提醒告诫书》300多份,要求各客运站在车站售票处的显著位置公示经物价部门核定的客运票价及优惠政策。各车主在客运车辆内张贴客运班线票价表,明示客运班线的实际票价。春运期间,派出检查人员对客车票价进行检查,规范全县客运价格行为。

县城液化气价格监管 2月11日,召开县城液化气经营者的告诫会,召集县城陆威气库、百民气库的负责人,对燃气价格进行提醒告诫,要求明码标价,不得随意涨价,自觉接受价格部门的监管。

汽油价格监管和巡查 鉴于国际原油价格经常波动状况,及时派出人员对县内各加油站的成品油价格进行检查,检查显示,镇私营加油站各类成品油价格比规定价格略低。

【价格专项检查】

教育收费专项检查 2015年,县物价局根据《广西壮族自治区物价局、教育厅转发国家发展改革委、教育部关于开展全国教育收费专项检查的通知》精神,开展教育收费专项检查。对检查中发现的不规范问题,及时提出纠正并责令限时整改,进一步规范学校的食堂价格行为。

商贸流通领域不正当价格行为专项整治行动 2015年,根据《广西壮族自治区物价局关于开展商贸流通领域不正当价格行为专项整治行动的通知》精神,8月县物价局对县城的天天超市、皆用超市、百汇超市、家家福超市、亚春家电商行及马

坡镇、乌石镇、良田镇的大型超市进行价格巡查,对不规范的标价行为进行纠正。

【价格认证】 2015年,县物价局共办理各种价格认证、价格鉴定、价格咨询服务工作1010件,认证金额5亿元。其中,涉案财物价格鉴定697件,鉴定金额523.18万元;应税物价格鉴定273件,鉴定金额2.59亿元;出具国有资产处置、征地拆迁补偿、九洲江整治补偿等价格认证结论书25份,认证金额2.17亿元;接受有关单位、个人委托价格认证15件,认证金额1881.89万元。

【价格调节基金征收和管理】 2015年,县物价局加强价格调节基金的征收及管理,在2014年4月开征价格调节基金的基础上,继续推进县价格调节基金工作,共征收价格调节基金194.20万元。在陆川县家家福商贸有限公司建设为全县首家农产品平价商店,并向自治区物价局申请使用区本级2014年价格调节基金,7月获得平价商店开办经费补助3万元。结合为民办实事的工作要求,安排21万元扶持县城家家福超市、百汇超市、天天超市3家平价商店建设;安排10万元扶持2个"菜篮子"基地建设;安排50万元开展全县能繁母猪保险保费补贴。

【价格举报】 2015年,县物价局接到价格举报信访件18件,其中回复举报信件9件。内容主要涉及动物检疫收费、电信套餐收费、汽车培训收费、液化气价格、汽车行车仪价格、商品房办证收费、小区装修保证金、个体工商户会员费、药店不明码标价多收费等问题,派出人员及时进行调查、核实,对违价问题进行责令整改,并及时回复举报人。制定"12358"网上价格举报管理平台值班制度,落实4名工作人员进行轮值,方便群众价格举报。

【价格工作宣传】 2015年,县物价局

开展"12315"消费者权益宣传活动，解答群众价格疑问，发放价格宣传资料100多份。开展政务公开宣传日活动，对相关业务办理程序进行公开宣传。开展行风政风热线活动，5月26日，局班子成员及中层领导干部一行12人作客陆川电台"行风热线"，就当前的物价工作以及一些涉及价费的社会热点问题，与社会各界听众朋友互动。就听众反映的教育、燃气、用电、用水、医疗卫生、涉农涉企等方面的有关收费问题，逐一回答市民朋友的来电咨询。从政策法规层面为群众生活中遇到的价格问题做解答。

(蓝春华)

工商行政管理

【工商管理机构及概况】 2015年，陆川县工商行政管理局(简称县工商局)内设办公室、法规与行政执法督察股、反不正当竞争执法与商标广告监督管理股、消费者权益保护股、市场与合同规范管理股、企业与个体私营经济监督管理股、人事股、财务股、监察室(与纪检组合署办公)，编制18名，实有人员38人；下辖城区工商所4个、镇工商所14个，全县工商行政管理系统在编在职人员112人。年末，全县有个体户1.496万户(新发展1170户)；私营企业2708户(新发展371户)；内资企业1153户(新发展5户)；农民专业合作社367户(新发展52户)；家庭农场54户(新发展38户)；有微型企业929户。立案查处违法案件203件，罚没款项50万元。

【工商分级管理改革】 2015年，县工商行政管理体制正式由垂直管理调整为分级管理。调整后，县工商局的人员、财务及固定资产均移交给县政府。健全部门协同及县、镇联动工作机制，推进工商、质监管理体制调整，

实践一门式综合执法体制改革，推动执法力量有效统筹、重心下移。县工商局把全系统干部职工的思想认识统一到党委、政府的决策部署上来，深入细致地做好思想政治工作，确保思想不乱、队伍不散、工作不断。体制调整期间，履行工商行政管理职能，做好市场监管和行政执法工作，尤其是对涉及人民群众切身利益的工作坚决抓好落实，确保管理有序，过渡平稳，实现领导班子、人员、机构、经费落实。

【权力清单制度改革】 2015年，县工商局根据自治区党委、自治区政府关于开展权力清单制度改革的部署要求，开展工商行政管理部门权力清单制度改革，结合工商行政管理部门实际，利用商事登记制度改革、市场监管制度改革打下的良好基础，按照"法无授权不可为，清单之外无权力"的要求，对工商行政管理部门的行政权力进行梳理，厘清原始权力、审定常用权力、清理失效权力。同时，按照"能放则放、能减则减、能并则并"的原则，开展行政权力的保留、精简、下放、转移、合并、分离等工作，明确工商行政管理部门行政许可、行政处罚、行政强制的依据、程序、时限、结果，执法人员资格等信息，明确行政权力的行使机构，实行统一编码，形成权力清单，并按时按质按量完成行政审批项目和非行政许可审批事项的清理呈报工作，并在县政务中心工商局窗口及各工商所公示栏对外公示《工商登记前置审批事项目录》《企业变更登记、注销登记前置审批事项指导目录》，以及国务院决定由前置改为后置审批的工商登记审批目录148项、自治区政府决定明确为工商登记后置审批目录30项。按照上级要求，加强法治建设工作，制订相关文件，成立法律顾问室，遴选聘请法律顾问1名。

【工商登记制度改革】

注册资本登记制度改革 2015年，县工商局围绕"大众创业，万众创

新"目标，实施注册资本登记制度各项改革，改变以注册资本数额做为行业准入条件的观念，简化住所和经营场所登记手续，优化登记方式，真正放权于市场、放权于企业，进一步促进市场主体的发展。年内，全县个体工商户新办理开业登记1170户、从业人员3404人，资金数额1.21亿元；私营企业新登记371户，资金数额70.87亿元；新办理内资企业设立登记5户；农民专业合作社新设立登记52户，出资总额1.80亿元；家庭农场新设立登记38户，出资总额6008万元。全县新发展公司671户，新增注册资本21.28亿元，其中2家公司注册资本超过亿元。

网上年度报告制度实施 2015年，县工商局实施网上年度报告制度。一是抓好市场主体年报工作。县工商局利用宣传专栏、摆摊设咨询点、LED滚动电子屏等方式，宣传新《中华人民共和国公司法》、广西工商登记制度改革政策，宣传和推进《企业信用公示暂行条例》的实施，深入到户到厂到店到摊指导企业、个体户开展年度报告公示工作。至6月30日年报截止时，全县2013年度企业年报率为81.70%，个体工商户年报率为60.46%；2014年度企业年报率为80%，个体工商户年报率为58.90%，农民专业合作社年报率87.54%，均超过国家工商总局年报率要求，超额完成任务。二是组织开展对企业即时信息公示情况的抽查核实工作。根据自治区工商局抽查名单，在实地核查的350家企业中，316家正常生产经营，22家通过登记的住所(经营场所)无法联系上，9家注销或其他情况，3家未按规定公示企业信息，县工商局对未公示企业信息的企业发出责令限期履行义务通知书。

推进"三证合一""一照一码"改革 2015年，县工商局根据《工商总局等六部门关于贯彻落实国务院办公厅关于加快推进"三证合一"(营业执照、组织机构代码证、税务登记)登记制度改革的意见的通知》精神，陆

川县成立"三证合一"登记制度改革工作领导小组及办公室，县工商局为牵头部门，及时与县发改局、县质监局、县国税局、县地税局等相关部门进行沟通，代拟并印发《陆川县工商营业执照组织机构代码证税务登记证三证合一登记制度改革实施方案》，明确各部门的职责。从9月起，与全国同步，县工商局开始发放"一照一码"的营业执照，实现"一表申请、一窗受理"，即是将工商登记申请表、组织机构代码登记申请表、税务登记表整合为一套申请表格，由企业向工商行政管理窗口申请受理，工商行政管理部门颁发的营业执照包含有统一的社会信用代码。年内，全县新发放"一照一码"营业执照110户，换发"一照一码"营业执照250户。

【非公经济党组织建设】 2015年，县工商局制定非公有制经济发展工作方案，通过采取走访企业、发放调查表、召开座谈会等形式，进一步摸清个体工商户、小微企业、专业市场中的党员，尤其是个体工商户的党员数量、党建工作情况，寻找未亮明身份的党员，推动具备条件的企业建立党组织，在已建立党组织的企业建立领导联系制度，推动"小个专"非公有制经济企业党建工作建设。年内，成立"中共陆川县个体工商户小微企业专业市场委员会"，党委下设3个党支部，党员101人。14个镇工商所也相应成立小个专党总支部、29个党支部，党员252人。至年底，全县非公企业成立总支部1个、党支部86个（其中单独支部38个、联合支部5个）。

【"品牌兴企"战略实施】 2015年，县工商局深入开展"一所一标"（指年内每个工商所培育发展申请一件商标注册）活动，加快培育、发展全县注册商标，指导帮助企业争创著名和驰名商标，引导"陆川猪""陆川铁锅""陆川机电""陆川酱油"等传统产业的地理标志证明商标培育工作。年内发展旭日东记、稻丰锦粮油、麦鲜渔、合

水口、石窟、秉胜6件注册商标。指导广西陆洲机械制造有限公司申报广西著名商标1件，并获得评审通过。全县共有桂穗、茶花山、301、岭南客家、陆洲、SH、铁人、开元致富8件广西著名商标。

【农村党员经纪人培训】 2015年，县工商局开展加强农村党员和村"两委"经纪人培训，举办经纪人培训班6期，培训经纪人246人。其中，与清湖、乌石镇政府联合举行2期，共培训农村党员经纪人233人，涉及种养、运输、销售等多种行业，促进农村商品经济的发展。

【议案和提案办理】 2015年，县工商局落实县委、县政府的相关要求，按时办理人大代表议案、政协委员提案。年内，共承办人大代表议案2件、政协委员提案2件，全部在规定的时限内进行答复，满意率均为100%。

【节日市场专项整治】 2015年，县工商局组织开展元旦、春节、五一、端午、中秋、国庆等节日市场专项整治，维护节日市场秩序的稳定。全年共出动执法人员2136人次、检查车辆312辆次，检查市场18个、超市36个，检查经营户1302家次。

【建材市场专项检查】 2015年，县工商局开展建材市场专项检查，共检查建材经营店80户次，抽检钢材样品10个，其中有4个样品不合格，进行立案查处，罚款2.85万元；开展混凝土加工场点和钢材经营检查，对3家无照经营的钢材经营店进行查处，共罚款1.25万元。

【"扫黄打非"专项行动】 2015年，县工商局开展"扫黄打非"工作，清理黄色书刊、黄色音像制品及歌舞娱乐场所、服务行业的色情服务，扫除淫秽色情、封建迷信等危害人们身心健康、污染社会文化环境的文化垃圾。打击违反《中华人民共和国宪法》规

定的破坏社会安定、危害国家安全、煽动民族分裂的出版物，侵权盗版出版物以及其他非法出版物。平时在日常巡查中执法人员深入摊点对图书、音像制品等进行检查。与公安、文化、新闻出版等系统部门联合开展整治行动5次，出动执法人员35人次、执法车辆7辆次，检查网吧28家、图书音像及文化经营场所78家，收缴盗版音像制品1600张。

【参与烟草市场管理】 2015年，县工商局与县烟草局配合，查处无烟草零销售专卖许可证经营卷烟案38件，罚款1.60万元。

【非法小冶炼厂专项整治行动】 2015年10月23日，县工商局联合县环保局、国土局、水利局、安监局、公安局、陆川供电公司等部门开展非法小冶炼厂专项整治行动，对清湖镇永平村联营场山中的非法"小冶炼"厂进行依法取缔，拆除生产设备、窑炉、烟囱及地面建筑等。

【"红盾护农"行动】 2015年，县工商局开展"红盾护农"行动。一是开展放心农资示范店创建。评选出放心农资示范店4家，发挥示范带头作用，以点带面，推动县农资行业整体水平的提高。二是结合春耕夏种重点农时，组织开展集中整治行动2次，出动执法人员378人次、执法车辆70辆次，检查市场18个、农资经营主体219家，重点整治以"科技下乡""厂家直销"等名义走村串户非法销售农资商品行为，清查不合格农资商品的供货商和经销商，严厉查处和打击销售假劣农资坑农害农等违法行为。三是以农民群众投诉较多的、经市场检查发现的、被新闻媒体披露的、进货渠道不明的农资商品和经营者为重点，开展流通领域肥料、农药商品质量抽检工作，切实做好流通领域农资商品质量监测工作，共抽检化肥样品5个，配合自治区工商局抽检化肥样品14个，检测结果有9个样品不合格，对

经营不合格化肥的5家经营户立案查处,罚没金额2.36万元;对另外4家经营不合格化肥的经营户在立案调查之中。

【成品油质量抽检】 2015年,县工商局共出动执法人员331人次,检查成品油销售单位118家次。对辖区内车用燃油经营单位开展调查摸底,清理主体资格,依法查处无照经营行为。督促被取消成品油经营资格证书的企业,及时办理变更或注销登记,逾期不办理的,依法吊销营业执照。加大市场检查,细化检查内容,做好检查记录,严格查处违法违规行为,对1户无照经营车用燃油行为进行处罚。强化车用成品油质量监测,按照自治区、玉林市工商局的工作部署,完成抽样、文书送达、组织复检、案件查办等相关工作,抽检成品油5个批次、1个样品,均为合格。

【合同监督管理】 2015年,县工商局加强对农业(订单)合同的指导和推广,总结"农业(订单)合同"工作的经验和做法,推广适合涉农企业和农民需求的《农产品订购合同示范文本》,共指导涉农企业签订订单合同598份,金额120多万元,规范合同签约行为。对拍卖活动实施检查监督,对在陆川境内开展的拍卖活动实行现场监拍,共备案3起。开展合同格式"霸王条款"专项整治行动,共出动执法人员398人次、执法车辆93辆次,发放宣传资料4100多份。检查旅行社24家,供气经营单位101家次,检查合同635份。经检查,发现2家利用合同格式条款损害消费者权益的违法行为进行立案调查。做好动产抵押登记服务工作,共办理动产抵押登记33件,为企业抵押融资8451.70万元,为中小型企业扩大再生产提供资金保障。

【制售假冒伪劣商品和侵犯知识产权行动打击】 2015年,县工商局在全县范围内开展打击侵犯注册商标专用权专项整治行动,共出动执法车辆82辆次、执法人员316人次,检查经营主体(户)1316户,整治重点区域39处;立案查处商标侵权案件7件,其中立案查处"睡宝"床垫商标侵权案件1件、"珍妮诗"洗发露商标侵权案件1件,共罚款金额9000元,没收销毁侵权洗发露23瓶,没收销毁侵犯"睡宝"注册商标专用权商标标识44张;立案查处"全解"辅导教材商标侵权案件5件,案件正在查处之中。立案查处无产品质量检验合格的"格力"空调案件1件,罚没款1.20万元。5月19日,在县城开展侵犯"口味王"槟榔注册商标专用权行为的整治。

【虚假违法广告综合整治】 2015年,县工商局加大医疗药品保健品虚假违法广告、房地产广告专项整治行动。对广告进行检查、监测,规范广告经营行为,受理核发《户外广告登记证》21件,查处擅自发布户外广告与反不正当竞争案件1件,罚没1.05万元。

【农村和城乡结合部市场假冒伪劣专项整治】 2015年,县工商局针对农村居民消费层次低、识假辨假能力弱、风险防范意识不强以及农村和城乡结合部经营主体多、小、散、乱的现状,共出动执法人员931人次、执法车辆283辆次,检查集贸市场21个、经营户3923户,查办假冒伪劣商品案件4件,罚没款1.76万元,收缴不合格商品一批;取缔无证无照经营户23户,罚没款2.68万元。

【网络商品交易监管】 2015年,县工商局贯彻落实《网络商品交易及有关服务行为管理暂行办法》《中华人民共和国消费者权益保护法》,对县网络商品交易及有关服务行为进行监管,维护消费者、经营者合法权益,促进网络经济健康有序发展。组织开展重点网络商品交易网站专项检查,检查网站网店95个次,实地检查43个次,重点搜索排查电子产品、汽车配件、服装、农资、食品等重点商品,在检查中没有发现违法商品交易行为,约谈电商13家。与县工商联联合举办电子商务知识讲座,邀请专家授课,参加培训电子商务业主80人,提高业主电子商务技能。

【"无传销县"创建活动】 2015年,县工商局将打击传销工作列入全县社会管理综合治理和平安县范畴,列入为年度绩效考评目标,层层落实责任。定期召开打传领导小组全体成员会议,先后制定《陆川县2015年打击传销工作方案》《陆川县2015年打击传销工作计划》,明确工作目标、工作措施、工作要求。加强宣传引导,营造打传氛围,在县电视台公布县工商局、县公安局打击传销举报电话。投资10多万元经费,在老干区"无传销社区"示范点配备4平方米LED电子显示屏一块、监控摄像头3个和控制系统一套、不锈钢宣传板报2块等装备,开展查禁传销宣传活动,全面推进"无传销县"创建工作,以创建"无传销社区(村)""无传销校园"为基础,建立和完善打击传销的监督管理机制、考评认定机制、责任追究机制。年内,共发放宣传资料8300多份,悬挂横幅116条,发送手机短信3500条,设立大型广告宣传牌15块,播放公益广告26次,发布警示提示23次,现场咨询6次。开展集中联合执法行动12次,出动执法车辆35辆次、执法人员235人次,检查宾馆旅社82家次、出租屋128户、网吧52家次,车站、广场19个次,均没有发现传销行为。年内,陆川县被玉林市打击传销工作领导小组考核评定授予"无传销县"称号。

【农贸市场整治】 2015年,县工商局按照县"美丽陆川·清洁乡村·生态乡村"活动的工作要求,对农贸市场进行改造升级,巩固提升门前"三包"责任制管理水平,落实路段清洁责任制。开展环保和卫生意识宣传活动,发放宣传资料,上门指导教育,发动宾馆、商场等商家进行LED屏幕宣传,共发放宣传资料5000多份。7月29日晚，在县市政广场举办《保护母亲河·共圆中国梦》专题文艺晚会，提高市场经营户的环保和卫生意识，调动经营户爱护环境的积极性。对县城内占道乱摆卖进行整治，清理占道乱摆卖等经营户32家、乱拉乱贴广告319个，规范设置户外广告26个。投入3万元，为清理九洲江河段，挂点村、镇购置垃圾车、建设垃圾焚烧炉。

【消费维权网络建设】 2015年，县工商局推进"一会两站"（消费者协会分会，消费者投诉站、12315联络站）和"12315"进乡村、进商场、进超市、进市场、进企业、进景区"五进"规范化建设，全县共建立"一会两站"197个、"12315"维权服务站144个，及时就近高效地开展消费投诉、举报的处置工作。做好"12315"消费者申诉举报维权服务，畅通消费者诉求渠道，处理各类消费者的诉求，及时调解消费者申诉和处理举报，做到消费者诉求件件有回音、事事有着落。年内，"12315"消费者申诉举报中心共接受咨询、电话来访312件，受理消费者申诉43件，解决43件，处理举报案件12件，办结12件，为消费者挽回经济损失10.05万元。

【消费教育和引导】 2015年，县工商局创新消费维权领域的社会管理方式，运用"一会两站""12315"五进和消费教育基地等平台，开展消费宣传教育与引导。为不同层次的消费者开展消费教育活动，普及消费知识，引导消费理念，预防消费陷阱，增强消费维权和自我保护能力。在县老人大学、米场新民村等消费教育基地开展巡回演讲16次，接受消费教育1100多人次，发放宣传资料6000多份。

【"12315"数据质量建设】 2015年，县工商局加强"12315"数据的采集录入，提高"12315"数据的系统性、规范性、准确性和关联性。及时分析申诉举报热点和消费市场秩序状况，根据投诉热点开展专项整治，发挥"12315"数据在市场监管、消费警示提示、消费结构升级、服务经济社会发展等方面的作用。

【"3·15"消费者权益日活动】 2015年，县工商局在"3·15"消费者权益日活动期间，通过陆川电视台发布消费警示，收集整理近年来一些消费维权典型案例，在陆川县电视台、广播电台、陆川县邮政局《政讯通》等媒体平台公开发布，以消费者喜闻乐见的方式进行宣传，以案说法，提高消费者的维权水平和能力，教育和引导消费者预防消费不良行为。3月15日，与县消费者权益保护委员会（简称县消委会）会同"3·15"成员单位及相关企业在县人民会堂门口开展宣传活动，发放宣传资料1600多份，传授识假辨假知识，当天共接待消费者咨询120多人次，受理消费者投诉1件，为消费者挽回经济损失5000多元。处理举报案件1件。由县工商局主要领导和分管领导带班，组织开展好国家工商总局"12315"现场热线、"3·15"晚会热线的接听及案件转办工作。

【流通领域重点商品质量监测】 2015年，县工商局按照上级工商局的商品质量抽样检测安排，针对面向农村市场的大卖场、超市，以及周边地区、投诉案件高发地，突出节假日等重点时段，集中开展商品抽样检测工作，依法委托法定检验机构对全县销售家电商品、水泥、防火装饰材料、化肥、成品油、不锈钢龙头等商品进行质量抽检，严厉查处侵害消费者权益案件，规范消费市场秩序。整治期间，抽样水泥检测5组、防火装饰材料5组，全部合格，合格率100%；家电商品抽样检测4组，不合格2组，合格率50%；化肥抽样检测9组，不合格4组，合格率55.65%；成品油抽样检测5组，不合格2组，合格率60%，对销售检测不合格商品行为立案查处5件。开展儿童用品质量安全专项整治行动、汽车市场专项执法行动。

【消费维权机制创新】 2015年，县工商局开展多元化调解工作。与人民法院开展消费调解多元化衔接工作，注重消费纠纷中行政调解与司法调解的优势互补作用，充分发挥整体合力。通过多元化调解，解决消费纠纷2件，维护消费者的合法权益和社会的安全稳定。强化消费调解与监管执法衔接机制，开展"诉转案"工作，"以案促管""以案促调"，立案查处违法案件5件。

【欺诈消费者行为打击】 2015年5月，县工商局接到县人大常委会转来的消费者关于摆摊刮卡欺诈消费者的投诉件后，立即组织执法人员对陆川县城及各镇进行地毯式检查，在检查中以及通过群众了解没有发现利用摆摊刮卡从事违法经营活动的行为，随后将有关情况向县人大进行汇报。6月组织执法人员对陆川县禧康美健身设备经营部依法进行检查，并就涉及人身安全等方面的事项对经营者进行告诫警示。　　　　（黄飞声）

审　计

【审计工作机构及概况】 2015年，陆川县审计局内设政工秘书股、行政事业审计股、综合经济审计股、经济责任审计分局、固定资产投资审计股，编制15名，实有人员13人。下属陆川县政府投资审计办公室，为财政全额拨款事业单位，编制8名，实有人员8人。成立计算机审计与信息管理办公室，增加人员编制2名，公开招聘工作人员3人。年内，县审计局完成审计项目70个，查出违规金额9.64亿元，管理不规范金额3820.66万元，核减政府投资违规金额1934.69万元；提出审计建议92条，促进被审计单位建章立制9项。在优秀审计项目评比中获玉林市表彰4个、自治区审计厅表彰2

个、自治区计算机成果演示会一等奖1个。向纪委等相关部门移交违纪线索6起,发挥审计"免疫系统"功能。

【预算执行审计】 2015年是新《中华人民共和国预算法》实施的第一年,县审计局在预算执行审计中,检查财政非税收入征收管理、专项资金管理使用、财政存量资金及政府性债务对县财政的影响,共查出违规金额9.07亿元;在税收征管审计中查出部分房地产欠缴税费512.88万元。责成财税部门对存在问题进行整改。

【经济责任审计】 2015年,县审计局安排任期经济责任审计项目16个(其中离任审计项目4个,任中审计项目12),审计查出违规金额1826.25万元,管理不规范金额3445.46万元,对上述违规金额负主管责任的领导干部3人。审计查出部分单位存在漏缴税金、账务处理不规范、专项资金未按规定管理使用等问题,有效促进领导干部守法守纪守规尽责。

【政府投资审计】 2015年,县审计局执行《陆川县政府投资项目审计管理办法》,对重点项目政府投资进行审计。年内,共完成陆川县2013廉租住房建设工程、县急救中心项目工程、县温泉大道路面维修及街道外立面改造工程等政府投资项目审计项目51个,送审金额2.55亿元,审减工程结算金额1934.69万元,审减率7.60%。规范建设单位基本建设程序,有效控制工程建设中的高估冒算、偷工减料、损失浪费等现象,保证建设资金真实、合法、有效的使用,提高政府资金投资效益。

【民生资金审计调查】 2015年,县审计局重点开展民生资金审计调查,维护群众利益,促进民生改善。一是抓好保障性住房跟踪审计。在2014年基础上,继续开展保障性住房审计调查,重点关注保障对象政策落实情况,督促有关部门补发2014年下半年

1148户住房补贴107.55万元。跟踪落实以往查出问题的整改情况,对政策执行情况进行跟踪问效,完善相关管理制度。二是配合玉林市审计局开展农村危房改造专项资金和水库移民后期扶持专项资金审计,主要关注发生在群众身边的"四风"和民生资金领域腐败问题,运用计算机审计比对分析来申报人员信息和资金发放信息,准确锁定审计疑点,将部分线索移交给相关部门进行处理。三是参加广西审计系统的民生资金专项审计。8月,派出5名工作人员到广西的百色市田东县开展为期3个月的扶贫资金专项审计。

【审计队伍建设】 2015年,县审计局举办审计业务技巧培训,组织局业务能手或邀请市审计局专家围绕审计相关业务知识开展实际案例教学,提升审计人员的实战技能。倡导学历进修培训,鼓励审计业务人员参加职称考试和学历提升,增强审计工作胜任能力,促进审计队伍均衡发展、整体提升推进审计职业化建设。(陈 东)

统 计

【统计工作机构及概况】 2015年,陆川县统计局内设政秘股(法规股)综合与国民经济核算股、工业与投资统计股(能源与资源环境评价统计股)、服务业调查股(贸易外经股)、农村统计股、服务业和能源调查中心,编制20名,实有人员19人。年内,县统计局建立健全《陆川县统计局信息、论文奖励管理办法》《陆川县统计局办公用品购置发放管理制度》《陆川县统计局财务管理内控制度》等规章制度。完成工业、农业、固定资产投资、建筑及房地产、能源、商贸等各行业数据的收集、审核、汇总和上报工作。按月、季编写各类信息资料,编印《陆

川县经济要情参考卡片》《陆川县2015年统计年鉴》等材料,为各级党政领导及时了解经济运行情况提供经常性服务;完成陆川县全国1%人口抽样调查工作。

【主要经济指标完成情况】 2015年,陆川县经济运行平稳,主要经济指标基本达到预期的进度目标。年内,完成GDP(地区生产总值)218.93亿元,比上年增长5.80%;农业总产值完成53.69亿元,增长1.50%;规上工业总产值完成328.75亿元,增长1.41%;完成固定资产投资177.74亿元,增长18.29%;社会消费品零售总额完成52.83亿元,增长8.51%;财政收入完成13.33亿元,增长8.89%;城镇居民人均可支配收入25959元,增长8%;农民人均纯收入10087元,增长10.20%。

【全国1%人口抽样调查】 2015年,陆川县贯彻国务院办公厅印发的《关于开展2015年全国1%人口抽样调查的通知》精神,按照玉林市1%人口抽样调查办公室的统一部署,根据《全国人口普查条例》的规定,开展全国1%人口抽样调查工作,11月1日零时正式启动全国1%人口抽样调查,查清2010年后全县人口在数量、素质、结构、分布以及居住等方面的变化情况,主要调查人口和住户的基本情况,调查内容包括姓名、性别、年龄、民族、受教育程度、行业、职业、迁移流动、社会保障、婚姻、生育、死亡、住房情况等,涉及全县14个镇、33个村(社区)、2172户、9670人。至11月15日,完成全国1%人口抽样调查小区的划分、绘图、抽样框整理、入户摸底、正式登记等工作。

【统计年报工作落实】 2015年,县统计局做好统计年报工作。一是专门召开年报、定期报表工作会议,明确总体思路,制定实施方案,提出年报、定期报表组织方式,操作规程,质量控制、数据处理和总结考核等各环节工

表 18 　　　　　　　　　　　　　2015 年陆川县主要经济指标完成情况

	单位	2014 年实绩 （万元）	2015 年实绩 （万元）	比 2014 年增加 （万元）	增长 （%）
地区生产总值	万元	2128159	2189346	61187	5.8
＃第一产业	万元	309313	311948	2635	0.9
第二产业	万元	1114209	1076653	−37556	3.5
＃工业	万元	976911	933711	−43200	3.0
＃规上	万元	900971	883401	−17570	2.5
第三产业	万元	704637	800745	96108	12.6
农业总产值	万元	517359	536944	19585	1.50
＃规上工业总产值	万元	3228586	3287505	58919	1.41
全社会固定资产投资	万元	1541828	1792167	250339	17.00
＃固定资产投资	万元	1502652	1777432	274780	18.29
社会消费品零售总额	万元	486837	528267	41430	8.51
财政收入	万元	122443	133322	10879	8.89
城镇居民人均可支配收入	元	24036	25959	1923	8.0
农民人均纯收入	元	9153	10087	934	10.2

作要求，加强年报、定期报表组织工作。二是制定工作目标责任制，明确各专业人员工作目标责任，并具体落实到人。三是落实统计工作规范，要求每个专业人员按照统计工作规范要求，严把数据质量关。四是加大专业间的协调，及时准确收集基层基础数据；加强与相关部门和上级部门的沟通、衔接、掌握第一手资料，确保统计数据有理有据。五是完善统计数据质量评估机制，确保各项经济指标客观反映全县经济运行情况。年内，完成年度统计年报、定期报表和各项定期统计调查、统计数据审核、评估、分析等工作。

【统计服务】 2015 年，县统计局开展主要指标预警预测工作，建立主要指标预警预测机制，提高对宏观经济形势的把握能力及预判能力。每月编印出版《统计要报》100 份，发给县有关领导、各单位、各镇。编印出版《陆川县经济要情参考卡片》《陆川县 2015 年统计年鉴》，内容涉及工业、投资、商贸等十多个专业，做好每月一次与玉林市统计局面对面的分析汇报、每季度一份综合分析报告、每年一批专业分析报告工作。开展年度"四上"企业（规模以上工业企业、限额以上批发零售住宿餐饮企业、资质以内的建筑业企业和房地产开发企业、规模以上服务业企业）认定申报工作，至年底，全部完成认定申报工作，其中认定申报规模以上工业企业 9 家、限额以上批零业企业 1 家、规模以上房地产企业 3 家、规模以上服务企业 1 家。

【统计"四大工程"建设】 2015 年，县统计局按照自治区、玉林市的安排和部署，开展"四大工程"（建设统一的基本单位名录库、统一的一套表调查制度、统一的数据采集处理软件平台、统一的联网直报系统）建设各项工作。与工商、税务、质监等相关系统部门联系，及时跟踪企业生产经营状况，第一时间把新增单位报送审批材料整理、录入、审批上报，确保新增调查单位及时"入库"。对企业上报数据进行审核、验收，确保企业一套表联网直报数据质量。企业数据实行联网直报后，县级统计机构在线查看审核企业数据，及时对有疑问数据的查询核实，确保各专业主要指标数据的数据质量。对企业联网直报运行情况进行实时监测，实施基层表上报每日进度监测制度，把握在线报送情况，及时监测企业上报率、直报率，针对进度落后的镇和专业及时采取措施分类帮助及指导，确保各镇、各专业人员按照时间节点做好对企业的催报和验收工作。

【专项调查】 2015 年，县统计局组织工作人员深入各镇各村，走访调查对象 1000 多个，先后开展粮食产量抽样调查 11 次，个体商业、餐饮业调查和农村住户调查 8 次，畜牧业调查和固定资产投资调查 12 次，掌握全县被调查行业的新变化、新情况，为县委、县政府正确决策提供科学依据。

【统计法制建设】 2015 年，县统计局按照区域统计的具体要求，制定科学、可行的区域统计实施细则，建立健全统计数据质量管理责任制，明确各级统计部门的工作职责和义务，对辖区范围内和本部门统计数据进行严格管理、监督、检查和评估，严禁出现弄虚作假行为。开展统计执法检查，对拒报、迟报、虚报、瞒报和篡改统计数据等违法行为按照有关规定进行严肃查处，并追究其法律责任，统计违规执法查结率 100%。

（龚二勇）

质量技术监督管理

【质量技术监督机构及概况】 2015年，陆川县质量技术监督局（简称县质监局）内设办公室、综合管理股、法规监督股（稽查大队）、特种设备安全监察股，编制16名，实有人员14人；下辖陆川县计量检定测试所，人员编制20名，实有人员15人。年内，县质监局按照制定的工作目标持续有效地开展工作，继续加强产品质量，保障特种设备安全和危化品安全运行，全年无安全生产事故发生。

【计量监督与管理】 2015年，县质监局贯彻《陆川县人民政府关于印发陆川县贯彻实施国务院计量发展规划（2013—2020年）工作方案的通知》精神，开展计量监督与管理工作。年内，共检定辖区内各类计量器具2970台（件），其中衡器1661台、压力表595块、加油机472枪、天平99台、砝码67个、血压计76台，完成业务收入49.70万元。确保全年在用的燃油加油机强检率104%，在城区主要集贸市场固定摊点结算用衡器的强检率99.4%。对辖区内肥料、水泥、农药、饮用水等定量包装产品生产企业10家次进行检查，未发现短斤少两现象，合格率100%；对列入重点耗能企业的9家企业进行能源计量审查，督促相关企业严格按照标准要求配备能源计量器具；对15家加油站使用的燃油加油机进行计量专项检查，均未发现违反计量法律法规的行为。

【组织机构代码管理】 2015年，县质监局实施组织机构代码证、工商营业执照、税务登记证"三证合一"登记制度。9月1日起，开展"三证合一"的工作，对持有代码证的企业和农民合作社回收代码证，统一交由工商局发放印有统一社会信用代码的营业执照。截至11月止，共完成组织机构代码证书换证572家，新办代码365件，档案上传率100%，企业标准备案1件，为群众限时办结事项90%以上，代码年检变更率居全自治区前列。配合工商局开展"一照一码"工作。2015年9月1日至2017年12月31日为现有机构代码证向统一代码过渡期，在过渡期内，统一代码与现有各类机构代码并存。过渡期结束后，组织机构证和登记管理部门的旧登记证（照）停止使用。

【产品质量监督管理】 2015年，县质监局加强企业产品质量监管，对辖区化肥、水泥、农药和纤维板等企业进行监督抽查，共监督抽查8个企业8个样品，抽查合格率100%。对获得工业产品生产许可证的企业，按照质量安全风险等级分类，定期进行监督检查。

【执法检查】 2015年，县质监局开展以化肥为重点的农资产品"质检利剑"专项行动，共检查农资生产企业8家，检查样品6批次，合格5批次，合格率83.33%，立案查处农资违法案件4件，均已结案。开展农资打假"三下乡"（送标准、送服务、送知识）"质监安农进千村"行动，为农民免费检测肥料1个，发放农资宣传资300多份。制定《陆川县质监局专项执法活动方案》，开展农资、建材、食品相关产品、特种设备等专项和日常执法检查活动，共出动执法人员512人次，检查企业78家次，立案查处案件18件，结案18件；受理投诉举报5件，办结5件。

【特种设备安全监察】 2015年，县质监局按照玉林市质监局部署开展特种设备"三大战役"专项工作的部署，组织开展特种设备专项检查，共检查电梯120台，其中登记使用15年以上的老旧电梯4台，均按时做好日常维护和记录；检查工业燃煤小锅炉11台，管理人员持证上岗率100%。加强特种设备日常巡查，共出动执法人员440余人次、车辆120辆次，巡查企业、单位、超市、公园共190多家，检查特种设备320多台（套），发现特种设备一般隐患76处，下达指令书3份，均整改完毕。开展特种设备安全演练3次，其中在陆川县九

2015年6月19日，陆川县九鼎牧业有限公司开展锅炉缺水应急事故演练

县质监局　提供

鼎牧业有限公司开展"锅炉缺水应急事故演练"的应急演练,在陆川县家家福超市开展"自动扶梯应急事故演练",在陆川县陆威液化气气站"气站重大危险源应急演练",提高企业和群众抗击突发事件的应变能力,掌握现场,特别是发生事故应急处理和逃生能力,防止事故发生。在安全生产月期间做好《中华人民共和国特种设备安全法》的宣传,共发放宣传资料800余份。年内,全县无特种设备安全责任事故发生。

【"质量兴陆"战略实施】 2015年,县质监局根据"质量兴陆"战略工作要求,培育名牌产品,发挥名牌效应,其中华润水泥(陆川)公司新获广西名牌产品称号,广西三零一机械有限公司成功续评广西名牌产品称号。对辖区内获得工业产品生产许可证的企业,按照质量安全风险等级分类,定期进行监督检查,共监督抽查10个企业14个样品,合格率为100%。年内,陆川县谢鲁山庄旅游景点自治区级服务业标准化试点项目经过两年的建设,通过自治区服务业标准化项目专家组的评估验收。 (叶曼蓉)

食品药品监督管理

【食品药品监管机构及概况】 2015年,陆川县食品药品监督管理局(简称县食品药品监管局)内设政秘股、行政审批股、综合协调股、政策法规股、食品生产监管股、食品流通监管股、食品餐饮监管股、药品医疗器械监管股、保健食品化妆品监管股,编制25名,实有人员25人;下辖县食品药品执法大队及14个镇食品药品监督管理所;全县食品药品监管系统在编在职人员84人。年内,县食品药品监管局围绕保障人民群众饮食用药安全这一中心任务,加强食品药品日常监

管和专项整治,全县没有发生食品药品安全事故,食品药品监管工作取得明显成效,县食品药品监管局获玉林市食品药品安全工作一等奖。

【食品安全监管】 2015年,县食品药品监管局共抽检食品666批次(食品生产环节508批次,食品流通环节113批次,餐饮消费环节45批次),抽检药品20批次、化妆品11批次,完成餐饮消费环节快速检测240份,食品生产环节快速检测194份,流通环节快速检测1390份。

食品生产监管 开展日常监管,抓好源头管理,对于食品生产企业主要是依据企业的信用等级和平时监管发现的问题情况确定巡查的批次,小作坊最少是每季度巡查1次。8月后,对食品生产企业每月巡查1次,对花生油小油坊每月巡查1次,进行现场食品安全管理指导,完善食品生产过程的关键控制点记录,明确企业责任人食品安全主体责任,保障产品质量安全。开展节假日期间食品安全检查,"社会共治行动""白酒小作坊专项""花生油小油坊专项""饮用水专项""鲜湿米粉专项""月饼专项"等系列专项整治工作,共出动执法人员1400多人次、执法车辆600多辆次,检查食品生产企业200多家次、食品生产小作坊500多户次,责令整改的共性问题30多个。

食品流通安全监管 开展春季开学期间学校及周边环境食品安全整治,出动执法人员100多人次,检查学校及周边食品户77家,发放责改通知书8份,立案查处食品经营违法案件1家。开展白酒市场和冷冻库肉制品的专项整治,以索票索证、规范标签标识行为为重点,规范全县白酒和冷冻库肉制品经营行为。开展植物油小作坊加工专项整治,对全县的花生油小作坊进行整治,重点检查经营场所卫生是否整洁,加工环节是否掺杂使假,以次充好,以不合格油冒充油销售,严格掌握油坊安全信息,防止食品安全事件发生。全县有

花生油小作坊148家,其中现制现售10家,零售散装花生油2家,整治责令整改148家,全覆盖抽样送检,对所有检验报告不合格的花生油,全部予以立案。开展大型超市检查,督促大型超市建立农产品质量测室,全面监测农副产品及重点食品的质量安全。县家家福超市、百汇超市食品经营面积超1000平方米以上,按照要求均建立农副产品检测室,并全部通过市级考评。打击来历不明的婴幼儿食品经营,查处违法经营婴幼儿食品案件9件,违法标签不规范、来历不明经营婴幼儿食品101千克,货值3.40万元。

餐饮消费监管 开展学校食堂及周边地区专项治理,重点检查学校(幼儿园)食堂及校内商店、校园周边餐馆、小餐饮店及食品制售店的食品安全状况;清理取缔校园周边无证餐馆、摊点35个。开展春秋两季学校(幼儿园)食堂食品安全专项检查行动,检查全县中小学、幼儿园及职业学校食堂350家次,出动执法人员750多人次、执法车辆320辆次,开出责令整改通知书17份,开出监督意见书300多份。开展餐饮服务食品安全整治大行动以及旅游重点场所专项整治,共出动餐饮执法人员1925人次,检查餐饮服务提供者总数553家次,其中重点检查68家,责令整改37家,下发监督意见书500余份。开展重点场所餐饮服务、重点品种餐饮服务专项整治,以热点问题为导向,集中力量开展乳制品、白酒、食用植物油、肉制品、(鲜湿)米粉、豆制品6类重点品种专项整治行动,着重对索证索票等方面进行检查,结合重点样品抽样检测结果,对问题产品立即组织开展追溯核查,严查严办对公众安全产生危害的食品违法案件。开展"鹄鹰"行动,打击非法添加和滥用添加。检查重点场所餐饮服务经营场所286家次,责令整改37家,下发监督意见书280余份。开展对犬类猫类动物产品的重点整治,召开犬类猫类经营户会议,对全县犬类猫类经营户进行检查

整治,规范经营秩序,出动执法人员78人次、执法车辆12辆次,检查重点单位32家次。责令整改5家,下发监督意见书28份。

重大活动食品安全保障 按照上级的工作部署,开展对县人大、政协"两会"期间及中考、高考、玉博会等重大活动饮食安全保障工作。活动前,均按要求做好保障方案,向活动地点派驻工作组,检查食品原料来源、索证索票情况、餐饮食品制作过程、食堂的环境卫生等是否达到要求,并利用快速检测仪器对食品样品进行安全检测。重大节庆和活动期间,全县没有发生食品安全事故。

【保健食品监管】 2015年,县食品药品监管局开展虫草类保健食品专项监督检查,出动执法人员157人次、执法车辆57辆次,对203家药品经营单位、保健食品经营单位进行检查。从检查汇总情况来看,全县药品经营企业、保健食品经营企业总体经营情况良好,不存在经营未经批准的虫草类保健食品的情况及虚假夸大宣传,欺骗和误导消费者的行为。

【化妆品监管】 2015年,县食品药品监管局开展重点宾馆酒店化妆品专项监督检查,出动执法人员15人次,检查重点宾馆酒店化妆品企业3家,责令整改1家,主要问题是未索取供应商资料、未建立供货台账等,经整改,酒店与供应商联系索取相关资料,并建立供货台账。

【药品监管】 2015年,县食品药品监管局开展药品经营企业经营保健食品专项整治,出动执法人员232人次,检查保健食品品种52种,对索取供货商资质证明不全的企业和对购销记录和票据不全的企业一律要求整改,并对整改结果进行复查。为纠正企业"重认证轻管理"的惯性思维,防止出现"回潮"现象,根据上级部署开展陆川县药品经营企业集中整治工作,出动执法人员478人次,对全县药品经

营企业进行全覆盖的检查,检查230多家药品经营企业,强化药品经营企业依法经营的意识。协助玉林市局完成药品经营企业GSP认证工作。组织开展含特殊药品复方制剂经营管理专项检查,对辖区内药品经营企业开展监督检查,出动执法人员348人次、执法车辆67辆次,检查药品经营企业230多家次,未发现违规销售含特殊药品复方制剂的行为。开展打击非法壮阳药专项整治行动,共出动执法人员525人次、车135辆次,共检查药品经营单位219家,覆盖全县14个镇,检查未发现有非法经营壮阳药的现象,未发现发布非法壮阳药广告,抽查部分县辖区内药品经营企业经营标示补肾的产品,能提供有关购进票据。

【医疗器械监管】 2015年,县食品药品监管局开展加强避孕套质量安全管理和严厉打击非法经营装饰性彩色平光隐形眼镜行为专项检查,出动执法人员18人次、车辆3辆次,检查辖区内眼镜经营企业6家,医疗器械经营企业13家,未发现违法经营彩色平光隐形眼镜及避孕套的现象。组织开展医疗器械"五整治"(整治

虚假注册申报、违规生产、非法经营、夸大宣传、使用无证产品五种行为)专项行动"回头看"工作。在企业自查的基础上,结合年内全县医疗器械各个专项检查工作安排、日常监管和投诉举报情况梳理重点案件线索进行集中检查,对有线索的重点企业和场所深入开展监督检查和整治,共出动执法人员80多人次,检查医疗器械经营单位10家,镇以上医疗机构32家,监督检查范围覆盖全县各镇。组织开展医疗机构药品医疗器械安全专项整治,对辖区的医疗机构,尤其是县以上医疗机构及各镇卫生院进行重点检查,出动执法人员372人次,检查医疗机构近200家,提高各医疗机构的药械质量意识。对药品医疗器械不良反应、事件进行监测,共上报药品不良反应823例,完成率149.64%;医疗器械不良事件234例,完成率234%;化妆品不良反应85例,完成率303.57%,药物滥用监测298例,完成率298%,超额完成玉林市食品药品监管局下达的年度计划目标任务。

【食品药品安全宣传】 2015年,县食品药品监管局开展新修订的《中华人

2015年6月16日,陆川县2015年食品安全宣传周活动启动仪式在县人民会堂前举行

县食品药品监管局 提供

民共和国食品安全法》(简称《食品安全法》)宣传。一是开展"食品安全宣传周""全国安全用药月""安全生产活动月""3·15"打假等宣传咨询活动,通过分发宣传资料、现场讲解等方式宣传食品安全有关法律法规知识和饮食安全常识,共计发放宣传资料4万多份。二是开展食品药品安全宣传进社区、进农村、进学校等宣传活动,发放宣传资料1.50万份。三是利用电视、广播、网络、报纸、网站、微博、宣传手册、拉横幅等多种宣传形式宣传新《食品安全法》和食品药品安全知识,开展行风热线讲解食品药品安全知识,发放手册1万多份,悬挂横幅400多条,出版宣传板块500多块,在各类网站、微博发布宣传教育信息600多条。四是加强食品药品管理、技术和从业人员培训,举办各类培训班30多期,共培训人员4000多人。

【投诉办理】 2015年,县食品药品监管局依托"食品药品监管"12331"投诉举报平台",以属地管理为原则,年内累计处理各类群众投诉17件,依时办结率、回复率均为100%。

【食品药品突发事件应急演练】 2015年11月20日,县食安办、县食品药品监管局、县卫生计生局、县农业局、县水产畜牧局等部门联合开展食品安全突发事件应急演练和药品安全突发事件应急演练,模拟演练活动地点为县某饭店,多名群众在用餐后陆续出现头晕、恶心、呕吐、腹痛等中毒症状。县重大食品安全事件应急指挥部接报后,迅速启动四级救援应急预案,食品药品监管局、县公安局、县卫生计生局、县农业局、县水产畜牧局等部门救援人员迅速赶赴现场,组织开展应急救援和事故调查处置等工作。县食品安全办公室、县食品药品监管局及县食药安委各成员单位人员、社会各界人士等80多人参加观摩。

(周　柳)

安全生产监督管理

【安全生产监管机构及概况】 2015年,陆川县安全生产监督管理局(简称县安监局),内设政秘股、协调救援股、企业矿山股、危化股、烟花爆竹股、宣传教育股,编制13名,实有人员12人;下设安全生产监察大队、职业卫生监督管理所,安全生产监察大队实有6人,职业卫生监督管理所实有6人。县安全生产委员会办公室(简称县安委办)设在县安监局,负责县安委会的日常工作。年内,县安监局根据《中华人民共和国安全生产法》,对全县安全生产工作实施综合监督管理,加强安全监管,依法实施行政许可,严肃查处违法行为,全县安全生产形势继续保持稳定发展。全县共发生生产经营性道路交通事故34起,死亡11人;工矿商贸行业连续4年没有发生事故;没有发生较大以上生产安全事故,各项事故指标控制在玉林市名列前茅;直接许可审批的非煤矿山、危险化学品、烟花爆竹三大领域没有发生安全事故。在玉林安全生产履职考核结果中,陆川县安全生产履职年度考核评定为优秀,位居全市第一名。

【陆川县职业卫生监督管理所成立】 2015年7月,陆川县机构编制委员会批复成立陆川县职业卫生监督管理所,核定人员编制2名(实缺),履行县职业卫生监督管理职能。7月10日,县职业卫生监督管理所在陆川县安全生产监察大队正式挂牌。

【重点行业领域安全专项整治】 2015年,县安监局依法取缔非法采石场2个、采砂点3个、烟花爆竹经营点8个、废弃轮胎炼油点4个。对安全隐患治理不力,不听劝告的5家企业予以重

罚,共罚款10万元,并在全县通报,做到"一厂受处罚千厂受警示"。

非煤矿山整治　按照"依法行政,强化监管,严格准入、淘汰落后,标本兼治,立足长效"的工作思路,制止露天采石场一面开采、不分台阶开采、超坡度开采等违章行为,全县共检查持有安全生产许可证的非煤矿山42家,排除隐患20处。

危险化学品整治　全县共有持证生产经营使用的危险品企业41家,其中生产企业2家、经营企业39家。年内,开展防范泄漏事故和危险化学品运输、储存、经营销售环节的安全排查;强化加油站的安全管理;落实生产、储存剧毒化学品的单位专人值班看守制度。共检查持证生产经营使用的危化品企业30家,排除隐患10处。

烟花爆竹整治　全县共有烟花爆竹生产经营企业5家。年内,重点检查烟花爆竹生产经营企业2家,落实烟花爆竹生产经营企业负责人带班制度,开展反"三违"(违章指挥、违章作业、违反劳动纪律)杜绝"三超一改"(超范围、超定员、超药量和擅自改变工房用途)活动,加强烟花爆竹生产、储存、运输、销售等环节的安全管理,共查出安全隐患12处,并责令其及时整改完成。

职业病危害防护　按照《中华人民共和国职业病防治法》《职业病危害项目申报办法》(国家安全监管总局第48号令)要求,为预防、控制和消除职业病危害,防治职业病,保护劳动者的健康及其相关权益,陆川县开展职业病危害网上申报工作,全县有195家企业完成申报工作。企业逐步有效开展职业卫生"三同时"(同时设计、同时施工、同时投入生产和使用)评估工作,开展职业病危害因素检测,开展从业人员健康检查,完善相关职业健康工作档案,在防高温、高热、粉尘、噪声、辐射等职业病危害方面取得成效。

【"安全生产月"活动】 2015年6月,县安监局贯彻县安委会制定的"安全

生产月"活动方案,开展"安全生产月"活动。6月3日晚上8时,县委、县政府在县市政广场举行"安全生产月"专题文艺晚会。县委常委、副县长莫家耀出席会议并做动员讲话,玉林市安监局党组书记、局长黄衍全致辞。正式启动"安全生产月"活动。一是开展安全咨询日活动。6月16日,县安委会43个安委会成员单位在新洲路举行"安全生产月"咨询活动,县委常委、县委宣传部部长、副县长莫亚坤到现场指导。活动主要以现场解释安全生产法律法规和有奖问答等形式进行,活动共悬挂宣传标语300多条幅,发放宣传资料1.50万多份,接受群众咨询3100多人次。通过移动、联通、电信公司发送安全生产内容短信5万多条,在宾馆、超市及有关单位LED屏幕播放安全生产内容1300多次。活动日期间,中石化销售有限公司华南分公司南宁输油管理处组织有奖问答活动,发放奖品2000多份。二是开展宣传教育活动。组织"书记论坛"安全生产专题讲座,邀请广西大学安全生产技术中心教授李晓泉授课,参加授课领导干部160人。组织宣讲团到各镇和部分重点企业巡回宣讲,在陆川电视台开设安全生产宣传专栏,重点宣传贯彻中共中央总书记习近平关于安全生

产重要讲话精神、新《安全生产法》及"党政同责、一岗双责"内容。利用手机短信、板报、标语等多种形式加强宣传。县安委会有关成员单位负责人分别与本行业领域和所辖区企业厂(矿)长(经理)面对面交流、谈心对话,促使安全生产红线意识和法治观念深深植根于企业负责人心中。三是开展应急预案演练活动。6月5日,联合县公安局、县消防大队、米场镇政府等有关部门在陆川县长城烟花爆竹销售有限公司进行应急演练活动,演练模拟长城公司烟花爆竹储存仓库外围发生燃烧爆炸后,按照逐级启动应急响应程序。6月17日,在清湖镇南冲尾石场组织非煤矿山企业(露天矿山)边坡坍塌事故应急救援,县委常委、县委宣传部部长、副县长莫亚坤、副县长莫家耀等领导到现场观摩指导,全县43家非煤矿山企业负责人及周边县市安监局领导共85人参加观摩;演练队伍分为企业自救队、救援支队2组共120人。

【安全生产领域"打非治违"】 2015年7月,陆川县开展"打非治违"专项整治,县安监局制定"打非治违"专项整治工作方案,把非煤矿山、危险化学品、烟花爆竹、道路和水上交通、建筑施工、消防安全、民用爆炸物品、冶

金等重点行业领域专项整治和安全共性问题有机结合起来,按照"全覆盖、零容忍、严执法、重实效"的总体要求和"四个一律"(对非法生产经营建设和经停产整顿仍未达到要求的,一律关闭取缔;对非法生产经营建设的有关单位和责任人,一律按规定上限予以处罚;对存在非法生产经营建设的单位,一律责令停产整顿,并严格落实监管措施;对触犯法律的有关单位和人员,一律依法严格追究法律责任。)的要求在全县范围内掀起安全生产领域"打非治违"行动大高潮,共检查单位912家,发现隐患452处,整改完成430处,立案7件,行政处罚金额8.25万元,责令限期改106家,停产整顿6家,打击非法行为33次、违法行为3015次,取缔非法冶炼厂1家。检查组对检查中发现的各类问题和隐患,分门别类进行整改,凡能及时整改的,当场予以纠正;不能及时整改的,要求企业做到隐患整改措施、资金、人员、时限、预案"五落实",行业主管部门跟踪督办整改。

【安全生产大检查】 2015年,陆川县在"8·12"天津特别重大火灾爆炸事故后,及时开展安全生产大检查行动,开展自查自纠的企业486家,各镇、相关部门出动检查人数1800人次,检查生产经营单位2400家,其中重点检查危险化学品生产经营企业45家、烟花爆竹生产经营企业7家、民爆企业1家,发现隐患问题508个,落实责任整改508个,完成整改480个。对整改难度大、整改时间长的事故隐患,分别列为市、县、镇、村委会四级重点监督整治的对象,并制定整治计划,做到治理责任、措施、资金、期限和应急预案"五落实",确定安全隐患118个,其中市级重大隐患1个、县级较大以上的安全隐患9个、镇级72个、村级36个,均发出整改通知书,落实整改要求整改期限、整改责任单位及负责人。经过跟踪督查整改,到12月30日均全部完成整改。

(吕海明)

2015年2月16日,县长蒙启鹏(前排右二)率县有关单位领导开展春节前安全生产检查工作。图为检查烟花爆竹销售经营安全工作   叶礼林 摄

农林水牧渔业

NONG LIN SHUI MU YUYE

2015 年 5 月 5 日，陆川县"美丽广西"乡村建设(扶贫)工作会议在县人民会堂召开

叶礼林 摄

农业综述

【农业工作机构及概况】 2015 年,陆川县农业局内设政工秘书股、农业生产与科技教育股、经营管理股、市场与经济信息股(农产品质量安全监管股)、政策法规与农村改革股、农业区划办(农业遥感站),人员编制 24 名,实有 23 人。下辖事业单位有县农业技术推广站、县土壤肥料工作站、县植保站、县种子管理站、县农民科技教育培训中心、县农业环保站、县农村全优经济经营管理指导站、县蚕业技术指导站、县农业科学研究所、县农业行政综合执法大队、县农产品质量安全区域检测站、县农村土地承包经营权流转服务中心及 14 个镇推广站,事业单位人员编制 153 名,实有 133 人。年内,农业局县全面贯彻落实 2 月 1 日中央正式发布的《关于加大改革创新力度加快农业现代化建设的若干意见》(简称中央一号文件)精神以及相关强农惠农政策,围绕生态乡村建设主题,发展生态农业,改养为种,种养结合。推进农业经营体制创新,发展现代特色农业,进一步强化粮食生产地位,促进农业增加效、农民增加收。调结构、优布局,发展中药材生产。推进农业产业化及新农村示范建设,全县农业保持稳定增长。至年底,全县耕地面积 3.36 万公顷,农田有效灌溉面积 2.06 万公顷,农机总动力 53.91 万千瓦。全县农林牧渔业总产量值 53.69 亿元,比上年增长 3.37%。其中,农业产值 19.11 亿元,林业产值 3.09 亿元,牧业产值 26.94 亿元,渔业产值 2.85 亿元,农林牧渔业服务产值 1.70 万亿元。农林水事务支出 4.74 亿元。

【良种补贴惠农政策实施】 2015 年,全县涉农资金实行电子监管系统的监管,县农业局严格工作制度,规范操作程序,广泛开展宣传,做好面积申报、核定和补贴资金发放,确保补贴资金补助到每一位种粮农民。年内,发放良种补贴资金 901.88 万元,补贴种粮农民 15.18 万户。

【农村土地承包经营权确权】 2015 年,陆川县继续开展农村土地承包经营权确权登记,针对农村土地存在诸如承包地块面积不准、四至不清、空间位置不明确、登记簿不健全等问题,查清承包地块的面积和空间位置,把承包地块、面积、合同、权属证书落实到户,保障农民土地承包经营权。建立土地承包数据库和登记簿系统,采用"卫星影像初步定位辅助地面测绘"的方法对承包土地进行专业处理,将田图与土地承包数据库有效对接,实现"数图结合"。在大桥、横山、平乐、沙湖、沙坡 5 个镇 40 个村 1357 个村民小组继续开展土地承包经营权确权工作。核查承包耕地面积 8760 公顷,入户调查 6.51 万户,外业测绘 6.11 万户,完成一轮公示 853 个村民小组,完成二轮公示 303 个村民小组,并对 2014 年度的土地确权进行验收。

【新农村示范点建设】 2015 年,陆川县推进 3 个新农村示范点建设。其中,县财政投资 20 万元,建设沙坡镇仙山村历山新庄休闲广场、装修文娱活动室,年内竣工通过验收。投资 120 万元(县财政 60 万元、村自筹 60 万元)建设清湖镇旺山村百浪屯大岭队示范点;投资 120 万元(县财政 60 万元、村自筹 60 万元)建设滩面镇佳塘村示范点,每个示范点县财政投入扶持资金 60 万元,扶持建设 1 个戏台、1 个休闲广场、1 个篮球场、1 个农家书屋、1 个文化娱乐活动室。

【农业科研】 2015 年,县农业科学研究所、种子站等二层单位在温泉镇官田村建立 10 公顷新品种示范展示基地。年内参展品种 279 个,其中早稻筛选区试品种 130 个,展示品种 56 个,晚稻筛选区试品种 93 个。筛选出参加自治区级区试品种 24 个。

【农业技术培训】 2015 年,县农业局实施农业实用技术培训、农村实用人才招生教学新型农民教育培训,全县共组织举办各级农业技术培训班 356 期,培训干部农民 2.53 万人次。通过新型职业农民培训、专家组评审,326 名农民获初级新型职业农民资格,53 名农民获中级新型职业农民资格,2 名农民符合高级新型职业农民资格,获县政府颁发新型职业农民证书。

【农业技术推广】 2015 年,县农业局在全县粮食、蔬菜、果树等农作物种

2015 年 7 月 19 日,陆川县举行农村中等专业实用人才培养班 县农业局 提供

植上推广测土配方施肥面积 5.47 万公顷，覆盖 154 个村，涉及农户 15.60 万户，推广配方 6 个，配方肥施用总量 2.68 万吨，配方肥施田面积 2.53 万公顷。推广超级稻面积 2.3 万公顷，推广超级稻新品种有深两优 5814、H 两优 991、Y 两优 087、深优 9516、桂两优 2 号等一系列当家的超级稻。实施耕地保护与质量提升项目，推广商品有机肥 600 公顷，种植绿肥 2333.33 公顷（包括油菜 1666.67 公顷、红花草 666.67 公顷）。建立珊罗镇长纳村、米场镇乐宁村 2 个耕地质量监测点，立碑 4 个。早晚两稻分别引进 12 个、15 个新品种开展对比试验，开展马铃薯品种对比试验、高产攻关试验。引进费乌瑞它、雪川 3 号、雪川 8 号、雪川 9 号进行品种对比试验。马铃薯高产攻关实验完成面积 0.69 公顷，平均公顷产 166.92 千克。

【农业经营体制创新】 2015 年，陆川县扶持农业合作组织发展，推进农业生产经营体制创新。年内，新增加广西国鼎牧业有限公司、陆川县富兴牧业有限公司、广西聚银牧业有限公司 3 家自治区级农业产业化龙头企业，玉林正邦饮料有限公司、广西新威原种猪育种有限公司、广西桂康种猪繁殖有限公司 3 家市级农业产业化龙头企业，70 家农民专业合作社，42 家家庭农场。至年底，全县农民专业合作社累计 384 家、家庭农场 58 家。其中，农民专业合作社出资总额 8.07 亿元，工商登记成员 1.17 万人，带动农户 6.09 万户，发展粮食、水果、蔬菜、中药材、养猪、养鱼、养鸡等农业生产。

【现代特色农业示范区建设】 2015 年，陆川县按照自治区创建现代特色农业（核心）示范区的部署要求，加快推进现代农业示范区的规划与建设，积极发展特色农业产业。在温泉镇官田村下官田坡子咀峒建设水稻新品种引进试验示范基地，面积 7.67 公顷，引进试验新品种 223 个，其中早

稻品种 130 个，晚稻品种 93 个，筛选出 24 个品种进入省级区试。示范展示新品种 56 个，建设韭菜种植示范基地、红辣椒种植示范基地、番石榴种植示范基地、淮山种植示范基地、橘红种植示范基地、冬油菜种植示范基地等，基地面积 3333.33 公顷。新增加水果品种有火龙果、葡萄、香水柠檬、三华李等。2 月 17 日，陆川县九洲田园中药材产业核心示范区被评为市级现代特色农业示范区；11 月 11 日，县政府被自治区政府授予"2014 年全区重点发展先进单位——中药材产业"；12 月 4 日，陆川县被国家农业部和国家旅游局评为"休闲农业与乡村旅游示范县"。

【中药材示范基地建设】 2015 年，陆川县新建橘红连片 1.33 公顷以上的示范基地 17 个。主要有古城镇八角村陆白队大岭基地，盘龙村符竹山 1 队、扶竹山猪麻坑基地，楼脚长径村陆旦 1 队、马楼山、陆竹山基地，北豆村书房岭队、雷打岭基地 4 个；大桥镇雅松村松柏山高岭基地；清湖镇陆坡村新坑基地；滩面镇佳塘村基地；乌石镇沙井村谭屋队基地、沙井村张屋队白坟岭基地、老圩村乌泥坡队基地、吹塘村吹塘桥基地 4 个基地；大桥镇雅松村 17、18 队基地，雅松村 26、27 队基地 2 个基地；温泉镇涩塘 1 队基地；沙坡镇秦境村巡检队老屋坡基地，六潘村获厂峒队基地 2 个基地；马坡镇新山村基地；良田镇三联村白花峒基地。乌石镇中药材专属区龙化村 9、10、11 队基地种植的佛手、何首乌验收面积 10.11 公顷，获补助金额 12.08 万元；乌石镇吹塘村联屋队、坡顶队、大村队种植佛手、何首乌验收面积 17.95 公顷，获补助金额 13.46 万元；大桥镇雅松村葛根基地验收面积 10.07 公顷，补助金额 6.04 万元。全县验收实际面积 142.01 公顷，补助资金 128.98 万元。

【新品种新技术引进示范推广】 2015 年，陆川县组织开展超级稻、马铃薯和塑盘育秧抛秧、测土配方施肥、病虫综合防治等粮食生产新品种、新技术的引进、示范和推广，在粮食生产关键季节，组织各级农技人员深入田间地头、生产一线，加强生产技术指导服务，推广各项高产增效、技术、措施，共引进农作物新品种 28 个，推广种植面积 2.67 万公顷，推广超级稻 2.29 万公顷，塑盘育秧抛栽面积 3.75 万公顷，间套种技术推广面积 3826.67 公顷；推广节水、节肥、节药技术，节水栽培技术 2.64 万公顷，农作物节肥技术面积 5.37 万公顷，农作物节药技术面积 6.57 万公顷；全面普及抛秧技术、测土配方技术，抛秧面积 3.75 万公顷，测土配方技术面积 5.33 万公顷。

珊罗镇紫肉淮山种植基地　　　　珊罗镇政府提供　2015 年 7 月摄

【农村土地经营权流转服务】 2015年，陆川县引导农民规范有序流转县镇二级农村土地经营权流转到服务中心，初步完善服务体系，引导农民规范有序地流转土地，强化农村劳动力从土地中解放出来，从事相关产业。土地流转规模不断扩大，新增土地流转面积1266.67公顷，土地流转总面积1.28万公顷，占农村土地承包面积的38.20%，涉及农户7.65万户。协助土地流转交易签证60多宗，交易面积533.33公顷，合同成交金额近千万元。

【农产品质量安全区域检测】 2015年，陆川县开展农产品质量安全监管和监测工作，检测站点遍布生产基地、农贸市场、超市、批发市场、圩镇等，实现自治区、市、县、镇检测数据联网，确保农产品安全。年内，检测水果、蔬菜样品1.04万个，合格样品1.04万个，合格率99.68%。其中，县农产品检测站抽检水果蔬菜样品1649个，合格样品1637个，合格率99.27%。各镇农产品监管站抽检水果蔬菜样品8733个，合格样品8712个，合格率99.76%。年内，县农产品质量安全区域检测站被评为县食品安全工作先进单位。

【农业环境保护】 2015年，陆川县实施田间废弃物清捡工程、现代植保技术工程、科学合理用肥工程、放心农产品生产工程，推广绿色植保技术、专业统防统治技术、测土配方施肥技术、土壤有机质提升技术、无公害生产技术水稻水气平衡栽培技术及"猪—沼—果—灯""水果套袋＋黄板＋生物有机肥"等生态模式技术。推进生态乡村建设，消除田间地头农业面污染源，推广节水、节肥、节药技术，实行生态循环种植新模式，开展"一捡三推"（全面清捡田园废弃物，推广农业清洁生产新技术，推行生态循环发展新模式，推出一批标准化生产新田园）活动，组织各级农业部门深入农村一线、田间地头，以"田间地头顺手捡、废品废物规范清"为主题，发动农业生产经营者和农民群众对农药瓶、化肥包装袋、废弃农用塑料薄膜、秧盘等农业生产废弃物进行集中清捡，营造"你捡我捡大家捡，田间地头随处捡"的良好氛围。年内，农业部和自治区农业厅对陆川农产品产地土壤重金属污染防治进行普查，采集土壤样本250份，种植业典型地块调查150份，早晚两造采集稻谷样本201个，送自治区农业生态与资源保护总站检验科分析化验。建立电脑库和文字档案，为农产品产地监测提供基础依据。综合治理九洲江、南流江流域。改养为种，发展种植中药材橘红、何首乌、佛手等品种，减少农药、化肥污染和养殖污染，全县减少不合理施肥8494.30吨，减少化学农药15.50吨。

【农业执法】 2015年，陆川县坚持"着力治本、标本兼治、打防结合、综合治理"和属地受理原则，加大农业执法，抓好农资市场的源头治理和日常监督，确保农业生产安全、农产品质量安全、生态环境安全和农民用药、用肥、用种安全。抓好农业法律法规普及，在全县范围内组织开展以送科技、送法、送优质农资下乡进村为重点的宣传活动，活动以"放心农资下乡，维护农民权益"为主题，发放各种宣传资料1200余份，悬挂横幅3条，现场接受群众咨询680多人次。加强种子、农药、化肥等农业投入品监管，县农业局与经营农资的单位、个人签订农资诚信经营责任书。开展农资市场专项整治活动16次，出动执法人员215人次，检查农资市场样品8个、经营户185家，立案查处案件6件，罚没金额4280元，挽回经济损失7万多元。调处晚稻种子纠纷1件，化解经销商和农民的经济纠纷。设立高毒农药的定点经营门店16家，有效控制高毒农药风险，限制高毒农药使用。彻底清缴甲胺磷等23种国家明令禁止生产使用的高毒农药，年内没有发生大的水源污染和农产品质量安全事件。

粮食生产

【粮食生产概况】 2015年，全县粮食播种面积4.43万公顷，比上年减少370公顷；平均每公顷产量6137千克，减少22千克，下降0.36%，粮食总产量27.21万吨，减少3242吨，下降1.18%。其中，春粮6235吨，增加724吨；夏粮13.04万吨，减少952吨；秋粮13.55万吨，减少3014吨。

【稻谷生产】 2015年，全县稻谷播种面积3.78万公顷，比上年增加140公顷，增长0.37%；总产量25.06万吨，减少3108吨，下降1.23%；每公顷产量6627千克，减少107千克，下降1.59%。其中，早稻面积1.85万公顷，减少170公顷，下降0.91%；总产量12.39万吨，减少903吨，下降0.72%；每公顷产量6696千克，增加7千克，增长0.10%。晚稻面积1.93万公顷，增加310公顷，增长1.63%；总产量12.66万吨，减少2205吨，下降1.71%；每公顷产量6561千克，减少223千克，下降3.29%。稻谷减产的原因：一是虽然播种面积持平，但早稻减少170公顷，每公顷产量减少223千克，总减产903吨，减幅0.72%；晚稻总减产2205吨，下降1.71%。二是停止实施农业部整建制整县推进粮食高产创建示范，各镇、村减少万亩高产示范片。三是农民种粮积极性不高，谷贱伤农；青壮年劳动力外出务工为主，种粮劳动力只有老人、妇女、儿童，文化低，接受农业科技能力差，农业科技应用不到位。四是早稻播后4月受旱20多天分蘖受阻，有效穗亩少1.2~1.6穗，晚稻受22号台风影响，成灾面积879.30公顷，绝收面积779.58公顷。

【玉米生产】 2015年，全县玉米种植面积总产量增加，单产减少。全年种植玉米面积2280公顷，比上年增加110

公顷,增长5.07%;每公顷产量4754千克,减少99千克,下降2.04%;玉米总产量1.08万吨,年增加307吨,增加2.92%。玉米增产的原因:一是玉米播种面积增加110公顷;二是光、水、温条件好,利于春、秋玉米生长,农民加强田间管理。

【豆类生产】 2015年,全县豆类包括大豆、绿豆其他杂豆等,播种面积980公顷,与上年持平。每公顷产量1893千克,比上年减50千克,下降2.57%;豆类总产量量1855吨,减少49吨,下降2.57%。其中,大豆播种面积430公顷,与上年持平;每公顷产量2093千克,增加30千克,增长1.45%;总产量900吨,增加23吨,增长2.59%。绿豆播种面积200公顷,与上年持平;每公顷产量1575千克,减少60千克,下降3.67%;总产量315吨,减少12吨,下降3.67%。其他豆类350公顷,与上年持平;每公顷产量1829千克,减少142千克,下降7.2%;总产量640吨,减少50吨,下降7.25%。

【薯类生产】 2015年,全县薯类生产品种包括红薯、马铃薯。全年播种面积3270公顷,比上年减少620公顷,下降18.96%;每公顷产量2707千克(5∶1折稻谷计,下同),比上年增加331千克,增长13.93%;总产量8851吨,减少393吨,下降4.25%。其中,红薯播种面积2670公顷,减少720公顷,下降21.23%;每公顷产量2303.60千克,增加250.60千克,增长12.20%;总产量6150.60吨,减少808.40吨,下降11.61%。马铃薯播种面积600公顷,增加100公顷,增长20%;每公顷产量4501千克,减少69千克,下降1.53%;总产量2700.60吨,增加415.60吨,增长18.19%。年内县农业局在珊罗镇大山村、乌石镇沙井村建立马铃薯示范区,示范面积41.53公顷,平均公顷产6027千克,总产量250.30吨。推广种植费乌瑞它等脱毒良种马铃薯,推广应用马铃薯高产高效栽培技术,加强田间管理,促进示范区马铃薯增产。

经济作物种植

【油料作物种植】 2015年,全县油料作物包括花生、油菜籽、芝麻、葵花籽。全年播种面积2513公顷,比上年增加4公顷,增长0.16%;每公顷产量2413千克,增加123千克,增长5.37%;总产量6065吨,增加319吨,增长5.55%。其中:花生播种面积1708公顷,增加24公顷,增长1.43%;每公顷产量2984千克,增加40千克,增长1.36%;总产量5097吨,增加139吨,增长2.80%。芝麻播种面积5公顷,与上年持平;每公顷产量1600千克,与上年持平;总产量8吨,与上年持平。油菜籽生产播种面积745公顷,减少16公顷,下降2.1%;公顷产量1067千克,增加42千克,增长3.94%;总产量795.04吨,增加15.04吨,增长1.93%。其他油料28公顷,公顷产量3000千克,总产量84吨。是年是全县近年种植冬油菜获得成功的一年,马盘二级公路的马坡、米场、温泉、大桥、乌石、滩面、良田等7个镇种植冬油菜73.33公顷,在育苗整地移植、整地撒播均获得在春节前后开花的效果,吸引游客90多万人前往观赏油菜花。

【甘蔗生产】 2015年,全县甘蔗作物包括糖蔗、果蔗。糖蔗种植主要集中在马坡镇新山村、雄英村以及珊罗镇、平乐镇,果蔗种植主要分布在大桥镇三善村,其他镇零星种植。甘蔗种植面积1557公顷,比上年减少61公顷,下降3.77%;每公顷产量73.70吨,减少178千克,下降0.24%;总产量11.47万吨,减少4771吨,下降4%。其中,糖蔗种植面积1153公顷,减少32公顷,下降2.70%;每公顷产量69.80吨,增加105千克,增长0.15%;总产量8.05万吨,减少2274吨,下降2.75%。果蔗播种面积404公顷,减少29公顷,

下降6.7%;每公顷产量8.47万千克,减少118千克,下降0.14%;总产量34216吨,减少2507吨,下降6.83%。

【木薯生产】 2015年,全县木薯播种面积2478公顷,比上年增加12公顷,增长0.49%;每公顷产量5096千克,增加10千克,增长0.20%;总产量1.26万吨,增加87吨,增长0.69%。

【水果生产】 2015年,全县果园总面积1.38万公顷,投产面积1.22万公顷,增加76.67公顷,比上年增加0.63%;总产量6.17万吨,增加5890吨,增长10.56%;平均22.51公顷,每公顷增加2.02千克,增长9.88%;水果总产值1.87亿元,增长8.3%。农民人均产值234.4元,人均有果56.73千克,增加11.36千克。水果主要品种有蕉类、柚子、柑橘、金橘、梨、荔枝、龙眼、芒果、枣子、柿子、葡萄、李子、桃子、菠萝、百香果等。其中,葡萄种植主要集中在清湖镇、良田镇、温泉镇,西瓜种植主要集中在乌石镇双垌村、沙坡镇秦镜村、和平村等地,水果新增加品种主要有火龙果、葡萄、香水柠檬、三华李等。

其他经济作物生产

【蔬菜生产】 2015年,全县蔬菜生产面积9280公顷,比上年增加280公顷,增长3.11%;每公顷产量32.48吨,比上年增加703千克,增长2.21%;总产量30.14万吨,比上年增1.54万吨,增长5.39%。

【西瓜生产】 2015年,全县西瓜播种面积199公顷,与上年持平;每公顷产量29.20吨,比上年增加744千克,增长2.62%;总产量5808吨,增加148吨,增长2.61%。

【蚕桑生产】 2015年,全县年末蚕园

表19　2015年陆川县水果生产情况

品　　种	果园面积（亩）	果园面积比上年增减（%）	投产面积（亩）	投产面积比上年增减（%）	产　量（吨）	产量比上年增减（%）	产　值（万元）	产值比上年增减（%）	平均单产（千克/亩）	单产比上年增减（%）
合计	206835	1.61	182651	0.61	61675	10.56	18680.28	14.49	337.67	9.89
柑橘	7755	10.23	6276	6.19	4115	-0.36	1031.92	5.19	655.67	-6.17
其中:柑	4995	7.07	3956	1.67	2250	-6.44	585.00	-2.66	568.76	-7.98
金橘	180	0.00	165	13.79	140	12.00	62.92	14.40	848.48	-1.58
橙	2430	18.25	2031	17.13	1650	7.84	363.00	18.63	812.41	-7.93
柚类	150	11.11	124	-11.43	75	7.14	21.00	13.33	604.84	20.97
蕉类	13005	-3.88	10270	-14.42	10600	-17.25	2087.70	-29.18	1032.13	-3.31
其中:香蕉	10995	0.69	8678	-13.22	8150	5.28	1450.70	-11.27	939.16	21.32
荔枝	70005	0.58	61237	0.00	8030	6.97	3533.20	28.81	131.13	6.97
龙眼	64500	0.28	61622	0.00	10250	3.64	4612.60	7.96	166.34	3.64
芒果	4245	0.00	4235	0.00	3045	14.91	1248.45	31.33	719.01	14.91
梨	555	-13.95	555	-11.90	750	10.29	150.00	10.29	1351.35	25.20
枣	450	0.00	426	-25.91	400	3.90	68.00	-0.83	938.97	40.24
柿	1200	-4.76	824	-24.20	660	1.54	72.60	-10.15	800.97	33.95
李	765	-15.00	735	-3.92	1415	13.84	226.40	7.71	1925.17	18.48
桃	150	11.11	131	54.12	52	18.18	11.02	18.49	396.95	-23.32
葡萄	795	120.83	395	203.85	220	83.33	127.60	101.33	556.96	-39.66
火龙果	3045	-0.16	1510	51.00	456	-46.35	118.56	-46.11	301.99	-64.47
西番莲	3495	4.02	3295	8.39	950	-71.21	247.00	671.88	288.32	-73.44
杨梅	8025	0.00	7500	0.00	3770	0.00	735.15	-4.97	502.67	0.00
番石榴	3825	-67.17	3088	-71.93	10369.6	270.34	2696.11	41.51	3358.04	1219.23
其他水果	25020	66.80	20552	91.50	6592.2	33.01	1713.97	1613.97	320.76	-30.54

面积533.30公顷,比上年减少106.70公顷,下降16.67%。全县养蚕种1.18万张,每张产茧(鲜)33.90千克;年产茧量8000担(400吨),减少9300担(465吨),下降53.76%。主要集中在温泉镇风淳、洞心村、清湖镇塘寨村、古城镇清耳、长径古城村、乌石镇塘域、双垌村、滩面镇新旺村、马坡镇雄英村等地。示范推广新蚕品种桂蚕二号5300张,每张增加产量4.70千克,共增产12.50吨,新增产值34.87万元。

农业植保

【绿色防控技术推广】 2015年,陆川县植保部门在沙坡镇白马村、滩面镇蓝屋村、清湖镇塘寨村建立绿色防控示范基地3个,示范面积73.33公顷,防治作物为苦瓜、砂糖橘、葡萄等,推广频振式杀虫灯、果蝇诱捕器、黄色诱虫板等绿色防控技术,推广应用频振杀虫灯65盏,果蝇诱捕器8000多套,黄色粘虫片4400多片,减少农药使用15.50吨。

【农作物病虫害综合防治】 2015年,县农业局在温泉镇洞心村、米场镇乐宁村建立水稻病虫害综合防治示范点2个,示范面积1688.67公顷,春季农田灭鼠面积7000公顷,农民灭鼠6.10万户,重大病虫防治面积2000公顷次,挽回粮食损失4380吨。年内,全县水稻病虫鼠草螺发生面积11.09万公顷次,防治面积10.87公顷次,防治后挽回粮食损失4.86万吨。

【病虫害监测】 2015年,陆川县植保部门加强重大农作物病虫害监测预报,组织开展病虫发生趋势会商和预警,提出重大病虫害控制方案,及时对外发布病虫发生信息和防控技术。年内,发布《病虫情报》16期,综合平均准确率97.6%,镇覆盖率100%,村级覆盖率95%以上。

【植物检疫】 2015年,陆川县植保部门按照《植保检疫条例》依法开展植物检疫工作。全年进行杂交水稻产地检疫87.30公顷,生产合格水稻种子251.50吨,调动检疫种子123批次56吨。对红火蚁发疫情监控,发生地点在温泉镇官田村,面积16.67公顷,经过施用0.50%硫氟磺酰胺毒饵2次毒杀,施用0.50%硫氟磺酰胺毒饵2.50千克,全县红火蚁种群得到有效控制。开展柑橘黄龙病、柑橘木虱、香蕉枯萎病等有害生物的普查与防控,全县柑橘黄龙病发生面积16.67公顷,通过对果农宣传黄龙病对柑橘的危害并发放柑橘黄龙病的防控技术资料,督促果农抓好黄龙病防控工作,防止黄龙病的进一步蔓延危害;柑橘木虱大部分果园密度较低,良田、清湖镇等共香蕉新基地40公顷未发生香蕉枯萎病。

(孟智强)

农业机械化

【农业机械化概况】 2015年,陆川县农业机械化管理局(简称县农机局)内设政秘股、财统股、管理股、推广股,人员编制15名,实有13人;下设县农机安全监理站、农机技术推广站、农机学校等3个县直二层事业单位,人员70人;企业单位有县农机修造厂,企业职工260人(企业破产下岗);下辖镇农机技术推广站14个(属事业单位),职工人数39人。全县农村农机户3.76万户,农机从业人员7.78万人。年内,县农机局落实国家和自治区政府有关农业机械化政策,实施农机购置补贴,加快推进农机装备结构优化调整,推广先进、适用的农业机械化技术,全面提升农业机械化水平。

【农业机械装备】 2015年,陆川县农业机械装备总量持续增长,装备结构进一步优化。全县农机总动力53.91万千瓦,其中柴油机动力29.11万千瓦,电动机动力8.61万千瓦,汽油机动力16.19万千瓦。农机总原值3.92亿元,农业机械净值1.85亿元。农机装备结构进一步优化,拥有大中型拖拉机33台、小型拖拉机1774台、农用运输车957辆、小型多功能拖拉机1913台、水稻联合收割机296台、水稻插秧机143台,各类拖拉机配套农具1306台。

【重要农时机械化作业】 2015年,全县水稻机耕面积3.78万公顷,机插面

表20　　　　　　　　2015年陆川县农机总动力情况

序号	类别	数量(台、辆、套)	动力(千瓦)
	农业机械总动力		539145
1	拖拉机	1807	19109
2	种植机械	32524	129810
3	农业动力机械	24187	165077
4	田间管理机械	484	154
5	收获机械	1435	11297
6	收获后处理机械(机动脱粒机)	33322	60692
7	畜牧机械(饲料草加工机械)	1402	6089
8	渔业机械	39	79
9	运输机械	3488	123738
10	农田基本建设机械	375	19671
11	其他机械	448	3429

积0.71万公顷,机收面积3.3万公顷。机械脱粒面积3.28万公顷,机电排灌面积1.28万公顷,农副产品初加工22.44万吨,农机总作业值3.5亿元。农机成为拉动农业增加值增长的重要力量。

【农机新技术推广】 2015年,县农机局按自治区农机部门的统一安排,在全县重点推进水稻工厂化育秧、插秧机械化。依托县金丰源农机专业合作社实施广西水稻生产全程机械化项目,推进水稻工厂化育秧技术的推广,同时把该合作社作为全县基层农机技术推广人员的教育培训基地,开展基层农机推广人员的教育培训,达到以点带面、全面推开的效应。以全县实施基层农机推广体系改革与建设项目实施为契机,组织农机技术人员到温泉、乌石、珊罗、平乐等镇召开水稻机插秧播种、插秧演示会3次,全面展示农机推广在人员教育培训、技术示范操作推广的示范带头作用。11月24日,玉林市农机化工作会议暨玉林市水稻烘干现场观摩会在陆川县召开,与会人员到陆川县金丰源农机专业合作社现场观摩谷物烘干演示。

【农机安全监理】 2015年,县农机局

2015年8月,县农机推广人员到温泉镇观摩水稻机械插秧

县农机局 提供

围绕深化安全隐患排查治理工作,推进农机安全监理科学化、规范化、信息化进程,提升农机安全监理能力,构建农机安全生产防范体系,完善农机安全监管的长效机制,有效预防和减少农机事故,坚决遏制重特大事故,为推动农业机械化科学发展创造良好的安全生产环境。开展农机安全生产宣传教育活动,组织农机手"安全日"学习和组织农机手参与"百万农民"文明交通宣传活动;开展重特大农机安全生产事故应急演练活动,提高农机安全生产工作应急水平、现场处理能力、应急应变能力。抓好农机安全生产执法,开展农机安全生产专项治理行动,实行分组包片,严查拖拉机违法载客、酒后驾驶、无证驾驶、无牌行驶、人货混装等违法违章行为,深查纵排事故隐患。年内,年检拖拉机1985台,新入户拖拉机35台,新增加驾驶员82人。农机安全执法检查223天,出动执法人员2631人次,检查拖拉机3683台次,纠正和处理违章670件。拖拉机安全事故起数、死亡人数、重伤人数、经济损失均为零。

【农机购置补贴实施】 2015年,县农机局实施农机购置补贴项目,开展送惠农政策下乡入户,宣传国家强农惠农政策,激发农民继续投资购买农机的热情。严格执行农机购置补贴管理工作制度、监督管理制度,依法依规开展农机购置补贴各项工作,确保项目资金落到实处。年内,农机购置补贴项目使用资金381.05万元,其中中央财政资金350万元,自治区财政资金31.05万元,购置补贴各类农业机械2482台,惠及农户2095户。

【农机破产企业处置】 2015年,县农机局继续加快对县农业机械厂、县农机修造厂破产清算资产处置的各项工作。12月,全面完成县农业机械厂破产处置工作,下岗职工人员安置、身份置换全部落实到位。 (丘 超)

林 业

【林业工作机构及概况】 2015年,陆川县林业局内设政秘股、营林股、林政股、绿化股、森林防火股5个股,人员编制21名,在编人员19人;下辖县森林公安局(含县森林公安局城南派出所)、县农村能源办公室、县林业技术推广站、县森林病虫防治检疫站、国营陆川县林场、县林业工作总站、县专业森林消防队、县清湖木材检查站、县盘龙木材检查站、县林业调查规划设计队、县森工站。全县林业系统有干部职工208人。年内,实现林业总产值68.09亿元,其中第一产业31.93亿元、第二产业34.98亿元、第三产业1.18亿元。

【森林资源】 2015年,全县林地面积9.04万公顷,非林地面积6.53万公顷。在林地面积中,有林地7.70万公顷,国家特别规定灌木林面积8844.8公顷,其他林地面积462.80公顷。非林地面积中,农地乔木、经济林、竹林、四旁树面积5405.70公顷。全县合计森林面积

9.12万公顷,森林活立木总蓄积228.09万立方米。森林覆盖率58.61%。

【林农增收工程】 2015年,陆川县扶持、指导林农开展林下种养,完成林下经济发展面积3.40万公顷,人均增收1000元以上的林农43万人,完成林下经济产值24.87亿元。实施政策性森林保险面积商品林3万公顷、公益林1953.33公顷,补贴资金69.49万元。扶持成立林业专业合作社2个。

【绿满八桂造林绿化工程】 2015年,陆川县继续推进绿满八桂造林绿化工程。完成山上造林2900公顷。其中,荒山造林259.50公顷,属九洲江流域绿化荒山人工造林的33.33公顷;迹地更新2639.50公顷;完成珍贵树种种植93.66公顷。义务植树95.92万株。

【种苗培育】 2015年,全县有个体苗圃16个,育苗面积15.8公顷,培育各类苗木979万株。其中,桉树苗165万株,沉香苗623万株,降香黄檀苗16万株,松类苗23.5万株,其他苗木151.5万株。

【中幼林抚育】 2015年,全县完成幼林抚育8200公顷,主要抚育桉树幼林,主要集中在马坡镇、沙坡镇、乌石镇、良田镇等镇。

【园林花卉】 2015年,陆川县有园林花卉基地16个,新增加1个,总面积8公顷,主要培育黄槐、紫荆等各类绿化苗木。年内,实现园林花卉产业产值1.10亿元,比上年增长11%。

【森林防火】 2015年,陆川县组织开展森林防火春季宣传月、秋季宣传月各1次。利用电视播放森林防火宣传标语、公益广告150次,出动宣传车180辆次,发放宣传资料12万份,张贴宣传标语1.80万条,翻新固定宣传牌670块。县林业局将县城东山、西山林区及谢鲁山庄景区划为森林防火重点林区,落实专职护林员,加强火源管理,投入资金190万元,加强森林防火基础设施设备的建设。年内,发生森林火警7起,过火面积38.90公顷,受害森林面积2.50公顷,森林火灾受害率0.02‰,低于玉林市下达森林火灾受害率0.60‰的指标。

【林业有害生物防治】 2015年,陆川县林业有害生物防治作业面积3112公顷,比上年上升143.20%。其中,实际防治面积1562.60公顷,重复防治1219.13公顷,预防面积330.27公顷。林业有害生物发生主要有松突园蚧、湿地松粉蚧、桉蝙蛾、桉树枝瘿姬小蜂、桉树焦枯病、油桐尺蠖、薇甘菊等种类,未形成灾害。推广应用生物防治、人工防治和无公害药剂进行无公害防治,应用白僵菌粉预防松毛虫和桉蝙蛾,利用生防菌粉防治松突圆蚧,利用BT粉防治油桐尺蠖,利用无公害药剂紫薇清等除治薇甘菊,无公害防治作业面积3112公顷,无公害防治率100%。施放真菌粉100千克、BT粉602千克、草甘膦胺盐1300千克、紫薇清930千克。

【薇甘菊监测与除治】 2015年,全县薇甘菊实际发生面积632.67公顷,除治薇甘菊作业面积累计1372.67公顷,平均覆盖度由防治前的14.93%下降到防治后的4.56%。达到第一时间发现疫情,降低薇甘菊覆盖度的要求。

【林业植物检疫】 2015年,全县调运检疫木材11.52万立方米;苗木产地检疫15.80公顷,检疫率100%。完成国家级中心测报点项目主测对象监测调查等各项工作,预测发生面积1.58万公顷,实际发生面积1.56万公顷,测报准确率99.62%。

【林政执法】 2015年,县林业局规范林木采伐审批程序,发放林木采伐许可证2668份,采伐面积5280.13公顷,林木采伐蓄积41.74万立方米,材积31.31万立方米(全部为商品材),采伐蓄积占年度森林采伐限额64.69万立方米的64.52%,批准采伐的林木控制在年度森林采伐限额内。开展野生动物保护、林区治安、执法宣传活动4次;开展"利剑行动""秋季破案战役""雷霆行动"等打击整治破坏森林资源违法犯罪的专项行动。年内,立各类森林案件156件。其中,林政案件131件,查处131件,行政处罚131人次;刑事案件25件,侦破16件。刑事拘留22人,逮捕18人。共收缴非法木材135.52立方米,罚没收入41.81万元。对木材经营(加工)场点进行监督管理,全县255家木材经营(加工)场点均凭证经营(加工)。

【林地管理】 2015年,县林业局执行林地保护利用规划,依法对占用征收林地项目进行监管,为依法使用林地的项目业主办理林地报批手续24宗,面积169.98公顷;开展非法侵占林地清理排查专项行动,至12月底共查处违法使用林地案件32起,查处面积21.53公顷,罚款228.72万元。

【山林纠纷调处】 2015年,全县受理山林纠纷案11件。其中,调查结束提县政府做出处理决定的4件,调查结束待县政府做出决定的4件,调查取证阶段3件,调解率100%。接待群众来访150多人次,为群众排疑解答11件,书面答复7件,口头答复3件,待调查答复1件。

【农村能源建设】 2015年,陆川县新建农村户用沼气池2252座,完成投资1046.7万元;新建大型沼气工程4个,总投资1426万元(其中上级资金641万元)。

【林业产业】 2015年,全县有林业产业企业208家,其中中纤板厂1家,胶合板厂9家,单板厂34家,木片厂5家,锯材加工32家,经营杉木26家,其他101家。主要林业企业有九洲人造板公司、三力木业公司、力恒木业公司、金旗木业公司等。全年,木材采伐量 41.74 万立方米、竹材 245 万根、八角 41 吨、油茶籽 20 吨、胶合板材 18.2 万立方米、松脂 40 吨、竹笋干 15 吨。 （覃崇敏）

畜牧渔业

【畜牧渔业工作机构及概况】 2015 年，全县渔牧业总产量值 31.43 亿元，比上年增加 2.94 亿元。肉类总产量量 11.93 万吨，水产品产量 2.56 万吨，分别比上年增长 1.80% 和 6.41%。投入水产畜牧业各项建设资金 3.47 亿元，增长 20.14%。获自治区水产畜牧兽医局颁发的无公害化产地认定、产品认证规模猪场 29 家；获农业部水产健康养殖场示范场项目 3 家；建成大型饲料加工厂 6 个、畜牧机械制造厂 3 个，通过国家 QS 认证的陆川猪产品加工企业 7 家。自治区级龙头企业 14 家，市级龙头企业 13 家；水产畜牧专业合作组织 168 个。陆川县连续 9 年获生猪调出大县奖励。是广西畜牧业十强县。

1 月，陆川县水产畜牧兽医局接管县经贸局承担的生猪屠宰监管职能，增设屠宰行业管理股。年内，县水产畜牧兽医局内设政工秘书股、防疫股、渔业股、畜牧与饲料股、法规监督股、医政药政股、屠宰行业管理股，下辖陆川县畜牧站、陆川县动物疫病预防控制中心、陆川县动物卫生监督所、陆川县水产养殖技术推广站、陆川县渔政管理站、陆川县良种猪场，其中动物卫生监督所、渔政管理站属于参公事业单位；镇水产畜牧兽医站 14 个，全县水产畜牧兽医系统行政人员编制 22 名，实有 16 人；参公事业人员编制 34 名，事业人员编制 120 名，在岗 177 人，其中高级职称 3 人、中级职称 29 人、初级职称 71 人。

【水产畜牧惠农政策实施】 2015 年，

陆川县获全国生猪调出大县奖 742 万元、生猪标准化养殖小区项目中央投资 1695 万元，国家生猪良种补贴 288 万元。生猪调出大县奖励资金主要用于龙头企业、标准化园区、规模养猪场扩建项目贷款贴息和生猪调出贡献奖励；标准化项目建设资金主要用于标准化园区、规模猪场粪污治理、排污设施改造，良种补贴直接用于供精补贴。年内，免费向农民发放良种猪精 26.40 万瓶，配种母猪 6.60 万头次，良种覆盖率 95% 以上，为农民增加收入 3000 多万元。免费供应良种牛精 4920 支，人工配种产杂交牛 1660 头，良种化程度 63.50%，通过牛品改，每头牛增收 1640 元以上。

【基层农技推广项目实施】 2015 年，县水产畜牧兽医局实施广西基层农技推广体系改革工程，整合科技培训资源，多形式、多渠道开展新型农民技术培训，实施新型农民、农村党员科技培训和村"两委"干部培训工程。共发示范户惠农物资 15 万元。撰写、印发各类养殖科技培训材料，举办各类技术培训班 23 期，受训人员 1110 人次。其中，基层农技推广辐射户培训 14 期，人员 924 人次；县级农技推广技术人员培训 1 期，人员 115 人次。为 154 户示范户发放饲料等 15 万元物化补贴；2 个科技试验示范基地发放购买畜禽水产种苗饲料等费用补贴 3 万元。组织科技人员 678 人次深入村、屯开展强基惠农政策实施，推进科技示范镇、村、户建设。

【九洲江养殖污染治理】 2015 年，陆川县加强九洲江流域养殖污染综合治理，推进九洲江流域生态环境综合治理。出台《陆川县畜牧业发展规划（2015—2025)》，实施九洲江流域养殖场标准化改造和转型升级，对九洲江流域石垌河、北豆河、古城河等重点支流及禁养区内污染严重的养殖场进行清拆，共完成清拆养殖场 114 家，清理生猪 5.50 万头，共清拆养殖场 138 家，清拆猪舍面积 9 万多平方米。

探索新型生态养殖模式，推广高架床生态养殖，建设黑膜沼气池、储液池、储粪屋。推广微生物技术，通过在饲料及粪便中添加微生物，减少粪便污染环境。组织推广"高架网床—雨污分流—粪尿分离"适度规模（500~1000头）养殖模式 105 家，共建成高架网床 18 万平方米，养殖效益及粪污处理效果明显。

【病死畜禽无害化处理厂及畜禽污粪处理有机肥厂建设】 2015 年，陆川县为实现养殖废弃物的综合利用，重点推进病死畜禽无害化处理厂及畜禽污粪处理有机肥厂建设。广西科环畜禽有限公司投资 650 万元建设日处理 6 吨的全自动病死畜禽无害化处理厂，共处理病死畜禽 1 万多头；广西英平牧业有限公司投资 600 万元建设年处理 38 万吨的液态有机肥生产线，已建成并投入运行，生产液态肥 680 吨；广西穗宝有限责任公司投资 5800 万元建成病死猪无害化处理厂及有机肥厂。8 月，广西博世科有限公司投资 1 亿元的日处理 500 吨农业固体废弃物（含病死畜禽）处置项目开工建设。

【《陆川县畜牧业发展规(2015—2025)》编制】 2015 年 3 月，县政府组织召开《陆川县畜牧业发展规（2015—2025)》（简称规划）专业评审会，10 月通过县政府常务会议，正式印发出台实施，畜牧业发展纳入依法依规的管理轨道。该规划针对陆川县畜牧业发展进行编制，旨在加快区域内养殖业的转型升级，实现产业规模控制、明确养殖管制区划、建设配套设施体系以及建立规模化养殖场，推进陆川县养殖业持续协调发展。

【养殖技术培训】 2015 年，陆川县以九洲江环境综合整治为契机，加大基层干部、养殖户培训，促进生态养殖发展。通过播放《生态养殖》宣传片、《生态养殖培训教材》学习、实地参观等各种形式开展培训。其中，九洲江流域8个镇的养殖户及镇、村干部培训面90%以上。在县城及各镇举办生态养殖培训班46期，培训1万多人次。7月31日件，在陆川电视台设立《生态养殖》宣传专栏，每天播放一则生态养殖宣传片，提高生态养殖宣传面。11月19日—20日，国家级猪遗传资源保种场、保护区培训会在安徽召开。县畜牧兽医局主要负责人及陆川县良种猪场做为国家级两广小花猪（陆川猪）保种场的负责人参会。县畜牧兽医局主要负责人在会上做陆川猪的保种工作汇报，会议对陆川猪的推广和提高国家级猪遗传资源保种场、保护区保种技术具有重要作用。

【陆川县生态农业教育培训中心建成】 2015年，陆川县在良田镇神龙王集团养殖基地建设陆川县九洲江流域生态农业教育培训中心，基地占地约20公顷，每次可培训150~200人次。建有生态教育培训馆、九洲江生态画廊、陆川猪文化展览馆、牛羊等草食动物放养基地、陆川猪放养基地等，是集技术培训、参观、娱乐、研学于一体的生态教育培训基地。年底正式完工并投入运行，为促进养殖业转型升级，实现生态养殖，保护生态环境，推进九洲江治理，打造九洲江百里生态环境提供平台。

【农民专业合作社组织发展】 2015年，为培育新型生产经营主体，提高农业生产组织化程度，根据业主自愿申报、玉林市、陆川县推荐且经自治区评审符合广西农民专业合作社组织发展资金直接补助、先建后补和贷款贴息条件的合作组织给予资助补助。年内，全县共获广西农民专业合作社组织发展资金补助214万元。其中，采取先建后补补助方式的合作社8家：陆川县中兴水稻制作农民专业合作社（20万元），陆川县永旺种养专业合作社（15万元），陆川县乌坭坡珍珠番石榴专业合作社（18万元），陆川县良田镇欣欣养猪专业合作社（15万元），陆川县国泰种养专业合作社（15万元），陆川县龙潭园农民养殖专业合作社（15万元），陆川县金农畜牧养殖农民专业合作社（18万元），陆川县诚信养猪专业合作社（18万元）。其中采取以奖代补补助方式的合作社4家：陆川县三联种养专业合作社（20万元），陆川县东懋种养农民专业合作社（20万元），陆川县神龙王养殖园区专业合作社（20万元），陆川县温泉长河养猪农民专业合作社（20万元）。

【动物疫病防控】 2015年，县水产畜牧兽医局采取多项措施抓好春、秋季重大动物疫病防控工作，实行镇、村、户（规模场）分片包干工作责任制，落实防控工作经费189万元，做好疫苗、消毒药、防护服、消毒器械等应急物资储备。春、秋季重大动物疫病防控工作顺利通过玉林市检查验收，应免畜禽100%免疫、抗体检测合格率均达70%以上，确保无重大动物疫情发生。

【动物卫生监管】 2014年，县水产畜牧兽医局实施动物产品质量安全追溯体系，实现从投入品（饲料、兽药）到餐桌（肉食品）全程监管，健全防疫、料药使用、检疫、畜禽无害化处理等档案，确保上市肉食品健康安全。办理动物卫生监督案件10件，办理经营假劣兽药案件1件。出动执法人员2500多人次，检查规模猪场1368家次、规模禽场68家次、养牛场10家次、屠宰场70家次、奶牛场9家、兽药经营企业262家次。对2家奶牛场生鲜乳进行"三聚氰胺"等违禁药物检测，每家奶牛场抽检生鲜乳二批次，对35家规模养殖场进行"瘦肉精"等违禁药物检测，抽检猪尿105头份，在17家屠宰场抽检猪尿300头份，生鲜肉质量安全监测4批次，检测结果全部合格。抽检兽药经营企业13家，抽检兽药品种40个，抽查饲料生产经营企业18家，饲料品种40个。加大对规模养殖场病死猪无害化处理监管，监督无害化处理病死猪3.92万头。年内举办全县检疫、监督执法人员培训班3期，培训检疫监督执法人员162人次。

【广西现代生态养殖工作现场会】 2015年10月26日—27日，广西现代生态养殖工作现场会在陆川召开，自治区水产畜牧兽医局局长蒋和生、副局长王强及广西各市、县水产畜牧兽医系统负责人、龙头养殖企业代表、自治区环保主管部门负责人等140多人参加会议。26日与会人员现场参观广西聚银牧业集团大桥镇大塘坡养殖场，重点参观如何运用微生物污水处理系统进行生态循环雨污分流、固液分离、养殖污染微生物综合治理等系列生态养殖循环模式

2015年，广西均隆养殖有限公司党支部生态养殖"万户培训"活动在米场镇举行　　　　　　　　　　米场镇政府　提供

经验。27日,在陆川九龙山庄召开现代生态养殖工作现场会议。广西中科润华环保科技有限公司在会上对大塘坡猪鸡场养殖污染治理技术做翔实的情况介绍,大欧瑞信生物科技公司、山东苏柯汉生物工程有限公司负责人结合公司实际、围绕生态养殖这个主题分别做典型发言。蒋和生明确提出生态养殖要达到养殖设施的标准化、养殖环境的生态化、养殖饲料的微生物化、养殖产品的有机化、养殖粪污的资源化和养殖投入品的无害化等"六化",实行动物、植物和微生物"三物"的生态平衡,最终实现产品的生态安全、生产过程的生态安全和环境的生态安全的目标。

【渔业资源增加殖放流活动】 2015年,县水产畜牧兽医局开展渔业资源增加殖放流活动。7月28日,在良田镇文车桥处放生鱼苗1000尾;8月5日,在乌石镇龙化村放生园处现场放生鱼苗1000尾。鱼苗种类主要有罗非鱼、草鱼、雄鱼平均全长5厘米以上。通过渔业资源增加殖放流活动,引导群众参与保护环境,促进陆川生态江河建设。

畜牧养殖

【畜牧养殖概况】 2015年,全县能繁母猪存栏19.23万头;肉猪出栏111.12万头,增长0.58%;生猪产值占畜牧业的比重65%以上。家禽出栏2090.33万羽,增长3.57%。禽以三黄鸡为主,年出栏1475.26万羽。年内,建成年出栏300头以上规模猪场675个;年出栏5000羽以上的规模禽场667个;年出栏1.50万羽以上的规模禽场12家,规模牛场5家,规模养殖比重75%以上。

【陆川猪养殖】 2015年,陆川县存栏纯种陆川猪5.94万头,其中基础母猪1.91万头、种公猪257头。国家级保种场有陆川县良种猪场,存栏基础母猪228头,种公猪17头;保种基地1个,存栏基础母猪256头、种公猪18头;划定有大桥、乌石、清湖、良田、古城等5个镇保护区,存栏基础母猪8670头,种公猪158头。

【其他家畜养殖】 2015年,全县存栏养殖牛2.04万头,其中能繁母牛0.49万头,出栏牛1.02万头。存栏养殖羊0.33万头,其中能繁母羊0.11万头,出栏羊0.27万头。存栏养殖兔0.19万只,出栏兔0.32万只。

【家禽养殖】 2015年,全县家禽养殖存栏931.73万羽、家禽出栏2121.55万羽。黄羽鸡的饲养量占主导地位,主要是饲养三黄鸡为主,年内存栏养殖724.11万羽、出栏1475.26万羽;鸭存栏养殖36.55万羽、出栏254.35万羽;鹅存栏养殖26.94万羽、出栏90.51万羽。

【陆川猪养殖综合标准化示范区建设】 2015年,陆川县为进一步推进生猪养殖综合标准化示范区建设,在广西神龙王集团陆川猪养殖园区建设陆川猪养殖综合标准化示范区,设母猪区、保育区、育肥区,各功能区明显分开。年内,对猪舍传统结构栏舍改造成高架床。完成育肥区陆川猪休闲设施建设,建设完善陆川猪游泳池、观赏台、陆川猪展览馆、培训中心等硬件设施。母猪区产床、定位栏等设施齐全,保育区采用半电热地板和半低架床漏缝地板的结构。育肥区采取林下放养的生态养殖模式,在果树林中用竹篱笆和铁丝网分隔成若干放养区,猪群以轮牧的方式放在放养区内自由采食、嬉戏。饲养员每天投喂的饲料为切碎的红薯苗和经粉碎后的稻谷粉,营养成分接近传统陆川猪养殖模式,确保饲养出来的陆川猪肉质得到保障。配套原有的猪肉加工厂,逐步打造成集陆川猪养殖、肉制品加工、展览、技术培训为一体的完整产业链,成为生态乡村的旅游观光点。

【陆川猪品牌宣传】 2015年2月,中央电视台《走遍中国》栏目组到陆川对陆川猪进行为期两周的拍摄,对陆川猪的历史、养殖特点、美食、特色活动等进行拍摄,并于3月15日和4月30日分别在中央电视台4套连续播出2集,海内外观众反响较好,打响陆川猪品牌效应。

【陆川猪文化展馆建成】 2015年,陆川县为打造陆川猪文化品牌,建设陆川猪文化展馆,展馆占地面积3.33公顷,总建筑面积5000平方米,主建筑群3600平方米,展览馆主楼三层(一层为陆川猪实物展示厅,二层为多媒体会议室和高科技展示厅,三层为休息间);展馆前广场(或停车场);猪大型雕塑;配套建筑:猪活体展示900平方米(或生态养殖展示);猪体育馆500平方米(用于游泳、跳台跳水、赛跑、跨栏、抓猪等运动项目比赛);沼气工程等。以陆川猪文化为主题,以藏品、活体、实物、展板、文字、图片等形式演绎其历史文化、进化演变、民俗传统、营养美味、品质改良等内容,展示陆川猪百亿元产业风采。广泛征集与猪有关的各种材质(铜、铁、木、瓷、石等)藏品或工艺品;名人字画、剪纸、照片、谚语、邮票等。对陆川猪的客家文化进行沉积、精心提炼,采用传统的展览形式与现代的声、光、电艺术高科技相结合,充分展示陆川猪的历史。项目投资总投资5000万元,年底建成开放。

【生猪小散养殖污染整治】 2015年7月,陆川县根据玉林市生猪小散养殖污染集中整治工作会议要求,推进生猪小散养殖污染集中整治,县畜牧兽医局对全县小散养殖(存栏100头以下)情况进行调查摸底,全县共有小散养殖户1.47万家(场),生猪存栏数22.40万头。采取管网收集养殖废水集中处理后经沼气发酵返回养殖户家用的形式,对小散养殖户进行标准化改造,配套建设沼气池、化粪池、储粪屋等环保设施,共改造生猪小散养殖场(户)5600多家,建设沼气池1800多个共2.40万立方米、储液池2.80万立方米、储粪屋1.70万平方米。

【陆川新威原种猪场获"中国美丽猪场"称号】 2015年,《农民日报》、中国畜牧兽医学会联合举办寻找中国美丽猪场公益活动,300多家猪场通过审核报名参加活动。9月19日,在厦门举行"40家中国美丽猪场"颁奖典礼,广西银农畜牧集团新威原种猪育种有限公司获"40家中国美丽猪场"称号,为广西入选3家企业之一。

水产养殖

【水产养殖概况】 2015年,陆川县是广西青鱼、草鱼、鲢鱼、鳙鱼四大鱼苗繁殖基地之一,以繁殖销售鱼苗、养殖罗非鱼著名,鱼苗远销泰国、缅甸等国家。全年全县水产养殖面积水产养殖面积4458.67公顷;孵化鱼苗53亿尾,增长15.21%。名优水产养殖面积1400公顷,产量5770吨,产值7210万元。

【鱼苗培育】 2015年,全县青鱼培育面积124公顷,有鱼苗孵化规模场52家,鱼苗年产量660亿尾,主要销往国内各省以及泰国、缅甸等国家。

【特种水产养殖】 2015年,县水产畜牧兽医局大力推广罗非鱼、黄沙鳖、水蛭等特种水产养殖,特种水产养殖面积1497.33公顷,产量2.81万吨,产值2.47亿元。其中,罗非鱼养殖基地39个,养殖面积148.33公顷,年产量2.79万吨;黄沙鳖养殖基地8个,养殖面积12.67公顷,年产量194吨;水蛭养殖基地1个,养殖面积1.33公顷,年产量5吨。(杨 丹 陈旭锋)

【水利机构及工作概况】 2015年,陆川县水利局内设政工秘书股、项目技术股、计划财务股、水政水资源调处股、农田水利电力股、工程建设管理与质量安全监督股、防汛抗旱指挥部办公室、监察督查室,人员编制15名(含工勤人员1人),实有13人;下辖县水利工程管理站、水土保持站、水政监察大队、九洲江灌区工程管理处、水电勘测设计队、东成水库管理所、碰冲水库管理所、大良水库管理所、石铲水库管理所、陆透水库管理所、南田水库管理所、乌石水坝管理所、坡脚水库管理所、滩面水库管理所、张湖坑水库管理所、马兰径水库管理所、清湖水库管理所、清耳水库管理所18个二层事业单位;二层事业单位145人,其中有中级职称5人、初级职称15人。全县有水库84座,其中中型水库4座、小(1)型水库21座、小(2)型水库59座;水库总库容1.4亿立方米,有效库容1.03亿立方米。塘坝2598座,机电泵462台、6526千瓦,引水工程1557座,水利灌溉渠道1750千米(其中国营渠道512.60千米),堤防16.99千米,有效灌溉面积2.05万公顷(其中保灌面积1.80万公顷)。有小型水电站44座,总装机容量1.15万千瓦。全年全县完成早晚两糙农田灌溉面积2046.70公顷,节水科学灌溉面积66.70公顷,完成水利投资5亿元,水库除险加固25座,农村饮水安全工程项目建设30个,解决农村饮水不安全人口8.06万人。

【小型水利工程产权制度改革】 2015年,全县开展农村小型水利工程产权制度改革确权登记工作,以沙湖镇长沙村、永安村作为全县农村小型水利工程产权确权试点村,明确确权任务。9月,完成试点村13处小型水利工程调查摸底,对长沙、永安2个村权属清晰、无纠纷的小型水利工程进行实地勘界、权属登记。完成山塘10处、饮水安全工程3处的第一次划定水利工程边界线、点的公示及第二次拟定产权人的公示,2次公示均无纠纷,

无异议。12月底,经县政府审批通过,颁发小型水利工程产权证书,共确权颁证13本。

【水库除险加固项目建设】 2015年,全县续建、新建水库除险加固25座,其中续建16座,新建9座,总投资5784.85万元。九洲江水闸除险加固项目1个,即大桥水闸除险加固工程,计划总投资1823万元,工程于12月25日开工建设。

【农村饮水安全工程建设】 2015年,全县30个农村饮水安全工程开工建设,项目总投资6040.67万元(其中中央投资3156万元,自治区配套784万元,市县及群众投工投劳2100.67万元),计划解决饮水不安全人口8.06万人。年内,开工建设30处,完工28处,完成投资3289.53万元,解决饮水不安全人口2.12万人。

【小型农田水利建设】 2015年11月,全县有3个小型农田水利重点县建设项目开工建设,项目总投资3663.18万元(其中中央投资1500万元,自治区配套1500万元,县级配套400万元,群众投劳折资263.18万元),分别为良田灌片改造修复工程、沙湖灌片改造修复工程、良田灌片改造修复车田村高效节水灌溉工程。年内,完成投资2950万元,占计划总投资的80.53%。续建项目有乌石灌片、横山灌片2个,总投资3673.56万元(其中中央资金补助1500万元,自治区资金补助1500万元,县财政配套400万元,群众投工投劳折资273.56万元),完成投资3306.20万元,占总投资的90%。

【中小河流治理项目建设】 2015年,全县续建中小河流治理项目1个,即九洲江温泉镇、车田河段防洪整治工程项目,项目总投资1948.93万元,完成投资1284.68万元,完成到位资金65.92%。

【水土保持综合治理】 2015年,陆川

县推进洞心河、北豆河、雅松河3个小流域水土保持综合治理工程建设。3月27日,洞心河小流域水土保持综合治理工程开工建设,工程建设治理崩岗5座,维修引水坝5座,维修引水渠道0.60千米,维修道路0.63千米,营造水土保持林75.29公顷,经济林68.41公顷,实施封育治理474.56公顷,设置宣传牌10座、公示牌2座,治理水土流失6.18平方千米,项目投资258万元(其中中央投资207万元,自治区配套25.50万元,市县配套25.50万元)。11月18日,北豆河小流域水土保持综合治理工程开工建设,治理水土流失面积8.15平方千米,治理崩岗1座,维修引水坝4座,修复明水渠1600米;种植水保林66.67公顷、经济林120公顷;维修道路800米,封禁保护面积629.10公顷,设置宣传牌12块、公示碑2座,项目投资325万元(其中自治区228万元,市县97万元)。12月2日,雅松河小流域水土保持综合治理工程开工建设,工程建设治理崩岗5座,维修引水坝1座,维修引水渠1470米,种植水保林77.08公顷、经济林48.10公顷,实施封育治理740.82公顷,设置宣传牌12座、公示牌2座,治理水土流失面积8.66平方千米,项目投资280万元(其中中央220万元、自治区30万元、市县配套30万元)。

【冬春水利建设】 2015年9月,全县冬春水利建设开工,总投资17794.43万元,其中中央投资6675万元,自治区投资4563.05万元,县投资5364.2万元,群众投资354.18万元,其他投资838万元。至12月31日,完成总投资16639.76万元,其中中央投资6176.7万元,自治区投资4148.60万元,县投资5122.3万元,群众投资354.18万元,其他投资838万元;工程投入工人76.11万个,群众投入工日14.82万个;机械台班8.1万台次;土石方77.34万立方米,石方20.75万立方米,混凝土3.1万立方米;修复水毁工程9处,新修防渗渠道合计37.16

千米,新修加固堤防0.69千米,清淤沟渠175.37千米,建设村镇供水工程30处,加固水库30座,新增灌溉面积0.14万亩,恢复灌溉面积1433.33公顷,新增高效节水灌溉面积166.67公顷,治理水土流失面积14.50平方千米,新增供水受益人口8.06万人。

【"美丽广西·生态乡村"现场会水利现场点建设】 2015年,县水利局做好自治区"美丽广西·生态乡村"现场会的现场点建设,筹措资金近500万元,对乌石镇吹塘坝除险加固和河堤建设、龙化村高效节水工程和龙化村农村饮水工程等示范点进行亮化建设,其中乌石镇龙化村高效节水工程和龙化村农村饮水示范工程均采用广西最先进技术,具有绿色、高效、节能等优点,工程已经完工,移交乌石镇管理。

【入河排污口评审】 2015年,陆川县推进水生态环境改善与保护,县水利局对全县入河排污口进行全面摸底排查,完善"一口一档"信息台账建设,实行入河排污口设置论证审批,按照《入河排污口监督管理办法》等相关法律法规规定加强入河排污口监督管理。建立水资源监控系统,加快入河排污口的评审。10月23日,邀请玉林市水利局、玉林市水政水资源管理站、玉林市水文水资源局、玉林市水政监察支队、陆川县水利局等单位有关水资源管理专家组成专家评审组,对9家污水处理厂的入河排污口设置论证报告书进行技术评审,评审会上与会专家和代表结合前期入河排污口登记核查情况,听取业主单位项目情况介绍和编制单位汇报,并进行讨论、审议,9家污水处理厂的入河排污口设置论证报告书通过专家的评审,在玉林市排名第一,是历年来通过入河排污口评审最多的年份。

【水政水资源管理】 2015年,县水利局完成年度最严格水资源管理制度考核,全县9家污水处理厂入河排污

口设置论证报告通过专家评审;除原来的华润水泥(陆川)有限公司外,在东成水库管理所新安装水资源监控系统2处。开展水资源费征收,年内共征收水资源费38.60万元,比上年增收25.69%。

【水政执法】 2015年,县水政监察大队坚持每周至少2次执法巡查,重点打击河道设障、非法采砂、破坏水工程、偷逃水资源费等水事违法案件。县水利局水政监察大队联合玉林市水利局、博白水政监察大队,配合县公安、交通、国土等有关职能部门,开展联合行动14次,出动人员667人,车辆147辆,依法取缔九洲江乌石镇大江桥至古城镇盘龙桥段非法采砂场61家(含多次打击死灰复燃的非法采砂场),共拆除工棚23间,摧毁砂斗7个、砂筛32具、砂池32具,摧毁采砂船23艘,暂扣铲车2台,现场控制26人,治安拘留3人,立案查处2件。有效遏制无证采砂势头,水事秩序明显好转。

【防汛工作】 2015年,全县降雨与正常年景相平。1—4月,全县降雨普遍偏少;5—10月,降雨次数较多,出现较强降雨15次、特强降雨6次。年内生成台风27个,影响全县的台风有第22号台风"彩虹"。10月5日,全县城出现最大降雨248毫米的强降雨过程。影响全县的台风有第22号台风"彩虹"。至12月31日止,水库降雨在1417.8~2264.7毫米之间,最小降雨量为石铲水库1161毫米,最大降雨量为王沙水水库2264.70毫米。县城降雨2374.50毫米,比上年同期多666.6毫米,比多年同期平均值多444.40毫米。全县有效蓄水5210万立方米,占总有效库容的47.25%,比上年同期多1564万立方米,比多年同期平均值多1207万立方米。

年内,全县共落实防汛抢险队伍17支共930人,其中县人武部应急抢险民兵分队150人,14个镇每支应急抢险队伍50人,县水利局专业抢险

队伍 50 人,县卫生局专业医疗抢险队伍 30 人。购置编织袋 7.60 万只、编织布 200 平方米、铁铲 655 把、救生衣 200 件、冲锋舟 2 艘、备用电源 1 台套、木桩 28.60 立方米等防汛物资。全县共发出预警 253 次,在山洪灾害预警平台发布预警短信 2701 条,在协同通信短信平台发布预警短信 915 条。县防汛办、各镇政府、水库、水电站严格执行 24 小时值班制度,县防汛办值班人员还对全县各镇、各水库值班情况进行抽查,共抽查 10 次,经自治区、市防办抽查反映,全县各镇、各水库的值班情况情况良好。在汛期,县防汛办与气象、水文等部门紧密沟通,准确、及时预报雨情、水情、工情、汛情;县山洪灾害县级非工程措施建设项目平台为全县的防汛工作提供较准确的水雨情数据。年内全县启动防御台风应急响应 4 次,其中 6 级 2 次、3 级 1 次、2 级 1 次;启动防御洪涝灾害 4 次,其中 6 级 2 次、3 级 2 次。

【灾害事故】 2015 年 1 月—4 月,陆川县因受厄尔尼诺现象的影响,全县总降雨量 162 毫米,导致全县春季干旱少雨。干旱灾害主要为农作物受旱,受旱面积 5278 公顷,成灾面积 1223.67 公顷。面对严重的灾情,全县积极进行抗旱保苗,投入抗旱人数 1.2 万人次,投入抗旱资金 63 万元,挽回经济损失 580 多万元。7 月 4 日—6 日,全县出现一次强降雨过程,降雨量超 100 毫米的有 4 个镇。其中,降雨量最大为温泉镇 212.50 毫米,造成全县水利设施直接损失 476 万元。受第 22 号台风"彩虹"的影响,10 月 4 日 8 时—6 日 12 时,全县最大风力 6~7 级、阵风 11~12 级,县山洪灾害预警监测平台显示,各镇累计最大降雨量在 276~444 毫米之间,县城累计降雨量为 383 毫米。全县受灾人口 5.69 万人,无人员伤亡;紧急转移安置人口 976 人,需紧急生活救助人口 207 人,需过渡性救助人口 71 人;农作物受灾面积 3476 公顷,损坏倒塌房屋 440 间,直接经济总损失 3824 万元。面对灾情,县委、县政府及县防汛抗旱指挥部立即组织广大干部群众 7900 多人次投入抢险救灾,出动防汛机动抢险车 8 辆,直接挽回财产 229 万元。

【水利工程安全检查】 2015 年,县水利局加强汛期的水利工程安全检查工作,重点对 84 座水库进行汛前、汛中、汛末安全检查。3 月 26 日—31 日,对全县 84 座水库进行汛前安全检查,全部都完成了度汛预案,防汛物资按规定蓄备,值班制度完善,值班人员安排到位。7 月 11 日—15 日对全县 84 座水库进行汛中安全检查,全部都按汛限水位运行,值班记录完善。10 月 10 日—15 日对全县 84 座水库进行汛末安全检查,对工程运行在汛期运行出现的问题进行汇总上报。

【信访和议案提案办理】 2015 年,县水利局处理水事纠纷举报投诉 23 件、信访件 15 件,完成率 100%;办理人大议案 5 件、政协提案 8 件。及时执行管理安全检查,按月进度上报。建立社会不稳定工作定期排查机制,对苗头性、倾向性信息进行收集整理,超前化解矛盾纠纷,对排查出的问题,实行领导包案,对重点人员跟踪,做好教育转化工作,落实专人疏导稳控,力争将矛盾消灭在萌芽状态,全县水利系统社会稳定。 （李羽恒）

水库移民

【水库移民工作机构及概况】 2015 年,陆川县水库移民工作管理局(简称县水库移民局)内设政工秘书股、规划开发股、计划财务股,人员编制 10 名,实有 10 人。全县有水库移民 11.3 万人,其中特殊困难移民 3517 户 1.61 万人。库区移民安置区大多地处边远山区,生产生活设施落后,经济发展缓慢,移民生活艰难,经济落后于周边地区。

【国家大中型水库移民后期扶持资金落实】 2015 年,县水库移民局按时发放国家大中型水库移民后期扶持资金 1021.12 万元,共扶持移民农户 1.68 万户 8.10 万人,全部发放到移民户,解决水库移民的基本生活困难。

【大中型水库移民新村项目建设】 2015 年,自治区下达陆川县大中型水库移民新村建设工程项目(为民办实事项目)有交通道路和水库移民新村 2 类共 11 个项目,总投资 861 万元。其中:投资 726.60 万元完成平乐镇(平乐村九冲组、平乐村上高组、平乐村中间组、平乐村覃屋组、石村六度三组)、清湖镇永平村、珊罗镇(珊罗村千租塘组、珊罗镇坡村组)、乌石镇王沙村军箭组等移民新村新建项目 9 个,旧房改造 391 户,房屋外墙装饰 4 户;投资 90 万元,硬化清湖镇永平村社背组、古竹组等村屯道路 2 条,长 3.34 千米。

【鹤地水库陆川库区移民基础设施建设】 2015 年,陆川县获自治区水库移民工作管理局移民项目资金 2111.19 万元。其中,投资 1344 万元,硬化古城镇(陆落村黎冲一组、陆落村奄鸡田组、陆落村下低坡组、陆因村上村一组、陆因村大坪组、陆因村陆因肚 1 组、陆因村上村八组、陆因村平垌一组、陆因村发人窝 1、2 组、长径村鸭母山组至良村老虎塘组、盘龙村符竹山 1、2 组、盘龙村上大陂 1、2 组、下大陂 1、2、3 组、盘龙村塘面 1、2 组、盘龙村泉水田,发马山 1、2 组、楼脚村桥头 1、2、3、4 组、楼脚村上呆干组、北豆村上北豆组、北豆村车头组、北豆村平山坡组、北豆村那口组、北豆村朝阳 1、2、3 组、北豆村向阳 1~5 组、北豆村新塘面组、清耳村长江坝组、清耳村元山 2 组、清耳村甜塘组、清二村鸭母坡 1、2 组、清耳村大岭头组、清耳村新垌 1 组、清耳村新垌 5 组、良村径背组、良村老屋组)、良田镇(车田村6组、车田村12、13组、车田村22组、旺峒村8组、旺峒村14组、竹山村社坡组、竹山村湖洋组、竹山村村尾组、竹山村乌石峒组、竹山村大秧地组、竹山村涩塘二组、文官村22组、文官村18组、文官村19组、文官村20组）、清湖镇陆坡组等村屯道路48条，长49.30千米；投资96万元新建古城镇山鸡冲组、良田镇旺峒村13组、良田镇2、3组、古城镇楼脚村等4座桥梁；投资15万元新建古城镇楼脚村上呆干组方坑陂坝、良田镇车田村18组庙坑陂坝、良田镇车田11、12组电灌站等3个农田水利项目；投资162.22万元新建车田14、15、16组硬化新村公园道路2.80千米，种植绿化树1800株（绿化面积2万平方米）水库移民新村生态乡村建设项目1个。

【水库移民培训】 2015年，自治区水库移民局实施提高水库移民的综合素质培训，增加强水库移民创业增收能力，计划培训移民4期200人次。陆川县依托学校培训水库移民劳动力，县水库移民局组织人员深入库区开展宣传发动，落实好水库移民到各级农业学校参加劳动技能培训。年内，参加自治区、玉林市以及县内举办的各类培训班共6期，参加培训30人次。

【大中型水库移民"避险解困"试点编制申报】 2015年，县水库移民局开展大中型水库移民"避险解困"试点编制，完成古城镇陆因村大坡一、二组"避险解困"省级试点编制，向国家发展改革委员会申报古城陆因村大坡一组、二组避险解困试点编制，项目通过国家发展改革委员会评审，计划投资3000多万元。

【移民信访维稳】 2015年，陆川县加强各个重大敏感期库区信访维稳工作，设立县长、局长热线电话、举报箱等平台，每月5日定为移民来访接待日，县水库移民局班子成员各挂钩联系10个村、蹲点移民户10户、帮扶移民特困户10户，协助解决实际困难和问题。年内，共接到热线电话60人次、接待移民来访48人次、化解移民热点难点问题5件，有效解决移民信访诉求，密切库区党群干群关系，库区信件访量8件，比上年下降30.50%；人员上访30人次，比上年下降48.70%。

（王瑞莽）

扶贫开发

【扶贫开发工作机构及概况】 2015年，陆川县扶贫开发办公室（简称县扶贫办）在县农业局挂牌，加挂陆川县革命老区建设委员会办公室牌子，内设综合股、业务股，人员编制6名，实有6人。全县有国家级贫困村29个，自治区级贫困村10个；全县贫困总户数2.58万户，贫困人口9.91万人。按照"四个到村到户"（精准识别到村到户、产业扶持到村到户、教育培训到村到户、基础设施到村到户）要求，针对每户建档立卡对象的贫困程度确定差别化的帮扶措施，确保实现"四个精准"（结对帮扶精准、产业扶持精准、教育培训精准、基础设施建设精准）。在实施精准扶贫工作中，全县有1.33万人脱贫。

【扶贫精准识别】 2015年，陆川县根据自治区党委、自治区政府的统一部署，开展精准扶贫攻坚工作。10月16日，召开精准扶贫攻坚动员大会，启动"十三五"精准扶贫建档立卡工作。共派出1586名精准识别工作队员进村入户，对全县154个村、20.90万户、84.70万农村人口进行精准识别工作。各村"两委"组织村干部、村民小组长等对本村的贫困户名单进行审核，并在各建制村、自然村屯、村民小组等村民活动较集中地方进行公示5天。贫困户名单公示无异议后由县扶贫开发领导小组确认，在县政府网站和各建制村、自然村进行公告7天。按照自治区精准识别的工作要求和评分标准，全县共识别出贫困户1.99万户、8.58万人。

【贫困村基础设施建设】 2015年，全县投资1340万元，修建贫困村的村屯道路88条共37.81千米，新建独立桥梁3座共28.80米；投资16万元，新建人饮工程2个。

【扶贫产业开发】 2015年，陆川县推进贫困村产业开发，与广西神龙王农牧食品集团有限公司合作试点开发养殖项目，投资150万元委托集中养殖陆川种母猪2700头，受益贫困户1088户。马坡镇新山村"十百千"项目的橘红基地，投资300万元，种植橘红40公顷，硬化基地道路1千米，受益贫困户1000户。

【扶贫雨露计划实施】 2015年，陆川县实施广西雨露计划扶贫，对全县已建档立卡的贫困户并考取大学本科及高职、高专、中等职业学校的考生进行识别建档。年内，获得雨露计划补助的建档立卡贫困学生1575人，其中2015级的本科生574人（每人5000元），高职、高专、中等职业学校的学生（简称职业学历教育）487人（每人3000元）；2014级高职、高专、中等职业学校续培生（简称职业学历教育）514人（每人3000元），按照规定共计发放贫困学生资助金587.30万元。

（李辉利）

工　　业

GONGYE

2015 年 6 月 3 日，陆川县二轻工业工作会议在县城召开　　　　　县二轻联社　提供

工业综述

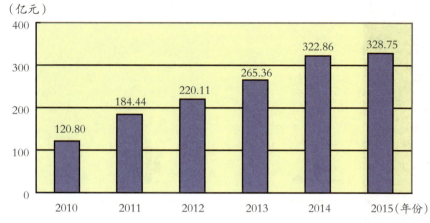

（亿元）

2010—2015年陆川县规模以上工业总产值柱状比较图

【工业概况】 2015年，陆川县工业产业以机械制造、农林产品加工、新型建材、健康食品、有色金属、化工、塑料和橡胶、陶瓷、造纸、电子、供电供水等产业为主要体系。其中，机械制造、农林产品加工、新型建材、健康食品、有色金属等5个产业是陆川工业支柱产业。主要特色产品有工程机械、农业机械、机电产品、铁锅、陆川猪深加工、茶花山矿泉水、乌石酱油等。年内，新增规模以上企业有坚艺厨具、坤元服饰、恒伟电气、华鑫电子、银星电子、中鑫电子、顺德木业、金之岳矿业、伟业蚕丝9家，全县累计有规模以上工业企业101家。全年全县工业生产稳步增长，全部工业总产值341.99亿元，比上年增长1.70%，总量居玉林市第三位，占玉林市比重20%；规模以上工业总产值328.75亿元，增长1.41%，总量居玉林市第三位，占玉林市比重20.70%。全部工业增加值93.37亿元，增长2.60%，总量居玉林市第三位，占玉林市比重18.3%；规模以上工业增加值88.34亿元，增长2.50%；总量居玉林市第二

位，占玉林市比重19%。工业增加值占全县地区生产总值的比重42.65%，拉动全县GDP（地区生产总值）增长1.15个百分点，对GDP增长的贡献率19.75%。五大产业实现规模以上工业产值268.80亿元，比上年下降2.80%，占全部规模以上工业总产值的81.76%。主营业务收入亿元以上企业68家，占全部规模以上企业的71.60%。全县工业用电量3.19亿千瓦时（县供电公司统计口径）。

【工业项目建设】 2015年，陆川县加快推进工业项目建设，工业投资保持较快增长，工业发展后劲进一步增强。全县工业投资111.45亿元，比上年增长14.30%，总量居玉林市第四位，占玉林市工业投资总量的13.30%；工业技改投资106.40亿元，

增长17.70%，总量居玉林市第三位，占玉林市技改投资总量的18.10%；制造业投资106.55亿元，增长24.10%，总量居玉林市第四位，占玉林市制造业投资总量的13.80%。工业投资总量占全县固定资产投资总量的62.70%。9月14日，广西博世科环保陆川县固体废弃物制备天然气综合利用项目在滩面镇开工建设，建设固体废弃物综合处置场，采用畜禽养殖废弃物资源化处理技术，将县内的畜禽养殖场废弃物、农业有机废弃物、餐厨垃圾等进行无害化、资源化处理。项目竣工投产后，可日处理有机垃圾1000吨，日产沼气8.40万立方米，年产有机肥20万吨，安排就业人员150人。10月26日，35兆瓦光伏并网发电项目在滩面镇开工建设，该项目由广西西江环境能源科技产业

表21 　　　　　　　　　　　　　　　2008—2015年陆川县工业发展变化情况

年份	工业总产值			工业增加值			规模以上工业总产值			规模以上工业增加值			工业化率		
	实绩（亿元）	比上年增加（亿元）	增长（%）	实绩（亿元）	比上年增加（亿元）	增长（%）	实绩（亿元）	比上年增加（亿元）	增长（%）	实绩（亿元）	比上年增加（亿元）	增长（%）	实绩（%）	比上年增加	增长（%）
2008	80.28	12.02	17.61	27.42	4.27	18.44	52.60	14.73	38.90	16.98	4.68	38.05	1.44	0.27	23.08
2009	102.82	22.54	28.08	34.90	7.48	27.28	73.19	20.59	39.14	23.69	6.71	39.52	1.82	0.38	26.39
2010	152.68	49.86	48.49	49.51	14.61	41.86	120.80	47.61	65.05	37.84	14.15	59.73	2.35	0.53	29.12
2011	219.19	66.51	43.56	70.21	20.70	41.81	184.44	63.64	52.68	57.52	19.68	52.01	2.53	0.18	7.66
2012	249.94	30.75	15.90	76.32	6.11	15.30	220.11	35.67	17.52	65.08	7.56	18.90	2.65	0.12	4.74
2013	284.60	34.66	19.00	85.36	9.04	13.30	265.36	45.25	20.10	77.63	12.55	15.70	2.82	0.17	6.42
2014	336.27	58.24	20.60	91.00	12.33	11.50	322.86	57.50	21.70	86.18	12.47	12.90	3.21	0.39	13.83
2015	341.99	5.72	1.70	93.37	2.37	2.60	328.75	6.22	1.41	88.34	2.16	2.50	2.99	-0.22	-6.85

有限公司出资建设,在 2015 年自治区发展和改革委员会组织的光伏电站项目评优中获得 20 兆瓦的建设指标,项目建设装机容量 20 兆瓦,占地面积 26.67 公顷,计划总投资 1.60 亿元,预计 2016 年 6 月竣工验收并网发电。

【新技术新产品工业项目建设】 2015 年,经陆川县科技进步奖评审委员会评审,有 13 项新技术新产品工业项目获陆川县科学技术进步奖。分别是广西陆洲机械制造有限公司丘陵耕作机中试与示范项目、玉柴重工有限公司 YC330/360 系列液压挖掘机开发及产业化项目、广西神龙王农牧食品集团有限公司绿色低碳生态型陆川猪产业技术开发与示范项目、广西三零一机械有限公司 NZJ15/8.50 型砻碾组合机中试与示范项目、广西陆川县永发机械有限公司 1WG4-1 和 1WG6 型系列耕作机技术中试与示范项目、广西开元机器制造有限责任公司 KY105 液压挖掘机项目、陆川县志强电机厂机械密封砂泵项目、广西陆川县永发机械有限公司双向传动微耕机项目、广西三零一机械有限公司小型收割机项目、陆川县志强电机厂新型砂泵项目、广西陆川县永发机械有限公司微型耕田机项目、陆川县宏新机械有限公司谷物砻碾磨加工装置项目、广西陆洲机械制造有限公司耕作刀具项目。

【工业技术改造升级项目建设】 2015 年,陆川县工业技术改造升级项目主要有广西永耀玻璃有限公司年产 12 万吨玻璃制品生产线项目、广西玉柴重工有限公司 YC210LC-9 履带式液压挖掘机研发创新项目、广西陆洲机械制造有限公司新型电抗变流复合式相复励高精度发电机系列产品产业化项目、玉林市恒伟机械制造有限公司年产 2000 套船用柴油发电机组生产线项目。主要市级企业技术中心有玉林市川迪机器制造有限公司、陆川县永发机械有限公司、广西陆洲机械制造有限公司、广西三零一机械

有限公司技术中心。市级工程技术研究中心有广西陆川县南发厨具有限公司和广西开元机器制造有限责任公司工程技术研究中心。其中,广西玉柴重工有限公司 YC210LC-9 履带式液压挖掘机研发项目在玉柴重工现有生产基地内,利用原有厂房、设备,增加必要的工装模具,完成 YC210LC-9 履带式液压挖掘机的开发设计和研制,包括该产品的市场调研、技术调研及样机的技术设计、工艺设计、工装设计以及样机试制、验证、可靠性验证、产品定型试验,完成产品技术定型、工艺定型及生产定型,实现批量生产。项目总投资 510 万元,建成达产后可实现 YC210LC-9 履带式液压挖掘机批量生产、销售,年新增销售收入 3325 万元,新增利税 230 万元。

【中小企业助保金贷款】 2015 年,陆川县创新金融扶持企业模式,实施中小企业助保金贷款,加强政府与银行合作,推进中小企业发展。6 月 30 日,县政府与建行玉林分行举行中小企业助保金贷款合作签约暨启动仪式,县政府、县经济贸易局、县财政局、建设银行玉林分行、县中小企业服务中心、建行陆川支行等单位有领导出席签约仪式,县中小企业服务中心代表县政府与建行玉林分行签订《陆川县重点中小企业助保金贷款业务合作协议》。

【"千名干部入千企"对口服务活动】 2015 年,自治区工信委在广西深入开展全区工信系统"千名干部入千企"对口活动,县经贸局成立"千名干部入千企"对口服务企业工作领导小组,加强对服务活动工作的组织、协调和指导,建立领导干部联系服务企业责任、联络机制,以开元机器、兴宝金属、双胞胎饲料、正邦饲料、金创零部件、九鼎牧业、永大汽配、高峰人造板、南发厨具、恒伟机械、陆洲机械、兰科铸造等企业为联系服务企业,实行"一人一企"结对服务,帮助企业解决生产和发展中遇

到的问题和困难。在活动中,领导干部深入企业 92 人次,走访企业 32 家,为企业解决问题 23 个。

【电机能效提升工作监察】 2015 年 6 月 17 日,广西节能监察中心程正椿副主任一行 4 人到陆川县对华润水泥(陆川)有限公司、广西金创汽车零部件制造有限公司 2 家重点耗能企业电机能效提升工作落实情况开展现场监察。监察组先后听取企业高耗能落后机电设备淘汰和电机能效提升计划落实情况汇报,重点核查企业在用电机台账、淘汰落后计划、电机改造合同等资料,并深入生产现场查看淘汰的电机设备。其中,华润水泥(陆川)有限公司共淘汰低效电机 3.62 万千瓦,节电量 667 万千瓦时,广西金创汽车零部件制造有限公司共淘汰低效电机 570.20 千瓦,节电量 18 万千瓦时。

【鲜茧收购资格审核】 2015 年,玉林市把鲜茧收购资格认定审批项目权限下放至县级行业主管部门。陆川县做好鲜茧收购资格认定管理工作。7 月,县经贸局对陆川县联昌茧丝有限公司、陆川县宏旭制丝有限公司、陆川县伟业茧丝发展有限公司、陆川县土产公司蚕茧购销经营部 4 家鲜茧收购企业开展鲜茧收购资格复审,采取台账审查和实地查看相结合办法进行复审。经审查,各鲜茧收购企业严格执行鲜茧收购资格认定制度,均在鲜茧收购资格证书规定的区域内定点收购鲜茧,执行蚕茧收烘相关的国家标准、行业标准、地方标准及技术规范。审查后,对符合条件的 4 家鲜茧收购企业重新核发《鲜茧收购资格证》。

机械工业

【机械工业概况】 2015 年,陆川县机械工业是支柱产业,包括工程机械、

农业机械、机电制造、机械配件、汽车配件等5大行业。机械制造产业以开元机器、广西金创、县电机厂、温泉机械、三零一机械、志强电机、永发机械、永大汽配、强力机械、陆洲机械、智能机电、县机电设备厂、威达机械、广南机械、彤合机械、鑫生机械、建富机械、开元农用机械、金润机械、三柏李铸造等重点企业为龙头。年内，中科机械、三源机械等项目开工建设，开元机器履带式拖拉机生产项目、永发机械农业机械生产二期等项目竣工投产。全县共有规模以上机械工业制造企业30家，其中年产值超亿元企业21家，超10亿元企业2家。机械制造规模以上企业退库3家，分别是万九机械、泰升机械、文达机械，年末，新上规模以上工业企业1家，即广西恒伟电气科技有限公司。全年全县机械制造产业完成规模以上工业产值94.77亿元，比上年减少5.14亿元，下降5.14%，占全县规模以上工业总产值的28.83%，占玉林市机械制造产业工业生产比重37.10%。

【工程机械】 2015年，陆川县工程机械行业的龙头企业以广西玉柴重工有限公司、广西开元机器制造有限公司为主。广西玉柴重工有限公司是中国500强企业的分支，企业产品以土方机械与桩工机械为主导，产品兼顾国内市场和国外市场，国外市场以欧洲传统市场，以亚太、非洲等地区为新兴市场。年内，由于工程机械产能过剩，市场萎缩，玉柴重工工业生产大幅下降，比上年下降76.30%。广西开元机器制造有限责任公司产品以小型挖掘机和小型煤巷掘进机为主导，生产的KY50挖掘机主要销往江苏、浙江江西；KY60挖掘机主要销往自治区内及天津、山西、黑龙江、上海、山东、福建、广东、湖北、陕西等省市；KY70挖掘机主要销往河北、内蒙古、吉林、安徽、海南、河南、四川、重庆、宁夏等省市区；KY85挖掘机主要销往自治区内及山西、辽宁、福建、湖南、云南、贵州、甘肃等省。开元机器

股成产稳步增长，比上年增加17.6%。全年全县工程机械行业实现规模以上工业产值26.50亿元，增加2.78亿元，增长11.72%。

【农业机械】 2015年，陆川县农业机械主要产品有多功能拖拉机、碾米机、碎粉机、发电机、抽水机、耕作机、耕整机、微耕机、微型收割机等，产品畅销周边县、市及自治区内外，远销东南亚、印度、非洲等国家和地区。年内全县规模以上农业机械企业主要有陆川县荣森机械厂、陆川县骏马拖拉机有限责任公司、广西陆川县永发机械有限公司、广西三零一机械有限公司、广西陆洲机械制造有限公司、广西开元农用机械制造有限公司、广西恒伟电气科技有限公司7家。年内，全县农业机械行业实现规模以上工业产值12.25亿元，比上年增加1.84亿元，增长17.68%。

【机电制造】 2015年，陆川县机电行业主要产品为电动机、发电机、蓄电池。有规模以上机电制造工业企业主要有陆川县电机厂、陆川县智能机电制造有限公司、陆川县志强电机厂、陆川县温泉机械制造厂、陆川县强力机械厂、陆川县机电设备厂、广西沙湖蓄电池有限公司7家。全县机电行业实现规模以上工业产值16.09亿元，比上年增加1.90亿元，增长13.39%。

【机械配件生产】 2015年，陆川县机械配件行业包括玉柴配套企业，主要生产农机配件、工程机械配件、柴油机配件、电力铁塔、垃圾箱等各种配件。全县规模以上机械配件生产企业主要有陆川鑫生机械配件厂、玉林市彤合机械有限公司、玉林市广南机械配件制造有限公司、陆川县威达机械制造有限公司、陆川县建富机械厂、广西桂能铁塔有限公司、玉林市兰科铸造材料有限公司、陆川县金润机械制造有限公司、玉林市森盛机械有限公司和陆川县三柏李铸造有限公司10家。年内，全县机械配件行业实现

规模以上工业产值29.94亿元，比上年减少9.50亿元，下降24.09%。

【汽车配件生产】 2015年，陆川县汽车配件行业以生产汽车零部件为主，主要产品有油底壳、气缸盖、低速汽车车架等。全县规模以上汽车配件生产企业主要有广西金创汽车零部件制造有限公司、陆川县永大汽车配件有限公司、陆川县同力压铸有限公司、陆川县雄远机电制造有限责任公司4家。年内，全县汽配行业实现工业总产值10.39亿元，比上年减少1.75亿元，下降14.42%。

【机械工业项目建设】

新型电抗变流复合式相复励高精度发电机系列产品产业化项目 2015年，广西陆洲机械制造有限公司投资1520万元，利用原有厂区、厂房、检测设备、生产设备，加建仓储车间2000平方米，购进部分先进设备和工装模具，自制非标设备和专用模具等，完成24千瓦、30千瓦、40千瓦、50千瓦、75千瓦、100千瓦、150千瓦、200千瓦、250千瓦、300千瓦系列新型电抗变流复合式相复励高精度发电机的研发，包括产品的市场调研，样机的技术设计，工艺设计、工装设计及样机的试制、可靠性验证，产品定型试验，技术定型、工艺定型等，最终实现产业化，达到年产5000台（套）新型发电机系列产品的生产规模，实现新型电抗变流复合式相复励高精度发电机的批量生产和销售，年新增销售收入3400万元，利税310万元。

柴油发电机组技术改造项目 2015年，广西陆洲机械制造有限公司推进年产6000台柴油发电机组技术改造项目建设，项目总投资1600万元，新征建设用地0.67公顷，新建厂房、办公楼、仓库等3000平方米，购置安装三相智能交流检测系统、车床、冲床、钻床、油压机、立式升降台铣床、开式可倾压力机、开式双柱可倾压力机、剪板机等68台（套），全部选用国产设备。项目竣工投产后，形

成年产 6000 台发电机组生产能力，年新增销售收入 4080 万元，新增销售税金 207.98 万元，实现利润 623.93 万元，可吸收就业人员 100 人。

柴油机配件项目 广西玉林市中科机械有限公司位于县北部工业集中区，是一家集产品研发、生产、销售为一体的机械制造企业，产品主要配套于玉柴集团。2015 年，投资 1000 万元，推进柴油机配件项目建设，10 月 26 日开工建设，建成年产柴油机通件 35 万套生产线，预计年产值可达 1500 万元，实现税利 300 万元以上，可安排就业岗位 100 多个。

开元机器履带式拖拉机生产项目竣工投产 广西开元机器制造有限责任公司位于陆川县北部工业集中区，占地面积 1.33 公顷。2015 年，推进开元机器履带式拖拉机生产项目建设，项目总投资 3500 万元，主要建设履带拖拉机生产线，12 月竣工投产。

永发机械配件二期项目竣工投产 广西陆川县永发机械有限公司位于陆川县龙豪创业产业园。2015 年，投资 8000 万元，实施永发机械配件二期项目建设，项目占地面积 2.13 公顷，主要建设农机、微耕机生产线，12 月竣工投产。

【农机新机具新技术推广】 2015 年，陆川县在全县水稻机插秧技术、水稻机械收割技术、机械化肥深施技术和节水灌溉机械化技术等方面示范推广农机工业的新机具新技术。开展农机化科技下乡活动，举办机耕、机插秧、机收割技术等各种农机技术推广现场演示会，尤其是做好水稻插秧机新技术推广示范工作，加快农机水稻插秧机械化项目建设。以县开展文化、科技、卫生"三下乡"活动为契机，大量发放农机产品与技术介绍、农机购置补贴等宣传资料，在圩场展示各种类型的收割机、插秧机、拖拉机和先进适用农机具。开展农机手培训，组织农技人员深入到各镇开展农机推广和农机技能培训活动。对农机手进行农业机械常识、机具的维修保养、农机的经营管理及农机购置补贴政策的培训，结合展示的插秧机、割晒机进行操作技能培训。落实"农机下乡"补贴政策，对购置大中型联合收割机、大中型拖拉机、插秧机、甘蔗机械的农民，实施累加补贴。鼓励有一定经济能力的农民选购农业机械从事农业生产，把一批零散作业的农机手联合起来成立农机专业合作社，免费为农民办理《农机专业合作社营业执照》。

建材工业

【建材工业概况】 2015 年，陆川县建材工业主要包括水泥、混凝土、空心砖、加气混凝土砌块、钢材、门窗等产品生产行业。年内，受政策制约、资源供应、环境约束等因素影响，建材工业市场不景气，多家规模以上企业生产停滞，全县建材工业规模以上企业由上年的 12 家减到 7 家，其中亿元企业 4 家，10 亿元企业 1 家，减少 5 家企业分别是运信水泥、明珠水泥、海威水泥、宏达铸造和华西铸造。年内，华润水泥（陆川）、华润混凝土（玉林）等 2 家企业生产下滑，珠砂水泥、宏昌特种水泥、兴宝金属、银隆建材、新基建材 5 家企业工业生产保持平稳增长。红砖厂主要集中马坡、珊罗 2 个镇，正常生产企业 57 家，年产红砖约 3.5 亿块，企业类型为小微企业或个体户。石灰生产企业约 30 家，均为小微企业。全县建材工业规模以上企业实现工业产值 45.99 亿元，比上年减少 14.42 亿元，下降 23.87%，占玉林市建材产业的 47.90%。

广西新基建材有限公司 位于陆川县北部工业集中区，是玉林市第一家新型墙体材料砂加气混凝土砌块（即可浮在水上的轻质砖）的生产企业。成立于 2011 年 8 月，占地面积 3.37 万平方米。砂加气混凝土砌块生产线，采用当前国内最先进的德国技术，从配料、浇注、切割、蒸压养护、成品，整个生产过程全部实现自动化控制，产品技术领先、尺寸精确、外观良好、质量优良，极大地节约人力和砌筑材料。加气混凝土砌块作为墙体材料革新与建筑节能的重要产品，具有质量轻、保温性能好，吸音效果好等优点，是一种经过多年实践应用，证明可以替代黏土砖的理想墙体材料，是现代高层建筑和普通民居广泛应用的优良产品，也是国家重点推广应用的新型绿色环保建筑材料。2015 年，工业总产值比上年增长 41.60%。

【建材产业升级】 2015 年，陆川县水泥行业以发展新型干法水泥为主线，改造和淘汰落后产能，推进产业升级改造，提升产业集中度。重点发展新型干法水泥和大型熟料基地，推广节能粉磨、余热发电、利用水泥窑处理工业废弃物等，推广散装水泥、水泥制品和发展商品混凝土。支持发展水泥深加工建材产品，以新基建材为示范，发展新墙体混凝土材料加工、新型复合建材加工及特种彩色水泥加工。发展粉煤灰烧结砖、粉煤灰加气混凝土、黏土空心砖、混凝土空心砌块等新型墙体材料生产。发展建筑钢材，重点扶持兴宝金属等企业集聚发展，形成建筑钢材产业规模。

【水泥节能技改工程项目建设】 2015 年，华润水泥（陆川）有限公司推进立磨循环风机变频技改和水泥磨打散机改 V 型选粉机节能技改工程项目建设，立磨循环风机变频技改项目在公司厂区内增加 2 套高压变频调速系统及附属设施，通过调节风机转速来控制原料制备系统所需风量。项目总投资 462 万元，年节电量约 591 万千瓦时，折合节能约 1979.80 吨标准煤。水泥磨打散机改 V 型选粉机节能技改工程项目在公司厂区内实施 1# 水泥粉磨系统配套 FCG160-140 辊压机 +SF6500 打散机 +Φ4.2×13 米管磨 +0-sepa 高效选粉机、2# 水泥粉磨系统配套 FCG160-140 辊压机 +SF6500

打散机+Φ4.2×13米管磨,通过改造将磨头预粉磨系统的打散分级机系统换成选粉效率更高的V型选粉机系统。总投资500万元,年节电约447.13万千瓦时,折合节能约1497.90吨标准煤。8月7日,自治区节能技术改造财政奖励资金项目专项核查组该项目节能量进行专项审核。核查组实地检查节能技改工程项目的实施情况,查阅资料、核对数据、验证相关信息,从项目建设投资、企业生产经营状况、能源消耗、计量及能源管理、专项资金使用情况等方面逐项进行审核检查,核查组对该项目的节能技改予以积极评价,对节能效果给予充分肯定。

【清洁生产企业评审】 2015年12月3日,自治区工信委、发改委、环保厅等部门组成的自治区清洁生产企业专家评审组莅临陆川县,对华润水泥(陆川)有限公司创建自治区清洁生产企业进行现场评审。专家组了解企业3年间开展清洁生产工作的总体情况,查阅清洁生产的台账资料,节能、降耗和减排的数据、现场核查清洁生产方案实施情况,抽查员工对清洁生产的认知和参与情况,对华润水泥(陆川)有限公司开展的清洁生产工作及取得的成效予以肯定,对企业的申报材料及现场考察情况进行研究论证。

【项目竣工投产】 2015年12月,广誉装潢钢质室内门生产项目、祥来福不锈钢门及板材制品项目竣工投产。广誉装潢钢质室内门生产项目位于陆川县北部工业集中区,占地面积0.67公顷,由陆川县广誉装潢部建设,项目总投资2000万元,主要建设厂房、仓库、宿舍、办公楼等。祥来福不锈钢门及板材制品项目位于陆川县北部工业集中区,计划总投资5000万元,占地面积2.33公顷,由玉林市祥来福不锈钢制品有限公司建设,主要建设厂房、仓库、宿舍、办公楼等,完成供地面积2.33公顷,项目到位资金5000万元,建设厂房1.80万平方米,购置设备并安装。

金属制品工业

【金属制品工业概况】 2015年,陆川县金属制品产业包括铁锅铸造、金属包装品、铝制品、小五金生产等行业,铁锅制造业是主要行业,企业集中在温泉镇。金属包装品生产重点企业是陆川裕镁金属制品有限公司,铝制品生产重点企业是陆川县沙湖铝制品厂。全县金属制品产业有规模以上企业9家,比上年减少3家。全年全县实现规模以上工业总产值18.88亿元,比上年增加1.53亿元,增长8.82%。

【铁锅制造】 2015年,兴兴铁锅、鸿业厨具、万兴搪瓷3家企业停产,新增陆川县坚艺厨具有限公司规模以上企业1家,全县规模以上铁锅企业有陆川县南发厨具有限公司、陆川县中兴炊具有限公司、陆川县焕然铁锅有限公司、陆川县明志铁锅有限公司、陆川县四良铁锅有限公司、陆川县四良铸造厂、陆川县坚艺厨具有限公司7家。主要铁锅产品有稀土合金铸铁锅、铸铁搪瓷锅、平底锅、电炒锅、不锈钢包边铸铁锅、电磁炉专用铸铁锅、汤锅、煎锅、不粘锅、全能保健锅、真不锈无涂层铸铁锅等,有"铁人""明志""桂岭""铁都"等品牌。陆川铁锅行业加快产业转型升级,加大技改和产品研发投入,推动技术创新,陆川县南发厨具有限公司通过技术攻关,成功研发中国第一台生铁内胆电饭锅产品并获国家专利,填补国内空白。全年全县铁锅行业实现规模以上工业总产值17.62亿元,比上年增加1.75亿元,增长11.03%,占玉林市铁锅加工产业的93.20%。

矿冶工业

【矿冶工业概况】 2015年,陆川县矿冶工业包括有色金属冶炼、选矿2个行业,有色金属冶炼以生产微铬、硅铬合金、镍铁、钛铁等为主,选矿行业主要是原料的采掘、加工和精选,产品以铁、铅、锌、铜精矿和高岭土、球土等为主。企业主要分布在温泉、大桥、清湖、滩面等镇。年内,由于九洲江流域环境综合整治、资源逐渐消耗等原因,万象镍铬、众志矿业、嘉达矿业、国利矿业、陆川县铅锌矿5家企业停产;新增玉林经纬矿业有限公司(2014年年底上规)广西金之岳矿业有限公司规模以上矿冶企业2家。全县规模以上矿冶工业企业有陆川县清秀山选矿厂、陆川县清湖宏泰选矿厂、陆川红叶矿产有限公司、陆川县清湖华钛选矿厂、陆川县祥泰矿业开发有限责任公司、玉林经纬矿业有限公司、广西金之岳矿业有限公司7家,比上年减少3家,其中亿元企业有陆川县清秀山选矿厂、陆川县清湖宏泰选矿厂、陆川县清湖华钛选矿厂、陆川县祥泰矿业开发有限责任公司4家。全年全县矿冶产业完成规模以上工业总产值14.48亿元,比上年减少2.36亿元,下降14.01%,占玉林市矿冶产业规模以上工业总产值的13.9%。

陆川县清秀山选矿厂 位于清湖镇红山农场十三队独秀大岭,成立于2002年6月,属私营独资企业,从事铁矿矿采选,是玉林有色金属矿行业知名企业,与多家玉林有色金属矿零售商和代理商建立长期稳定的合作关系。主要经营方式露采、加工,销售产品:钛贴矿。2015年,实现工业产值3.53亿元,比上年下降5.60%。

【精选高岭土项目竣工投产】 陆川县祥泰矿业项目位于良田镇竹山村,项目总投资 1.19 亿元， 建设规模为年处理 180 万吨高岭土原矿，年产 60 万吨高岭土精矿，生产车间主要有喂料车间、粗选车间、精选车间、磁选车间、漂白车间、压滤车间以及成品车间各 1 个；配套设施主要有原料堆场、车库、材料科、办公楼、综合楼、生活住宅区、食堂、配电房、尾砂堆场、化学选矿区以及生产废水处理系统等，其中环保投资 925 万元。2015 年年初，年产 60 万吨精选高岭土项目投产。

食品工业

【食品工业概况】 2015 年，陆川县食品工业主要是食品加工制造，包括鲜肉加工、矿泉水生产、酱油酿造、酒类、制饼等。加快产业技术创新与产业结构调整，提升企业装备和工艺技术水平，壮大发展陆川猪肉制品、酱油、矿泉水、龟苓膏及烘焙食品等食品加工业。全县规模以上食品加工工业企业广西元安元食品发展有限公司、广西神龙王集团陆川猪肉食品加工有限公司、广西远邻集团食品有限责任公司、广西茶花山矿泉水饮料有限公司、陆川县皇花山矿泉水厂 5 家。全年全县食品工业总产值 9.56 亿元，比上年减少 1.15 亿元，下降 10.74%，占玉林市食品工业总产值的 2.80%。

【陆川猪肉产品深加工】 陆川县为全国良种猪（陆川猪）生产基地，特色产业为陆川猪肉深加工，主要加工扣肉、腊肉、腊肠、烤乳猪、猪肉丁、罐头扣肉等产品。2015 年，全县有陆川猪肉深加工企业 12 家，其中通过 QS 认证的陆川猪产品加工企业 7 家，规模以上加工企业有广西元安元食品发展有限公司、广西神龙王集团陆川猪肉食品加工有限公司、广西远邻集团食品有限责任公司 3 家，其中广西神龙王集团陆川猪肉食品加工有限公

司的肉制品主要销往南宁、柳州、玉林、深圳、广州、东莞等市。

广西远邻集团食品有限责任公司位于古城镇，前身为陆川远邻食品厂，成立于 1999 年。是一家集研发、生产、销售于一体的食品企业。拥有三层现代化标准厂房及 6 个现代化标准车间，引入先进全自动 PLC（可编程逻辑控制器）电脑控制的肉制品生产线以及美国水处理设备和酱腌菜生产线，企业取得国家质量监督检验检疫总局颁发的 QS 食品标准认证。产品以 "陆川猪" 鲜肉为原料研发生产 "五层楼" "十六姑" 等品牌为主导的肉制品系列及利用本地绿色蔬菜为原料研发生产酱腌菜系列产品，产品远销全国各地。2015 年，全县规模以上工业总产值 7.32 亿元，比上年增加 1.41 亿元，增长 23.86%。

【陆川矿泉水】 2015 年，陆川矿泉水生产主要有 "茶花山" 矿泉水、"珍珑泉" 矿泉水及 "好龙泉" 矿泉水三大品牌，其中 "茶花山" 矿泉水、"珍珑泉" 矿泉水产于马坡镇，"好龙泉" 矿泉水产于乌石镇谢鲁村。生产企业有广西茶花山矿泉水饮料有限公司、陆川县皇花山矿泉水厂、广西真龙泉饮料有限责任公司、广西谢鲁天堂矿泉水有限公司 5 家，规模以上企业有广西茶花山矿泉水饮料有限公司、陆川县皇花山矿泉水厂 2 家。其中，广西茶花山矿泉水饮料有限公司是广西最早园林式企业的天然矿泉水生产厂家，是广西第一家绿色食品生产基地、广西食品工业的龙头企业，广西首家通过国家级医疗保健鉴定的矿泉水，广西优质矿泉水，产品主要销往广西各地及广东湛江、茂名。全年全县矿泉水行业规模以上工业总产值 2.24 亿元，比上年增加 0.27 元，增长 13.71%。

其他工业

【木材加工业】 2015 年，陆川县木材

加工业主要生产各种预制板材（密度板、胶合板）、木片、家具制造、造纸等。规模以上木材加工企业有广西高峰九洲人造板有限公司、陆川县三力木业有限公司、陆川县杨湖木材有限公司、陆川县良田木片加工厂、陆川县远强花纸厂、广西陆川县荣丰纸业有限公司 6 家，均为亿元以上企业。年末，新上木材加工企业陆川县顺得木材加工厂 1 家。年内，完成规模以上木材加工业总产值 21.43 亿元，比上年减少 1.02 亿元，下降 4.54%，占玉林市造纸和木材加工产业规模以上工业总产值的 17.70%。规模以下企业主要有陆川县恒誉木业有限公司、陆川县绿源木业有限公司、陆川县金旗木业有限公司、陆川县金驹木材加工厂、陆川县乌石镇蓝利木业有限公司、陆川县冠林木业有限公司、陆川县力恒木业有限公司、陆川县合通木片有限公司 8 家，工业总产值 2.8 亿元。

广西高峰九洲人造板有限公司位于大桥镇大塘坡，是陆川县木材加工业的龙头企业，占地面积 9.80 公顷。2001 年 5 月开工建设，2002 年 4 月建成投产，建成中密度纤维板生产线 2 条，有员工 200 多人，主要产品是 "高林" 牌中密度纤维板，产品规格主要有 9 毫米、12 毫米、15 毫米、16 毫米、18 毫米 5 个等级，年产能 13 万立方米。2015 年，工业总产值占木材加工产业规模以上工业总产值的 54.50%。公司被授予 "玉林市农业产业化发展重点龙头企业" 荣誉称号，获玉林市 "林业产业先进会员单位"。

陆川县三力木业有限公司 位于乌石镇龙化村，成立于 2008 年 9 月，注册资本 1000 万元，企业性质为有限责任公司，企业信用登记为银行 AAA，从业人数 500 人，主营业务从事单板、胶合板生产，主要产品有高级单板、地板基材、高档家私板。2015 年工业总产值比上年增长 27%。

【陶瓷工业】 2015 年，陆川县陶瓷工业以生产传统日用瓷碗碟为主。引进现代化生产企业广西永耀玻璃有限

公司 1 家。规模以上企业有广西永耀玻璃有限公司、广西陆川县大兴瓷业有限公司、广西陆川县嘉顺工艺品有限公司、广西陆川县华林陶瓷有限公司 4 家。年内，完成规模以上工业总产值 16.97 亿元，比上增加 1.79 亿元，增长 11.79%，占玉林市陶瓷工业规模以上总产值的 11.20%。

广西永耀玻璃有限公司　位于陆川县北部工业集中区。采用国内外先进的装备与技术，以瓷土为主要原料，生产啤酒瓶、玻璃瓶及玻璃工艺品制造为主，配套纸箱生产，为国内外啤酒、白酒、葡萄酒、罐头等著名食品品牌提供优质包装材料，产品质量优于广西同行业，位居全国同行前列业。2015 年，工业总产值 13.22 亿元。

【医药工业】　2015 年，陆川县医药工业包括医药制药和制剂等，有规模以上企业广西德联制药有限公司 1 家，主要产品是复方黄藤洗液、玉面星除湿酊、百柏擦剂、阿米卡星洗液等。年内，企业生产下滑，实现工业产值 1.02 亿元，比上年减少 0.04 亿元，下降 3.77%，医药工业总产值占玉林市医药工业产业的 3.70%。

广西德联制药有限公司　位于温泉镇双龙街北区 61 号。2015 年，主要医药制剂有复方黄藤洗液、五面星除湿酊、百柏搽剂。复方黄藤洗液具有清热解毒、杀虫止痒之功效，主要治疗妇女阴道炎、外阴炎、皮肤瘙痒等症；五面星除湿酊有活血化瘀，消肿止痛，祛风除湿之功效，专治疗急慢性软组织损伤、跌打扭伤等症；百柏搽剂是一种纯中草药制剂的美容护肤药品，有清热燥湿、解毒杀虫之功效，用于治疗痤疮、青春痘等。

【饲料工业】　2015 年，陆川县饲料工业规模以上企业有玉林双胞胎饲料有限公司、玉林正邦饲料有限公司、陆川九鼎牧业有限公司、陆川县广东温氏畜禽有限公司、广西神龙王农牧食品集团有限公司 5 家，规模以下饲料加工企业 12 家，主要生产畜禽饲

料。玉林双胞胎饲料有限公司、玉林正邦饲料有限公司是中国 500 强企业在陆川的分支。年内，陆川县饲料工业生产势头旺盛，市场活跃，全县饲料工业实现规模以上工业总产值 52.06 亿元，比上年增加 11.10 亿元，增长 27.10%。全县 5 家规模以上企业工业生产全部实现正增长，其中玉林正邦、玉林双胞胎 2 家企业工业产值超 10 亿元，规模以上饲料工业总产值拉动全县规模以上工业增长 3.37 个百分点。

玉林双胞胎饲料有限公司　位于陆川县北部工业集中区。是胞胎集团旗下 80 多家子公司之一，广西饲料 30 强的企业。集饲料研发、生产、销售、技术咨询服务为一体的大型饲料制造企业。拥有从日本引进的全自动化生产设备一套，在生产效率、降低成本等方面在国内同行业内处于领先地位。2015 年，工业总产值比上年增长 52.20%。12 月，经玉林市政府批准和玉林市农业产业化联席会议审核，被认定为玉林市农业产业化重点龙头企业。

【化工工业】　2015 年，陆川县新增广西国泰农药有限公司、陆川县平乐金安烟花炮竹厂、陆川县平乐镇李林烟花炮竹厂、陆川县清湖兴旺炮竹厂、陆川县清湖龙岭炮竹厂规模以上企业 5 家。全县化工工业规模以上企业有陆川钛白粉厂、陆川县古城镇炮竹厂、玉林市纷兰化肥有限责任公司、广西国泰农药有限公司、陆川县平乐金安烟花炮竹厂、陆川县平乐镇李林烟花炮竹厂、陆川县清湖兴旺炮竹厂、陆川县清湖龙岭炮竹厂 8 家。年内，全县化工工业规模以上工业总产值 7.62 亿元，比上年增加 3.73 亿元，增长 95.87%，占玉林市该产业规上工业总产值的 8.40%。

广西国泰农药有限公司　前身是广西陆川县农药厂，是国家农业部农药生产定点企业，亦是美国 FMC 呋喃丹产品的定点加工企业。厂区占地面积 11.40 万平方米，建筑面积 4.20

万平方米。拥有先进的农药颗粒剂生产线、乳油生产线、可湿性粉剂生产线及化工合成磺化木质素生产线等综合性的化工、农药生产企业，主要生产、加工颗粒剂、乳油、可湿性粉剂等各种农药剂型及化工中间剂。主要产品有 3% 甲基异柳磷颗粒剂、3% 克百威颗粒剂、3% 甲柳克颗粒剂、20% 异丙威乳油、磺化木质素等。2015 年，工业总产值 0.37 亿元，比上年增长 1.89%。

【塑料工业】　2015 年，陆川县塑料工业企业有 100 多家，主要分布于温泉、马坡、米场和沙坡 4 个镇，其中大部分集中在温泉镇的泗里村、涩塘村、中屯村、四良村、中兴村、万丈村，主要生产农用塑料用品、家庭生活用品、家电配件、鞋类等，产品种类主要有半成品类的塑料胶粒，农用及家庭用品类的拉膜、洗身桶、洗菜桶(盆)、粪桶、水桶、浆桶、塑料缸、水勺、猪食槽、粪勺、塑料缸、洗衣板、缸盖、秧盆，家电配件类主要有电风扇底座板，包装类的塑料食品袋、塑料编织袋、药用塑料、塑料水管等，鞋类的塑料凉鞋、春秋鞋、摩托车轮胎，电动车轮胎，自行车轮胎橡胶制品等。年内，全县塑料产业规模以上企业有陆川县桂冲塑料制品有限公司、陆川新盛实业有限公司、广西陆川县诚信包装材料厂、陆川县宏兴塑料有限公司、陆川县文力塑料制品有限公司、广西陆川普利橡胶制品有限公司 6 家。加强塑料生产企业的治理，重点治理无证照塑料企业，至年底共关停小塑料企业 22 家，其中沙坡镇 7 家，温泉镇 15 家。全年全县塑料工业总产值 11.93 亿元，比上年增长 6.60%。

广西陆川县诚信包装材料厂位于马坡镇。成立于 2001 年，占地面积 1 万平方米，净化车间 10 万级，化验室 1 万级，是广西首批通过国家食品药品监督管理局认证的正规药用包装材料(容器)生产企业之一。生产设备有挤吹吹瓶机、注吹吹瓶机、注塑机等 14 套，主要生产药用包装

塑料瓶(盖),正常月产量900万套,处于广西同类企业的领先地位。获国家食品药品监督局国药包字注册证的有口服固体、液体药用高密度聚乙烯瓶,口服固体、液体药用聚酯瓶,外用液体药用高密度聚乙烯瓶5个品种,产品规格样式60种以上。2015年,工业总产值2.24亿元,比上年增长35.80%。

【纺织工业】 2015年,陆川县纺织工业包括茧丝加工、针织服装加工、制绳等行业。茧丝加工产业主要分布在古城镇、清湖镇,针织服装加工以温泉、马坡、古城3个镇为主。全县纺织行业规模以上企业有陆川县宏旭制丝有限公司、陆川县联昌茧丝有限公司、广西玉林市长青剑麻有限公司3家。年末,新上规模以上服装加工企业有广西陆川县坤元服饰有限公司和陆川县伟业茧丝发展有限公司2家。年内,全县规模以上企业实现工业总产值12.97亿元,比上年增加3.03亿元,增长30.48%,占玉林市纺织服装业工业产值的32.90%。

陆川县坤元服饰有限公司 位于良田镇。占地面积3.33公顷,2014年2月开工建设,计划总投资3000万元,至2014年8月底建成试产,完成投资1800万元。主要生产高尔夫服装并全部出口到欧美主要国家,项目达产后可实现年产值8000万元,安排就业人员400人。2015年实现上规模以上工业企业。

【电子工业】 2015年,陆川县电子工业产业规模逐步扩大,主要从事电子生产和半成品加工,电子产品主要有工字形电感、环型电感、色码电感、磁芯、漆包铜线、磁珠、磁环、色环电感、磁棒、空心线圈、船型开关、拨动开关、按键开关、电源变压器、贴片电感等,全县规模以上电子工业企业有陆川县志诚电子元件厂、广西陆川县三隆电子有限公司、陆川县长隆电子有限公司3家。年末,新增上规模以上电子工业企业3家,分别是陆川县广

鑫电子厂、广西陆川县银星电子有限公司、陆川县华鑫电子厂。规模以下电子工业企主要有陆川县飞宇电子科技有限责任公司、陆川县天雅电子厂、陆川县力科电子厂、陆川县旺达电子厂、陆川县威盛电子厂、陆川县古城志合电子厂、陆川县古城镇志发电子厂、陆川县珊罗镇宏威电子厂、陆川县平乐镇李颜电子加工厂、陆川县清湖镇格尔电子加工厂、陆川县平乐镇十二弟电子加工厂、陆川县平乐镇英华电感线圈加工厂、陆川县三隆电子厂等近20家。全县电子工业规模以上工业总产值6.99亿元,比上年增加0.73亿元,增长11.66%,占玉林市电子信息产业规上工业总产值9.3%。

陆川县长隆电子有限公司 位于陆川县龙豪创业产业园,占地面积4.67公顷。2015年1月动工建设,主要建设电撼生产线,总投资3.50亿万元,到位资金1.50亿元,其中建成1.80万平方米钢结构厂房,购置完成大部分生产设备。至12月,长隆电子电子终端产品一期项目工程竣工投产。

广西陆川县中鑫电子有限公司位于陆川县龙豪创业产业园,占地面积2000平方米。2015年2月,中鑫电子家用电器生产项目动工建设,主要建设变压器、电感生产线,项目总投资1200万元。至12月项目竣工投产。

(陈 智 罗成志 黎明强)

供电工业

【供电工业概况】 2015年,陆川县内供电网区内有500千伏变电站1座(属玉林供电局资产),总容量1亿千伏安;220千伏变电站3座(属玉林供电局资产),总容量630万千伏安;110千伏变电站6座(属玉林供电局资产的3座,属该公司资产的3座),总容量387.50万千伏安;在建110千伏变

电站1座,变电容量3.15万千伏安;35千伏变电站9座,主变压器16台,总容量114.53万千伏安。年内,陆川供电公司、陆川县水利电业有限公司供电量7.78亿千瓦时,售电量7.20亿千瓦时。

陆川供电公司 为南方电网公司下属广西电网公司的全资子公司,副处级单位,内设办公室、生产设备管理部、安全监管部、财务部、计划建设部、人力资源部、监察审计部、市场营销部、党群工作部,有员工693人。下辖输变电管理所、电力调度控制中心、物资仓储配送站、城区供电所、温泉供电所、马坡供电所、珊罗供电所、大桥供电所、良田供电所、米场供电所10个单位及11座变电站。负责全县13个乡镇(古城镇属陆川县水利电业有限公司营业区)供电业务。固定资产原值1.23亿元。2015年,陆川供电网区内有500千伏变电站1座(属玉林供电局资产),总容量1亿千瓦;220千伏变电站3座(属玉林电局资产),总容量630万千瓦;110千伏变电站6座(属玉林供电局资产的3座,属该公司资产的3座),总容量387.5万千瓦;35千伏变电站8座,主变压器16台,总容量112.65万千瓦;公用配电变压器1573台,配电变压器总容量237.35万千瓦;输电线路总长度239.29千米,配电线路长度1528.51千米。用电客户20.34万户,完成供电量7.26亿千瓦时,比上年减少0.54亿千瓦时,下降6.95%;完成售电量6.74亿千瓦时,减少0.54亿千瓦时,下降7.37%;综合线损率6.64%,降低0.04个百分点;电费回收率100%。年内获南方电网公司县级供电企业基础管理达标优秀企业、自治区文明单位、广西五一劳动奖状、广西电网公司文明单位和玉林市、陆川县"强优工业企业"等荣誉称号。

陆川县水利电业有限公司(简称县水利电业公司)为广西水利电业集团有限公司控股的三级子公司,负责鹤地库区的古城镇供电业务,在建110千伏变电站1座,变电容量3.15

万千伏安,新增文地—旺垌 110 千伏安备用输电线路 1 条,长 19.20 千米;有 35 千伏变电站 1 座,变电容量 1.88 万千伏安,35 千伏线路 1 条 19.20 千米;10 千伏配电线路 6 条 275 千米;配电台区 267 个,配变总容量 1.98 万千伏安。其中,公用变 174 台,容量为 8320 千伏安,专用变 85 台,容量 1.18 万千伏安,供电用户 1.80 万户。完成供电量 5165.99 万千瓦时,比上年下滑 1.43%;售电量 4553.83 万千瓦时,下滑 0.73%;综合网损率 11.85%,降低 0.62 个百分点;电费回收率 99.78%,比年考核指标 99.50% 超额 0.28 个百分点;实现营业总收入 2450.64 万元,减少 84.43 万元,下降 3.33%;上缴各项税费 101.42 万元。

【电网建设】 2015 年,陆川供电公司加强电网基础设施建设。一是抓好电网规划及项目前期工作。落实“两协议一办法”(2013—2015 年深化推进玉林市电网发展协议、“十三五”电网发展战略合作框架协议、电网建设绿色通道实施办法),推动政府主导电网规划建设的新模式。开展配电网规划“一所一册”(电网规划精细化管理一个供电编制一本规划报告)

2015 年 9 月 18 日,陆川县供电公司为良田镇电网改造　良田镇政府　提供

推广;完成电力专项规划“三规合一”(城市总体规划、土地利用规划、电网规划)编写。二是推进电网项目建设。年内,新增中央预算投资项目 295 个,计划总投资 1.28 亿元。其中,第一批投资项目 167 个,开工建设 111 个,完成整体进度 29%;第二批投资项目 119 个,开工建设 14 个,完成整体进度 2%;第三批投资项目 9 个,完成现场技术交底。年内,县水利电业公司推进年度农村电网改造升级工程建设项目及年内新增中央预算内投资农村电网改造升级工程建设项目。年内,农村电网改造升级工程概算总投资 380.44 万元,完成工程量的 70%;农村电网改造升级新增项目概算总投资 982.23 万元,完成工程总量的 40%。

【电力安全生产管理】 2015 年,陆川供电公司做好电网运行与安全生产工作。一是强化安全生产责任制落实。建立“党政同责、一岗双责、齐抓共管”的安全生产责任体系,分解、细化各部门、单位、班组的责任,组织员工层层签订《安全生产目标责任书》,填写《安全生产责任制到位情况评价(监督)表》,每季度组织员工对上季度落实“安全目标与指标”“安全生产到位标准”情况进行自查、检查和交叉检查,有效推动安全责任的落实。二是加强风险管控。全面辨识及评估公司年内面临的电网、设备、人身、社会影响以及环境与职业健康等 5 大类共 48 小类风险,制定风险控制措施 92 项。加强月度安全重点工作督察,对存在问题责令限期整改,强化闭环管理。加强施工现场安全督察,现场检查、督查和巡查 1593 人次,发现并处罚违章行为 11 起。三是提高应急处置能力。做好防风防汛和保供电工作,组织修编总体、专项应急预案 17 个,开展应急演练 5 次,完成“彩虹”强台风灾害应急抢修复电工作。完成全年重要节假日、政府等重要活动保供电 38 次。四是提高员工安全素质。每季度开展全员安全生产风险管理体系知识考试,公司领导、中层干部带头开展防范人身事故专题学习讨论,全年参与讨论 894 人次,发现存在问题 29 个,落实整改措施 30 项。开展“安全宣传进校园”活动 9 次,为小学生传授安全用电知识;开展以学雷锋为主题的青年志愿者活动 13 次,组织青年志愿者参加活动 100 多人次。开展形式多样的“安全生产月”活动,促进工安全素质向好。全县电网设备运行正常,安全生产形势平稳,没有发生大电网停电事故和列入考核的安全生产事故、人员责任事故,至 12 月 31 日实现连续安全生产 1461 天(按中国南方电网有限责任公司电力事故事件调查规程各单位安全天数从 2012 年 1 月 1 日起计算)。年内,县水利电业公司重视安全生产工作,制定的安全生产管理目标及措施,开展创建“安全生产优秀班组”活动,安全生产管理工作总体良好,全年实现“零事故”记录。

【营销与服务】 2015 年,陆川供电公司强化综合停电计划管理,实行“先算后停”和“逢停必检”的办法,严格停电管控和考核,提升供电可靠性。加强线路隐患排查和清障,对上年故

障跳闸超 10 次的 10 千伏线路开展专项整治,全年中压线路故障率比上下降 30.46%。累计完成带电作业 119 次(含带电安装故障指示器),减少停电时户数 1.7 万时户,增加供电量 58.83 万千瓦时。注重客户满意度提升,一是开展业扩报装专项整治。强化"五项禁令",严禁人为设置障碍,拖延客户用电的行为,严禁借业扩报装工作之便,对客户"吃、拿、卡、要",人为造成业扩报装受限、延迟客户用电;严禁私揽、私接客户受电工程行为,不准为客户指定设计、施工、供货单位;严禁不按规范制定供电方案的行为,严查不执行南方电网公司客户供电方案制定等相关规范,随意制定供电方案的行为;严禁不执行南方电网公司典型设计规范,故意抬高设计门槛和拖延设计审核时间的行为;严禁不经检验合格,私自送电的行为,严查中间检查和竣工检验中不执行南方电网公司有关标准,客户经理自由裁量权大,不按规范检查、检验的行为。刚性执行,重点整改业扩体外循环、流程逻辑错误、资料缺失等突出问题。共检查高压新装、低压增容业务单 1955 份,发现并完成整改问题 33 项。二是强化客户个性化服务。对 315 千伏安以上报装项目实行公司领导跟踪负责制,对 20 千伏以上报装项目实行"一对一"经理服务制,加强部门之间的服务协同,仅用 3 个多月完成龙福花园小区新居配项目建设。三是加强与客户沟通。组织中层及以上干部对 674 户工业专变用户先后开展大走访活动 2 次;开展"六走进"(下基层、进基层、访学校、入社区、探工厂、走重点关注用户)便民服务活动 15 次,发送停电告知短信 62.34 万条。年内,县水利电业公司"966022"呼叫中心服务热线共受理客户的咨询、投诉 2 次,化解广大客户用电过程中出现的难题和各类应急突发事件 8 件。

【经营管理】 2015 年,陆川供电公司加强电业经营管理。一是强化线损管理。制定年度线损管理工作提升和专项降损工作方案,修编 10 千伏及以下线损管理细则,出台台区线损考核方案,并严格执行。推广宜州线损管理创先经验,加强线损异常的分析和处置。对估抄、漏抄问题进行整治,共查处抄表服务违章 9 件。推进户表改造,更换户表 4.10 万户。开展反偷查漏工作,全年共追补电量 13.3 万千瓦时。二是加强电费风险管控。强化大客户和主要行业的市场分析、预测,并沟通协调。及时做好新电价政策的执行和宣传,降低因政策变动带来的电费新风险。严格执行电费回收月度考核和年度回收风险抵押办法,强化过程管控、责任落实。加大银行代扣业务,有效降低电费回收风险。三是加强挖潜降本。针对电量呈大幅下降的趋势,想方设法增供扩销,加强全过程成本控制和精益化管理,压缩各项管理费用支出;强化工程管理,降低项目成本;严控城市电缆工程建设费、高可靠性费用、临时接电费、新居配费用、营销宣传费五项费用开支,从紧安排因公出国(境)经费、公务车购置及运行费、公务招待费产生的消费"三公"经费。争取上级支持和帮助,获玉林供电局和广西电网公司给予趸售电价优惠政策支持,《关于重新下达陆川供电公司 2015 年内部结算电价的通知》规定:2015 年 1 月 1 日至 2015 年 12 月 31 日,广西电网有限责任公司玉林供电局售给陆川供电公司的内部结算电价(不含基金及附加费)按 0.3893 元/千瓦时执行(原为 0.4262 元/千瓦时),实现扭亏为盈。

年内,县水利电业公司受经济下行压力冲击,市场经济低迷,受节能减排和环保影响以及电价政策调整因素,网区内一些厂矿用户陆续停产,工业用电量比率比上年下滑 16.16%。

【电力节能降耗】 2015 年,陆川供电公司加大农网升级改造和城网改造,完善主网架构,化解网架薄弱、局部"卡脖子"设备陈旧老化等问题。引进计量自动化装置,促进的抄、核、收工作快速、准确,及时的监测和处理发生异常的计量点,有效提高配网的运行能力,提高供电质量,有效地降低损耗,综合线损率 6.64%。厂站、专变、配变三类计量自动化终端覆盖率 98%。

【人力资源管理】 2015 年,陆川供电公司加强员工管理。组织开展"守纪律、讲规矩、转作风"对照检查月活动,转变员工作风,工作效率明显提高;开展"三严三实"(严以修身、严以用权、严以律己、谋事要实、创业要实、做人要实)专题教育活动,公司领导班子带头深入到基层调研,对各部门、单位存在的问题列出清单,实行"月计划、月督办、月反馈"推进整改。加强员工业务技能培训,年内举办各类培训班 44 期,培训 2528 人次,培训覆盖率 100%。在珊罗、马坡、温泉、大桥 4 个供电所建设 10 千瓦台区式配电简易实训场。落实"逢培必考"要求,提高培训实效,促进员工队伍素质提升,在良田、大桥、马坡供电所开展职工小家创建,马坡供电所职工小家获南方电网公司评为"模范职工小家"称号。开展"三八"妇女节、"五四"青年节等各类文体活动,丰富职工业余生活。　(钟棣庆　苏贞帅)

水力发电

【水力发电概况】 2015 年,全县共有大小水电站 31 座(含水库坝后电站),其中国有电站及国有水库坝后电站 12 座,乡镇集体、私有水电站 19 座,总装机容量 11715 千瓦,全县发电量 1993.92 万千瓦时,其中陆川水利电业发电分公司电价为 0.29 元/千瓦时,其他电站电价为 0.24 元/千瓦时。广西水利电业集团有限公司陆川发电分公司(简称陆川发电分公司)系广西水利电业集团有限公司全资子公司,由广西水利电业集团有限公司收购原陆川县东山、西山、文龙 3 家国有水电站组建而成。兼有发电和供水业务,管辖东山、麻兰、暗地、黑水、文龙、王沙水、凤凰田、三合水8座水库,总库容2630.10万立方米,其中东山、麻兰、暗地、黑水、凤凰田、三合水6座水库为陆川县城重要的饮用水源。拥有东山、西山、文龙、麻兰水库坝后、文龙水库坝后、王沙水水库坝后等8座小水电站,总装机容量5350千瓦。有员工204人,年供源水量800万立方米,多年平均发电量1300万千瓦时,年营业收入近600万元。

【水电站防汛责任机制落实】 2015年,全县31座水电站均落实防汛行政领导负责制,明确防汛行政责任人,层层落实责任制。国有电站、国有水库坝后电站成立防汛领导小组,行政一把手(含所、站长)为防汛行政责任人,分管安全的副职领导为防汛技术负责人,组建防汛抢险突击队员,严格执行各项安全管理工作制度;乡镇集体、私营水电站站长、业主为防汛行政责任人。水电站均编制和完善度汛方案和防洪抢险应急预案,国有电站及水库坝后水电站均备足防汛抢险物资,各水电站均安装固定电站或配备手机,实行汛期24小时值班,防汛部门、各乡镇农业服务中心加强与当地水电站业主的联系和沟通,形成防汛工作联系机制,确保防汛工作信息和指令传递,预告汛期雨情、水情等汛期信息,对病险水库,严格控制蓄水。同时水电站业主对可能或已经出现的重大汛情、险情必须第一时间报告当地镇政府和防汛指挥机构。

(罗子金)

表22　　2015年陆川县各电站基本情况

序号	电站名称	所在河流	投产年份	所有制形式	装机容量(千瓦)	坝高(米)	水库库容(万立方米)
1	东山水电站	九洲江	1959	国有	2100	22.00	284.00
2	西山水电站	沙湖河	1976	国有	650	34.00	346.00
3	文龙水电站	六麻河	1972	国有	2600		
4	良田镇飞鹅岭水电站	九洲江	1981	集体	800		
5	东成水库坝后电站	马坡河	1981	国有	450	25.90	1754.00
6	沙坡镇杉木坑水库坝后电站	六麻河	1974	集体	600	24.10	69.98
7	乌石镇吹塘水电站	九洲江	1986	集体	250		
8	温泉镇安宁水电站	九洲江	1975	集体	350		
9	南田水库坝后电站	沙田河	1968	国有	200	18.70	214.00
10	万丈坝水电站	九洲江	2001	国有	260		
11	乌石镇陆龙水电站	九洲江	1977	集体	125		
12	乌石镇陆选水电站	九洲江	1979	集体	125		
13	沙坡镇大塘水库坝后电站	六麻河	1978	集体	125	18.50	11.18
14	沙坡镇六潘水电站	六麻河	1979	集体	125		
15	沙坡龙湾水电站	六麻河	1970	集体	100		
16	大桥石角电站	九洲江	1980	私有	60		
17	横山乡平地山水电站	骑马河	1973	集体	125		
18	横山乡石塘水电站	骑马河	1978	集体	55		
19	米场新民电站	丽江	1988	集体	40		
20	乌石镇月垌水电站	九洲江	1974	集体	75		
21	碰冲水库坝后电站	马坡河	1983	国有	40	27.00	359.00
22	清湖水库坝后电站	清湖河	1978	国有	130	28.33	1355.00
23	坡脚水库坝后电站	九洲江	1984	国有	55	27.00	896.00
24	大良水库坝后电站	大良河	2005	国有	125	18.00	809.00
25	文龙水库坝后电站	六麻河	1977	国有	200	37.40	425.00
26	王沙水库坝后电站	六麻河	1976	国有	125	39.10	292.00
27	麻兰水库坝后电站	九洲江	1969	国有	75	28.50	568.00
28	大桥镇大唐闸坝水电站	九洲江	1981	私有	250		
29	乌石镇大兴水电站	九洲江	1988	私有	250		
30	良田镇良田水电站	九洲江	1981	集体	650		
31	滩面水电站	九洲江	1981	私有	600.00		

二轻工业

【二轻工业概况】 2015年,陆川县二轻工业联社内设秘书股、行业指导管理股、资产财务管理股,有行政事业人员编制9名,在职人员9人。全系统有直属企业10家,联社成员单位35家,职工1815人。年内,完成轻工业总产值1.38亿元,比上年增长12.13%。实现轻工业增加值4950万元,增长11.11%;实现税收296万元,增长10.63%。

【企业经营与管理】 2015年,县二轻工业联社做好企业内部管理、新产品开发、技术改造和节能降耗等工作,降低企业生产成本,提高企业的经济效益。联社领导多次深入企业,帮助企业解决原材料供应问题8次,涉及金额800多万元;帮助企业解决生产上存在的问题12次、销售上存在的问题10次,金额800多万元,为企业解决各种纠纷12次,化解各种矛盾15次。协助轻工企业开发新产品5个,

增加经济效益3000多万元,新增安排就业人员80多人;协助塑料机械制造技术改造1项,节约资金20多万元。

【陆川铁锅研发与销售】 2015年,县二轻工业联社抓好铁锅特色行业的发展。协助企业做好新产品的研发和技术改造工作,研发"铁人"铸铁茶壶1种、第二代新型节能"铁人"汤锅1种、新型铸铁炒锅1种,增加就业人员50人,实现产值2500多万元,经济效益增长25%。抓好铁锅销售,实行传统销售和网络销售同抓共管。联社领导亲自带领有关人员跑市场,扩大销售网点,为铁锅企业开发2个新的销售点,增加10%的销售额。进一步完善网络的销售,利用网购增加销售额度,南发厨具有限公司的产品进入淘宝网、天猫网销售。

【工艺美术工作】 2015年,县二轻工业联社贯彻落实《广西壮族自治区传统工艺美术保护办法》,提高干部职工和群众对传统工艺美术认知度。8月,组织12名县工艺美术创作人员及其作品参加玉林市工艺美术大师评审,陆川县南发厨具有限公司董事长罗仕南被评为第四届玉林市工艺美术大师。组织陆川工艺美术作品参加玉

林市和自治区工艺美术展览,其中在玉林市工艺美术展览中获金奖2项、银奖2项、铜奖1项,在自治区展览中获金奖1项、银奖2项、优秀奖2项。10月23日—25日,第五届广西发明创造成果展览交易会在玉林市举行的,县二轻工业联社组织陆川特色行业产品"陆川铁锅"参加全区传统手工业板块展,"铁人牌"铸铁茶壶、铸铁汤锅获"第五届广西发明创造成果展览交易会传统手工业创新成果奖",县二轻工业联社被评为第四届广西发明创造成果展览交易会传统手工业板块组织二等奖。　　(刘育辉)

工业园区

【工业园区机构及概况】 2015年,陆川县工业园区有企业29家,全年完成工业总产值288亿元,比上年增长10.70%;完成工业增加值21.30亿元,增长5.20%;工业投资6.90亿元,增长1.60%;完基础设施投资1.50亿元,增长10.50%;创税5.60亿元。陆川县工业园区工作委员会(简称县工业园区工委)、陆川县工业园区管理委员会(简称县工业园区管委)实行两块牌子、一个机构设置,内设办公室、项目招商股、规划建设股、经济发展股、土地开发股、财务股。有行政编制10名,工勤人员编制1名。下设陆川县工业园区服务中心,事业编制10名。陆川县龙豪创业园区工作委员会(简称县龙豪创业园区工委)隶属陆川县委员会管辖;陆川县龙豪创业园区管理委员会(简称县龙豪创业园区管委)隶属县人民政府管辖,是财政全额拨款的事业单位。办公地点设在通政西路。县龙豪创业园区管理委员会内设党政办公室、招商引资、企业规范管理办公室、统计办公室、项目建设办公室、财务办公室,事业编制15名,在职人员20人,其中

2015年7月11日,玉林市二轻联主任梁军(右二)到陆川铁锅企业调研
县二轻工业联社　提供

园区领导 5 人,在编职工 14 人,公益性岗位聘请 1 人。年内,县龙豪创业园区完成工业总产值 88.90 亿元,固定资产投资 20.50 亿元。

【园区规划编制】 2014 年 10 月,《陆川县北部工业集中区控制性详细规划》编制工作启动,委托华城博远(北京)建筑规划设计有限公司编制园区控制性详细规划。委托湖南城市学院规划建筑设计研究院,编制完成《陆川县生态工业园区总体规划》。确立以北部工业集中区、龙豪创业园区、南部临海工业园为主战场,推进工业向园区聚集,把北部工业集中区打造成为机械制造和新型建材特色园区,把龙豪创业园打造成工业、仓储、物流、健康特色产业园,把南部临海工业园区打造成有色金属、光伏发电、生物能源、林产加工特色园区。2015 年 6 月 9 日,陆川县政府同意陆川县北部工业集中区二期控制性详细规划的批复,正式批准陆川县北部工业集中区二期控制性详细规划。

【园区基础设施建设】 2015 年,县工业园区克服征地拆迁难、化解遗留问题难、政策处理难、工程技术人员紧缺等困难,推进基础设施和配套设施建设。一是加强道路建设。重点抓好"两纵三横"〔两纵:马盘二级路和民主南路延长线陆川段。三横:北流塘岸至福绵新桥二级路(陆川县北部园区段)连接玉柴重工配套产业园道路,鹤山大道二期连接民主南路延长线、玉林市规划三环路〕路网建设。年内,完成两纵建设,三横建设正在建设,其中完成北流塘岸至福绵新桥二级路(陆川县北部园区段)连接玉柴重工配套产业园道路建设,鹤山大道连接民主南路在开工建设并硬化;经一路在建设之中。二是加强水网管道建设,完成玉柴配套产业园供水工程、平岭大道排水和排污管道工程、经一路至六燕河排污工程、开元排污管道工程建设。三是加强电建设,完

成平岭工业大道 10 千伏线路迁移工程线杆架设;完成农网改造国债资金 3000 万绿燕 110 千伏变电站供电工程电线架设。

年内,县龙豪创业园区基础设施建设重点推进九洲江上游流域中小企业产业转移园 B 区建设,投资 1219.43 万元平整土地 17 公顷;投资 444.40 万元建设沙湖至米场连同晒谷岭进出道路 2280 米;投资 115 万元建设晒谷岭村口和黄丝坳挡土墙共 100 米;投资 52.16 万元建设转移园东面山岭截水沟和雨污分流管道共 2000 米;建设标准厂房共 8 栋、面积 2.20 万平方米。

【重点项目建设】 2015 年,县工业园区项目建设有新突破,投产项目有玉林市祥来福不锈钢制品有限公司、玉林市美盛塑料制品有限公司、广西宝康源投资有限公司、玉林市川迪机械制造有限公司、玉林新晖电器设备机械有限公司 5 家。在建项目有玉林市三源机械有限公司、玉林市泰华工程设备制造有限公司、玉林市阿赖门窗科技有限公司、玉林市中科有限公司、玉林市中柴有限公司、玉林福罡复合材料有限公司、广西漫山红木家具项目、玉林市娃哈哈桶装水项目 8

家。计划开工建设有玉林市千业工贸有限公司、玉林市顺森门业公司、玉林市蓝正药业有限公司、玉林市凯源机械有限公司、玉林市永大汽车配件有限公司 5 家。

年内,县龙豪园区签订入园企业有陆川县长隆电子有限公司、广西陆洲机械制造有限公司、陆川县华鑫电子厂、陆川县全球电子有限公司、广西桂能铁塔有限公司、陆川县中鑫电子有限公司、陆川县银星电子有限公司等 7 家,合同投资额 9.08 亿元;陆川县长隆电子有限公司年产 19 亿粒电子终端产品项目、陆川县华鑫电子厂年产 65 万只电磁炉、电饭煲家用电器生产项目、陆川县中鑫电子有限公司年产 3000 万个高科电子元件生产项目、陆川县银星电子有限公司等 4 个项目在建,总投资 5.88 亿元,累计完成投资 3.50 亿元。

【企业服务】 2015 年,县工业园区为入驻企业做好优质服务工作。解决企业用工缺口;及时解决华润水泥、永耀玻璃等公司与周边群众的纠纷;协调供电公司、供水厂解决企业用电、用水的困难;帮助企业协调相关部门解决企业办证难、周期长等问题。

(陈 诚 黄考生)

2015 年,广西宝康源投资有限公司厂房　　　　　县工业园区　提供

商贸·旅游

SHANGMAO LVYOU

2015 年 9 月 22 日, 陆川县供销社综合改革现场推进会在乌石镇召开　　县供销社　提供

商贸综述

【商贸机构及概况】 2015年,陆川县经济贸易局(简称县经贸局)内设政秘股、经济运行股、商务股、项目投资股、中小企业股、资源利用股、发展改革股,有公务员人员编制24名、工勤人员编制3名,实有23人。年内,县经贸局贯彻执行国家有关内外贸流通的法律法规和方针政策,加快培育发展城乡市场,规范市场运行和流通秩序,做好商贸经济运行和重要商品供求状况监测分析,狠抓内外贸易服务,推动商贸经济发展。注重做好引导促销、扩大消费工作。利用重要节假日和重要活动引导商家搞促销,组织企业参与展销,拉动消费增长,增加商品销售,组织企业参加第十一届中小企业商机博览会(玉林)和广西2015年百店大促销活动。

【商贸业态】 2015年,陆川县商贸业态主要包括批发和零售业、住宿和餐饮业等行业。主要批发市场有城北水果批发市场、城北建材市场等,各类批发业790户,大型超市35家,主要零售商贸企业有百汇超市、天天超市、家家福超市、百盛连锁超市、茂盛家电公司、亚春电器商行、大勇电器商场、海雁电器商行、各种品牌服装专卖店、名鞋专卖店、名牌电器专卖店、通信产品专卖店等;主要集贸市场有九洲市场、银兴市场、友爱市场、河坝村市场、万丈市场、陆兴路摩托车(电动车)市场、君丰菜市场、张村菜市场、温泉菜市场等以及各镇的商贸小超市和农产品交易市场等;农贸市场20个,其中县城农贸市场4个、镇农贸市场13个。新型农村消费流通实体农家店143家,遍布全县14个镇、98个村。限上商贸批发企业有广西玉柴能源化工有限公司、陆川县陆威液化石油气有限责任公司、陆川县兴宝废旧金属回收有限公司等7家;限上商贸零售企业有陆川百汇百货有限责任公司、陆川县家家福商贸有限公司、陆川县伟锋摩托车销售有限公司等5家;限上住宿业有陆川金川宾馆、陆川县温泉九龙山庄有限责任公司等4家;限上餐饮业有广西陆川县长城酒店、陆川县百翔宾馆等4家。全年实现社会消费品零售总额52.83亿元,比上年增长8.51%。

【限上企业贸易】 2015年,全县有限额以上贸易法人企业20家。其中,批发业限上企业7家,从业人员209人,商品销售额10.73亿元,比上年下降3.94%;零售业限上企业5家,从业人员308人,商品零售额1.26亿元,增长2.33%;住宿业限上企业4家,从业人员362人,营业额3077万元,增长19.40%;餐饮业限上企业4家,从业人员83人,营业额1756.20万元,增长15.32%。

【电子商务项目规划发展】 2015年10月15日,阿里巴巴集团广西农村淘宝项目经理文志勇一行3人到陆川县考察,就建设陆川县电子商务农村淘宝项目与陆川县进行洽谈,并就陆川电子商务项目项目选址进行现场考察。12月19日,陆川县在县人民会堂举行召开第一批农村淘宝合伙人招募大会,报名合伙人招募的应试人员800多人参加。阿里巴巴农村淘宝项目广西有关负责人向与会人员讲解"农村淘宝的意义及规划""农村淘宝具体实施方案"等内容,围绕农村淘宝发展前景、村级淘宝服务站标准、合伙人具体要求进行讲解。12月23日,在县政府办第一会议室举行县农村淘宝第一批合伙人培训启动会。第一批合伙人50人及相关人员参加培训,培训会由阿里巴巴广西壮族自治区营运经理主持,培训内容包括阿里巴巴企业文化、农村淘宝运营基础与技巧、合伙人的激励机制等。12月30日,县经贸局召开陆川县电子商务服务中心入驻企业座谈会,阿里巴巴广西营运经理莫祥云及13家企业代表共21人出席会议。会议就电商宣传、人才培训、电商应用、产业服务、产品展示等问题进行探讨和解答。

【陆川县首届汽车(房地产)展销会】 2015年6月20日—22日端午节小长假期间,由玉林市商务局主办,县经贸局、县市政市容管理局、玉林广播电视

（亿元）

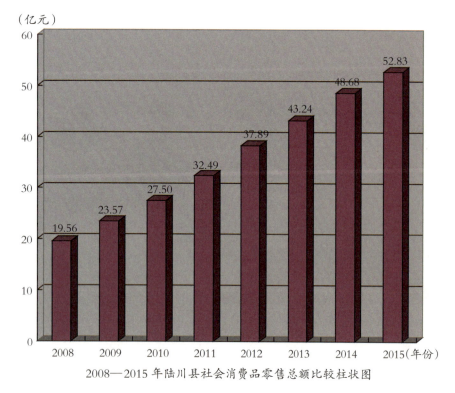

2008—2015年陆川县社会消费品零售总额比较柱状图

报社承办的 2015 年陆川县首届汽车（房地产）展销会，在县城松鹤公园开幕。共有 15 家汽车经销商 23 个汽车品牌，6 个楼盘参与展销，吸引县城及周边镇数万人参加。此次展销会预订各式汽车 30 多辆、商品房 20 多套。

【组团参加玉博会】 2015 年 9 月 20 日—22 日，第十一届中国（玉林）中小企业商机博览会（简称玉博会）在玉林会展中心举行。县经贸局主要负责玉博会小商品交易会陆川电商馆的招展工作。成立陆川电商馆招展展务工作领导小组，制定《第十一届玉博会小商品交易会陆川电商馆招展展务工作方案》，落实招展展务工作任务，重点开展陆川电商馆展馆建设与布展，加强与参展企业对接，组织电商馆电商触屏参展企业 43 家，实物参展企业 12 家，涉及食品健康、农林产品加工、机械制造、陶瓷、建材纺织与服装等产业进 200 种产品，展示陆川的工业、旅游、客家文化等发展情况与成效。

【假冒白酒集中销毁】 2015 年 3 月 13 日，县经贸局为纪念"3·15"国际消费者权益日，维护广大消费者的合法权益和促进酒类流通市场有序发展，在县城郊将近 3 年来查获的无《酒类流通随附单》来源不明的假冒白酒类进行集中销毁。此次销毁的假冒白酒包括三花老酒、泸州老窖、汾酒、杏花村、老桂林、稻花香、百年糊涂、古井贡酒、金六福、郎酒、五粮液等品种共 34 瓶，全部进行焚烧、破碎处理。震慑扰乱市场经济秩序、制售假冒伪劣酒品等违法行为。（陈 智 罗成志 黎明强）

对外经济贸易

【对外经贸概况】 2015 年，陆川县有广西玉柴重工有限公司、广西开元机器制造有限责任公司、陆川钛白粉厂、陆川裕镁金属制品有限公司、广西真龙泉饮料有限责任公司、陆川裕强工业园开发有限公司、华润水泥（陆川）有限公司、华润混凝土（陆川）有限公司 8 家外资企业。其中，外商独资经营企业 2 家，中外合作经营企业 1 家，中外合资经营企业 5 家。年内，县经贸局针对企业受宏观政策、市场、汇率等因素影响，对外贸易发展困难的局面，指导和帮助外贸企业挖掘潜力，鼓励和支持企业参加各种会展活动，利用中小企业商机博览会（玉林）等产品推介平台，推广企业的特色产品，争取更多的出口订单。支持企业开拓国内外市场，推动企业拓展国内外市场。为降低企业经营成本，部分企业的经营方式由原来出口为主、内销为辅转变为内销为主、出口为辅，个别企业由直接出口转为代理出口。年内，有进出口业绩的企业分别是广西玉柴重工有限公司、广西陆川裕镁金属制品有限公司、广西陆川县嘉顺工艺品有限公司。全年全县外贸进出口总额 502 万美元，比上年减少 480 万美元，下降 48.90%。完成合同外资金额 79 万美元，实际利用外资 344 万美元，增长 100%。

【出口贸易】 2015 年，陆川县出口商品以工业品为主，主要出口日用陶瓷、工艺品、工程机械、矿山机械、铁制罐等商品。主要出口国家有日本、美国、澳大利亚、智利、新西兰及部分东盟国家。外贸出口额 478 万美元，比上年减少 480 万美元，下降 49.50%。其中，广西玉柴重工有限公司外贸出口实现增长，全年出口额 263.84 万美元，增加 49 万美元，增长 22.48%；广西陆川裕镁金属制品有限公司出口额 143.39 万美元，下降 21.15%；广西陆川县嘉顺工艺品有限公司出口 70.44 万美元，下降 50.03%。

【进口贸易】 2015 年，全县实现进口的企业只有广西玉柴重工有限公司 1 家，外贸进口主要有工程机械配件、液压件、发动机、马达等商品。主要进口国家有日本、美国。全年进口货值 24 万美元，比上年减少 10 万美元，下降 28.60%。

（陈 智 罗成志 黎明强）

市场服务管理

【市场服务管理机构及概况】 2015 年，陆川县市场服务中心（简称县市场中心）内设办公室、人教股、市场股、财会股、物业股、稽查股，下辖山罗、平乐、马坡、米场、沙湖、沙坡、城北、城关、九洲、温泉、大桥、横山、乌石、良田、清湖、古城 16 个市场管理所，全系统有干部职工 191 人。下辖 21 个国有农贸市场，总建筑面积 6 万平方米，所辖市场摊位利用率 90% 以上。全年全系统市场服务费、市场设施租赁费两费收入 1473 万元，比上年增加 179.90 万元。

【市场建设与维护】 2015 年，县市场中心对危旧市场进行改造。8 月，投资 12.30 万元对成为危房的沙坡农贸市场成衣行改造，改砖瓦结构为铁皮棚。12 月，筹资 10 万元对九洲市场一楼南边 47 个摊台进行改造，改造后的摊台宽 1.10 米，高 0.60 米，全部贴白色瓷砖，每个摊台设独立电表，独立电灯，改造后的摊台用于摆卖水果。

【市场安全管理】 2015 年，县市场中心加强市场安全防范工作。一是加强对砖瓦市场安全防范，对建于 20 世纪 80 年代的沙坡成衣市场、大桥成衣市场、横山市场、滩面市场等砖瓦市场进行维修。二是加强恶劣天气时期对市场的安全防范，组织人员深入市场检查，做好提前防范。10 月 4 日受第 22 号台风"彩虹"影响，清湖农贸市场一楼全部受淹，受淹最高水位 1.50

米,由于提前防范,撤离及时,市场仅部分经营户货物受损,台风过后及时调派人员全力抢修清湖市场,恢复市场经营。三是加强市场消防安全防范,成立市场安全领导小组,县市场中心与各市场所长签订安全责任状,层层落实市场消防责任,消防安全工作责任到人。

【九洲市场招租】 2015年6月,九洲市场第二个租赁期期满,市场一楼东、南、北面共29间铺面向社会公开招标租赁,6月20日成功招标19间,每间铺面每月租金最高2.20万元,最低1.20万元,铺面租赁期5年,从2016年7月1日至2020年6月30日。

（陈宗活）

供销合作经营

【供销合作机构及概况】 2015年,陆川县供销合作社联合社(简称县供销社)内设政秘股、综合业务股、财会基建股,有公务员5人,参照公务员法管理人员5人,自收自支职工10人。下辖温泉、米场、沙湖、马坡、平乐、珊罗、沙坡、大桥供销社、横山、乌石、月垌、滩面、良田、清湖、古城15个供销社,陆川县土产公司、陆川县农业生产资料公司、陆川县日杂废旧物资公司3个直属企业以及陆川县第一农业生产资料有限公司(龙头企业)、广西龙珠再生资源有限公司、陆川县广泰供销资产管理有限公司、陆川县科朗电子商务有限公司、陆川县乌石瑞元投资有限责任公司、陆川县绿峰山投资有限公司6个股份制企业、2个农资配送中心、71家农资加盟店、288个连锁配送网点。在册职工200人。5月,经县政府批准,县供销社参加县棚户区改造建设,从温泉镇陆兴中路15号搬迁到温泉镇通政西路53号5楼办公(租用)。

【商品购销】 2015年,全县供销系统实现商品购进总额7.56亿元,比上年增加1.09亿元,增长16.80%。其中,农副产品购进1.27亿元,增加0.32亿元,增长14.03%。实现商品销售总额9.27亿元,增加1.33亿元,增长16.69%。其中,农业生产资料销售额2.06亿元,增加1786万元,增长9.50%;消费品零售额2.91亿元,增加4089万元,增长16.33%。实现利润408万元,增加41万元,增长11.17%。

农资销售 全县供销系统销售各种化肥9.19万吨,其中碳铵2.23万吨、尿素1.89万吨、磷肥1.75万吨、钾肥0.80吨、复合肥2.52万吨、农药1718吨、农膜233吨。农资销售额2.06亿元,比上年增长9.50%。

农副产品购销 全县供销系统农副产品购进1.27亿元,销售额1.51亿元。其中,生猪购进3.12万头,销售额5249万元;蔬菜购进2246万元,销售额2533万元;各类家禽购进2656万元,销售额3261万元。全系统有社办、租赁、联办猪场8个。年底生猪存栏1.37万头。

日用消费品销售 全县供销系统日用消费品配送、销售额2.91亿元,其中家电销售4875万元,日用百货销售7683万元(其中消费品4237万元)。

【服务体系(网络)建设】 2015年,陆川县被自治区农村工作领导小组列为20个供销合作社综合改革试点单位之一,依据综合改革试点方案要求,全县供销社系统组建8个农民专业合作社联合社,分别是陆川县广泰种养供销农民专业合作社联合社、乌石镇供丰农民专业合作社联合社、珊罗镇联结农民专业合作社联合社、温泉镇翔龙养殖农民专业合作社联合社、沙坡镇益丰种养农民专业合作社联合社、马坡镇丰泰种养农民专业合作社联合社、米场镇合美种养专业合作社联合社、良田镇强盛养殖专业合作社联合社;成立4个公司,分别是陆川县广泰供销资产管理有限公司、陆川县科朗电子商务有限公司、陆川县乌石瑞元投资有限责任公司、陆川县绿峰山投资有限公司;增设4个电子商务服务点,分别是珊罗供销社长纳村综合服务社电子商务服务点、马坡供销合作社综合服务站电子商务服务点、米场镇合美种养专业合作社联合社电子商务服务点、乌石供销社综合服务站电子商务服务点;设立4个保险服务点,分别是珊罗供销社长纳

珊罗供销社长纳村综合服务社外景　　　　　　县供销社　提供

村综合服务社代理保险服务点、马坡供销合作社综合服务站代理保险服务点、米场镇合美种养专业合作社联合社代理保险服务点、乌石供销社综合服务站代理保险服务点;新成立和吸纳7个农民专业合作社,分别是良田镇春旺橘红种植专业合作社、广西陆川县沙坡镇陆瑞西瓜专业合作社、陆川县旺林毛桔种植农民专业合作社、陆川县新英食用菌专业合作社、陆川县绿野蔬菜种植农民专业合作社、陆川县马坡镇宏创农机专业合作社、陆川县马坡镇珠砂海昆养鱼专业合作社;组建9个综合服务中心、社、站,分别是陆川县供销合作社联合社综合服务中心、陆川县乌石供销社综合服务站、陆川县珊罗供销社综合服务站、陆川县马坡供销社综合服务站、陆川县沙坡供销社综合服务站、陆川县温泉镇洞心村综合服务社、陆川县沙坡镇白马村综合服务社、陆川县珊罗镇长纳村综合服务社、陆川县清湖镇塘寨村综合服务社;建成并开业乌石供销社农贸市场、月垌供销社家惠日用品超市。全县供销系统共有万村千乡市场工程农家店154家。其中,日用品农家店85家(镇级10家、村级75家),农资农家店69家(镇级9家、村级60家),分布在全县14个镇、102个建制村,覆盖率66.20%。

【农业产业化经营】 2015年,全县供销系统扶持发展5个农产品种植基地,分别是温泉泗里蔬菜种植基地、珊罗韭菜种植基地、马坡界垌大白菜种植基地和乌石谢鲁益众淮山种植基地和米场镇合美种养专业合作社联合社食用菌基地。其中,珊罗富农韭菜专业合作社的"富农韭菜"、米场新英食用菌专业合作社的食用菌进入玉林城区各大超市,实现农业生产与超市对接。全系统以各种方式联结和带动农户5.59万户发展农业生产,助农实现收入3.80亿元。

【农民合作经济组织】 2015年,全县供销系统行业协会3个,分别为陆川县马坡蔬菜协会、陆川县清湖三水养殖专业协会和陆川县农业生产资料流通协会;农民专业合作社39个,其中养殖业合作社23个,分别为陆川县惠众禽畜养殖专业合作社、米场叹可养殖专业合作社、陆川县松山鸽业专业合作社、沙坡为民养鸡专业合作社、清湖三水养殖专业合作社、良田镇旺民养鸡专业合作社、陆川县温泉禽群养鸡专业合作社、马坡鸿业种养专业合作社、平乐镇旭升种养专业合作社、月垌福泰养猪专业合作社、古城永利养殖农民专业合作社、横山乡泰安养鸡专业合作社、横山乡旺福养鱼专业合作社、大桥镇北桑旺鱼农民专业合作社、滩面顺发养殖专业合作社、沙坡扩展养猪专业合作社、陆川县诚信养猪专业合作社、米场镇新民养鸡专业合作社、良田镇养山鸡专业合作社、陆川县乌石镇勇展养鸡专业合作社、陆川县温泉丰羽养鹅农民专业合作社、陆川县一品水产养殖专业合作社和陆川县马坡镇珠砂海昆养鱼专业合作社;种植业13个,分别为珊罗富农韭菜专业合作社、米场得盈果蔗专业合作社、陆川县明兴桉树种植专业合作社、米场应手剑麻种植专业合作社、乌石联益香蕉专业合作社、乌石镇谢鲁益众淮山专业合作社、滩面乡富民香蕉农民专业合作社、沙湖恒旺花生专业合作社、沙湖恒新玉米专业合作社、陆川县新英食用菌专业合作社、温泉绿富蔬菜专业合作社、古城三锋水果专业合作社和广西陆川县友联种养专业合作社(养鱼、水稻种植);种桑养蚕合作社3个,分别为清湖水亭桑蚕养殖专业合作社、良田镇利民桑蚕专业合作社、温泉锦绸桑蚕专业合作社。

【项目建设】 2015年,全县供销社系统社办企业和招商引资项目39个,总投资额4732万元,年产值1.65亿元,利润1023万元,安排农民工就业1458人,助农增收1143万元。开工项目10个,分别为陆川县龙珠再生资源有限公司再生资源回收分拣中心工程、乌石供销社商住楼建设工程、土产公司农产品交流中心建设工程、温泉供销社万丈商住综合大楼建设工程、温泉供销社洞心社区服务中心建设工程、沙坡供销社商住综合大楼建设工程、清湖三水专业合作社生猪标准化规模养殖改建项目工程、滩面供销社综合大楼建设工程、古城供销社商住综合大楼建设工程、陆川县供销社综合大楼棚改项目建设工程,总投资4320万元。

【为农服务】 2015年,全县供销社系统各农资经营单位筹集资金2450多万元,从自治区内外生产厂家及公司组织购进各种优质化肥9.20多万吨、农药1700多吨、农膜200多吨、秧托210多万片以及种子、农具等农资商品一批,满足市场需求。陆川县第一农业生产资料有限公司开展农资连锁配送业务,各基层供销社通过农民技术学校、专业技术讲座、现场讲解免费培训农民工3520多人次,全县供销社系统各农资终端网点、庄稼医院为农户印发各种农技资料8270多份,为农民提供技术咨询服务14.56万人次。

【安全生产】 2015年,全县供销社系统层层落实安全生产责任制,开展安全生产大检查4次,参检人数287人次,共投入整治安全隐患资金97万多元,实现全系统安全生产无事故。

(吕伯仁 黎敏鲜)

粮食商业

【粮食商业机构及概况】 2015年,陆川县粮食局在县发展和改革局挂牌,内设政工秘书股、调控计财股、监督检查股,有行政编制12名,在编人员10人,全县粮食系统聘用干部职工99人。下辖粮食购销企业有县粮食购储公司、城区粮所、县直属粮库及 14 个镇粮所,附营企业有县粮油贸易总公司、县粮油贸易中心、县大米厂及 14 个镇的粮油贸易中心。县粮食局加强标准粮食储备库的建设和放心粮油体系建设,全县国有粮食企业收购粮食 1.93 万吨,销售粮食(原粮)1.55 万吨,实现利润 20 万元。年内,县粮食局被评为自治区粮食系统依法行政示范点称号。

【储备粮直补订单收购】 2015 年,县粮食局推进储备粮直补订单收购工作,共组织收购直补订单粮 1.93 万吨,其中地方增储任务 2299 吨。年内,粮食订单收购价格为每千克 2.70 元,自治区粮食直接补贴资金为每千克 0.24 元,全县共发放粮食直补资金 463 万元,直补资金由各镇财政所通过农补网"一折通"兑付给售粮农户。

【粮食仓储设施建设】 2015 年,县粮食局推进县粮食仓储设施建设,投资 665 万元完成良田库区建设,新建仓容 6020 吨,通过县级验收投入使用;投资 1463 万元建设大桥储备库,11 月 15 日开工建设,仓容 1.30 万吨。

【储备粮安全管理】 2015 年,县粮食局开展粮食库存检查和秋季粮食安全普查,粮食库存检查存粮点 9 个、仓房 62 间,秋季粮食安全普查存粮点 12 个、仓房 128 间。经检查,全县库存粮食全部符合基本无虫粮要求,粮食库存实物的数量、品种、性质情况与保管账、统计账、会计账、银行台账相吻合,相关账务处理规范、准确。

【"星级粮库"知识竞赛活动】 2015 年,陆川县粮食系统按照自治区开展"星级粮库"创建工作的部署,1 月开展"星级粮库"创建知识竞赛活动,内容包括综合管理、计划管理、仓储管理、仓储设施建设,实行 100 分制,根据打分评定星级。全县粮食企业职工

2015 年 1 月 31 日,陆川县粮食系统仓储管理暨创建星级粮库知识竞赛在县城举行
县粮食局 提供

100 多人参赛。竞赛内容为粮食仓储管理及星级粮库知识,分为必答题、抢答题和观众互动抢答 3 个环节,为创建星级粮库打下坚实基础。

(吕海平)

烟草专卖

【烟草专卖机构概况】 2015 年,陆川县烟草专卖局(营销部)内设综合股、专卖股、内管组、客户部、稽查大队、城区专卖所、马坡专卖所、乌石专卖所、良田专卖所、中转站和零售店,共有员工 62 人。全县有卷烟零售客户 2807 户。

【卷烟营销】 2015 年,县烟草专卖局(营销部)累计销售卷烟 1.46 万箱,其中销售一、二类烟 3603 箱,比上年增长 10.52%;实现单箱销售额 2.44 万元(含税),增长 6.92%。新建现代终端 71 户,累计建成现代终端 251 户。全县销售 8 元以上"真龙"1714 箱,增长 44.06%。实现单箱销售额 2.44 万元(含税),增长 6.92%,高于自治区

平均水平 0.19 个百分点。

【烟草专卖监管】 2015 年,县烟草专卖局查处涉烟违法案件 76 件(其中 5 万元以上案件 1 件、1 万~5 万元案件 9 件),查获违法卷烟 25.24 万支,查获物品案值 18.90 万元。全县共有自律互助小组 185 组,纳入小组的 2523 户零售客户参会率 90.95%。县烟草专卖局获陆川县依法行政先进单位称号。

(蓝春丽)

石油经营

【石油经营网点概况】 2015 年,陆川县石油供应企业有中国石油化工股份有限公司广西玉林石化分公司陆川片区(简称中石化玉林分公司陆川片区)、中国石油天然气股份有限公司广西玉林销售分公司(简称中石油玉林销售分公司)等 2 家企业。全县有加油站 35 家,其中中石化公司加油站 12 家,中石油公司加油站 5 家,民营加油站 18 家。中国石油化工股份有限公司广西玉林石油分公司陆川

片区(简称石化玉林分公司陆川片区)内设管理中心,在职职工83人,其中正式职工8人,劳务工75人。片区管理人员5人。加油站网点主要分布在城区、马盘二级公路旁,经营加油站12座,其中城区网点有大社加油站、城北加油站、城中加油站、城南加油站、官田加油站5座;镇网点有珊罗加油站、朱砂加油站、马坡加油站、米场加油站、乌石加油站、清湖加油站、盘龙加油站。

【石油业务经营管理】 2015年,中国石化玉林分公司陆川片区销售油品、非油品继续由玉林分公司统一调拨。主要经营轻油有汽油、柴油。汽油主要销售93号、97号、98号汽油。销售各种成品油4.35万吨,其中93号汽油1.57万吨,97号汽油0.13万吨,98号汽油0.03万吨;0号柴油零售量2.62万吨。年内轻油销售金额2.05亿元。非油品销售主要经营烟、酒、食品、饮料、汽车服务、便民服务等,全年内非油品销售总额523万元。年内,石化玉林分公司陆川片区继续加强对加油站的消防管理及安全监督管理,实行安全工作承诺制度,加强对员工职业道德教育及业务培训,提高员工的服务素质。继续实行IC卡服务,全年IC卡充值2.39亿元。 （谢志斌）

物资经营

【物资经营机构及概况】 2015年,陆川县物资总公司下设民爆公司、废旧金属回收公司、燃料公司3个单位,有职工15人。建有民爆仓库,其中工业炸药库1座,容量30吨;工业雷管库1座,容量30万发。通过国家安评及验收合格,全系统维持稳定正常运转。全年销售工业炸药300吨,比上年增长20%,销售工业雷管6万发,下降30%。销售利润20万元。

中石化玉林分公司陆川片区加油站便民服务销售部
中石化玉林分公司陆川片区提供　2015年4月摄

【物资经营管理】 2015年,县物资总公司做好物资经营管理工作。投资5万多元对民爆仓库加固防洪、防火、防盗等设施,投资7万多元强化改造监控系统。按照《民用爆炸物品生产、销售企业安全管理规程》进行管理和操作,确保库区各安全设备正常运行,严格执行民用爆炸物品储存规范要求,产品按要求摆放整齐,保证库房内干湿度适宜,禁止超量储存及混存等违规行为发生,加强产品进出库制度管理,对外来车辆进行严格检查及登记备案,坚决不给予不符合规定的车辆及人员进入库区,确保安全。

【"安全生产月"活动】 2015年,县物资总公司开展"安全生产月"活动,以"强化安全基础,推动安全发展"为活动主题。6月9日,举办安全生产咨询日活动。开设咨询活动点,张挂安全生产宣传横幅和标语,发放安全生产知识手册和资料,播放安全生产宣传教育片。组织开展地毯式的事故隐患大排查活动,每位职工对本岗位的设施、设备进行全面检查,检查做到"横向到边、纵向到底"不留死角,发现隐患及时组织整改、排除,确保仓库安全。6月15日—16日,

县物资总公司进行安全生产法律法规知识培训,邀请玉林市桂宁民用爆炸物品有限公司总经理冯汉常培训,8名仓管人员通过安全生产法律法规知识考试,均取得优秀成绩。6月18日,在横山乡良塘村民爆物品仓库开展应急预案演练。广西玉林市桂宁民用爆炸物品有限责任公司陆川分公司行政办公人员、民爆仓库全体仓库人员、后备应急人员及相关部门人员参加。8时30分,在横山乡良塘村民爆物品仓库周边农户烧田埂草引发火灾,火势向民爆物品仓库蔓延,初步判断火灾级别为Ⅲ级,火势直接威胁民爆仓库安全为假设事故。为有效应对山火突发事件,确保民爆物品仓库安全,通过分公司行政办公人员、仓库人员进行应急预案救援处置过程,综合检验《广西玉林市桂宁民用爆炸物品有限责任公司陆川分公司安全生产事故应急救援预案》的合法性、完整性、针对性、实用性、科学性、操作性、衔接性、检验民爆仓库全体协爆人员的安全防范意识,以及应急救援信息报告、应急过程、应急处置和应急资源的调配能力,为突发事件发生时能够及时、合理、有效地进行处置,演练各项指标均达到预期效果。 （李良生）

旅　游

【旅游工作机构及概况】 2015年,陆川县有国家AAAA级旅游景区、AAA级旅游景区各1个;旅行社网点1个、星级旅游饭店5家。陆川县旅游局内设政工秘书股、规划资源股、旅游业务股,人员编制10名,实有11人;下辖谢鲁山庄景区管理所、龙珠湖景区管理所、陆川县旅游公司、九洲旅行社,在职干部职工28人。年内,县旅游局贯彻落实县委、县政府提出的"工业强县、旅游活县、生态美县"的发展战略,加强旅游规划指导,推进重大旅游项目建设、生态旅游建设,促进旅游招商引资,旅游市场持续升温,九洲江旅游区、岭南客家温泉历史文化名城建设取得成效,生态乡村旅游兴旺。年内,全县接待游客309万人次,实现旅游总收入34.20亿元。陆川县获全国休闲农业与乡村旅游示范县称号,岭南世界(陆川)客家温泉文化城(简称世客城)入选国家优选旅游项目;3人获国家乡村旅游致富带头人称号,1人获全国好游客称号。

【九洲江旅游区总体规划】 2015年,陆川县加快推进九洲江健康休闲特色旅游区的建设。由北京巅峰智业旅游文化创意股份有限公司对九洲江(陆川区域)进行总体规划。范围包括:九洲江源头向南延伸,沿江两岸500米区域,规划区涉及沙坡、温泉、大桥、乌石、滩面、良田、古城等8个镇,有温泉养生、环境治理、生态展示、客家民俗、休闲农业等体验,将九洲江沿岸的伏波文化、客家民俗文化、客家饮食文化、温泉文化、陆川猪文化、陆川铁锅文化等注入九洲江生态休闲旅游线路中。规划以大旅游观念指导九洲江旅游跨越式发展,全面

提升旅游产业结构、服务水平和产品竞争力,推动陆川的旅游经济发展。将九洲江及沿岸建设成为具在岭南客家特色的九洲江生态旅游廊道。

【岭南世界(陆川)客家温泉文化城入选国家优选旅游项目】 2015年6月,岭南世界(陆川)客家温泉文化城入选国家优选旅游项目,是玉林市唯一入选的国家优选旅游项目。世客城项目是目前陆川县最大的旅游招商引资项目,列为自治区层面统筹推进的旅游重大项目。项目占地面积200公顷,计划总投资63亿元,邀请国内外著名设计专家以建设中华客家圣地为目标进行规划设计,项目整体划分为文化休闲旅游、温泉娱乐度假、养生居住三大主要功能板块,主要建设集客家温泉养生集聚区、远辰大道、客家旅游小镇、客家文化广场、客家历史文化展示馆、人类生态历史进化博物馆、温泉欢乐谷、酷贝拉青少年教育中心、商业中心、游客服务中心、客家温泉健康疗养服务、五星级旅游饭店、会议中心、生态客家园林、养生地产、旅游地产并配套幼儿园、小学教育等内容于一体的综合旅游开发项目。由广西远辰客家文化城投资有限公司投资兴建,各个旅游项目实行对外合作,与美国北美集团、广西金融投资集团、上海酷贝拉青少年教育

中心、红星美凯龙集团、桂林科苑生态自然艺术博物馆、永珍明珠、人民网、新华网等单位进行战略合作。年内,完成征收土地180公顷,客家公园一期主体封顶、二期主体施工,客家历史文化展示馆交付使用;客家小镇总建筑面积5万多平方米,一期主体工程竣工,建成商铺9幢498套,建筑面积3万多平方米;风尚驿家商品房总建筑面积3万多平方米,一期主体施工、二期土方开工,完成主体建设4幢320套,在建工程4幢392套,建筑面积1万多平方米;温泉欢乐谷土方开工,客家样板展示区交付使用,已实施路边绿化美化建设;远辰大道总长1200米,已开通1050米,硬化道路900多米;九龙路总长1800米,全线开通,正在建设路基、路桥、硬化道路及1.20千米长的南北主干道土方路基,完成投资12亿元。

【谢仙嶂生态民俗文化旅游风景区建设】 谢仙嶂生态民俗文化旅游风景区位于沙坡镇仙山村谢仙嶂(陆川第一高峰),距离县城15千米。2015年,推进谢仙嶂生态民俗文化旅游风景区建设,计划投资16.28亿元,建设以"一带三心七大功能区"。其中,"一带"为生态山水文化观光旅游车行环带,建设环山欣赏沿路的山体云雾风光、一览众山小的自然风光环带;"三

世客城客家小镇一景　　　　　世客城提供　2015年11月摄

心"包括入口综合服务区、民俗文化中心、自然生态景观中心;"七大功能区"为地域文化风情小镇、谢仙嶂生态客家新农村建设示范、宗教历史文化区、休闲娱乐区、禅文化养生度假区、广西少林武术学校、谢真人神秘文化旅游区、樱花谷露营区、富硒等为主要内容的 AAAA 级目标旅游风景区,集生态乡村建设示范、生态旅游小镇、旅游服务设施、民俗文化体验、生态登山运动、探险体验等于一体的综合旅游风景区,实行生态和旅游相结合、旅游建设项目和旅游商品开发相结合,开发出珍贵谢仙嶂花卉苗木、谢仙嶂山顶古井仙泉井水等旅游商品。至年底,游项目投资 2500 多万元,完成前期项目报批工作,累计完成景区进山公路大道征地 1.73 公顷,建设公路桥梁 1 座、公路路基开挖及路基土方 500 米、环山观光游道 5000 米、山顶仙人泉井、仙人池土方、生态游道植被部分恢复等方面建设。计划建设原生态花卉苗圃培育场 1.33 公顷,培育珍贵的原生态花卉苗木 20 多万株,开发山顶古井仙泉饮用水。

【谢鲁山庄旅游服务业标准化建设】
2015 年,谢鲁山庄风旅游景区是广西区第一批服务业标准化建设 7 个试点单位之一。景区任命专职或兼职标准化工人人员,开展职工培训,制定相应的标准化工制度,有组织开展相关标准化活动,建立结构科学合理、体系层次清晰、要素齐全、完整、覆盖面广、相互协商、可操作性强的旅游服务通用基础标准体系文件 38 份;旅游服务保障体系标准文件 56 份;旅游服务提供标准体系标准文件 38 份。以上各种标准体系符合国家安全、卫生、环保和保护消费者合法权益等有关法律法规要求。10 月 10 日,自治区技术质量监督局组织广西标准化协会专家评估组对陆川县谢鲁山庄旅游风景区服务业标准化试点建设工作进行验收评估,按照《广西服务业标准化试点评估评分表》的要求进行逐项打分,所有资料数据经过专家

评估组现场查验、现场游客满意度调查,标准实施率 90% 以上,谢鲁山庄试点工作评估总得分 86.70 分,符合试点要求合格以上分数,通过自治区评估验收。

【九洲江十里河画景区开发建设】
2015 年,县政府引进广西博途旅游发展有限公司投资 2100 万元,开发建设九洲江吹塘至龙化河段"十里河画"景区,景区规划总面积约 7 平方千米,把沿河段九洲江建设成为乡村生态休闲观光旅游带、AAA 级乡村旅游区、粤桂跨省生态乡村旅游试验区。景区规划秉承生态环保与资源再利用的理念,以生态艺术为主题,把日常生活用品设计成造型各异的艺术雕塑及装置,利用立体管道和墙体点缀出千姿百态、蜿蜒数里的 3D 艺术画廊,用琳琅满目的名贵花草衬托景区多姿多彩的艺术气息,把十里河画景区打造成集休闲、娱乐、观光于一体的旅游胜地。用地包括(游客服务中心、旅游生态厕所、游客停车场建设)园区内部旅游基础设施的建设开发、设施设备、游客休息区、艺术装饰雕塑、彩绘等。

【首届端午旅游文化节】 2015 年 6 月 20 日,清湖镇塘寨红色生态乡村旅游区举办首届端午旅游文化节,活动以"红色、生态、乡村旅游"为主题,举办葡萄种植评比、葡萄观赏采摘、游客抽奖、老年歌舞演唱会、客家美食文化展示、客家农耕文明展示、红色革命传统历史文化展览、旅游农家乐等活动。其中,葡萄种植评比分特等奖、一等奖、二等奖、三等奖,以每串葡萄重量计算,分别奖励 200 元、150 元、100 元、30 元 4 个等次;游客抽奖分一、二、三等奖,分别各奖励葡萄 7.50 千克、5 千克、2.50 千克;客家文化美食展示主要展出陆川客家经典美食,有客家禾线喳、客家石笼薄粉、客家簏毂喳等,并提供游客购买。客家农耕文明展示共展出陆川客家农耕历史生产生活用具文物 300 件(个);红

色革命历史文化展览有革命前辈使用过的刀枪、用具、书籍之类;歌舞表演主要是宣传改革开放革命老区村生态旅游文化建设取得的成就。活动期间接待游客 2 万多人次。

【星级旅游饭店评定】 2015 年,县旅游局做好星级旅游饭店的发展工作,做到宾馆(酒店)建设和指导提升建设星级旅游饭店工作同步推进,组织开展宾馆酒店行业服务技能培训和参赛,组织外出观摩和培训学习,提高宾馆酒店的服务水平和服务质量,在此基础上,开展申报星级旅游饭店建设,实现每年建设一批宾馆酒店,每年申报成功升格一批。年内,陆川县肯麦基温泉酒店被玉林市旅游饭店行评委员会批准为二星级旅游饭店。成为陆川县第 5 家星级旅游饭店。该酒店是陆川肯麦基快餐连锁集团的下属旅游饭店,位于陆川县城中心地带,占地面积 3300 平方米,总建筑面积 6000 平方米,主楼高 9 层半,有客房 102 间,总床位数 161 个,于 2012 年 12 月 18 日开业。该酒店距离政务单位、车站、银行、邮电、学校、商场超市、医院、农产品市场不到 3 分钟的路程,区位优势明显,商业氛围浓厚,是陆川城区酒店服务较好的经营场所之一。

【玉林市旅游业务培训】 2015 年 7 月 29 日—30 日,玉林市旅游项目、A 级景区创建和乡村旅游业务培训班在陆川锦华温泉大酒店举行。玉林市各县(市、区)旅游发展委员会(旅游局)、玉林市属于自治区层面统筹推进的重大旅游项目业主代表、四星级乡村旅游农家乐项目代表及玉林市旅发委业务科室代表近 70 人参加培训。培训班由玉林市旅游发展委员会主办,邀请广西资深的旅游规划涉咨询专家、旅游项目申报专业的教师,采取现场观摩、课堂讲解的方式,理论和实际相结合,针对当前旅游业发展存在的实际问题进行讲解,提高参会人员旅游业务知识和旅游服务能力。与会

人员培训前参观陆川县九州江生态旅游建设项目九州江龙华码头放生园江岸公园及生态观光旅游步道、九州江吹塘桥码头江岸公园建设和自治区层面统筹推进的重大旅游开发项目——岭南世界(陆川)客家温泉文化城等旅游建设项目。

11月23日，玉林市旅游安全应急知识培训班及旅游安全应急模拟演练在陆川县谢鲁山庄举行，由玉林市旅游发展委员会、玉林市应急办联合主办，玉林市旅游系统的县(市、区)旅游发展委员会(旅游局)分管领导、股室负责人以及景区景点、星级酒店、重大旅游建设项目等旅游企业安全主管119人参加培训。培训班邀请自治区级安全生产管理专家陈国俊授课，从旅游安全生成产、旅游安全隐患排查、旅游安全突发事故应急处置等，结合玉林市安全生产的实践进行讲授，从理论上的概念原理到实践中的操作规范做全面的讲述，较全面系统地讲解旅游安全生产管理的知识、旅游安全生产的现状、旅游安全生产存在的问题等，使学员掌握旅游安全突发性灾害事故应急处置的程序、方法、步骤和措施。培训结束后，与会人员观摩谢鲁山庄风景区职工举行的旅游安全应急模拟演练，演练现场在谢鲁山庄白云深处景点的白云路游道背山的不稳定斜坡下，模拟的现场是因为连日下雨，不稳定斜坡少量泥石流滑落，一队20名的旅游团游客路过受阻，其中2名游客因为泥石块滚落而受轻伤，谢鲁山庄启动旅游安全应急预案，从巡山治安员报告到景区领导逐级上报灾情、启动应急处置方案，成立应急处置指挥部，治安管理组、抢险救灾组、灾情监测站、医疗卫生组、后勤保障组等5个应急处置小组紧张有序地进行抢险救灾、游客疏散、伤员消毒包扎、事故现场警戒、现场监测等，整个模拟事故现场有效处置，人员全部安全撤离，旅游局领导慰问游客及妥善安排游客回程后，模拟演练结束。

2015年度12月，陆川县获评为全国休闲农业与乡村旅游示范县

县政府办 提供

【陆川县获评为全国休闲农业和乡村旅游示范县】 2015年12月，陆川县被农业部、国家旅游局认定为全国休闲农业与乡村旅游示范县，为2015年广西入选的2个县之一，是广西第7个获得示范县称号的县。全国休闲农业与乡村旅游示范县由农业部、国家旅游局从2010年起开展创建，计划在全国建设100个示范县、300个示范区、示范点。其中，示范县按照规划编制科学、扶持政策完善、工作体系健全、行业管理规范、基础条件完备、行业优势突出、发展成效显著等七大标准进行评定。"十二五"期间，县委、县政府实施"旅游活县"的发展战略，重点推进休闲农业旅游和生态乡村旅游发展。投入1000多万元，对陆川旅游、九洲江旅游区进行总体规划等，以打造岭南客家温泉历史文化名城的目标定位，将优势文化旅游资源融入旅游开发项目当中。重点推进岭南世界(陆川)客家温泉文化城、谢仙嶂生态民俗文化旅游、龙珠湖综合旅游、东山森林运动养生旅游、陆川澳之山欢乐谷草本生态园旅游、九洲江粤桂跨省生态旅游试验区、塘寨红色生态乡村旅游区开发项目等，计划总投资170多亿元。年内，加快九州江百里生态画廊建设，以九洲江环境整治为契机，规划建设九洲江沿岸百里生态休闲农业与生态乡村旅游区，引进博途投资集团建设谢鲁山庄、十里河画、欧客码头等旅游项目，建成良田镇高峰码头生态公园、吹塘客家文化村、吹塘码头公园等九洲江生态乡村示范带项目。农业休闲旅游重点推进九洲江沿岸休闲农业、马坡千亩龚家山庄农业休闲体验观光示范点、珊罗千亩韭菜花基地农业休闲观光示范点、马坡丽江农家乐、温泉绿顺葡萄园农业休闲观光示范点、南麓山庄、龙颈瀑布农家乐、横山镇南流江旅游农家乐、横山旺坡八角林基地乡村游示范点、乌石镇芭乐田园番石榴农家乐等项目建设。实施马盘二级公路沿线过境公路风貌改造，完成沿线房屋建筑外立面改造面积约3.6万平方米，客家特色民居改造1000多户，公路两侧种植花草、树木、黄金竹，布置竹篱笆、轮胎花，提升沿线公路环境整体形象。全县完成旅游项目开发投资7.50亿元。休闲农业观赏、生态乡村旅游业发展，新开发"陆川客家之旅""陆川葡萄采摘观赏""陆川九洲江旅游"等线路。

(姚明仿)

国土资源·城建·环保

GUOTU ZIYUAN CHENGJIAN HUANBAO

2015年4月23日,陆川县棚户区改造项目可行性研究报告评审会在陆川九龙山庄会议室召开   叶礼林 摄

国土资源管理

【国土资源管理机构及概况】 2015年，陆川县国土资源局(简称县国土局)内设政秘股、土地利用股、政策法规与监察股、地籍测绘股、耕地保护股、财务股、规划科技股、矿产开发管理股、地质环境地勘与储量管理股、信访调处股、纪检监督室、不动产登记股，编制299名，实有人员255人(含停薪留职11人)。下辖县土地开发收购储备中心、技术服务站、土地整理中心、地质灾害防治中心、国土资源信息中心、国土资源执法监察大队、地价评估事务所、土地交易中心、矿产资源管理服务中心、不动产登记中心13个二层机构，及14个镇国土资源管理所。全县国土资源系统有在职职工390余人。全年实现国土资源经济总收入4.78亿元。

【用地指标】 2015年，县国土局共争取到各类新增建设用地指标126.12公顷，其中新增建设用地指标市级75.06公顷、自治区级51.06公顷。

【土地供应】 2015年，县国土局土地一级市场开展土地挂牌出让挂牌出让土地20宗，挂牌出让土地总面积36.28公顷。土地二级市场办理划拨土地补办出让手续补办出让手续55宗，补办出让面积19.35公顷，出让金收入1.93亿元(含追缴出让金)；办理土地转让210宗，转让面积5.42公顷，收取土地收益金125.79万元；办理抵押登记191宗，抵押土地面积338.69公顷。

【存量土地盘活】 2015年，县国土局做好全县存量土地盘活工作，至8月31日止，批而未征土地17.36公顷，征而未供用地252.46公顷，城镇低效用地3.59公顷。至12月底，先后通过划拨、挂牌出让等方式，共盘活存量用地73.51公顷，超额完成上级下达的42公顷存量用地盘活任务。

【耕地提质改造】 2015年，县国土局申报耕地提质改造项目3个，申报实施面积102.46公顷，预计新增水田面积93.42公顷。实施耕地提质改造项目1个，共涉及16个地块，实施面积35.11公顷，预计新增水田面积32.14公顷，8月20日开工建设，至年底完成施工进度10%。

【土地整治项目】 2015年，县国土局实施2个土地整治项目，总投资3063万元。其中，位于乌石镇陆河村、陆龙村、黎洪村3个村的土地整治项目，实施面积277.74公顷，直接受益群众1.21万人，至12月31日，完成80%的工程量，组织材料准备召开变更评审会；位于良田镇龙口村、甘片村、莲塘村3个村的土地整治项目，实施面积639.58公顷，直接受益群众1.89万人，至12月31日，完成90%的工程量。

【土地执法监察】 2015年，县国土局规范动态土地巡查职责，从源头上防范和减少违法占地行为的发生。与相关部门联合执法31次，发出《责令停止土地违法行为通知书》415份，依法制止非法占地384，强制拆除违法占地建筑235处、面积约25780平方米，立案查处土地违法案件53件。对非法采矿行为发出《责令停止矿产资源违法行为通知书》73份，和公安、水利、镇政府等相关部门联合执法30次，打击整治非法采矿12件，打击整治非法毁田采砂场65个(次)，立案查处无证采矿50件(主要是砖厂无证取土)。年检持证有效矿山41个，年检率95.35%，抽检率100%，年检合格率100%，确保各矿山"三率"达标。

【矿山安全生产管理】 2015年，县国土局继续加强对持证矿山的日常监督管理和专项排查，实行定期不定期的监管。组织检查人员1600多人次到矿山进行检查，发出矿山检查情况记录110份，对检查中发现的问题发出《责令整改记录卡》116份、《责令停止矿产资源违法行为通知书》8份。年内，县国土系统共开展一至四季度安全生产大检查工作4次，安全生产大排查大整治行动2次，对无证开采、越界开采、乱挖滥采、破坏浪费矿产资源等违法行为进行查处和打击，维护采矿权人的合法权益及矿产资源的国家所有权。

【地质灾害防治】 2015年，陆川县从建设地质灾害群测群防高标准"十有

2015年3月，陆川县开展惠农土地整治项目。图为施工现场

县国土局 提供

县"(有组织、有经费、有规划、有预案、有制度、有宣传、有预报、有监测、有手段、有警示)入手,加强地灾防治工作,获地质灾害防治高标准"十有县"称号。制定年度防治方案和完善《突发性地质灾害应急预案》,对重要隐患点还分别制订防灾应急预案;完善巡查、值班、预报、速报等制度及县、镇、村、组四级群防群治网络,实现地质灾害防治工作的群防群治。举办县级、镇级突发地灾演练2次,进学校宣教和各级防灾责任人、监测员等防治知识培训5期,共有400多人次参加培训。结合"4·22"地球环境日和"6·25"全国土地日,利用电视、广播等新闻媒体和圩日上街分发宣传资料、张贴标语,广泛宣传防灾知识,提高干部群众防范水平。针对各个地质灾害隐患点,分别采取搬迁避让、修筑护坡堤等措施,全年未发生因地质灾害造成伤亡的事故。

【土地登记发证】 2015年,县国土局共完成土地登记发证633本,其中国有土地使用权证书461本(变更登记374,初始登记87本),集体土地使用权证书122本。另外换发证书24本,遗失补发证书26本。"二期工程"(陆川县农村宅基地和集体建设用地使用权确权登记发证)项目检查验收完毕,验收结果为良好。

【土地管理制度改革】

不动产统一登记制度改革 2015年初,陆川县成立不动产统一登记工作领导小组,结合实际,制定工作方案并通过县政府审批。依据《中华人民共和国物权法》和《国务院机构改革和职能转变方案》及上级有关文件要求和会议部署,4月成立陆川县不动产登记局,11月经县机构编制委员会批复同意成立陆川县不动产登记中心,同时在县国土资源局内增设县国土资源局不动产登记股,推进县不动产登记职责融合工作。

"审管分离"行政审批和职能转变改革 2015年6月成立"审管分离"行政审批制度改革工作领导小组,制定《全面推进"审管分离"行政审批制度改革工作方案》,设立行政审批办公室,落实场地人员,实现集中审批。组织人员修改并制定行政审批事项的审批标准、权限、流程、时限等制度。

国有建设用地网上交易出让试点 为进一步优化土地市场环境、降低交易成本、加强内部监督、强化社会监督、促进廉政建设。根据《广西壮族自治区国土资源网上交易试点工作方案》,按照"专业评估、集体决策"的原则,陆川县推进国土资源网上交易试点。2015年12月31日,陆川县首宗国有建设用地使用权网上交易试点成功出让,广西陆川县富兴食品有限公司、广西陆川县金鑫贸易有限公司、广西陆川县康鑫食品加工有限公司以417万元,成功通过网上交易竞得陆川县珊罗镇六燕村地块C-03-01(C地块)的国有建设用地使用权,该地块面积19999.82平方米,用途为工业用地,出让年限50年,容积率0.8≤F≤2.5。自治区国土资源厅、玉林市国土资源局相关领导现场观摩这起网上交易流程和摘牌结果,并对下一步做好国有建设用地使用权出让网上交易工作提出意见、建议。

【全国国土资源节约集约用地模范县创建】 2015年,陆川县开展创建国土资源节约集约模范县活动,在土地综合整治、农地流转、集约经营工业集中区用地、迁村腾地打造美丽乡村等方面创建特色,不断提升节约集约的整体水平。10月,陆川县国土资源节约集约模范县创建活动通过自治区国土资源厅达标考核,并接受国土资源部验收考核。

【信息化建设】 2015年,县国土局门户网站共发布更新信息644条,其中局门户网424条,自治区信息平台220条,门户网站点击量4.12万次。实行网上办公,为各部门进行数据的接收和上报工作提供硬件和技术支持,10月完成网上办公公文流转所需的硬件软件安装及办公人员用户信息录入,11月试运行。　　(陈　丹)

城乡建设与管理

城乡建设综述

【城乡建设机构及工作概况】 2015年,陆川县住房和城乡建设局(简称县住建局)内设政秘股、政策法规股、房地产业管理和住房制度改革股(陆川县住房制度改革委员会办公室)、财务和统计股、城市规划编制和监察管理股、村镇规划建设综合管理股、城市建设管理股、建设工程管理股、陆川县城镇房屋征收管理办公室,编制14名,实有人员21人。下辖县建设工程质量安全监督站、县房产管理所、县建设工程招标投标管理站、县墙体材料改革办公室、县建筑安装劳动保险费管理站、县建筑设计院、广西陆川桂南城乡规划勘测设计有限公司、县城市规划技术服务中心、县建筑工程交易中心、县房产公司、县第二房产公司、广西桂川建设集团有限公司、广西建大建设工程有限公司等13个二层企事业单位。年内,县住建局按照县委、县政府关于"工业强县、旅游活县、生态美县"的部署,围绕"生态九洲江　美丽新陆川"发展目标,加快新型城镇化建设,加强住房和城乡规划建设管理,城乡面貌改善。全县住建行业完成固定资产投资10.96亿元;完成房地产投资3.72亿元;完成商品房销售面积24.30万平方米,比上年增长30.02%;核发建设工程施工许可证72份,总建筑面积55.32万平方米,工程总造价7.36亿元;办理建设用地规划许可证69份,用地面积66.37万平方米;办理建设工程规划许可证454份,建筑面积100.40万平方米;竣工验收工程项目40个,总建筑面积21.14万平方米,总投资3.59亿元,均一次性验收合格;完成工程招标项目85个,建筑面积73.22万平方米,工程总造价10.18亿元,共节约资金5158.87万元。完成建筑业总产值31.13亿元,比上年增长6.78%。陆川县城建成区面积14.69平方千米,城镇化率41.76%。

【企事业单位选介】

陆川县城市建设投资有限公司(简称县城投公司)国有企业。隶属县住建局管理,主要开发城镇土地,推进市政工程建设等。2015年,县城投公司内设办公室、财务部、工程部、投资部、资产部、人事部、融资部、发展规划部、项目用地部、群工维稳部,员工35人。

陆川县工业投资有限公司(简称县工投公司)为国有企业。主要投资市政公用设施、工业园区及配套设施、工业项目和工程、工业与民用建筑、生态环境工程、环保设施、公路和市政道路等建设,房地产开发,土地收储,物业管理,仓储,物流,农业和旅游项目、服务业,国有资产管理等领域。2015年,内设征地拆迁部、项目建设部、资产经营管理部、财务部、办公室,有职工28人。年内,县工投公司重点推进龙豪创业园区基础设施建设,新开工项目13个,续建项目5个,竣工项目6个。完成固定资产投资4.70亿元,比上年增长2.80%。完成征收土地9.38公顷,拆迁面积2705.54平方米,迁移坟山480座,发放各种补偿款1963.86万元。

陆川县小城镇建设有限公司(简称县小城镇建设公司)为国有企业。隶属县政府管理,主要承担政府授权的城镇公共基础设施等项目的融资、投资、建设、运营和管理,是陆川县人民政府的融资平台之一。2015年,内设资产管理部、工程技术部、投资发展部、财务部、行政部、维稳工作部、妇女工作部,下辖广西陆

川县蓝宇房产地开发有限公司、广西陆川县新农投资有限公司2家子公司,共有职员33人。年内,加快城镇功能区规划建设,完成固定资产投资5.60亿元。

陆川县经济发展集团公司(简称县经发集团)属县直科级事业单位。2015年,内设办公室、财务室,下辖广西陆川县集发建筑安装公司,在岗职工14人,其中集团公司在职5人,下属企业在职9人。年内,完成经济总产值8860万元,上缴税额481万元。

【城乡规划】

城区规划编制 2015年,县住建局完成中心城区,龙豪创业园二、三期,城南新区二期等4个控制性详细规划编制,实现县城控规100%全覆盖。完成县域内保护性建筑普查工作,第一批保护性建筑名录取得玉林市政府批复。

村镇规划编制 2015年,陆川县横山镇城北片区控制性详细规划(57.92公顷)、陆川县清湖镇镇区控制性详细规划(228.49公顷)2个镇控制性详细规划通过专家论证。

规划审定和许可 2015年,陆川县城乡规划委员会召开会议6次,审定规划40项;出具建设项目规划设计条件117份、建设项目规划选址意见16份;核发《建设用地规划许可证》69份,许可用地面积66.37万平方米;核发《建设工程规划许可证》454份,许可建筑面积100.4万平方米。

【建筑节能减排】 2015年,陆川县"限粘禁实"(限制使用黏土制品的墙体材料,禁止使用实心黏土砖、实心页岩砖)工作顺利通过自治区"限粘禁实"达标县检查验收。完成新型墙材企业转型升级5家,关停淘汰落后产能红砖厂12家,关停拆除落后产能红砖厂4家。广西新基建材有限公司的蒸压加气混凝土砌块生产示范项目获得"自治区新型墙体材料2015年度标杆示范生产项目"荣誉称号。

城乡建设

【市政基础设施建设】 2015年,陆川县投资3100多万元,完成温汤东路建设工程、陆兴北路改造工程、金穗街改造工程等20个市政建设项目。投资1500万元对温泉大道城北入口至公园路口路段全程约4千米的两

2015年改造成的金穗桥　　　　　　　　县城投公司　提供

侧民居建筑实施外立面改造，完成客家特色民居改造290户。投资517万元实施九洲江桥及两岸民居外立面风貌改造项目，完成客家特色改造120户。投资约220万元完成金穗桥改造，打造生态城市建设精品工程。投资约1亿元的远辰大道完成道路硬化900多米；投资8000多万元的九龙路开通900多米；投资915万元建设讯和路全长2570米，完成路面硬化120米。

【岭南世界（陆川）客家温泉文化城建设】 列为自治区层面统筹推进的旅游重大项目。项目占地面积200公顷，计划总投资63亿元，由广西远辰客家文化城投资有限公司投资兴建，各个旅游项目实行对外合作，与美国北美集团、广西金融投资集团、上海酷贝拉青少年教育中心、红星美凯龙集团、桂林科苑生态自然艺术博物馆、永珍明珠、人民网、新华网等单位进行战略合作。项目于2014年开工建设。2015年，完成征收土地180公顷，客家公园一期主体封顶、二期主体施工，客家历史文化展示馆交付使用；客家小镇总建筑面积5万多平方米，一期主体工程竣工，建成商铺9幢498套，建筑面积3万多平方米；风尚驿家商品房总建筑面积3万多平方米，一期主体施工、二期土方开工，完成主体建设4幢320套，在建工程4幢392套，建筑面积1万多平方米；温泉欢乐谷土方开工，客家样板展示区交付使用，实施路边绿化美化建设；远辰大道总长1200米，开通1050米，硬化道路900多米；九龙路总长1800米，全线开通，正在建设路基、路桥、硬化道路；1.2千米长的南北主干道土方路基施工；已完成投资12亿元。

【锦源家居建材市场项目建设】 项目位于县城北面，县人民法院后面。2015年，完成征地26.63公顷，迁移坟山256座，拆除房屋2560.64平方米。项目配套市政基础设施建设，主要建设锦源1、2、3、4、5号路。平整各号路的延长线土方，基本硬化3号路、路面宽16米，完成路边美化、绿化、亮化及雨污管等工作。推进湴塘小学、机动车辆安全检测站、消队大队新营区、县检察院档案和技术用房主体、装修工程等附属工程建设。年内，完成湴塘小学挡土墙主体砌筑，硬化校内运动场，建好排水沟；锦源农民安置用地土方平整1.02万立方米；机动车辆安全检测站项目土方平整约9600立方米；消队大队新营区主体建设封顶；完成县检察院档案和技术用房主体、装修工程，完善基础设施、附属工程建设。

建设中的远辰大道　　县住建局提供　2015年7月摄

【陆川县文体中心建设】 项目总投资约2亿元，其中工程造价6083万元。2015年，完成文体中心综合楼主体工程建设，进入全面的内外墙装修安装水电、电技设备及铺设硬化地台通道，将于2016年前交付使用。年底，游泳池、跳水池建设情况。占地面积6384平方米，建筑面积520平方米；完成游泳池、跳水池（占地面积6384平方米，建筑面积520平方米，造价592.23万元）混凝土构造（池底、池壁）施工及跳水台、四周观望台的主体工程，进入全面装修阶段。篮球馆场地土方已完成外运，开始基础施工。

【陆川县教育集中区建设】 项目总投资3.70亿元，采用BT（建设—移交）形式实施，建设内容包括高中校区、初中校区、文昌公园和路网工程。已完成项目前期各项工作。2015年12月开工建设高中校区一期工程。

【县城（旧城）棚户区改造】 2015年，县住建局推进棚户区改造，总投资14.38亿元，至年底，完成陆兴、向阳、城投公司片区旧房改造项目立项、可研、地勘、规划设计的前期工作，进入旧房搬迁安置实施阶段。县供销社棚改点项目完成招投标，施工方进场施工；县政府黄楼棚改点完成土层主体建设；县经贸局棚改点全部签订协议，并拆除全部房屋；县城投公司片区开展摸底调查；杨屋队棚改点在征求群众意见。

【保障性安居工程建设】 2015年，陆川县共发放廉租住房租赁补贴276.26万元，新增廉租房租赁补贴205户。投资3600万元新建公租房583套。年内，竣工2014年公租房建设项目272套。

【小城镇建设】 2015年，陆川县投资1700万元建成沙湖、横山、滩面3个鎮撤乡改镇基础设施建设项目(一期)和乌石镇城镇化建设百镇示范工程(一期)。投资632万元，实施马坡镇城镇市政基础设施建设项目，完成80%的工程量。

【生态乡村建设】 2015年，陆川县投资300万元建成15条"美丽广西·生态乡村"村屯道路硬化示范项目，共硬化村屯道路8.72千米，约3万平方米，惠及9个镇13个村。投资83.80万元建成良田镇高峰码头生态公园。投资5000多万元建成吹塘客家文化村、吹塘码头公园等九洲江生态乡村示范带项目。投资235万元实施大桥镇中间村、珊罗镇鹤山村、珊罗镇长纳村、沙坡镇仙山村风貌改造工程。投资1300万元实施马盘二级公路沿线(马坡、米场、乌石、良田)过境公路风貌改造，完成沿线房屋建筑外立面改造面积约3.60万平方米，客家特色民居改造约1000户，并在公路两侧种植花草、树木、黄金竹，布置竹篱笆美化提升沿线公路环境整体形象。

【温泉镇东山村土地综合整治】 2015年11月，陆川县实施温泉镇东山村土地综合整治建设，项目计划总投资1.49亿元，总规模23.50公顷，其中农民集中安置区用地14.27公顷，城镇建新区用地9.23公顷。拟对温泉镇东山村13个村民小组407户2379人进行搬迁。至年底，完成征地21.68公顷，支付征地拆迁工作经费2978.30万元。项目主要实施农民集中安置区、拆旧复垦区、城镇建新区。其中，农民集中安置区规划征地14.27公顷，征水田2.74公顷、林地11.25公顷，迁移坟山278座，清点青苗5公顷，砍伐竹木5.87公顷，清理表皮6.90公顷、平整土地4.73公顷，挖运土方33.46万立方米;完成安置区第一期工程施工图纸设计、审图、预算、评审、政府采购等工作，进入工程招投标程序。完成拆旧复垦区一期工程招投标，已签订村民意向异地重建集中安置协议书98份(户)。城镇建新区规

划征地9.23公顷，完成征地7.69公顷，清点青苗1.67公顷，砍伐竹木1.4公顷，平整土地2公顷。

【圩镇农贸市场体系项目建设】 2015年，陆川县对14个镇的综合农贸市场进行建设。完成13个镇(平乐镇除外)项目征地40.87公顷。落实项目用地指标35.17公顷(沙坡镇1.23公顷、沙湖镇1.31公顷、滩面镇1.75公顷、古城镇4.58公顷、清湖镇5.27公顷、大桥镇5.59公顷、横山镇1.98公顷、良田镇7.89公顷、温泉镇5.57公顷)。与13个镇项目投资商签订项目建设协议书。滩面、沙湖、沙坡、温泉4个镇项目部分土地完成招拍挂，良田、横山2个镇部分国有建设用地使用权进行挂牌出让公告。

【农村危房改造】 2015年，陆川县投资5481.55万元实施农村危房改造3000户，分两批建设，第一批880户，第二批2120户。截至年底，竣工3000户，其中，温泉镇219户、米场镇178户、马坡镇288户、珊罗镇157户、平乐镇151户、沙坡镇265户、大桥镇193户、乌石镇411户、良田镇296户、清湖镇203户、古城镇231户、沙湖镇106户、横山镇184户、滩面镇118户。

【污水与垃圾处理项目建设】 2015年，陆川县推进九洲江流域水环境的综合治理，投资约3亿元建设14个污垃项目。建成沙坡、温泉、大桥、横山、乌石、滩面、良田、古城、马坡9个镇污水厂，新增城镇生活污水日处理能力3.49万吨，新增镇级污水集污管网37.95千米;建成城区27千米污水管网项目，新增城区污水集污管网27千米;建成城区18个直排口截污建设，新增日截污能力4.86万升;温泉镇污水处理厂(县污水厂二期)工程是自治区重点关注项目。总投资9420万元，铺设污水管网16.13千米，采用IBR(整合生物标志物响应)处理工艺，途经公安街、新洲街、供销大厦、东滨西路至四里河口处，日污水处理

规模2.5万吨。10月，沙坡、大桥、横山等3个镇垃圾中转站开工建设，新增日垃圾转运能力120吨。

(吕文成　黄　成　吕玉霞)

征地拆迁

【征地机构及工作概况】 2015年，陆川县征地办公室(简称县征地办)内设综合管理股、业务管理股、法规宣教股，事业人员编制30名，实有41人。年内，推进全县征地拆迁工作，加强组织、指导、协调，加强相关法规政策宣传，完善征地拆迁安置及相关手续，及时支付征地拆迁和安置区规划建设的相关费用，处理有关征地拆迁问题来访、信访和历史遗留问题。全县征地项目121个，完成土地征收面积148.38公顷，支付补偿款1.74亿元，拆迁面积4.6万平方米，支付拆迁补偿2515.77万元。

【项目征地拆迁】 2015年，县征地办牵头或协助有关项目征地责任单位，重点抓好县世客城、东环路扩建、教育集中区、九洲江上游流域产业转移园、北部玉柴新城、城市综合体、食品公司屠宰场、通政东路、温汤路、讯和路和九洲路以及各镇污水处理厂等项目的征地拆迁工作。年内，全县征地项目121个，共完成土地征收面积148.38公顷(其中水田62.50公顷、坡地27.40公顷、林地58.48公顷)，支付补偿款1.74亿元，拆迁面积4.6万平方米，支付拆迁补偿2515.77万元。其中，由县征地办牵头组织征收各类土地24.17公顷(其中水田18.33公顷、坡地0.26公顷、林地5.58公顷)，共发放各类补偿款2947.81万元，拆迁面积1995平方米，支付拆迁补偿款70.27万元。协助各镇、各项目征地责任单位共完成各类土地征收面积124.21公顷，支付补偿金额1.45亿元。

【征地拆迁历史遗留问题化解】 2015

年,县征地办做好征地拆迁历史遗留问题化解。抓项目征地坟山迁移问题。征收温泉镇四良村磨谷地临时墓地 6.67 公顷,温泉镇长河村上里村队、书房屋队的山岭 5.89 公顷,以解决县城项目征地拆迁坟山迁移用地,解决城区项目征地拆迁工作中遇到的坟山迁移难的瓶颈问题。按照《陆川县人民政府关于印发陆川县城项目征地拆迁留置地回建地发放确认登记凭证暂行办法的通知》要求,对 2014 年 1 月 1 日以后征地拆迁的留置地、回建地进行安排。根据县城征地拆迁项目轻重缓急,对历史遗留问题按照"新账不欠,老账逐还"的原则,统筹协调解决征地拆迁工作中遇到的留置地、回建地瓶颈问题。

【棚户区改造】 2015 年,县征地办派出工作组协助县棚改办开展棚户区改造工作,协助责任单位支付棚户区改造拆迁补偿款,年内共协助棚改办签订拆迁房屋协议 761 户,支付项目前期工作经费及拆迁补偿款 709 万元。县供销社、县经贸局棚户区改造动工建设。　　　　　　(卢天富)

市政市容管理

【市政市容管理机构及概况】 2015 年,陆川县市政市容管理局与陆川县城市管理行政执法局(简称县城管执法局),实行一个机构、两块牌子,在县住建局挂牌,内设综合股、市政市容管理股(行政审批办公室)、法制股,行政编制 7 名,机关后勤服务人员编制 1 名,实有人员 6 人。下辖城建管理监察大队、园林管理所、路灯管理所、城区环境卫生管理站、生活垃圾卫生填埋场、九洲环卫公司等二层单位。全系统干部职工 300 多人。年内,县生活垃圾卫生填埋场公开招聘录用工作人员 30 人。

【市容市貌专项整治】 2015 年,县市政市容管理局规范城区市容管理。一是清理城区非法广告。对城区"牛皮癣"小广告进行全面集中清洗 28 次,铲除张贴式广告 5700 多张、跨街横幅 350 多条,清洗喷漆式"牛皮癣"广告 6300 多平方米,查处教育张贴小广告当事人 3 人。二是集中治理夜市烧烤市场,规范经营管理,劝导夜市烧烤经营者入店并到集中到峨嵋街和美食街经营。三是维护校园周边的市容环境,上学、放学时段及中高考期间,按时到现场,保障道路畅通,防范意外事故的发生。四是加大重点路段市容环境整治。重点整治温泉大道、新洲路、陆兴路、三峰路等路段的市容环境。安排轮值城管执法人员全天候监管,取缔跨门槛占道经营、流动兜售等市容违章行为。五是清理违规经营行为,共清理跨门槛占道经营 1130 个、流动摊点 860 个(户)、夜市摊点 26 个、早餐摊点 58 个,取缔马路市场 4 个,清理查处乱扔垃圾 12 起。六是规范户外广告管理,加大广告设置监管,对设置到期或破旧的广告牌督促责任人及时更换或更新,规范县城广告管理。七是强化违章建筑监管。共查处违规建设 28 处,经说服教育,自行纠正未建的 32 起,建后自行拆除的 26 起,劝说无效而强制拆除的 12 起,规范区内建设秩序。八是查处渣土车违规拉运的行为,共整改建筑工地 46 处,渣土立案 3 起,查处纠正散装未覆盖车辆 25 辆,有效降低城区扬尘指数。九是实施"门前三包"(一包门前市容整洁,无乱设摊点、乱搭建、乱张贴、乱涂写、乱刻画、乱吊挂、乱堆放等行为;二包门前环境卫生整洁,无裸露垃圾、粪便、污水、无污迹、无渣土,无蚊蝇滋生地;三包门前责任区内的设施、设备和绿地整洁)和严管重罚。成立"门前三包"中队,开展"门前三包"活动,所有临街门店、单位均签订"门前三包"责任状,推动"门前三包"制度的落实。启动严管重罚行动,重点对乱丢乱扔垃圾、随地吐痰、乱贴乱画、乱停乱放、门店不履行"门前三包"义务等行为进行处罚。十是加强散土运输管理,对散土运输实行申报登记,拉泥车须设置防护措施,清扫车身,拉泥经过线路必须清扫、洒水、降尘。

【环卫保洁】 2015 年,县市政市容管理局按照"六无四净"(路面净、道沿墙根净、下水口净、绿化带及树根净;无烟头纸屑及果皮壳、无痰迹、无污物积水、无暴露垃圾、无砖块砂石、无废弃堆积物)的清扫标准,组织全县市政系统进行环境卫生大扫除 4 次,及时清理城区街道、空地乱堆乱倒的基建垃圾、杂物、杂草、积沙积泥,共清理建筑垃圾、废弃物、杂物、杂草及积沙积泥 131 车。

2015 年,县市政市容管理局建立环境卫生监督巡查机制,组织督查打分人员分南北组实行不定时巡回督查,承包路段发现问题及时通知国策公司管理人员及当班清扫保洁人员进行整改。登记卫生死角、积沙积泥和空地堆积建筑垃圾等情况,以书面形式一日一报主管局,下发限期整改通知书。共拍摄需要整改的相片 2.16 万张,登记上报需要整改的内容 2 万多条。

【园林绿化】 2015 年,县市政市容管理局做好道路绿地行道树及公园绿地补植普查,对温泉大道东西两边到法院路口段的绿地及陆兴路加油站至温泉广场西边的花带进行绿化补植;对消防大队门口路段以北至公园路口的绿化带的花池进行种植。

【路灯管理】 2015 年,县市政市容管理局采用能源管理合同模式,对县城 2924 盏高压钠灯改造为 LED(发光二极管)路灯,全部改造成 LED 光源,11 月开始安装 LED 节能路灯,至年底全部安装完毕并投入使用。并将县城的路灯控制进行自动化建设。改造后节能约 60%,由广西金岸桂物集团有限公司实行能源合同项目管理。对城区、各镇路灯进行维修,修复路灯电缆故障 50 多处,保障主干道路灯亮灯率 98% 以上,次干道路灯亮灯率

96%以上。实行日常巡查制度,将全县路灯维护区域分成3组进行巡逻、维护,县路灯管理所实行领导挂点负责,对维护人员进行调整和充实,制定相应考核奖惩办法,规范路灯管理。维护人员定时到责任区内进行巡查,对责任区内所有的路灯设施的安全、设备完好、灯容灯貌负责,确保设施运转正常,做到晚上无黑路,白天无亮灯。

【生活垃圾填埋场规范运行】 2015年,县市政市容管理局在城区ABCD区第四层、第五层铺设雨天作业平台和导气石笼。雨季期间,职工加班加点清理截洪沟、排水沟塌方淤泥62次,消毒、杀虫、除臭315次。覆盖黄土8100立方米,购买废建筑材料铺设道路和作业平台1824立方米。年内,完成无害化处理进场生活垃圾6.20万吨,比上年增长40%,进场垃圾处理率100%。药物清洗MBR膜(生物反应器)24次,加药清洗纳滤膜60多次,购买大功率的提升泵1台,在143平台搭建雨污分流临时截洪沟直接排出大量雨水。3月下旬,九洲环卫公司组织突击分队,与武汉天源环保集团工程师联合开展菌种生化培养,及时更换反应池MBR膜,并在短时间内,调节好设备,使设备恢复正常运转,加大处理渗滤液,使出水达标排放。

【生态乡村现场会现场点布置】 2015年,县市政市容管理局为迎接自治区、玉林市九洲江流域生态乡村示范带现场会的召开,按照县委、县政府统一部署,在上年布置自治区生态乡村现场会现场点的基础上,彻底清除影响市容的卫生死角,依法打击乱摆乱卖、占道经营、无证经营、乱搭乱盖等违法行为,把各种影响市容市貌的隐患降低到萌芽状态,创造清洁、优美的市容环境。对九龙山庄路段和温泉大道路段违建铁皮棚进行依法拆除。在东环路,进、入城口处植种竹篱笆、格桑花,在东环路及进、入城口

竹篱笆回泥种花,在东环路铺草皮以及种花、种树,在温泉大道、东环路挂上七彩轮胎并种花装饰,对温泉大道被损毁的护栏进行全面修复以及对温泉大道、东环路进行建筑清理、道路清洗,确保窗口路段完美形象。

(丘茂东)

建筑业管理

【建筑业概况】 2015年,全县有建筑企业7家,其中一级资质1家、二级资质2家、三级资质4家;完成建筑业总产值30.90亿元,比上年增长6%;完成建筑业增加值14.29亿元,增长5%。年内,县住建局共核发《建设工程施工许可证》72份,总建筑面积55.32万平方米,工程总造价7.36亿元。

【建筑招投标管理】 2015年,县建设工程招标投标管理站共办理招标项目85个,工程总造价9.70亿元。其中,公开招标的工程项目64个,工程造价3亿元;邀请招标的工程项目21个,工程造价6.70亿元。

【建筑施工安全管理】 2015年,县建设工程质量安全监督站受理质量安全监督在建工程139个,建筑面积62.28万平方米,总投资12.92亿元;新报监建设工程99个,建筑面积41.14万平方米,总投资9.32亿元;竣工验收工程项目40个,总建筑面积21.14万平方米,总投资3.59亿元,均一次性验收合格。组织开展施工安全生产检查工程项目171个(次),全县工程建设施工安全和实体质量处于基本受控状态,建筑质量安全监管水平逐步提升,年内没有发生建筑安全事故。

【建安劳保费管理】 2015年,县建筑安装劳动保险费管理站共收取建安劳保费1269万元,拨付建筑企业建安劳保费78个项目,拨付建安劳保费基本部分金额666万元,拨付建安劳保

费调剂金423万元(其中自治区调剂金255万元),受益施工企业13个,有效帮助建筑施工企业购买职工养老保险、医疗保险等社会保险。

房地产开发与房产管理

【房地产管理机构概况】 2015年,陆川县房地产管理所内设办公室、保障性住房办公室、公房管理股、测绘队、物业管理股、白蚁防治中心、财务股、档案室、信息部、办证股、抵押股,编制78名,实有人员58人。

【房地产开发】 2015年,全县共有房地产开发企业38家,在建、续建、新建房地产项目20个,完成房地产投资3.71亿元,商品房施工面积62.80万平方米,商品房销售面积24.30万平方米。

【房屋产权户籍管理】 2015年,县房产公司共办理初始登记274件、他项权利登记2229件、预购商品房设定抵押权1761件,提供房屋权属登记信息查询3140次。 (吕文成 林小清)

住房公积金管理

【公积金管理机构概况】 2015年,玉林市住房公积金管理中心陆川管理部(简称陆川公积金管理部)内设主任室、归集室、信贷室,编制3名,实有人员7人。年内,陆川公积金管理部加强住房公积金归集、放贷及管理,全县累计归集住房公积金1.81亿元,发放住房公积金个人贷款3.48亿元,住房公积金滚存结余1.90万亿元。

【住房公积金归集】 2015年,陆川县新增住房公积金缴存单位11个,新增缴存人数360人。全县累计正常缴存住房公积金单位343个,缴存人

数 2.17 万人。全县累计归集住房公积金 1.81 亿元，比上年 1.55 亿元增加 2572.05 万元，增长 16.60%。累计归集住房公积金 7.72 亿元，归集余额 4.84 亿元。

【住房公积金提取】 2015 年，全县共有 2693 人次提取住房公积金，提取总金额 9303.85 万元，比上年增长 67.29%，占归集额的 51.49%，上升 15.60 个百分点。

【住房公积金贷款】 2015 年，县住房公积金管理中心共向 432 户职工发放住房贷款，贷款总额 1.06 亿元，比上年增长 71.10%。住房公积金个人贷款余额 2.94 亿元，存贷比为 60.67%，上升 8.92 个百分点。　　　（简恒美）

城市供水和污水处理

【供水机构及概况】 2015 年，陆川县水利供水有限公司(简称县水利供水公司)内设经理工作部、财务会计部、人力资源管理部、生产技术部、安全生产监察部、营销部 6 个部门，编制 100 名，实有人员 170 人。县城供水设施日供水量 2.70 万立方米。县城累计有水表入户 2.80 万户。完成售水量 692 万立方米，实现总收入 2047 万元，上缴税金 76 万元。水费回收率 99.69%，管网漏失率 17.58%。水质综合合格率 99.70%，管网压力合格率 99%。

【供水】 2015 年，县水利供水公司新增水表入户 1526 户，比上年增加 95 户；完成“卧龙世家”等开发区约 1900 米给水主管安装业务。年内，完成供水量 839 万立方米、售水量 692 万立方米。供水量增长率低的原因是由于全国经济低迷，房地产发展疲软及钢铁厂停产所致。年内，县水利供水公司落实安全生产责任，逐级签订安全生产目标管理责任书、基层单位防火责任书，在职员工按规定足额缴纳安全生产风险抵押金，把安全生产责任、防火责任层层分解，落实到个人，明确自身的安全责任。新增及更换灭火器箱 10 个、灭火器 22 个。在水厂运行车间安装高清摄影安全监控系统、出厂水质在线监控、池面安全防护栏、智能型二氧化氯发生器配套设施等系列安全设施，确保安全生产运行。开展安全生产大检查，开展打非治违和危险化学品及易燃易爆危险品场所专项整治工作及防汛、消防、安全生产“三项行动”，开展安全隐患排查，一线班组共进行安全生产隐患排查 2800 多项次，及时整改安全隐患 60 多个，整改率 100%。

【水质检测】 2015 年，县水利供水公司完成常规项目检测 358 次，水质综合合格率 99.41%；完成全年的季检和采样工作，确保水质安全。办理水质咨询投诉 157 次，现场检测 146 次，妥善解决用户的水质问题，办结率保持 100%，用户满意率 90% 以上。

【阶梯式水价收费】 2015 年，陆川县实行居民生活用水阶梯水价收费办法，县水利供水公司成立居民阶梯式水价收费核查、宣传工作小组，对全县 2.83 万户用水户的用水量和用水性质进行普查，加大阶梯式水价政策加强宣传。11 月实行居民生活用水阶梯水价收费。推行银行代扣水费业务，至年底完成银行代扣水费的用户 1.20 多万户，占总用户数的 42.40%，收费率 99.26%。

【水表更换】 2015 年，县水利供水公司室改造内水表 526 户，更换旧表 536 只，首次检定 φ15 表 1500 只，首次检定 φ20 表 2000 只，抄表率 99.65%，准确率 99%。

【污水处理】 2015 年，陆川县污水处理有限公司(简称县污水处理公司)内设经理工作部、财务会计部、人力资源管理部、生产技术部、安全生产监察部、营销部 6 个部门，人员编制 28 名，实有 28 人。日污水处理能力 2.50 万立方米。年内，完成污水处理量 768.62 万吨。营业总收入 836 万元，比上年增长 1.10%。污水排放合格率 100%，污水费回收率(同水费征收) 99.58%，总收入 782.03 万元，上缴税金 40.50 万元。　　　　（李 洪）

环境保护

【环保工作机构及概况】 2015 年，陆川县环境保护局(简称县环保局)内设政秘股、自然生态项目股、监督管理股、法规和宣传教育股，下辖陆川县环境监察大队和陆川县环境监测站，实有人员 40 人。年内，县环保局被评为自治区环保系统 2014 年基层建设年先进集体、玉林市环保系统 2014 年度先进集体，获 2015 年度创建自治区级生态村镇先进集体一等奖。

【建设项目环境管理】 2015 年，县环保局共审批建设项目 104 个，相应投资 41.31 亿元；因不符合国家和地方产业政策、不符合城市总体规划、没有环境容量等原因否决或劝退项目 16 个，相应投资 6.45 亿元。共受理建设项目竣工环保验收申请 11 个，通过验收项目 5 个，因未达到验收条件不通过 6 个。

【环境监测】 2015 年，县环保局完成对九洲江主干道及支流汇入口 39 个断面、县城内其他 5 条主要河流 7 个断面共 17 个水质断面(核对数据分数、合计数)的 560 次监测任务。完成污染源监测任务 301 次，其中验收监测 17 次，监督性监测 45 次；接受委托监测 159 家。配合玉林市环境监测站完成九洲江长河桥、大桥坝、滩面桥、良田桥和飞蛾岭 5 个断面采样工作。完成陆川县城环保目标责任制和城区饮用水水源地原水监测全年监测任务。

【监测能力建设】 2015年11月,县环境监测站通过自治区计量认证扩项评审,12月通过自治区环保厅三级站达标验收工作。年内新增加分析项目39项,其中水和废水34项、气3项、声2项。开展监测项目共51项,其中水和废水40项、气5项、声6项。

【环境监察能力提升】 2015年,县环保局推进环境监察能力建设,自治区环保厅为县环保局配发的移动执法设备3组,移动执法终端包括手机终端、移动执法箱(内含笔记本电脑、录音笔、打印机、站相机、摄像机),3组设备分别发放到各小组,每小组落实专人负责管理,主要用于现场执法,并对移动执法系统使用进行人员培训。

【环境监察执法】

环境突出问题整改 2015年,县环保局组织4个调查组深入九洲江流域内8个镇进行清查,对九洲江主干流200米禁养区及重点支流直排猪场的漏拆、新建、抢建情况进行全面摸底统计,一经发现有抢建、新建养殖场的,坚决进行清拆,杜绝养殖"回潮"现象。对全流域涉水企业进行再次排查,加强企业环保监管,发现企业违法偷排直排或擅自新建改建扩建的,一律依法责令限期整改,或依法关停。

环境专项整治 2015年,陆川县开展环境专项整治。一是开展危险化学品和易燃易爆品安全生产专项整治,重点排查九洲江流域重点企业7家,对存在一定安全隐患的企业,责令其立即整改。二是开展环境风险和隐患问题大排查大整治,出动检查人员30人次,检查企业20家(其中有色金属企业1家,电镀企业2家,铅蓄企业1家,非法小炼油企业8家,九洲江沿岸养殖企业8家),检查发现存在环境风险和隐患问题8家,对发现的隐患问题企业进行整治。三是开展工业企业排污口规范化整治,对检查不合格的工业企业责令其限期整改。

环境污染纠纷及信访处理 2015年,县环保局共收到各类环境投诉案件212件,其中来电来信161件、上级部门及县其他部门转办51件。处理212件,结案212件,结案率100%。

【农村环境连片整治】 2015年,陆川县推进农村环境综合整治。完成自治区环保厅、财政厅2014年下拨给陆川县5个建制村16个农村环境综合整治项目的前期勘察、设计工作,并且实施方案、设计方案、设计图纸上报玉林市环境保护局审批;在温泉、大桥2个镇5个村建设15座污水处理设施,项目总投资1500万元(其中中央资金500万元,自治区资金750万元,县级配套资金250万元),至年底项目全部竣工并通过验收。

【生态环境建设】 2015年,县环保局协助企业争取广西生态引导资金支持,帮助10家养殖场和1家有机肥厂企业申报"生态广西"建设引导资金,至3月,全县有6家养殖场、1家有机肥厂共获生态广西建设引导资金335万元。在县城的各大公园、广场、小区等地合理配置添种乔、灌、花、草等绿色植物,打造绿色生态为主体的绿色地带,改善全县生态环境和宜居环境,至年底,县城绿化覆盖率42.85%、绿地率36.98%、人均公共绿地面积11.05平方米。大桥镇大塘村等13个村获自治区级生态村命名,温泉镇长河村等17个村获市级生态村称号。

【环境保护大检查】 2015年,县环保局重点对全县涉重金属企业、工业园区、重点排污单位、固体废物和危险废物产生、使用或经营单位进行拉网式排查,重点排查饮用水源保护区内违法违规排污口及违法违规建设项目,重点解决群众投诉的热点问题。开展环境保护大检查专项活动,全县共出动检查人员600多人次,检查企业300多家次。其中,共检查环保"三同时"(同时设计,同时施工,同时投入使用)建设项目78个;查处环境违法行为9件,立案4件,行政罚款7万元,责令2家企业单位限期整改,2家企业停产整改,依法取缔非法"小冶炼"厂1家,至年底有4家企业完成整改。

(禤卫清 陈虹求)

2015年5月29日,陆川县九洲江流域养殖场标准化改造和转型升级工作会议在县城召开 县环保局 提供

交通·邮政·通信

JIAOTONG YOUZHENG TONGXIN

2015年9月2日，陆川县安全生产"打非治违"专项行动暨道路交通安全和消防安全工作会议在县城召开

叶礼林 摄

铁路运输

【铁路运输概况】 2015年,黎(塘)湛(江)复线铁路纵贯陆川县境南北,境内里程85千米,途经珊罗、马坡、米场、温泉、大桥、乌石、滩面、良田等乡镇。火车站点设有陆川、米场、吹塘3个,双线自动化闭塞行车,仅陆川站办理客运、货运业务。玉林至北海铁山港铁路陆川段在建。黎湛铁路陆川段列车最高时速110千米,每天的通过能力为130对列车。陆川火车站隶属南宁铁路局玉林车务段,属三等中间站,位于县城陆兴中路七区1号,中心里程为黎湛线178千米＋656米处。设有车站广场、雨棚、地道等专项设施。站房面积1500平方米,其中候车室450平方米;旅客站台2座,总面积5243平方米;雨棚2座,总面积6520平方米。两站台间建有地道。货物仓库4座,总面积2640平方米,露天高站台面积6018平方米,露天堆场面积8000平方米。有到发线5股,其中正线2股,货物装卸线4股,牵出线1股。设运转、客运2个班组,干部职工61人。货运业务由梧州货运中心陆川营业部管辖。至12月31日,实现安全生产9505天。

【电气化改造】 2015年3月,黎塘至湛江电气化改造陆川段开工建设,至年底完成勘测、基坑开挖、接触网支柱组立、架线建设。6月,陆川火车站因动车改造站内施工暂停电气化改造工作,待中国铁路总公司对开行动车方案进行审批,将于2016年12月完成。

【站台扩建工程建设】 2015年,陆川火车站实施一站台雨棚扩建工程建设,至年底基本完成,加长雨棚260米。完成一站台与出站口处加建钢筋水泥雨棚建设,建设雨棚50米,将于2016春运前开通使用。

【运输业务】 2015年,陆川火车站每天接发列车160列,其中旅客列车40列,货物列车120列。发送旅客53.60万人,比上年增加8.20万人,增长18.06%;完成运输收入2600万元。货运因经济环境影响,到达和发送货物均下降幅度较大。其中,发送货物124车、7200吨,比上年减少7.28万吨,下降91%;到达货物1065车、4.86万吨,减少30.14万吨,下降86.11%。

公路运输

【公路运输概况】 2015年,陆川县有公路里程1671千米,实现村村通硬化路。有146个建制村通班车,通班车率94.8%。拥有营运性公路运输车辆1.47万辆。其中,营运客车268辆,营运货车8554辆,出租汽车100辆,公交车35辆,营运拖拉机1949辆,营运三轮摩托车3700辆。全年完成道路客运量323万人,周转量2.21亿人千米;完成道路货运量4091万吨、周转量89.23亿吨千米。年内重点推进农村公路建设、运输站场、黎湛铁路电气化改造工程征地拆迁、岑溪南渡至陆川二级公路等项目,配合加快玉林至湛江高速公路陆川段、北流清湾至浦北高速公路陆川段、马坡至陆川一级公路等项目的前期工作。完成交通固定资产投资8.20亿元。

广西壮族自治区陆川公路管理局(简称陆川公路局) 内设办公室、养护与工程管理科、安全与国有资产管理科、财务科、政工科5个科室及路政执法大队;下辖城南、城北、中心、良田、古城5个养护站和马坡工作点。共有干部职工127人,其中干部35人,工人92人。承担国省干线公路养护、路政、安全生产监督管理、应急处置、行业信息收集和服务等工作。年内,路政执法大队被评为玉林市"文明单位"称号,1人被评为自治区优秀工会积极分子。

陆川县交通运输局 内设秘书股、计财股、法规股、综合股、审计股、公交股、规划股、行政审批办公室,编制16名,实有人员11人。下辖公路管理所、运输管理所、交通行政执法大队、港航管理所、货运服务站5个部门和12个镇交通站,全系统在职干部职工202人。

【公路管理养护责任主体移交】 2015年,玉林市政府根据交通运输部《关于推进地方公路体制改革的指导意见》和自治区交通运输厅《关于实施公路养护改革的决定》精神,11月10日,与玉林公路管理局签订《玉林公路管理局养护责任主体移交协议》,将原本由陆川公路管理局管养的县道米场—官山、车田—竹山、陆川—良田(共5段)、岭嘴—盘龙、丁牛塘—上墩、北安—云潭背、涩塘—四良等11段公路共46.547千米管理养护责任主体移交至陆川县交通局。省道桂平至盘龙线(县人民法院门口路段至万丈路口红绿灯至车辆检测部路段)1.47千米移交给陆川县市政市容管理局管养。

【养护工程管理】 2015年,陆川公路局管养南宁至宝圩(陆川段)、桂平至盘龙(陆川段)、米场至官山、车田至竹山、陆川至良田、岭咀至盘龙、丁牛塘至上墩、北安至云潭背、涩塘至四良、朱市夹至文地公路10条,养护里程180.06千米。其中,省道114.59千米,县道65.47千米;二级公路119.19千米,四级公路60.86千米;水泥路面115.27千米,沥青路面64.79千米。年内,共修缮省道212桂平至盘龙线的三善桥、马坡桥、马坡中桥、石头咀桥、渭河桥、新民桥、米场桥共7座桥梁;完成县道393岭嘴至盘龙线水泥混凝土中修工程1项,完成县道393岭嘴至盘龙线水泥混凝土路面改建工程 1 项;完成养护站修缮工程 1 项。经检验,工程合格率 100%,自检工程优良品率 98% 以上。针对县道岭嘴至盘龙线超龄油路沉陷、脱皮、翻浆致使公路路面通车水平低的情况,组织人力、物力进行维修,重点对路面平整度和水沟排水进行整治。年内,所辖公路共修补路面 5400 平方米。

【农村公路建设】 2015 年,陆川县推进"村村通"水泥硬化路、县道、乡道提级改造及危桥改造工程建设。投资 1078 万元,完成乌石至月垌联网路、六潘至陆选联网路 2 条;建成桥梁 7 座共 357.66 米;投资 340 万元,完成珠砂至独竹公路大修二期工程 2.83 千米;投资 73 万元,完成八角村曹头坑桥、马盘二级路至大塘片、塘村至垌尾公路 3 个交通惠民工程;投资 1000 多万元,完成吹塘至龙化放生园休闲步道硬化路、三水至塘寨公路、沙坡谢仙嶂民俗文化旅游项目入景区二级公路 3 条公路硬化工程建设。

【公路养护】 2015 年,县交通局管养县乡公路 625.78 千米,超额完成路况指标,县道优良路率 48.10%、中等路率 80.20% 以上、差等路率 4.70% 以下;乡道优良路率 40.20%、中等路率 76.5% 以上、差等路率 10.50% 以下。全年累计投入小修保养资金 250 万元大中修资金 327 万元,水毁抢修资金 60 万元,安保资金 10 万元,路面维修 2.71 万平方米,路肩修复 1.01 万平方米,危涵修复 6 座共 46.50 米,挡墙修复 1630.14 平方米,桥梁加固 1 座 20.15 米。有效确保农村公路的安全畅通。

【公路客运】 2015 年,陆川县拥有营运客车 268 辆,共开行班线 75 条,客运量 323 万人次,客运周转量 2.21 亿人千米,分别比上年下降 3.58% 和 4.66%。春运期间,共发送旅客 127.30 万人次,比上年增长 3% 左右;发送 11.54 万班次;加开 112 班次。

组织安排 28 辆大客车开通民工专车,方便民工及时返乡过年,共发送客车 102 辆次,发送旅客 3981 人次。"十一"黄金周期间,共发送旅客 32.15 万人次,增长 4%;发送 2.24 万班次;加开 182 班次。

【公路货运】 2015 年,陆川县新增货运企业 8 家,累计有货运企业 45 家,其中危运企业 1 家、有货运信息部的货运企业 38 家。拥有大小营运货车 8472 辆,总吨位 7.62 万吨,有营运拖拉机 1949 辆,总吨位 1871 吨。全年货运量 4091 万吨,货运周转量 89.23 亿吨千米,分别比上年增长 10.12% 和 11.51%。完成重型载货汽车(总质量 12 吨以上的普通货运车辆)以及半挂牵引车安装卫星定位装置 2610 辆,安装率 82.8%。

【路政执法】 2015 年,陆川公路局路政执法大队出动执法人员 2138 人次,检查车辆 1.38 万辆次,查处擅自超限超载运输车辆 222 辆、擅自超限超载运输车辆后续处理案处罚 26 件、其他路政处罚案件 4 件。清理路上堆积物

2015 年 8 月 27 日,桂盘线大桥镇路段路面修复工程　　陆川公路局　提供

2015 年 5 月 20 日,县城南养护站举办沥青热再生综合养护机培训

陆川公路局　提供

19处591平方米、临时搭棚5处110平方米、非交通标志牌（横标）91块（条）；疏通人为堵塞水沟160米；协助通行费征收工作出动51次，出动204人次。全年共查处路政案件296件，其中发生车辆损毁路产案件和人为损毁路产案件29件，查处29件。办理路政许可项目41个，其中玉林市政务中心公路局窗口办理40个，县道路政许可项目办理1个。

【非法营运整治】 2015年，县交通局围绕"打非治违、六打六治"（打击矿山企业无证开采、超越批准的矿区范围采矿行为，整治图纸造假、图实不符问题；打击破坏损害油气管道行为，整治管道周边乱建乱挖乱钻问题；打击危化品非法运输行为，整治无证经营、充装、运输，非法改装、认证、违法挂靠、外包，违规装载等问题；打击无资质施工行为，整治层层转包、违法分包问题；打击客车客船非法营运行为，整治无证经营、超范围经营、挂靠经营及超速、超员、疲劳驾驶和长途客车夜间违规行驶等问题；打击"三合一""多合一"场所违法生产经营行为，整治违规住人、消防设施缺失损坏、安全出口疏散通道堵塞封闭等问题）及治超工作，开展非法营运整治活动。全年累计年审大、小货车7699辆，拖拉机815辆，货运三轮车352辆；办理各类车辆转籍、转户手续668起，完善各种行政许可手续1155份。共检查车辆1.15万辆次，纠正违章车辆522辆次，处理运政案件322件，查扣"黑车"9辆。共查处乱建乱搭案件6件，拆除违建面积约432平方米；查处损坏公路1起，暂扣车辆1辆；查处超限运输车辆133辆，卸载4130多吨；清理路障14起，调查处理投诉案件9件。

【交通运输安全管理】 2015年，县交通局加强交通运输安全管理工作，共召开安全生产会议10次，签订运输企业安全责任状54份，督促客运企业与所属营运责任人签订责任书2000多份，签订率100%。出动检查人员325人次、车辆101辆次，检查运输企业54家，排查出事故隐患2次，整改完毕2次，整改率100%，提出整改意见30多条。落实凌晨2~5时停车休息制度，督促客运企业逐线、逐车制定途中休息方案，调整发班时间，合理设置停车休息点，增加备选停车休息点，对夜间运行的每辆客车都要求明确停车休息检查责任人，并采取不定期突击到各客运企业进行GPS（全球定位系统）抽查。9月18日—24日到广东方向各个中途休息站（点）进行重点检查，对检查出的在凌晨2—5时运行的4辆客车进行处罚，杜绝重大交通事故的发生。县道路运输行业全年没有发生道路交通事故，安全生产稳步稳中趋好。

【维修业管理】 2015年，陆川县有维修厂家443家，维修从业人员565人。县交通局在开展好日常行业管理的基础上，引导企业向规模化、专业化、标准化方向发展，提高机动车维修质量和服务质量。

【驾校培训】 2015年，陆川县共有驾校11所，各类教练车438辆，教练员452人。全年共招收培训小车学员6197人，大车学员51人，摩托车学员678人，道路运输驾驶员从业资格培训591人。全年参加诚信考核和继续教育培训的驾驶员分别为5101人和3415人。

（李思明 江彩慧 黄红梅）

水路运输

【水路运输概况】 2015年，陆川县水域属于封闭式航行水域，位于广东鹤地水库陆川县古城辖区内。全县有温水浪、黄村坡等便民渡口2座，盘龙圩、双龙山、横划塘、红卫场、车田、高峰、滩面、龙化、吹塘等9座便民码头。有客圩渡船1艘，为陆渡031号渡船，属半义钢质渡船，核载人数50人，批准行驶路线从温水浪渡口至盘龙圩便民码头距离7千米，收费每人2元，主要方便库区群众老人、小孩选择渡船出行方便安全。全年客运量1.26万人次。

【水路运输设施建设】 2015年，投资63.50万元，建成良田镇高峰便民码

2015年2月16日，县长蒙启鹏（前排左一）率县有关单位领导开展春节前安全生产检查工作。图为在汽车总站检查安全工作　　　叶礼林　摄

头 1 座、候船亭 5 座。

【水路运输安全管理】 2015 年,县交通局完善渡口、渡船安全管理责任制,规范从业人员培训和船舶运营,完善渡口、码头、渡船安全管理责任制。加强渡口渡船管理和库区群众安全教育,举办水上交通安全从业人员培训班 1 期,提高水上从业人员安全管理意识。加强水上交通监督检查,开展水上安全检查 66 次,出动检查人员 201 人次、车辆 51 辆次,检查渡船 17 艘次、渡口 31 座次、码头 18 座次,辖区内渡口、码头制度、守则、警示标志齐全有效,水上安全管理员监管到位。全县水上交通无责任事故发生。

(李思明 江彩慧)

邮 政

【邮政机构及概况】 2015 年,陆川县有邮路 165 条,里程 2650 千米。邮政经营业务主要有邮务、代理金融、代理速递物流、农资配送分销四大项。全县邮政业务总收入 4965.27 万元,比上年增加 488.03 万元,增长 10.90%。邮政业务总支出 3197.15 万元,增加 134.18 万元,增长 4.38%;利润 1903.95 万元,增加 402.29 万元,增长 26.79%。有效收入累计 4125.93 万元,增加 457.13 万元,增长 12.46%;有效收入率累计完成 83.10%,增加 0.65 个百分点。5 月 1 日,陆川县邮政局更名为中国邮政集团公司广西壮族自治区陆川县分公司(简称县邮政分公司),内设办公室、市场与网运部,设邮务部、电商 2 个生产工作部门,下辖城区邮政储蓄营业厅、城区储蓄所、乡镇邮政支局、所营业网点 12 个,其中 10 个乡镇设有储蓄营业厅,全系统从业人员 185 人,职业技能资格证持证率为 55%。金融从业人员 64 人。

【邮务业务】 2015 年,县邮政分公司推进函件、报刊、集邮、短信等邮务类业务发展,全年邮务类收入完成 922.15 万元,比上年增加 23.28 万元,增长 2.59%。

函件 通过广告媒体项目、政讯通项目拉动函件业务的基础发展,重点开展保险业务宣传、移动公司媒体广告、电信媒体广告、房地产开发广告、林业宣传、气象宣传等政讯通业务。通过市、县联动项目促进函件业务的转型发展,在清湖邮政支局举办"真情邮政服务'三农'送文艺科技下乡活动",开发房地产广告媒体和政讯通业务。全年函件业务收入累计完成 124.90 万元,比上年增加 6.43 万元,增长 5.42%。

包件 主要收寄标准快递(含标准快递和新快递包裹)、包裹(快包和普包)以收私人为主,还收寄爱心包裹、母亲包裹、军人退伍包裹。全年收寄标准快递(含标准快递和新快递包裹)2.79 万件,收入 73.13 万元,收寄包件(快包和普包)2120 件,收入 4.52 万元。

集邮 在储蓄窗口设置小型贵金属集邮品展示柜,常态宣传和促销集邮品;抓好新邮票预订,实现收入 4.72 万元。举办"风生水起"集邮品鉴会,推出多种有关风水集邮产品,实现收入 5 万多元。结合金融活动,宣传推介集邮产品,实现销售额 2 万多元;盘活库存邮品,清欠压库,加快库存金银邮品的营销,实现收入 2 万元。全年集邮业务收入 30.89 万元,比上年增加 7.41 万元,增长 31.44%。

报刊征订 以《玉林晚报》《南方科技报》《广州文摘报》为日常主打刊物,做好报刊私费基础订阅工作。加强项目开发,配合自治区、玉林市邮政公司举办知识讲座。4—5 月,在马坡镇中心幼儿园举办"知心姐姐"讲师团讲座 2 场,在马坡中心校举行《经典作文》讲座 1 场。开发陆川初级中学《青年文摘》形象期刊 1000 册,完成流转额 5000 元。优化投递段道,结合全县实际情况对城区

部分投递段道内投递单位进行相应的调整,增强投递平台的服务功能,保证大客户的投递需求。全年报刊业务收入 145.31 万元,比上年增加 2.10 万元,增长 1.47%。

代理和信息 强化合规经营,杜绝用户有理由投诉;整合网点内外资源,通过 LED(发光二极管)、发宣传单、政讯通张贴等方式加大宣传力度;加大营业前台开口率,结合开卡、网银进行捆绑促销,3 种业务同时开办可参与抓鸡蛋或抽奖活动,促进短信业务的发展。年内,短信业务收入 506.72 万元,比上年增加 73.59 万元,增长 16.99%;其他代理业务收入 88.92 万元,增加 5.57 万元,增长 6.68%。

"思乡月"月饼营销 按照玉林市邮政分公司的统一部署,开展"思乡月"营销活动,完成销售收入 5.06 万元。

【商品销售业务】 2015 年,县邮政分公司开展农资分销配送业务,配送业务收入 25.16 万元,比上年减少 5.02 万元,下降 16.63%。其中,销售化肥 226 吨,销售额 67.8 万元,实现收入 11.66 万元;销售农药 3.26 万瓶(包),销售额 14.49 万元,实现收入 6.69 万元;销售种子 3333.5 千克,销售额 33.11 万元,实现收入 6.50 万元;销售酒水 156 瓶,销售额 2.82 万元,实现收入 0.73 万元。

【包裹快递物流】 2015 年,县邮政分公司成立快递业务项目组,侧重窗口营销,鼓励各网点及营销员开发协议客户,包裹快递收入 122.08 万元。继续推进"二代身份证"项目发展,"二代身份证"收回委托书累计录入 2.19 万份,业务收入 48.27 万元。开发移动公司客户积分兑换项目,实现快递业务收入 28 万元。

【金融业务代理】 2015 年,县邮政分公司代理金融储蓄存款余额 21.33 亿元,年累计净增 1.84 亿元,比上年少

增1.16亿元;存款规模增幅9.44%,点均余额1.94亿元,点均年累计净增1673万元。全年新增保费5392.83万元,增长253%;销售理财、基金、国债7400万元,增长240.54%;开展IC卡发卡、换卡+电子银行优惠活动,加快绿卡业务的发放量,加大IC卡的发放,发放绿卡5.06万张,卡均余额3035元,其中IC卡占总发卡量的96.14%,IC卡卡均余额4869元;绿卡POS消费17.26万笔,增幅25.98%,消费金额30865万元,增幅28.52%。发展电子银行1.2万户,增加3900张。代发工资单位6个。新增助农取款点98个,安装布放POS(电子资金自动转账)机134台、商易通9台。举办理财产品网点沙龙64场,共销售理财共销售理财产品5832.44万元。

【人力资源管理】 2015年,县邮政分公司完成劳务用工、劳务承揽、劳务外包人员的用工结构调整;实行珊罗投递委代办、米场邮政营业委代办;做好劳务用工择优录用为合同工工作,公开公平公正地择优聘用22名劳务工转为B类合同用工。加大员工教育培训,组织培训班25个,培训总人数741人次。组织参加自治区邮政通信职业技能理论考试54人,合格人员11人;参加自治区邮政通信(邮政投递员、报刊业务员、邮政营销员、储汇业务员、邮件接发转运)等工种职业技能操作考试11人,合格人员7人,合格率64%。轮岗43人,轮岗率100%

【安全管理】 2015年,县邮政分公司采取措施做好安全管理工作。一是加强安全责任落实,明确安全目标,层层签订安全责任书,按要求组织开展各项消防安全、防抢、防盗演练工作。二是加强对各生产单位节假日的安全生产检查,做到有检查、有整改、有通报、有处罚。三是加强与邮储银行沟通,开展联合检查,抓好安全责任落实。四是开展安全生产月活动,组织全体员工进行安全知识考试,出版安全知识板报。五是更换配备部分支局、所的消防应急灯、灭火器和电击棒;对良田、古城等邮政支局电源线路进行全面整改,并对良田、横山营业所、平乐镇支行、县城邮件处理中心的UPS(不间断电源)进行更换,对部分局所大院有安全隐患的房屋进行及时的维修护理。六是加强员工业务培训。6月对新入局的员工、管理干部、部门经理、主任、支局(所)长50人,由分管安全副总经理和安保人员进行安防知识、消防知识和实战灭火演练、安防设施操作培训,年内培训人员195人次。

【服务质量管理】 2015年,县邮政分公司视察员检查天数累计170天,检查次数累计达179次,检查城乡投递线路59条(次),填写视察检查报告书188份,查账记录89份。走访客户271户,处理"11185"投诉工单275件,"11185"工单299件。全年无邮政通信案件、重大客户有理由投诉、违规经营行为、邮政资金案件发生,无邮件损毁、丢失现象。视检人员根据通信服务质量考核管理办法的相关规定,对部分重大存在问题违规责任人进行处罚,共处罚违规责任人124人,处罚金额共2.22万元。

提升邮政服务质量专项活动 第一季度对邮政营业、网运、投递环节质量管控情况进行检查,重点对收寄环节、分拣封发环节、邮件运输环节、投递环节进行检查。共出检13天,填写专项活动检查记录16份、检查报告书16份、《单位收发室、物业、村委等邮件接转点转投情况检查表》14份,检查城乡邮递线路15条,走访用户73户、单位收发室28个、村委会邮件接转点42个,寄发平信测试信15件。

无着邮件清理整治活动 5—6月,集中开展无着邮件清理整治活动,对全县投递机构的单位收发室、村委邮件接转点平常邮件、给据邮件等投递、转投情况进行检查。对久存无人认领的平常信件、给据邮件按规定及时催投或清退处理。视察员出检9天,填写检查报告书15份,下发整改通知书14份,填写《单位收发室、物业、村委会等邮件接转投递情况检查表》13份。检查农村支局(所)12个、县局班组2个及业务档案室,检查邮件接转点30个,清理逾期平信481件、挂号邮件6件。6月,开展对邮件退回质量专项检查活动。对全县各支局、所,邮政营业班、投递班、封发班、业务档案室进行邮件退回质量检查。视察人员出检11天,填写检查报告书13份,下发整改通知书5份,填写《邮件退回质量检查记录表》6份。检查农村支局(所)12个、县局班组3个及业务档案室。

【邮政业务安全大检查】 2015年8月,县邮政分公司,由业务管理员、视察人员和财务会计、劳资组成检查工作小组,对全县邮政支局所、客户部、县公司营业班进行邮政业务资金安全大检查,重点检查代收货款业务、分销业务、二代证业务、函件业务、报刊发行业务、集邮业务、电子商务等业务,检查支局(所)14个、县局班组1个及客户部。填写邮政业务资金安全检查表15份、检查报告书15份,下发整改通知书15份。9月,开展营业收寄质量专项整治活动。检查全县邮政营业网点15个,填写检查报告书14份,下发整改通知书13份,检查发现存在问题6个。邮政营业员能严格执行邮件收寄验视制度,收寄客户交寄的物品类邮件时,基本上执行"问、看、摸、嗅、抖"五字验视流程,并配合金属探测仪的使用。无收寄有违禁寄物品类邮件。

【邮政基础设施建设】 2015年,县邮政公司改善基层邮政支局所生产生活设施和环境,加强对横山、良田、古城、珊罗等乡镇邮政支局生产辅助楼建设,其中横山、良田、古城邮政支局的生产楼完工投入使用,珊罗邮政支局生产楼改造装修正在施工;县邮政公司中心金库改造正在施工;改造装修平乐、大桥、良田等邮政支局的办公室或会议室;增设峨眉所VIP(贵宾)室、县邮政公司职工活动室;配备和更换邮政支局所办公室电脑、办公桌、沙发和会议室会议桌椅,营业厅终端、打印机、点钞机等设备。开办滩面所自助银行,搬迁峨眉所自助银行。共增加8台CRS(存取款一体机)自助设备,更换ATM(自动取款机)自助设备4台、CRS1自助服务机台,全县共有CRS29台,ATM自助设备7台;为投递员配备PDA(手持终端机)30台,全县共有PDA手持终端42台。建设"村邮乐购"电商平台55个,叠加金融类、邮务类、电商、快递、商品销售等邮政业务,方便群众生活需要。

(张小霞)

通　信

中国电信股份有限公司陆川分公司

【中国电信陆川分公司机构及概况】
2015年,中国电信股份有限公司陆川分公司(简称中国电信陆川分公司),是中国电信属下的县级分公司,主要负责陆川县域内的固定电话、宽带、天翼手机移动通信、数据电路、宽带电视、互联网接入及综合信息应用平台提供等业务的经营和服务。共有在岗员工82人,其中在职党员23人,下辖4个部门、8个支局、16个自营营业厅,社会代理网点达到150个,业务服务网点覆盖城区及全部乡镇、建制村,为全县约5.70万户固话、7.10万多户手机用户提供服务。年内,组织员工参加自治区、市级劳动技能大赛,以赛代训提高业务能力,获玉林市电信"先进集体""新闻宣传工作先进单位"等荣誉称号。

【业务经营】 2015年,中国电信陆川分公司的中国电信天翼手机主营业务有"189、133、153、180、181、177"等6个号段,除传统的语音、短信、彩铃、气象短信、来电提醒、呼叫转移等单项业务之外,结合公司天翼4G网络优势及智能终端的特性,为用户提供189电子邮箱、流量自动升挡包、单卡双待、微商城、翼商铺、翼支付、天翼视讯等多项综合信息业务,使用户进一步享有简便、安全、随心的信息服务体验。针对中小企业单位提供光纤专线、数字电路等宽带拓展业务,助力县内各行业综合信息化建设。

【信息化建设】 2015年,中国电信陆川分公司响应国家关于加强基础信息化建设的号召,加快建设天翼4G基站,建成开通站点130座,天翼4G信号全面覆盖县城、各乡镇街道、行政村重要区域、高速路及旅游景点。在全自治区率先完成"宽带村村通"建设计划,普通宽带ADSL(全非对称数字用户线路)网络全面覆盖陆川县城及各乡镇、建制村。响应国家提出的"提速降费"号召,加速推进"百兆光纤"宽带网络工程建设,在玉林市率先建成"全光网"县城,同时推动农村区域96%建制村实现光纤宽带网络覆盖,广大群众通过办理"光纤提速包"业务可实现百兆光纤接入互联网。普及推广互联网信息化应用,推动全县各行各业信息化建设,对中小企业单位积极宣传"翼校通""警务E通""司法E通""商铺助手""外勤助手"等综合信息化平台应用,通过这些应用协助客户单位实现信息化管理、无纸化办公、实时定位监控、视频会议、信息共享等多种新型办公途径,促进陆川县"互联网+政务""互联网+教育""互联网+商务"的发展。对普通客户群加强推广普及天翼4G网络、光纤宽带网络、宽带高清电视IPTV(交互式网络电视)、翼支付等多项便民惠民信息化应用,推动群众生活朝"互联网+"方向发展。

【入网实名制】 2015年,中国电信陆川分公司贯彻执行工信部提出的"入网实名制"要求,在各主营营业厅及社会代理厅店开展管控督查,实行系统流程稽核检查制度,全面杜绝无证、过期证件入网的现象,逐步清除在网无主号码,从源头上保障互联网信息安全。

(李俊蔓)

2015年1月21日,中国电信陆川分公司组织召开陆川县"中小企业信息化应用"品鉴会
中国电信陆川分公司　提供

中国移动广西公司陆川分公司

【**中国移动陆川分公司机构及概况**】2015年，中国移动广西陆川分公司（简称中国移动陆川分公司）营业服务网点17个，其中自营服务厅17个，指定专营店75个，特约代理点414个。共有员工122人。负责经营陆川县所有中国移动通信业务。移动业务经营范围包括基础电信业务，增值电信业务，（按许可证核定的范围，有效期开展经营活动）；从事通信、IP电话和互联网等网络的设计、投资和建设；通信、IP电话和互联网等设施的安装、工程施工和维修；经营与通信、IP电话和互联网业务相关的系统集成、漫游结算清算、技术开发、技术服务、设备销售以及其他电脑及信息服务，各类广告设计、制作，利用自有媒体发布各类广告，代理电视、广播、报刊、网络、手机、户外广告、印刷品、礼品的广告发布，出售、出租移动电话终端设备、IP电话设备、互联网设备及其零配件，并提供售后服务，计算机信息系统集成；商务代理服务；自有房屋租赁；通信信息咨询服务。

【**业务经营**】2015年，中国移动陆川分公司拓展聚类市场业务，加快4G规模发展和流量经营转型。组织城区营销小组，做好车站、市场、商铺等片区的营销及走访摸底工作。推广新话务包及套餐型资费，引导客户从单价型产品向套餐型产品与合约型产品迁移，挖掘潜在话务量。开展3G/4G网络的优化和建设，特别是4G资费套餐、流量等优惠资源的宣传，形成4G领先优势。推广手机＋宽带、整合套餐、提速活动、家庭共享计划等营销方案，增多各小区营销活动的次数。以视频监控、神秘暗访、现场检查、工单外呼等多手段、全方位提升

服务质量。开展劳动竞赛，激发员工工作热情。以赛促发展，以赛提短板，实现公司指标和员工收入的双增收。

（何海芬）

中国联合网络通信有限公司陆川县分公司

【**中国联通陆川分公司机构及概况**】2015年，中国联合网络通信有限公司陆川县分公司（简称中国联通陆川分公司）内设综合支撑中心、移网渠道中心、集团拓展中心、固网销售中心、清湖乡镇拓展中心、乌石乡镇拓展中心、米场乡镇拓展中心、珊罗乡镇拓展中心8个部门，在职职工33人，下设营业服务网点226个（其中自营业厅15个、专营店78个、代理点133个）。经营主要业务范围包括GSM移动通信业务130、131、132、155、156和3G、4G移动通信WCDMA（宽带码分多址）、186高速上网、GPRS（通用分组无线服务技术）数据业务、互联网专线、数字电路专线、政企通信数据平台、行车管家、宽带上网、固话业务、电信增值业务以及与主营业务有关的其他电信业务的系统集成、设备生产销售、设计施工业务；技术开发、技术服务、技术咨询、技术培训、手机配件的销售、客户服务、电信卡的制作等业务。

【**业务经营**】2015年，中国联通陆川分公司新增各类社会代理网点25个（其中专营店6个、普通代理点19个），完成"县城—圩镇—村屯"的渠道网布局，支撑自有渠道和社会渠道各项业务的发展、提升服务效能。落实惠民服务政策，从顾客实惠角度出发，推出沃易购、智慧沃家、电话一年免费打、电子学生证、特惠促销活动等一系列惠民服务和产品，收到客户欢迎。做好返乡农民工通信保障工作，组织各中心、员工开展岁末年初返乡

促销活动工作，加快各网点的走访和沟通，加强村级点的建设，每天组织员工开展返乡促销工作，督促各中心开展镇圩促销、村屯促销、车站营销以及宽带促销工作，通过张贴海报、发放宣传单，营造浓厚的节日销售氛围。提升服务客户质量，每周均开展营业员周例会，要求营业员坚持每天每时每刻做好客户服务，短信服务评价一直保持玉林分公司前三名。全年业务主营比上上年增长5.60%。累计发展用户增长8.98%。

【**信息基础设施建设**】2015年，中国联通陆川分公司建成通信基站376个，其中GSM（全球移动通信系统）（2G）基站146个，WCDMA（宽带码分多址）3G基站189，FLE4G基站41，建成宽带小区94个，端口数1.97万个。基本实现陆川城乡区域网络全覆盖，无信号盲点，通信光缆、电缆、移动信号覆盖城区及各乡镇，信息接入顺畅。

【**机构改革**】2015年，中国联通陆川分公司进行机构改革，成立综合支撑中心、移网渠道中心，对部分岗位进行竞聘、选聘，将乡镇拓展中心主任列入公众计量岗位人员考核。通过优化，完善乡镇拓展中心的销售职能，乡镇拓展中心从原来以实体渠道经营为主的单一营销管理模式，裂变为"实体渠道经营＋直销走动营销渠道"两条线的营销管理模式。

【**企业合作**】2015年，中国联通陆川分公司发挥自身的网络、技术、业务和服务优势，推动中小企业信息化建设。通过集客的业务发展，加强与县旅行社、酒店、驾校、网络公司、广告公司等各行企业的业务往来；通过与中国银行、中国建设银行、中国邮政储蓄银行强强联合，主推"办卡送机"活动，为广大客户提供优质服务。

（李 佳）

教育·科技

JIAOYU KEJI

自治区教育督导团检查"特岗计划"（陆川）汇报会

2015 年 1 月 30 日，自治区教育督导团到陆川检查"特岗计划"工作。图为召开"特岗计划"汇报会   叶礼林　摄

教育综述

【教育概况】 2015年秋季学期,陆川县有中小学201所,中小学生14.18万人;职业学校1所,学生783人。有各类幼儿园322所(公办116所),在园幼儿3.54万人。有特殊教育学校1所,学生74人;教师进修学校1所。全县有公办教职工8967人,代课教师56人。小学学龄儿童入学率100%,初中毛入学率97.6%,义务教育巩固率94.1%;高中(含职中)阶段毛入学率78.64%;学前三年毛入园率75%。年内,全县教育发展硬环境和软环境得到加强,通过项目推进,办学条件进一步改善,学前教育职业教育取得快速发展,"入园难"问题得到有效缓解;义务教育、高中教育质量进一步提升,中考、高考成绩继续稳中有升,县中学高考继续居广西同类示范性高中第一。陆川县教育局内设秘书股、人事股、财务基建股(项目办)、基础教育股、职业教育与成人教育股、语言文字工作股、督导室、学校安全工作股、纪检监察股9个股室,有人员编制15名,实有14人。下辖陆川县教研室、陆川县招生办公室、陆川县成人教育委员会办公室、陆川县勤工俭学办公室、陆川县电教仪器站、陆川县学生资助管理中心、陆川县教师进修学校、陆川县青少年活动中心8个二层机构。

【教育经费收支】 2015年,全县教育经费总收入10.65亿元,比上年增收1.40亿元。其中,财政拨款收入10.02亿元,预算外资金收入6286万元。教育经费总支出10.69亿万元,增支1.50亿元。其中,财政拨款支出10.06亿元,预算外资金支出6281万元。总支出中,人员经费支出7.25亿元,商品和服务支出1.51亿元,基建支出1.22亿元,其他支出681万元。

【师资队伍建设】 2015年,全县有编制教职工8967人。其中,幼儿园有243人、小学5077人、初中2625人、高中791人、职业学校72人、特殊学校6人、教研室等其他教育机构153人;具有研究生学历24人、本科学历4641人;取得高级职称556人、中级职称4738人;有县级学科带头人35人、玉林市骨干教师15人、玉林市名师1人、自治区特级教师7人。年内,县教育局加强师资队伍建设。一是做好新教师招聘工作。共招聘新教师102人,其中特岗教师39人、代课教师转公办20人,从应往届大学毕业生招考27人,定向培养9人,双向选择7人。二是加强学校领导班子建设。对20所初中、中心校、幼儿园行政一把手进行工作调整,校长、园长队伍进一步年轻化。三是抓好教师队伍培训。组织全县中小学校长、幼儿园长到浙江大学进行学习培训;组织200多名骨干教师到北京、重庆、济南、南宁、桂林、玉林等区内外参加研讨观摩学习;组织教师5000多人次参加远程教育培训和继续教育学习,教师业务水平有所提高。三是开展评优评先。组织开展教育系统年度先进教师推荐评选工作,推荐评选各类先进教师900多人次。五是对边远艰苦地区学校教师发放岗位津贴。确定全县一类和二类边远艰苦学校185所,县财政分别对一二类农村边远艰苦学校教学点教师每人每月补助300元和150元津贴,享受到此生活补贴的教师670多人。

【办学条件改善】 2015年,陆川县进一步改善办学条件,继续抓好2014—2015年度实施的中小学校舍维修改造、薄弱学校改造、普通高中基础能力建设、学前教育改建类等教育基础建设项目。共投入项目资金2.62亿元,建设面积15.48万平方米。加快新建陆川县第五幼儿园、陆川县第六小学、沙坡镇第二小学、乌石镇第二小学建设步伐,投入改薄项目资金865.3万元,实施改薄计划和大班额、大通铺学生用床计划,配备多媒体教室154个,在16所初中装备计算机教室,添置学生床位4400个,"大班额""大通铺"问题得到逐渐解决。

【教育惠民政策落实】 2015年,陆川县筹措资金2263.40万元,分春秋两期补助义务教育阶段贫困寄宿生约3.50万人;对全县12万多名义务教育阶段学生免费发放教科书;发放普通高中国家助学金890.60万元,4608名高中生获得资助;免除1209名普通高中库区移民子女学费,免费金额97.30万元。发放资助金3.10万元资助中职学生29人;发放资助金232.80万元资助学前教育幼儿2410人。协助8461名大学生办理生源地信用助学贷款5400多万元。

【德育教育】 2015年,全县中小学校开展弘扬和培育民族精神教育月活动、感恩励志教育宣讲活动、学雷锋活动、保护母亲河活动、"我的中国梦"主题教育活动、"美丽陆川·生态乡村"主题教育活动和社会主义核心价值观教育活动,不断增强德育工作实效。以校园文化建设来促进学校德育工作水平,做到"一校一特色""一校一品牌"。如温泉镇中心学校铁路护路德育教育、乌石镇中心学校路队教育、米场镇中心学校孝行教育、平乐镇中心学校的六会教育(会学习、会生活、会做人、会创新、会求知、会审美)都独具特色。开展中小学"德育示范学校"和"三好学生"评选活动,评出县级"三好学生"133人、优秀学生干部589人、先进班集体291个;市级"三好学生"184人、优秀学生干部110人、先进班集体79个。

【艺术教育】 2015年,全县广泛开展文化艺术活动。9月29日,县教育系统在县人民会堂举行"治理九洲江保护母亲河"文艺比赛,共有县直各中小学校(幼儿园)、各镇代表队共30

个单位参加。比赛分声乐类、语言类、舞蹈类三大项进行。经过角逐,清湖镇代表队、滩面镇代表队、陆川县幼儿园、马坡镇代表队、县第一小学、县第四幼儿园获得特等奖;横山镇代表队、平乐镇代表队、古城镇代表队、温泉镇代表队、米场镇代表队、县第五小学、县初级中学、县第二中学、县第二幼儿园获得一等奖;县第四小学、沙湖镇代表队、县第三中学、温泉镇初级中学、县第四中学、县实验中学、县中学、县第三小学、珊罗镇代表队、良田镇代表队、乌石镇代表队、大桥镇代表队、沙坡镇代表队、温泉镇代表队、县第二小学获得二等奖;清湖镇代表队、滩面镇代表队、陆川县幼儿园、马坡镇代表队、县第一小学、县第四幼儿园获得优秀组织奖。

【校园"四化"活动】 2015年,陆川县下发"美丽陆川.生态乡村"活动相关文件,下发《"美丽陆川·生态乡村"倡议书》14万份,全县240多所中小学校和局机关、二层机构结合"美丽陆川、清洁校园"活动,实施校园绿化、美化、净化、硬化"四化"工程,参加活动20万人次,投入活动资金50多万元,营造良好的育人环境。

【教育科研】 2015年,县教育局以课堂教学为主阵地,开展各项教研活动。一是开展教学调研与指导活动,教研员与教师面对面交流,研究问题、探讨教学方法,对教学进行有效指导,促进有效课堂教学的实施。二是分学段对全县中小学开展课堂教学视导,包括备课、作业批改以及各校的教学教研活动、课程开设状况等。三是开展"一师一优课"活动。全县有110名教师参加培训,有2599名教师报名参加晒课,共晒课441课,其中,小学274课、初中97课、高中70课。四是开展教学比赛活动。举办全县第一届中小学教师及学生英语口语比赛、中学地理科说课比赛、小学语文数学微课教学比赛,促进教师水平和自身综合素质的提升。五

是抓好期中、期末素质调研检测。加强命题管理,做好考后试卷评估、质量分析。六是组织教师参加玉林市教育科研优秀成果评比活动。各级各类教学竞赛活动获市级一等奖9人次、二等奖13人次、县级一等奖27人次、二等奖30人次;上送玉林市参评论文369篇、教学课件620个、教学设计587个、讲课录像81个、说课录像101个。上送申报立项课题386项,申报结题175项。七是部分学校教育科研特色明显。米场镇中心学校"孝行"教育科研,县第一小学、县第二小学、乌石镇初级中学、古城初级中学"两先两后教学法"(先学后教、先练后导教学模式),县初中"活力课堂",米场福达中学的"一二三四五"模式,即福达中学基于对复习课主要任务和价值取向的认识,该校在毕业班复习课中尝试进行一个理念、两个原则、三个关键、四个环节、五个强化模式。基本要求是:坚持一个理念,德育为先、能力为重、全面发展理念;把握两个原则,先学后练,先练后评;练后小结,评后跟踪。抓住三个关键,学、练、评,以学生自主学习为主,让学生积极参加各种尝试,突出以练为主线;师生、生生互动,突出通过互评全面掌握所学知识并懂得应用。落实四个环节:要明确本节课的教学内容,理解、掌握主要学习任务和目标。要按照"目标"中的内容逐一训练,检查学生对知识的掌握程度。要要求选题有代表性,难易深浅顾到高、中、低层学生。对于学生的解题情况,先由学生互评,再由教师点评,实现教师与学生之间、学生与学生之间、学习小组与学习小组之间的良好合作及互动,达到解决关键核心教学问题。要对不能很好掌握知识的学生,需要学生、教师及时矫正,矫正之后,归纳出应该注意的事项,使学生能准确掌握所学知识。要突出五个强化:强化基础知识与能力过关;强化训练,确保目标和任务完成;强化与学习方法掌握与良好习惯养成;强化归纳与感悟;强化实践与创新。良田初中"声色形

变"物理教学法等在全县乃至全市都产生一定影响。其中马坡镇初级中学"三步教学法"引起自治区教育厅的重视,专门组织专家组到该校进行调研。县初级中学承担国家级课题"少教多学",取得初步效果。开展校本教研。各校挖掘和利用学校的资源,开发校本特色课程,不断培养学生的兴趣爱好,提高学生的艺术修养。米场镇中心学校"经典诵读"、县第一小学《可爱的家乡》《古诗文精选》,县第二小学《妙笔涌泉》,马坡镇初级中学《初中作文与阅读》《初中语文基础知识专项训练》《政史学习手册》等校本课程开展得有声有色。九是完善质量评价机制,推动质量全面提升。全县中小学校适当弱化学业考试,加强德育、体卫艺和规范办学行为。加强教学全过程指导、监督,推动学校形成办学质量观。

【学校安全管理】 2015年,县教育局树立安全责任重于泰山的思想,切实加强学校安全管理。定期开展学校安全隐患排查工作,3—6月,组织开展"安全教育活动月""'5·12'防震减灾宣传活动""食品卫生安全宣传活动""安全生产宣传活动""禁毒宣传活动""反邪教"等专题教育活动,其中在中小学校开展防震应急疏散演练132次,在县二中组织开展全县性应急疏散演练1次。对全县中小学校幼儿园食堂进行安全整改,办理餐饮服务许可证,做到100%持证供餐。开展全县中小学校安全隐患大排查和市级安全工作交叉检查各1次。开展法制教育进校园活动,积极化解涉校涉教的矛盾纠纷,接访和处置原民办教师等人员上访诉求8件,有效维护教育系统安全稳定。

【全县教育工作会议】 2015年3月20日上午,全县教育工作会议在县政府第一会议室召开。传达贯彻全自治区、全市教育工作会议精神,安排部署全县当前和今后一段时期的教育工作。县委、县政府、县直有关部

门负责同志以及各镇分管教育领导，县教育局中层以上领导和二层机构负责人，各镇中心学校、初中校长、县直各学校（幼儿园）校长（园长）参加会议。会上，县教育局局长黎颜对县教育工作进行总结和部署；会议强调，要全面加强教育系统党的建设，着力促进教育公平、着力提高教育质量。

学前教育

【学前教育概况】 2016年，陆川县有各类幼儿园322所（其中公办116所），在园幼儿3.54万人。学前三年毛入园率75%。

【学前教育发展计划实施】 2015年，县教育局围绕幼儿"入园难"问题，投入700多万元，新建和改扩建幼儿园20所，其中投资434.80万元新建县第五幼儿园，建设面积2400平方米，12月开工建设。年内，县幼儿园获评为自治区示范幼儿园，沙坡镇中心幼儿园食堂被评为自治区餐饮服务食品安全示范单位，珊罗镇中心幼儿园等9所农村幼儿园被评为自治区一星多

元普惠幼儿园。招聘幼儿教师10人，对学前教育师资进行全员培训，提高幼儿师资素质。

中小学教育

【中小学教育概况】 2016年，陆川县有小学168所、村下属教学点295个，小学在校生8.57万人；初中29所（含文昌中学），初中在校生4.06万人；高中4所（自治区示范1所、立项建设1所），高中在校生1.55万人。小学学龄儿童入学率100%，初中毛入学率97.60%，义务教育巩固率94.10%；高中（含职中）阶段毛入学率78.64%。

【高考成绩提升】 2015年，县教育局抓好中高考备考和组织考试工作。进一步调整充实全县中高考备考工作领导小组，制定高考奖励方案，加强集体备考，抓好教学研究和质量分析和高考组织工作，严格考风考纪，加强安全预防，实现平安高考和无群体舞弊作弊事件的目标。年内，全县参加考试4606人，上一本线785人、二本线以上2788人。文科、理科600

分以上53人，居玉林市各县（市区）第一名；文科最高分639分（陆中考生）居广西第47名、玉林市各县（市区）第一名。县中学参加考试1419人，上二本线以上1355人，其中上一本线733人，居广西所有中学第九名、广西县级示范性中学第二名；一本上线率51.70%，居广西县级示范高中第二名、玉林市各县（市区）中学第一名。

职业教育

【职业学校基础能力建设】 2015年，县教育局加强职业学校基础能力建设。利用年度综合改革奖补经费230万元进行食堂建设；职业学校投入50万元建设多媒体教室；投入20万元完善校园网络；投入150万元建设电子电路与维修、电子商务专业实训室和添置相应的教育教学设施设备。县发改局对职业学校综合楼、学生宿舍楼立项申报，最后综合楼获得立项，获得发改资金1100万元。

【专业课程设置优化】 2015年，县职业学校优化专业课程设置，开设汽车运用与维修、电子电器应用与维修、数控技术、计算机应用、会计、电子商务、畜牧兽医、园艺8个专业，其中畜牧兽医、园艺为涉农专业。开展课程改革，文化素质课占总课时26%，专业课占总课时74%，实践课时占专业课时的41%，开展专业和课程改革的专业数50%。

【招生送生】 2015年，县教育局把玉林市下达的招生送生任务分解到各个中学，通过宣传发动，鼓励初中毕业生报读职业教育。全日制招生400人，完成任务的105%；成人在职招生1906人，完成任务的100%。职校毕业生初次就业率100%。 （谢仕勇 李裕权）

珊罗镇长纳村幼儿园　　　珊罗镇政府提供　2015年5月摄

科技工作

【科技工作机构及概况】 2015年,陆川县科学技术局(简称县科技局)内设政工秘书股、业务股、科技市场与财务股、知识产权股,编制7名,实有人员8人。下辖县科技情报研究所,实有人员6人。年内,县科技局贯彻"自主创新、重点跨越、支撑发展、引领未来"的科技工作方针,推进科技创新,加强知识产权保护,继续实施科技特派员工作,开展知识产权示范县建设,推进全县各项科技工作开展。陆洲机械公司获玉林市年度科技技术进步奖。

【农业科技创新】 2015年,县科技局推进农业科技工作创新,发展特色产业。引进、推广、应用、示范先进技术成果一批,引进农业科技新技术3项。广西神龙王农牧食品集团有限公司、广西英平牧业有限公司引进粪污集中处理科技创新项目,利用沼气生活用气、沼气发电,沼渣种植红薯等青饲料,构建生态循环生猪养殖系统。开展"陆川猪"特色优质生态循环养殖及其深加工示范,培养一批高效优质养殖和深加工致富带头人和专业技术人员,壮大"陆川猪"产业龙头企业,促进优质"陆川猪"产业化发展。打造"陆川猪"特色品牌和深加工新品牌,如广西神龙王食品公司的"桂宝牌"及元安元食品公司的"元安元"牌,提高"陆川猪"产业的科技含量和品牌知名度。组织实施国家级绿色优质"陆川猪"产业技术开发与示范富民强县项目,项目实施后,养殖户由1.44万户发展到1.68万户,带动农民养殖"陆川猪"87.80万头,促进农民增收,养猪产业逐渐向绿色优质"陆川猪"产业化转型。广西英平养殖有限公司以"公司+基地+园区+农户+加工"的经营模式,利用地方品牌资源优势,发展壮大地方特色产业,实施严格的科学管理,实行统一供种、统一供料、统一防疫、统一标准、统一管理、统一产品回收进行深加工、统一建立生猪养殖风险金制度、集中供水供电、集中排污净化处理,促进生猪标准化规模养殖。全年出栏"陆川猪"9500头,其中提供给周边农户饲养6000头,直接带动350户农户养殖致富,实现销售收入850万元。

【工业科技创新】 2015年,陆川县继续推进工业科技创新,加快科技创新平台建设,年内新增入孵企业3家。广西301机械制造公司、陆洲机械公司2家企业获玉林市企业工程技术中心认定,被评为玉林市科技创新优秀中小企业。

　　玉柴重工公司科技创新　采用新工艺技术、工艺流程、工艺方法提高劳动生产率,提高产品合格率,实现增效创利,采用先进设计软件、分析软件缩短新产品研发周期、提高设计准确率,减少设计更改产生返修或报废率实现增效创益;通过产品系列化、通用化、标准化设计工程推进,减少产品零部件规格及品种,减少库存管理及零部件制造成本,实现创利增效。YC-8系列机型覆盖件采用新型DCPD(双环戊二烯)料提高产品工艺性、减少返修率,铲斗采用新型耐磨材料提高铲斗寿命,降低"三包"(包修、包换、包退)服务费用;YC60系列液压挖掘机的泵、阀、马达、油缸国产化配套,降低液压元件采购成本,达到创利增效目标。

　　陆洲机械公司科技创新　以产品市场为导向,关注用户的需求,注重新产品技术开发及创新。通过市场调研与技术研究,研究出适应适应南方农村使用的各种型号的耕田机,产品的外观质量、可靠性、节能和环保、操作的舒适性等方面均有较大幅度的提高,带动企业产品升级。全年共生产销售微型耕作机1500台,产值225万元,利税67万元。

【专利发明】 2015年,陆川县结合广西知识产权示范县和玉林市知识产权试点县创建工作,采取各种措施提高企业创新能力,提升自主知识产权,加强宣传和培训,提高企业专利意识,扩大发明专利申请量,做好发明专利维持工作,促进全县发明专利申请量和授权量持续、快速增长。年内,全县专利申请量302件,其中发明专利是250件,发明专利授权量11件。

【科技特派员创新创业】 2015年,县科技局围绕"科技兴农"工作中心,推进科技特派员农村创业,引进推广农业新品种新技术,建立经济利益共同体,开展科普宣传和实用技术培训,为农民增收、农业增效和新农村建设发挥重要作用。全县有自治区级农村科技特派员15人、玉林市级科技派员10人。做好市科技派员创业项目申报、特派员培训工作,协助玉林市科技局举办全市第一期培训班暨创新创业工作观摩交流会。引导科技特派员在农村开展创业创新做好服务,为促进陆川优势特色产业发展服务。年内,县科技特派员创建示范基地、协会、专业合作社8个,创办各类经济实体1个,其他利益共同体1个,服务项目涉及农、林、牧、农机、加工、育种等领域。

【技术培训】 2015年,县科技局组织开展科学养猪技术培训工作,在全县各乡(镇)开展沼气利用技术培训、绿色优质养猪技术培训班共10期,举办养殖技术培训班6期,培训900多人次,印发技术资料1500多份;邀请专家、教授到"陆川猪"加工企业进行技术指导3次,提高农民科学养猪的意识和科技水平。　　　(陈国燕)

防震减灾

【防震减灾机构及概况】 2015年,陆川县地震局内设政秘股、科技监测与应急股、震害防御法规股，编制 9 名（含抗震救灾应急服务中心），在编人员 9 人，抽调工作人员 4 人。全县地震观测点 29 个，聘用观测员 29 人。年内，县地震局推进地震监测预报、地震灾害预防、地震应急救援三大工作体系建设，加大防震减灾科普宣传、建设工程抗震设防要求管理，开展自治区防震减灾示范县创建活动，县级防震减灾工作取得新突破，县地震局获 2015 年度全国县级防震减灾工作综合考核先进单位、自治区县级防震减灾工作综合评比特等奖。

【地震应急避难场所规划】 2015 年，陆川县计划投资 1000 万元，建设地震应急二期急避难场所，其中世客城、县文体中心应急避难场所进入设计阶段。

【"五中心一基地"筹建】 2015 年，陆川县规划建设抗震救灾"五中心一基地"项目建设，"五中心"即陆川县抗震救灾应急指挥中心、抗震救灾应急服务中心、地震烈度速报预警分析处理中心、地震背景场观测网络中心、建设工程抗震设防要求技术服务中心、防震减灾科普教育基地；县政府在城北规划项目建设用地 0.67 公顷，完成项目规划许可和土地使用证的办理，进行"三通一平"（通水、通电、通路、平整土地）工作。建设陆川县地震应急指挥中心 300 平方米、陆川县抗震救灾应急服务中心 800 平方米、陆川县地震烈度速报与预警中心 300 平方米、陆川县地震背景场观测网络中心 1000 平方米（测震台、地下流体监测台、强震台、地下断层二氧化碳监测站、地下电磁波监测台）、陆川县建设工程抗震设防要求技术咨询服务中心 300 平方米、陆川县防震减灾科普教育基地 800 平方米，及与之配套的地震应急工作人员值班周转房 480 平方米、防震减灾宣传墙 1200 平方米和抗震建筑示范展示点 200 平方米，共计 5380 平方米技术业务用房。

【地震监测台站建设】 2015 年，陆川县新建成北部湾中小学校烈度速报与滩面镇新旺基本站、良田车田 GNSS 监视与跟踪预测项目基准站 3 处预警系统台站。县地震监测数据分析平台、数字遥测地震台平稳运行，各监测台站（点）落实专人负责管理，地震监测台站、地震宏观观测点的正常运转及维护工作纳入各镇年度绩效考评工作，实行定期检查制度，确保全县强震台、地震监测数据分析平台（地震监测台网中心）、地震遥测地震台、地下断层 CO_2（二氧化碳）观测井等地震监测设备工作运行正常，地震监测设施和观测环境保护良好。

【群测群防网络建设】 2015 年，陆川县建有地震宏观观测点 29 个，落实地震宏观观测员 29 人。加强"三网一员"（地震宏观测报网、地震灾情速报网、地震知识宣传网，防震减灾助理员）队伍建设，各镇、村均配备有"三网一员"3~5 人。对"三网一员"人员培训地震监测预报、震害防御、应急救援知识及岗位职责和任务等内容，共培训 200 多人次。

【抗震设防要求行政许可】 2015 年，

县地震局与县发改局、住建局等部门联合把建设工程抗震设防要求纳入基建管理程序，确保全县所有新建、改建、扩建的建设工程均依法达到抗震设防要求。县地震局入驻县政务服务中心设立办事窗口，办理抗震设防要求行政许可工作，一般建设工程抗震设防要求的确定行政许可。年内，共办理抗震设防要求行政许可 221 项。

【重要建设工程地震安全性评价监管】 2015 年，县地震局按照《地震安全性评价管理条例》要求，对重要建设工程开展地震安全性评价工作监督检查，协助广西工程防震研究院对陆川县内碧桂城、鸣大南城广场、中浩地王国际商业中心 3 个重大项目进行地震安全性评价，及时把地震重点监视防御区、高烈度区、多发区、断裂带和地质灾害等基础信息建档入库。

【自治区防震减灾示范县创建活动】 2015 年，陆川县开展创建自治区防震减灾示范县活动。5 月，县政府办公室印发《陆川县创建自治区防震减灾示范县实施方案》；6 月召开创建自治区防震减灾示范县工作动员大会，部署创建工作；12 月 30 日，自治区地震

2015 年 6 月 25 日，陆川县 2015 防震减灾暨创建自治区防震减灾示范县工作动员大会在县城召开
县地震局　提供

局召开专题会议研究推动陆川县建设抗震性能普查工作,协助陆川县创建防震减灾示范县。

【防震减灾执法检查】 2015年,陆川县成立防震减灾执法工作领导小组,集中开展联合执法检查活动6次,主要对全县的中小学危房改造项目、镇卫生院、棚户区等工程抗震设防要求情况进行检查,大部分工程项目基本按程序、按要求开展抗震设防工作。

【法律顾问室成立】 2015年9月30日,县地震局成立法律顾问室,配备法律顾问人员4人,其中局内业务骨干3人,聘请律师事务所专职律师1人。主要负责防震减灾工作的重大决策、重要事项、行政诉讼、行政复议以及重大、疑难、复杂的行政许可、行政处罚案件等提供法律服务,对防控法律风险及时提供预见性、可操作性的咨询论证意见。年内,县地震局请专职律师对重大决策进行法律风险及时提供预见性、可操作性的咨询论证意见。

【防震减灾宣传】 2015年,县地震局结合"'5·12'国家防灾减灾日科普周""'7·28'地震纪念日""十月科普大行动"等时机,开展多渠道、全方位防震减灾宣传工作。累计向社会发放各类宣传资料8万份,出版宣传板报120多板,接受群众咨询累计1.20万余人。

【"五个示范"创建活动】 2015年,陆川县开展防震减灾示范县、示范学校、示范企业、示范社区、农村民居防震保安工程示范村"五个示范"创建活动。县委宣传部、县教育局、县地震局联合在全县各中小学校组织开展创建防震减灾科普宣示范学校活动。年内,有26所学校被授予县防震减灾科普宣传示范学校称号,40所学校被授予县防震减灾科普宣传先进学校;12家企业被授予县防震减灾科普宣传示范企业;10个社区被授予县地震安全示范社区,1个农村民居被授予县防震保安工程示范村。

【防震减灾科普宣传教育基地建设】 2015年,陆川县推进防震减灾科普宣传教育基地建设,投资3万多元对依托陆川县职业技术学校建设的"防震减灾科普宣传教育基地"(玉林市级)进行资料、设备、板报更新。

【地震应急】 2015年,陆川县防震减灾工作领导小组及时修订和完善地震应急预案,重点抓好县政府、重要部门、镇和大型企业、学校、医院、厂矿、企事业等单位的《破坏性地震应急预案》《地震应急指挥系统细化方案》的修订和完善。加强县内各类型的地震应急预案有效衔接,初步形成横向到边、纵向到底、上下对应、相互促进、形成合力的应急预案体系。2月19日11时5分古城镇发生里氏震级2.4级地震,7月27日21时7分珊罗镇发生里氏震级1.0级地震。地震发生后,县地震局根据《陆川县地震应急预案》立即采取启动5级响应,派出地震现场工作队赴事发地开展现场调查工作并及时上报县人民政府及自治区、玉林市地震局,并做好事发地群众的安抚工作。及时与市地震局组织震情会商,对地震趋势进行判定,将收集到的强有感地震事件相关情况和地震趋势判断结论以震情简报形式报县委、县政府、县应急办;派出地震现场工作队协助事发地古城镇政府开展工作。县委宣传部门做好新闻及信息发布与宣传工作,密切注意社会对地震的反应,平息地震谣言,保持社会稳定,没有引起群众的恐慌。

【地震应急演练活动】 2015年,县防震办印发《关于开展全县性地震应急疏散演练活动的通知》,对全县开展地震应急演练工作进行部署。"'5·12'国家防灾减灾日""'7·8'唐山地震纪念日"期间,全县各中小学校分别开展地震应急疏散演练活动,演练主要培训广大师生掌握地震发生时进行地震自救与互救的基本知识,共举行地震应急疏散演练活动420多场次。8月,县政府组织开展地质应急综合演练,县应急办、地震局、国土局、民政局、气象局等12个单位部门参与演练,主要开展地震监测预报、应急抢险、医疗救护等科目的演练。共有100多人参与演练。 (吕欢萍)

2015年5月12日,温泉镇中心学校开展地震逃生演练 县地震局 提供

气象事业

【气象事业机构及概况】 2015年,陆川县气象局内设办公室、监测预警中心、防雷减灾中心、人工影响天气办公室,代管陆川县气象防灾减灾中心、陆川县公共安全应急预警信息发布中心,有自动气象监测站31个。人员编制8名,在编在职职工7人,编外人员9人。其中,工程师4人,助理工程师3人,技术工人9人。年内,县气象局被评为玉林市气象工作综合目标管理考核优秀单位。

【气候事件】 2015年,陆川县主要有干旱、暴雨、台风、雷击气候事件。

干旱 3月1日—4月30日,全县降雨量为66.1毫米,比上年偏少8成左右,为县内有气象记录以来同期最少的年份。其中,4月各地降水量为34.3毫米,偏少8成,也是有气象记录以来同期最少的年份。

暴雨洪涝及热带风暴 7月5日,受切变线和地面冷空气影响,县中部乡(镇)出现暴雨到大暴雨的天气,受灾人口6500人,转移安置人口9人;农作物受灾面积173公顷,减收53.30公顷,绝收2公顷,冲毁渠道500米,河堤600米,库房围墙约100米,陂坝30个;水利设施损失475万元。9月8日,受切变线和低层东南气流影响,县中部乡(镇)出现暴雨至大暴雨天气,受灾人口6500人,转移安置人口125人;房屋倒塌52间,损毁292间;农作物受灾面积174公顷,绝收面积2公顷,直接经济损失169.80万元。10月4日—6日,受22号台风"彩虹"影响,县内出现暴雨,局部特大暴雨天气;4—5日,县气象监测站出现大风天气,极大风速为28.30米/秒。4日8时—6日12时,降雨量250~500毫米,全县受灾人口5.69万人,转移安置人口976人,紧急生活救助人口207人,过渡性救助人口71人;房屋倒塌损毁440间;受灾农田面积6900公顷,农作物成灾面积3476公顷,绝收面积192公顷;造成直接经济损失3824万元。其中农业损失2895万元,基础设施损失661万元,家庭财产损失268万元。

雷电灾害 7月19日16时30分—17时,陆川县看守所遭受雷击,导致办公楼和监舍被雷击且损坏一批办公设备。

【气象服务】 2015年,县气象局开展各项气象服务工作,特别做好重大灾害性天气预报服务工作,注重节假日的专项天气预报服务及关键性、灾害性天气预报服务。全年共发布气象服务信息105期、重大气象专报9期,发布预警信号48次。在灾害性天气过程中,定时或不定时用电话和手机短信向县委、县政府领导汇报天气实况和预报,利用广播、电视、电视新闻采访等方式发布预警信号、气象信息服务。8月在米场镇乐宁村的水稻试验田上建设农田小气候仪,通过该设备采集试验田水稻生长的各项气象数据,为试验田水稻生长、提高产量提供技术支持。

【人工增雨作业】 2015年2月—4月,陆川县降水量明显偏少,旱情使农业生产用水和工业及生活用水面临严峻形势。5月1日、5日、7日,县气象局抓住有利时机,在炮点进行火箭人工增雨作业3次,共发射增雨火箭弹16枚,作业后全县各乡(镇)普降中到大雨,有效缓解陆川县旱情。

【科普宣传】 2015年3月23日,陆川县开展"3·23"世界气象日宣传活动,围绕"气候知识支持气候行动"的主题,在县城市政广场设立宣传点,利用图片、板报向广大群众宣传气候变化趋势、雷电防护、天气雷达等气象科普知识,并发放气象科普知识资料,组织县第五小学的部分师生参观县气象局的预警中心、观测场、人工增雨设备等。5月12日,全县开展"5·12"防灾减灾日宣传活动,利用板报、拉横幅及分发气象科普书籍、防灾知识宣传卡片等形式宣传气象灾害的防御和避险自救知识。

【气象防灾减灾体系建设】 2015年6月,陆川县气象防灾减灾中心、陆川县公共安全应急预警信息发布中心在县气象局成立,实行两块牌子、一个机构设置,编制5名,实有人员5人,开展公共安全防御管理、公共安全监测预报预警、信息发布等工作,利用气象电子显示屏以及手机气象短信等各种预警信息发布平台设备,及时发布预警信息。 (杨志华)

2015年7月,陆川县气象防灾减灾应急中心成立。图为7月6日举行揭牌仪式
叶礼林 摄

文化·体育

WENHUA TIYU

2015 年 9 月 14 日，第七届体育节"聚银杯"篮球气排球精英赛在县城举行

县文体广电局　提供

文化

文化综述

【文化机构信概况】 2015年,陆川县有乡镇文化广播电视站14个、村级公共文化服务中心71个、舞台83个、农家书屋169家、民间艺术团体110个。全县举办各种文体、展览活动上百场次,观众13万多人次;县农村电影公益性放映任务近2000场次;广播电台每天播出约18个小时,广播综合覆盖率98.78%;公共电视节目2套,每天播出时间16个小时,电视综合覆盖率97.58%。选送陆川哑戏《河长轶事》参加广西第十七届"八桂群星奖"比赛,获戏剧类金奖。1月,陆川县推进政府职能转变和机构改革,由原来的陆川县文化和体育局与陆川县广播电视局合并,组建为陆川县文化体育广播电视局(简称县文体广电局),内设政秘股、文化艺术股、体育股、文化体育产业股、市场管理股、广电股、财务股、县"扫黄打非"办公室,编制24名,实有人员23人。下辖县文化馆、县图书馆、县文物所、县体校、县文化市场综合执法大队、县人民广播电台、县电视台、县电影发行放映公司8个二层机构。年内,县文体广电局获全自治区体育系统集体二等功。

【国家公共文化服务体系示范区创建】 2015年,县文体广电局采取措施确保创建国家公共文化服务体系示范区(简称创建"示范区")验收达标。一是加快做好县宣传文化体育中心建设进度,至年底,内部装修完工,待交付使用。该中心设置有文化馆、图书馆、博物馆、妇女儿童活动中心、文化活动中心等,其中县图书馆和县文化馆获得部颁三级馆,并建立网站。二是开展乡镇文化站规范化建设,全县14个镇文化站有面积350平方米以上且独立设置的有11个,其中一级站1个、二级站2个、三级站3个,各镇图书室、电子阅览室、多功能室、培训室4个功能室配备完善,藏书量均在3000册以上,电子阅览室电脑均在10台以上,实行镇文广站"六统一、一特色",即"统一文化站标识、统一外立面装修、统一功能室设置、统一制度上墙、统一开放时间、统一设置宣传专栏,培育一镇一特色文化品牌",村实行"两室一品",即统一设置"图书室(农家书屋)、文体活动室,培育一村一文化品牌"。三是开展公共文化服务规范化建设。全县10个社区公共文化服务规范化建设完成7个;完成22个村级公共服务中心工程建设;全县公共文化活动场所全面实行免费向群众开放,经费、人员落实到位;各镇公共设施全部免费开放,且落实有专人负责,实行站长负责制,明确有站长对各镇免费开放工作实行负总责。4月初,县政府常务会研究讨论通过对全县154个行政村和10个社区的文化协管员每人每月补助200元。四是发动社会力量踊跃参与公共文化服务建设。县政府出台购买公共服务的通知,鼓励民间力量参与公共文化建设,县民间资金参与公共文化建设900多万元。五是打造创建示范带建设。按照要求打造两条创建示范带,一条是珊罗镇长纳村—马坡镇珠砂车田丽江文化娱乐中心—马坡镇文化站,一条是县文体中心—良田镇文化站—良田镇良田村。每个点参观10分钟,参观和路程约3个小时。

【公共文化活动场所免费开放】 2015年,全县公共文化活动场所全面实行免费向群众开放,自治区财政和县财政每年配套每个乡镇免费开放经费5万元。县图书馆、文化馆、文广站实行对公众每周免费提供服务56小时。县文化馆举办中小学生书法培训班3期、绘画培训班2期。县图书馆举办"农家书屋"管理员培训班2期;举办种植新技术、电子商务等培训班6期;组织大型文化活动11次,参与人数每次逾千人;组织大型展览活动4次、各种理论研讨活动和对外交流活动4次。县文广站组织下基层演出70场次,举办文广站人员培训班3期、社会文化艺术培训班8期、未成年人文艺培训班16期。

【文化基础设施建设】 2015年,县

2015年在建的县文体中心　　　　县文体广电局　提供

文体广电局推进村级公共服务中心建设。完成投资 770 万元,逐渐完善村级公共服务中心"五个一"(一幢 160 平方米以上综合楼、一个篮球场、一个舞台、一支业余篮球队、一支业余文艺队)标准建设,建成村级公共服务中心 22 个,分别为:温泉镇风淳村、白坭村、沙湖镇官山村、沙坡镇六高村、珊罗镇四乐村、马坡镇马坡村、大良村、大桥镇三善村、雅松村、横山镇陆洪村、旺坡村、乌石镇月垌村、沙江村、陆选村、滩面镇上旺村、良田镇龙口村、旺垌村、石垌村、清湖镇永平村、水亭村、那若村、古城镇清耳村。建成村级篮球场 10 个,分别为:乌石镇隆化村、良田镇龙口村、三联村、古城镇盘龙村(符竹山移民村),沙湖镇永旺村吖岭小组,马坡镇大兴村黄屋村、雄英村社冲队、雄英村八差塘队、界垌川江坡村、横山镇稔坡村(稔坡片)。完成古城镇健身工程建设。

【文化市场集中整治】 2015 年,县文体广电局开展"扫黄打非""清源""净网""护苗""固边""秋风"五大专项行动。共开展专项检查 10 次,检查印刷企业 9 家次,出版物摊(场)12 家次,收缴非法出版物 1800 张(册)、盗版音像制品 1700 多张、淫秽光碟 300 多张;检查音像、图书、印刷、网吧等经营单位 60 余家次,收缴非法出版物"六合彩"码报资料 6000 多张(册)、封建迷信类出版物 100 多张(册);取缔"六合彩"码报地摊 40 多个。联合有关单位开展集中行动 8 次,出动执法人员 230 多人次,检查网吧 110 家次。开展"零点行动"5 次,立案 8 件,结案 8 件。

【非物质文化遗产保护】 2015 年,县文体广电局搜集整理乌石酱油制作技艺、花灯制作、客家天后诞、木偶戏、陆川铁锅铸造技术、陆川猪饲养技术、钱鞭舞(钱尺舞)、陆川客家采茶戏、客家山歌、伏波将军传说 10 个非物质文化遗产保护项目的资料,开展非物质宣传展示活动 3 次,分别在

2015 年 6 月 12 日,非物质文化遗产日宣传活动在县市政广场举行。图为展示现场一角　　　　　　　　　　　县文化馆　提供

横山镇天后宫举行客家八音、客家傩戏、客家天后诞等非物质文化遗产展示活动。5 月 13 日,在横山镇中心小学举行"中国梦·客家情"保护非物质文化遗产宣传文艺晚会。在 6 月 12 日"文化遗产日",县文化馆以"非遗成果·人人共享"为主题,展示非物质文化遗产成果图片一批,接受相关咨询服务 50 多次;县文物所制作文物藏品、文保单位、文物保护成果宣传彩喷塑胶展板 15 版在人民会堂前展出、挂跨街横标 4 幅,在县城及乡镇张贴文物保护宣传标语 100 多条,散发《中华人民共和国文物保护法》及陆川县文物宣传手册等资料 1000 多份,参观人数 1500 多人次,接待咨询群众 300 多人次。

群众文化

【群众文化活动】 2015 年,县文化馆组织参加县里举办的各种群众文化活动,在节假日开展各类丰富多彩的群众文化活动。县文化馆创作编排客家哑戏《河长轶事》参加广西十七届"八桂群星奖"比赛,获广西第十七届"八桂群星奖"玉林赛区的比赛一

等奖;组队参加广西第十七届"八桂群星奖"决赛,获戏剧类金奖。创作哑戏《清清龙泉河》参加全自治区第四届基层文艺会演。

新春系列文化活动 春节联欢晚会,客家哑戏《来福梦》、客家风情表演唱《阉鸡补镬不寻常》等精品节目,成为当晚晚会的亮点,深受观众赞誉。农历大年初一,开展春节猜谜游园活动,发出谜语 2 万多条,参与观众 1 万多人;开展陆川县"春节书画摄影展",参观人次 8000 多人次;开展"中国梦·客家情·文化惠民"下乡慰问演出活动,深入乡镇村屯为广大农民朋友送上一台台精彩节目;举行 2015"闹元宵·陆川县第四届广场舞大赛"活动,全县 28 个队参赛,15 个队进入决赛晚会。乡镇组:米场镇弦丹月舞蹈队《青春魅力》特等奖;米场镇星语舞蹈队《舞动中国》一等奖;乌石五星海萍舞蹈队《天下姐妹》串烧二等奖;马坡镇中心舞蹈队《情暖碧桂》三等奖;马坡镇众乐艺术团《家乡美》三等奖。城区组:中山苑代表队《多嘎多耶》特等奖;河坝村健身队《舞动青春》一等奖;活力健身俱乐部《绽放》一等奖;老年大学队《三七花开等你来》二等奖;叶青广场舞队《壮乡是个幸福海》二等奖;星光舞蹈学校《拉丁

舞》二等奖;新公园广场舞队《舞动奇迹》三等奖;小天鹅舞蹈培训基地《舞精英》三等奖;九洲江世纪花园《侗乡儿女心向党》三等奖;普心瑜伽《卷珠帘》三等奖。有5000多名观众观看比赛。

节庆活动 5月,举办庆"五一"职工广场文艺晚会,横山镇中心小学举行"中国梦·客家情"保护非物质文化遗产宣传文艺晚会。6月,举办庆"六一"儿童节文艺晚会、"加强安全法治·保障安全生产"为主题的陆川县第十四届安全生产月活动启动仪式暨专题文艺晚会。7月,举办"中国梦·强军梦"纪念中国人民解放军建军88周年暨抗日战争胜利70周年警民联欢晚会。9月,在九洲江边广场举办2015年"中秋月·客家情"文艺晚会。

【文化艺术辅导】 2015年,县文化馆做好文化艺术辅导工作,举办各类文化艺术培训班31期,共培训1500人。其中,举办文化站人员培训班3期、社会文化艺术培训班8期、未成年人文艺培训班16期、外来务工人员文化艺术培训班4期。6月,辅导县各系统、各乡镇参加县庆祝中国共产党成立94周年"颂歌唱和谐·共圆中国梦"暨"爱国歌曲人人唱"歌咏比赛,其中辅导县宣传系统、县财政局、马坡镇等分获特等奖;8月,辅导业务人员参加广西第八届音乐舞蹈比赛;9月,辅导陆川县信用联社参加本系统的文艺比赛,获二等奖;11月,辅导县业务文艺团队参加玉林市广场舞大赛,获三等奖。

文物保护和管理

【文物概况】 2015年,陆川县共有文物保护单位38个,其中国家级1个(谢鲁山庄)、自治区级1个(为青莪馆)、县级36个。

【文物保护】 2015年,县文物所加强对8小时以外的值班,并每周至少对文物藏品进行安全检查1次,开展《中华人民共和国文物法》宣传3次。

【文物维修】 2015年,陆川县完成《谢鲁山庄修缮工程设计方案》立项工作,顺利通过国家文物局审核。谢鲁山庄地质病害治理项目全面竣工,邀请自治区文物局组织有关专家进行验收。

【全国第一次文物普查】 2015年,陆川县参加全国开展第一次可移动文物普查工作。派出普查工作人员参加广西第一次全国可移动文物普查工作骨干培训班3次,共培训业务人员4人。组织业务骨干做好陆川县可移动文物的数据录入审核工作。录入审核上报可移动文物普查数据1106件,录入审核率100%。

【文物安全】 2015年,陆川县在旱、汛期及重大节日期间,重点做好38处文物保护单位的险情排查、隐患整改工作。完成房屋建筑类文物保护单位30处的消防安全制度的制定,与消防部门签订消防安全责任书。

2015年5月13日,陆川县保护非物质晚会遗产宣传文艺晚会在横山镇中心小学举办。图为县文化馆表演的荔枝情怀节目情景　　县文化馆　提供

2015年春节期间,县总工会举行游园活动　　县文体广电局　提供

表 23 2015 年陆川县文物保护单位情况

序号	名称	年代	地址	级别	公布时间
1	谢鲁山庄	民国	乌石镇谢鲁村寨子屯	国家级	2013 年 3 月
2	青莪馆	清	陆川县新洲北路 96 号	自治区	2009 年 5 月
3	中山纪念亭	民国	陆川县人民公园北面	县级	1981 年 11 月
4	茂园	民国	陆川县人民医院内	县级	1981 年 11 月
5	林虎将军旧居	民国	良田镇石垌村	县级	2010 年 3 月
6	大坑寨	清	珊罗镇田龙村大坑队	县级	1981 年 11 月
7	庞石洲墓	清	沙坡镇横山村塘口队南约 300 米的山腰上	县级	1981 年 11 月
8	八角楼	民国	古城镇八角村委会旁	县级	补
9	龙潭岩	民国	清湖镇塘寨村龙潭队西北约 300 米山腰上	县级	1981 年 11 月
10	革命烈士纪念碑	现代	陆川县第二中学北面葫瓜岭山顶	县级	1981 年 11 月
11	革命八烈士之墓	现代	沙坡镇沙坡村牛头岭山顶	县级	1981 年 11 月
12	廖磊将军旧居	民国	清湖镇永平村上坡队	县级	2010 年 3 月
13	肖道龙旧居	民国	大桥镇大塘村古城垌	县级	2010 年 3 月
14	吕芋农旧居	民国	乌石镇谢鲁村花园队	县级	2010 年 3 月
15	桂东南游击区陆川人民抗日自卫军司令部	民国	古城镇清耳村上茶根队	县级	2010 年 3 月
16	蚊丁二十四烈士墓	现代	良田镇良田卫生院内	县级	2010 年 3 月
17	庞颖墓	清	平乐镇平乐村松木根队白坟岭	县级	2010 年 3 月
18	黎可耕、黎聪墓	清	温泉镇四良村林屋队	县级	2010 年 3 月
19	李氏宗祠	清	横山乡稳坡村高门楼队	县级	2010 年 3 月
20	龚氏宗祠	清	马坡镇雄鹰村	县级	2010 年 3 月
21	庞氏宗祠	清	温泉镇泗里村	县级	2010 年 3 月
22	厚庵吕公祠	清	温泉镇洞心村	县级	2010 年 3 月
23	吴氏宗祠	清	温泉镇中兴村	县级	2010 年 3 月
24	李让美公祠	清	滩面乡坡头村 14 队	县级	2010 年 3 月
25	锡善温公祠	清	乌石镇旺岭村	县级	2010 年 3 月
26	天后宫	清	横山乡稳坡村梁屋队	县级	2010 年 3 月
27	灵惠宫	清	横山乡旺坡村	县级	2010 年 3 月
28	爱菊堂	清	平乐镇政府旁	县级	2010 年 3 月
29	晴峯李公祠	清	沙湖乡新街村李屋队	县级	2010 年 3 月
30	天良黄公祠	清	沙坡镇秦镜村中兴队	县级	2010 年 3 月
31	定轩谢公祠	清	良田镇三联村 22、23 队	县级	2010 年 3 月
32	新城大夫第	清	平乐镇长旺村新城队	县级	2010 年 3 月
33	宁培瑛烈士故居	民国	沙坡镇白马村书房坡自然村	县级	2012 年 6 月
34	肖湘汤将军旧居	民国	大桥镇大塘村古城垌	县级	2012 年 6 月
35	革命活动旧址——慷正温公祠	民国	乌石镇旺岭村特兰自然村	县级	2012 年 6 月
36	革命活动旧址——松柏山陈氏宗祠	民国	大桥镇雅松村松柏山自然村	县级	2012 年 6 月
37	清秀私立初级中学旧址——显庭公祠	民国	马坡镇清秀村清秀小学东面	县级	2012 年 6 月
38	刘氏宗祠	清	乌石镇陆选村老屋队	县级	2012 年 6 月

公共图书事业

【公共图书事业概况】 2015年,陆川县图书馆报刊阅览室、电子阅览室免费开放。全馆共藏书14.30万册、电子图书31万册。有持证读者2500人,接待读者6900人次,外借图书1.50万册次。年内,县图书馆赠送瓜头村借阅室书架1个、图书1批;县武警中队借阅室向县武警中队送书350册。

【图书宣传活动】 2015年,县图书馆举行宣传活动8场,其中在县百汇超市门口举行"全民阅读"宣传活动,3000多人参加活动。

【图书管理员培训】 2015年,县图书馆举办"农家书屋"管理员培训班,全县154个村的"农家书屋"230名管理员参加培训;开展培训活动12场共参加人数350人。　　　　（陈　洪）

图书发行

【图书发行机构及概况】 2015年,陆川县新华书店有限公司(简称县新华书店)是陆川县规模最大的图书发行机构。有书店门市部、仓库(含办公室)、书城(含职工宿舍)等综合楼5幢,小车、小型货车3辆。内设办公室、业务科、财务科、储运科、综合门市部。全年总销售码洋3364万元,实现国有资产保值增值。

【免费教材发行】 2015年,县新华书店做好全县中小学免费教材发行工作,做到按时、按质、按量配送到学校,实现"课前到书,人手一册"的目标。年内未发生教材安全事件。

【地方教材与教辅发行】 2015年,县新华书店通过《致家长一封信》的方式,向中小学学生推荐自治区教材审查委员会审查通过的地方教材和教学辅助教材,销售码洋1129万元。

【乡土教材发行】 2015年9月,县新华书店通过招标,获《保护母亲河》(改编版)乡土教材中标,取得该乡土教材的发行权,共发行3.95万册,码洋20.80万元。

【图书销售】 2015年,县新华书店做好《习近平谈治国理政》《习近平用典》《三严三实党员干部读本》等重点图书发行宣传策划。在征订过程中明确政治读物具有政治性强、思想性强和时间性强的特点,在寻找相应的读者时做到快、准、好,紧抓征订浪潮。售后做到快捷、准确、文明的上门服务。全年共发行上述图书5071册,码洋25.20万元。在全县开展征订《第四批全国干部学习培训教材》活动,共发行373套,码洋16.41万元。

【读书活动】 2015年,县新华书店做好以"祖国万岁""奋发向上 崇德向善"为主题的第二十二届青少年爱国主义教育活动用书的征订工作,共征订《祖国万岁》和《奋发向上 崇德向善》共12.69万册,码洋99.53万元。

【农家书屋建设】 2015年,县新华书店为2个建制村农家书屋配送数字系统设备,高清播放机、接收天线、电视机、电脑共10件;为52个建制村农家书屋配送图书312件,销售码洋39.76万元。　　　　（姚　曼）

广播·电视·电影

【电视宣传节目】 2015年,陆川电视台主要开办《政风行风热线》《九洲江治理纪实》《创建国家公共文化服务体系示范区宣传专栏》《艾滋病宣传专栏》《防灾避险专栏》《抵制邪教宣传专栏》《自在音乐》《明星魔幻秀》《天下故事会》《中国相声榜》《老歌回忆录》《少儿故事》等节目。

【政风行风热线宣传】 2015年,陆川人民广播电台组成政风行风热线节目小组,对播前、播中、播后三环节严格把关,确保节目既揭露问题,又弘扬正气,既为民着想,又替政府分忧,节目共举办19期次,邀请县19个部门(单位)114名,嘉宾先后做客《政风行风热线》直播节目,现场解答听众疑难问题450个(其中电话提问250个,网友提问200个),内容涉及反映社情民意、解决民生问题、优化发展软环境等方面,答复率100%。

【公益广告宣传】 2015年,陆川电视台制作播出社会主义核心价值观公益广告5条6000多次、"美丽陆川·清洁乡村"公益广告8条6000多次、创建国家公共文化服务体系示范区公益广告5条5000多次、拥军优属公益广告2条2000多次、环境保护公益广告3条3000多次、双拥公益广告2条2000多次、文明公益广告3条2000多次;制作播出艾滋病防治宣传专栏3期900多次。

【农村公益性电影放映】 2015年,县文体广电局贯彻落实文化部、国家广播电影电视总局提出的农村电影放映"2131"(21世纪初在广大农村实现一村一月放映一场电影)目标,实施农村电影放映"2131"工程,制订全年全县农村电影公益性放映活动实施方案,明确职责,提出措施到位,责任到位,落实到位,达到"一村一月放映一场电影"的要求。采取各种宣传手段,提高群众观看农村电影率,确保农村电影放映工作取得实效。一是每月在电视台播放农村电影放映有关资讯信息,由电视台记者采访放映现场等形式进行宣传。二是张贴海报,制作张电影讯息海报,由放映队委托各建制村文化协管员在前一天或当天上午的村委、农贸集市进行公布张贴,让广大群众能早知道放映时间、地点及片名节目。运用村级广播宣传,对有广播条件的村,委托村文化协管员运用村级广播进行当日上午与演前通知。全年共放映公益性电影1848场次,观众数447万人次。

【广电网络传输安全管理】 2015年,县文体广电局加强广播电视网络安全管理,与局(台)各科室、各乡镇层层签订《广播电视网络安全责任书》,制订完善广播电视安全播出预案、广播电视应急处理预案等。对广播电视网络、播出机房和东山发射机站等重点部位的防雷进行安全设施维护,排查安全隐患。在元旦、春节等重大节假日及"两会"(全国人民代表大会第三次会议和中国人民政治协商会议第十二届全国委员会第三次会议)、中共十八届四中全会和APCE会议(亚太经合组织第二十二次领导人非正式会议)等重要保障期间,开展广播电视网络安全应急演练8次,确保广播电视安全播出。

【广电行业管理】 2015年,县文体广电局开展整治虚假违法广告专项行动,对广告经营内容进行自查自纠,加强广播电视医疗药品广告监管。对非法安装、销售卫星电视广播地面接收设施情况进行定期、不定期检查,每月对全县内34小网点进行巡查检查3次以上;打击非法生产、销售、安装、使用卫星电视广播地面接收设施行为。县社会治安综合治理委员会、广播电视局、文体局、公安局、工商局等部门联合对县内使用销售卫星地面接收设施情况进行检查和清理,共查处非法销售电视地面接收天线239面、高频头266只、接收机65台、电视棒21个、电缆线300米。 (陈 洪)

广播电视信息网络

【广电信息网络概况】 2015年,陆川县有网络电视用户6.67万户,其中,广播电视信息网络陆川分公司(简称县广电网络分公司)城市网络电视用户1.99万户,农村网络电视用户3.01万户;私人网络经营农村网络电视用户1.67万户。全县网络电视覆盖率14%。县广电网络分公司继续拓展广播电视信息网络市场,重点发展合约机、宽带、专网,收购私人网,扩大农网市场等,促进广电网络市场的发展,总收入1144万元,比上年增加196.50万元,增长20.74%。其中,基础收入完成554万元,增值业务收入424万元,农网收入166万元。县广电网络分公司内设播出部、综合部、农网部、客服部、营销部、集团业务部、数据部、运维部,员工50人。

【网络改造项目建设】 2015年,县广电网络分公司做好网络改造建设项目工作,按技术规范要求严把好工程建设质量关。完成2014年度双向传输、乡镇光纤网络等建设项目竣工并验收完毕;推进2015年度乌石镇坡脚村双向农网新建项目、新建县中山苑、碧桂园小区项目等建设,项目进入竣工结算,大部分通过玉林分公司验收。

【农网市场建设】 2015年,县广电网络分公司加大农网发展的投入,推进农网网络由单一向的、广播式接收数据传输向既可接收数据,也可上传数据的双向化传输转变,扩大覆盖率。推进乡镇管理员职业化和年轻化发展,有7名镇管理员转B类员工,更换镇管理员9个。整合私人网,投入资金300多万元,分别在珊罗、米场、马坡、沙坡、横山、大桥、滩面7个镇收购私人网有线数字电视共1.04万户。发展村级宽带,加快村屯有线电视网的双向开通,发展宽带用户900户。培育农网营销理念,加开设良田营业厅、清湖营业厅家电产品销售业务;推进古城、清湖、乌石等3个镇新建工程建设,开通光点120多个;在珊罗镇、良田镇安装无线宽带发射4套,10月投入运营,用户100多户。

【服务设施建设】 2015年,县广电网络分公司推进服务设施建设,落实新营业厅及机房搬迁新址。10月在温泉中路271号租用门面3个、面积约110平方米的商铺作为营业厅,12月1日装修竣工开业;机房选址在县广电局大楼一楼,购买机房事宜报自治区广电网络公司审批通过。

【专网拓展】 2015年,县广电网络分公司全方位拓展专网业务,与县公安局签订在全县村级监控联网线路租用合同、天网三期项目电路租用合同、驾校监控租用电线路合同、广西综治视频联网项目专线电路合、陆川柳银村银行专线电路传输服务和鑫达驾校监控租用电线路合同,合同金额360.60万元,其中3个项目竣工交付使用。县公安天网三期工程专线电路传输服务项目正建设中。

【服务品牌宣传】 2015年,县广电网络分公司营销部调整营销策略,转变营销方式,每周三、周五组织员工到小区上门发放宣传资料,宣传县广电网络分公司的新产品、新促销政策,累计发放宣传单4万多份。在每辆工程车喷刷宣传广告,在县广电网络分公司的落地箱、集中分箱上张贴宣传单,提升营销业务。加强与集团用户的联系沟通。5月前,大客户、集团业务、专网业务由营销部负责;6月,县广电网络分公司成立集团业务部,重新落实集团业务责任人,规范集团业务管理,加大对大客户、集团用户业务联系和沟通,了解各大单位、宾馆、酒店等集团客户需求,协调帮助解决问题,治谈合作签约事宜,定期回访集团客户使用情况等,及时了解用户对广电网络工作的意见和建议,有针对性地加强和改进客户服务工作、营销策略,与新开发的业主广西骏景房产开发公司签订《广电合约计划业务协议》,由物业公司统一代收有线电视宽带新入户业务。全年共签订集团合约用户（宾馆）9 家,发展合约用户 394 户。

【家电促销活动】 2015 年,县广电网络分公司主动联系创维经销商,广泛开展家电促销活动。12 月 5 日—6 日举办 2016 年员工迎新年福利内购会,两天内家电销售营业额 16 万元;12 月 19 日—20 日在泰富酒店开展"文化下乡,扶贫助困"惠民工程活动,由县文体广电局、县民政局主办,县广电网络分公司、创维集团公司协办,活动期间,营业额近 130 万元。

【客户服务管理】 2015 年,县广电网络分公司加强客户服务管理,提高网络支撑能力,制定《2015 年客服指标考核管理办法》《客户服务责任追究制度》,对客服考核指标靠后的实行处罚,对完成工单质量与当事人的绩效工资挂钩;加大用户安装管理,对合约机、新装机、移机户的安装与客服人员绩效挂钩,每名客服人员每月扣 400 元绩效,规定时间内完成用户安装的每户给 28 元,解决安装迟慢的问题;办公室每天回访工单,对存在问题得到及时解决,让用户放心、满意。

【安全生产】 2015 年,县广电网络分公司加强安全生产、安全播出保障工作,完善安全生产工作制度,落实部门安全岗位责任制度,提高危处置能力,加强安全意识和应急操作演练。年内,组织人员开展网络线路安全检查,整改网络路线隐患 32 处,确保有线电视网络路线安全传输,实现安全播出、安全生产无事故。

【学习培训进步年活动】 2015 年,县广电网络分公司加强队伍建设,开展员工学习培训进步年活动,采取走出去或请进来的学习办法加强员工学习培训,执行员工学习培训量化管理,建立学习培训长效机制,采取学习积分制,学习培训考核结果作为员工年度考核的重要依据之一,学习积分与绩效、工资、提拔挂钩,优秀的给予奖励。年内,共举办培训班 2 期,培训人员 89 人次;组织员工到广西广电网络玉林分公司跟班学习 6 次。

（肖维东）

档案管理

【档案管理机构及概况】 2015 年,陆川县有县级档案局 1 个,综合档案馆 1 个,自治区定级以上的机关档案室 42 个。陆川县档案馆馆藏档案资料主要有明清时期县志、民国时期档案、革命历史档案、中华人民共和国成立后各机关单位文书档案。馆藏档案以纸质档案为主,另有少量光盘、磁盘载体的录音（像）档案。其中,文书档案全宗 135 个,馆藏文书档案 4.07 万卷又 1.41 万件,专门档案 631 卷,照片档案 293 张,录像档案 4 件,实物档案 110 件。县档案局与县档案馆实行一个机构、两块牌子设置,内设政工秘书股、业务管理股、业务监督指导股 3 个股,编制 8 名,实有人员 7 人。年内县档案局获玉林市国家综合档案馆业务建设先进单位二等奖、玉林市档案抢救工作先进单位等荣誉称号。

表24　　2015 年陆川县机关档案室定级情况

档案室级别	个数	机关档案室名称	定级时间
国家一级机关档案室	1	陆川县组织部档案室	2008 年 2 月
国家二级机关档案室	1	陆川供电公司档案室	1991 年 10 月 25 日
自治区一级机关档案室	12	县保险公司档案室	1992 年 12 月 30 日
		中国农业银行陆川县支行档案室	1994 年 8 月 10 日
		中国人民银行陆川县支行档案室	1994 年 12 月 27 日
		中国建设银行陆川支行档案室	1996 年 12 月 31 日
		陆川县国税局档案室	1998 年 12 月 21 日
		陆川县交通运输局档案室	1998 年 12 月 21 日
		陆川县地税局档案室	2005 年 3 月
自治区一级机关档案室	12	陆川县检察院档案室	2005 年 11 月 18 日
		中国农业发展银行陆川县支行档案室	2002 年 5 月 30 日
		陆川县工商局档案室	2003 年 7 月 2 日
		陆川县公安局档案室	2012 年 9 月
		陆川县法院档案室	2012 年 11 月

续表

档案室级别	个数	机关档案室名称	定级时间
自治区二级机关档案室	8	陆川县档案馆档案室	1992年12月28日
		中国工商银行陆川县支行档案室	1996年12月27日
		陆川县政府办档案室	1997年9月5日
		中国银行陆川县支行档案室	1998年12月28日
		温泉镇政府档案室	1999年11月8日
		陆川县农村信用合作社档案室	2002年11月29日
		陆川县房产管理所档案室	2007年12月8日
		陆川县质量技术监督局档案室	2013年12月20日
自治区三级机关档案室	20	陆川县农业局档案室	1991年11月26日
		陆川县林业局档案室	1993年12月30日
		中共陆川县委办公室档案室	1995年9月22日
		中国农业银行陆川县支行温泉营业所档案室	1995年12月25日
		中国农业银行陆川县支行米场营业所档案室	1995年12月25日
		中国农业银行陆川县支行大桥营业所档案室	1996年12月30日
		陆川县公安消防大队档案室	1999年5月14日
		陆川县疾病预防控制中心档案室	1999年9月24日
		温泉镇计生站档案室	1999年11月2日
		米场镇政府档案室	1999年11月19日
		沙湖乡政府档案室	1999年11月23日
		大桥镇政府档案室	1999年11月29日
		平乐镇政府档案室	1999年12月3日
		良田镇政府档案室	1999年12月25日
		新洲派出所档案室	1999年12月28日
		乌石镇政府档案室	2000年11月22日
		清湖镇政府档案室	2000年11月22日
		马坡镇政府档案室	2000年11月25日
		陆川县水利电业有限公司档案室(鹤地水库)	2009年11月
		陆川县社保局档案室	2014年12月30日

【档案硬件设施建设】 2015年,县财政投入档案事业经费22万元,改善馆所、库房保管条件。更换不锈钢档案资料架14组;改造库房老化电源线路1335米,更换防爆节能灯管20支、安全空能开关12个,维修改造库房屋顶防水隔热层200平方米。对馆藏国家重点档案库房设为特藏室,配置铁皮档案柜30套、专用空调2台、专用抽湿机2台,温湿度计等。

【档案安全管理与保护】 2015年,县档案馆加强馆藏档案安全管理,实行库房温湿度每天记录制度,对馆藏的档案资料进行药物熏虫,确保档案资料的安全与完整。对馆藏重点档案修裱进行抢救,聘请2名专门技术工作人员对馆藏重点档案湿托裱糊修复,共消毒、修裱抢救民国时期档案350卷、20世纪50年代的各乡镇《土地证存根》186卷。

【档案业务培训】 2015年5月8日,县档案局在县委党校举办档案信息化建设业务培训班,培训内容涉及信息化发展趋势和档案信息化发展规划、档案信息化安全问题、档案资源网站建设、档案数字化加工的相关内容、电子文件管理、玉林市档案管理系统软件使用和操作、文书档案归档文件整理办法,全县专(兼)职档案员141人参加培训。

【档案业务指导】 2015年,县档案局根据自治区农业厅文件要求,加强全县农村土地承包经营权确权登记颁证档案管理和农村土地承包经营权确权登记颁证归档文件整理等工作,按照自治区关于农村土地承包经营权确权登记颁证档案管理办法和农村土地承包经营权确权登记颁证归档文件整理规程的要求,指导县农业局开展农村土地承包经营权确权登记颁证档案的工作,共指导18个单位开展年度档案立卷归档工作,有10个单位完成年度档案立卷归档工作。其中,县法院整理归档2013年文书档案282件、业务档案2543件;县公安局整理归档2013年文书档案1012件(永久111件、30年171件、10年730件)、1993—2012年业务档案3186件、相片档案125件、实物档案13件;县财政局整理归档2013年文书档案578件(永久87件、30年263件、10年237件);县社保局整理归档2011—2014年业务档案1167卷(永久17卷、100年141卷、50年274卷、30年3卷、10年732卷);县地税局整理归档2013年文书档案365件(永久66件、30年172件、10年127件);县交运局整理归档2013年文书档案1390件(永久359件、30年166件、10年865件);县审计局整理归档1998—2013年文书档案708件(永久97件、30年286件、10年325件);县温泉政府整理归档2008—2013年文书档案117卷(永久18卷、30年36卷、10年63卷);陆川供电公司整理归档2013年文书档案489件、会计档案381册、科技档案4786件、相片档案97张、实物档案2件;县人民医院整理归档2010—2013年文书档案531件(永久125件、30年78件、10年328件)。10个单位共整理文书档案5481(卷)件、业务档案6896(卷)件、会计档案381册、科技档案4786件、相片档案222张、实物档案15件,各门类各载体档案17781(卷)件。

【法治建设】 2015年,县档案局配合县司法局开展"六五"普法学习教育活动,开展档案法治宣传,印发《广西档案管理条例》100多份,下发到各机关单位和乡镇进行法制宣传。建立健全档案执法机制,县档案局人员均通过全自治区统一的行政执法资格考试,并取得自治区法制办签发的《行政执法证》。8月,开展年度档案执法检查,按照《机关文件材料归档范围和文书档案保管期限规定》《企业文件材料归档范围和档案保管期限规定》等文件要求,对110个机关、企事业单位进行了文件材料立卷归档工作检查,其中达到优秀的单位28个,合格的单位62个,不合格单位20个。

【档案信息化建设】 2015年,县档案局按照《全国档案信息化建设发展规划》的要求,做好数字化档案馆建设,进一步完善档案馆库建设,加大资金投入,有计划地对馆藏档案开展数字化工作,对馆藏档案和现行文件录入案卷级目录1.33万条、文件级目录14.9万条。推广使用"GD2000"档案管理系统软件,年内新增县审计局、县交通运输局、县人民医院3个单位采用"GD2000"档案管理系统软件,全县累计使用"GD2000"档案管理系统软件单位28个。

【档案门户网站开通】 2015年12月,县档案局建立档案门户网站,设置局馆概况、政府信息公开、政策法规、工作动态、公示公告、业务建设、网上展览、历史回音、教育基地、档案利用、图片展示等主要栏目11项,扩大档案知识、档案工作情况的宣传,至12月底,网站点击7000人。

【民生档案规范管理】 2015,县档案馆规范民生档案管理,根据国家档案局《关于加强民生档案工作的意见》要求,重点加强对县社保局综合档案室库房的设置建立、库房基础设施设备、档案装具配备及档案的整理、立卷、归档和档案信息化建设。年内,县社保局完成2011—2014年间养老保险、失业、医疗、工伤、生育5个险种业务档案的立卷归档工作。12月,玉林市档案局、社保局档案检查小组对县社保局档案管理工作进行综合考核验收,考评获总分94分,位列玉林市社保系统综合档案管理第一名,成为全市社保档案工作的示范点。

【"档案资源建设年"活动】 2015年,县档案局按照自治区档案局"档案资源建设年"活动实施方案统一安排部署,结合全县档案资源实际情况,有计划、有步骤地开展"档案资源体系建设年"活动。一是成立领导小组,负责活动全面开展。二是制定详细可行的实施方案,确保活动有计划、有目标。三是逐步建立健全高效的工作机制和各项规章制度,提高档案管理和服务水平。四是抓好馆库设施设备建设。年内,县档案馆收集到《冯氏族谱》《陆川年鉴(2012)》等存档资料;新增进馆到期档案631卷又1591件,接收文书档案1386卷又1960件,民生档案5807卷,接收照片档案15张,征集档案资料80册,逐步丰富馆藏档案资源。做好档案利用服务,到期应开放档案1061卷,接待查档人员490人次,提供利用档案资料430卷(册),查档内容以山林土地权属和干部职工工龄、学历和各企事业单位职工工作情况登记表等为主。

【第三届"国际档案日"活动】 2015年,县档案局在6月9日第三届"国际档案日"期间,广泛开展宣传活动,以"走进档案"为主题,开展馆舍开放、互动体验、文化展示、咨询宣传、征文比赛等活动,当天,县档案馆共接待各界群众120余人,发放县档案局(馆)简介、档案法律法规等各类宣传品200多份,内容涉及档案法规、档案知识、档案利用、档案征集等方面。

(陈恒利)

地方志工作

【地方志工作概况】 2015年,陆川县地方志编纂委员会办公室(简称县地方志办公室)内设政工秘书股、资料征集编纂股、方志研究股,编制5名,实有人员6人,聘用人员2人。年内,统筹推进第二轮《陆川县志》《陆川年鉴》编纂,完成《广西年鉴》《玉林年鉴》的供稿工作。2月,《陆川年鉴(2012)》获中国出版协会年鉴工作委员会评选为第五届全国年鉴编纂出版质量评比综合二等奖。

【《陆川县志》第二轮编纂】 2015年,县志办做好第二轮《陆川县志》(1990—2005年)资料收集、编辑工作,实行倒计时编辑计划,制订编辑倒计时计划表,工作进度每天上墙。按自治区三级修志下限2005年的时间要求,对各单位的续志稿列出问题清单并反馈回各有关单位进行查漏补缺。县志办工作人员有针对性深入到县委、人大常委会、政府、政协四大班子办公室及县委组织部、县档案馆等各有关单位收集续志残缺的资料,重点收集1990—2005年间续志补充资料、旧照片及入志人物资料等,共收集补充资料50多万字、旧照片500多张。11月20日,县政府召开第二轮《陆川县志(1990—2005)》攻坚工作会议,各镇、各部门单位分管方志工作的领导及县地方志办公室全体修志人员150多人参加会议,副县长吴祖强对进一步做好第二轮《陆川县志》编修攻坚阶段的编辑、总纂工作提出要求。至年底,《陆川县志》编修工作进入定稿阶段。

【《陆川年鉴》编纂】 2015年上半年,县志办集中力量开展《陆川年鉴(2014)》编纂工作,落实编辑工作责任制,编辑整理年鉴材料100万多字,收集年鉴照片300多张。6月,县政

2015年11月20日,《陆川县志(1990—2015)》攻坚工作会议在县第一会议室召开
县地方志办公室 提供

府办公室印发《关于印发〈陆川年鉴(2015)〉编纂方案的通知》,7月2日召开《陆川年鉴》编纂工作动员会及业务培训班。年内,全县有95%的单位完成年鉴稿件任务。 （姚紫燕）

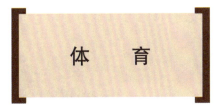

体 育

【学校体育概况】 2015年,陆川县中小学校全面实施《学生体质健康标准》,贯彻"每天锻炼一小时、健康工作三十年、幸福生活一辈子"理念,每天上、下午各安排25~30分钟的体育大课间活动,确保学生在校每天保持1小时体育活动时间。开足上好体育课,不以任何理由占用体育课时;结合实际,凡是学生喜欢的运动项目都选进大课间活动,不断增强大课间活动的趣味性和吸引力,大课间活动走上常规化、创新化的轨道。广泛开展阳光体育运动和各项体育比赛活动。

【群众体育】 2015年,陆川县开展各种体育活动8次,举办大型体育比赛

4次、各种体育赛事360多场次,参与人数7000多人。春节期间,县财政拨付全县154个建制村每个村3600元作为春节文体活动专项经费,开展文体活动500多场。

【业余体育训练】 2015年,县业余体校做好广西壮族自治区第十三届运动会(简称广西第十三届运动会)项目训练和选拔培养优秀运动苗子工作,参加业余训练运动员130多人。在体育开展氛围较好的学校设训练点,以点带面推动全县青少年业余训练竞技体育开展。为挖掘县优秀运动苗子,3月中旬至4月下旬,组织全体教练员到乡镇进行选才。在市体校参加集训的县运动员有20多人。7月,陆川籍运动员20人,代表玉林市参加广西青少年锦标赛获取好成绩。9月,陆川籍运动员15人参加广西第十三届运动会,县运动员共获金牌9枚、银牌4枚、铜牌1枚,其中陈云获男子乙组摔跤57公斤级金牌,梁舒雯获女子丙组摔跤40公斤级金牌,何茜获射击女甲3×10个人金牌、40发气步枪个人金牌、40发气步枪单项团体金牌,卢诗获射击女甲40发气步枪单项团体金牌,钟海波获武术套路男甲对练

金牌,丁俊江获男甲对练金牌,陈贝贝获乒乓球女甲团体金牌,何茜、卢诗破40发气步枪单项团体广西青少年记录。罗文平获女甲摔跤55公斤级银牌,钟波破获男甲武术套路剑、枪全能第二名,丁俊江获男甲武术套路南拳银牌,获刀、棍全能银牌,马明菲获蹼泳4×50米接力铜牌。

【全民健身系列活动】 2015年8月—11月,陆川县开展全民健身系列活动。8月8日,第七届广西体育节暨陆川县全民健身系列活动启动仪式在松鹤公园举行,县委书记、县长等县四家领导班子以及县城各单位干部职工500多人参加。启动仪式后,全体人员进行登山健身运动。至11月,开展篮球、气排球、登山、拔河、羽毛球、乒乓球、中国象棋、扑克等各种体育健身活动,参加活动2000人。

【组队参加广西第十三届运动会】 2015年9月,县文体广电局组队参加在梧州召开的广西第十三届运动

会,陆川县运动员共获金牌9枚、银牌4枚、铜牌1枚,其中陈云获男子乙组摔跤57公斤级金牌,梁舒雯获女丙40公斤摔跤金牌,何茜获射击女甲3×10个人金牌,40发气步枪个人金牌,40发气步枪单项团体金牌,卢诗获射击女甲40发气步枪单项团体金牌,钟海波获武术套路男甲对练金牌,丁俊江获男甲武术套路对练金牌,陈贝贝获乒乓球女甲团体金牌,何茜、卢诗破40发气步枪单项团体广西青少年记录。罗文平获女甲摔跤55千克级银牌,钟波破获男甲武术套路剑、枪全能第二名,丁俊江获男甲武术套路南拳银牌,获刀、棍全能银牌,马明菲获蹼泳4×50米接力铜牌。县文体广电局获2015年全自治区体育系统集体二等功。

【体育彩票销售】 2015年11月23日—25日期间,县文体广电局招募彩票销售人员80人,在23—25日在人民会堂设摊销售即开型"顶刮呱"体育彩票,共销售75万张,销售额150万元。

全县共有设有体育彩票销售点11个,年销售总额316万元。

【陆川县第十七届中学生田径运动会】 2015年11月18日在陆川县中学开幕。旨在全面贯彻实施《国家学生体质健康标准》,落实《中共中央国务院关于加强青少年体育增强青少年体质的意见》,大力开展中学生阳光体育运动,促进学生个性特长的培养和身心健康发展,提高学生的整体素质,全面实施素质教育,推动全县学校体育工作扎实、有效、长期地发展,选拔县优秀田径选手参加玉林市第十九届中学生田径运动会而举办。来自全县中学的33支代表队的486名运动员参加,整个比赛历时3天,比赛内容包括短跑、长跑、跳远、跳高、铅球等多个田径项目。选拔出48名优秀运动员参加玉林市田径比赛。

【全县体育大型课间活动】 2015年12月,县教育局成立大课间体育活动评比工作领导小组和现场评比小组,于12月21日—25日,对各镇中心学校、县直各中小学校进行大课间体育活动现场观看和评比,共评出特等奖3名,分别为陆川县第三中学、乌石镇中心学校、陆川县文昌中学;一等奖10名,分别为马坡镇中心学校、珊罗镇中心学校、古城镇中心学校、陆川县第二小学、平乐镇中心学校、米场镇中心学校、良田镇中心学校、清湖镇初级中学、沙坡镇第二初级中学、良田镇初级中学;二等奖11名,分别为沙坡镇中心学校、清湖镇中心学校、大桥镇中心学校、陆川县第一小学、滩面镇中心学校、沙坡镇初级中学、大桥镇初级中学、乌石镇初级中学、马坡镇第三初级中学、陆川县初级中学、珊罗镇初级中学。

(谢仕勇 李裕权 陈洪)

2015年8月8日,第七届广西体育节·玉林市全民健身系列活动(陆川分会场)启动仪式在陆川松鹤公园举行。图为运动员出发进行登山活动

叶礼林 摄

医疗卫生·计划生育

YILIAO WEISHENG JIHUASHENGYU

2015 年 5 月 5 日，陆川县医改工作暨卫生和计划生育工作会议在县第一会议室召开

叶礼林　摄

卫生综述

【医疗卫生事业概况】 2015年,陆川县有县级卫生计生行政管理部门1个(陆川县卫生和计划生育局),医疗卫生计生单位32家,其中县直医疗卫生机构11家(县人民医院、县中医院、县妇幼保健院、县中西医结合骨科医院、县新型农村合作医疗管理中心、县疾病预防控制中心、县卫生监督所、县皮肤病防治站、县卫生学校、计划生育服务站、流动人口计划生育管理办公室),镇卫生院16家(含中心卫生院6个),广西总工会驻陆医疗卫生单位1家(陆川温泉疗养院),民营医院4家(沙坡精神病医院、茶花山医院、青山医院、万应医院)。政府办基层村卫生室154个,个体诊所97个。全县医院卫技人员2544人,民营医院118人,村医生898人,个体医生97人。年内,陆川县平稳实施单独两孩政策,稳步推进卫生计生机构合并,实现卫生计生资源的有机融合,全面推进县级公立医院改革,完善新农合医疗保障体系,加强基本公共卫生服务项目实施,继续开展"一免二补"(免费婚前医学检查和逐步实施孕妇产前筛查及新生儿疾病筛查补助)幸福工程,实施国家基本药物制度,做好重点传染病防控工作,推进防治艾滋病攻坚工程实施,加强医政管理和药政管理,全县无重大疫情发生和流行。县骨科医院创建二级甲等医院获通过,免费孕前优生健康检查项目获全国第八次室间质评活动总成绩"优秀"等次。马坡镇中心卫生院获国家卫生计生委授予"2014—2015年度群众满意的乡(镇)卫生院"称号,疾控工作获全自治区2015年消除疟疾先进集体,皮肤病防治工作获全市2015年度麻风病性病防治工作先进表彰。

【卫生计生工作机构改革】 2015年1月,陆川县委、县人民政府关于政府职能转变和机构改革的实施意见规定,不再保留陆川县卫生局、县人口和计划生育局,合并组建县卫生和计划生育局(简称县卫生计生局),内设秘书股、人教股、政策法规与监督股、考核督查股、医政医管和中医药管理股、疾病预防控制和艾滋病防治股、基层卫生股、流动人口计划生育服务管理股、妇幼健康服务股、计划生育服务和家庭发展股,行政编制21名,后勤人员编制3名,实有人员21人。

【公立医院改革】 2015年8月,县卫生计生局根据玉林市卫生计生委转发《广西壮族自治区县级公立医院绩效考核指导意见》(试行)的通知精神,全面推进全县县级公立医院改革,加快建设县级公立医院运行新机制,理顺医疗服务价格,建立符合行业特点的人事薪酬制度,构建起现代医院管理制度框架,健全和完善相关改革配套措施,加强监督评估和考核,开展改革效果评估和综合改革示范县建设工作,巩固改革成效,促进提高县域医疗卫生服务水平。贯彻《广西壮族自治区物价局、卫生计生委、人社厅关于我区县级公立医院医药价格和医保支付改革政策的通知》精神,全县4家县级公立医院执行服务价格调整,同时实现取消药品加成(中药饮片除外),实行药品零差率销售。

【医疗卫生队伍建设】 2015年,县卫生计生局制定《关于印发陆川县卫生计生系统人事管理暂行规定的通知》《关于印发陆川县卫生计生系统领导干部定期交流工作规定(暂行)的通知》,对任职8年以上的县直医院中层干部(尤其是管理人财物岗位)及镇卫生院领导进行交流,推进干部提拔交流轮岗39人。

【免费医学生就业安排】 2015年,陆川县首届农村订单定向免费医学生毕业,县卫生计生局共接转本科订单定向免费医学生3名,全部签订聘用合同安排就业,其中马坡镇中心卫生院1名、乌石镇中心卫生院1名、良田镇中心卫生院1名。

基层卫生服务

【居民健康电子档案建立】 2015年,陆川县累计为城乡居民建立规范化

2015年6月26日,县卫生计生局人员到乡镇开展健康宣传活动

县卫生计生局 提供

电子健康档案62.87万份，内容涉及居民个人基本信息、主要疾病和健康问题摘要、主要卫生服务记录等内容，健康档案规范化电子管理率80.81%；更新健康档案25.44万份，档案更新率40.47%。

【健康教育服务】 2015年，全县各项健康教育项目实施单位按照健康教育服务规范要求，大部分卫生院均添置多媒体播放设备，在明显位置设置液晶显示屏，开展基本公共卫生服务项目宣传，采取发放宣传材料、发放宣传材料、设置宣传栏等方式开展健康宣教工作。同时针对重点人群、重点疾病和危险因素开展健康教育和健康促进活动。至12月31日，全县共投入健康教育经费81.60万元，举办各类知识讲座193期，开展健康咨询活动148次，参加健康教育讲座及接受健康教育咨询4.90万人次，发放各类宣传材料23种、67.76万多份，出版宣传专栏121版。结合开展产后访视、慢性病、重性精神病患者随访及老年人健康体检，累计进行个体化健康教育84.41万人次。

【老年人健康管理服务】 2015年，县卫生计生局结合居民健康档案建立，对65岁及以上老年人进行登记健康管理，全县65岁及以上常住老年人6.22万人，按规范要求对所有登记在册在家的老年人免费进行一次健康危险因素调查和一般体格检查及各辅助检查，提供自我保健及伤害预防、自救等健康指导。对发现已确诊的高血压和2型糖尿病患者纳入相应的慢性病患者进行管理，对存在危险因素且未纳入其他疾病管理的老年居民进行定期随访。年内累计开展健康管理的65岁及以上老年人4.32万人，健康管理率69.36%，超额完成年度目标要求65%的任务。

【慢性病健康管理服务】

高血压患者管理服务 2015年，全县各医疗机构通过开展对35岁及以上居民首诊测血压和健康体检测血压等方式发现首发高血压疑似患者，并建立相应的筛查登记表。对确诊的高血压患者进行健康管理，并按要求进行面对面的随访，建立随访登记表，对用药、饮食、运动、心理等提供健康指导和健康干预。同时对已经登记管理的高血压患者进行一次免费健康体检。全县共开展高血压筛查13.62人，筛查率3891人/万，新发现管理高血压病人989人，累计确诊高血压患者4.27万人，开展健康管理的高血压患者4.19万例，健康管理率35.88%。最近一次随访血压达标2.42万例；血压控制率57.83%，按规范要求管理2.95万名患者，规范管理率70.32%。

2型糖尿病患者管理服务 全县各医疗机构共开展2型糖尿病筛查6.29万人，筛查率1796人/万人；新发现管理2型糖尿病5406人，累计确诊2型糖尿病1.65万人；开展健康管理的2型糖尿病1.65万例，健康管理率30.25%，最近一次血糖达标8359例；血糖控制率50.74%，按规范要求管理10304名患者，规范管理率62.55%。

【新型农村合作医疗管理】 2015年，全县参加新型农村合作医疗（简称新农合）92.64万人，参合率99.20%；筹资4.35亿元，新农合基金支出3.65亿元，比上年增加141.52万元，增长0.39%。重大疾病、保障病种及儿童两病补偿比例有进一步提高，次均住院补偿费用由2014年2371元提高至3495元，增长1124元，增加47.40%。单一参合人员获得新农合住院补偿最高13.35万元。全面实施新农合大病保险制度，扩大大病救治保障范围，单一参合人员获得大病补偿最高8.40万元，"因病致贫，因病返贫"现象得到缓解。财政配套到位资金到位率100%，参合农民缴款全部足额存入财政专户。按自治区要求出台《2015年新农合技术补偿方案》，实施定点医疗机构基金支付总额包干，超支不补的措施办法，进一步规范新农合定点医疗机构医疗服务行为。年内，开展新农合基金集中检查2次，从检查的情况看，各定点医疗机构基本能执行新农合各项规章制度，未发现骗取或套取新农合基金现象，新农合参合人员原始参合记录、缴费收据真实。新农合基金管理规范、运行良好。各定点机构对检查组提出的新农合政策宣传栏内容更新不及时、定点医疗机构新农合药品未按规定标识等问题进行及时整改。

2015年11月18日，陆川县2016年新型农村合作医疗宣传发动工作会议在县城召开　　　　叶礼林　摄

【乡村医生养老补助政策落实】 2015年,县卫生计生局贯彻国家卫计委《关于进一步完善乡村医生养老政策提高乡村医生待遇的通知》精神,落实乡村医生养老补助政策,对192名年满60周岁的乡村医生,按其执业服务年限按规定给予一定的生活补助,其中发放一次性补助31人。

疾病防控

【计划免疫】 2015年12月底,陆川县0~6岁儿童国家免疫规划建卡人数13.66万人,建卡率100%,各种疫苗接种率均为90%以上。其中,卡介苗应接种1.78万人,实接种1.77万人,接种率99.47%;乙肝疫苗应接种1.75万人,实接种1.72万人,接种率98.42%;首针24小时接种人1.72万人,及时接种率97.43%;脊灰疫苗应接种1.75万人,实接种1.72万人,接种率98.41%;百白破疫苗应接种1.77万人,实接种1.73万人,接种率98.37%;白破疫苗应接种1.72万人,实接种1.68万人,接种率97.57%;麻腮风疫苗应接种1.89万人,实接种1.86万人,接种率98.24%;麻疹疫苗应接种1.78万人,实接种1.75万人,接种率98.30%;A群流脑疫苗应接种1.84万人,实接种1.81万人,接种率98.51%;A+C群流脑疫苗应接种2.05万人,实接种2.02万人,接种率98.38%;乙脑疫苗应接种1.99万人,实接种1.96万人,接种率98.33%;甲肝疫苗应接种1.9301人,实接种1.90万人,接种率98.25%。

【肝炎、痢疾、伤寒防治】 2015年,全县各级医疗卫生机构均开展肝炎、痢疾、伤寒副伤寒健康宣教活动,提高群众自我防护知识。全年报告甲肝14例,比上年下降51.72%,疫点处理14个;报告痢疾2例,下降66.67%;新报告伤寒副伤寒9例,疫点处理9例。上述疫情经处理后疫情得到控制。

【结核病防治】 2015年,全县共发现疑似肺结核病人和肺结核病可疑症状者1257例,经初治拍片确诊为肺结核410例,检出率为32%;再经痰涂片检查,检出涂阳病人71人,检出率17.31%。新登记新初涂阳病人71例,接受治疗71例,治疗覆盖率100%;年度完成一个疗程治疗66例,完成治疗率92.95%;治愈63例,治愈率88.73%。县卫生计生局结核病防治知识宣传,在"3·24"宣传日,利用电视、广播、宣传车、板报、宣传画、挂历、宣传单、一封信、标语等形式,广泛宣传结核病控制工作。发放宣传画600多张、宣传单5000多份,拉挂标语20幅,出版宣传栏2期、板报20套,加深群众对结核病防治工作的认识和自我保健意识。做好结核病人督导访视,县疾控中心结防所对全县15个镇卫生院督导90多次,对村医及病人督导、访视500多人次。

【艾滋病防控】 2015年,县卫生计生局开展防治艾滋病宣传教育,各成员单位按照部门职责开展宣传教育,主要针对高危场所、流动人口和农民工开展全方位、多层次的宣传,营造人人参与艾滋病防治氛围。各镇卫生院、县直各医疗卫生机构工作人员艾滋病防治知识培训覆盖率100%,制作更新大型永久性防艾宣传广告牌5块,分别挂在城区主要街道。每村及所有医疗卫生单位设防艾专栏1板以上,全县共设243板,医疗卫生单位每单位5条、墙体固定宣传标语每村2条以上,共616条;各镇各建制村防艾广告牌1块以上,共178块,宣传覆盖率100%。全年共发放防艾宣传材料10种约20万份,电子荧屏滚动播放防艾知识3280次,出动防艾宣传车4天,设防艾宣传专栏、展板8板,组织开展现场防艾宣传活动8次,直

接或间接覆盖各类人群约70万人次,提高各类人类艾滋病防治知识的知晓率。

【手足口病防控】 2015年,县疾控中心疫情报告人员每天开展手足口病疫情监测和分析,严防学校、家庭聚集性疫情发生。同时还定期到定点医院进行疫情主动搜索,避免疫情漏报现象发生。全年共报告手足口病疫情1870例,比上年下降14.10%;每月采集手足口病标本6份(含粪便标本1份),全年共采集72份标本,并送玉林市疾控中心检测,结果以肠道病毒为主,萨科奇病毒次之。全年无危重病例发生。

【重大传染病防控】 2015年,县疾控中心加强对登革热、埃博拉出血热、流行性腮腺炎、乙脑、流脑、狂犬病等传染病防控知识宣传,提高群众自我防控意识。同时,加强对霍乱、鼠疫监测工作。6月,处置学校突发公共卫生事件(一般)1件,为米场镇桥鲁村路村分校流行性腮腺炎疫情,经处置后,疫情得到控制。选择马坡、清湖、大桥、温泉、良田等镇作为监测点,进行室内室外鼠密度、鼠种类监测,共捕鼠445头,采集鼠血清426份,进行间接血凝试验结果全部为阴性;鼠内脏细菌培养226份,均未检出鼠疫杆菌。截至12月31日止,共报告狂犬病1例,无埃博拉出血热、登革热、乙脑、流脑病例报告。

妇幼保健

【"一免两补"幸福工程实施】 2015年,陆川县继续实施"一免两补"(免费婚检,产前筛查补助、新生儿筛查补助)幸福工程。一是开展免费婚检。按自治区要求落实配套婚检资金35万元,资金落实率100%。全县应婚

检 15093 人,实际婚检 15108,婚检率 99.90%。二是实施产前筛查和新生儿筛查补助项目。产前筛查和新生儿筛查补助项目到位资金 189.73 万元,资金落实率 100%。产前筛查 1.62 万人,产前筛查率 85.43%。筛查发现阳性 825 人,阳性率 5.10%;产前筛查补助 9815 人。开展新生儿疾病筛查 1.89 万人,新生儿疾病筛查率 99.34%;新生儿疾病初筛查阳性 61 人,阳性率 0.32%;新生儿筛查补助 1.79 万人。

【地中海贫血补助】 2015 年,全县对符合地中海贫血双阳夫妇进行基因诊断补助人数 373 对,实际补助 100%;符合地贫产前诊断补助 91 例,补助 100%。

【"降消"项目实施】 2015 年,陆川县继续实施"降消"项目(降低孕产妇死亡和消除新生儿破伤风发生),全县补助产妇 1.62 万人(其中正常产补助 1.59 万人,高危产救助 299 人),补助总金额 666.9 万元。年住院分娩率 100%,新生儿破伤风发生率为 0,孕产妇产前检查率 99.71%,孕产妇系统管理率 98.25%,产后访视率 98.49%。

【"育龄妇女叶酸补服"项目】 2015 年,全县领取叶酸育龄妇女 2.42 万人,目标人群增补叶酸知识知晓率 97.93%,叶酸服用依从率 97.60%。

【母婴传染病阻断】 2015 年,全县按照《全国艾滋病检测技术规范》要求,开展 HIV(艾滋病病毒抗体)检测。县妇幼保健院重点对孕产妇自愿咨询检测服务和阳性孕产妇的治疗及服务进行跟踪.随访。接受初次产前保健孕妇 1.79 万人,咨询率 100%;为 1.79 万例孕妇进行 HIV 检测,检测率 100%。住院分娩产妇 1.88 万人,接受 HIV 咨询 100%,接受 HIV 检测率 100%。全县孕产妇接受乙肝表面抗原检测 1.88 万人次,

检测率 100%;接受梅毒检测 1.88 万人次,检测率 100%。

【孕产妇健康管理】 2015 年,全县对怀孕 12 周之前的孕妇建档立册 1.87 万人,早孕建册率 98.36%;完成产前健康管理 1.87 万人,产前健康管理率 98.62%;住院分娩产妇 1.89 万人,住院分娩率 100%,产后 28 天内接受产后访视产妇 1.87 万人,产后访视率 98.49%;系统健康管理孕产妇 1.87 万人,系统管理率 98.25%。

【儿童健康管理】 2015 年,全县活产婴儿 1.90 万人,建立儿童保健手册 1.90 万本,建册率 100%,新生儿访视率 98.59%;辖区内应管理 0~6 岁儿童 12.77 万人,累计健康管理儿童 11.58 万人,儿童保健覆盖率 90.69%;完成系统管理儿童 10.97 万人,系统管理率 85.88%。

【《出生医学证明》管理】 2015 年,全县继续规范《出生医学证明》的出入库登记、签发、换发、补发、废证管理、印章分开管理工作,保证《出生医学证明》规范发放。当年出生活产儿发证 1.61 万人,发证率 85.14%。严把助产机构外分娩出生证发放关,按文件规定的程序签发助产机构外分娩出生证,签发助产机构外分娩出生证 80 张。

医政管理

【基层中医科建设】 2015 年,县卫生计生局贯彻落实《广西壮族自治区人民政府办公厅关于印发广西壮族自治区中医药民族医药发展十大重点工程实施方案(2011—2015 年)的通知》精神,全县 15 家镇卫生院(除温泉镇卫生院外)完善中医科建设,设置中医科,配备中药饮片 200 种以上

(示范中医科 300 种),开展 10 种以上的中医适宜技术服务,开展常见病、多发病的中医治疗,同时运用中医药进行预防保健服务。

【卫技人员培训】 2015 年,县卫生计生局在全县卫生计生系统开展"医为仁术、服务群众健康"主题教育实践活动,打造一支守纪律、讲规矩、医德高尚、群众满意的卫生计生队伍,通过举行廉政教育、传统文化、职业道德等培训,开展"群众满意卫生院"创建等活动,促进卫生计生资源融合,全系统凝聚力、执行力和群众满意度进一步提升。制定干部教育培训方案。提高干部职工素质。组织专题培训 35 期,培训 7000 多人次,其中邀请医科大学等上级单位专家学者开展专题培训 16 期,培训干部 1500 多人次,选派 123 名业务骨干赴上级单位学习深造,完成乡村医生急诊急救、合理用药、内儿科、基本公共卫生等培训 329 人次,对村医开展中医特色技能培训 2 期,共培训 200 多人次。县直卫生单位免费培训基层医疗卫生机构医务人员 180 人次。

【"三好一满意"活动】 2015 年,全县卫生计生系统开展"三好一满意"(服务好、质量好、医德好,群众满意)活动。县卫生计生局利用校验、评审、检查等形式,抽调县级医院专家对各医疗单位的病历、处方、药占比使用管理、医疗质量等进行经常性抽查,发现问题,及时指正并限期整改。对全体医务人员进行法律法规专项培训和医德医风教育,培训率 100%。健全并落实医院规章制度和人员岗位责任,贯彻落实《抗菌药物临床应用指导原则》,坚持抗菌药物分级使用,建立健全药品用量动态监测及超常预警机制大力弘扬高尚医德,严肃行业纪律,改善医务人员服务态度,优化服务流程,不断提升服务水平。改进服务流程,改善就诊环境,方便病人就医。

药政管理

【国家基本药物制度执行】 2015年，陆川县巩固完善基本药物制度。作为第二批实施国家基本药物制度试点县，自2010年12月15日零时起，基层医疗机构全部实行药物零差率销售，运行情况良好，没有出现违规行为。年内，国家基本药物目录内药品品种208种，地方增补药品品种数267种，基本药物及新增基本药物剂型42种，各镇卫生院的使用品种均未超出规定范围。强化基本药物质量监管情况，抓好基层医疗机构基本药物的管理使用，按药品管理的规定进行管理，合理使用基本药物。加强药库管理，及时清除过期药品。抓好基本药物集中招标采购。各基层医疗机构按上级要求建立基本药物采购制度并严格执行。对药品储存按照养护要求进行管理。药物配送由配送企业直接将药品送到镇卫生院，各基层医疗机构按合同规定及时将药款足额汇给配送企业。基本药物品种、金额两天配送额90%以上。将使用培训、合理用药、合理诊疗列入医德医风考核内容，作为基层医务人员竞聘上岗、执业考核内容。

【药品采购】 2015年，全县各镇卫生院建立基本药物采购制度，所有药物采购均经单位药事管理委员会商讨编制药品采购目录后，实行网上采购，采购价格执行中标价，无违规情况。各镇卫生院对药品的采购均通过规定的管理信息系统进行，采购流程为各镇卫生院编制药品采购目录、制作发送采购订单、对到货药品进行检查验收并进行网上确认，没有擅自采购非中标药品替代中标药品的现象，没有采购非中标品种情况。县直各医院通过自治区药品招标信息平台来

统一采购，严格按照采购流程进行采购，实现药品统一招标及采购配送互联网交易；民营医院采取自主采购。

【药品经营】 2015年，县人民医院、中医院、骨科医院、妇幼院等4家县直医疗单位药品收入1.38亿元，16家基层医疗卫生单位药品收入4025.02万元。县茶花山医院、县沙坡精神病院、青山医院、万应医院等4家民营医院药品收入512.12万元。

卫生监督

【卫生监督信息报告】 2015年，县卫生监督所根据卫生部关于印发《卫生监督信息报告管理规定(2011)年修订版》和自治区卫生监督所《关于做好全区卫生监督信息报告工作的通知》精神要求，全县卫生监督信息做到不漏报、迟报和重报，按时完成被监督单位资料、经常性监督、案件处罚等的录入。至12月31日止，公共场所被监督单位录入348家，监督覆盖率92.5%，生活饮用水被监督单位录入3家，监督覆盖率100%；放射卫生被监督单位录入14家，监督覆盖率100%；学校卫生被监督单位录入52家，监督覆盖率100%；医疗卫生被监督单位录入480家，监督覆盖率99%；传染病经常性监督录入21家次；采供血机构监督7家次；餐具饮具集中消毒录入1家，经常性监督4家次，监督覆盖率100%。

【公共场所卫生监督】 2015年，全县有公共场所经营单位348家，其中宾馆旅店47家，美发美容店214家，商场24家，游艺室18家，咖啡馆、酒吧、茶座26家，沐浴场所13家，游泳场所2家，其他4家。建档348家，建档率100%。年内，县卫生监督所组织执法人员对公共场所经营单位开展现场审查89家，审查率100%；经现场卫

生审查合格发放卫生许可证89家。对所有公共场所进行巡回监督检查2轮以上，监督户数680次，重点对其经营环境卫生状况、公共用品的消毒管理、从业人员的持证情况、卫生制度落实情况进行监督检查，对检查中发现的问题提出限期整改措施，并督促其加强自身管理，增强责任意识，监督覆盖率100%

【卫生监督量化分级管理】

住宿业、游泳场所卫生监督量化分级管理 2015年，县卫生计生局抓好新开业未量化住宿业的量化工作，量化率100%。对已实施量化经营单位的监督检查，特别是关键项目的监督检查，并进行年度评分，根据评分情况重新评级。全县共有住宿业47家，量化47家，量化率100%。其中，A级6家，B级7家，C级34家；游泳场所2家，量化2家，其中B级1家，C级1家，量化率100%。

沐浴场所、美容美发场所的量化分级管理 2015年，县卫生计生局将卫生监督量化分级管理与卫生许可有机结合起来，对新发、延续卫生许可证的严格把关，不符合卫生要求的一律不予发证。卫生监督员对每一家沐浴场所、美容美发店进行检查、指导，下达监督意见书，督促业主根据评分标准的要求，落实整改。健全卫生管理制度和卫生组织管理机构，做到框架上墙，索取相关证件，设置独立的操作间(区)，配备清洗消毒设施和保洁设施，标识明显，配备有供头癣患者专用理发工具，张贴禁止吸烟标志和艾滋病宣传画、宣传资料。提升全县沐浴场所和美容美发场所卫生的整体水平。全县沐浴场所13家，持有卫生许可证13家，实施量化分级管理13家，量化率100%，全为C级单位；美容美发场所214家，持有卫生许可证214家，实施量化分级管理214家，量化率100%，其中B级6家、C级208家。

【饮用水卫生监督】 2015年，全县有集中式供水单位5家，其中县级集中式

供水 1 家,镇集中式供水 2 家,二次供水 2 家。年内,县卫生监督所对供水单位监督覆盖率 100%。在重大节假日、重大活动期间,开展生活饮用水卫生监督,累计出动车辆 5 辆次、卫生监督员 22 人次,检查供水单位 10 家次,合格率 100%。

【学校卫生监督】 2015 年,县卫生监督所对辖区内 53 间中小学校进行监督检查,主要检查学校生活饮用水传染病防控和教学环境卫生。从检查情况看,各学校生活饮用水卫生状况良好,供水人员多数持有健康证;大部分学校制订有针对传染病防控预案和措施,有专(兼)职人员负责传染病疫情报告,大部分学校课桌椅每间教室不少于 2 种,教室采光基本符合卫生要求。

【职业卫生监督】 2015 年,县卫生监督所根据国家卫生计生委、中央宣传部、人力资源社会保障部、国家安全监管总局、全国总工会《关于开展 2015 年〈职业病防治法〉宣传周活动的通知》要求,参加以"依法防治职业病,切实关爱劳动者"为主题的宣传周活动,共出动宣传人员 20 人次,车辆 6 辆次,发放 400 多份宣传资料,拉挂宣传横幅 1 条,深入企业宣传 15 次,接受群众咨询 100 多人次,普及职业病防治知识和职业健康防护知识。

【放射性卫生监督】 2015 年,县卫生监督所对全县具有放射诊疗工作业务的医疗机构进行监督检查,共检查 22 家放射诊疗工作单位。检查统计全县共有放射诊断设备 26 台(其中 CT 机 3 台、DR 机 9 台、CR 机 3 台、X 射线机 10 台、影像增强器透视机 1 台),有放射工作人员 62 人。其中,放射诊疗工作单位持有放射诊疗许可证 13 家,放射工作人员证 51 人,参加过放射防护知识培训 54 人,参加过职业健康检查 54 人,个人剂量监测 54 人;2 家单位 2 台设备机房未配备患者个人防护用品,9 家单位 9 台设备机房配备立体移动式防护屏,13 家单位 16 台设备机房进

行放射诊疗工作场所放射防护检测和设备防护性能检测;18 家单位建立健全放射诊疗工作管理机构、配备专职(或兼职)的放射防护管理人员,16 家单位制定放射诊疗辐射安全与防护管理制度、放射诊疗操作规程、质量保证方案和放射事件应急处理预案;22 家单位的机房门外设置电离辐射警示标志。对检查中发现的问题,卫生监督员下达卫生监督意见书,要求相关放射诊疗单位进行整改。

【艾滋病防治卫生监督】 2015 年,县卫生监督所贯彻落实《中华人民共和国传染病防治法》《艾滋病防治条例》《广西壮族自治区艾滋病防治办法》和《防治艾滋病攻坚工程实施方案(2010—2014 年)》要求,开展艾滋病防治卫生监督工作。

医疗卫生机构艾滋病防治卫生监督 5 月,县卫生监督所对 23 家单位进行艾滋病防治监督检查,其中县直医院 5 家,疗养院 1 家,单采血浆站 1 家。乡(镇)卫生院 16 家。各医疗机构、采供血机构开展艾滋病防治知识和专业技能的培训及个人防护措施培训;4 家县直医院对孕妇开展艾滋病免费检测工作;设有艾滋病初筛实验室的医疗机构、采供血机构实验室人员都持证上岗;医疗机构的临床用血都进行艾滋病检测结果核查;采供血机构按有关规定对采集的人体血液、血浆进行艾滋病检测,没有向医疗机构和血液制品生产单位提供未经艾滋病检测的人体血液和血浆,严格按有关规定处置阳性血浆;县妇幼保健院开展对婚前的艾滋病自愿咨询检测工作,对婚前检查人员提供艾滋病咨询和自愿艾滋病血清检测。

公共场所艾滋病防治卫生监督 对 278 家重点公共场所进行艾滋病防治卫生监督检查,督促美容美发场所、足浴店、娱乐场所、住宿场所开展艾滋病防治知识宣传,设置艾滋病防治知识宣传框架并上墙,住宿场所在客房摆放安全套及宣传资料。检查重点公共场所 278 家,278 家设置有艾滋病

防治知识宣传框架及宣传画,其中 47 家住宿场所还在客房摆放有安全套及艾滋病防治知识三角牌和宣传资料。

【手足口病防控监督】 2015 年 3 月—5 月,县卫生监督所开展手足口病防控专项检查活动,出动人员 48 人次、车辆 12 辆次,检查公立医院 23 家、疾控机构 1 家、小学和幼儿园 21 家。检查发现,各医疗卫生单位都制订有手足口病防控工作预案或工作方案、传染病疫情报告制度,成立有防控工作领导小组和应急救治专家组,有专人管理传染病疫情报告,疫情网络直报系统每天 24 小时都能畅通,设有专用疫情报告电话,及时启动发热门诊、体温检测站、预检分诊点,对发热病人进行登记。发热门诊、体温检测站、预检分诊点的设置基本都符合《医疗机构传染病预检分诊管理办法》规定,各单位都进行院内医务人员手足口病防控知识培训,出版有手足口病防控知识专栏。各学校都制订有手足口病防控工作预案或工作方案,落实疫情报告责任人,大部分学校都举办手足口病防控知识宣传学习,出版宣传专栏或版报。

【传染病防治监督】 2015 年,县卫生监督所对全县 23 家医疗卫生单位进行传染病防治监督检查,其中县直医院 5 家,镇卫生院 16 家,其他医疗机构 6 家。主要对各医疗机构的消毒隔离制度执行情况、疫情控制措施执行情况和疫情报告工作进行监督检查。

消毒隔离制度执行 全县各医疗卫生单位设置有医院感染管理小组,有专人负责医院的消毒隔离工作。制订有医院感染管理制度,消毒隔离制度和各种工作规范操作规程。部分医院还制订有传染病人的消毒隔离措施,严格管理传染病人,部分医院定期进行医疗器械的消毒灭菌抽检监测工作,发现问题及时指出改正。由于消毒隔离措施落实到位,严防院内交叉感染,未发现医院感染性疾病暴发流行事件发生。

疫情控制措施执行　全县各医疗卫生单位制订有相关传染病防控预案,设立传染病防治领导小组和专业技术队伍,一旦发生传染病疫情,即可立即启动应急预案,开展工作。建立有传染病预检分检制度,严格按照传染病预检分诊操作规程开展工作。医疗废物都能按分类包装、集中处理。部分医院的发热门诊、体温检测站、预检分诊点、隔离病区的消毒隔离工作比较规范,每天空气进行紫外线灯消毒1~2次,地板和工作台用含氯消毒液进行擦抹消毒1~2次,并有消毒记录。

疫情报告　全县各医疗卫生单位都制订有疫情报告管理制度,各种记录基本健全,成立有疫情报告管理领导小组,有领导主管疫情报告工作。有专用疫情网络直报系统、网络直报人员基本熟悉网络直报操作规程。大部分单位工作日志、出入院登记较完整,传染病报告卡和检验结果有签收制度和记录,减少漏报率。县疾病预防控制中心疫情报告人员每月对辖区内传染病疫情报告信息进行分析、调查核实等。

【医疗废物处置监督】　2015年,县卫生监督所根据自治区政府《关于医疗废物排查工作方案的通知》文件精神和工作要求,于3—5月对全县27家单位进行医疗废物处置监督检查。检查发现,大部分医疗单位都制订有医疗废物应急预案,将所产生的医疗废物严格按医疗废物进行分类收集包装,医疗废物暂存室基本符合环境保护、卫生要求,县医院能把传染病人或疑似传染病的排泄物进行严格消毒,把传染病或疑似传染病人的生活垃圾按照医疗废物进行严格管理和处置,医疗废物由玉林爱民医疗废物处理有限公司集中运输处理,没有发现运送医疗废物车辆运送其他物品行为,医疗单位和集中处置站人员在处置医疗废物时都能按要求做好个人防护,医疗单位在进行医疗废物转移时,严格按医疗废物转移联制度执

行。至年底,没有发现有医疗废物流失、泄漏情况发生。

【消毒产品监督监测】　2015年10月,县卫生监督所对城区药店、副食批发店、超市进行消毒产品监督检查,共出动人员20人次、车辆5辆次,共检查药店20家、批发部6家、超市4家,未发现有不合格消毒产品。配合县疾病预防控制中心开展医疗机构消毒监测工作,共监测各类消毒物品、消毒液、物表、手表、空气等采样共452份,达国家标准447份,总合格率98.89%。其中,灭菌物品117份,合格117份,合格率100%;消毒液139份,合格139份,合格率100%;物表81份,合格81份,合格率100%;手表89份,合格86份,合格率96.63%;空气26份,合格24份,合格率92.30%。

【采血用血监督】

采血监督　2015年,县卫生监督所对辖区内的单采血浆站监督检查6次,共出动卫生监督员18人次、车辆车6辆次,制作现场检查笔录6份,下达卫生监督意见书6份。检查中均未发现有冒名顶替、超采频采的违法行为,以及非划定区域内的供血浆者供浆。

用血监督　2015年,县卫生监督所贯彻执行《临床用血管理办法》和《临床输血技术规范》等相关法律法规,对医疗机构临床用血进行监督,保证临床用血安全。对各医疗机构临床用血监督检查1次。年内,各医疗单位在临床用血方面均能按有关规定进行,未出现有因用血导致的医疗案件。

【打击"两非"专项行动】　2015年,陆川县开展打击"两非"(利用超声技术和其他技术手段进行非医学需要的胎儿性别鉴定以及非医学需要的选择性别的人工终止妊娠)专项行动,共出动卫生监督员46人次、车辆20辆次,共检查公立医院38家次、民营医院4家次、个体诊所38家次。检查发现,19家公立医院都持有有效的《母婴保健

技术服务执业许可证》,大部分公立医院B超室、检验室、妇产科的显著位置都悬挂严禁"两非"的警示标识,开展引产的医疗单位都持有引产证明,检查从事助产技术、计划生育终止妊娠的人流或引产服务人员135人,其中有2人没取得《母婴保健技术考核合格证》,未发现非法终止妊娠和非法鉴定胎儿性别行为。检查民营医院4家,发现1家民营医院在未取得《母婴保健技术服务执业许可证》的情况下开展终止妊娠手术执业活动,相关医师未取得《母婴保健技术考核合格证》开展终止妊娠手术执业活动,卫生执法人员依照相关法律法规对该医院、医师分别做出罚款1万元、5000元行政处罚并没收650元违法所得。检查个体诊所38家,发现1家个体诊所未取得母婴保健技术服务执业许可证》擅自开展终止妊娠手术执业活动,卫生执法人员依照相关法律法规对该诊所做出罚款1万元,没收违法所得2000元的行政处罚。

【医疗机构卫生监督】

医疗市场安全监管　2015年,县卫生监督所对全县480家医疗卫生机构进行监督检查,对检查过程中发现的存在问题及时提出整改意见,要求检查单位及时整改。在医疗市场开展打击非法行医专项行动中做到发现1件,处理1件,共查处非法行医案件30件,实施卫生行政处罚28件,罚款9.66万元,取缔违法经营户2家。

卫生行政许可　2015年,全县共受理卫生行政许可94家,审批发放公共场所卫生许可证92家,其中宾馆旅店16家、美发美容店66家、商场8家、卡拉OK厅1家、电影院1家,制水行业2家,发证审查率100%。年内,对从业人员卫生知识培训1329人,培训合格率100%。

卫生监督员业务培训　2015年,全县举办"艾滋病防治知识""手足口病防治"和"卫生监督协管工作"等相关业务知识培训班4期,培训业务人员138人次。派出20人次参加上级举办的业务培训班学习。组织卫

生监督员到其他单位学习交流、取长补短，重点就医疗机构卫生监督、公共场所量化管理、传染病防治监督工作等进行学习、交流。　（陈明晖）

陆川温泉疗养院

【陆川温泉疗养院概况】　陆川温泉疗养院是自治区总工会管理的正处级财政拨款事业单位，按二级医院管理，是自治区人民医院、玉林市红十字会(183)医院技术协作医院。开设有神经内科、心血管内科、呼吸内科、消化内科、内分泌科、中医科（颈肩腰腿痛专科）、皮肤科、风湿科、精神科、外科、医学检验科、医学影像科、门诊部等医疗科室，建有温泉保健休养楼和温泉水池、沙池、游泳池等。2015年，在职职工209人，其中医疗技术人员172人；医院定编床位258张，开放床位477张。年内，门诊量2.43万人次，住院7337人次。

【医疗技术协作关系建立】　2015年4月，陆川温泉疗养院与自治区人民医院建立技术协作关系，成为首批自治区人民医院医疗联合体成员单位。双方在管理、技术等方面进行合作，提升疗养院医疗技术水平。年内，根据疗养院业务需要，自治区人民医院安排专家开展业务讲座9次、教学查房7次。疗养院院制订培训计划，陆续选派技术人员到自治区人民医院进修培训，提升临床医务人员临床诊断和临床用药水平，促进彩超颈动脉血管、下肢血管检查等新项目开展。

【医疗项目建设】　2015年，陆川温泉疗养院加强医疗科室建设，在外科配置陆川内县首台进口钬激光碎石机；心血管内科开展CCU（重症监护病房）和体外反搏治疗；医技科开设彩色B超检查项目；中医科新开设中药湿热

敷、中药竹罐治疗方法；神经内科增加医疗康复器械，增设中风偏瘫病人康复治疗项目。8月，新开设呼吸内科、肾内科（内三科），引进内科副主任医师1人。

【医疗服务】　2015年，陆川温泉疗养院根据广西职工保障互助协会的统一部署，成立医疗体检小组，利用流动体检车开展为职工送健康上门体检活动。到广西玉柴集团等5家企业为1000名职工提供10余项健康项目体检。开展健康帮扶活动，免费进行精神残疾鉴定评级169例，办理贫困精神病人补助住院36人、门诊103人。开展"送医下乡、到社区、到基层"免费义诊、健康宣传活动，共开展义诊活动6次，为1500多名职工群众进行免费健康体检和保健知识宣传。

【健康帮扶活动】　2015年，陆川温泉疗养院落实自治区总工会健康帮扶政策，共帮扶516名符合条件的住院患者，帮扶资金115万元，开展义诊活动6次，免费健康体检职工群众1500多人次。　　　　　　（尧露）

爱国卫生运动

【农村改厕】　2015年，陆川县加强农村环境卫生整治，推动"美丽乡村"建设，普及改厕知识，动员、指导群众建造卫生厕所，全县农村卫生厕所普及率93.60%。

【病媒生物防治】　2015年，陆川县以城乡环境卫生综合整治为载体，开展病媒生物防治工作。年内，集中开展爱国卫生运动2次，共出动干部职工5207人次，发动群众51.83万人次，清运垃圾1.33万吨，清理卫生死角1.19万处，疏通沟渠2.45万米，投放鼠药2700千克，其他消杀药品860

千克，消杀面积18.23万平方米；清理蚊幼孳生地1.13万处，出动消杀人员240人次，灭蚊面积3.39万平方米。出版宣传板报278期，发放宣传资料2260页，接受教育52.61万人次。开展监督检查2次，接受单位和群众咨询3000多人次。　　　　　（陈明晖）

计划生育

【计划生育概况】　2015年，县级计划生育机构有县卫生计生局，镇人口计划生育服务所14个，县级计划生育协会1个。年内，县各级计划生育机构落实国家"全面二孩"新政策，加大政策宣传解读；开展国家免费孕前优生健康检查、诚信计生活动，加强出生人口性别比综合治理、流动人口管理，继续实施计划生育家庭奖励扶助。全县人口自然增长率7.30‰。全县100%的村（社区）开展诚信计生，成立诚信计生小组5364个，参与诚信计生7.42万人。全县流动人口12.18万人。累计获国家、自治区计生奖励扶助1132人。

【"单独二孩"生育政策实施】　2015年10月26日，中共十八届五中全会做出"全面二孩"新政策（全面实施一对夫妇可生育两个孩子政策）的决议后。县卫生计生局采取集中培训学习、宣传车巡回宣传、印制宣传画册、编排文艺节目、有奖知识问答等方式，向全县广大群众宣传宣传解读"全面二孩"新政策，及实施政策的工作流程，回应社会关于"单独二孩"生育政策调整的问题，向育龄群众发放"计生政策"宣传单8000余份，提高实施"全面二孩"计生政策的思想认识。开展生育意愿情况调查摸底，组织村委会、居委会计生专干对辖区育龄夫妇年龄、户口性质、婚育史、是否"单独"、当前生育意愿等情况进行摸底，掌握"单独"家庭待孕对象信息，

对符合条件有生育意愿的对象做好政策咨询、免费孕前优生健康检查及《生育证》办理等服务工作。年内，依法发放单独《二孩生育证》63本，未出现群众扎堆生育和负面舆论现象。

【诚信计生活动】 2015年，县卫生计生局完善诚信计生长效机制。各相关部门在制定出台惠民政策时，主动征求人口计生部门的意见建议，对诚信计生户在普惠政策上给予特惠政策支持，形成人口计生优先优惠的社会政策环境。开展全县诚信计生示范镇、村联创活动和优秀诚信计生小组长评比活动，每个镇建立诚信计生示范村2个以上，以点带面，提高诚信计生工作水平。开展诚信计生小组长培训，发挥小组长基层管理员的作用。年内，全县14个镇164个村（社区）100%开展诚信计生工作，成立诚信计生小组5364个，签订诚信计生协议7.42万人，诚信计生协议书签订率95.63%。

【优生健康检查】 2015年，县卫生计生局开展国家免费孕前优生健康检查，提高优质服务水平。制定免费孕前优生健康检查项目实施方案，成立由医学专家组成的项目风险评估专家组，定期开展风险评估工作。开展免费孕前优生健康检查的宣传发动，共出版宣传专栏80多版，发放免费孕前优生健康检查宣传资料8万多份，农村计划怀孕夫妇优生科学知识知晓率达80%以上。开展免费孕前优生健康检查，落实优生健康教育、病史询问、体格检查、临床实验室检查、影像学检查、风险评估、咨询指导和早孕及妊娠结局追踪寻访8个方面的服务工作，严把信息采集、临床检查、质量分析、跟踪随访、资料管理等关键环节，做好重点人群筛查，对高风险对象进行面对面优生指导，落实妊娠结局随访等。全县共为5006对农村计划怀孕夫妇开展免费孕前优生健康检查，免费孕前优生健康检查目标人群覆盖率87.9%，比责任指标（80%以上）高7.90个百分点。

2015年11月10日，陆川县卫生和计划生育局改革生育服务证工作学习培训推进会在县城召开
县卫生计生局 提供

【出生人口性别比综合治理】 2015年，县卫生计生局利用卫生计生整合后的有利资源，开展"两非"（医学需要的胎儿性别鉴定，非医学需要的选择性别的人工终止妊娠。）行为打击整治，遏制非法鉴定胎儿性别行为；对出生人口性别比偏高的重点镇进行重点监测、及时预警。组织开展集中整治"两非"专项行动4次，出动卫生监督员150人次、车辆36辆次，检查医疗卫生单位125家，查处"两非"案件3件并结案。年内，全县出生人口性别比109.17（女性=100），比责任指标（111以内）低1.83。

【计划生育家庭奖励扶助】 2015年，陆川县建立奖励、优先、优惠、救助、保障"五位一体"的多元化利益导向体系，推进实行计划生育的家庭的社保障。一是全面落实上级奖励政策。全县累计1132人获国家、自治区奖励扶助，其中享受国家农村部分计划生育家庭奖扶980人，国家计划生育家庭特别扶助9人，广西农村部分计划生育家庭奖扶120人，广西一次性奖扶23人，共发放奖励扶助金162.45万元；落实农村独生子女户、双女计划生育措施户考生享受高考加分16人，中考加分9人。有103名实行计划生育的职工享受增加5%的退休金。完善奖励扶助政策，加大对落实长效节育措施的农村家庭奖励，县计生协会

为2544户群众购买计划生育爱心保险，为133户计划生育家庭办理小额贴息贷款，发放贴息金额10.04万元。

【流动人口管理】 2015年，陆川县开展流动人口服务管理均等化工作。实施流动人口"一盘棋"工作，建立流动人口计划生育工作协调机制，明确公安、工商行政管理、人社、住建、卫生、财政等系统部门工作职责，相关部门积极参与流动人口计划生育服务管理工作。召开部门联席会议2次，组织部门开展流动人口计划生育专项治理，在全县开展创建流动人口基本公共均等化示范镇活动，开展宣传教育均等化、计生技术生殖健康服务均等化、优生优育均等化、便民维权服务均等化、信息建设均等化的"五个均等化"方面建设，健全流动人口服务管理体制。开展"爱在广西，绿满八桂"流动人口计生主题宣传服务活动。健全完善"信息互通、管理互补、服务互动"的区域协作机制，加强与流出地的联系协作，及时办理来电、来函和投诉案件。流动人口免费技术服务覆盖率、免费孕环检率、免费药具发放率均90%以上；流动人口重点服务管理对象协查信息及时反馈率100%；流出成年育龄妇女办证登记率98.02%，流入已婚育龄妇女计划生育建档率100%；流出（流入）育龄妇女入库率100%。 （杨 辉）

社会生活

SHEHUI SHENGHUO

2015年1月30日,共青团陆川县委员会开展2015年"青春自护 平安春节"活动

团县委 提供

婚姻·家庭

【婚姻登记】 2015年，县民政局依法依规办理婚姻登记，共办理结婚登记7753例，离婚登记1260例，补领结婚证1294例，补领离婚证22例，出具婚姻登记记录证明227份、无婚姻登记记录证明2039份。　　（范永锋）

【免费婚检】 2015年，陆川县继续实施免费婚前检查，按自治区要求落实配套婚检资金35万元，全县参加1.51万人，婚检率99.90%。　　（陈明晖）

妇女·儿童

【妇女儿童概况】 2015年，陆川县有女性人口51.01万人，占全县人口的46%；0~17岁的少年儿童33.45万人，占全县人口的30.77%。

【妇女儿童关爱活动】 2015年"三八"妇女节期间，县妇联开展妇女儿童关爱活动，组织人员到乌石镇吹塘村、清湖镇永平村慰问贫困妇女、单亲母亲、重病妇女24人，发放慰问金7200元，赠送棉被、花生油等慰问品一批。5月29日，与县法院、巾帼文明岗联合到乌石镇旺岭村、清湖镇塘寨村、马坡镇马坡村的儿童家园进行慰问，慰问特困留守儿童20人。"六一"儿童节期间，开展"心手相牵关爱困境妇女儿童行动"活动，慰问留守、贫困儿童22人，赠送蛋糕、书包、作业本、学习文具等一批，价值2200元。

【贫困母亲"两癌"救助】 2015年，陆川县继续实施贫困母亲"两癌"（乳腺癌、子宫癌）专项救助工作。年内，共筛查出"两癌"患者95人，及时采集好患病妇女信息，完善检查项目网上填报工作，全县获"两癌"救助金支持9人，扶持资金9万元。　（陈珍梅）

青　年

【青年人概况】 2015年，陆川县14~28岁青年人18万人，占全县人口的16.56%。其中，共青团员4万多人，占全县14~28岁青年人总数的22.23%。

【希望工程关爱行动】 2015年，团县委举办"温暖童心·青春建功"慈善助学活动。在家家福超市设立"爱心箱"募集捐款，所募捐款项用于资助贫困学生上学，有9名学生长期得到家家福超市每月200元的生活补贴，直至毕业。开展"中浩·圆梦助学"公益助学活动，共有36名学生各获一次性助学金2000元。开展大学生圆梦助学活动，通过"远辰助学""茅台助学""加多宝助学"等助学项目，共资助新入学大学生15人。

【志愿服务主题活动】 2015年，团县委开展系列志愿服务主题活动。一是开展"守望九洲江·青春建新功"服务返乡农民工活动。春节前期，组织志愿者在陆川县汽车站开展"爱心企业"送礼包、"文明巡导"送畅通、"应急援助"送平安、"热水热茶"送温暖、"免费代购"送方便等活动，青年志愿者服务站共接待名陆川老乡1000人，帮助农民工返乡与回城。二是开展"守望九洲江·青春建新功"各镇团委基层走访慰问活动。各镇团委走访慰问各镇的留守儿童200多人，送去书籍、文具、米油等物品。三是开展"青春雷锋行，共践价值观"活动。3月5日，组织全县青年志愿者开展"学雷锋"志愿服务一条街活动，县法院、地税局、人民医院、爱心促进会等20多个团支部组织青年志愿者，为群众提供维修电器、法律咨询、便民义诊等多项服务，活动吸引1000多名居民参加。元宵节前夕，团县委组织30多名志愿者到沙湖敬老院看望孤寡老人，给老热煮汤圆，并给孤寡老人剪头发、刮胡子、打扫院子、整理房间，给老人送上水果、面条、面包等慰问品。开展金秋助残活动。9月19日，组织青年企业家到县残疾人服务中心开展中秋节慰问活动。

【青年相亲联谊活动】 2015年，团县委单身青年搭建情感交流平台，丰富

2015年3月，县妇联到乌石镇吹塘村开展关爱留守妇女、儿童、老人慰问活动　　　　　　　　　　　　　　　县妇联　提供

2015年2月14日,陆川县开展"情系九洲江　携手青春梦"单身青年联谊晚会农民工专场在川海龙福花园举行　　团县委　提供

单身青年男女的文化、娱乐生活,更好地展现青年男女真诚、乐观、积极向上的精神风貌,给单身青年男女提供认识沟通的机会。2月14日晚,在川海龙福花园水景广场举办"情系九洲江·青春建新功"单身青年联谊晚会,100多名单身青年男女参与晚会,通过自我介绍、玩游戏、才艺展示等互动环节,为单身青年男女创造相互认识、加深了解的机会,活动有3对单身男女青年牵手成功。

（牟玉妮）

老年人

【老年人概况】　2015年,陆川县60岁以上的老年人13.27万人,比上年增加3202人,增长2.47%,占全县总人口的12.20%。其中80周岁以上老年人1.65万人,占全县总人口的15.17%;百岁老人44人,占全县总人口的0.004%。

【村级老年协会建设】　2015年,陆川县继续推进村级老年协会建设。新成立村级老年协会17个,累计共成立村级老年协会48个。县民政局加强老年协会工作,落实专人专职管理,对申请成立的老龄协会进行培训、现场指导,组织人员到周边县、市观摩学习。开展各项老年人活动,提高老年人的健康意识。开展敬老宣传,落实老龄政策,共办理老年人优待证1131个。

【高龄老年人生活津贴发放】　2015年1月1日起,县民政局根据《玉林市人民政府办公室关于对全市80周岁以上高龄老年人发放生活津贴的通知》要求,对全县80周岁以上(含80岁)高龄老人发放生活津贴。此次发放对象为持有本地户籍,且年满80周岁及以上的老年人。高龄津贴根据年龄段分成3个档次,80~90周岁(不含90周岁)老年人按每人每月不低于30元标准发放;90~100周岁(不含100周岁)老年人按每人每月不低于100元标准发放;100周岁及以上老年人按每人每月不低于200元标准发放。高龄津贴以户籍为基础,实行属地化管理。按照本人申请、村(社区)调查核实、镇人民政府(街道办事处)审核、县老龄工作部门审批的程序办理。为了确保高龄老人津贴按标准、按月发放到高龄老人的专用账户中,在深入调查的基础上,进一步核实高龄老年人的有关情况,登记造册、建立台账,建立健全高龄老年人个人档案盒老年人基础数据库,以动态管理的工作模式分类发放,同时建立定期核查、抽查和统计报告制度。要求高龄津贴应全额用于高龄老人本人,赡养人及其他人员不得占用和挪用,不得虚报老龄老人的人数,不得瞒报或迟报去世老人情况,违者将追究法律责任。在核定低保、低收入居民等困难对象时,高龄津贴不计入家庭收入,在征收个人所得税时,高龄津贴不计入个人收入。年内,为全县80周岁以上老年人发放高龄老年人生活津贴补助共569.66万元。

（范永锋）

2015年3月24日,陆川县老体协2015年工作会议在县城召开　　叶礼林　摄

残 疾 人

【残疾人概况】 2015年,陆川县有残疾人6.63万人。其中,持证残疾人2.73万人。肢体残疾人1.62万人,智力残疾人3684人,视力残疾人1.03万人;听力残疾人1.66万人,语言残疾人785人,精神残疾人4633人,多重残疾人1.41万人;有康复需求的残疾人4.18万人。

【残疾人康复】

　　白内障复明　2015年,全县完成白内障手术676例。其中县人民医院免费实施复明手术70例,南宁同济医院免费实施复明手术174例,其他白内障手术432多例。

　　盲人定向行走训练　2015年11月,县残联在马坡镇举办盲人定向行走训练,共有44名盲人参加,并免费发放手机、盲杖、盲表等88件(台)。

　　精神病防治　2015年,陆川县对19名特困精神病患者实施免费住院治疗,对104名贫困精神病患者提供免费服药。

【残疾人辅助器具资助项目实施】 2015年,县残联实施辅助器具资助项目,以有效提高残疾人的生活质量。对需求轮椅的残疾人和其他需求进行调查,对符合下列条件的残疾人,可申请免费配发辅助器具:有陆川县户籍,持有第二代《残疾人证》,低保、低收入家庭或家庭生活困难〔需村(居)委会出具困难证明〕对象,近3年内没有申请辅助器具资助项目,经辅助器具适配机构评估并出具《康复需求评估表》(由县卫计局县残联联合发文中指定的评估机构进行评估)。年内,共免费赠送成人轮椅100辆、儿童轮椅23辆、其他辅具52件。

【残疾人机动轮椅燃油补贴】 2015年,县残联根据《财政部中国残联关于残疾人机动轮椅车燃油补贴的通知》、玉林市残联《关于印发玉林市残疾人机动轮椅车燃油补贴发放工作的实施方案》精神,对符合下列条件的残疾人办理残疾人机动轮椅燃油补贴。为城乡残疾人机动轮椅车车主,车主须为持有《中华人民共和国残疾人证》和购买机动轮椅车相关凭证的下肢残疾人;残疾人机动轮椅车须符合机动轮椅车国家标准(GBl 2995-2006)的相关规定。全年共为符合条件的52名残疾人每人发放燃油补贴260元。

【贫困残疾学生资助】 2015年,县残联根据自治区残联《关于做好2015年残疾学生和贫困残疾人子女接受中高等教育资助工作的通知》精神,继续做好全县残疾学生和贫困残疾人子女接受中高等教育资助工作。下发《关于做好2015年残疾学生和贫困残疾人子女接受中高等教育资助工作的通知》,明确资助对象为:全日制高中和中专在校残疾学生;2015年参加普通高考或单独招生考试并被录取的残疾人考生(以上含普通教育、特殊教育、职业教育,下同);2015年参加普通高考或单独招生考试并被录取的贫困残疾人子女考生。资助条件为:热爱社会主义祖国,拥护中国共产党领导,遵守法律和社会公德;遵守校纪校规,尊敬师长,努力学习;陆川户籍,残疾人学生须持有《第二代中华人民共和国残疾人证》,贫困残疾人子女须持有父亲或母亲的《第二代中华人民共和国残疾人证》;家庭经济困难,享受城乡居(村)民最低生活保障待遇的优先;自愿申请。全年共发放残疾学生和贫困残疾人子女中高等教育资助金3万元,其中高考残疾考生4人,残疾人子女考生20人。

(陈桂彩)

居民生活

【城乡居民收入】 2015年,陆川县城镇居民人均可支配收入2.60万元,比上年增长8%;农民人均纯收入1.01万元,增长10.20%。

【商品价格】 2015年,陆川县城主要商品价格运行稳中有升,商品的价格在正常范围内波动,供求大体平衡。

　　粮油零售价格上涨　市场大米平均零售价格每千克6.04元,比上年增长16.15%;食用花生油(散装)平均零售价格为每千克27.34元,上涨32%。全县粮食零售价格微升,粮食储备充足,供求相对稳定。

　　蔬菜类价格上升　当令鲜菜价格总体稳中略升,季节蔬菜有升有降。年度均价升降幅度在10%以上的有:大白菜、脉菜、丝瓜、萝卜、豆角、莲藕、白菜花、上海青、菜椒、青绿豆。其中,莲藕价格上涨31%、菜椒价格上涨26.70%、丝瓜价格上涨21.7%;蔬菜价格下降只有青瓜、甜玉米。

　　肉类价格稳中略升　五花肉年均售价每千克23.68元,比上年上升34.09%;一刀切猪肉年均售价每千克27.58元,上升23.35%。鱼类价格波动不大,草鱼每千克16元,罗非鱼每千克13元。蛋类价格平稳,鸡蛋价格年均为每千克11.54元,鸭蛋价格年均为每千克13元。

　　瓶装液化气下降　全县14.50千克瓶装液化气每瓶(到户价)价格年均为98.64元,比上年下降1.35%。液化气价格大幅下降,主要原因一是价格低廉的管道液化气逐渐普及,传统液化气罐市场越来越小;二是使用液化气罐的家庭部分都是电磁炉、电炒锅、微波炉、液化气配合使用,液化气更换周期变长;三是国际原油价格下跌,石油附产品供应价格随之下降。

表 25 2015年陆川县城主要食品销售价格汇总情况

单位：元、%

品名	规格	单位	1月	2月	3月	4月	5月	6月	7月	8月	9月	10月	11月	12月	2015年均价	2014年均价	涨幅
大白菜	一级	千克	1.86	2.60	2.60	3.54	3.00	3.94	3.60	3.74	4.20	4.40	4.12	2.00	3.60	2.98	20.4
生菜	一级	千克	3.66	3.66	4.00	3.00	5.00	5.00	5.34	6.00	6.00	8.66	6.88	7.00	5.84	5.48	6.7
韭菜	一级	千克	5.34	5.34	5.34	5.34	5.00	5.66	6.00	6.00	6.34	10.00	7.44	7.00	6.80	6.28	8.4
空心菜	一级	千克	4.00	6.66	6.66	5.66	4.66	4.34	4.34	5.00	5.00	5.66	5.22	5.00	5.66	5.44	4.1
青瓜	一级	千克	6.54	6.00	4.34	2.80	2.26	3.66	3.34	3.54	4.66	4.34	4.18	5.26	4.62	5.10	-9.3
脉菜	一级	千克	3.34	3.00	3.00	3.34	4.00	4.66	4.66	5.34	6.00	7.34	6.22	6.00	5.18	4.64	11.6
丝瓜	一级	千克	8.66	0.00	8.00	4.00	5.00	5.00	5.00	5.00	6.00	6.66	5.88	8.00	6.12	5.02	21.7
萝卜	一级	千克	1.94	3.00	3.00	2.66	2.80	2.80	3.40	3.00	4.00	4.66	3.88	2.66	3.44	2.98	15.3
豆角	一级	千克	9.00	8.34	8.34	5.66	5.00	5.00	5.00	5.00	5.00	6.66	5.00	5.00	6.64	5.70	16.5
大葱	一级	千克	6.34	6.00	6.00	6.34	8.00	8.00	9.00	9.00	10.00	11.34	10.12	8.66	8.98	8.18	9.9
莲藕	一级	千克	7.40	8.00	8.00	11.00	11.00	10.66	8.00	8.00	8.00	8.00	8.00	8.00	9.46	7.22	31
绿豆芽	一级	千克	4.00	4.00	4.00	4.00	4.00	4.00	4.00	4.00	4.00	4.00	4.00	4.00	4.36	4.00	9.1
水豆腐	一级	千克	5.00	5.00	5.00	5.00	5.00	5.00	5.00	5.00	5.00	5.00	5.00	5.00	5.46	5.00	9.1
白菜花	一级	千克	4.34	5.00	5.00	5.00	6.00	6.00	6.00	6.00	6.34	9.34	7.22	7.00	6.66	5.92	12.3
上海青	一级	千克	3.34	3.66	3.00	3.00	5.00	5.00	5.00	5.66	6.00	9.34	7.00	6.00	5.64	4.92	14.4
菜椒	一级	千克	7.20	5.66	4.00	4.66	6.66	7.00	7.00	7.00	7.00	7.40	7.14	7.00	7.06	5.58	26.7
龙池桥	一级	千克	5.40	5.40	5.40	5.40	5.40	5.40	5.40	5.40	5.40	5.40	5.40	5.40	5.90	5.04	17
面粉	一级	千克	5.00	5.00	5.00	5.00	5.00	5.00	5.00	5.00	5.00	5.00	5.00	5.00	5.46	5.00	9.1
市场大米	一级	千克	5.40	5.40	5.40	5.40	5.60	5.60	5.60	5.60	5.60	5.60	5.60	5.60	6.04	5.20	16.1
晚泰香米	一级	千克	7.40	7.40	7.40	7.40	7.40	7.40	7.40	7.40	7.40	7.40	7.40	7.40	8.08	7.52	7.4
甜玉米	一级	千克	7.00	7.00	6.66	6.66	4.66	4.66	5.00	5.00	5.00	5.00	5.00	7.34	6.28	6.28	-0.2
黄豆	一级	千克	7.00	7.00	7.00	7.00	7.00	7.00	7.00	7.00	7.00	7.00	7.00	7.00	7.64	7.06	8.3
青绿豆	一级	千克	11.40	11.40	11.40	11.40	11.60	11.60	10.00	11.00	12.00	12.00	11.66	12.00	12.50	10.90	14.6
粉丝	一级	千克	9.00	9.00	9.00	9.00	9.00	9.00	9.00	9.00	9.00	9.00	9.00	9.00	9.82	9.08	8.1
金龙鱼花生油	一级	千克	200.00	200.00	200.00	200.00	200.00	200.00	210.00	210.00	210.00	203.34	207.78	200.00	221.92	218.00	1.8
鲁花花生油	一级	千克	270.00	270.00	270.00	266.00	265.34	272.00	276.00	276.00	274.66	272.00	274.22	272.00	296.20	260.16	13.9
食盐	包		5.00	5.00	5.00	5.00	5.00	5.00	5.00	5.00	5.00	5.00	5.00	5.00	5.46	4.86	12.3
五花肉	新鲜	千克	20.00	20.00	20.00	18.00	18.00	19.00	22.00	24.00	26.00	24.66	24.88	24.00	23.68	17.66	34.1
一刀切猪肉	新鲜	千克	24.00	24.00	23.34	22.00	23.34	24.00	24.66	28.00	28.00	28.00	28.00	26.00	27.58	22.36	23.3
瘦肉	新鲜	千克	34.00	36.00	32.66	33.34	33.34	35.34	38.66	42.00	42.00	40.66	41.56	36.66	40.56	34.16	18.7
排骨	新鲜	千克	36.00	36.00	36.00	36.00	36.00	39.34	41.34	44.66	44.66	40.66	43.34	39.34	43.04	36.66	17.4
散装花生油	一级	千克	24.34	24.34	24.34	26.00	25.00	24.00	24.66	26.00	26.00	25.34	25.78	25.00	27.34	20.72	32
西红柿	一级	千克	4.66	4.00	4.00	3.34	5.00	4.34	4.46	5.34	6.00	6.00	5.78	5.66	5.32	5.28	0.7
生姜	一级	千克	10.00	11.86	11.34	12.00	12.66	14.00	13.66	12.00	10.66	9.66	10.78	7.00	12.34	16.14	-23.6
鸡蛋	新鲜	千克	12.34	12.00	11.66	9.34	8.60	8.80	8.86	11.74	11.20	10.54	11.16	10.66	11.54	12.10	-4.6

社会保险

【企业职工基本养老保险】 2015年，陆川县城镇企业职工基本养老保险参保人数3.83万人，征缴养老保险金1.37亿元，老城镇职工基本养老保险累计发放1.80万名离退休人员（包括供养直系亲属）养老待遇3.60亿元。其间，调整职工基本养老待遇1.59万人，人均月增资189元。

【机关基本养老保险】 2015年，全县参加原机关事业单位职工养老保险试点单位70个，参保人数2998人，发放机关事业单位职工养老待遇3287万元。

【城乡居民基本养老保险】 2015年，陆川县城乡居民社会养老保险参保人数28.27万人，参保率97.32%。为10.28万名符合领取城乡居民社会养老保险待遇人员，发放养老待遇1.13亿元，发放率100%。

【城镇职工（居民）基本医疗保险】 2015年，陆川县城镇职工基本医疗保险参保人数11.15万人，基本医疗保险费征缴收入7209万元，统筹支付职工基本医疗保险住院待遇2754万元。城镇居民基本医疗保险统筹支付住院待遇653万元。

【农村医疗保险】 2015年，陆川县参加新型农村合作医疗（简称新农合）92.64万人，参合率99.27%；筹资4.35亿元，全县新农合基金支出3.86亿元，比上年增加2303.73万元，增长6.35%。重大疾病、保障病种及儿童两病补偿比例进一步提高，次均住院补偿费用由上年的2665.48元提高至2805.77元，增长136.74元，增加5.13%，县内单一参合人员获新农合住院补偿最高15万元；全面实施新农合大病保险制度，扩大大病救治保障范围，单一参合人员获大病补偿最高8.35万元。

【失业保险】 2015年，陆川县失业保险参保人数2.05万人，失业保险基金征缴1055万元，累计发放失业金667万元。

【工伤保险】 2015年，陆川县工伤保险参保人数20569人，完成年参保任务的100.02%；基金征缴446万元，完成年任务的125.28%。工伤保险累计支付工伤待遇86万元。

【生育保险】 2015年，陆川县生育保险参保人数2.21万人，生育保险费征缴收入400万元。全年支付生育保险待遇187人次，支付保险金148万元。生育保险滚存结余61.55万元。

（李小雁）

社会保障

【城乡最低生活保障】 2015年，陆川县筹集城乡最低生活保障金1.42亿元。获城乡最低生活保障103.88万人次，发放城乡最低生活保障金1.32亿元。其中，城市最低生活保障8.94万人次，发放最低生活保障金2386.73万元；农村最低生活保障94.94万人次，发放最低生活保障金1.08亿元。

【五保供养】 2015年，陆川县全面落实五保供养政策，按时足额发放供养资金，保障五保户基本生活，共发放五保户生活费1618.95万元；落实五保户丧葬补助费。

【城乡医疗救助】 2015年，陆川县执行城乡医疗救助办法，采取资助参保（参合）、即时住院救助、大病救助、政策性救助、门诊医疗救助等多种形式，对城乡低保户、五保户、孤儿和低收入家庭重病患者进行全面救助。全年，筹集医疗救助资金1569.60万元，累计救助11.55万人次，支付医疗救助资金1791.23万元，医疗救助缺口221.63万元。

【临时生活救助】 2015年，陆川县对因自然灾害、重大生活变故、重残、重病等原因导致临时生活困难的群众实行临时救助。全年共筹集临时救助资金561.60万元，救助852人次，支付救助资金32.70万元。

【儿童救助】 2015年，陆川县有孤儿1017人，发放孤儿生活补助费763.92万元。继续对农村"先天性心脏病""白血病"儿童实行救助，共救助先天性心脏病儿童46人，支付救助资金28.35万元；救助白血病儿童6人，支付救助资金4.97万元。

【流浪乞讨人员救助】 2015年，按照《城市生活无着的流浪乞讨人员救助管理办法》《城市生活无着的流浪乞讨人员救助管理办法实施细则》，陆川县对在城市生活无着的流浪、乞讨人员（简称流浪乞讨人员）实行救助，保障其基本生活权益。共救助流浪乞讨人员756人次，其中流浪未成年人28人次。

（范永锋）

【残疾人社会保障】

重度残疾人护理补贴 2015年9月，陆川县贯彻《国务院关于全面建立困难残疾人生活补贴和重度残疾人护理补贴制度的意见》，实行重度残疾人护理补贴。全县有5165名重度残疾人获得护理补贴，每人每年补贴360元，发放补贴资金185.94万元。

贫困残疾人社会养老保险 2015年，县残联帮助贫困残疾人参加新型农村社会养老保险或城镇居民社会养老保险，每人每年缴费100元，由政府实行全额补助。年内，共有2870名残疾人获新型农村和城镇居民社会养老保险补贴，发放补贴共2.87万元。

（陈桂彩）

镇 · 农场

ZHEN NONGCHANG

2015 年 5 月 6 日,陆川县乡镇部分机构职能整合试点工作推进会议在县政府二楼会议室召开
叶礼林 摄

温泉镇

【温泉镇概况】 位于陆川县中部。东与沙坡镇为邻,西南与大桥镇接壤,西邻沙湖镇、博白县,南与乌石镇交界。行政区域土地面积 123.27 平方千米。北与米场镇毗邻,黎湛铁路、马盘二级公路、浦宝二级公路、九洲江过境。是县人民政府驻地,镇政府驻文昌社区。2015 年,全镇辖 14 个建制村、6 个社区,有 404 个村民小组、53 个居民小组。年末,户籍总户数 5.72 万户,户籍人口 15.58 万人(其中乡村人口 7.84 万人);人口自然增长率 7.61‰。耕地面积 1946 公顷,有效灌溉面积 1207 公顷;林地面积 5817 公顷,森林覆盖率 51.89%。矿产资源有铁、锡、银、磁铁、硫铁、花岗岩石、石英石、大理石、河沙、高岭土、稀土、瓷土等。旅游资源有"温泉浴日"、龙颈瀑布、温泉疗养院、九龙温泉度假山庄、东震山、东山库区、西山库区等。

2015 年,全镇工业总产值 119.81 亿元,比上年下降 0.46%;农林牧渔业总产值 3.84 亿元,增长 5.79%;固定资产投资 10 亿元,增长 18.91%;完成投资超 500 万元项目 1 个。财政收入 1.18 亿元,下降 8.53%。年内,温泉镇获玉林市节水型单位,第二期公众安全感排全县第 4 名,获全国农村基层团建示范乡镇荣誉称号。

【农业生产】 2015 年,温泉镇粮食种植面积 2712 公顷,粮食总产量 1.63 万吨;经济作物种植面积 384 公顷。发展连片种植 6.67 公顷以上农业基地示范点 4 个。其中,东山村沉香基地 53.33 公顷,洞心村葡萄基地 4 公顷,风淳橘红基地 20 公顷,长河火龙果、柠檬基地 10 公顷。推广优质谷种植面积 1400 公顷,优质谷产量 1.54 万吨。

对农村承包土地(除温泉村外)进行重新确权登记,共确权登记 1.16 万户、面积 1452.93 公顷。经济林种植面积 1200 公顷,改造中低产果园 113.33 公顷,植树造林 160 公顷。年内,全镇生猪出栏 8.80 万头,比上年增长 6.80%;家禽出栏 162 万羽,增长 3.50%;水产品产量 2150 多吨,增长 2.50%。实施强农惠农政策,发放农资综合补贴 1.08 万户、271.50 万元,良种补贴 59.77 万元,粮食直补 36.72 万元。

【工业】 2015 年,温泉镇工业以铁锅、塑料制品、机电产品、机械制造、玻璃制品、建筑材料、电子产品、纺织为主。塑料制品企业主要集中在泗里、垭塘、万丈、中屯等村;机电产品主要集中于垭塘村;铁锅企业主要集中在泗里村、中兴村,铁锅产品远销欧美、东南亚等地。年内,完成规模以上工业产值 31.07 亿元,比上年增长 9.25%;技改投资 9.50 亿元,增长 21.79%;工业投资 9.60 亿元,增长 23.10%;全镇年收入超 2000 万元的企业 40 个,工业总产值 65.73 亿元。

【基础设施建设】 2015 年,温泉镇投入维修资金 60 万元,改造修缮机关办公楼和美化政府大院环境。投资 200 万元,改造升级建设新洲、文昌和温汤社区综合办公场所。落实配套经费 900 多万元,建设官田、安宁、白坭、东山村党群服务综合体项目 4 个。实施县财政"一事一议"奖补资金项目,投资 195.53 万元(其中县财政补贴 163.82 万元),硬化村屯道路 16 条约 10 千米;投资 125 万元,安装路灯 259 盏。配合县政府做好城区世客城、城东教育集中区、桂东南批发市场、玉皇堂工艺品市场、讯和路、九龙路、污水厂二期工程、锦源物流城、城区四良河段和妙垌河段等 20 个重点项目建设,完成征用土地面积 18.22 公顷,发放征地补偿款 2513 万元。

【生态乡村建设】 2015 年,温泉镇投资 250 万元,以点带面地开展好全镇的生态乡村工作。在各村、社区推广"一元钱"工程,重点抓好垃圾投放点的建设和路面、河流、沟渠垃圾的清理整治以及马盘二级公路过境段的美化工作。抓好九洲江流域的治理。镇污水厂二期顺利试水运营,建成洞心、长河 2 个村级环境联片整治点。年内,清拆猪场 23 家、鸡场 1 个及猪舍 1.49 万平方米,建成高架网床养殖场 6 家,完成标准化改造 10 家。重点做好限养区 16 家养殖场的升级改造,杜绝直接排污现象。

【精准扶贫识别】 2015 年 10 月,温泉镇进行扶贫精准识别工作,以 2014 年年底 6 个贫困村、贫困人口 8605 人为基础,对全镇贫困村所有农户、非贫困村 2014 年建档立卡贫困户和新申请贫困户的农户入户进行精准识别,摸清贫困户和贫困村贫困状况、致贫原因、帮扶需求、脱贫路径等情况。年内,精准识别贫困户 6983 户、贫困人口 23969 人。

【民生保障】 2015 年,温泉镇城乡居民参加养老保险 1.81 万人,缴费 1.02 万人,正常领取养老金 9336 人。保障困难群体基本生活,办理农村最低生活保障 2716 户、3938 人,发放最低生活保障金 520 万元;城市最低生活保障 1354 户、2563 人,发放最低生活保障金 812 万元;发放救济大米 18 吨、棉被 380 床、棉衣 900 件、蚊帐 16 床等。安排农村危房改造 219 户,扶助资金约 420 万元。

【教育】 2015 年,温泉镇辖区内有城区独立高中 4 所,在校生 1.43 万人,教职工 919 人(含借入 128 人);高完中 1 所,学生 1156 人,教职工 60 人;完全初中 4 所,在校生 4.03 万人,教职工 572 人,控辍保学巩固率 94.12%;城区小学 5 所,在校生 1.30 万人,教职工 917 人(借入 150 人),适龄儿童入学率 100%;公办幼儿园 14 所,入园幼儿 3633 人,教职工 199 人;民办幼儿园 48 所,在园幼儿 5545

人;农村小学 14 所(含温泉镇中心学校),在校生 6100 人,教职工 343 人。2015 年,温泉镇投资 524 万元落实教育项目建设。其中,投资 143 万元建设白坭小学教学楼 865 平方米;投资 121 万元建设温泉镇初级中学学生宿舍楼 781 平方米;投资 260 万元建设温泉镇初级中学教学综合楼 1550 平方米。抓好义务教育阶段学校和中心幼儿园标准化建设。年内,县政府在官田村黄竹冲组建设城东教育集中区,计划建设高中部、初中部、职业技术学校,开始建设陆中新校区办公楼、教学楼。全镇为义务教育阶段困难寄宿生 1698 人发放补助补贴 100.73 万元。

【文化体育】 2015 年,温泉镇有城区文化休闲广场 5 个,村(居)委会图书室 20 个,老人休闲活动中心 5 个,五保新村 7 个,镇敬老院 1 所;电视覆盖率 100%,有线电视普及率 80% 以上。开展"中国梦""向国旗敬礼""感恩教育"活动及保护九洲江——母亲河等主题教育活动,加强学生爱国主义教育和道德教育。推进镇、村两级文化基础设施建设,加大文化设施建设资金投入,落实配套经费 900 多万元,建设官田、安宁、白坭、东山 4 个村党群服务综合体项目,改造升级新洲、文昌、温汤 3 个社区综合办公场所。组织开展全镇性的文体活动 10 多场次,丰富城乡居民的精神文化生活。有文化休闲广场 5 个,村(居)委会图书室 20 个,老人休闲活动中心 5 个,五保新村 7 个,镇敬老院 1 所;电视覆盖率 100%,有线电视普及率 80% 以上。

【卫生计生】 2015 年,温泉镇辖区内有自治区总工会陆川疗养院 1 所、县直医院 4 所、卫生院 2 所,医技人员 1268 人,床位 1543 个;村卫生所 14 个,村医生 60 人;个体诊所 26 个,个体医生 28 人;卫生诊室 41 家,药店 94 家。农民参加新型农村合作医疗保险的人数 8.19 万人,参合率 96.3%;

城镇居民 1.32 万人参加医疗保险。组织开展人口与计划生育新机制建设,重点抓好育龄妇女健康检查和优生优育检查,引导开展计划生育村民自治,全镇共出生婴儿 1977 人,其中一孩 1407 人、二孩 471 人、多孩 99 人,符合政策生育率 83.31%;人口出生性别比 110。优生健康检查夫妇 645 对。镇计生工作通过玉林市和自治区的年度达标验收。

【社会治安综合治理】 2015 年,温泉镇建立健全镇村社会综治网络,逐步形成"防范、控制、打击"的工作体系。推进依法治镇和普法教育活动,开展法制宣传教育。坚持安全生产检查经常化,每季度组织开展全面性的安全生产检查 1 次,及时消除安全隐患。稳妥处理各种来信来访,实行"一个问题、一名领导、一个工作组、一个工作预案和一抓到底"的工作机制。加强对山林、土地和水利纠纷等矛盾纠纷调处化解。组织开展公众安全感和群众满意度测评工作,通过印发宣传资料、上法制课等形式加大对政法机关工作成效的宣传,让群众理解支持相关工作。开展禁毒、"双抢"(抢劫和抢夺)、盗窃、勒索、杀人等恶性案件专项严打整治斗争和查禁"六合彩"等赌博活动。完善主要路口、城区街道口安装治安监控摄像头和视频监控系统(也称天网工程)建设。全镇共发生刑事案件 743 件,比上年上升 13.44%;立治安案件 497 件,上升 3.25%。调处化解矛盾纠纷 210 多件(次),调解成功率 96%。年内,温泉镇获玉林平安乡镇称号。

【党纪党风建设】 2015 年,温泉镇根据县委的统一部署,组织开展"三严三实"学习教育活动,强调"守纪律、讲规矩",查处发生在群众身边的"四风"和腐败问题。工作组入户实地核验发放到个人的补助补贴类资金 1595 户、1884 人,完成全镇 20 个建制村(社区)民生资金核查任务,取消不符合条件的农村低保户 277 户、

914 人。约谈干部 6 人次,纠正干部群众不良行为 2 件,受理答复信访案件 23 件。 (周全辉)

米场镇

【米场镇概况】 位于陆川县北部。东与沙坡镇、北流市六麻镇相邻,西与沙湖镇交界,南与温泉镇接壤。行政区域土地面积 90.11 平方千米。北与马坡镇毗邻,黎湛铁路、马盘二级公路、米马河过境。镇人民政府驻米场村,距陆川城区 10 千米,离玉林市城区 30 千米。2015 年,辖 9 个建制村、54 个自然村、298 个村民小组。年末,户籍总户数 1.95 万户,人口 6.25 万人,人口自然增长率 15‰。矿产资源主要有瓷土、锰铁、花岗岩、金矿、河沙等。耕地面积 1738 公顷,农田有效灌溉面积 996 公顷,林地面积 5310 公顷。

2015 年,全镇工业总产值 16.50 亿元,比上年增长 8.54%;农林牧渔业总产值 2.64 亿元,增长 6.88%;固定资产投资 8.30 亿元,增长 16%;财政收入 2564 万元,增长 7.60%。

【农业生产】 2015 年,米场镇实施"科技兴农"战略,利用乐宁村"全国高产水稻示范片",推广高产高效农业,全镇粮食种植面积 2459 公顷,粮食总产量 1.50 万吨;经济作物种植面积 749 公顷;经济林业种植 487 公顷。畜牧业推广"公司 + 农户"的经营模式,有规模以上养猪场 12 家、养鸡场 1 家。生猪存栏 4 万头、出栏 2.50 万头,家禽存栏 28.50 万羽、出栏 14.50 万羽。

【工业】 2015 年,米场镇实施"工业强镇"战略,做大做强工业企业,依托养殖和汽车零部件加工两类企业,扶持均隆、金创等现有企业转型升级,扩大规模,提高质量,提升企业核心

竞争力,为财税增收打好基础。同时以优美的环境、周到的服务、崭新的姿态吸引更多的大项目、好项目落地杨集。对优势产业、骨干企业和税收大户进行帮扶培植财源,深挖税源,全年完成规模以上工业产值15.71亿元、工业投资8.30亿元。

【基础设施建设】 2015年,米场镇对村屯道路进行硬化建设,利用县财政"一事一议"奖补资金,投资192.47万元,建设道路24条、总长8.37千米,受益群众2.29万人;扩建、硬化根山路口道路50米。

【精准扶贫识别】 2015年,米场镇开展精准识别贫困户工作,按照精准识别贫困户标准程序进行入户调查。年内,完成全镇8614户贫困户的入户调查、评分评议公示及数据录入。实施"基础扶贫、产业扶贫、生态扶贫、科技扶贫、社会扶贫"五项工程,针对桥鲁、旺同、平塘、旺荐等4个贫困村分布在山区自然条件差、贫困人口多(3641人,占总人口的15%)、村民文化程度不高、科技扶贫难度大、特色产业多以零星种养为主尚未形成品牌和经规规模、生产水平低下、群众生活困难等情况,完善机构,建章立制,加强扶贫组织建设。明确工作重点,

年初确定扶贫项目时,结合各扶贫村实际情况和村民愿望,调整产业结构,发展特色产业,建成砂塘橘基地1个;组织劳务输出,转移富余劳动力52人。

【环境卫生整治】 2015年,米场镇继续开展生态乡村建设活动,建立健全"路长制""河长制",加强公路沿线、米马河流的整治。推进生态美镇的建设,加强绿化美化、村容镇貌管理,对马盘二级公路米场过境街进行美化绿化及外立面风貌改造,种植竹篱笆3.50千米,三角梅、绿萝、菊花等花卉5000多株。严厉整治城镇、街道"五乱"(广告乱贴、摊点乱摆、车辆乱停、工地乱象、垃圾乱丢)现象,凡属违规乱搭乱建的建筑,均进行彻底拆除。同时,做好巩固保持已整治合格的清洁环境特别是公路沿线的清洁环境,防范圩镇"五乱"现象的反弹,镇容村貌得到美化。

【民生保障】 2015年,米场镇纳入农村最低生活保障2955户、4713人,城镇最低生活保障76户、105人,发放最低生活保障金657.66万元。做好救灾救济工作,为850户受灾户、五保户发放大米15.75吨、衣服350套、棉被310床。全镇参加农村社会养老保

险1.35万人,为6528人发放农村社会养老保险金58.75万元。

【教育】 2015年,温泉镇有初中2所,在校初中生3378人,教职工210人;小学11所,教学点18个,在校小学生5268人,教职工330人;中心幼儿园1所,入园幼儿456人,教职工8人。年内,由桂林福达集团捐资20万元,福达初中配套15万多元建成的教工文体活动中心,为教职工的健身活动提供场所;全镇投入1万多元改造校园广播系统,保证中考英语听力考试正常进行。把"帮助教师成功"作为一项人才强校战略实施,促使每位教师在自己的工作岗位上建功立业,成功成长。如福达中学物理科青年教师庞玉昆在名教师工程的创建中脱颖而出,在6月参加玉林市初中物理教学技能大赛获一等奖,并将代表玉林市参加自治区的物理教学技能大赛。在中考,全镇有109人考上示范性高中,其中8人考上玉林高中。

【科技】 2015年,米场镇开办科技培训中心,并和县职中、县劳动局技校接成对子,组织集中培训,先后举办培训班14次,培训人数2500余人次。同时,针对各片各村的发展优势,采取农闲培训及分片培训等形式,直接把科学技术推广到农民中间。全镇有农民1100余人参加镇级电脑培训。举办各类展览、讲座,普及科学文化知识,传递经济信息。

【文化体育】 2015年,米场镇有文化体育和广播电视站1个,镇村广播站点10个,村级图书室4个,农村党员现代远程教育终端站点9个,农家党校26户,农家书屋7家。根据当地群众的需求和设施、场地条件,组织开展丰富多彩的、群众喜闻乐见的文体活动;指导村文化室和居民自办文化组织建设,辅导和培训群众文艺骨干。帮助旺荐村建立图书室及农家书屋,并下乡指导图书室业务工作。完成"扫黄打非"进基层的工作,在镇文

2015年10月17日,米场镇召开精准扶贫攻坚动员大会暨精准识别工作队员培训会
米场镇政府 提供

化站建立"扫黄打非"工作小组及其办公室,在9个村建立"扫黄打非"工作站。以全国文化信息资源共享工程基层服务点为平台,开展数字文化信息服务。按照技术规程操作计算机、网络服务器等硬件设备,保证设备工作环境洁净、通风、干燥,注意防尘、防潮、防热、防盗。

【卫生计生】 2015年,温泉镇有中心卫生院1个,医技人员1人,床位75张;村卫生所9个,村医生32人;个体诊所26个,个体医生12人;药店13家。其中,米场卫生院占地面积约1.33公顷,业务用房约5500平方米,分公共卫生服务部、门诊部、住院部,共设有妇产科、内儿科、外科、中医科、手术室、药剂科、医技科、财会后勤科、新农合办公室等科室。拥有彩色B超、DR、全自动生化仪、十二导联同步心电图、四通道凝血仪、盆腔炎低频治疗仪、产后康复综合治疗仪、妇科臭氧治疗仪、中医脉象诊断系统等设备,增设中医科、白内障眼科手术、开展中医中药、眼科手术服务。年内新增住院部楼层两层,解决群众住院难看病难问题。

【社会治安综合治理】 2015年,米场镇围绕"大事不出,中事不出,小事少出"总体目标,坚持"打防结合,预防为主,专群结合,依靠群众"方针,开展平安米场建设活动,推进社会治安防控体系建设,进一步健全和完善社会治安综合治理长效工作机制。年内共排查民间纠纷28起。其中,镇调解委员会共受理调解8起,调结8起;派出所调解20起,调结19起。(蓝 恒)

沙 湖 镇

【沙湖镇概况】 位于陆川县西北部。东与米场镇相连,西与博白县、福绵区交界,南与温泉镇为邻,北与马坡镇接壤。行政区域土地面积71.35平方千米。浦宝二级公路过境。镇政府驻沙湖街,距陆川县城12千米。2015年,辖5个建制村、140个村民小组。年末户籍总户数8921户,总人口3.06万人,人口自然增长率3.32‰。

2015年,全镇工业总产值4.02亿元,比上年增长1%。粮食种植面积1275公顷,粮食总产量7758吨;农林牧渔业总产值1.62亿元,下降8.47%。固定资产投资3.30亿元,增长15.79%;财政收入597.34万元,增长10.37%。

【农业生产】 2015年,沙湖镇整合土地流转,发展特色农业。推广应用农业新技术,应对干旱、台风等不良环境,稳定粮食生产。年内,全镇粮食种植面积1275公顷,粮食总产量7758吨,其中优质谷种植95.8%以上;经济作物种植面积138公顷。发展特色农业,重点发展扩大新街村六子塘、旱塘坡,长沙村青湾尾砂糖橘,永旺村皇帝桔;扩种橘红种植达10公顷、油茶40公顷。发展名特优禽畜水产养殖业,重点引导小散养猪场的转型升级,着力减少排污,打造特色"生态养殖"发展模式。引导发展三黄鸡、蛇、肉兔等特色养殖。全镇有500头以上养猪场15个,8000羽以上养鸡场16个,全镇生猪存栏2.98万头,出栏3.85万头;家禽存栏20.2万羽,出栏54.08万羽。

【工业】 2015年,沙湖镇推进工业经济优化发展。推进九洲江上游流域中小企业产业转移园完成征地73.33公顷,平整土地46.67公顷。广西沙湖蓄电池有限公司完成二期技改扩建。

【基础设施建设】 2015年,沙湖镇加大园区基础设施及城镇基础设施建设。

园区基础设施建设 广西沙湖蓄电池有限公司完成二期征地面积10.20公顷,新建标准厂房1.4万平方米。九洲江上游流域中小企业产业转移园推进三通一平建设,新建标准厂房2.40万平方米。

城镇基础设施建设 2015年,推进撤乡改镇基础设施项目建设,投资300万元改建扩建沙湖主街道400米,铺设排污管道800多米,硬化供销社街道,安装路灯40盏;建设政府小广场;投资60万元,维修政府办公楼;推进沙湖综合农贸市场开发,完成征地4.33公顷,平整土地1.67公顷。硬化村屯道路14条,总长8.70千米,危房改造106户。投资150万元对亚了水和白粉塘2座水库的大坝进行除险加固;中央投资700多万元维修加固陂坝30座。投资110万元建成新街村委会办公大楼;投资18万元建设新街村、永安村和官山村敬老院。投资400万元对沙湖中心学校教学楼、永安小学教师周转房及各教学点进行修缮。新建镇卫生院医务综合大楼投入使用。

【生态乡村建设】 2015年,沙湖镇开展生态乡村大会战,加大生态乡村宣传。全镇张贴宣传画册500张,喷绘固定标语142条,制作大型广告牌3个、宣传板报36块,悬挂横幅标语50条,向群众发放宣传资料4.81万份,建立常态化长效机制的村屯104个。配备村保洁员32人;配备垃圾清运车2辆、保洁车38辆、垃圾桶715个、垃圾池扩建47个;落实街道"门前三包"责任制532户,落实单位清洁责任区28处,清理河道水域58.4千米;新增植树面积1200亩,种植花卉3000株,建设村级生态村示范点5个,其中长沙村示范点和新街村陆子塘示范列入县参观的示范点。新建沼气池24座。

【社会事业】 2015年,全镇参加农村居民养老保险6936人;60岁以上享受农村居民养老保险3032人,发放养老金327.45万元。新型农村合作医疗保险参合率96.5%,获医疗补贴2.27万人次,补贴金额959.43万元;全镇参加农村最低生活保险1718户、

3633人,发放最低保障金479.55万元;参加城市最低生活保险41户、55人,发放最低保障金17.16万元;发放五保生活补助71.76万元;发放救灾物资棉被270床、棉衣500件、大米1.2万千克、现金4880元;发放房屋倒塌户赔偿款2.65万元。孕前优生健康检查136对,计生奖励扶助11人,资金6.05万元;为68人独生子女购买"独生子女爱心保险"。 (黄 漫)

马坡镇

【马坡镇概况】 位于陆川县北部。东与北流市平政镇、县内平乐镇毗邻,西靠玉林市福棉管理区新桥镇,南与米场镇、沙湖镇接壤,北与玉林市南江街道、县内珊罗镇交界。行政区域土地面积145.20平方千米。黎湛铁路、马盘二级公路、玉铁高速公路过境。镇人民政府驻马坡街,距陆川县城20千米,距玉林市城区17千米。辖13个建制村、1个街道社区、249个自然村、474个村民小组。2015年年末,户籍总户数2.88万户,人口10.52万人,人口自然增长率7.67‰。耕地面积4796公顷,农田有效灌溉面积2415公顷,林地面积4810公顷。经济林种植面积1057公顷,森林覆盖率57%。矿产资源有霏细斑岩矿、锑矿、铁、硫、瓷土、花岗岩、河沙、矿泉水等。

2015年,全镇工业总产值28.76亿元,增长21.40%;农林牧渔总产值5.62亿元,增长0.55%;财政收入5752.20万元,增长15.41%;固定资产投资6.90亿元,增长14.05%;规模以上工业总产值9.90亿元,增长6.4%。

【农业生产】 2015年,马坡镇粮食播种面积4908公顷,粮食总产量3.03万吨;经济作物种植面积1410公顷;推广优质谷超级水稻种植面积2533.33公顷。农作物良种覆盖率

95%以上。全镇有蔗糖种植2130户,专业种植80户,种植面积866.67公顷,总产值3050万元。全镇畜禽养殖场131个,主要分布在马坡、界垌、大兴、雄英、靖东、靖西、六平、新山等村。年内出栏生猪11.51万头,生猪存栏8.96万头;家禽出栏207万羽,存栏79万羽。水产养殖面积348公顷,畜、禽、水产品生产总值1.63亿元。推进新山村千亩橘红基地建设,土地流转面积120公顷,种植橘红、名果66.67公顷。

【工业】 2015年,马坡镇工业以红砖、矿泉水、麻绳厂为主,有工业企业52家。在巩固原有矿泉水产业和建材产业的基础上,培育茶花山矿泉水、皇花山矿泉水、神龙王农牧食品、云鹏特种水泥、诚信包装等一批保节能型、劳动密集型新兴产业规模企业。全年全镇工业总产值11.90亿元,比2010年翻一番。

【基础设施建设】 2015年,马坡镇重点推进黎湛铁路电气化改造、污水处理厂建设、马坡至陆川县城一级公路等。至年底,黎湛铁路电气化改造工程完成征地6.67公顷,拆迁面积1500平方米;完成镇污水处理厂征地拆迁工作及厂房主体工程建设。加大城镇基础设施建设,利用县财政"一事一议"奖补资金496.51万元,硬化村级道路41条、长1.73千米;村级亮化工程7个、灯光球场1个、公共活动场所1个。投资1000多万元新建新山桥、大兴村木桥、界垌桥便民桥。投资20多万元重新对文化站进行装修,完善各功能室设施。投资40多万元完成社区规范化建设。

【小城镇建设】 2015年,马坡镇加快小城镇建设步伐,推进旧村改造项目建设,永顺商贸城旧村改造项目完成一期工程建设,大部分商品房交付使用,二期项目工程在建。基本完成城镇风貌改造外墙面1万平方米,推进平乐路口车辆分流改造、沿路铁皮棚

改造以及马盘二级公路马坡过境段西面路灯及路肩拓宽工程建设。实施城镇基础设施建设项目,争取中央预算内外投资补助632万元,计划改造街道3条约1000米,配套建设街道排水,路灯安装,绿化,人行道,前期准备工作就绪,年底开工建设。

【"美丽马坡"建设】 2015年,马坡镇开展"美丽马坡·生态乡村"活动,为13个村配备垃圾桶350只,购置三轮垃圾车3辆、电动三轮垃圾车10辆。开展清洁整治活动190多次,参与人数1.20万人次,清扫道路50多千米、卫生死角200多处,清理垃圾100多吨。

【精准扶贫识别】 2015年10月,马坡镇根据县精准扶贫工作总体部署,组织13个精准识别工作队,进村入户开展精准识别贫困户、贫困村工作。制定工作实施方案,成立工作组,按照上级有关部门的部署要求,按阶段完成任务。全镇共调查1.22万户、5.36万人,确定建档立卡贫困户2506户、1.08万人,并完成数据的录入工作。

【民生保障】 2015年,马坡镇共有农村最低生活保障户6186户、8971人;城镇最低生活保障户115户、165人。为低保户、残疾人户、特困户和受灾群众发放大米17.25吨、棉夹衣900件;为136多名最低生活保障户办理农村大病救助;为80周岁以上的高龄老人1568人发放高龄补贴244.65万元。发放农资综合补贴资金455.64万元、良种补贴资金100.51万元、粮食直补资金77.76万元、农机购置补贴14万元。完成危房改造73户。新型农村合作医疗参保89.51万人,参合率99.68%,有11.18万人获住院、正常分娩住院、大病救助、门诊、单病种等补偿金额1222.77万元。新农村养老保险缴费2.18万人,城镇医疗保险参保1180人。

【教育】 2015年,马坡镇有初学3所,

在校初中生 3725 人,教职工 296 人;小学 14 所,教学点 41 个,在校小学生 8473 人,教职工 430 人;幼儿园 32 所,入园幼儿 1689 人,教职工 132 人。适龄儿童入学率 98%。

【文化体育】 2015 年,马坡镇有文化体育和广播电视站 1 个、镇村广播站点 1 个、村级图书室 14 个、农村党员现代远程教育终端站点 33 个、农家党校 15 户、农家书屋 14 家。以玉林市创建国家公共文化服务体系示范区为契机,投资 20 多万元重新装修文化站,各功能室的设施得到补充和完善。

【卫生计生】 2015 年,马坡镇有马坡中心卫生院、茶花山医院、青山医院 3 个,医技人员 48 人,床位 183 张;村卫生所 13 个,村医生 48 人;个体诊所 15 个,个体医生 15 人;药店 17 家。年内,马坡中心卫生院配置及购置电子血压计,心电图机 2 台,血糖仪 50 个,B 超 1 台,固定救护车 1 辆。抽调 10 余名有资质医务人员下乡开展公共卫生服务,出动车辆 160 多辆次,参与公共卫生服务免费体检,为农民免费体检 1.85 万人次。全镇建立居民健康档案 6.25 万人份,其中 0~3 岁儿童档案 1683 份、孕产妇档案 836 人份。对 1810 名妇女进行降消项目(降低孕产妇死亡率和消除新生儿破伤风项目)补助。抓好免疫规划工作,接种率 95% 以上。计划生育工作继续稳定低生育水平,人口增长得到有效控制,自然增长率 7.67‰,计划生育率 82.56%。区间内落实节育措施 904 例,参加免费孕前优生健康检查夫妇 475 对,完成 100%;完成计划生育家庭爱心保险投保 190 户;办理农村计划生育家庭贴息贷款 5 户。全镇完成 14 个村(居)"幸福家园"服务平台建设,在上级投入 6.50 万元建设界垌村,投入 4 万多元建设雄英村等 2 个示范村,为广大群众提供早期教育、青春关爱、生育关怀、家庭发展、老年服务等综合服务。

【社会治安综合治理】 2015 年,马坡镇继续深入开展"平安马坡"建设活动,创建基层网格化管理,开展矛盾纠纷大接访大调解活动。全镇 13 个村均设立治保会、调解会、综治工作站,均建立一支 10 人的治安巡防队。年内,调处各类矛盾纠纷 231 件、信访积案 6 件,达成协议 159 件。立刑事案件 47 件,破案 20 件(其中破贩毒案件 2 件、团伙案件 1 件),刑拘 17 人,逮捕 15 人,受理治安案件 19 件,行政处罚 14 人,强制隔离戒毒 7 人,调解各类纠纷 118 件。　　(张允秋)

平 乐 镇

【平乐镇概况】 位于陆川县的东北部。东与北流市塘岸镇凉亭、六高、陈地等村交界,西北与珊罗镇大山村接壤,西南与马坡镇东西村为邻。行政区域土地面积 70.99 平方千米。镇政府驻平乐街,距县城 32 千米,距玉林城区 25 千米,离北流市城区 30 千米。2015 年,辖 7 个建制村、226 个村民小组。年末总户数 1.64 万户,总人口 5.55 万人,人口自然增长率 9.18‰。耕地面积 1546 公顷,林地面积 2038.06 公顷,森林覆盖率 60%。主要矿产资源有高岭土、硫铁矿、石灰石等,其中石灰石储量居县前列。特色饮食有平乐狗肉、平乐肉蛋、肉糕、脆皮汤圆、五香扣肉、米粉等。

2015 年,全镇工业总产值 3.61 亿元,比上年增长 94.09%;农林牧渔总产值 2.38 亿元,增长 2.15%;固定资产投资 3.40 亿元,增长 15.25%;财政收入 602.58 万元,增长 19.44%。

【农业生产】 2015 年,平乐镇主动融入马盘百里绿色生态农业经济示范长廊建设。全镇粮食种植面积 2387 公顷,其中"超级稻"种植 520 公顷,优质谷种植 806.87 公顷;粮食总产量 1.53 万吨;经济作物种植面积 264 公顷。生猪出栏 3.20 万头,家禽出栏 23 万羽。推进"一村一品"发展模式,平乐村连片种植番石榴 3.33 公顷,石村佛塘队连片种植油茶树 20 公顷,三安村、新兴村房前屋后种植珍贵树种黄花梨 4500 株。发展"林下经济",在平乐村、六凤村、三安村、桥头村、长旺村 4 个村引导 10 户农户发展"林下养鸡""林下养猪"等产业,经济林面积 353 公顷。年内,被列为阿里巴巴农村淘宝项目试点镇,成立阿里巴巴农村淘宝 3 家。

【工业】 2015 年,平乐镇实施"工业兴镇"的发展战略,促进主导优势产业和地方特色产业继续做大做强。新上项目 1 家,总投资 1850 万元。

【基础设施建设】 2015 年,平乐镇争取实施农村通达通畅工程和县财政"一事一议"奖补项目,推进村屯道路建设。年内,群众筹集村屯道路建设资金 24.61 万元,财政奖补资金 127.15 万元,硬化珊平路下新路口至新塘路、贵地岭至石肚分校、上八岭广场至良山坡路、南蛇塘至李勇木板厂、黄泥岭彭三路口至李成路口路等村屯道路 6 条 3.50 千米。投资 400 多万元修建平乐至珊罗三级公路,硬化里程 0.80 千米,春节前竣工通行,解决群众从平乐往玉林、珊罗方向出行难的问题。完成三安村、石村 2 个村的路灯工程,安装路灯 55 盏。实施东成农村饮水安全集中供水工程建设,由中央和地方投资,由广西桂林利源水电建设有限责任公司单位施工建设,工程计划总投资 2843 万元。工程建成后可解决平乐、马坡、珊罗等镇 3.50 万人饮水难问题。全镇危房改造 151 户,全部竣工。共发放危房改造补助资金 271.80 万元。

【生态乡村建设】 2015 年,平乐镇开展生态乡村活动,加快生态乡村建设。对示范点保洁工作进行扶持,提高保洁工作人员的待遇,每位保洁人员配备垃圾运输三轮车。推进"一元钱工程"实施,以长旺村上八岭、平乐村石狗片开展"一元钱工程"为契机,在全镇各村民小组广泛开展"一元钱工程",发动53个村民小组2万多名群众参与"一元钱工程",共筹集资金16万元。9月,长旺村上八岭列为县"一元钱工程"现场会参观点,平乐村支书在会上做经验介绍。加强环境卫生宣传,加大环境卫生整治宣传,提高群众的环境卫生意识。推进镇村环境整治。镇党委、镇政府每周对群众意见的较大的环境问题、陈年垃圾点,组织包村工作队、村干部及发动群众逐个进行清理。

【精准扶贫识别】 2015年,平乐镇根据县精准扶贫工作总体部署,开展精准识别贫困户、贫困村工作。加强精准扶贫工作的领导,成立由书记、镇长任组长,其他班子成员为副组长,林业站、城建站、文体站、财政所等站所一把手及各村支书和工作组长为成员的领导小组,落实联系人,明确工作职责,第一书记、挂点领导负责该村精准识别工作,村"两委"成员具体抓。并印发《平乐镇精准识别贫困户贫困村工作方案》。开展贫困人口精准识别工作业务培训,10月17日召开平乐镇精准识别贫困户贫困村工作动员及培训会议,共培训精准识别工作人员200人。推进贫困人口精准识别工作,主要进行摸底、精准识别,在2014年建档立卡的基础上确定精准扶贫识别对象,县、镇工作人员62人分成7个精准识别工作队,分派到7个村进行精准扶贫识别,各工作队根据各村的实际情况抓精准识别关键点,严格按照标准程序精准识别贫困户。年内,平乐、新兴、桥头、长旺4个非贫困村完成对贫困户精准识别入户调查1072户,完成对新申请贫困户精准识别入户调查142户;六凤、三安、石村3个贫困村完成贫困户精准识别入户调查4278户。其中,石村1358户、三安村1470户、六凤村1450户,石村、六

凤村完成入户调查阶段,进入评议阶段,三安除少量的散户和外出打工户还需入户调查。

【民生保障】 2015年,平乐镇继续加强社会保障、民生和公共服务工作。全镇新型社会养老保险参保1.24万人,享受待遇5135人,发放保险费577万元。为2.69万名群众报销新型农村合作疗医药费679.09万元。

【教育】 2015年,平乐镇共有小学8所,在校生0.40万人,教职工278人,适龄儿童入学率100%;初中2所,在校生2013人,教职工114人,控辍保学巩固率95%;公办幼儿园1所,入园幼儿431人,教职工10人;民办幼儿园10所,在园幼儿705人。年内为义务教育阶段困难寄宿生发放补助补贴共106.13万元,落实教育项目建设67.50万元。其中,平乐镇中心学校扩建学生卫生间资金15万元;平乐镇平乐小学暗冲教学点围墙7.40万元、门窗4万元;平乐镇新兴小学厕所维修经费7.50万元,分高教学点围墙5.30万元,校门1.50万元,硬化篮球场地面资金6万元;平乐镇石村小学修建挡土墙及硬化斜坡资金8万元;平乐镇长旺小学维修房屋资金6万元,石肚教学点门窗改造经费2.30万元,围墙维修资金4.50万元。完善中小学校基础设施建设,建立教师安心农村教育的激励机制,抓好学校及周边安全整治。弘扬"敢为先、善创业、重务实、尚包容"的玉林精神,提高公民道德素质。

【文化体育】 2015年,平乐镇共有标准篮球场或广场5个,各村分别组织成立文艺队、篮球队,每逢重大节日举行村镇间的文艺演出和友谊赛。继续推进广播电视村村通、文化信息资源共享、农家书屋等工程。全面实施《全民健身条例》和《全民健身计划》。全镇实现4G网络全覆盖。手机普及率98%以上,有线电视普及率80%以上。

【卫生计生】 2015年,平乐镇辖区内有卫生院1所,医技人员80人,床位90个;村卫生所7个,村医生33人;个体诊所1个,个体医生1人;卫生诊室5家,药店13家。农民参加新型农村合作医疗保险的人数4.32万人,参合率97.93%。开展人口与计划生育新机制建设,抓好育龄妇女健康检查和优生优育检查,引导计划生育村民自治,全镇共出生婴儿702人,其中一孩412人、二孩249人、多孩41人,符合政策生育率82.70%;人口出生性别比110:100。优生健康检查夫妇260对。镇计生工作通过玉林市和自治区的年度达标验收。推进社会保障建设,扩大社会保障覆盖面,推进五项社会保险;完善社会救助和养老服务,解决农村妇女、儿童、老人"三留守"问题;完善公共卫生服务体系建设,推进基本公共卫生服务项目;完善诚信计生长效机制,深入创建计生优质服务先进单位。

【传统村落历史建筑普查】 2015年2月,平乐镇根据县文体广电局部署要求,对镇内的古民房进行普查,重点对新城大夫第进行普查,完成长旺村传统村落历史建筑新城大夫第、龙田庄、宜进堂、蕴珠祠、龙科山、正中庄等6处古民房普查,为研究地方史、建筑特色和客家文化提供实物资料。

【社会治安综合治理】 2015年,平乐镇加强走访巡逻宣传,维护社会安全秩序,提高全镇社会公众安全感和满意度。对不稳定因素实行定期排查,做到每月一次大排查,每周一次小排查,把化解不稳定因素的任务落实到村、单位和具体人员,形成党委、政府领导,各村、各有关单位共同参与、齐抓共管的工作局面,基本实现"大事不出,中事不出,小事少出"的维护稳定工作目标。由7人组成的镇治安巡逻队街日白天在街上巡逻,晚上到圩镇、各村屯进行巡逻,维护治安秩序。9月起,组织镇村干部、派出所、综治、司法等人员,开展"提高社会公

众安全感"宣传,发放宣传资料及印有"提高社会公众安全感"标识的围裙2万条、瓷杯5000只等,对机关事业单位、街上商铺、农村每家每户,进行大走访和大排查。每逢节假日,在镇政府门口举办平乐一条街宣传活动,发放宣传资料2万多份,接访群众600多人次。结合精准扶贫工作,组织全体镇村党员干部深入到贫困村、贫困户、困难老党员中去,了解群众疾苦、倾听百姓呼声、净化干部心灵,收集到群众反映社会治安问题36个,处理35个;排查矛盾纠纷65件,化解64件,调解终结率98%;接受群众来信来访6件,均已答复。下半年,社会安全感和满意度调查访问排名由玉林市104名上升到71名,在全县排第七名。　　　　(刘夏青)

珊 罗 镇

【珊罗镇概况】　位于陆川县最北部。东与北流市塘岸镇交界,西南与马坡镇相连,东南与平乐镇为邻,北与玉林市玉州区接壤。行政区域土地面积53.49平方千米。黎湛铁路、玉铁高速公路、北流塘岸至玉林新桥二级公路过境。镇人民政府驻珊罗村。2015年,辖7个建制村、村民小组228个。年末,户籍总户数1.75万户,总人口6.08万人,人口自然增长率6.29‰。耕地面积2076公顷,农田有效灌溉面积1723公顷,林地面积596公顷。主要旅游景点有龙珠湖,年接待游客40万人次。地方特产有珊罗米酒、韭菜。

　　2015年,全镇工业总产值99.61亿元,比上年下降6.11%;农林牧渔业总产值3.64亿元,增长8.33%;财政收入1.39亿元,下降4.27%;固定资产投资6.30亿元,增长15.60%。珊罗镇获2015年度玉林市"平安乡镇"荣誉称号,鹤山村10队获玉林市绿色

村屯荣誉称号。

【农业生产】　2015年,珊罗镇粮食播种面积3132公顷,粮食总产量1.98万吨;经济作物种植面积299公顷,蔬菜播种面积754公顷。实施农村产权制度改革,完成入户登记1.05万户,承包耕地面积1737.80公顷,承包地块4.57万块,完成土地确权勾图确认。

【工业】　2015年,珊罗镇推进工业项目建设,玉林市千业工贸有限公司、祥来福不锈钢门业公司、新晖泰华公司、宝康源投资有限公司、恒伟机械有限公司、中科机械有限公司、玉林川迪机械制造有限公司、柳州邦友公司善源公司等12家企业开工建设,其中祥来福不锈钢门业公司、恒伟机械有限公司建成投产。

【基础设施建设】　2015年,珊罗镇推进玉柴新城项目建设,完成征地面积28.53公顷。签订拆迁房屋协议9户,迁移坟山426穴。推进东城水库饮水二期工程建设,征收土地3.41公顷,项目在建。完成一级公路两旁征地2.87公顷;拆除珊罗镇红砖厂1座;拆迁房屋200平方米;迁移坟山13穴;平整鹤山大道边土地13.33公顷,拆迁房屋380平方米;完成北部工业园区"两纵"路网建设,其中鹤山大道开

工铺设。龙珠湖旅游综合开发项目完成田龙村茅寨石场内土地征收11.25公顷。珊罗市场综合开发项目规划用地7.07公顷,征地2.67公顷。推进道路基础设施建设,利用扶贫基建项目资金硬化公路2千米。利用县财政"一事一议"奖补资金220.42万元,硬化村屯道路16条,长11.10千米。珊罗至平乐三级公路全线硬化贯通,新桥至塘岸二级路珊罗段在建。

【生态乡村建设】　2015年,珊罗镇投资43万元,配备垃圾车25辆、垃圾桶1100个,聘请村级保洁员43人。组织开展"一元钱工程",有202个村民小组7000余户参与"一元钱工程",全镇各村共收到卫生费18.32万元,覆盖全镇89%的村民小组,健全"户集、村收、镇运、县处理"的垃圾处理体制,从源头上杜绝垃圾乱倒现象。投资180多万元推进绿化工程建设,在鹤山村10队、12队建设绿化示范点2个,绿化点122个,种植绿化树木4200多株,鹤山村10队获玉林市2015年度绿色村屯。硃砂至珊罗公路两旁沿线5千米种植秋枫、黄槐大树种426株,非洲茉莉、黄金榕、黄金叶等树种1200多株。在长纳至朱砂路口两旁种植黄金竹60多米。立景观葡萄园架5个。推进乡村亮化,筹资80多万元,在53个村屯安装路灯

珊罗镇长纳村委会一景　　　　　　叶礼林　2015年9月摄

1357 盏,其中太阳能灯 57 盏,节能路灯 1300 盏,覆盖 30% 的村屯,亮化工程走在全县前列。开展村屯美化,对村内主干道两侧建筑物墙面统一粉刷,在龙珠路、高速路高龙垌村屯路段等主干道两旁安插竹篱笆点缀乡村美景。全镇 7 个建制村全部建成灯光球场,配备健身器材,粉刷文化墙。

【教育】 2015 年,珊罗镇有小学 7 所,村下属教学点 15 个,小学生 3979 人,小学专任教师 252 人;初中 2 所,初中生 1775 人,初中专任教师 134 人,有各类幼儿园 13 所(公办 2 所)、在园幼儿 1298 人,有公办幼儿教师 18 人。

【卫生计生】 2015 年,珊罗镇卫生院 1 个,卫生技术人员 60 人(其中执业医生 19 人),医院床位 47 张。

【玉林市培育发展新型农业经营主体现场推进会】 2015 年 1 月 13 日在珊罗镇召开。玉林市委副书记李常官、副市长邓长球参加会议。会上,珊罗镇富农韭菜专业合作社主任莫易富介绍发展新型农业经营主体的做法经验。

【陆川县"美丽陆川·乡村建设'一元钱工程'"现场会】 2015 年 9 月 24 日在珊罗镇召开,县四家班子领导、县各单位部门主要领导、14 个镇党委书记、全县部分村党支部书记约 200 人参会,与会人员现场观摩长纳村、鹤山村实施"一元钱工程"示范点的建设情况,并听取珊罗镇开展"一元钱工程"示范点建设情况汇报。

(周 玲)

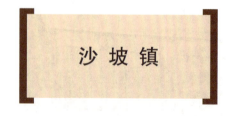

沙 坡 镇

【沙坡镇概况】 位于陆川县城东部。东与北流市石窝镇、六麻镇相邻,西

与温泉镇交界,南与乌石镇接壤,北与米场镇毗邻。行政区域土地面积 154.80 平方千米。浦宝二级公路过境。镇政府驻地沙坡街 6 号,距离陆川县城 16 千米。2015 年,辖建制村 13 个、村民小组 397 个。年末,户籍总户数 2.28 万户,总人口 8.21 万,其中乡村人口 8.10 万人;人口自然增长率 7.2%。耕地面积 2092 公顷,农田有效灌溉面积 1451 公顷;林地面积 1.05 万公顷,森林绿化覆盖率 69.74%。工业化率 6%。社会用电量 2160 万千瓦时,农业机械总功力 3.70 万千瓦。城镇污水日处理能力 1200 吨。旅游景点有谢仙嶂,年接待游客 15 万人次。固定电话用户 3977 户,移动电话用户 1.80 万户。城镇居民人均住房面积 18 平方米,农村居民人均住房面积 13 平方米。城镇污水日处理能力 1200 吨(0.12 万立方米);教育事业财政收入 4822.2 万元,医疗卫生事业财政投入 104.81 万元,城乡和就业 41.05 万元,城乡社区事务 41.53 万元,农林水事务 320.65 万元,住房保障支出 48.28 万元。年内,沙坡镇获玉林市首届和谐乡镇、玉林市平安乡镇、第十六批玉林市文明村镇先进单位,镇人民政府获自治区扶贫工作先进单位等荣誉称号。

【农业生产】 2015 年,沙坡镇粮食种植面积 3082 公顷,粮食总产量 1.88 万吨。其中,种植水稻面积 2761 公顷,产量 1.79 万吨,杂交水稻占水稻面积 90% 以上;优质水稻种植面积 984.07 公顷,建立优质谷基地 653.33 公顷;玉米种植面积 84 公顷,产量 388 吨。经济作物种植面积 690 公顷;豆类种植面积 52.10 公顷,产量 91 吨;菇类种植面积 736 公顷,产量 3072 吨;种植西瓜 3.53 公顷,百香果 8.27 公顷,砂糖橘 4.87 公顷,橘红 11.53 公顷,油茶树 20.93 公顷。沙坡、高庆、龙湾、六高等村基地推广种植油茶树 20 公顷。有大型猪场 12 个,中型猪场 37 个,小型养猪场 69 个。年出栏生猪 9.74 万头,生猪存栏 6.84 万头。全镇共有养鸡场、养鸭场 34 个,出栏 35.98 万羽,存栏

17.05 万羽;发展高庆村、龙湾村养殖三黄鸡;有林下养鸡模式经济示范户 109 户,家禽饲养量 5.16 万羽,年出栏 4.71 万羽。有大小鱼圹 43 张,水产养殖面积 66 公顷,年产量 430 吨。大牛场 4 个、中型牛场 24 个、小型牛场 20 个,出栏 538 头,存栏 1279 头。

【工业】 2015 年,沙坡镇主要有滑石深加工、木材深加工、瓷混铁矿石开采、磁造、铁锅制造、塑料制品、成衣加工、电子产品加工、水力发电等工业行业,有企业 138 家,其中投资 500 万元以上企业 2 个。

【基础设施建设】 2015 年,沙坡镇推进陆川交南渡的岑南路二级公路由秦镜村至六高路段正在施工。推进谢仙嶂生态旅游风景区项目建设。抓好谢仙嶂生态文化旅游风景区的规划开发,该项目为重点旅游项目,计划总投资 16.28 亿元,项目在建中。全面完成谢仙嶂民俗文化旅游项目核心区征地 11.33 公顷工作。完成陆川至岑溪南渡二级公路沙坡段征地工作,10 月动工建设。投资 1280 万元建设沙坡污水处理厂完成投入使用,投资 220 万元建设城镇垃圾终转站投入使用。完成九洲江源头森林公园租地和树木种植 50 公顷任务。占地面积 2 公顷的"圩背陇"新街区完成征地并开工建设。利用县财政"一事一议"项目等,全镇 13 个村争取上级资金 389 万元、群众投资 121 万元,硬化村屯公路 24 条、长 16.70 千米;推进农村亮化工程建设,安装路灯 70 盏,其中秦镜村地山屯 28 盏、六潘村陈屋屯 6 盏,白马村深圹屯 36 盏亮。投资 90 万元修复大连村大塘水库降险加固工程,解决灌溉面积 53.33 公顷;投资 600 万元,推进新农村建设,仙山村区山庄第二期工程和方圆辛庄竣工;投资 30 万元的北安村那四公共服务中心竣工投入使用。

【生态乡村建设】 2015 年,沙坡镇推进美丽乡村建设,重点抓好城镇污水

处理厂、垃圾中转站、垃圾焚烧炉及各村组垃圾城池的建设，逐步实现"村收镇运县处理"的垃圾处理工作模式运转，作为九洲江的源头，推进九洲江沿岸200米范围内养殖场清拆及九洲江环境整治工作，整治九洲江流域（沙坡段）生态环境，年内共清理和拆除不合排污标准的养猪场101家、小炼油厂6家、小塑料厂8家。在九洲江源头71个村屯进行绿化，共种植树苗5326株，将文龙径46.67公顷速生桉改造成生态水源林，有效地保护九洲江源头流域的水资源和生态环境。

【精准扶贫识别】 2015年10月，沙坡镇开展精准识别工作，进村识别贫困户8264户、46268人，其中贫困户1212户、贫困人口6057人，建档立卡户403户，贫困人口2218人。

【民生保障】 2015年，沙坡镇纳入城乡居民养老保险，60岁以上老人领取养老金8263人，五保户46户共2400人。农村最低生活保障共2350户5678人，发放最低生活保障金800多万元；城镇最低生活保障25户30人。年内，发放临时救济金2.16万元、救济大米4.14万千克，救济五保户、特困户124户500人次；发放棉衣724件，发放棉被440床，保暖内衣417套、冬衣850件、蚊帐24床，救济2030户3100人次。帮助农村五保户、低保户等困难群众缴纳新型农村合作医疗费31.03万元，对符合条件的重病人员纳入大病医疗救助范围。参加新型农村合作医疗保险7.25万人，参保率88.72%；群众获得医疗补偿5.37万人次，共253.59万元。农村危房改造269户，补助资金506.91万元；发放农业综合补贴资金284.46万元，良种补贴资金60.88万元，粮食直补资金16.80万元。

【教育】 2015年，沙坡镇有各类幼儿园8所，在园幼儿所2360人，有公办幼儿教师20人。有小学14所，村下属教学点28个，小学生6444人，小学专任教师379人；适龄儿童入学率100%。初中3所，初中生2973人，初中专任教师166人。年内，全镇考上重点高中人数99人，创历史新高。

【文化体育】 2015年，沙坡镇有镇文化站1个；公共图书馆16个，藏书1.60万册、电子书5.60万册；采茶艺术表演团体5个，广播电视人口综合覆盖率98%以上。镇政府以综合文化服务中心为阵地，依托各种传统节日和民俗风情，举办各类文化活动，丰富群众文化生活。

【卫生计生】 2015年，沙坡镇有医疗卫生机构1个，卫生院床位数65张，村医68人，13个村级标准化卫生室全部实现开放就医。按照年轻化、知识化的要求，吸纳一批高素质的年轻妇女进入计生专干队伍，全面提升村级计生管理和服务水平。督促责任人主动掌握本村人口计生工作情况，及时制定应对措施，做到"手中有牌、脑中有策、心中有底"。在"普惠"基础上加大对独生子女家庭、两女户家庭的"特惠"力度，使广大自觉实行计划生育的家庭在政治上有地位、经济上有发展、生活上有保障。

【安全生产】 2015年，沙坡镇落实各单位各部门的"党政同责，一岗双责"负责制的安全生产措施，厂矿、生产经营单位落实设备安全员1~2名，落实1名领导分管安全生产，并亲自带班工作、定期不定期地组织社保中心、工商行政管理、服务、国土、供电、派出所等联备组织检查，对检查发现的安全隐患坚决制止并登记备案，落实专人专职负责，坚决做到不整改不排除隐患不销户，不开工，做安全生产工作流于形式。

【社会治安综合治理】 2015年，沙坡镇开展社会综治和平安建设，抓好矛盾整治排查，调处和来信来访工作，突出超前排查、地毯式排查，做到镇不漏村、村不漏户、户不漏事，随时掌握各村不稳定因素的苗头动向，对群众关心的热点、难点问题，做到及时发现、准确掌握、超前处理，年内共为群众办好事实事420多件，化解矛盾261件，处理积案3件，提升群众的安全感，在自治区5月的第二季度调查问卷中，镇的社会安全感满意度为全县之首；在玉林市社会安全感第二期民意调查中，综合得分在全县排名第一。

（龙适才）

大桥镇

【大桥镇概况】 位于陆川县南部。东北与温泉镇交界，东南与乌石镇接壤，西南与横山为邻，西北与博白县径口镇三育村相连。行政区域面积89.01平方千米。黎湛铁路、马盘二级公路、九洲江过境。镇政府距县城10千米。2015年，辖11个建制村、村民小组306个。年末，户籍总户数1.82万户，总人口5.91万人。耕地面积2119公顷，林地面积3988公顷。中小型水库3座。矿产资源主要有石英石、花岗岩、铁矿等。特色产业为养猪、养鱼。

2015年，全镇工业总产值15.78亿元，比上年增长5.26%；农业总产值4.20亿元，增长4.48%；财政收入774.59万元，增长23.36%。固定资产投资3.90亿元，增长20%。大桥镇获"全国文明镇"荣誉称号、陆川平安建设优秀奖。

【农业生产】 2015年，大桥镇粮食种植面积3371公顷，粮食总产量1.97万吨；经济作物种植面积583公顷。全面推广良种种植，全镇种植超级稻1300公顷，推广病虫综合防治、测土配方施肥技术。培养农业人才，开展农业培训班12期，传授新理念、新知识、新技术。加强陆透村"陆川土猪"生态养殖基地、三善村果蔗、火龙果,瓜头村良种"鱼苗",大垌村香蕉、平山村肉鹅、美坡蜜橘等特色现代农业产业基地建设。其中,三善村种植果蔗53.33公顷、火龙果10公顷,瓜头村养殖良种鱼苗40公顷。开展农村土地承包经营权登记,年底完成对全镇基本农田普查的前期登记工作。新建家庭农场8家、农村合作社12家。

【工业】 2015年,大桥镇推进工业项目建设,投资3800万元的华华润混凝土(陆川)有限公司和投资650万元的广西科环公司竣工投产。华润混凝土(陆川)有限公司位于陆川县大桥镇大垌村,距离县城约5千米。公司有员工35名,占地面积1.87公顷,拥有2套3平方米全电脑控制混凝土搅拌生产线,生产设备全部采用意大利SICOMA双卧轴强制式搅拌机、全自动电脑控制系统,设计年生产商品混凝土达60万立方米,主要产品有C10—C60各等级普通混凝土及特殊混凝土。配备有搅拌车10台、混凝土泵车2台,辐射距离可达50千米。广西科环畜禽处理有限公司位于陆川县大桥镇东风一场,采用的工艺是化制(湿化与干化结合)+烘干工艺,可以日处理量6吨病害死猪,是全国试点县示范厂。

【基础设施建设】 2015年,大桥镇按照"一年打基础,二年大变化,三年创一流"的思路,多方筹措资金,分期分批开展全镇基础设施建设,改变大桥圩镇落后现状。坚持新区与老街同步规划。在新区,规划综合专业市场、城东商贸新区。在老街,实行改建与维护相结合,在维修中改善发展。投资1100万元的镇级污水处理厂竣工,(项目占地面积0.80公顷,可日处理生活污水800吨);大桥一中和大桥二中学生公寓楼竣工,其中大桥一中投资396.97万元,框架结构,6层,建筑面积3018.99平方米;二中投资390万元,框架结构,6层,建筑面积2942平方米;投资40多万元的镇政府办公楼进入装修阶段;投资200多万元的垃圾转运站建设项目完成主体建设。利用县财政"一事一议"奖补资金186.98万元,修建村屯道路14.07千米。投资300多万元修建唐侯至大桥村公路。筹资170多万元完成大桥镇700多米过境街道建设;筹资10多万元对供销社危房店铺进行加固升级改造;投资10万元修建大桥街道美坡涵洞便道。

【生态乡村建设】 2015年,大桥镇推进三善、平山、大塘3个村农村环境整治的污水站建设,建立完善三善村马兰山、陆透蚕俄片、平山鹅公塘、大桥村中间村4个生态乡村示范点。开展马盘二级公路风貌改造,整治公路沿线的"脏、乱、差"现象,清拆违规建筑,在二级公路两旁围种竹篱笆1800多米,种植菊花、喇叭花等,美化公路环境。开展"一元钱"工程建设,筹集资金12万元,建成清洁乡村"一元钱"工程示范点11个。推进九洲江环境整治,建立九洲江河道清洁保洁专业队伍,定期、不定期对九洲江河道垃圾、漂浮物进行打捞。清拆九洲江禁养区猪场6家,升级改造35家,重点整治自治区督办的美坡猪场、大塘银农猪场。

【民生保障】 2015年,大桥镇纳入城镇居民低保26户、39人,纳入农村最低生活保障3190户、4788人,累计发放最低生活保障金637.16万元;五保户511人,累计发放五保生活费141.04万元。全镇累计发放大米900包、棉被300套、棉衣600件;为1023名80岁以上人发放高龄补贴。改造农村危房193户,补助资金347.40万元。新型农村合作医疗保险参合率99.30%,新型农村社会养老保险参保率为95%。

【教育】 2015年,大桥镇有初中2所,在校学生1504人,教师151人;小学11所,在校小学生3064人,教师225人;幼儿园、托儿所17所,在园幼儿892人。年内,全镇考上玉林高中4人,陆川高中33人。大桥镇中心学校毕业综合测试获全县第五名。

【文化体育】 2015年,全镇有村级公共服务中心6个、农家书屋11家。年内,投资10.60万元,完成镇文化广播站的修缮改造。投资70多万建设三善村、雅松村等村级公共文体项目。玉林市文体局为陆透小学赠送文体设备价值2多万元,玉林市供电公司为唐侯小学赠送体育设施价值1万多

2015年8月,大桥镇获第四届全国文明村镇称号。图为授牌仪式

大桥镇政府　提供

元。年内,大桥镇获陆川县庆祝建党94周年大合唱比赛第一名。

【卫生计生】 2015年,大桥镇有卫生院1所,医技人员73人,其中医生15人,护士26人;村级卫生所11个,村卫生室9个,村医生38人,药店13家。

【安全生产管理】 2015年,大桥镇全面落实安全生产责任制,定期组织开展安全生产大检查,健全应急处置体系,做好学校周边治安环境整治,加强校车安全、食品药品安全检查,年内没有发生大的安全生产事故。

【社会治安综合治理】 2015年,大桥镇成立"打、防、控"治安网络,抓好"六合彩"等突出治安问题整治。利用"天网工程",形成人防、物防、技防的防控网络,强化警力布控,达到科技强警、科技保民。组织镇村干部开展"四头"(走进田头、走进村头、走进屋头、走进山头)服务转作风活动,发挥综治办、司法所、村级信访维稳工作站的作用,年内共排查矛盾纠纷236件,成功化解231件,化解率97.88%。 (黄文良)

横山镇

【横山镇概况】 位于陆川县西南部。东北与大桥镇为邻,东南与乌石镇接壤,西与博白县黄凌镇交界。行政区域面积91.47平方千米。镇政府距离县城20千米。2015年,辖11个村、286个村民小组。年末,户籍总户数1.55万户,人口5.04万人,人口自然增长率2.57‰。小型水库4座。矿产资源有铅锌矿、铁矿、花岗岩等。耕地面积1879公顷,林地面积4984公顷,农田有效灌溉面积81.33公顷,森林覆盖率58.52%。旅游资源有四和村的南麓山庄。

2015年,全镇工业总产值728.30万元,比上年下降94.06%;农林牧渔业总产值2.95亿元,增长4.24%;财政收入345.61万元,增长10.41%;社会固定资产投资2.90亿元,增长18.85%。

【农业生产】 2015年,横山镇粮食播种面积2827公顷,粮食总产量1.75万吨;经济作物面积300公顷。其中,种植橘红8.67公顷、柑橘5.33公顷、淮山10公顷;水稻大户2户,种植水稻26.67公顷。投资60多万元,在旺坡村建设蔬菜基地6.67公顷,主要种植甜玉米及红辣椒、香菜、酸菜等蔬菜;投资50多万元,建设香蕉基地5.33公顷;畜牧养殖业发展迅速,养牛专业户15户,养牛300多头;养羊专业户4户,养羊500多头;养蛇专业户20户,养蛇1.50万条;鳄鱼养殖户1户,养殖鳄鱼200多条;养假山猪专业户2户,养殖100多头;养狗专业户3户,养狗400多条;养兔专业户1户,共养兔300多只;养蜂专业户10户,养蜂300多窝。

【工业】 2015年,横山镇共有工业企业8个。主要有红砖、电子、肉产品加工、铅锌矿等行业。年内,引进外资1000多万元,开发建设良塘村铅锌矿,并建成投入生产;投资1000多万元,在良塘村建设陆川绿宝公司,主要养殖肉牛、肉产品加工。

【基础设施建设】 2015年,横山镇推进镇污水处理厂建设,由上级投资800万元,占地面积1.67公顷,年内完成污水处理厂网管铺设。建设三面光工程1万多米。推进圩镇基础设施建设,投资800多万元,硬化圩镇街道,下水道正在建设。投资60多万元,重新硬化镇政府球场,在政府大院内安装健身器材一批;投资100多万元,重新装修政府办公大楼,并新购置桌、椅等政府办公用品。投资200多万元,硬化村屯道路7.68千米,硬化旺坡村灵惠宫进宫道路。

【生态乡村建设】 2015年,横山镇开展"进千屯入万户保护母亲河"活动,加大生态乡村建设宣传,累计发动回乡干部135人进村入户,召开户主座谈会45次,发放宣传资料8000份;聘用村保洁员56人,投资10多万元购置电动及人力三轮车27辆,新建垃圾池25座,购买垃圾桶500多只。全面实施"一元钱"工程,每个建制村落实试点村屯1个,通过经济能人、村新老村干部每家每人每年先交1元钱,带动其他村民交钱,各试点村屯工作顺利开展。加大乡村环境整治,开展督查120次,共出动督查组人员350多人,发出限期整改通知书40份;投入13.60万元,清理陈年垃圾80多处;清理垃圾池108座,清理垃圾2500多吨,清理河道1.8千米。

【精准扶贫识别】 2015年10月,横山镇开展扶贫精准识别工作,组织11个精准识别工作队,进村入户开展调查摸底,到贫困户家中实地察看,通过地毯式调查,基本摸清贫困户基本情况,并对贫困户进行评分。12月8日前,全部完成电脑录入及核查核实工作。全镇共有贫困村5个,共识别贫困户1237户、贫困人口4848人。

【民生保障】 2015年,横山镇享受新农保保险待遇3520人,发放新农保保险费71.25万元;发放农资综合补贴、良种补贴等资金128万元;发放农村低保资金420多万元,城市居民最低生活保障金7.58万元。发放临时救济0.13万元,救济粮13.50吨,救济棉被、衣物等物资650套,救济8310多人,受益贫困户1421户、4655人。危房改造184户,补助资金230多万元。

【教育文化体育】 2015年,横山镇中考成绩突出,上重点线35人,其中玉高2人、陆高18人。1月,镇政府和中心校联合举办了元旦文艺晚会。2月春节举办文体活动并指导各村开展打篮球、气排球、舞狮、舞蹈、唱歌、下象棋等各种活动。元宵节,县文化馆举办2014年元宵节舞蹈大赛,编排组织 20 多人组成的队伍参加县里的舞蹈大赛,取得乡镇组第二名的成绩。4 月协助指导镇天后宫举办天后娘娘诞辰民俗文化节,其间举办燃放焰火和文艺晚会,参加活动和观看演出的群众数千人。在"六一"儿童节指导各小学及幼儿园举办游园活动、文艺演出等。9 月组队参加县"龙福花园杯"气排球比赛,获全县第三名。11 月组织 30 多人参加陆川县"好声音·好舞者·好乐手"才艺大赛,取得好成绩。健全和完善疫情监测网络和信息报告系统,"五苗"接种率90%,特别是预防禽流感、甲型 H1N1流感工作扎实开展,有效遏制疫情的传播,结核病、慢性病等重大疾病得到有效控制。引导农民参加新农合,参合率 98%。完善村级计生队伍建设,完成县下达计生工作任务,计划生育工作顺利通过自治区验收。

【社会治安综合治理】 2015 年,横山镇未发生进京上邕到玉上访事件,群体性闹事等事件、重大恶性刑事案件及安全生产事故。1—12 月共排查各类矛盾纠纷 122 件,调处 122 件,调处成功113 件,调解率 100%,成功率 91.66%。镇主要领导及镇领导干部、部门领导干部落实"大接访、大调处下访"活动,圩日在"大接访、大调处下访"活动中共接访群众 10 次 280 人,受理案件 12 件,当场解决群众问题 3 件,解决历史遗留问题 2 件。 （吴胤达）

乌石镇

【乌石镇概况】 位于陆川县南部。东与广东省化州市文楼镇、北流市石窝镇接壤,西邻横山乡、博白县黄凌镇,南连滩面乡、良田镇、清湖镇,北接大桥镇、温泉镇、沙坡镇。行政区域面积 228.19 平方千米。黎湛铁路、马盘二级公路、九洲江过境。镇人民政府

驻乌石街,距陆川县城 19 千米。2015年,辖 23 个建制村、1 个社区、593 个村民小组。年末,户籍总户数 4 万户,总人口 13.35 万人,人口自然增长率7.47‰。耕地面积 4194 公顷。林地面积 1.21 万公顷,森林覆盖率 60.1%。小型水库 6 座。特色产品有乌石猪脚、乌石酱油、乌石刀具等,主要旅游景点有谢鲁山庄、吹塘—龙化生态旅游带、谢鲁天堂国际温泉旅游度假中心、陆河红马漂流旅游等。矿产资源有铁、钛、黄金、石英石、滑石、花岗石、瓷坭、河沙等。是全国、广西重点镇、自治区百镇建设示范镇、玉林市文明镇。

2015 年,全镇工业总产值 4.74 亿元,比上年增长 4.64%;农林牧渔总产值 6.19 亿元,增长 0.32%;财政收入1829.77 万元,下降 5.55%;全社会固定资产投资 6.20 亿元,增长 20.39%。

【农业生产】 2015 年,乌石镇粮食种植面积 5728 公顷,粮食总产量 3.56万吨;经济作物种植面积 583 公顷。围绕县委、县政府"马盘百里绿色生态农业经济示范长廊"的建设目标,努力构建"一村一品"特色农业格局,打造一批规模大、效益好的特色农业生产基地,形成以龙化村为龙头的 33.33 公顷中草药种植基地,以陆河、王沙、沙江、吹塘、陆龙等村为主的 200 公顷橘红种植基地,以沙江、沙井、月垌、旺岭、塘域等村为主的333.33 公顷珍珠番石榴种植基地,以龙化、吹塘等二级路沿线村为主的 80公顷油菜种植基地、6.67 公顷捻子生态采摘园、2 公顷桑果生态采摘园、3.33 公顷中草药生态养生园,以龙化村为主的千亩何首乌种植基地等。清拆污染猪场,引导农户由养殖转向种植,优化产业结构。在原有 200 公顷橘红基地的基础上,继续加大中药材橘红的种植,其中陆河、陆龙橘红基地扩种 40 公顷,通过成立合作社,辐射至王沙、沙江等地,年内新增橘红种植面积 60 公顷以上。开发种植新品种,陆龙村新成立辣木种植合作社,通过"公司＋农户"的模式,新种

植辣木 33.33 公顷。

【工业】 2015 年,乌石镇有工业业企业 75 家,围绕"百亿园区建设"目标,大力发展优势主导产业,做强做优木业加工产业,以"三力木业"为龙头,加快推进长丰木业项目落地建设,完成征地 7.67 公顷。

【基础设施建设】 2015 年,乌石镇推进城乡一体化建设,投资 3 亿多元盘活土地资源,建设幸福花园、乌石新城、客家春城等一批有客家特色的居民小区,提升乌石城镇化品味。完善街道的基础设施建设,硬化乌石镇文政路、乌石镇西一街、西二街、月垌开发区道路,对建设中路幸福花园至五星路水渠进行改建。完成黎湛铁路电气化改造（乌石段）及其附属的平改立工程征地及 39 个气桩征地工作。加快乌石至月垌四级路改三级路的建设。推进城镇基础设施建设,按照玉林市"中心镇"建设的总体思路要求,加大镇区重点项目、基础设施、生态绿化建设,加快推进新型城镇化建设。加大项目开发,投资 2.50 亿元,具客家风情特色的"幸福花园"小区完成 70% 的主体建设,小区初具规模;"华巨金都商厦"全面竣工,完成投资3000 万元;占地面积 6.53 公顷的南兴新区项目在建。整顿规范农贸市场经营秩序,供销社市场、永兴市场、镇农贸市场投入使用。投资 300 多万元建设的垃圾中转站进入正常运行,解决乌石社区生活垃圾无地方处置的问题。争取"全区百镇建设示范镇"建设资金 1000 万元,重点对圩镇的（街）道路进行硬化,对（街）道路两旁进行绿化和路灯进行改造。邀请陆川县设计院对原市政广场进行重新设计,并计划对市政广场周围进行风貌改造。利用县财政"一事一议"奖补资金,开展村屯道路硬化大会战,投资 521.40万元（其中群众、社会各界人士、老板集资 84.55 万元）,硬化村屯道路 54条、长 23 千米,受益群众 5.60 万人。建成农村安全饮水工程 6 个,分别为

双垌村大沙田和黄泥田队农村饮水安全工程、陆河村3、4、5队农村饮水安全工程、黎洪村陆桶队和近河队农村饮水安全工程、黎洪村黎冲小学饮水安全工程、塘域村塘泥山小学饮水安全工程、旺岭村旺岭小学饮水安全工程,受益人口4329人。

【生态乡村建设】 2015年,乌石镇继续开展清洁乡村活动,对九洲江沿线污染企业进行排查整顿,逐步拆除九洲江主干流200米范围内污染猪场,剩余猪场进行转型升级改造,完成6家猪场高架床改造及污水处理改造;打击非法采砂行为,对九洲江沿线采砂点进行摸排整治。推进吹塘村至龙化村示范点建设,整治路面脏、乱、差现象;加大吹塘至龙化景区内河道的治理,采用大型挖掘机清理河道内垃圾和沙,使河道内能保证旅游船只的运行。推进马盘二级公路岭南客家民居风貌建设,对马盘二级公路沿线,乌石交警中队至吹塘路口可视范围内建筑物进行统一改造,沿线违规建筑逐一拆除。 （钟诗博）

滩 面 镇

【滩面镇概况】 位于陆川县中南部。东北与乌石镇谢鲁村、吹塘村、龙化村相接,西与博白县黄陵镇、宁潭镇接壤,南与良田镇甘片村、三联村相邻。行政区域面积63.23平方千米。黎湛铁路、马盘二级公路、九洲江过境。2015年,辖6个建制村,162个村民小组。年末,户籍总户数1.13万户,户籍总人口3.69万人。耕地面积1455公顷;林地面积3624.93公顷,经济林面积2142.67公顷。

2015年,全镇工业总产值1923.10万元,比上年下降19.26%;农林牧渔总产值2.46亿元,增长6.96%。财政收入442.78万元,增长4.99%;固定资产投资3.40亿元,增长20.57%。

【农业生产】 2015年,滩面镇针对农业人口比重较大、传统农业比重较大的实际,对传统农业进行升级改造,多渠道促进农民增收。推进农村土地流转,为农业产业化、农民增收提供保障,年内完成土地流转40公顷种植规模农业。落实全县打造九洲江两岸中草药种植专属区的发展战略,打造具有滩面特色的中草药种植基地,重点对滩面天冬种植基地、新旺橘红种植基地给予扶持。结合各村实际,打造一批特色的经济作物、林木种植区。滩面村建成百香果基地13.33公顷、香蕉种植基地20公顷;新旺村建成剑麻基地226.67公顷、生姜种植基地33.33公顷;上旺村建成木瓜基地33.33公顷。

【工业】 2015年,滩面镇重点打造生态工业园区,做好南部工业园区的绿化、道路硬化以及饮水净化等工作,规划建设园区供水站,硬化道路1406米,做好园区的基础设施。重点发展生态工业。南部工业园区项目引进工作取得重大进展,广西博世科环保科技有限公司投资1.20亿元的固体废料综合处理项目和广西西江集团拟投资2亿元兴建的大型光伏发电项目相继落地,增强南部工业园区的发展动力。

【基础设施建设】 2015年,滩面镇围绕建设宜居、宜业、宜游的新型街镇目标,推进滩面镇"一江（九洲江）两岸"城乡一体化建设,统筹推进撤乡改镇基础设施建设,提升圩镇承载能力。推进城镇化基础设施建设,推动伏波文化旅游项目建设,完成伏波广场建设工程前期工作;高起点做好滩面圩镇中心街道和重要节点的规划设计,启动市政广场建设、伏波路改造、圩镇路灯改造、佳塘新农村规划等项目。加快推进镇农贸市场项目建设。推进乌石龙化至滩面伏波庙3.50千米的休闲步道建设,完成征地等前期工作。全镇逐步显现"一江两岸"城乡一体化的基本框架。

【生态乡村建设】 2015年,滩面镇加大生态乡村建设。修建垃圾池32个,配置垃圾运输车28辆、可移动垃圾箱381个。镇污水处理厂建成运行,为县内首个建成并投入运行的镇级污水处理厂。建立村级污水处理站5个,日均处理污水规模达到500立方米/日,初步构建起农村污水处理系统。开展环境综合整治,年内,清理污染点150余处,拆除违建沙场7个。开展九洲江流域养殖场整治,拆除大中型直排养殖场2家,对15家规模以上的养殖场进行改造升级,确保养殖场达标排放和对环境的零污染。

【精准扶贫识别】 2015年,滩面镇开展精准扶贫识别工作,选派县镇工作队员71人,对6个村4218户贫困户进行入户登记识别,按照"一进二看三算四比五议"的方法,"一进"指工作队员入户,了解家庭情况、生活质量状况、子女读书情况、家庭成员健康情况等;"二看"指看住房、家电、农机、交通工具等生产生活设施,看农田、山林、种养等发展基础和状况;"三算"指算农户收入、支出、债务等情况;"四比"指与本村（屯）农户比住房、比收入、比资产、比外出务工等情况;"五议"指议评分是否合理,是否漏户,是否弄虚作假,是否拆户、分户、空挂户,家庭人口是否真实等情况,扶贫精准识别工作做到"工作到村、扶贫到户、不漏一户、不落一人"。年内,全镇共识别贫困户1033户、贫困人口4467人。

【民生保障】 2015年,滩面镇新型农村合作医疗参合率95%以上。参加城镇新型农村养老保险7820人,完成任务率92%。共帮扶低保户、五保户及其他困难群众总计3303人,发放低保、五保资金497.60万元,发放综合补贴179.80万元,大米12000千克,棉被300床,棉夹衣550件,蚊帐24张,补助困难群众大病救助30人共8.50万元,临时生活救助29户共1.45

万元,发放抚恤金 1.61 万元,伤残金 1.83 万元,义务兵优待金 10.82 万元。利用"一事一议"财政奖补政策,争取财政奖补资金 239.74 万元,完成 29 个共 11.40 千米的村屯道路硬化项目,完善民生基础设施。

【教育】 2015 年,滩面镇累计投资 665 万元用于各级学校的基础设施建设,其中滩面中心小学教学楼开始动工建设、李屋分校教学楼二楼竣工、覃村小学、新旺小学成功招标,等待开工;滩面中心幼儿园教学楼主体工程实现封顶,后期配套设施在进一步完善当中。全镇共通过农村教师特设岗位引进的方式,新引进教师 3 人,并全部具有本科以上学历,充实教师队伍。

【文化体育】 2015 年,滩面镇累计投入 25 万元进行文化体育基础设施建设,建成上旺村文体活动公共服务中心 1 个(含灯光舞台、灯光球场、多功能活动室,娱乐室,图书阅览室、借阅室等)。在春节和国庆期间,深入村组结合实际开展篮球、乒乓球、扑克、拔河等活动,参加人数上千人次;举办大型文艺宣传晚会 15 场次。

【卫生计生】 2015 年,滩面镇开展免费妇检 5500 人次,孕前检查累计 188 例,占任务的 101.60%;免费为 280 人次进行相关计生咨询服务;年度共出生 491 人,出生率 12.88‰,性别比 106.3(女性 =100),死亡 214 人,人口自然增长率 7.27‰;完成计划生育手术 451 例;初婚人数 166 对,发放服务手册 58 册、流动人口婚育证明 50 人;全年计划生育奖扶国家级 58 人、自治区级 10 人,共 68 人;办理爱心保险 84 人,占全年任务 72 人的 116.70%;办理小儿贴息贷款 6 人,完成任务 100%;征收社会抚养费 7 万多元。全镇计生工作整体排名位于全县前列。

【社会治安综合治理】 2015 年,滩面镇全面落实综治各项工作,做好综治"E 通"平台建设。全年累计调处矛盾纠纷 285 件,调解成功 282 件,调解成功率 99%。深入实施交通安全、食品药品安全等专项整治行动以及森林防火、防汛抗旱等工作,年内没有发生重大安全生产事故。

【"伏波文化大家讲"活动】 2015 年,滩面镇利用滩面镇付波文化内涵,创新组织全镇干部开展"伏波文化大家讲"主题教育实践活动,把教育活动向村民小组延伸,实现全镇党员干部参与全覆盖,共举办"伏波文化大家讲"活动 150 期,轮训镇村干部 620 人次、村民小组长 420 人次、农村经济能人、致富带头人参与 1460 人次,其中在人民网、新华网、《广西日报》《玉林日报》等多家媒体刊登报道相关文章 16 篇,市县电视台播出新闻 8 条。

(潘 燕)

2015 年,滩面镇推进伏波文化发展。图为 9 月 25 日,滩面镇举行庆中秋国庆"伏波文化大家讲"宣讲活动
叶礼林 摄

良 田 镇

【良田镇概况】 位于陆川县南部。东与清湖镇永平村、平安村交界,东南与古城镇八角村、陆茵村接壤,西南与博白县宁潭镇、文地镇为邻,西北与滩面乡相临,东北与乌石镇相连。行政区域面积 132.72 平方千米。黎湛铁路、马盘二级公路、九洲江过境。镇政府距县城 33 千米。2015 年,辖 13 个建制村、1 个社区。年末,户籍总户数 2.80 万户,总人口 9.78 万人,人口自然增长率 6.66‰。矿产资源有高岭土、钾长石、硅、石英石、锡、银、稀有金属铌、钽、锆等。耕地面积 3511 公顷,林地面积 5863 公顷。

2015 年,全镇工业总产值 13.94 亿元,比上年增长 3.95%;农业总产值 5.49 亿元,增长 7.23%;财政收入 2749 万元,增长 18.87%。固定资产投资 6.70 亿元,增长 20.72%。

【农业生产】 2015 年,良田镇粮食播种面积 4177 公顷,粮食总产量 2.58 万吨;经济作物种植面积 459 公顷。推广特色种养,全镇有蜜蜂养殖 201 户、白鸽养殖 90 户,庭院经济 205 户。完成农村土地承包经营权流转 66.67 公顷,其中龙口村 20 公顷、文官村 20 公顷、良田村 26.67 公顷;扩大迈塘橘红种植示范基地橘红、油葵等种植,共种植橘红 33.33 公顷、油葵 33.33 公顷,打造生态种植、观光示范点。推进特色产业发展,在甘片、龙口、良田、文官、车田等村种植辣椒、苦瓜、芭蕉 210 公顷。

【工业】 2015年,良田镇结合九洲江环境综合整治,推进工业转型,一批污染重的采矿企业被淘汰。规模以上工业总产值12.84亿元,比上年增长1.50%;固定资产投资6.83亿元,增长19.20%;财政收入完成2749.28万元,增长0.52%。

【基础设施建设】 2015年,良田镇实施各项惠民工程建设,投资1000多万元实施马兰径水库人饮工程建设,解决甘片村、莲塘村、龙口村、良田村、三联村、新村、冯杏村、良田街部分群众3.50万人的饮水问题。通过县财政"一事一议"奖补资金,投资296.30万元硬化村屯道路32条共15.09千米;改造文官村村口至英平家庭农场路段0.80千米。投资56.50万元在二级路沿线、黄金街过境道路两旁及村道主要道口安装路灯150盏,为群众出行提供便利;投资150万元建设龙口村、石垌村、旺垌村等村级文化中心;投资130多万元修缮良田镇政府办公业务大楼,投资120多万元建成良田街社区办公大楼,改善镇、村办公服务环境。

【九洲江环境综合整治】 2015年,良田镇加强九洲江良田段环境综合整治,建设生态平衡的江河环境。

九洲江河道清理 开展"千里河道大整治"活动,组织镇村干部、群众对九洲江沿岸垃圾进行清理,聘请河道专业打捞人员、水上保洁员打捞九洲江的水葫芦、垃圾、漂浮物,共清理河道13千米、河道水沟92处、沿岸垃圾点63个、河道及两岸村民生活垃圾40多吨,打捞处理各类牲畜死物1618具、水葫芦103吨。

九洲江流域畜禽养殖场污染清理整治 拆除九洲江主干流200米范围内污染猪场173家,拆除面积5.03万平方米;联合县畜牧、环保等部门组成13个工作组对全镇范围内的养殖场、企业进行污染源普查、登记,已排查到存栏10头以上养猪户1102户,存栏100头以上的养猪场172家,养

鸡5000羽以上的186户。

九洲江流域河堤整治 加强九洲江车田河段河堤建设,投资19.50万元建设车田码头;打击九洲江河堤非法采砂,整治采砂点12家,共拆除工棚5间130平方米,平整非法堆砂场地6处,摧毁砂斗、砂池8个;推进九洲江流域良田污水处理厂建设,完成厂房、厂区地域道路硬化、设备安装、运营调试等工作。

【生态乡村建设】 2015年,良田镇推进"美丽良田·生态乡村"建设,改善人居环境。5月,开展生态乡村建设"百日攻坚活动",推进神龙王陆川猪标准化规模养殖园区、文官村官海屯、英平家庭农场、车田水库移民新村、迈塘橘红种植示范基地等生态示范点建设,打造九洲江流域生态乡村示范带。

文官村官海屯客家民居风貌改造 推进文官村官海屯风貌改造,改造注重黛瓦、坡顶、翘角、马头墙的客家民居特色等方面建设。共改造48户,外立面风貌改造5万平方米,涉及人口500多人;安装路灯40盏,客家民居特色凸显。11月,官海屯获获自治区"绿色村屯"称号。

车田水库移民新村环境整治 投资500多万建设九洲江(车田段)防洪堤1.40千米,绿化面积2000多平方米;流转土地6.67公顷。

"欧客"休闲娱乐主题公园建设 完成码头建设,平整场地2.67公顷,建成九洲江环境保护应急演练场及主体会台,完成常青树种植风景带等方面建设。

神龙王陆川猪标准化规模养殖园区建设 广西神龙王农牧食品集团有限公司推进陆川猪标准化规模养殖园区生态示范点建设,完成加工厂外立面改造,建成陆川猪游泳池、跑步道。开展陆川猪文化展馆、生态养殖展示长廊建设,将神龙王陆川猪标准化规模养殖园区打造成为陆川县九洲江流域生态养殖培训基地,发挥发挥生态养殖示范作用等方面的建设。至年底,

集团有限公司占地面积253.33公顷(其中养殖33.33公顷,屠宰加工20公顷,种植200公顷),建有原种猪扩繁场、种猪测定中心、标准化养殖示范场、现代化屠宰分割流水线车间、冷库、产品深加工流水线车间、科技综合大楼等,建筑面积5万多平方米,总资产1.63亿元。有员工300多人,各类专业技术人员156人。年出栏猪5万头,年屠宰分割生猪20万头,年产腌腊、酱卤、烧烤、冷鲜(冻)等肉制品5000吨,年产值2.10亿元。

英平家庭农场建设 陆川县英平畜牧业有限责任公司推进家庭农场建设,按照生态养猪—发电—制肥—养鱼的模式,重点对山岭、鱼塘、道路等进行生态改造,打造成花园式的生态养殖小区,建设花园式、观光式、悠闲式家庭农场生产区、生活区,共种植香蕉、百香果、莲藕、玫瑰花及中药材,观光大道正在搭架,种植经济林23.33公顷,建设观光道路800米,观光凉亭4座,建设花园式的生态养殖小区,可开展生态养殖培训、考察观光等活动。

【精准扶贫识别】 2015年,良田镇共有贫困村6个(三联村、新村、冯杏村、良田村、鹿垌村、石垌村)。全镇精准识别入户评估1.37万户,5.59万人,识别建档立卡2509户。其中,精准识别评估63分以下的贫困户1998户9025人。

【教育】 2015年,良田镇有小学14所、教学点13个,在校小学生8568人,小学专任教师478人;初中2所,在校初中生3595人,初中专任教师218人。良田镇一中和二中实行公平、平衡招生,2所初级中学形成良性竞争,教风、学风和教学质量不断提升。全镇考上重点高中138人,其中玉林高中21人。

【科技】 2015年,良田镇推进神龙王陆川猪标准化规模养殖园区、英平牧业有限公司规模养殖场标准化建设,将二者打造成为陆川县九洲江流域生态养殖培训基地、养殖科技示范户。在

神龙王陆川猪标准化养殖园区建成一个可容纳千人的生态农业培训中心,开展陆川猪文化展馆、生态养殖展示长廊建设,积极发挥生态养殖示范作用,以此带动周边农民学技术、用技术。年内,科学改造标准化养殖场35家,总共面积3万多平方米。巩固中药材种植专属区建设,加快土地流转,完成龙口村20公顷、文官村20公顷、良田村26.67公顷农村土地承包经营权流转,分别种上辣椒、苦瓜、芭蕉,推进特色产业由传统养殖向科技种植调整。落实农机购置补贴,全镇135户农户购买新型农用机械。推进"农村淘宝"项目建设,共建成良田镇社区、新村村、冯杏村、莲塘村这4个农村淘宝服务站,使村民足不出户就能网购。建设"天网工程",形成人防、物防、技防的防控网络,强化警力布控,达到科技强警、科技保民目的。

【文化体育】 2015年,良田镇有文化馆(站)1个,公共图书馆13个,藏书6.80万册。艺术表演团6个(专业1个),广播电视人口综合覆盖率100%。年内,完善文化体育基础设施建设,县文体广电局投资10万元对良田镇文化站进行室内室外装饰,投资6.85万元建设良田街社区文体中心。完善文剧队演出设备配备,争取资金支持良田高山采茶剧团和车田同乐文艺队购买扩音设备各1.63万元,各村(社区)投影、电脑、音响设备共14套(其中良田街社区电脑8套),各村(社区)网络费用各3000多元。充实图书资源,争取上级支持给全镇15个农家书屋送图书2.80万册,发放书柜30个。定期开放农家书屋,每周二、四、五、六为农家书屋免费开放日。

【卫生】 2015年,良田镇有医疗卫生机构14个,卫生技术人员142人(执业医生35人),卫生院床位118张。

【民生保障】 2015年,良田镇全镇参加新型农村合作医疗保险2.15万人,参合率94%。享受农机购置补贴135户,发放国家购置补贴资金17.22万元。落实高龄老人津贴政策,全镇共有1546名80岁以上老人享受高龄津贴。完成新农合参保8.06万人,参保率97%。完成新农保参保人数2.15万人,完成任务率94%,在全县各乡镇中排名第三,缴费率排名第二。

【社会治安综合治理】 2015年,良田镇继续推进"平安良田"建设,健全全镇"天网"监控体系建设,加强"黄赌毒"、两抢一盗的打击和矛盾纠纷的排查化解力度。年内,全镇共化解社会矛盾纠纷316件,其中重大历史积案8件,矛盾纠纷化解率97.30%。立各类刑事案件152件,破35件;受理治安案件85件,查处85件,抓获各类违法人员135人。良田派出所刑事案件破案、逮捕、破团伙、强戒等四项目标任务在县公安局24个办案单位中排名第4名。　　　　　　　　(江 渤)

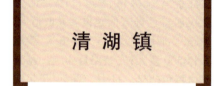

清 湖 镇

【清湖镇概况】 位于陆川县东南部。东与广东省化州市平定镇接壤,西与良田镇为邻,南与古城镇交界,北与乌石镇相连。行政区域面积127.19平方千米。镇人民政府驻清湖西街13号,距县城47千米。2015年,辖12个建制村、1个社区,56个自然片,354个村民小组。年末,户籍总户数2.09万户,人口7.72万人,人口自然增长率9.28‰。耕地面积2464公顷,农田有效灌溉面积1554.40公顷、坡地面积186.60公顷。有林面积5085.17公顷。矿产资源有钛铁矿、磁铁矿、石英矿、稀土等。主要农产品有水稻、玉米、豆类、薯类、香蕉等。主要中药材有橘红。有传统刀具加工、木材加工、蚕丝加工、酿酒等。中小型水库3座。

2015年,全镇工业总产值17.79亿元,比上年增长9.88%;财政收入2050.62万元,增长15.39%。固定资产投资6.50亿元,增长19.27%。个体工商户549家,增加78家,增长14.2%。

【农业生产】 2015年,清湖镇粮食种植面积3237公顷,粮食总产量1.99万吨;经济作物种植面积308公顷。调整优化区域布局,加快发展清湖橘红、软枝油茶、葡萄三大产业,在永平、平安、旺山、水亭、那若、新官、官冲等村重点发展橘红产业,塘寨、三水、陆坡、旺山等村发展软枝油茶产业,在三水、塘寨2个村发展葡萄产业,促进农民增收。

塘寨葡萄示范园区建设 塘寨葡萄示范园区计划种植面积33.33公顷。示范园区采取经济能人+基地+农户、支部+党员+农户、政府+协会+农户三大模式,推动发展清湖塘寨葡萄产业发展。6月,清湖镇民富葡萄种植专业合作社从外地引进葡萄专业技术人员指导种植葡萄,投资100万元(其中争取国家财政扶持资金30万元)种植葡萄面积6.80公顷。主要种植的葡萄品种夏黑早熟无核、温克迟熟有核。当年种植当年丰收,秋季获得丰收,每亩收入5000~6000元。计划次年每亩产量可达1000~1250千克,产值可达2万~2.5万元。

橘红产业 成立银湖橘红种植协会、苗圃协会、银湖橘红种植专业合作社、吉丰橘红种植专业合作社、仁阳橘红种植专业合作社。全镇新种种橘红135.33公顷,累计种植橘红1333.33公顷,规划2~3年,橘红基本达到丰产,每亩产量可达1000~2000千克,按每千克20元计,全镇橘红收入达4000万元~8000万元。

【基础设施建设】 2015年,清湖镇针对圩镇基础设施较差、配套严重不足的实际,加强基础设施建设,完善小城镇功能,提升城镇形象,扩大影响力,带旺农村经济发展。加大15个重点项目建设服务,每个项目落实有一名班子领导、一个工作组,全程跟踪负责。推进马旺桥和集中供水工程建设；投资160万元硬化镇政府、计生站等3条横街及路灯、排水等相关配套设施建设；投资40多万元兴建镇政府灯光球场；投资60多万元维修镇党委、镇政府办公大楼；投资40多万元，整治清湖河街区河段，对清湖河河中的淤泥进行清理。3月，农村饮水安全集中供水工程项目开工建设，项目为县中央预算投资农村饮水项目，项目计划总投资3895.46万元（其中央投资1520万元，自治区配套380万元，市、县配套及群众自筹1995.46万元），建成后由清湖镇水库管理所负责运行管理，供水范围将涉及清湖镇区、红山农场及永平村、旺山村、陆坡村、清湖村、塘榄村、那若村、新官村、官冲村等8个建制村，建成后可解决3.8万农村人口安全饮水问题。利用县财政"一事一议"奖补资金政策，投资3000万元（其中群众自筹600万元，财政奖补资金2400万元），硬化村屯道路138条、长110千米；投资7.7万元兴建村三水委会大门口和文化长廊；投资20万元在三水村坡禾地村民小组建设老年活动中心；投资3万元在平安村委会建设羽毛球场1个；投资42万元在官冲村委会兴建幸福之家。新官村投资20万元对新建的村"两委"办公大楼进行装修。推进塘榄村水库移民项目建设，投资103.5万元硬化磁选厂至下低坡、石码路口至马路尾、木园至卤鱼垌道路3条、长2.74千米。卖蔗坡移民新村、旺山新农村已完成土地平整。新建、修复水利基础设施一批，新建那若、水亭、永平村级公共文化服务中心。继续推进商业小区建设，投资2.50亿元的清湖"香港城"、投资5000万元的滨江翠庭小区、投资2000万元的清湖商贸大厦、投资1.80亿元的新兴小区、投资1.50亿元的湖景农贸新城、500万元的马旺桥等项目有推进。湖景农贸新城完成95%的征地；清湖搅拌站完成部分主体建设；华强大酒店二期完成主体建设；清湖初级中学学生宿舍楼、清湖中心学校教学楼完成土地平整；

清湖中心幼儿园完成主体建设。

【民生保障】 2015年，清湖镇发放农资综合补贴资金412万元。全镇参加新型农村合作医疗7.25万人，参合率95%；参加农村居民养老保险1.40万人，参保率84%；全镇纳入农村最低生活保障3979户7456人，每人每月发放资金标准110元，发放最低生活保障金984万元。城镇（包括红山农场）最低生活保障208户、358人，共发放最低生活保障金113.52万元。五保户576户576人，每人每月发放资金标准230元，其中五保村集中供养户数42户42人，每人每月发放资金标准250元，由五保村负责领回发放。重点优抚对象171人，其中老复员军人18人，每人每月发放资金714元；带病回乡退伍军人12人，每人每月发放资金385元；参战退役人员118人，每人每月发放资金400元；铀矿开采退役军人16人，每人每月发放资金400元；伤残军人2人；"三属"（革命烈士、因公牺牲军人、病故军人的家属）5人；重点优抚对象补助，"八一"建军节每人补助100元、春节每人补助200元。　（王 欢）

古 城 镇

【古城镇概况】 位于陆川县最南部。有陆川南大门之称。东与广东省化州市平定镇、兰山镇交界，西与博白县文地镇那大村、山文村隔江相望，南与廉江市石角镇接壤，西北与良田镇旺垌村、车田村、石垌村为邻，北与清湖镇水亭村、官冲村、新官村相连，是二广（广东、广西）三市（玉林市、湛江市、茂名市）七镇（古城镇、清湖镇、良田镇、文地镇、平定镇、兰山镇、石角镇）的交界处，马盘二级公路终点盘龙圩，与广东省石角镇公路相连。行政区域113.30平方千米。镇政府驻古城街，距

陆川县城58千米。马盘二级公路过境，终点盘龙圩。2015年，辖10个建制村、219个自然村。年末，户籍总户数2.24万户，总人口7.97万，人口自然增长率7.44‰。耕地面积2494公顷，农田有效灌溉面积1301公顷；林地面积4724公顷，森林覆盖率46.69%。主要矿产资源有钛铁矿、花岗岩。

2015年全镇工业总产值12.92亿元，比上年增长25.80%；农林牧渔业总产值3.43亿元，增长5.54%；固定资产投资4.50亿元，增长10.02%；财政收入1190.35万元，增长11.14%。

【农业生产】 2015年，古城镇粮食播种面积3026公顷，粮食总产量1.78万吨；经济作物种植面积382公顷。其中，水稻种植面积2493公顷、玉米113公顷、豆类74公顷、薯类346公顷。发展花卉产业，种植"发财树"66.67公顷、剑麻53.33公顷、油茶树43.33公顷、橘红种植66.67公顷。有专业养猪户163个、散养户589个，年出栏4.93万头；养鸡场25个，年出栏91万羽；养鹅场3个，年出栏16.59万羽；养羊场6个，年出栏0.01万只；养牛场7个，年出栏0.11万头；水鱼养殖场81个，年产量1725吨。

【基础设施建设】 2015年，古城镇总投资1200多万元，实施集中供水工程建设，是古城镇第一个集中供水项目，位于古城村麻蛇垏水库，占地面积0.53公顷，建筑面积0.33公顷，主要解决古城街、楼脚村、古城村、良村村的生活饮水问题，完成前期投资500多万元。古城镇列为全国第五批小型农田水利建设重点镇，总投资1554.59万元，主要实施陆落村、古城村、长径村、良村、北豆村、八角村、陆因村、盘龙村、楼脚村、清耳村等10个村灌片改造共7大改造工程。

【"美丽古城·清洁乡村"活动】 2015年，古城镇深入开展"美丽古城·清洁乡村"活动，聘用环卫清洁工58人，配备大型车辆1辆、中型垃圾车5辆、

电动三轮车 20 辆、人力三轮车 20 辆、铲车 1 辆、铁皮垃圾箱 100 只、塑料垃圾桶 250 只，10 个村建垃圾池 90 只。投资 200 多万元，完成镇垃圾中转站建设；古城镇污水处理厂基本竣工，完成投资 1200 多万元；实施猪场转型升级 48 家，拆迁猪场面积 2000 多平方米，补偿资金 350 多万元。

【水库移民工作】

水库移民生态建设和水资源保护 2015 年，古城镇鹤地水库广西库区移民符竹山生态建设和水资源保护项目建设，由广东帮扶，总投资 149 万元，坐落于盘龙村符竹山 1 组、2 组，受益户数 107 户，受益人数 490 人。其中，建设直径 500 管排水暗沟 2.70 千米，直径 200 塑料管排水暗沟 2.60 千米，排水明沟 1.80 千米，污水处理池 1 座，硬化活动场所 1500 平方米，文化活动室 200 平方米，垃圾池 2 个。

水库移民饮水工程建设 广东帮扶鹤地水库广西库区移民符竹山饮水工程总投资 30.20 万元，坐落于盘龙村符竹山 1 组、2 组，2015 年受益户数 107 户，受益人数 490 人。其中，打水井 1 口，建设供水池 30 立方米，铺设供水管 4 千米。

危房改造建设 2015 年总投资 442 万元，按五保户、低保户、残疾户、困难户等不同的档次设定危改资金标准，对 250 户移民进行危房改造。

【民生保障】 2015 年，古城镇发放救灾救济大米 15 吨、衣物 680 件(套)、棉被 140 床、蚊帐 56 床；因灾倒房重建 3 户 6 间，救助资金 3.50 万元；大病救助群众 32 人，发放救助款 15.70 万元；城镇最低生活保障 75 户 91 人，发放低保金 30.50 万元；农村最低低生活保障 3998 户 5537 人，发放低保金 60 万元；五保供养 439 人，发放生活补助 120 万元；孤儿 137 人，发放生活补助 90 万元；高龄老人 1210 人，发放高龄补助 50 万元。

【教育】 2015 年，古城镇有中学 1 所，在校中学生 2911 人，中学教师 151 人；小学 12 所，小学生 5867 人，小学教师 304 人；公办幼儿园 1 所，民办幼儿园 26 所，入园幼儿 3581 人，公办幼儿教师 5 人，民办幼儿教师 141 人。年内，全镇考取陆川中学学生 70 人，考取玉林高中学生 8 人。实施困难寄宿生补助，发放生活补贴 250 多万元。

【文化体育】 2015 年，古城镇有村级公共文化服务中心 4 个，分别坐落在古城街、楼脚村、北豆村、陆因村，设有文化公共服务中心综合楼、舞台、篮球场，共有综合楼 3 幢、舞台 4 个、篮球场 14 个。年内，投资 40 多万元建成古城镇文化广场。

【卫生计生】 2015 年，古城镇全镇有镇卫生院 1 所，卫生医技人员 19 人；村级卫生室 10 所，村医生 73 人。公共文化服务中心 4 个。参加新型农村合作医疗 7.07 万人，新农合参合率 92.06%；降消惠及产妇 448 人次，免费注射疫苗 8970 人次。

【社会治安综合治理】 2015 年，古城镇继续推进"平安古城"建设，推进"村村通天网工程"建设。8 月，完成 10 个建制村的"天网工程"，总投资 200 多万元，安装摄像头约 160 个，把视频监控整合联网到派出所，每个摄像机均与公安机关联网，公安机关依靠"天网"，民警可以在办公室网上巡逻，24 小时不间断地巡视各个角落，及时发现案情，及时布控警力。年内，在广西社会公众安全感满意度调查工作中古城镇获陆川县乡镇类第一名。 (罗 平)

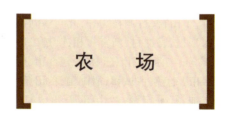

农 场

【五星总场概况】 广西农垦国有五星总场(简称五星总场)位于陆川县南部，国营中型区直单位，隶属自治区农垦局，辖总场本部(原五星农场)、红山农场、马坡农场 3 个分场，农业生产队 43 个，总场场部设乌石镇铜锣岭，马盘公路南面，距陆川县城 16 千米。2015 年年末，全场总人口 1.32 万人。全场占地面积 4002.60 公顷，属丘陵山地，土地分布于马坡、乌石、月垌、滩面、良田、清湖、古城 7 个乡镇，马盘二级公路贯穿大部分土地。辖区内矿产资源丰富，主要有铁、钛矿、高岭土。农场经营项目以农业为主。

2015 年，完成生产总值 11.90 亿元，经营总收入 31.88 亿元，固定资产项目投资 2.51 亿元，招商引资 1 亿元，从业人员人均收入 3.02 万元。

【农业生产】 2015 年，五星总场农业生产主要种植剑麻、橡胶、荔枝、龙眼、甘蔗、发财树、速生桉等经济作物；畜牧业以瘦肉型猪、三黄鸡，农业总产值 2.11 亿元。全场剑麻种植面积水果 402.60 公顷、甘蔗 141.67 公顷、林木 353.47 公顷。主要生产剑麻麻片 3.51 万吨，纤维入库 2092 吨，水果产量 1120 吨，甘蔗 1.31 万吨，砍伐林木 1 万立方米。有畜牧业猪场 40 个，养鸡场 33 个，年内出栏肉猪 66.26 万头，出售小猪 7 万头；出栏肉鸡 38.23 万只。为适应市场，增加农场经济总量，农场规划发展精品农业观赏树品种"发财树"(又名马拉巴栗、瓜栗、中美木棉、鹅掌钱)，有"发财树"苗圃 133.33 公顷，其中五星总场本部种植大苗面积 50 公顷共 30 多万株。

【工业】 2015 年，五星总场工业有蚕丝厂、灯饰厂、钛矿厂、红砖厂、木业加工厂等，经营方式以私营为主，全年工业总产量值 24.71 亿元。

【基础设施建设】 2015 年，五星总场投资 1.48 亿元进行危房房改造，新建职工住宅 437 套，建筑面积 5.24 万平方米。投资 210 万元，硬化道路 6000 米；投资 140 万元，建设饮水工程，打井 1 口。 (谢苏华)

人 物

RENWU

2015 年 4 月 23 日，玉林市"守纪律、讲规矩"主题教育活动先进人物事迹巡回报告会在陆川县人民会堂举行　　　　　　　　　　　　　　　　　　　　　　　　　　　　　　叶礼林　摄

人物简介

2015年任职的县级领导

李永金

男,1964年6月出生,汉族,陆川县古城镇人,国民经济学专业,研究生学历。中共党员。1984年7月参加工作,在陆川县清湖中学教师(其间1987年9月至1989年7月在梧州教育学院数学专科全脱产学习);1989年9月调陆川县教师进修学校任教师(其间1990年9月在广西教育学院教育管理专业进修本科);1993年10月调陆川县政府办公室工作,1993年10月定为正局长级;1995年3月任陆川县良田镇政府副镇长;1996年8月任陆川县清湖镇党委副书记;1999年3月任陆川县古城镇党委副书记、镇政府镇长(其间1999年10月至2001年10月在广西师范大学国民经济学研究生学习);2001年11月任陆川县古城镇党委书记、人大主席;2006年6月任玉林市扶贫办副主任;2007年1月任玉林市福绵管理区管理委员会副主任(其间2009年3月至2009年5月参加自治区党委党校县处级领导干部进修班学习);2009年12月任西玉林市福绵管理区工委委员;2010年2月任玉林市福绵管理区工委委员、工委办公室主任;2011年6月任玉林市福绵管理区工委委员、管委副主任;2013年10月任玉

林市福绵区委常委、福绵区政府筹备工作领导小组副组长;2013年11月任玉林市福绵区委常委、区政府副区长;2015年2月任陆川县政协党组书记、主席。

周建洪

男,1974年8月出生,汉族,广西阳朔县人,1997年6月加入中国共产党。1997年7月广西师范大学体育系体育教育专业毕业后在广西师范大学经济政法学院工作,先后任政治辅导员、分团委副书记、书记(其间1998年9月至2000年7月在广西师范大学经济政法学院马克思主义哲学专业法学方向研究生班学习);2001年7月任广西师范大学团委组织部部长(其间2000年9月至2002年7月在北京师范大学教育科学学院教育经济与教育管理专业研究生课程班学习),2002年9月任团委副书记;2004年6月任广西师范大学数学与计算机科学学院党总支部副书记;2005年2月任共青团广西壮族自治区委员会青农部副部长,2006年6月青农部副部长、调研员;2007年3月任共青团广西区委统战和联络部副部长、调研员,10月任共青团广西壮族自治区委常委、统战和联络部副部长、调研员;2008年5月兼任广西青年联合会秘书长;2010年10月任共青团广西区委常委、学校部部长;2012年6月任共青团广西壮族自治区委常委、学校部部长、少年部部长;2012年7月任玉林市委副秘书长、办公室副主任(其间2014年9月至2015年1月参加自治区党委党校秋季学期中青年干部培训班);2015年4月任陆川县委副书记(正处长级)。

周国静

男,汉族,1972年3月出生,江苏省溧阳市人,硕士研究生,中共党员,上校军衔。1990年9月入伍。1994年7月后历任42集团军炮兵1师25团3营7连副连职排长、1营1连副连长、1营3连指导员;2000年8月后历任42集团军炮兵1师政治部秘书群联科正连职干事,政治部组织科正连职干事、副营职干事;2002年8月任42集团军司令部军务处副营职参谋,2004年12月任正营职参谋;2006年12月任驻香港部队司令部军务处正营职参谋,2007年12月任副团职参谋;2010年12月任42集团军工兵团副团长;2011年3月任广西容县人武部政治委员;2012年3月任北流市人武部政治委员;2015年2月任陆川县人武部政治委员,4月兼任陆川县委常委。

陈 锦

女,1970年4月生,汉族,陆川县温泉镇万丈村人,中共党员,研究生学历。1992年7月毕业后在陆川县外经委工作;1999年8月在乌石镇政府工作;2000年1月任乌石镇政府副镇长(其间2001年9月至11月挂任河池地区宜州市矮山乡副书记);2002年8月任温泉镇党委副书记;2004年4月任沙湖乡党委副书记、乡长;2008年11月任沙湖乡党委书记;2010年10月任

玉林市供销合作联社副主任;2011年8月任陆川县政府副县长;2015年4月任陆川县委常委、县政府副县长。

李红伟

男,1968年7月出生,陆川县横山镇稳坡村人,1992年10月加入中国共产党,研究生学历。1990年7月在陆川县马坡中学任教;1992年11月在县人大常委会办公室工作;1995年1月起先后任良田镇团委书记、党委组织委员;1997年1月任良田镇党委组织委员;1999年10月任横山乡党委副书记;2002年8月任清湖镇党委副书记,11月任镇政府镇长;2005年6月任清湖镇党委书记、人大主席;2006年4月任清湖镇党委书记;2011年5月任陆川县委办公室副主任;8月任陆川县政府副县长。2015年9月任陆川县委常委、县委办公室主任。

甘 俭

男,汉族,1972年6月生,陆川县珊罗镇人,中共党员,大学学历。1991年1月柳州畜牧兽医学校毕业后,在陆川龙珠公司工作;1996年10月调陆川县畜牧局服务中心工作;1997年12月任横山乡人大副主席(1999年9月至2002年6月参加自治区委党校大

专行政管理专业学习),2002年8月任珊罗镇政府副镇长(2002年9月至2004年12月参加自治区党校本科行政管理专业学习);2004年5月任珊罗镇党委副书记;2006年4月任马坡镇党委副书记、镇长;2011年5月任马坡镇党委书记;2015年4月任陆川县政府副县长。

余朝文

男,1971年2月出生,壮族,广西隆安县人,理学学士学位、硕士学位。中共党员。1994年7月广西大学应用数学专业毕业后,在广西教育学院工作,曾先后任现代教育技术系副主任、党总支副书记,信息科学与技术系党总支书记,成人教育学院、职业教育研究院副院长;2015年11月挂任陆川县委常委、县政府副县长。

何志勇

男,1966年5月生,汉族,广西博白县人,中共党员。1989年12月武警昆明指挥学校毕业后在广西边防支队工作,2001年后曾任广西边防总队司令部边管处副处长、广西公安厅警卫局会场警卫处副处长、广西公安厅警卫局政治部副主任。2015年10月任陆川县政府副县长。

全国先进工作者

邱树华

男,壮族,1959年8月生,乌石镇坡子村人。中共党员,大专文化,政工师。陆川县公安局副局长。1978年7月参加工作。1986年任派出所民警。入警后,坚持工作在公安第一线。2010年以来组织带领民警破刑案567起,刑拘486人,逮捕453人,数次冲在命案现场第一线,抓获命案嫌疑人12人;积极开展治安整治,深入动员群众迁移坟山及庵堂庙宇5525座,化解矛盾纠纷2950起。为"美丽陆川"建设筹集资金200多万元,建设公路、桥梁和饮水工程,解决1200多人饮水和出行问题;深入群众中间,安抚困难家庭,关爱同事,帮助5名患重病民警渡过难关,为100多名民警解决实际困难,赢得民警爱戴。广西电视台以邱树华为原型录制4集电视剧《不凝的血》在各地播放。先后被评为全国二级英雄模范、全国公安系统英雄模范、全国见义勇为模范、广西劳动模范、玉林地区十大杰出青年、中国杰出青年卫士、广西首届八桂精神文明先进个人、首届广西杰出(优秀)青年卫士特别奖。曾参加全国、全区英模事迹报告团巡回演讲,多次得到中共中央和国务院领导的接见。2015年4月被中共中央、国务院授予全国先进工作者荣誉称号。

人物名录

表 26

2015年陆川县获地厅级以上奖励先进人物名录

姓名	性别	出生年月	籍贯	民族	学历	单位及职务	获奖名称	授奖单位	授奖时间
陈小梅	女	1975年10月	广东廉江市石岭镇	汉族	大学	陆川县公安局禁毒大队	全国毒品案件信息管理先进个人	国家禁毒委员会办公室	2015年4月
刘通	男	1966年10月	清湖镇陆坡村	汉族	本科	陆川县地震局	全国市县防震减灾先进工作者	中国地震局	2015年12月
刘桂初	男	1962年6月	沙坡镇六潘村	汉族	高中	陆川县防范和处理邪教问题办公室股长	全国防范和处理邪教工作二等功	国务院防范和处理邪教问题办公室	2015年12月
罗雄	男	1975年7月	乌石镇坡脚村	汉族	本科	陆川县沙湖镇农机技术推广站、站长	广西第三次全国经济普查工作成绩突出个人	自治区人民政府第三次全国经济普查领导小组	2015年1月
冼意	女	1978年2月	大桥镇三善村	汉族	本科	陆川供电公司办公室主任	2014年度"抓可靠 促发展""成本管理年"三项劳动竞赛优胜单位和先进个人	广西电网有限责任公司	2015年1月
吕琦	男	1973年9月	沙坡镇横山村	汉族	本科	陆川供电公司珊罗供电所副所长	2014年安全生产先进个人	广西电网有限责任公司	2015年2月
谢宁	男	1978年10月	良田镇莲塘村	瑶族	本科	陆川供电公司客户服务中心大客户班班长	广西电网有限责任公司2014年度市场营销先进个人	广西电网有限责任公司	2015年2月
陈华昭	男	1969年5月	横山镇清平村	汉族	本科学士	陆川县检察院副检察长	个人二等功	自治区人民检察院	2015年2月
张广志	男	1973年4月	珊罗镇珊罗村	汉族	本科	陆川县检察院公诉科科长	个人二等功	自治区人民检察院	2015年2月
韦晓颖	男	1964年9月	马坡镇大良村	汉族	大学	陆川县人民法院审判管理办公室主任、审判员	2014年度全区法院办案标兵	自治区高级人民法院	2015年2月
官华锋	男	1982年11月	米场镇桥鲁村	汉族	中专	陆川县国土资源局政秘股副股长	2014年度全区国土资源系统新闻宣传优秀奖	自治区国土资源厅	2015年3月

续表

姓名	性别	出生年月	籍贯	民族	学历	单位及职务	获奖名称	授奖单位	授奖时间
丘小康	男	1974年6月	良田镇鹿垌村	汉族	高中	陆川县水利供水有限公司管网安装维修班长	自治区劳动模范	自治区党委 自治区人民政府	2015年4月
谢承军	男	1963年5月	清湖镇塘寨村	汉族	高中	清湖镇塘寨村村民委员会党支部书记	自治区劳动模范	自治区党委 自治区人民政府	2015年4月
邹锋	男	1970年5月	北流市西埌镇	汉族	在职研究生	陆川县中学校长	自治区先进工作者	自治区党委 自治区人民政府	2015年4月
梁丽娜	女	1985年10月	乌石镇临河村	汉族	研究生	乌石镇临河村党总支书记	广西三八红旗手	自治区妇女联合会	2015年3月
徐英刚	男	1984年1月	兴业县	汉族	大专	陆川县人民法院法警大队法警	全区法院司法警察先进个人	自治区高级人民法院	2015年4月
谢裕	男	1972年7月	良田镇莲塘村	汉族	大学	陆川县人民法院清湖法庭庭长	荣誉天平奖章	自治区高级人民法院	2015年4月
庞婕	女	1969年1月	米场镇新民村	汉族	大学	陆川县人民法院执行庭审判员	荣誉天平奖章	自治区高级人民法院	2015年4月
吕运才	男	1966年2月	温泉镇洞心村	汉族	大专	陆川县人民法院信访科审判员	荣誉天平奖章	自治区高级人民法院	2015年4月
严天生	男	1972年10月	马坡镇靖东村	汉族	大学	陆川县人民法院办公室书记员	荣誉天平奖章	自治区高级人民法院	2015年4月
李端冰	女	1971年8月	横山镇清平村	汉族	本科	陆川县人民法院装科工人	荣誉天平奖章	自治区高级人民法院	2015年4月
周衍春	男	1964年4月	大桥镇美坡村	汉族	大专	陆川县人民法院执行庭工人	荣誉天平奖章	自治区高级人民法院	2015年4月
黄运通	男	1967年7月	马坡镇新山村	汉族	大专	陆川县人民法院审判监督庭工人	荣誉天平奖章	自治区高级人民法院	2015年4月
苏小玲	女	1970年10月	乌石镇沙井村	汉族	大学	陆川县人民法院办公室工人	荣誉天平奖章	自治区高级人民法院	2015年4月
谢斯	男	1977年11月	良田镇莲塘村	汉族	大专	温泉镇国土资源管理所所长	2014年度全区国土资源系统工作成绩个人二等功	自治区国土资源厅	2015年5月
李嘉华	男	1977年8月	古城镇良村	汉族	大学	陆川县公安局禁毒大队大队长	2014年全区优秀人民警察	自治区公安厅	2015年5月

续表

姓名	性别	出生年月	籍贯	民族	学历	单位及职务	获奖名称	授奖单位	授奖时间
陶文燕	女	1980年11月	平乐镇平乐村	汉族	大学	陆川县公安局宣传室	2014年全区公安宣传文化工作成绩突出个人	自治区公安厅	2015年6月
曾雄球	男	1968年3月	清湖镇陆坡村	汉族	本科	自治区陆川公路管理局工会主席	全区优秀工会积极分子	自治区总工会	2015年7月
钟钊	男	1978年7月	清湖镇新官村	汉族	大学	陆川县公安局治安大队	2014年自治区油气田及输油气管网安全保护工作先进个人	自治区公安厅	2015年9月
陈海松	男	1965年2月	大桥镇唐侯村	汉族	本科	陆川县检察院人民监督员办公室主任	《广西人大》杂志2015年度优秀通讯员	自治区人大常委会办公厅	2015年9月
韦晓兰	女	1984年11月	平南县	汉族	本科学士	陆川县检察院科员	《广西人大》杂志2015年度优秀通讯员	自治区人大常委会办公厅	2015年9月
							2015年度全区检察机关新闻宣传优秀通讯员	自治区人民检察院	2015年11月
李康宁	男	1980年6月	横山镇	汉族	本科	陆川县信用联社联社副主任	十年改革发展优秀员工	自治区农村信用联社	2015年10月
吕典珊	女	1986年4月	大桥镇	汉族	大专	陆川县信用联社营业部会计	十年改革发展优秀员工	自治区农村信用联社	2015年10月
刘菊	女	1986年2月	良田镇	汉族	本科	陆川县信用联社电子银行部员工	十年改革发展优秀员工	自治区农村信用联社	2015年10月
冯柏林	男	1963年6月	沙坡镇	汉族	高中	陆川县信用联社沙坡社信贷员	十年改革发展优秀员工	自治区农村信用联社	2015年10月
谢东	男	1974年11月	良田镇	汉族	大专	陆川县信用联社经营核算部经理	十年改革发展优秀员工	自治区农村信用联社	2015年10月
刘运明	男	1968年7月	乌石镇吹塘村	汉族	大学	陆川县公安局治安大队	全区公安机关抗战胜利70周年纪念活动和中国—东盟博览会安保工作成绩突出个人	自治区公安厅	2015年12月
刘山洪	男	1966年9月	乌石镇	汉族	大专	陆川县水利局	全区水利系统记个人二等功	自治区水利厅、自治区人力资源和社会保障厅	2015年12月
王燕	女	1971年9月	马坡镇马坡村	汉族	本科	陆川县社会科学界联合会主席	全区社科联工作成绩突出个人荣誉	自治区社会科学界联合会	2015年

表 27

2015 年陆川县获副高级以上专业技术职称人员名录

姓名	性别	民族	出生年月	籍贯	文化程度	获得职称时工作单位	职称名称	授予职称单位	取得职称时间
蔡柏球	男	汉	1958 年 4 月	清湖镇三水村	大专	乌石镇中心学校	小学中的中学高级教师	自治区人力资源和社会保障厅	2015 年 12 月
温建智	男	汉	1962 年 5 月	乌石镇旺岭村	本科	乌石镇初级中学	中学高级教师	自治区人力资源和社会保障厅	2015 年 12 月
刘勇朝	男	汉	1962 年 5 月	乌石镇安东村	大专	乌石镇低阳初级中学	中学高级教师	自治区人力资源和社会保障厅	2015 年 12 月
刘武权	男	汉	1963 年 3 月	乌石镇月垌村	大专	乌石镇月垌初级中学	中学高级教师	自治区人力资源和社会保障厅	2015 年 12 月
谢丽娜	女	汉	1965 年 3 月	良田镇三联村	大专	陆川县初级中学	中学高级教师	自治区人力资源和社会保障厅	2015 年 12 月
蓝芳	女	汉	1965 年 6 月	马坡镇新山村	大专	陆川县人民医院	副主任护师	自治区人力资源和社会保障厅	2015 年 12 月
冯敏	男	汉	1965 年 12 月	大桥镇陆透村	本科	陆川县人民医院	副主任医师	自治区人力资源和社会保障厅	2015 年 12 月
程玉石	男	汉	1966 年 10 月	清湖镇塘矶村	大专	清湖镇初级中学	中学高级教师	自治区人力资源和社会保障厅	2015 年 12 月
黄夏声	男	汉	1966 年 11 月	良田镇石垌村	大专	陆川县疾病预防控制中心	副主任技师	自治区人力资源和社会保障厅	2015 年 12 月
宁晓燕	女	汉	1967 年 8 月	沙坡镇高庆村	本科	陆川县第四小学	小学中的中学高级教师	自治区人力资源和社会保障厅	2015 年 12 月
罗芸	女	汉	1967 年 11 月	乌石镇沙井村	大专	温泉镇中心学校	小学中的中学高级教师	自治区人力资源和社会保障厅	2015 年 12 月
王武荣	男	汉	1968 年 3 月	马坡镇马坡村	本科	平乐镇初级中学	中学高级教师	自治区人力资源和社会保障厅	2015 年 12 月
李仲莹	男	汉	1968 年 12 月	滩面镇滩面村	本科	陆川县第二中学	中学高级教师	自治区人力资源和社会保障厅	2015 年 12 月
甘玲	女	汉	1969 年 4 月	温泉镇垌心村	本科	陆川县初级中学	中学高级教师	自治区人力资源和社会保障厅	2015 年 12 月
吕媛欢	女	汉	1969 年 6 月	乌石镇双垌村	本科	乌石镇初级中学	中学高级教师	自治区人力资源和社会保障厅	2015 年 12 月
陈培红	女	汉	1969 年 9 月	乌石镇沙井村	本科	陆川县第二中学	中学高级教师	自治区人力资源和社会保障厅	2015 年 12 月
林芸	女	汉	1969 年 11 月	大桥镇陆透村	本科	陆川县第四小学	小学中的中学高级教师	自治区人力资源和社会保障厅	2015 年 12 月
李雪丹	女	汉	1970 年 7 月	古城镇良村	大专	陆川县中学	中学高级教师	自治区人力资源和社会保障厅	2015 年 12 月
郝世英	女	汉	1970 年 7 月	贵港镇东津村	大专	陆川县人民医院	副主任护师	自治区人力资源和社会保障厅	2015 年 12 月
杨萍珍	女	汉	1970 年 8 月	横山镇稳城村	大专	陆川县疾病预防控制中心	副主任技师	自治区人力资源和社会保障厅	2015 年 12 月
李化	男	汉	1970 年 11 月	清湖镇水亭村	本科	陆川县中学	中学高级教师	自治区人力资源和社会保障厅	2015 年 12 月
刘晨	女	汉	1971 年 7 月	乌石镇吹塘村	本科	陆川县福达中学	中学高级教师	自治区人力资源和社会保障厅	2015 年 12 月
杨佩珺	女	汉	1972 年 7 月	博白县文地村	本科	陆川县第一中学	中学高级教师	自治区人力资源和社会保障厅	2015 年 12 月
罗恩革	男	汉	1972 年 10 月	乌石镇旺岭村	本科	乌石镇第二初级中学	中学高级教师	自治区人力资源和社会保障厅	2015 年 12 月
陈华清	女	汉	1972 年 11 月	温泉镇温泉村	大专	陆川县第二中学	中学高级教师	自治区人力资源和社会保障厅	2015 年 12 月
肖纪福	男	汉	1972 年 11 月	横山镇同心村	大专	陆川县中医院	副主任医师	自治区人力资源和社会保障厅	2015 年 12 月

续表

姓名	性别	民族	出生年月	籍贯	文化程度	获得职称时工作单位	职称名称	授予职称单位	取得职称时间
池贤辉	男	汉	1973年3月	大桥镇雅松村	本科	陆川县中学	中学高级教师	自治区人力资源和社会保障厅	2015年12月
赖世平	女	汉	1973年8月	平乐镇平乐村	本科	马坡镇中心学校	小学中的中学高级教师	自治区人力资源和社会保障厅	2015年12月
黄镇	男	汉	1973年9月	马坡镇新山村	硕士	陆川县人民医院	副主任医师	自治区人力资源和社会保障厅	2015年12月
李小燕	女	汉	1973年12月	清湖镇塘蚬村	本科	清湖镇初级中学	中学高级教师	自治区人力资源和社会保障厅	2015年12月
赖英霞	女	汉	1973年12月	古城镇陆因村	大专	陆川县人民医院	副主任护师	自治区人力资源和社会保障厅	2015年12月
杨静	女	汉	1974年2月	珊罗镇田龙村	本科	陆川县实验中学	中学高级教师	自治区人力资源和社会保障厅	2015年12月
陈杰	男	汉	1974年5月	米场镇新民村	本科	陆川县中西医结合骨科医院	副主任医师	自治区人力资源和社会保障厅	2015年12月
龙燕	女	汉	1974年7月	沙坡镇大连村	本科	陆川县初级中学	中学高级教师	自治区人力资源和社会保障厅	2015年12月
梁景强	男	汉	1974年8月	珊罗镇珊罗村	本科	珊罗镇初级中学	中学高级教师	自治区人力资源和社会保障厅	2015年12月
张永隆	男	汉	1974年9月	乌石镇月垌村	本科	乌石镇月垌初级中学	中学高级教师	自治区人力资源和社会保障厅	2015年12月
罗瑞忠	男	汉	1974年10月	乌石镇旺岭村	研究生	陆川县人民医院	副主任医师	自治区人力资源和社会保障厅	2015年12月
梁洪源	男	汉	1974年10月	博白镇白陂村	本科	沙湖镇初级中学	中学高级教师	自治区人力资源和社会保障厅	2015年12月
陈竞帆	男	汉	1974年11月	沙坡镇六高村	本科	陆川县第二小学	小学中的中学高级教师	自治区人力资源和社会保障厅	2015年12月
王巧敏	女	汉	1974年11月	古城镇古城村	本科	陆川县实验中学	中学高级教师	自治区人力资源和社会保障厅	2015年12月
宁春威	男	汉	1974年12月	沙坡镇大连村	本科	陆川县中医院	副主任医师	自治区人力资源和社会保障厅	2015年12月
吴兴裕	男	汉	1974年12月	平乐镇三安村	本科	陆川县中学	中学高级教师	自治区人力资源和社会保障厅	2015年12月
黄小媛	女	汉	1975年3月	古城镇陆因村	本科	陆川县人民医院	副主任医师	自治区人力资源和社会保障厅	2015年12月
陈业坚	男	汉	1975年6月	沙坡镇横山村	本科	乌石镇初级中学	中学高级教师	自治区人力资源和社会保障厅	2015年12月
邱仕雄	男	汉	1976年1月	乌石镇老圩村	本科	良田镇第二初级中学	中学高级教师	自治区人力资源和社会保障厅	2015年12月
温梾林	男	汉	1976年2月	古城镇良村	大专	陆川县疾病预防控制中心	副主任技师	自治区人力资源和社会保障厅	2015年12月
罗炬	男	汉	1976年8月	古城镇长径村	本科	古城镇初级中学	中学高级教师	自治区人力资源和社会保障厅	2015年12月
江耀兴	男	汉	1976年9月	大桥镇平山村	硕士	陆川县第二中学	中学高级教师	自治区人力资源和社会保障厅	2015年12月
陈菊	女	汉	1977年3月	乌石镇沙井村	本科	陆川县第三中学	中学高级教师	自治区人力资源和社会保障厅	2015年12月
温启雄	男	汉	1978年4月	大桥镇北桑村	大专	陆川县中西医结合骨科医院	副主任医师	自治区人力资源和社会保障厅	2015年12月
林玉梅	女	汉	1978年10月	马坡镇界垌村	本科	陆川县初级中学	中学高级教师	自治区人力资源和社会保障厅	2015年12月

表 28

2015 年陆川县百岁老人名录

姓名	性别	出生年月	地址
陈乐才	男	1903 年 10 月	乌石镇五星路
林仕英	女	1907 年 4 月	横山镇旺坡村
江秀英	女	1907 年 8 月	古城镇北豆村
廖仕芳	女	1908 年 3 月	乌石镇旺岭村
林素芳	女	1908 年 8 月	温泉镇万丈村
黎瑞芬	女	1909 年 1 月	米场镇桥鲁村
罗玉琼	女	1909 年 1 月	横山镇清平村
谢文名	男	1909 年 3 月	良田镇莲塘村
宁惠清	女	1909 年 7 月	米场镇旺同村
李翠英	女	1910 年 3 月	滩面镇上旺村
丘仕英	女	1910 年 7 月	清湖镇旺山村
谭桂清	女	1910 年 7 月	沙湖镇官山村
陈瑞芳	女	1910 年 9 月	温泉镇洞心村
杜正英	女	1910 年 10 月	横山镇同心村
谭美英	女	1911 年 1 月	乌石镇塘域村
严惠珍	女	1911 年 1 月	马坡镇界垌村
范秀英	女	1911 年 7 月	横山镇稔坡村
王祖传	男	1911 年 8 月	马坡镇马坡村
姚志清	男	1912 年 1 月	沙坡镇仙山村
陈芳群	女	1912 年 2 月	横山镇稔坡村
钟达荣	男	1912 年 3 月	清湖镇永平村
吴瑞芳	女	1912 年 4 月	乌石镇龙化村
何美华	女	1912 年 6 月	大桥镇大垌村
黄秀琼	女	1912 年 7 月	滩面镇佳塘村
廖奎英	女	1912 年 8 月	古城镇良村
沈德彰	男	1912 年 8 月	滩面镇新旺村
沈秀芳	女	1912 年 8 月	滩面镇佳塘村
陈桂珍	女	1912 年 9 月	乌石镇吹塘村
龚美英	女	1912 年 12 月	马坡镇雄英村
李华英	女	1912 年 12 月	清湖镇清湖村
丘桂先	女	1913 年 1 月	乌石镇水花村
李秀芳	女	1913 年 2 月	清湖镇新官村
梁惠英	女	1913 年 2 月	温泉镇通政街
黎兰方	女	1913 年 3 月	乌石镇安东村
谢秀英	女	1913 年 3 月	珊罗镇四乐村
李仕清	女	1913 年 4 月	良田镇旺垌村
罗寿珍	女	1913 年 4 月	古城镇清耳村
江惠清	女	1913 年 5 月	良田镇旺垌村
丘树槐	男	1913 年 5 月	良田镇甘片村
胡应珍	女	1913 年 7 月	沙坡镇六高村
陈进英	女	1913 年 8 月	沙坡镇秦镜村
赖明英	女	1913 年 8 月	古城镇北豆村

续表

姓名	性别	出生年月	地址
丘桂芳	女	1913 年 9 月	大桥镇三善村
黎仕珍	女	1914 年 1 月	良田镇旺垌村
梁家海	女	1914 年 3 月	平乐镇平中一路
钟俊芳	女	1914 年 4 月	古城镇北豆村
朱俊英	女	1914 年 4 月	良田镇鹿垌村
曾桂英	女	1914 年 5 月	马坡镇良厚村
陈仕英	女	1914 年 5 月	清湖镇陆坡村
黄友芳	女	1914 年 6 月	古城镇北豆村
陈庆章	男	1914 年 8 月	大桥镇平山村
胡志清	女	1914 年 8 月	清湖镇永平村
李乃英	男	1914 年 8 月	乌石镇龙化村
彭永连	男	1914 年 8 月	良田镇三联村
谭桂馨	女	1914 年 8 月	温泉镇安宁村
吴秀英	女	1914 年 8 月	马坡镇新山村
杨远珍	女	1914 年 8 月	珊罗镇田龙村
陈仕芳	女	1914 年 10 月	古城镇陆因村
何秀珍	女	1914 年 10 月	温泉镇温泉村
林凤珍	女	1914 年 10 月	大桥镇大垌村
梁秀芳	女	1914 年 12 月	沙坡镇六高村
徐伟琼	女	1914 年 12 月	乌石镇子良村
罗桂芳	女	1915 年 1 月	大桥镇平山村
李福祥	男	1915 年 2 月	滩面镇上旺村
吕伟芳	女	1915 年 2 月	温泉镇站北街
苏德芳	女	1915 年 2 月	古城镇长径村
张锡昪	男	1915 年 2 月	乌石镇安东村
吕秀芬	女	1915 年 3 月	沙湖镇官山村
李文英	女	1915 年 4 月	良田镇甘片村
刘付德英	女	1915 年 4 月	古城镇清耳村
张惠文	女	1915 年 4 月	温泉镇泗里村
罗乃谦	男	1915 年 5 月	古城镇清耳村
叶书胜	男	1915 年 5 月	马坡镇靖东村
罗梅芳	女	1915 年 7 月	马坡镇雄英村
吴惠芳	女	1915 年 7 月	温泉镇新洲社区
冯声英	女	1915 年 8 月	古城镇清耳村
温秀英	女	1915 年 8 月	古城镇长径村
钟科新	女	1915 年 8 月	珊罗镇珊罗村
陈迎芳	女	1915 年 10 月	马坡镇大良村
何柳坤	女	1915 年 10 月	乌石镇塘域村
赖国才	男	1915 年 11 月	大桥镇三善村
王秀文	女	1915 年 11 月	马坡镇硃砂村
钟永桂	男	1915 年 11 月	沙坡镇六高村

统计资料

TONGJI ZILIAO

2015年4月24日,陆川县重大投资项目现场审批活动在县党政会议室举行 叶礼林 摄

表29   2011—2015 年陆川县土地资源情况

类别	指标	单位	2011 年	2012 年	2013 年	2014 年	2015 年
一、土地	土地总面积	平方千米	1554.32	1554.32	1554.32	1554.32	1554.32
	耕地	%	29.24	21.52	21.64	21.64	21.63
	园地	%	0.76	6.20	6.20	6.20	6.03
	林地	%	48.88	48.85	48.84	48.84	48.8
	草地	%	6.91	6.90	6.89	6.89	6.88
	城镇村及工矿用地	%	9.68	9.79	9.79	9.79	9.9
	交通运输用地	%	1.32	1.32	1.32	1.32	1.33
	水域及水利设施用地	%	2.84	3.78	3.78	3.78	3.78
	其他用地	%	0.37	1.64	1.63	1.63	1.65
二、耕地	耕地总面积	公顷	45454.21	33442.72	33640.57	33640.57	33626.52
	水田	公顷		27176.87	27154.61	27154.61	27145.36
	旱地			6265.85	6485.96	6485.96	6481.16
三、林地	林地总面积	公顷	75977.51	75927.35	75927.35	75927.35	75854.57
	有林地	公顷		59005.04	59005.04	59005.04	58952.37
	灌木林地	公顷		1400.06	1400.06	1400.06	1400.28
	其他林地	公顷		15521.71	15521.71	15521.71	15501.92
四、园地	园地总面积	公顷	1188.71	9638.16	9638.16	9638.16	9369.77
	果园	公顷		7448.06	7448.06	7448.06	7421.39
	茶园			9.51	9.51	9.51	9.51
	其他园地	公顷		2180.59	2180.59	2180.59	1938.87
五、草地	草地总面积	公顷	10736.09	10717.90	10717.90	10717.90	10694.08
	其他草地	公顷		10717.90	10717.90	10717.90	10694.08
六、城镇村及工矿用地	城镇村及工矿用地面积	公顷	15041.97	15220.82	15220.82	15220.82	15382.96
	建制镇	公顷		2075.39	2075.39	2075.39	2233.33
	村庄	公顷		10942.21	10942.21	10942.21	10944.97
	采矿用地	公顷		740.36	740.36	740.36	741.94
	风景及特殊用地	公顷		1462.86	1462.86	1462.86	1462.72
七、交通运输用地	交通运输用地面积	公顷	2046.00	2058.17	2058.17	2058.17	2064.52
	铁路用地	公顷		214.23	214.23	214.23	220.12
	公路用地	公顷		968.01	968.01	968.01	969.08
	农村道路	公顷		875.88	875.88	875.88	875.27
	管道运输用地	公顷		0.05	0.05	0.05	0.05
八、水域及水利设施用地	水域及水利设施用地面积	公顷	4414.50	5878.33	5878.33	5878.33	5872.38
	河流水面	公顷		1529.34	1529.34	1529.34	1529.07
	水库水面	公顷		1281.99	1281.99	1281.99	1281.99
	坑塘水面	公顷		1975.92	1975.92	1975.92	1972.44
	内陆滩涂	公顷		141.26	141.26	141.26	139.39
	沟渠	公顷		852.40	852.40	852.40	852.15
	水工建筑用地	公顷		97.42	97.42	97.42	97.34
九、其他用地	其他用地面积	公顷	572.73	2548.38	2548.38	2548.38	2567.03
	设施农用地	公顷		273.08	273.08	273.08	278.05
	田坎	公顷		1983.21	1983.21	1983.21	2000.07
	沙地	公顷		2.54	2.54	2.54	2.54
	裸地	公顷		289.55	289.55	289.55	286.37

表30
2015年陆川县人口及其变动情况

镇	年末总户数(户)	年末总人口合计(人)	城镇人口	乡村人口	男	女	0~17岁	18~34岁	35~59岁	60岁及以上	出生			死亡			省内迁入	省外迁入	迁往省内	迁往省外
											合计	男	女	合计	男	女				
合计	327412	1087091	290200	796891	577022	510069	334450	323838	296132	132671	25980	13371	12609	14839	6578	8261	1943	779	4128	2289
温泉镇	57206	155750	77286	78464	81506	74244	43467	46205	47902	18176	3319	1725	1597	602	352	250	306	116	847	342
大桥镇	18204	59056	4994	54062	31338	27718	17167	17577	15769	8543	1379	718	661	1104	464	640	89	39	210	139
横山镇	15450	50379	8353	42026	27193	23186	15863	14055	13517	6944	1172	608	564	639	260	379	90	39	147	119
乌石镇	40018	133511	38325	95186	71658	61853	40806	40946	34370	17389	3049	1591	1458	3942	1668	2274	184	81	407	267
滩面镇	11279	36862	9127	27735	19756	17106	11326	11179	9693	4664	850	429	421	201	119	82	62	42	113	62
良田镇	27962	97845	32186	65659	51261	46584	31221	29268	25917	11439	2685	1364	1321	1436	651	785	196	69	297	180
清湖镇	20875	77186	11081	66105	41255	35931	24971	22612	20591	9012	2335	1159	1176	411	246	165	90	96	224	230
古城镇	22437	79712	28491	51221	41884	37828	27208	23250	20758	8496	2200	1127	1073	1348	524	824	84	80	171	212
沙坡镇	22803	82103	9570	72533	43813	38290	26403	24038	21740	9922	2291	1182	1109	817	384	433	162	43	313	126
米场镇	19500	62549	16311	46238	33249	29300	19012	18929	16815	7793	1364	715	649	1254	464	790	103	28	225	144
沙湖镇	8921	30636	8468	22168	16448	14188	9317	9256	8347	3716	726	363	363	322	169	153	86	19	133	72
马坡镇	28802	105240	16495	88745	56053	49187	31723	32012	28565	12940	2121	1120	1001	2320	974	1346	232	73	476	198
平乐镇	16410	55488	15510	39978	29663	25825	17267	16261	15360	6600	1239	636	603	277	181	96	139	23	260	100
珊罗镇	17545	60774	14003	46771	31945	28829	18699	18250	16788	7037	1250	634	616	166	122	44	120	31	305	98

表31 　　　　　　　　　　　　　　2015年陆川县社会经济主要指标情况

项目	单位	2014年	2015年	2015年比2014年增长(%)
一、基本情况				
行政区域面积	平方千米	1554.32	1554.32	
乡个数	个			
镇个数	个	14	14	
街道办事处个数	个			
二、人口与就业				
常住户数	户	323777	327412	1.12
常住人口	万人	78.20	78.90	0.90
户籍人口	万人	109.50	108.71	−0.72
其中:农业户籍人口	万人	97.10	79.69	−17.93
第一产业从业人员	人	324688	326800	0.65
第二产业从业人员	人	171509	171589	0.05
第三产业从业人员	人	133920	133996	0.06
三、综合经济				
(一)地区生产总值	万元	2026538	2189348	8.03
第一产业增加值	万元	304532	311949	2.44
其中:农业	万元	131227	135220	3.04
林业	万元	24440	23599	−3.44
牧业	万元	130011	132883	2.21
渔业	万元	18855	20247	7.38
第二产业增加值	万元	1114209	1076653	−3.37
其中:工业	万元	976911	933711	−4.42
第三产业增加值	万元	607797	800746	31.75
其中农林牧渔服务业	万元	6217	6838	9.99
(二)财政、金融				
公共财政收入	万元	93608	101264	8.18
各项税收	万元	80231	90375	12.64
公共财政支出	万元	337515	388631	15.14
其中:农林水事务支出	万元	40218	47352	17.74
科学技术支出	万元	3025	4074	34.68
医疗卫生支出	万元	47446	57263	20.69
教育支出	万元	82817	94966	14.67
财政供养人员	人	24446	24035	−1.68
财政供养人员全年工资总额	万元	72163	101835	41.12
年末金融机构各项存款余额	万元	1279956	1435255	12.13
其中:居民储蓄存款余额	万元	1120938	1267960	13.12
年末金融机构各项贷款余额	万元	712972	800473	12.27
四、农业				
(一)生产条件				
耕地面积	公顷	33448	33439	−0.03
设施农业占地面积	公顷	273	273	
农业机械总动力	万千瓦特	52.87	53.91	1.97

续表

项目	单位	2014 年	2015 年	2015 年比 2014 年增长(%)
化肥使用量(折纯量)	吨	19938	18915	−5.13
农药使用量	吨	894	893	−0.11
地膜使用量	吨	400	391	−2.25
有效灌溉面积	公顷	20576	20577	
机电井数	眼	2344		
机收面积	公顷	32544	33035	1.51
(二)农作物播种面积	公顷	60947	61003	0.09
粮食作物播种面积	公顷	44710	44340	−0.83
其中:稻谷	公顷	37670	37810	0.37
玉米	公顷	2170	2280	5.07
大豆	公顷	430	430	
油料播种面积	公顷	2509	2513	0.16
其中:油菜籽	公顷	761	745	−2.10
花生	公顷	1684	1708	1.43
糖料播种面积	公顷	1618	1557	−3.77
其中:甘蔗	公顷	1618	1557	−3.77
蔬菜播种面积	公顷	9000	9280	3.11
(三)农产品产量				
粮食总产量	吨	275357	272114	−1.18
其中:稻谷	吨	253678	250570	−1.23
玉米	吨	10531	10838	2.92
大豆	吨	887	900	1.47
油料产量	吨	5746	6065	5.55
其中:油菜籽	吨	780	795	1.92
花生	吨	4958	5097	2.80
糖料产量	吨	119448	114667	−4.00
其中:甘蔗	吨	119448	114667	−4.00
园林水果产量	吨	55785	61675	10.56
肉类总产量	吨	117209	116183	−0.88
其中:猪肉产量	吨	82613	80809	−2.18
年末生猪存栏	头	1236500	1256500	1.62
年末牛存栏	头	26600	26600	
年末羊存栏	只	3400	3500	2.94
禽蛋产量	吨	9219	9594	4.07
奶类产量	吨	150	150	
蔬菜产量	吨	285997	301423	5.39
水产品产量	吨	24039	25951	7.95
五、工业及建筑业				
规模以上工业企业单位数	个	110	111	0.91
规模以上工业总产值	万元	3228586	3287505	1.41
规模以上工业企业从业人员平均人数	人	19302	19916	3.18
规模以上工业企业主营业务收入	万元	2793092	3022661	8.22

续表

项目	单位	2014年	2015年	2015年比2014年增长(%)
建筑业企业单位数	个	6	7	16.67
六、交通、通讯与能源				
公路里程	千米	1671	1671	0.03
民用汽车拥有量	辆	178528	41251	−76.89
年末公交车路数	路	5	5	
年末实有公共汽(电)车营运车辆数	辆	35	283	708.57
年末实有出租汽车数	辆	100	100	
固定电话用户	户	75576	58440	−22.67
移动电话用户	户	460901	448883	−2.61
互联网宽带接入用户	户	57395	64504	12.39
全社会用电量	万千瓦时	77977	72559.81	−6.95
其中:居民生活用电量	万千瓦时	25531	27160.86	6.38
七、贸易、外经、旅游				
社会消费品零售总额	万元	486837	528267	8.51
出口总额	万美元	982	478	−51.32
当年实际使用外资金额	万美元		344	
星级饭店客房总数	间	512	601	17.38
八、固定资产投资				
固定资产投资	万元	1531828	1777432	16.03
新增固定资产	万元	1502652	977281	−34.96
房地产开发投资	万元	334860	37194	−88.89
其中:住宅	万元	904146	37194	−95.89
九、教育、科技、文化、卫生				
普通中学数	所	33	33	
中等职业教育学校	所	1	1	
小学数	所	168	168	
普通中学专任教师数	人	3169	3099	−2.21
中等职业教育学校专任教师数	人	62	79	27.42
小学专任教师数	人	4705	4782	1.64
普通中学在校学生数	人	55094	55992	1.63
中等职业教育学校在校学生数	人	763	783	2.62
小学在校学生数	人	85226	85694	0.55
专业技术人员	人	10936	10564	−3.40
其中:农业技术人员	人	234	206	−11.97
全年专利授权数	件	58	15	−74.14
公共图书馆图书总藏量	千册	138.67	460.31	231.95
体育场馆个数	个	2	2	
医疗卫生机构床位数	床	2189	2460	12.38
医疗卫生机构技术人员	人	2325	2544	9.42
其中:执业(助理)医师	人	817	1384	69.40

续表

项目	单位	2014 年	2015 年	2015 年比 2014 年增长(%)
十、居民收入				
城镇居民人均可支配收入	元	24036	25959	8.00
农村居民人均纯收入	元	9153	10087	10.20
十一、社会保障				
各种社会福利收养性单位数	个	1	28	2700.00
各种社会福利收养性单位床位数	床	93	516	454.84
城镇基本养老保险参保人数	人	37098	38425	3.58
城镇基本医疗保险参保人数	人	109708	111511	1.64
失业保险参保人数	人	20560	20569	0.04
新型农村合作医疗参保人数	人	925749	926395	0.07
新型农村社会养老保险参保人数	人	270000	284903	5.52
城镇居民最低生活保障人数	人	8986	6552	−27.09
农村居民最低生活保障人数	人	89531	73658	−17.73
十二、资源与环境				
森林面积	公顷	91156.20	91236.30	0.09
森林覆盖率	%	58.25	58.61	0.62
工业二氧化硫排放量	吨	1746.64	1885.26	7.94
氮氧化物排放量	吨	3775.84	5789	53.32
烟(粉)尘排放量	吨	5408.05	7717.49	42.70
污水处理厂数	座	1	9	800.00
污水处理厂集中处理率	%	92.05	93	1.03
垃圾处理站数	个	1	3	200
年平均气温	℃	21.90	22.7	3.65
年降雨量	毫米	1707.90	2366.4	38.56
年日照时数	小时	1587	1559.7	−1.73

表32　　　　　　　　　　**2005—2015 年陆川县地区生产总值指数**

（按可比价计算，以上年为 100）

年份	地区生产总值	第一产业	第二产业	工业	建筑业	第三产业	交通运输仓储邮政业	批发零售住宿餐饮业
2005	113.5	106.7	120.6	121.7	113.0	114.0	120.5	109.6
2006	114.8	106.8	124.0	125.5	112.7	113.1	108.8	112.1
2007	113.2	104.5	124.6	124.4	126.3	109.0	115.6	110.6
2008	114.5	106.1	115.3	114.8	119.2	119.2	117.8	110.0
2009	117.8	106.4	130.5	128.2	147.9	111.9	112.7	117.6
2010	123.4	105.2	135.6	135.4	136.6	119.3	116.6	107.8
2011	117.2	106.5	124.2	124.8	120.1	112.6	115.0	109.6
2012	112.0	106.1	115.4	115.3	116.3	109.4	113.4	108.2
2013	109.5	103.7	113.3	113.3	111.0	106.3	106.6	107.7
2014	108.5	102.9	111.9	111.5	115.3	105.0	105.4	106.3
2015	105.8	100.9	103.5	103.0	107.1	112.6	105.5	108.5

表33   2015年陆川县全社会固定投资情况

计量单位:万元

指标名称	本年完成	#建安工程	2014年同期完成	#建安工程	同比增长绝对数	#建安工程	同比增长(%)	#建安工程
全社会固定资产投资	1792167	1196927	1531828	1039355	260339	157572	17.00	15.20
一、城镇投资	1715659	1139207	1471904	986397	243755	152810	16.60	15.50
1.基本建设	466247	369908	334860	245420	131387	124488	39.20	50.70
2.更新改造	1064040	722406	904146	607781	159894	114625	17.70	18.90
3.其他投资	139678	10350	190928	93184	−51250	−82834	−26.80	−88.90
4.房地产	37194	28043	41970	40012	−4776	−11969	−11.40	−29.90
5.城镇工矿区私人建房(50万元以上)	8500	8500			8500	8500		
二、农村投资	76508	57720	59924	52958	16584	4762	27.70	9
6.非农户投资	61773	42985	30748	23782	31025	19203	100.90	80.70
7.农村私人建房	14735	14735	29176	29176	−14441	−14441	−49.50	−49.50
附记:商品房销售建筑面积	243010		186889		56121		30	

表34   2011—2015年陆川县主要农作物播种面积及产量

指标	2011年		2012年		2013年		2014年		2015年	
	播种面积(公顷)	产量(吨)	播种面积(公顷)	产量(吨)	播种面积(公顷)	产量(吨)	播种面积(公顷)	产量(吨)	播种面积(公顷)	产量(吨)
粮食作物	45981	260968	46152	280740	46249	287789	44710	275357	44340	272114
稻谷	39314	240329	39163	257537	39165	6740	37670	253678	37810	250570
早稻	19095	124881	19017	127935	19017	131635	18680	124846	18510	123943
晚稻	20219	115448	20146	129602	20148	132324	18990	128832	19300	126627
玉米	1957	9543	2009	10642	2032	10825	2170	10531	2280	10838
薯类	3539	8839	3754	9919	3804	10299	3890	9244	3270	8851
大豆	605	1333	765	1947	627	1595	430	887	430	900
油料作物	1487	4312	1583	4627	1630	4782	2509	5746	2513	6065
花生	1481	4302	1577	4617	1625	4774	1684	4958	1708	5097
油菜籽							761	780	745	795.04
芝麻	6	1667			5	1600	5	8	5	8
中草药材类	153				193	2282	389	3369	506	3830
甘蔗	1671	122431	1750	128585	1725	126565	1618	119448	1557	114667
蔬菜(含菜瓜)	8354	252224	8677	266677	8715	272010	9000	285997	9280	301423
木薯	2681	12909	2571	12451	2553	12590	2466	12542	2478	12629

表 35

2011—2015 年陆川县林业生产情况

指标	单位	2011 年	2012 年	2013 年	2014 年	2015 年	2015 年比 2014 年增长(%)
造林面积	公顷	815.00	935.00	435.00	323.00	260.00	−19.50
其中:用材林	公顷	799.00	829.00	342.00	298.00	206.00	−30.87
经济林	公顷	16.00	106.00	93.00	25.00	54.00	116.00
主要林产品产量							
油茶籽	吨	15.00	16.00	16.00	20.00	20.00	
松脂	吨	38.00	38.00	28.00	40.00	40.00	
八角	吨	32.00	36.00	20.00	41.00	21.00	−48.78
木材采伐量	万立方米	35.38	35.82	40.02	41.74	44.25	6.02
篙竹采伐量	万根	83.50	85.60	96.00	104.00	105.00	0.96

表 36

2011—2015 年陆川县畜牧业生产情况

指标	单位	2011 年	2012 年	2013 年	2014 年	2015 年	2015 年比 2014 年增长(%)
一、畜禽出栏							
其中:猪	万头	99.29	105.13	107.73	109.48	106.92	−2.34
牛	万头	0.95	0.85	0.97	0.99	1.02	3.03
山羊	万只	0.11	0.11	0.11	0.12	0.13	8.33
家禽	万羽	2157.52	2202.85	2172.85	2048.47	2090.33	2.04
肉狗	万只	1.64	1.85		3.67	4.9	33.51
肉鸽	万羽				0.01	2.03	20200.00
鹌鹑	万羽				0.01		−100.00
二、畜禽存栏							
大牲畜	万头	2.42	2.43	2.55	2.66	2.66	
1.牛	万头	2.42	2.43	2.55	2.66	2.66	
其中:肉牛	万头				2.65	2.65	
奶牛	万头				0.01	0.01	
2.猪	万头	96.74	123.25	125.65	123.65	125.65	1.62
3.山羊	万头只	0.13	0.14	0.18	0.34	0.35	2.94
4.家禽	万羽	955.36	971.85	919.49	911.24	931.73	2.25
三、肉类总产量	吨	109737	114799	116608	117209	116183	−0.88
其中:猪肉	吨	73958	78381	80638	82613	80809	−2.18
牛肉	吨	890	891	911	933	960	2.89
羊肉	吨	17	17	17	18	21	16.67
禽肉	吨	34667	35305	34837	33238	33935	2.10
狗肉	吨	205	205	205	407	448	10.07
四、其他畜产品产量							
禽蛋	吨	8826	9246	9562	9219	9594	4.07
生牛奶	吨	150	150	150	150	150	
天然蜂蜜	吨	5	5	5	5	23	360.00
蚕茧	吨	227	339	388	422	364	−13.74

表 37

2011—2015 年陆川县渔业生产情况

指标	单位	2011 年	2012 年	2013 年	2014 年	2015 年	2015 年比 2014 年增长(%)
一、水产品养殖面积	公顷	2720	2908	2966	3021	3082	2.02
淡水养殖面积	公顷	2720	2908	2966	3021	3082	2.02
其中:池塘养殖	公顷	1110	1241	1299	1354	1415	4.51
山塘水库养殖	公顷	1590	1647	1647	1647	1647	
二、淡水产品总产量	吨	18801	20464	22361	24039	25951	7.95
淡水捕捞	吨	1880	2012	2109	2013	2206	9.59
其中:鱼类	吨	1389	1519	1591	1476	1658	12.33
甲壳(虾蟹)类	吨	350	364	393	405	413	1.98
贝类	吨	124	129	125	132	135	2.27
淡水养殖	吨	16921	18452	20252	22026	23745	7.80
其中:鱼类	吨	16404	17915	19672	21402	23082	7.85
虾蟹类	吨	258	268	296	318	344	8.18
贝类	吨	41	43	46	59	69	16.95

表 38

2015 年陆川县各镇渔业生产情况

单位:面积:公顷　总产:吨

	一、淡水产品产量	1.淡水捕捞产量	(1)鱼类	(2)虾蟹类	(3)贝类	(4)其他类	2.淡水养殖产量	(1)鱼类	(2)虾蟹类	(3)贝类	(4)其他类	二、淡水养殖面积	1.池塘养殖面积	2.河沟养殖面积	3.山塘水库养殖面积	4.其他养殖面积
总计	25951	2206	1658	413	135		23745	23082	344	69	250	3082	1415		1647	20
温泉	2337	276	191	49	36		2061	1944	37	8	72	260	152		108	
米场	654	21	14	7			633	622	11			76	50		26	
沙湖	1198	18	14	4			1180	1160	15	5		168	38		130	
马坡	2486	183	107	54	22		2303	2265	24	8	6	351	196		155	
珊罗	1825	138	117	19	2		1687	1604	18	4	61	137	86		51	
平乐	1783	108	75	18	15		1675	1648	22	5		207	45		162	
沙坡	1052	14	11	3			1038	1021	13	4		93	48		45	
大桥	1473	139	94	36	9		1334	1304	24	6		173	63		110	
横山	1475	107	68	32	7		1368	1352	14	2		125	62		63	
乌石	2746	119	63	44	12		2627	2560	43	7	17	314	120		194	
滩面	1326	48	31	13	4		1278	1246	25	3	4	152	46		106	
良田	2808	258	215	35	8		2550	2457	30	6	57	273	150		123	
清湖	1855	120	78	38	4		1735	1694	19	5	17	256	130		116	10
古城	2446	657	580	61	16		1789	1725	45	4	15	375	160		205	10
其他	487						487	480	4	2	1	122	69		53	

表39

<h2 style="text-align:center">2011—2015 年陆川县农林牧渔业总产值及指数</h2>

指标	单位	2011 年	2012 年	2013 年	2014 年	2015 年	2015 年比 2014 年增长(%)
一、农林牧渔业总产值	万元	471430	486000	505611	517359	536944	3.79
农业产值	万元	143827	161288	171454	184868	191122	3.38
林业产值	万元	24092	25360	29256	32148	30909	−3.85
牧业产值	万元	275708	268371	269017	258986	269432	4.03
渔业产值	万元	18910	19968	22681	25935	28518	9.96
二、农林牧渔业总产值指数	%	106.60	106.26	103.17	103.04	101.50	
农业产值指数	%	104.60	107.64	2.55	105.90	102.88	−2.85
林业产值指数	%	128.80	101.52	111.24	108.68	98.43	−9.43
牧业产值指数	%	105.00	105.10	101.66	99.58	99.80	0.22
渔业产值指数	%	107.70	110.69	109.11	107.14	107.30	0.15

表40

<h2 style="text-align:center">2015 年陆川县农村农田水利建设情况</h2>

	1.有效灌溉面积（公顷）	2.旱涝保收面积（公顷）	3.机电排灌面积（公顷）	4.机电井（眼）
总　计	20577	19561	14778	2476
温　泉	1199	1189	1185	136
米　场	963	945	917	360
沙　湖	454	434	143	
马　坡	2415	2325	666	
珊　罗	1723	1625	102	
平　乐	1489	1489	1489	347
沙　坡	1451	1271	1220	178
大　桥	1656	1548	1501	445
横　山	1220	1220	1103	178
乌　石	2759	2695	2610	449
滩　面	689	632	632	165
良　田	1888	1863	1797	158
清　湖	1370	1086	206	
古　城	1301	1239	1207	60
其　它				

表 41　　　　　　　　　2015 年陆川县农村能源、物资消耗情况

| | 二、农村用电量（万千瓦时） | 农用化肥施用(吨) | | | | | 四、农用塑料薄膜使用量 | | 五、地膜覆盖面积（公顷） | 六、农用柴油使用量(吨) | 七、农药使用量（实物量）(吨) |
| | | 按折纯量计算 | | | | | 合计（吨） | 其中:地膜使用量（吨） | | | |
		合计	氮肥	磷肥	钾肥	复合肥					
总　计	9307	18915	7062	2224	5432	4197	458	391	2101	2250	893
温　泉	1309	1577	693	254	378	252	22	22	116	192	31
米　场	300	1430	910	257	120	143	57	57	78	91	38
沙　湖	286	920	326	79	311	204	2	1	15	15	8
马　坡	662	2962	1176	467	680	639	45	36	268	47	42
珊　罗	295	516	76	32	296	112	20	11	51	264	27
平　乐	489	496	133	101	116	146	10	10	37	108	58
沙　坡	698	1113	471	113	214	315	25	22	125	17	51
大　桥	382	1429	300	113	688	328	72	57	242	25	102
横　山	394	1420	461	194	400	365	2	2	9	85	22
乌　石	2091	2427	1209	193	564	461	49	48	136	427	109
滩　面	403	310	100	42	91	77	4	4	20	24	14
良　田	894	1829	308	46	947	528	15	15	478	697	263
清　湖	682	1027	358	140	341	188	94	75	380	77	46
古　城	422	1007	388	152	201	266	41	31	146	116	72
其　他		452	153	41	85	173				65	10

表 42　　　　　　　　2014—2015 年陆川县工业企业主营业务收入

单位:万元

	2014 年	2015 年
总计	2793091.80	3022661.40
一、按登记注册类型分组:		
内资企业	2470147.50	2683792.10
其中:国有企业	51688.00	36907.20
其中:地方企业	51688.00	36907.20
集体企业	35029.20	39074.90
有限责任公司	1039533.40	1168017.80
股份有限公司	42032.70	46435.50
私营企业	1249511.80	1353300.20
其他企业	52352.40	40056.50
港、澳、台商投资企业	90780.40	64937.90
外商投资企业	232163.90	273931.40
其中:有色金属矿采选业	23837.90	
农副食品加工业	510523.40	605655.80

续表

	2014 年	2015 年
酒、饮料和精制茶制造业	30857.40	24567.90
纺织业	104231.80	131676.20
木材加工和木、竹、藤、棕、草制品业	68427.10	97376.20
造纸及纸制品业	10813.50	13171.30
其中:造纸	10813.50	13171.30
化学原料及化学制品制造业	42489.80	54807.40
医药制造业	6252.00	10008.10
橡胶和塑料制品业	92073.30	99223.70
非金属矿物制品业	232064.60	284064.20
其中:水泥制造	129442.90	89369.30
黑色金属冶炼及压延加工业	354092.10	347772.70
有色金属冶炼及延压加工业	2030.00	18619.50
金属制品业	109216.10	125960.20
专用设备制造业	338233.20	385091.40
汽车制造业	408807.80	328023.70
电气机械及器材制造业	173087.10	193905.60
电力、热力生产和供应业	38317.30	36907.20

表43　　2014—2015 年陆川县工业企业利润和税金总额

单位:万元

指标	2014 年	2015 年
总计	252802.30	220151.10
一、按登记注册类型分组		
内资企业	194501.30	202405.30
国有企业	2063.70	2131.80
中央企业		
地方企业	2063.70	2131.80
集体企业	2571.50	2231.80
有限责任公司	81374.10	104100.10
股份有限公司	1925.60	4230.00
私营企业	99200.50	85682.40
其他企业	7365.90	4029.20
港、澳、台商投资企业	29179.80	15291.60
外商投资企业	29121.20	2454.20
二、按工业主要行业分		

续表

指标	2014 年	2015 年
农副食品加工业	21134.40	18615.00
酒、饮料和精制茶制造业	2413.10	246.80
纺织业	9847.20	12583.00
木材加工和木、竹、藤、棕、草制品业	3906.20	4948.00
造纸及纸制品业	472.30	779.50
其中:造纸	472.30	779.50
化学原料及化学制品制造业	5806.20	6331.20
医药制造业	516.10	692.70
橡胶和塑料制品业	9898.40	9326.40
非金属矿物制品业	40294.20	47442.40
其中:水泥制造	31561.40	16779.90
黑色金属冶炼及压延加工业	32465.90	27368.20
有色金属冶炼及延压加工业	87.90	3165.40
金属制品业	8678.70	7234.90
专用设备制造业	41455.40	12352.60
汽车制造业	30133.70	25940.70
电气机械及器材制造业	10015.00	8529.20
电力、热力生产和供应业	658.40	2131.80

表 44　　　　　　　　　　　2015 年陆川县工业重点行业主要经济指标

单位:万元

项　目	固定资产合计	固定资产原价	流动资产合计	实收资本合计	负债合计
总计	317264.50	420735.70	714449.30	250315.90	627419.60
一、按登记注册类型分组					
内资企业	236114.80	309242.00	329949.20	134061.80	275870.70
国有企业	3829.80	12301.40	4005.30	2608.70	5254.60
中央企业					
地方企业	3829.80	12301.40	4005.30	2608.70	5254.60
集体企业	1182.10	705.80	928.30	1118.30	667.80
有限责任公司	134621.10	184404.90	186373.00	40809.90	152672.90
股份有限公司	11507.50	12344.60	10811.10	4370.50	11510.70
私营企业	84639.70	99166.70	127601.40	84988.60	105398.30
其他企业	334.60	318.60	230.10	165.80	366.40
港、澳、台商投资企业	62684.70	78108.70	19962.70	26793.80	26004.80
外商投资企业	18465.00	33385.00	364537.40	89460.30	325544.10

续表

项 目	固定资产合计	固定资产原价	流动资产合计	实收资本合计	负债合计
二、按工业主要行业分					
黑色金属矿采选业	8104.40	2337.60	3288.30	41822.00	1709.20
农副食品加工业	21010.10	27962.60	23114.40	15729.90	21859.90
酒、饮料和精制茶制造业	954.00	1406.40	483.20	497.00	1283.00
纺织业	10141.40	10885.10	17923.50	511.00	10801.10
木材加工和木、竹、藤、棕、草制品业	13128.30	23035.20	11591.20	3150.00	22791.80
造纸及纸制品业	903.30	996.90	411.50	538.00	700.80
其中:造纸	903.30	996.90	411.50	538.00	700.80
化学原料及化学制品制造业	6487.50	6678.80	7611.10	5831.20	6577.30
医药制造业	922.80	1850.90	6551.60	330.00	5850.20
橡胶和塑料制品业	1730.50	1548.90	9172.40	1483.50	6046.20
非金属矿物制品业	162313.90	212036.80	149387.40	47479.20	121631.40
其中:水泥制造	64610.40	83927.00	12994.80	27384.40	20840.80
黑色金属冶炼及压延加工业	11759..4	13375.30	3871.80	3296.10	1178.60
有色金属冶炼及延压加工业	3412.50	3678.80	1200.80	1062.80	2562.90
金属制品业	7726.70	10428.90	16322.00	2250.00	14500.90
专用设备制造业	25583.10	43891.10	386261.90	100226.50	340613.30
汽车制造业	24844.30	30423.00	32744.20	13087.50	26740.90
电气机械及器材制造业	6245.50	7649.90	20029.70	4821.70	15386.50
电力、热力生产和供应业	3829.80	12301.40	4005.30	2608.70	5254.60

表45　　　　　　　　　　　　　2005—2015 年陆川县客运、货运情况

年份	客 运			货 运		
	车辆数（辆）	客运量（万人次）	客运周转量（万人千米）	车辆数（辆）	货运量（万吨）	货运周转量（万吨千米）
2005	201	371	16021	2245	981	227451
2006	202	401	17463	2644	1060	240352
2007	214	501	32352	3001	1314	305383
2008	225	553	59376	3696	1445	338341
2009	228	560	70406	5123	2173	508888
2010	231	634	85022	5290	2479	608464
2011	231	699	97775	7795	2801	786360
2012	231	772	110972	8201	3219	990837
2013	240	324	22884	8284	3451	718600
2014	244	335	23195	8293	3715	800161
2015	248	298	23043	8554	3298	820761

表46   2014—2015年陆川县房地产开发基本情况

指标	单位	2014 年	2015 年	2015 年比 2014 年增长
一、企业(单位)	家	6	7	16.67
内资企业	家		7	
国有	家	1	1	
集体	家		2	
有限责任公司	家		1	
私营企业	家		4	
二、土地开发及购置				
购置土地面积	平方米	61580	153756	149.68
三、完成投资	万元	41970	37194	-11.38
其中:住宅	万元	34092	30965	-9.17
四、资金来源小计	万元	46575	46120	-0.98
其中:国内贷款	万元	1300	1200	-7.69
自筹资金	万元	31183	25105	-19.49
五、房屋建筑面积及价值				
施工面积	平方米	670078	628173	-6.25
其中:住宅	平方米	588400	549776	-6.56
竣工面积	平方米	455486	214384	-52.93
其中:住宅	平方米	413335	214384	-48.13
竣工价值	万元	21055	2917878	13758.36
六、商品房屋销售				
销售面积	平方米	186889	243010	30.03
其中:住宅	平方米	168469	233200	38.42
销售额	万元	60490	78024	28.99
其中:住宅	万元	49021	70324	43.46
七、商品房待售面积	平方米	166370	116161	-30.18
八、新增固定资产	万元	35926	22975	-36.05

表47   2011—2015年陆川县建筑业企业主要指标

指标	单位	2011 年	2012 年	2013 年	2014 年	2015 年
企业数	家	6	6	6	6	7
总产值	万元	155664.3	179614.0	219706.6	291535.9	312117.8
年末从业人员	人		9315	11922	14723	14490
房屋建筑施工面积	平方米	6193872	3143766	3656923	3788290	3531709
房屋建筑竣工面积	平方米	1674668	699351	1074556	455486	214384

表48   2005—2015年陆川县社会消费品零售总额与指数

单位:万元

年份	2005	2006	2007	2008	2009	2010	2011	2012	2013	2014	2015
社会消费品零售总额	113738	131310	157319	195553	235710	274950	324854	378910	432410	486837	528267
社会消费品零售总额指数	114.65	115.45	119.89	124.30	120.53	118.99	118.20	116.64	114.12	112.59	108.51

表 49

2011—2015 年陆川县全部单位在岗职工人数和工资情况

指标	单位	2011 年	2012 年	2013 年	2014 年	2015 年	2015 年比 2014 年增长(%)
全部单位在岗职工人数	人	30978	34229	39006	41036	40503	-1.30
其中:国有单位	人	25299	20690	20384	19323	19552	1.19
城镇集体单位	人	1483	2335	2242	2880	2798	-2.85
其他单位	人	4196	11204	16380	18833	18153	-3.61
全部单位在岗职工工资总额	万元	92535.6	106330.4	138068.2	155393.1	187565.7	20.70
其中:国有单位	万元	76076.9	66893.8	77003	74479.5	103692.5	39.22
城镇集体单位	万元	3613	6930.5	8080.4	10590.3	12000.9	13.32
其他单位	万元	12845.7	32506.1	52984.8	70323.3	71872.3	2.20
全部单位在岗职工平均工资	元	28569	30303	34995	36491	44477	21.88
其中:国有单位	元	28260	32213	38043	38874	53516	37.67
城镇集体单位	元	25003	32461	37340	37055	41932	13.16
其他单位	元	31915	26671	31078	34192	36057	5.45

表 50

2015 年陆川县各行业从业人员和工资情况(全部非私营城镇地域单位)

指标名称	单位数(个)	年末人数(人) 单位从业人员	工资总额(万元) 从业人员工资总额	平均工资(元) 从业人员平均工资
总计	827	45078	194735	41644
1. 企业	113	25764	94425	34139
2. 事业	504	15870	81235	51805
3. 机关	210	3444	19075	55743
农、林、牧、渔业	22	3462	5228	14950
制造业	25	6444	28368	44167
电力、热力、燃气及水生产和供应业	3	911	5867	63907
电力、热力生产和供应业	2	762	5387	69957
建筑业	4	12591	45641	31505
批发和零售业	40	828	2098	25308
交通运输、仓储和邮政业	11	713	3172	44111
住宿和餐饮业	2	250	503	20294
信息传输、软件和信息技术服务业	1	3	12	41000
金融业	17	457	3852	84105
房地产业	9	256	942	35262
租赁和商务服务业	26	619	2029	35536
科学研究和技术服务业	52	427	2162..4	50406
水利、环境和公共设施管理业	46	752	2334	35963
居民服务、修理和其他服务业	2	60	200	33383
教育	239	9579	50114	52426
卫生和社会工作	50	3445	19478	57458
文化、体育和娱乐业	22	173	698	40558
公共管理、社会保障和社会组织	256	4108	22037	53972

表51

2015年陆川县各镇基本情况

名称	区域面积（平方千米）	建制村（个）	社区（个）	年末总户数（户）	年末总人口（人）	工业总产值（万元）	农林牧渔业总产值（万元）	耕地面积（公顷）	粮食种植面积（公顷）	经济作物种植面积（公顷）	粮食总产量（吨）	财政收入（万元）	完成固定资产投资（万元）
温泉镇	123.27	14	6	57206	155750	1198138	38366	1946	2712	384	16260	11774.6	100000
米场镇	90.11	9		19500	62549	165044.7	26435	1738	2459	749	15029	2564.17	83000
沙湖镇	71.35	5	1	8921	30636	40235.7	16238	1129	1275	183	7758	597.34	33000
马坡镇	145.20	13		28802	105240	287603.4	56158	4796	4908	1410	30297	5752.2	69000
平乐镇	70.99	7		16410	55488	36121.9	23842	1546	2387	264	15330	602.58	34000
珊罗镇	53.49	7		17545	60774	996145.4	36375	2076	3132	299	19843	13898.84	63000
沙坡镇	154.80	13		22803	82103	42164	28724	2092	3082	690	18841	718.35	35000
大桥镇	89.01	11		18204	59056	157847.5	41952	2119	3371	583	19686	774.59	39000
横山镇	91.47	11		15450	50379	728.3	29463	1879	2827	300	17480	345.61	29000
乌石镇	228.19	23	1	40018	133511	47411.5	61919	4194	5728	583	35588	1829.77	62000
滩面镇	63.23	6		11279	36862	1923.1	24579	1455	2013	333	12488	442.78	34000
良田镇	132.72	13	1	27962	97845	139376.4	54888	3511	4177	459	25797	2749.18	67000
清湖镇	127.19	12	1	20875	77186	177917.6	34550	2464	3237	308	19900	2050.62	65000
古城镇	113.30	10		22437	79712	129242.4	34323	2494	3026	382	17794	1190.35	45000
镇合计	1554.32	154	10	327412	1087091	3419900	536944	33439	44340	6927	272114	133322	758000

表52

2015年陆川县农村基本情况

指标	单位	总计	温泉镇	米场镇	沙湖镇	马坡镇	珊罗镇	平乐镇	沙坡镇	大桥镇	横山镇	乌石镇	滩面镇	良田镇	清湖镇	古城镇
一、农村基层组织																
1. 乡镇个数	个	14	1	1	1	1	1	1	1	1	1	1	1	1	1	1
2. 村民委员会	个	154	14	9	5	13	7	7	13	11	11	23	6	13	12	10
3. 居民委员会	个	10	6		1	1								1	1	
4. 村民小组	个	4529	404	295	140	474	228	226	397	306	286	593	162	361	354	303
二、农村社会基础设施																
1. 自来水受益村数	个	78	5	4	2	13	7	3	13	2		18		9	2	
2. 通有线电视村数	个	138	14	9	5	13	7	7	13	11	11	18	1	14	13	2
3. 通宽带村数	个	148	14	9	5	13	7	7	13	11	11	23	6	14	13	2
三、乡村人口与从业人员																
乡(镇)村户数	户	185501	13167	11559	8481	26048	9126	10084	13868	8630	10292	24018	6218	17526	13526	12958
乡(镇)村人口数	人	846366	63624	53994	25029	95299	45672	49243	71629	42089	39391	110185	33151	87637	65237	64186
1. 男	人	441598	32661	30418	13054	48354	24035	25389	37406	23261	20484	57848	16937	44865	33440	33446
2. 女	人	404768	30963	23576	11975	46945	21617	23854	34223	18828	18907	52337	16214	42772	31797	30740
乡(镇)村劳动力资源数	人	566624	41119	29094	17332	61771	33964	26941	46480	42005	29301	69531	23178	67362	38729	39808
1. 男	人	308801	22503	15898	9246	32468	18649	13936	24327	23216	15829	36694	12515	42547	19842	21131
2. 女	人	257823	18616	13196	8086	29303	15315	13005	22153	18789	13481	32837	10663	24815	18887	18677
乡(镇)村从业人员数	人	497881	39845	27564	16675	62212	33249	22736	39074	28844	27262	60731	22014	46732	35957	34986
1. 男	人	264944	21460	15013	8856	29179	18262	12547	21488	15937	14716	32486	12325	25232	18586	18857
2. 女	人	232937	12830	7734	2353	22674	15900	7691	15394	15139	8823	22230	9483	9492	12375	8984
其中:农业从业人员	人	171102	18385	12551	7819	33033	14987	10189	17586	12907	12546	28245	9689	21500	17371	16129
农业从业人员	人	155728	11034	5733	2519	25819	12499	7214	12599	12264	7504	19891	8751	8070	12959	8872
四、农业用地情况																
1. 耕地	公顷	33439	1946	1738	1129	4796	2076	1546	2092	2119	1879	4194	1455	3511	2464	2494
2. 园地	公顷	9643	617	575	288	854	373	1121	1456	284	376	653	82	748	985	1231
3. 林地	公顷	75975	5777	4848	4347	4857	596	2828	9025	3988	4984	13700	3328	5863	7110	4724
4. 草地	公顷	10715	1413	816	667	867	140	469	1292	898	690	1226	248	524	671	794
5. 设施农业用地	公顷	273	23	5	3	20	19	3	9	28	17	30	20	69	10	17

表53

2015年陆川县各民族人口基本情况

单位:人、%

名称	汉族	壮族	白族	布依族	傣族	侗族	仡佬族	哈萨克族	回族	京族	黎族	傈僳族	满族	毛南族	蒙古族	苗族	仫佬族	怒族	羌族	畲族	水族	土族	土家族	佤族	维吾尔族	瑶族	彝族	藏族	乌孜别克族	鄂温克	其他少数民族	外国籍加入中国籍
温泉镇	152903	1485		56	4	38	50		9	5	14		34	59	2	110	118		2		11	1	14			340	7			2		
米场镇	58248	289		6	7	10	2				3			2	1	18				1	8		2			36						
沙湖镇	30536	226		9										3	4	1	3				1					36						
马坡镇	104989	637		16		12				3	5			6	3	30	7				1		3			75	4	3				
平乐镇	55476	277		8	1	9	1		2		4				1	17	11						2			25	2				1	
珊罗镇	60627	288		10		6					6			20		6	6				13		4	1		79	2					
沙坡镇	81757	633		20	1	36			1		6	2			5	24	13				7					89	3				1	
大桥镇	58559	694		11		7			1		4			4	1	9	13				5		3			32						
横山镇	50114	556	1	11	5	7	1				16	3	5	11	1	17	21				1					31	4					
乌石镇	132708	1304	2	48	8	34	4		2		19	1	1	8	4	40	25				10		13			112	3			2	9	
滩面镇	36592	367	1	34	1	5					5			2	7	19	28				5		2			42						
良田镇	97168	712		20	7	22					10	1	1		4	35	69			1	3	1	6			90	1					
清湖镇	77058	665		20			2				9	1	1	21		19	88						7			89						
古城镇	79266	841		20	1	35	4				14	1	1	16		23	72				2		7			61	3	1				
合计	1076001	8974	4	289	35	245	64		15	8	115	9	43	152	33	368	474		2	2	67	2	63	1		1137	29	4		4	11	
占总人口比率	99%	1%	0%	0%	0%	0%	0%	0%	0%	0%	0%	0%	0%	0%	0%	0%	0%	0%	0%	0%	0%	0%	0%	0%	0%	0%	0%	0%	0%	0%	0%	0%

附　　　录

FULU

2015 年 6 月 29 日，陆川县举行九洲江上游流域中小企业产业转移园标准厂房建设项目开工仪式

叶礼林　摄

2015年文件目录选录

表54 <center>中共陆川县委员会文件</center>

文件号	文 件 标 题	发文日期
陆发〔2015〕1号	中共陆川县委员会　陆川县人民政府 关于印发陆川县2015—2017年新型城镇化建设暨棚户区改造实施方案的通知	2015年2月15日
陆发〔2015〕2号	中共陆川县委员会 印发关于在全县开展"守纪律、讲规矩"主题教育活动实施方案的通知	2015年3月10日
陆发〔2015〕3号	中共陆川县委员会 关于2015年全县理论学习的通知	2015年4月15日
陆发〔2015〕4号	中共陆川县委员会 关于印发贯彻落实2015年全区民族工作会议精神实施方案的通知	2015年5月6日
陆发〔2015〕5号	中共陆川县委员会 关于印发中共陆川县委常委会2015年工作要点的通知	2015年7月20日
陆发〔2015〕6号	中共陆川县委员会　陆川县人民政府 关于纪念中国人民抗日战争暨世界反法西斯战争胜利70周年有关活动安排的通知	2015年7月30日
陆发〔2015〕7号	中共陆川县委员会　陆川县人民政府 印发关于加快服务业发展的实施意见的通知	2015年9月15日

表55 <center>陆川县人民政府文件</center>

文件号	文 件 标 题	发文日期
陆政发〔2015〕7号	陆川县人民政府 关于建设陆川县新农村示范点的决定	2015年5月26日
陆政发〔2015〕8号	陆川县人民政府 关于进一步加强统计工作的实施意见	2015年5月27日
陆政发〔2015〕9号	陆川县人民政府 关于印发陆川县行政审批管理办法的通知	2015年6月9日
陆政发〔2015〕14号	陆川县人民政府 关于进一步加强我县森林防火工作的实施意见	2015年8月31日
陆政发〔2015〕16号	陆川县人民政府关于 引导鼓励公共文化服务社会化发展的实施意见	2015年9月16日
陆政发〔2015〕18号	陆川县人民政府 关于深入推进依法行政加快建设法治政府的实施意见	2015年10月12日
陆政发〔2015〕20号	陆川县人民政府 关于做好我县第三次全国农业普查工作的通知	2015年12月14日
陆政发〔2015〕21号	陆川县人民政府 关于印发陆川县储备粮管理办法的通知	2015年12月25日
陆政发〔2015〕23号	陆川县人民政府 关于印发陆川县标准化工作改革实施方案的通知	2015年12月31日
陆政发〔2015〕25号	陆川县人民政府 关于印发陆川县深化财税体制改革实施方案的通知	2015年12月31日

表 56 中共陆川县委员会办公室文件

文件号	文 件 标 题	发文日期
陆办发〔2015〕1 号	中共陆川县委员会办公室　陆川县人民政府办公室 关于做好议事协调机构清理和规范工作的通知	2015 年 1 月 12 日
陆办发〔2015〕2 号	中共陆川县委办员会公室　陆川县人民政府办公室 关于印发粤桂跨省流域生态农业和生态旅游合作试验区建设实施方案的通知	2015 年 2 月 10 日
陆办发〔2015〕3 号	中共陆川县委员会办公室　陆川县人民政府办公室 关于印发陆川县"双八工程"实施方案的通知	2015 年 2 月 16 日
陆办发〔2015〕4 号	中共陆川县委员会办公室　陆川县人民政府办公室 关于印发陆川县实施城乡社区"双十"工程规范化建设活动工作方案的通知	2015 年 2 月 27 日
陆办发〔2015〕5 号	中共陆川县委员会办公室 印发关于贯彻中央、自治区党委、市委和县委重大决策部署落实工作机制的实施办法的通知	2015 年 3 月 25 日
陆办发〔2015〕6 号	中共陆川县委员会办公室　陆川县人民政府办公室 关于印发陆川县领导干部离任经济事项交接办法(试行)的通知	2015 年 4 月 27 日
陆办发〔2015〕7 号	中共陆川县委员会办公室　陆川县人民政府办公室 关于印发陆川县村(社区)干部参加城乡居民基本养老保险实施方案的通知	2015 年 5 月 18 日
陆办发〔2015〕8 号	中共陆川县委员会办公室　陆川县人民政府办公室 关于印发陆川县推广"村务商议团"民主管理模式实施方案的通知	2015 年 5 月 19 日
陆办发〔2015〕9 号	中共陆川县委员会办公室　陆川县人民政府办公室 关于印发陆川县实施大招商促进大发展的实施方案的通知	2015 年 5 月 21 日
陆办发〔2015〕10 号	中共陆川县委员会办公室 印发关于在正科级以上领导干部中开展"三严三实"专题教育实施方案的通知	2015 年 5 月 20 日
陆办发〔2015〕11 号	中共陆川县委员会办公室　陆川县人民政府办公室 关于印发陆川县整县推进高标准基本农田土地整治重大工程建设实施方案的通知	2015 年 6 月 23 日
陆办发〔2015〕12 号	中共陆川县委员会办公室 关于印发中共陆川县委全面深化改革领导小组 2015 年工作要点的通知	2015 年 6 月 26 日
陆办发〔2015〕13 号	中共陆川县委员会办公室　陆川县人民政府办公室 印发陆川县推进村(社区)网格化管理的实施方案的通知	2015 年 8 月 11 日
陆办发〔2015〕14 号	中共陆川县委员会办公室 关于加强县直派驻(派出)纪检监察机构干部管理工作的通知	2015 年 9 月 15 日
陆办发〔2015〕15 号	中共陆川县委员会办公室　陆川县人民政府办公室 关于提高村干部报酬、村干部养老补贴和村级组织办公经费标准的通知	2015 年 9 月 29 日
陆办发〔2015〕16 号	中共陆川县委员会办公室　陆川县人民政府办公室 关于印发陆川县加强基层组织建设"百村"工程实施方案的通知	2015 年 9 月 29 日
陆办发〔2015〕19 号	中共陆川县委员会办公室　陆川县人民政府办公室 关于印发陆川县机关公务用车制度改革实施方案的通知	2015 年 12 月 29 日
陆办发〔2015〕3 号	中共陆川县委员会办公室　陆川县人民政府办公室 关于印发陆川县 2015 年建设三个千亩特色农业种植区工作方案的通知	2015 年 1 月 23 日
陆办发〔2015〕5 号	中共陆川县委员会办公室　陆川县人民政府办公室 关于印发陆川县开展农村"三留守"人员关爱行动实施方案的通知	2015 年 1 月 30 日
陆办发〔2015〕9 号	中共陆川县委员会办公室 关于 2014 年度镇党委书记抓基层党建工作述职评议结果的通报	2015 年 2 月 27 日

续表

文件号	文　件　标　题	发文日期
陆办发〔2015〕13号	中共陆川县委员会办公室　陆川县人民政府办公室关于印发陆川县2015年党政信息工作任务的通知	2015年3月30日
陆办发〔2015〕14号	中共陆川县委员会办公室 关于2014年度陆川县落实党风廉政建设责任制推进惩治和预防腐败体系建设工作考评等次的通报	2015年4月2日
陆办发〔2015〕19号	中共陆川县委员会办公室　陆川县人民政府办公室 关于明确陆川县新型城镇化建设暨县城棚户区改造范围及相关事项的通知	2015年4月9日
陆办发〔2015〕20号	中共陆川县委员会办公室　陆川县人民政府办公室 关于印发陆川县机关大院车辆管理细则的通知	2015年4月16日
陆办发〔2015〕21号	中共陆川县委员会办公室　陆川县人民政府办公室 关于印发陆川县生态九洲江建设实施方案的通知	2015年4月30日
陆办发〔2015〕22号	中共陆川县委员会办公室 关于印发陆川县"书记论坛"安排表的通知	2015年5月3日
陆办发〔2015〕23号	中共陆川县委员会办公室 关于印发陆川县2015年干部教育培训工作计划的通知	2015年5月6日
陆办发〔2015〕24号	中共陆川县委员会办公室　陆川县人民政府办公室 关于印发九洲江流域生态乡村示范带建设工作方案的通知	2015年5月18日
陆办发〔2015〕25号	中共陆川县委员会办公室 关于开展基层党组织"'三会一课'人人讲"主题教育实践活动的通知	2015年5月18日
陆办发〔2015〕27号	中共陆川县委员会办公室　陆川县人民政府办公室 关于印发陆川城区开展"保护母亲河、共筑中国梦"——2015年经常性广场文化活动方案的通知	2015年6月2日
陆办发〔2015〕28号	中共陆川县委员会办公室 关于印发2015年陆川县开展党风廉政建设"两个责任"约谈工作实施方案的通知	2015年5月28日
陆办发〔2015〕29号	中共陆川县委员会办公室 关于开展纪念中国共产党成立94周年系列活动的通知	2015年6月15日
陆办发〔2015〕31号	中共陆川县委员会办公室　陆川县人民政府办公室 关于陆川县2014年度机关绩效考评结果的通报	2015年7月7日
陆办发〔2015〕32号	中共陆川县委员会办公室　陆川县人民政府办公室 关于印发陆川县招商引资优惠政策过渡期的执行意见的通知	2015年7月7日
陆办发〔2015〕33号	中共陆川县委员会办公室　陆川县人民政府办公室 关于印发陆川县加快园区招商项目基础设施建设的实施意见的通知	2015年7月7日
陆办发〔2015〕36号	中共陆川县委员会办公室　陆川县人民政府办公室 关于扎实推进九洲江流域水环境综合整治提高水环境质量的通知	2015年7月14日
陆办发〔2015〕38号	中共陆川县委员会办公室　陆川县人民政府办公室 关于2015年"八一"建军节期间开展拥军优属慰问活动的通知	2015年7月17日
陆办发〔2015〕41号	中共陆川县委员会办公室　陆川县人民政府办公室 关于印发陆川县2015年度机关绩效考评工作方案的通知	2015年7月29日
陆办发〔2015〕42号	中共陆川县委员会办公室　陆川县人民政府办公室 关于印发陆川县开展发生在群众身边的"四风"和民生资金领域腐败问题专项治理工作方案的通知	2015年8月4日
陆办发〔2015〕43号	中共陆川县委员会办公室　陆川县人民政府办公室 关于印发陆川县2015年下半年经济增长计划任务分解表的通知	2015年8月27日

续表

文件号	文件标题	发文日期
陆办发〔2015〕44号	中共陆川县委员会办公室　陆川县人民政府办公室 关于印发陆川县发展生态养殖工作方案的通知	2015年8月27日
陆办发〔2015〕45号	中共陆川县委员会办公室　陆川县人民政府办公室 关于印发陆川县生态养殖户万人培训工作方案的通知	2015年8月27日
陆办发〔2015〕46号	中共陆川县委员会办公室　陆川县人民政府办公室 关于印发陆川县开展生猪小散养殖污染集中整治工作实施方案的通知	2015年8月27日
陆办发〔2015〕49号	中共陆川县委员会办公室　陆川县人民政府办公室 关于成立陆川县深化供销合作社综合改革工作领导小组的通知	2015年9月3日
陆办发〔2015〕50号	中共陆川县委员会办公室　陆川县人民政府办公室 印发陆川县农村留守儿童空巢老人关爱工作方案的通知	2015年9月16日
陆办发〔2015〕51号	中共陆川县委员会办公室　陆川县人民政府办公室 关于印发2015年陆川县油菜、绿肥种植工作方案的通知	2015年9月29日
陆办发〔2015〕53号	中共陆川县委员会办公室　陆川县人民政府办公室 关于印发陆川县县直机关办公用房统一管理实施细则的通知	2015年9月29日
陆办发〔2015〕54号	中共陆川县委办公室　陆川县人民政府办公室 关于印发陆川县橘红产业发展实施方案的通知	2015年9月29日
陆办发〔2015〕55号	中共陆川县委员会办公室　陆川县人民政府办公室 关于印发陆川县橘红产业技能培训实施方案的通知	2015年9月29日
陆办发〔2015〕56号	中共陆川县委员会办公室　陆川县人民政府办公室 关于陆川县2014年度村委会(社区居委会)绩效考核结果的通报	2015年9月25日
陆办发〔2015〕57号	中共陆川县委员会办公室　陆川县人民政府办公室 关于印发陆川县精准识别贫困户贫困村工作方案的通知	2015年10月15日
陆办发〔2015〕60号	中共陆川县委员会办公室　陆川县人民政府办公室 关于印发陆川县精准识别贫困户贫困村宣传工作方案的通知	2015年10月30日
办发〔2015〕61号	中共陆川县委员会办公室　陆川县人民政府办公室 关于全县落实党风廉政建设"两个责任"情况和开展查处发生在群众身边的"四风"和腐败问题专项工作情况的通报	2015年10月27日
办发〔2015〕66号	中共陆川县委员会办公室 印发陆川县开展"学准则　铸情操"提升思想道德境界主题教育活动实施方案的通知	2015年11月17日
办发〔2015〕67号	中共陆川县委员会办公室　陆川县人民政府办公室 关于建立县科级维稳带班值班领导签到制度和群众集体上访预报制度的通知	2015年11月19日
办发〔2015〕75号	中共陆川县委员会办公室 关于开展学习贯彻党的十八届五中全会精神宣讲活动的通知	2015年12月10日
陆办发〔2015〕78号	中共陆川县委员会办公室　陆川县人民政府办公室 关于对2015年中药材种植情况进行验收的通知	2015年12月15日
陆办发〔2015〕79号	中共陆川县委员会办公室　陆川县人民政府办公室 关于印发陆川县创建"中华诗词之乡"工作方案的通知	2015年12月31日
陆办发〔2015〕81号	中共陆川县委员会办公室　陆川县人民政府办公室 关于印发陆川县村(社区)"两委"干部及其近亲属申领民生资金管理办法(试行)的通知	2015年12月30日
陆办发〔2015〕82号	中共陆川县委员会办公室　陆川县人民政府办公室 关于印发陆川县民生资金监督管理办法的通知	2015年12月30日

表57 　　　　　　　　　　　　　　　　陆川县人民政府办公室文件

文件号	文 件 标 题	发文日期
陆政办发〔2015〕5号	陆川县人民政府办公室 关于陆川县"清洁养殖·美丽猪场"奖励方案的通知	2015年1月26日
陆政办发〔2015〕7号	陆川县人民政府办公室 关于印发陆川县学前教育三年行动计划(2014—2016年)的通知	2015年2月3日
陆政办发〔2015〕15号	陆川县人民政府办公室 关于印发2015年度陆川县南流江流域水环境污染综合治理工作方案的通知	2015年2月25日
陆政办发〔2015〕21号	陆川县人民政府办公室 关于印发陆川县本级行政事业单位日常办公设施配置标准的通知	2015年3月9日
陆政办发〔2015〕26号	陆川县人民政府办公室 关于印发陆川县新型职业农民扶持奖励办法的通知	2015年3月17日
陆政办发〔2015〕27号	陆川县人民政府办公室 关于印发陆川县新型职业农民认定管理暂行办法的通知	2015年3月17日
陆政办发〔2015〕31号	陆川县人民政府办公室 关于印发陆川县九洲江流域生态文明典型建设实施方案的通知	2015年3月23日
陆政办发〔2015〕32号	陆川县人民政府办公室 关于转发县教育局等部门特殊教育提升计划(2014—2016年)实施方案的通知	2015年3月24日
陆政办发〔2015〕36号	陆川县人民政府办公室 关于印发陆川县关于政府购买公共服务的实施意见的通知	2015年3月30日
陆政办发〔2015〕39号	陆川县人民政府办公室 关于印发陆川县2014—2015年节能减排低碳发展行动方案的通知	2015年4月9日
陆政办发〔2015〕41号	陆川县人民政府办公室 关于印发陆川县绿色能源环保项目建设实施方案的通知	2015年4月15日
陆政办发〔2015〕56号	陆川县人民政府办公室 关于印发陆川县2015年度地质灾害防治方案的通知	2015年5月18日
陆政办发〔2015〕60号	陆川县人民政府办公室 关于印发陆川县2015年"美丽广西·生态乡村"屯级道路硬化专项资金奖补工作实施方案的通知	2015年5月25日
陆政办发〔2015〕62号	陆川县人民政府办公室 关于印发陆川县"十三五"规划编制工作方案的通知	2015年5月27日
陆政办发〔2015〕64号	陆川县人民政府办公室 关于印发陆川县大气污染防治行动工作方案的通知	2015年6月8日
陆政办发〔2015〕65号	陆川县人民政府办公室 关于印发陆川县创建自治区防震减灾示范县实施方案的通知	2015年6月8日
陆政办发〔2015〕67号	陆川县人民政府办公室 关于印发陆川县2015年关停淘汰落后窑炉和黏土类烧结砖生产企业工作实施方案的通知	2015年6月8日
陆政办发〔2015〕71号	陆川县人民政府办公室 关于印发2015年全县政务服务政务公开政府信息公开工作要点的通知	2015年6月18日
陆政办发〔2015〕72号	陆川县人民政府办公室 关于印发陆川县整县推进高标准基本农田土地整治重大工程建设计划及管理制度等5个制度(方案、办法)的通知	2015年6月18日
陆政办发〔2015〕74号	陆川县人民政府办公室 关于印发2015年陆川县人民政府为民办实事工程实施方案的通知	2015年6月17日

续表

文件号	文　件　标　题	发文日期
陆政办发〔2015〕78号	陆川县人民政府办公室 关于印发陆川县社会保险扩面征缴工作实施方案的通知	2015年7月6日
陆政办发〔2015〕91号	陆川县人民政府办公室 关于印发2015年推进简政放权放管结合转变政府职能工作方案的通知	2015年8月11日
陆政办发〔2015〕93号	陆川县人民政府办公室 关于印发陆川县农村集中式饮用水水源保护区划定工作实施方案的通知	2015年9月6日
陆政办发〔2015〕95号	陆川县人民政府办公室 关于印发陆川县全面推进县级公立医院综合改革实施方案的通知	2015年9月10日
陆政办发〔2015〕97号	陆川县人民政府办公室 关于印发推行陆川县人民政府部门权力清单制度实施方案的通知	2015年9月15日
陆政办发〔2015〕97号	陆川县人民政府办公室 关于印发陆川县工商营业执照组织机构代码证税务登记证"三证合一"登记制度改革实施方案的通知	2015年9月17日
陆政办发〔2015〕99号	陆川县人民政府办公室 关于印发陆川县打击非法经营成品油专项整治实施方案的通知	2015年9月24日
陆政办发〔2015〕104号	陆川县人民政府办公室 关于印发陆川县森林防火目标管理考核奖惩暂行办法的通知	2015年10月14日
陆政办发〔2015〕106号	陆川县人民政府办公室 关于印发陆川县2015年扶贫移民搬迁工程实施方案的通知	2015年10月15日
陆政办发〔2015〕110号	陆川县人民政府办公室 关于印发陆川县2016年新型农村合作医疗宣传发动工作实施方案的通知	2015年11月17日
陆政办发〔2015〕113号	陆川县人民政府办公室 关于印发陆川县政府网站群建设实施方案的通知	2015年11月12日
陆政办发〔2015〕116号	陆川县人民政府办公室 关于印发陆川县2015年生猪调出大县奖励资金使用方案的通知	2015年11月30日
陆政办发〔2015〕117号	陆川县人民政府办公室 关于印发陆川县全面清理规范非行政许可审批事项结果的通知	2015年11月30日
陆政办发〔2015〕118号	陆川县人民政府办公室 关于印发陆川县全面深化统计改革实施方案的通知	2015年11月30日
陆政办发〔2015〕121号	陆川县人民政府办公室 关于印发陆川县城乡困难群众门诊医疗救助实施办法的通知	2015年11月26日
陆政办发〔2015〕122号	陆川县人民政府办公室 关于印发陆川县治理制贩假盐专项行动方案的通知	2015年12月8日
陆政办发〔2015〕125号	陆川县人民政府办公室 关于印发加强全县安全生产监管执法实施方案的通知	2015年12月15日
陆政办发〔2015〕127号	陆川县人民政府办公室 关于印发陆川县疾病应急救助制度的通知	2015年12月23日
陆政办发〔2015〕128号	陆川县人民政府办公室 关于印发陆川县阿里巴巴农村淘宝项目建设实施方案的通知	2015年12月23日
陆政办发〔2015〕129号	陆川县人民政府办公室 关于印发陆川县全面推进深化农村金融改革加强风险防范工作方案的通知	2015年12月31日
陆政办发〔2015〕131号	陆川县人民政府办公室 关于印发陆川县电子商务进农村三年发展规划(2015—2017)的通知	2015年12月18日

2015 年陆川县重要文件选录

中共陆川县委员会　陆川县人民政府关于印发《陆川县 2015—2017 年新型城镇化建设暨棚户区改造实施方案》的通知

（陆发〔2015〕1 号　2015 年 2 月 25 日）

各镇党委、政府，各园区工委、管委，县直机关各部委办局，各人民团体，各企事业单位，中直、区直、市直驻陆各单位，驻陆各部队：

《陆川县 2015—2017 年新型城镇化建设暨棚户区改造实施方案》已经 2014 年 11 月 21 日县十五届人民政府第 50 次常务会议和 2015 年 2 月 2 日县委常委会审议通过，现印发给你们，请认真组织实施。

陆川县 2015—2017 年新型城镇化建设暨棚户区改造实施方案

为认真贯彻落实《国务院办公厅关于进一步加强棚户区改造工作的通知》（国办发〔2014〕36 号）、《广西壮族自治区人民政府关于印发危旧房、改住房改造暂行办法的通知》（桂政发〔2009〕16 号）、《广西 2013—2017 年棚户区（危旧房）改造实施方案》（桂保障〔2014〕1 号）和党中央、国务院提出的"解决改造一亿人城镇棚户区问题"的工作部署，把大力推进和实施棚户区改造作为有效改善民生、拉动投资、促进住房消费需求，破解城市二元结构，推进经济实现持续健康发展的重大举措，切实推进我县县城棚户区改造工作，基本满足棚户区居民的住房需求，结合我县实际情况，制定本实施方案。

一、指导思想

以党的十八大和十八届三中、四中全会精神为指导，围绕全面建成小康社会，以"美城镇、促发展、惠民生、增财力、出经验"为目标，做好"六个相结合"（即把棚户区改造与国有企业改制相结合、与城镇基础设施建设大会战相结合、与城市公共安全建设相结合、与陆川历史文化相结合、与规范房地产市场相结合、与保障性住房建设相结合），把棚户区项目改造作为全面推动陆川新型城镇化建设，打造宜居、宜商、宜业新县城的重要抓手，大力改造集中成片、

非集中成片棚户区，稳步实施基础设施简陋、建筑密度大的城区旧住宅区综合整治，有序推进城中村改造，使城镇居民住房条件明显改善，城市基础设施和公共服务设施建设水平不断提高，促进我县新型城镇化与县域经济的全面协调可持续发展。

二、基本原则

棚户区改造建设工作坚持通盘考虑、分块实施，以人为本、依法改造，先易后难、分步实施，政府主导、市场运作，统筹兼顾、完善配套的原则，量力而行，优先安排连片规模较大、住房条件困难、安全隐患严重、群众要求迫切的项目和改造条件基本成熟的项目。

（一）通盘考虑，分块实施。做好棚户区改造项目前瞻性和全局性的总体规划，坚持整治、保护与改造相结合，严格界定改造范围，要重视维护城市传统风貌特色，切实保护历史文化街区和历史建筑，体现客家温泉文化风情格调，把棚户区改造成为新型城镇化的亮点。

（二）以人为本，依法改造。棚户区改造要采取多种方式征询群众意见，尊重棚户区居民的意愿。组织实施要做到公开、公平、公正。棚户区改造中涉及的拆迁补偿安置，应严格执行城市房屋拆迁、评估等有关法律法规的规定，切实维护群众合法权益，让群众得到实惠。

（三）先易后难，分步实施。坚持棚户区改造与城市发展、产业结构调整、社会事业发展及生态环境保护统筹推进。区分轻重缓急，优先安排棚户区规模大、困难群众多、住房条件更差、安全隐患更严重、群众要求迫切的项目，有计划有步骤地组织实施。

（四）政府主导，市场运作。棚户区改造政策性、公益性强，必须发挥政府的组织引导作用，在政策与资金等方面给予必要的支持。注重发挥市场机制的作用，充分调动企业和棚户区居民的积极性，动员社会力量广泛参与。

（五）统筹兼顾，完善配套。坚持全面规划、合理布局、节约用地、综合开发，组织好新建安置小区的供水、供电、供气、通讯、污水与垃圾处理等市政设施和商业、教育、医疗卫生、文化、体育、公共绿化、环保设施、无障碍设施等配套公共服务设施的建设，促进以改善民生为重点的社会建设。

三、改造范围

棚户区改造要结合县情，采取拆除新建、改建（扩建、翻建）、综合整治等多种方式，对城镇规划区内国有土地上的集中成片棚户区（危旧房，含危旧房改住房）和非集中成片棚户区（危旧房）、城中村、旧住宅区、城镇规划区内的国有工矿棚户区危旧住房，按照"六个结合"进行统一规划。

集中成片棚户区（危旧房）和非集中成片棚户区（危旧房）是指城镇规划区范围内，简易结构房屋较多，建筑密度大，使用年限久，建筑安全隐患多，使用功能不完善，配套设施不健全的区域。城中村是指在城市建成区内，镇村已被县城总体规划，列入县城规划发展的区域，形成包围或半包围的自然村。旧住宅区是指房屋年久失修、配套设施

缺损、环境脏乱差的住宅区。配套设施完善,主要包括旧住宅区内配套设施设备(社区服务设施、文化体育设施、安全防洪设施、管理服务用房等)的补建,市政公用设施(供水、供电、垃圾和污水处理等设施)的健全。环境综合整治,主要包括拆除旧宅区内违章建筑物、整修道路围墙、补植和增辟绿地、治理环境卫生等。国有工矿棚户区是指城市规划区外的国有土地上,由国有控股企业、集体企业管理的建筑密度大、年久残旧、基础设施不完善、生活环境差的职工住宅区。

四、目标要求与任务

(一)目标要求

根据每个片区的不同情况,采取不同的改造办法和不同的建筑风格,即每个片区采取一种方式和独特的建筑风格进行改造,确保在改造方式与办法中出陆川经验,在建筑风格上出陆川特色。把棚户区建设成看得见山,望得见水,成为商贸产业、文化设施、公共安全、城市风景线、生态宜居的新家园。

(二)目标任务

2015—2017年我县计划分五个片区实施棚户区改造,共实施改造2540户。其中,2015年实施陆川县城陆兴路片区危房改造410户,陆川县城城投公司旧危房改造240户;2016年实施陆川县九洲江县城段一江两岸危旧房综合整治1100户;2017年实施陆川县城向阳片区城中村改造项目410户,陆川县城汇丰片区危旧房改造项目380户。

五、实施步骤

第一阶段:开展征地、拆迁、安置和企业改制工作

由棚户区改造指挥部办公室组织人员入户调查,摸清棚户区居民住户的房屋产权归属,建筑结构、面积及附属情况,住户身份、户籍、人口组成、就业情况、经济收入、改造安置意愿等,一户一档,汇编成册。在拆迁过程中,要依法拆迁,实施“阳光拆迁,和谐拆迁”,统一标准,严格执行。要做到征地、拆迁、补偿安置等工作依法依规进行,并与被拆迁户逐户签订书面拆迁安置协议。对拆迁户要千方百计做好安置过渡工作,拆迁中坚持安置先行,确保拆迁群众居有其所,决不允许一户群众居无定所。对改造范围内的低保户、老弱病残、零就业家庭、下岗失业人员等特殊困难群体要更加特别关注,妥善安置。主要做好以下工作:

1. 棚户区改造范围内涉及国有资产的,要开展企业改制工作,并与职工签订好安置协议;

2. 收回土地使用权,落实收回补偿;

3. 做好国有公房收回的相关工作;

4. 做好私人权属房屋征收补偿工作;

5. 做好被拆迁户安置补偿工作。

第二阶段:做好土地(净地)回收工作

1. 指挥部办公室与被搬迁单位(户)完成房屋、土地征收,并做好安置工作后,报请县政府收回土地。

2. 由县国土资源局、住建局对拟改造项目用地,依征地补偿协议统一整合地块。

第三阶段:做好棚户区项目改造的规划、设计工作

1. 县住建局负责做好项目选址的规划;

2. 县住建局出具项目选址意见书;

3. 县城投公司协助做好各片区项目设计的招投标工作;

4. 县城投公司按照“六个结合”要求与中标方做好项目设计沟通对接工作;

5. 县城投公司负责协助中标方做好项目设计评审工作;

6. 由县住建局请示县规委会审定项目设计方案(指挥部办公室提供材料,县政府办组织召开规委会)。

第四阶段:做好土地(净地)出让工作

由县国土资源局、县财政局对已征收的土地或国有资产进行招拍挂,将棚户区项目改造的实施、规划、设计及要求纳入土地出让交易条件。

第五阶段:做好棚户区项目的建设工作

由县城投公司按照项目设计协助对五个片区建设项目工程进行招投标,并与中标方签订工程协议(中标公司不能对工程实行分包、层层转包),协助中标方完善项目施工许可手续,指导中标方按要求组织施工。

施工建设过程中,由县住建局会同县城投公司监督中标方按项目设计抓好项目施工(包括监督施工单位是否按照工程程序进行,即旧管线迁移、新管线设计和铺设、三通一平、工程质量、建筑安全等)。

第六阶段:做好棚户区项目竣工验收工作

由县城投公司会同相关部门按照规划和设计要求组织验收(完成一个片区验收一个片区)。

六、保障措施

(一)加强领导。按照国务院关于棚户区改造“省级政府负总责、市县政府抓落实”的工作要求,县政府主要领导为棚户区改造工作第一责任人,分管领导为直接责任人,要结合保障性安居工程建设管理需要,制定棚户区改造方案,进一步健全住户保障工作机构,充实工作人员,落实工作经费。有关部门按照职责做好相关工作:

县住建局要做好棚户区改造工作的指导、协调和监督;依据城市总体规划编制拟改造片区和安置住宅地块的控制性详细规划及规划设计条件,规划相应的回迁安置和商业开发用地,审批棚户区改造中新建小区规划方案;工程建设质量、安全、进度的监督检查;拆迁安置房建设成本的审核;组织新建小区的综合验收对棚户区改造范围内的违法建设行为进行查处。县发改局要做好棚户区改造规划、计划的制定和安置住宅建设项目审批立项工作。县财政局要做好棚户区改造融资工作,争取国家、自治区的支持资金,安排棚户区改造项目贷款资金;做好棚户区改造区范围内的国有工矿企业改制。县国土资源局要根据规划预留棚户

区改造、廉租住房建设年度土地利用计划指标,提供安置住宅建设地块,确保土地供给;做好土地出让金收缴工作;办理棚户区改造项目、廉租住房建设项目土地手续。县环保局要做好棚户区项目建设的环评手续。县人社局要做好国有工矿棚户区内职工身份核查认定工作。县监察局、审计局要做好棚户区改造资金使用的监督。县委宣传部、县文体广电局要做好棚户区改造的宣传工作。县信访局要会同相关部门做好棚户区改造居民的信访接待工作。县法院、检察院、司法局、公安局要做好棚户区改造拆迁过程中的依法推进工作。

(二)编制年度建设施工计划

由县城投公司作为我县棚户区改造的实施业主,根据目标要求与任务,按照先易后难、前紧后松、统筹兼顾的原则,编制棚户区改造工作手册,制定棚户区改造施工实施计划,包括每个片区资金使用计划、明确完成年度投资目标等内容。

(三)多渠道筹措建设资金

采取财政补助、银行贷款、企业支持、市场融资等多渠道筹措建设资金。

1. 加大政府财政性资金扶持力度。棚户区改造要依法合规完善项目前期手续,积极争取中央、自治区、市财政资金支持。

2. 加大信贷支持力度。鼓励金融机构优先向符合条件的棚户区改造项目提供贷款支持,做好金融服务,扩大信贷资金投入。

3. 积极引导社会资金投入棚户区改造。支持有实力、信誉好的房地产开发企业参与棚户区改造。

(四)切实做好土地保障

棚户区改造用地要纳入当地土地供应计划优先安排,简化行政审批流程,提高审批效率。要切实提高棚户区、城中村土地的利用效率,盘活存量土地,提高城镇建设用地集约化程度。

一是要优先安排建设用地。棚户区改造用地要纳入保障性住房用地供应计划,应优先安排。县国土资源局要确保项目建设的用地指标。

二是棚户区改造项目可按项目新建住房总建筑面积的一定比例配建商业设施。对配套建设的商业、服务业等经营性设施用地,一律以"招拍挂"出让方式供地,所实现的土地增值收益纳入县财政。

三是棚户区改造范围内涉及集体所有土地的,应依法办理土地征收转用手续。对零星、改造难度大的棚户区,应纳入当地棚户区改造总体规划,与其他片区捆绑统筹改造。

(五)制订项目建设管理措施

以依法依规改造运营为目标,从项目的资金使用、安置补偿、工程协议、工程监管等方面着手,制订严密合法的管理办法。根据棚户区改造的实际,县城投公司要完善棚户区改造的体制机制建设:一是制定资金使用管理办法,二是制定安置补偿办法,三是制定项目工程建设协议书,四是制定施工监理管理办法,五是制定项目竣工验收办法。

(六)抓好棚户区改造工作培训与宣传

要围绕全民支持、家喻户晓、依法办事的目标,抓好棚户区改造项目政策法规的培训和宣传工作。培训方面,重点加强指挥部办公室队伍建设,提高棚户区改造工作人员的业务素质。指挥部办公室应定期举办相应的全县棚户区改造工作业务培训班,重点就棚户区改造调查摸底、信息统计上报、前期报建、规划制定、政策法规宣传、施工管理等业务进行专项培训,不断提升棚户区改造工作的效率和质量。宣传方面,要通过组织工作队进社区(村)入户宣传,要通过网络、电视、板报、标语等形式,大力宣传中央、国务院和自治区有关棚户区改造的方针政策。由指挥部办公室编制棚户区改造宣传手册,让棚户区改造范围内的群众家喻户晓,人人皆知。县委宣传部、文体广电局要开展全方位、立体式宣传。要宣传好通过改造前后形象效果对比等方式,帮助棚户区群众了解改造后安全舒适的新房、完善配套的基础及公共设施对生活质量和环境带来的巨大变化,引导他们积极支持、参与棚户区改造。要宣传好政府对于群众利益充分保护的政策。棚户区改造虽然是政府主导,但必须充分尊重群众意愿。要从安置房品质提升、环境配套优化带来的增值等方面给每家每户作好对比宣传,让他们明白棚户区改造不仅不会让其利益受损,反而会得到更大受益。真正实现棚户区"要我改造"到"我要改造""要我拆迁"到"我要拆迁"的转变。

(七)严格执行税费减免政策

棚户区改造是一项庞大的系统工程,涉及内容多而复杂,各相关部门要密切配合,形成统一的协作机制,稳妥推进棚户区改造的各项工作。一是对棚户区改造建设项目免征城市基础设施配套费等各种行政事业性收费和政府性基金。二是棚户区改造安置住房建设和通过收购筹集安置房源的,享受相关优惠政策。三是电力、通讯、市政公用事业等企业要对棚户区改造给予支持,新建安置小区有线电视和供水、供电、供气、供热、排水、通讯、道路等市政公用设施,由各相关单位按政策出资同步配套建设,并适当减免入网、管网增容等经营性收费。

(八)强化督导

各有关部门要从土地供应、前期手续办理、建设资金落实、工程进度、配套设施建设、分配、运营管理等方面制定分阶段目标,细化到月,责任到人,作为项目推进和督查的依据。要充分发挥新闻媒体的宣传、监督任用,积极邀请人大代表、政协委员以及社会各界人士广泛参与棚户区改造工程建设和分配、监管工作,切实做到依法合规、公开透明。县委督查室、县政府督查室要将棚户区改造项目纳入重大项目进行全程跟踪督查,确保项目顺利推进。

中共陆川县委员会　陆川县人民政府印发《关于加快服务业发展的实施意见》的通知

（陆发〔2015〕7号 2015年9月15日）

各镇党委、政府，各园区工委、管委，县直机关各部委办局，各人民团体，各企事业单位，中直、区直、市直驻陆各单位：

现将《关于加快服务业发展的实施意见》印发给你们，请结合实际，认真贯彻执行。

关于加快服务业发展的实施意见

加快发展服务业，是促进产业结构调整，推动经济转型升级的重要支撑和关键所在，是经济社会全面协调可持续发展的必然要求。为贯彻落实自治区、玉林市关于加快现代服务业发展的决策部署，进一步推动我县服务业加快发展，根据自治区《关于加快服务业发展的若干意见》（桂发〔2015〕4号）和玉林市《关于新常态下加快服务业发展的实施意见》（玉发〔2015〕6号）等文件精神，结合我县实际，提出如下实施意见。

一、指导思想

以邓小平理论、"三个代表"重要思想和科学发展观为指导，认真贯彻落实党的十八大和十八届三中、四中全会，以及习近平总书记系列重要讲话精神，以"四个全面"为统领，牢牢把握国家"一带一路"战略实施、自治区"双核驱动、三区统筹"和玉林市"两城市一中心"等战略部署的历史机遇，充分发挥陆川县作为桂东、粤西地区连接北部湾的重要通道、珠江—西江经济带的重要连接点的区位优势，主动适应新常态发展要求，坚持制造业与服务业"双轮驱动"，以加快转变发展方式为主线，以全面深化改革创新和开放合作为动力，以现代服务业集聚区建设为突破口，以重点产业、重大项目、重要基础设施为抓手，以创造更好的市场竞争环境为保障，促进服务业与工农业协同发展、融合发展、创新发展，加快服务业提速增量、提质增效，打造我县经济转型发展新的增长点，发展成为我县国民经济的大产业，不断增强服务业的支撑作用。

二、发展目标

到2020年，服务业增加值达到100亿元以上，税收收入达到12亿元以上，现代服务业就业人员数占全社会就业人员数的比重达到35%左右，其中家庭服务业从业人数占现代服务业就业人数的比重从2014年的不足1%提高到5%以上。培育形成一批富有竞争力和影响力的服务业大企业大集团、一批具有先导性和示范性的现代服务业新

兴产业、一批具备较强产业集聚和辐射带动能力的现代服务业集聚区，把我县打造成为泛北部湾服务业最发达的县（市、区）之一，全县服务业发展总体实力和竞争力显著提升，基本建成广西特色旅游名县、岭南客家温泉文化名城、广西重要的健康养老产业基地。

三、发展重点

主动适应新型工业化和居民消费结构升级的新形势，大力发展面向生产、面向民生的服务业，优先选择基础条件好、发展潜力大、提升竞争力快、产业关联度高、带动作用强的服务业领域重点突破，带动服务业整体水平的提升。

（一）加快发展现代物流业。立足现有车队优势，整合陆川运输资源，着力构建快速便捷、货畅其流的现代物流运输支撑体系。积极推进现代物流基地建设，鼓励发展综合物流中心、专业物流中心和物流配送中心，加快推进锦源、正禾、华宇等仓储物流基地建设，形成连接城乡、联动周边、融入全国的物流网络，努力建成立足陆川、辐射桂东南、连接粤港澳的广西商贸物流区域性中心。整合物流资源，统筹建设物流运输、存储配送、公共信息三大平台，推动物流业与制造业联动发展。大力培育第三方物流和第四方物流，积极引进国内外知名现代物流企业，扶持发展一批具有先进物流经营理念的现代物流企业。加强与周边县市物流合作，加快融入北部湾经济区、大西南经济区和珠三角地区大物流圈。

（二）做大做强商贸服务业。结合城市功能定位，按照商业网点规划要求，加快建设工业品、农产品、林产品等一批区域性专业市场，加快推进农产品贸易中心、漫山红家具商业物流、永顺商贸城、盛基商贸城等商贸项目建设，激活城乡商贸发展的活力和潜力。积极发展餐饮休闲、文化娱乐、社区服务等商业服务，提升住宿餐饮娱乐业服务水平。大力推进特色商业街区建设，坚持政府引导、规划先行、市场运作的原则，按照特色定位和建设规划，定向招商引店。积极发展连锁经营、仓储式超市等新型流通业态，运用现代服务技术和经营方式改造提升传统商贸业。鼓励服务业企业争创自治区著名商标、中国驰名商标等品牌。

（三）大力发展陆川特色生态旅游业。围绕建设广西特色旅游强县目标，充分发挥陆川旅游资源优势，加快构建旅游产业发展新格局。重点发展温泉养生康体旅游、山地休闲度假旅游、湖泊休闲度假旅游、客家文化旅游、红色旅游、自然生态农业观光旅游，突出温泉文化、客家文化和自然生态特色，加快推进谢仙嶂、世客城、龙珠湖、九洲江生态旅游等重大旅游项目建设，构建结构合理的旅游产品体系，打造岭南休闲旅游目的地。加快旅游景区、景点的基础设施建设，打造一批特色鲜明、主题突出、向游客传达陆川地域文化、历史文化的休闲度假酒店和主题文化公园，打造3~5个4A级以上景区。推动旅游跨行业融合，发展工业旅游、乡村旅游、养生养老旅游、会展旅游等特色旅游

产业,延伸旅游产业链,促进旅游商品开发,满足群众消费需求。积极开拓国内外旅游市场,推进区域旅游合作,积极融入大南宁旅游圈和北部湾旅游发展格局。充分利用广西、广东两省区的优惠政策,以两广合作开展九洲江生态环境综合整治为契机,加快推进粤桂跨省合作生态旅游示范区建设。

(四)培育壮大信息与科技服务业。围绕"智慧陆川"建设,加快完善电信网、计算机网、有线电视网等基础网络设施,推进三网融合,促进社会服务信息化。健全电子政务网络平台,实现公共服务电子化、行政管理网络化、政府办公自动化。组织开展电子商务试点,建设面向企业的行业性电子商务平台和面向社会的综合性电子商务公共服务平台,加快推进县电子商务服务中心项目建设,培育一批信息化示范企业。积极开展技术开发与转移、科技信息及咨询、知识产权保护、产学研合作等科技服务,加快科技孵化平台、科技成果转化平台、资源共享平台等公共服务平台建设,争创全国科技进步示范县。实施"电子商务进万村工程",带动农产品批零市场、农民合作社、家庭农场共建网上购销渠道,推动农产品网上交易。

(五)加快发展现代金融服务业。加快金融开放步伐,吸引股份制银行等境内外金融机构和证券、信托、保险、风险投资企业进驻陆川,逐步建立以国有商业银行为主体,多种金融机构共同发展的现代金融组织体系。支持金融机构推进金融服务创新,鼓励担保、融资租赁业发展,鼓励发展面向中小企业的多层次融资业务,改善中小企业融资环境。加快金融体制改革,积极培育和规范发展小额贷款公司、担保公司、典当公司和村镇银行,培育发展资本市场,强力推进企业上市。不断提升金融服务水平,鼓励支持县域金融机构增设基层网点和分支机构、布设ATM机、POS机等金融自动设备,提高金融服务覆盖面。建立健全农村产权流转交易市场体系建设,创新农村产权抵押融资担保方式。建立县农村产权抵(质)押融资风险补偿基金。探索流转、变现等多种形式的抵押权实现途径,降低涉农信贷风险,确保农村产权抵押担保依法、稳妥、有序、规范运行。全面开展信用体系建设,推进银行信用、商业信用和商业保险的结合。

(六)稳步发展房地产业。优化房地产供应结构,促进房地产健康有序发展。培育品牌企业,提升房地产业整体发展水平。着力推进县城棚户区及危旧房改造,新增一批安置房、廉租房、公租房。稳步增加普通商品住宅供给,提升商业地产规划建设档次,建设一批居住区、商贸区、休闲区精品工程。积极促进高层建筑发展,提升城市品位。大力推进生态节能住宅建设。加快工业标准厂房建设。规范房地产交易、中介、物业管理服务,扩大住房消费需求。

(七)不断提升中介服务业。结合企业产权制度和市场体系建设,建立一批从事产权转让、资产评估、法律服务、要素流动、破产与清算和就业服务的中介组织;配合财

政、金融、税收、劳动、人事制度改革,建立一批从事审计、监督、仲裁、代理、拍卖、人才、劳动培训与评价方面的中介组织,鼓励发展建筑设计、装饰工艺、项目咨询、广告策划等创意商务;组建一批从事信息咨询、工程监理、房地产咨询服务的组织。

(八)大力发展教育、文化等服务事业。大力发展基础教育、职业教育、学前教育和继续教育。依托县职业教育中心,有效统筹职教资源,加快建设教育集中区项目,加强实训基地、网络信息平台、师资队伍、乡镇农技校建设,打造以县职教中心为核心的职业教育培训基地。建设图书馆、档案馆、文体中心、客家剧院、青少年活动中心、广电中心等文化体育设施。深化文化体制改革,制定文化产业扶持政策,鼓励发展广告、演艺、娱乐等产业。积极发展医疗、康复、保健等多层次医疗服务业和赛事表演、健身娱乐、体育培训等体育产业。要精心制作一批具有地方特色的文化节目,重点将"伏波文化""陆川哌戏"打造成文化产业知名品牌。

(九)培育发展养老服务业。积极应对人口老龄化趋势,大力推广社会化养老服务,培育壮大老龄服务业。加大县老年活动中心、老年大学建设力度,完善社区养老院、老年活动场所、老年公寓等养老服务设施,加快形成"老有所为、老有所学、老有所乐"的综合养老服务体系。充分发挥我县生态、气候、健康食品等养生健身资源优势,以建设养生福利园为重点,加快发展老年颐养中心、老年康复中心等商业化养老服务体系,探索新型商业化养老模式,着力发展养老服务产业,使之成为我县特色优势产业和富民产业。

(十)大力发展农村服务业。围绕农业生产的产前、产中、产后服务,逐步完善农村社会化服务体系。加快构建农村现代流通体系,继续实施"万村千乡"市场工程,规划建设农产品批发交易市场,全面推进农业生产资料、农产品流通、农村生活消费品和再生资源回收利用等现代流通网络建设。推进农业科技创新,健全农业技术支持体系。加快农机社会化服务体系建设,推进农机服务市场化、专业化和产业化。加快农业信息服务体系建设,逐步形成连接国内外市场、覆盖生产和消费的信息网络。积极发展农村专业合作组织和专业协会,充分发挥其在农产品生产、流通中的服务作用。

四、示范工程建设

(一)服务业集聚工程。按照布局合理、定位准确、管理高效、辐射力强的原则,在全县规划建设3个以上具有一定规模、集聚度较高、产业特色鲜明的服务业集聚区。主要包括现代物流园、信息软件园、文化产业园和旅游服务区、服务外包区、金融服务区、中央商务区等,打造高端服务业发展平台。

(二)服务业重点项目带动工程。瞄准现代服务业发展方向,以生产性服务业为突破口,谋划一批物流、会展、

商务服务、文化创意、旅游服务、现代流通等服务业项目，每年优选1~2个服务业重点项目加强引导扶持。对符合要求的县服务业重点项目，在独立选址用地、环评、能评等方面给予支持。

（三）服务业标准化建设工程。推进物流、运输、旅游、商贸、餐饮、金融、邮政、电信、体育、行政服务等领域标准的实施，积极申报我县服务业重点列入国家和自治区级服务业标准化试点。建设一批服务业标准化示范单位。

（四）服务业品牌培育工程。重点做好实施服务业品牌战略，加大服务企业争创中国驰名商标、中华老字号和自治区名牌的工作力度，切实采取措施挖掘、培育具有核心竞争力和市场潜力的服务业品牌，力争"十三五"期间形成1~3个自治区级以上著名服务品牌。

五、保障措施

（一）加强组织领导。成立县加快现代服务业发展领导小组（成员名单附后），负责全县服务业的发展规划、政策制定、组织协调、考核监督等工作。领导小组下设办公室，具体负责领导小组日常工作。办公室设在县发改局。建立服务业发展联席会议制度，统一指导和协调全县服务业发展。各行业主管部门要各负其责，加强配合，积极开展工作。

（二）抓好规划引导。编制陆川县服务业发展总体规划和现代物流、生态旅游业等专项规划，逐步建立完整的服务业规划体系；制定《陆川县服务业发展指导目录》，积极承接以珠三角为重点的国内外高端服务业辐射，明确重点行业发展目标与方向，引导全县服务业快速健康有序发展。

（三）加快项目建设。实施重点项目带动战略，建立服务业项目库，积极开展服务业项目的策划、论证和筛选工作，规划建设一批重点项目，逐步形成"储备一批、规划一批、建设一批"的推进机制。加强对服务业重点项目的政策、资金、用地支持，积极培育一批主营业务突出、具有核心竞争力的服务业龙头企业。

（四）加强人才队伍建设。加强人才引进，大力引进现代服务业领军人才和高端服务人才，在户籍管理、社会保障、子女入学等方面提供一切便利条件。密切与各类院校的合作，鼓励引导社会培训机构增设服务业相关专业，培养文化旅游、信息技术和中介服务等领域急需人才，采取多种形成，加强服务业知识培训，提高从业人员的专业水平和整体素质。

（五）优化发展环境。建立健全服务业统计指标体系和调查制度。整顿和规范市场经济秩序，严厉查处不正当竞争行为和违法行为。逐步健全服务业行业协会和中介组织，使之更好地在市场维护、行业自律、信息沟通、加强合作等方面发挥作用。深化行政审批制度改革，清理各类涉企收费，进一步优化发展环境。

（六）强化政策落实。各职能部门要根据服务业产业

跨度大、领域广的实际，认真梳理近年来国家和自治区出台的政策措施，结合我县实际，分门别类研究出台相关产业扶持政策，成熟一项、出台一项，逐步形成有利于服务业发展的政策体系。

（七）加强指导督查。加快发展服务业是县委、县政府做出的一项重大战略决策，各镇、各部门务必要高度重视，狠抓落实。县服务业发展领导小组各成员单位要深入基层，加强业务指导，着力突破服务业发展瓶颈制约。各有关主管部门要针对服务业发展的重点领域，制定具体工作方案和促进措施，加快服务业重点行业发展。

（八）落实考核评价。建立服务业绩效考核评价体系，合理确定镇政府和县直部门的考核目标和量化指标，增强指标针对性和可操作性，充分发挥考核的导向性作用，引导服务业又好又快发展，加强对评价考核体系结果的奖惩运用。

陆川县人民政府
关于深入推进依法行政
加快建设法治政府的实施意见

（陆政发〔2015〕18号　2015年10月12日）

各镇人民政府，县政府各工作部门：

为全面贯彻落实党的十八届四中全会、自治区党委十届五次全会、玉林市委四届五次全会和陆川县委十三届五次全会精神，加快建设职能科学、权责法定、执法严明、公开公正、廉洁高效、守法诚信的法治政府，结合我县实际，县十五届人民政府第61次常务会议讨论通过《陆川县人民政府关于深入推进依法行政加快建设法治政府的实施意见》。

一、依法全面履行政府职能

（一）严格遵守职权法定原则。坚持法无授权不可为，推进机构、职能、权限、程序、责任法定化，依法规范政府机构设置、确定部门职责，实现机构编制管理法制化、部门职权法定化。行政机关不得法外设定权力，没有法律法规依据不得做出减损公民、法人和其他组织合法权益或者增加其义务的决定。行政执法由行政机关在其法定职权范围内实施，非行政机关的其他组织未经法律法规授权或者行政机关合法委托，不得行使行政执法权。加快建立政府及其部门的权力清单制度，对行政权力进行全面梳理，将权力依据、实施主体、职权范围、工作流程、监督方式等事项向社会公布，根据法律法规章的施行、修改或废止依法进行动态调整。

（二）全面履行政府职能。坚持法定职责必须为，建立政府责任清单制度，明确部门职责边界，坚决纠正不作为、

乱作为,坚决克服懒政、怠政,坚决惩处失职、渎职。各级政府要依法全面履行宏观调控、公共服务、市场监管、社会管理和环境保护等职责,加快政府管理方式转变,把工作重心放到创造良好发展环境、提供优质公共服务、维护社会公平正义上来。

(三)加大简政放权力度。进一步深化行政审批制度改革,精简行政审批事项,下放行政审批权,把该放的放开、放到位,该管的要管住、管好,把政府管理方式从事前审批更多地转移到事中、事后监管。公布行政审批目录清单,规范和优化审批程序和审批流程,做到标准明确、程序严密、运作透明、制约有效、权责分明。行政审批事项和政务服务事项应当进驻本级政务服务中心集中办理。全面清理行政审批前置环节的技术审查、评估、鉴证等各类中介服务项目,严格规范行政审批中介服务,培育和引导多资质、综合性中介机构健康有序发展。

(四)激发社会组织活力。深入推进政企分开、政资分开、政事分开、政府与市场中介组织分开,坚决消除权力设租寻租空间。支持社会组织发展,引导社会组织完善法人治理结构,提升社会组织参与社会治理和服务能力。重点培育、优先发展行业协会商会类、科技类、公益慈善类、城乡社区服务类社会组织。建立健全政府购买服务制度,完善政府向社会购买服务目录、操作办法和监督机制,向社会组织开放更多的公共资源和发展空间,强化各级政府执行基本公共服务均等化职能,推动政府由服务生产者向组织监管者转变。

二、健全重大行政决策机制

(五)严格执行重大行政决策法定程序。各级人民政府及其部门必须严格执行《广西壮族自治区重大行政决策程序规定》(自治区政府令第93号),做出重大行政决策应当经过决策调研、咨询论证、公众参与、风险评估、合法性审查、集体讨论决定、公布结果等程序,确保决策科学、程序正当、过程公开、责任明确。完善行政机关内部重大行政决策合法性审查机制,重大行政决策事项在报送政府常务会议或部门领导班子会议集体讨论决定之前,应当经政府法制机构或部门法制机构进行合法性审查,未经合法性审查或经审查不合法的,不得提交会议讨论。

(六)健全重大行政决策公众参与和风险评估机制。完善重大行政决策公众参与程序,进一步畅通群众意见表达和诉求渠道。建立重大行政决策信息公开、征求意见、咨询论证制度,对群众普遍关心、涉及群众切身利益的重大决策信息要及时公开、听证,广泛听取意见,对专业性较强的决策事项,组织相关领域专家或研究咨询机构进行必要性、可行性、科学性论证。完善重大行政决策听证制度,规范听证程序,将听证意见作为决策的重要参考。完善重大行政决策风险评估制度,凡是涉及经济社会发展和人民群众切身利益的重大行政决策,都要进行社会稳定、环境保护等方面的风险评估,把风险评估结果作为决策的重要依

据,未经风险评估或者风险评估认为决策事项存在高风险的,不得做出决策。探索建立委托专业机构、社会咨询机构、研究机构等第三方评估的模式。加强重大行政决策的跟踪反馈力度,通过多种途径了解社会公众对重大行政决策的意见和建议,评估决策执行的法律效果、社会效果和经济效益,并根据评估结果决定是否对决策予以调整或停止执行。

(七)建立健全决策终身责任追究及责任倒查制度。各级政府应当普遍建立重大行政决策终身责任追究及责任倒查制度,对违反决策规定、出现重大决策失误、造成重大损失和恶劣影响的,按照谁决策、谁负责的原则,严格追究主要负责人和相关责任人的法律责任。

(八)加强规范性文件监督管理。认真执行《广西壮族自治区规范性文件监督管理办法》(自治区政府令第58号),制定规范性文件要符合调研起草、征求意见、组织论证、合法性审查、集体讨论决定、公布、备案等法定程序的要求。规范性文件不得违法设定行政许可、行政处罚、行政强制、行政征收征用等事项,不得违法增加公民、法人和其他组织的义务。各级政府及政府部门制定发布的所有规范性文件全部纳入备案审查范围,强化规范性文件备案纠错功能,做到有件必备、有备必审、有错必纠,对违法的规范性文件,及时依法予以撤销并向社会公布。建立健全网上备案的方法和程序,定期向社会公布通过备案审查的规范性文件目录。建立规范性文件查询系统,方便群众查询。未公布的规范性文件,不得作为行政管理的依据。

(九)全面建立政府法律顾问制度。各级政府及其部门要进一步采取有效措施,加强政府法制机构人员力量,建立政府法律顾问制度,通过确定专职政府法律顾问、聘请政府法律顾问、聘用法律顾问助理、建立政府法律顾问人才库等措施,全面建立以政府法制机构人员为主体、吸收专家和优秀律师参加的法律顾问队伍,选拔具有较高专业理论水平和丰富实践工作经验的人员担任法律顾问,为各级政府依法履行职责提供保障支持。制定政府法律顾问工作规则,规范政府法律顾问管理,保证政府法律顾问在制定重大行政决策、全面推进依法行政、加快法治政府建设中发挥积极作用。各级政府及其部门应当设立法律顾问室。

三、深化行政执法体制改革

(十)积极推进行政执法体制改革。根据不同层级政府的事权和职能,按照减少层次、整合队伍、提高效率的原则,合理配置执法力量。推进综合执法,大幅减少各级政府执法队伍种类,重点在食品药品安全、工商质检、公共卫生、安全生产、文化市场、资源环境、农林水利、交通运输、城乡建设等领域内推行综合执法,有条件的领域可以推行跨部门综合执法。

(十一)加强基层行政执法。推进县实施综合行政执

法和向乡镇延伸综合行政执法。与人民群众日常生产生活直接相关的行政执法活动,主要由县级行政执法机关实施。完善县级人民政府行政执法管理,加强统一领导和协调,提高执法和服务水平。

(十二)严格施行执法人员资格管理制度。各镇、各部门和法律法规授权的组织具有行政执法职责的人员,应当参加全区统一的行政执法人员资格考试,经考试合格取得行政执法资格后,方可从事执法活动;未经执法资格考试合格并授予执法资格,不得从事执法活动。行政执法人员名单应当向社会公布。

(十三)完善行政执法经费保障机制。各级人民政府应当将行政执法经费纳入本级财政预算予以保障。严格执行罚缴分离和收支两条线管理制度,严禁收费罚没收入同部门利益直接或者变相挂钩,坚决制止各种形式的乱罚款和乱收费行为。

四、严格规范公正文明执法

(十四)坚持严格执法。各级行政机关及其工作人员要认真履行法律赋予的职责,按照法定权限和程序行使职权。依法惩处各类违法执法行为,严格规范行政许可、行政处罚、行政强制、行政征收、行政收费、行政检查等执法行为,做到有法必依、执法必严、违法必究。

(十五)规范行政执法行为。县政府定期组织清理和公布行政执法依据和行政执法主体。建立对立案、调查取证、告知、听证、集体讨论决定等行政执法活动全过程记录制度。各行政执法机关根据本部门行政执法的实际,完善行政执法程序,细化执法流程,明确执法步骤、环节和时限,确保程序公正。严格执行重大执法决定法制审核制度,未经审核的,不得做出决定。全面建立健全行政裁量权基准制度,制定发布本部门行政处罚、行政强制、行政审批、行政给付、行政征收等主要行政执法行为的裁量权制度,明确行政裁量权行使的具体标准,规范裁量范围、种类、幅度,提高执法效率和规范化水平。

(十六)加强重点领域执法。各级人民政府及其有关部门要加大关系群众切身利益的食品药品安全、公共卫生、安全生产、环境监管、民生保障、治安管理、信访维稳等重点领域执法力度,依法惩处各类违法行为。理顺城市管理领域行政执法机制,明确城市综合执法的权限范围和执法保障。

(十七)全面落实行政执法责任制。深入开展行政执法评议考核。严格确定不同部门及机构、岗位执法人员执法责任和责任追究机制,坚持有错必纠、有责必问,对行政不作为、行政乱作为的行为,必须坚决纠正,对失职、渎职执法人员,必须依法依规追究责任。

(十八)推进公正文明执法。各级行政机关坚持管理与服务并重、处置与疏导结合,不断改进创新公正文明执法方式,积极推行人性化执法,采用行政指导、行政合同、行政奖励、政府购买服务、重大执法案件回访、推进行政执法和解的执法方式,以及全程说理式执法、行政监管劝勉、执法事项提示、轻微问题告诫、突出问题约谈、重大案件回访等柔性执法方式。行政执法人员在执法过程中要排除各种因素的干扰,做到公平公正,不办人情案,避免同案不同罚现象。

(十九)健全两法衔接机制。落实国家、自治区关于健全行政执法和刑事司法衔接的有关要求,进一步完善行政执法和刑事司法衔接工作机制建设、制度建设、标准建设、平台建设,完善案件移送程序,建立行政执法机关、公安机关、检察机关、审判机关信息共享、案情通报、案件移送制度,组织开展打击违法犯罪专项行动的基础上,实现行政处罚和刑事处罚无缝对接。

五、强化对行政权力的制约和监督

(二十)自觉接受人大监督、政协民主监督。各级人民政府及其部门要主动接受同级人大及其常委会通过询问、质询、执法检查、听取和审议工作报告等方式监督行政职权的行使。积极主动配合同级人大对关系改革发展稳定大局和人民群众切身利益、社会普遍关注的重大问题涉及法律法规的实施情况开展执法检查,有效促进有关法律法规的贯彻实施。聘请人大代表和政协委员作为行政执法监督员,邀请人大代表和政协委员参加行政执法专项监督检查活动,提高人大监督和政协民主监督的成效。完善政府每年向同级党委、人大及上一级政府报告依法行政工作制度;政府部门每年向本级政府和上一级政府有关部门报告推进依法行政情况。

(二十一)支持司法机关的依法监督。对人民法院受理的行政诉讼案件,依法答辩,提交证据、依据材料。推行行政机关负责人出庭应诉制度。尊重并执行人民法院的生效判决、裁定,认真对待人民法院的司法建议,并按照有关规定做好研究采纳工作。依法接受检察机关对行政机关行使职权的法律监督。

(二十二)强化内部监督。改进上级机关对下级机关的监督,建立常态化监督制度。县人民政府全面实施行政执法专项监督检查制度,围绕社会广泛关注的热点、难点问题,强化对重点行业、重点领域行政执法的监督,定期组织开展行政执法专项监督检查。严格执行行政执法案卷评查制度,每年组织对行政许可、行政处罚、行政强制等行政执法案卷进行评查,提高行政执法质量。建立行政执法案件监督制度,规范行政执法个案监督,明确界定行政执法个案监督的范围、程序、手段和途径,统一规范行政执法个案监督法律文书。

(二十三)加强专门监督。加强权力风险防控,对财政资金分配使用、国有资产监管、政府投资、政府采购、公共资源转让、公共工程建设等权力集中的部门和岗位实行分事行权、分岗设权、分级授权,定期轮岗,强化内部流程控制,防止权力滥用。保障和支持审计机关依法独立行使审计监督权,对公共资金、国有资产、国有资源和领导干部履行经济责任情况实行审计全覆盖。

（二十四）推进舆论监督和社会监督。建立和完善群众举报投诉制度，拓宽人民群众监督渠道，公布投诉、控告、举报电话和信箱，依法保障人民群众监督的权利。高度重视舆论监督，认真对待网络监督，对新闻媒体和社会各界反映的问题，要认真调查核实并及时做出处理，对社会影响较大的问题，要将处理结果向社会公布。

（二十五）严格行政问责。严格执行行政监察法、公务员法、行政机关公务员处分条例和《广西壮族自治区行政过错责任追究办法》（自治区政府令第24号）的规定，做到有错必纠、有责必问。对因有令不行、有禁不止、行政不作为、失职渎职、违法行政等行为，导致一个地区、一个部门发生重大责任事故、事件或者严重违法行政案件的，依法依纪严肃追究有关责任人直至行政首长的责任，督促和约束行政机关及其工作人员严格依法行使权力、履行职责。

六、全面推进政务公开

（二十六）健全政务公开体系建设。按照"以公开为常态、不公开为例外"的原则，凡是不涉及国家秘密、商业秘密和个人隐私的政府信息，都要向社会公开。进一步健全和完善政务信息公开工作体制机制，推进决策公开、执行公开、管理公开、服务公开、结果公开，保障人民群众的知情权、参与权和监督权。认真贯彻落实国务院政府信息公开条例，进一步健全政务公开制度，充实公开内容，完善公开形式。涉及公民、法人或其他组织权利义务的规范性文件，按照政府信息公开要求和程序及时公布。

（二十七）执法依据和执法过程公开。建立健全行政执法公示制度，有关部门依据权力清单，向社会全面公开职责职能、法律依据、实施主体、执法权限、管理流程、监督方式等事项，重点推进财政预算、公共资源配置、重大建设项目批准和实施、社会公益事业建设等领域的信息公开，并通过政府网站等途径向社会公布。建立统一的行政执法信息系统和发布制度，推行执法流程网上管理，促进行政执法部门信息交流和资源共享。

（二十八）大力推进办事公开。所有面向社会服务的政府部门都要全面推进办事公开制度，规范和监督医院、学校、公交、公用等公共企事业单位的办事公开工作，重点公开岗位职责、服务承诺、收费项目、工作规范、办事纪律、监督渠道等内容。建立覆盖县镇的政务服务中心，进一步完善首问负责、服务承诺、一次性告知、限时办结等制度，为人民群众提供优质、高效、便利的服务。

（二十九）推进政务公开信息化。积极推进电子政务建设，配合自治区建设全区统一的自治区政府信息公开统一平台和自治区政务服务政务公开政府信息公开基层信息化应用平台，实现自治区、市、县、镇四级人民政府网络互联，切实提高政府工作的透明度和行政效率，降低行政成本。

七、依法防范和化解矛盾纠纷

（三十）健全社会矛盾纠纷调解机制。建立健全政府负总责、政府法制机构牵头、各职能部门为主体的行政调解工作体制，完善行政调解制度，规范行政调解程序，改进行政调解方式，增强行政调解效力。对资源开发、环境污染、公共安全事故等方面的民事纠纷，以及涉及人数较多、影响较大、可能影响社会稳定的纠纷，主动进行调解。促进调解、仲裁、行政裁决、行政复议、诉讼等有机衔接、相互协调。积极指导、支持和保障居民委员会、村民委员会等基层组织开展人民调解工作，完善第三方调处机制，推进律师参与矛盾调处，健全人民调解、行政调解、司法调解联动工作体系，强化人民调解协议司法确认工作，提高调处质量。

（三十一）依法公正高效履行行政复议职责。充分发挥行政复议在解决矛盾纠纷中的作用，努力将行政争议化解在初发阶段和行政程序中。畅通行政复议申请渠道，简化申请手续，方便当事人提出申请。加强对行政复议受理活动的监督，坚决纠正无正当理由不受理行政复议申请的行为。注重运用调解、和解方式解决纠纷，调解、和解达不成协议的，要及时依法公正做出行政复议决定。扎实推进行政复议规范化建设，完善行政复议配套制度，通过规范办案流程，统一办案尺度，加大行政复议纠错力度，增强行政复议权威性和公信力。改进行政复议案件审理方式，综合运用书面审查、实地调查、听证、和解、调解等手段，提高办案质量，切实做到定纷止争、案结事了。

（三十二）充分利用仲裁化解社会矛盾纠纷。充分发挥仲裁公正及时、程序简便、一裁终局的优势，大力加强仲裁工作，努力化解民商事纠纷，有效保护当事人的合法权益，促进市场经济的健康发展。加强仲裁案件的立案受理和审理工作，积极引导当事人通过仲裁解决民商事纠纷。积极探索和创新仲裁工作机制，拓展仲裁领域，为我县对外开放、加强经济合作提供保障。深入开展仲裁案件受理多样化、纠纷处理多元化工作，推进仲裁机构规范化建设，推广仲裁法律制度，提高仲裁公信力和影响力。

八、强化组织保障

（三十三）加强组织领导。各级人民政府及其部门要建立由主要负责人牵头的依法行政领导协调机制，统一领导本地本部门推进依法行政、建设法治政府工作，定期听取依法行政工作汇报，及时解决本地本部门依法行政中存在的突出问题，研究部署深入推进依法行政、加快法治政府建设的具体任务和措施。强化行政首长作为推进依法行政第一责任人的责任，行政首长要对本地本部门依法行政工作负总责，切实承担起领导责任，将依法行政任务与改革发展稳定任务一起部署、一起落实、一起考核。加强对推进依法行政工作的督促指导、监督检查和舆论宣传。实行领导干部任职前依法行政情况考察和法律知识考试制度，对拟任行政机关领导职务的干部，任职前要考察其依法行政、依法办事能力,并进行法律知识考试,考察和考试结果作为任职的重要参考依据。

(三十四)健全深入推进依法行政工作措施。继续深入开展依法行政示范点创建活动,搭建经验交流平台,充分发挥依法行政示范点的示范、引领和典型带动作用。完善依法行政考核等工作机制,将依法行政考核纳入绩效考核体系,对推进依法行政成效明显的单位进行表彰奖励,对推进工作不力的予以通报批评、责令改正。将依法行政考核结果作为政府领导班子和领导干部任期目标考核和年度述德、述职、述廉报告的重要内容,并作为领导干部选拔任用的重要依据。

(三十五)加强法治队伍建设。大力加强法治队伍正规化、专业化、职业化建设。进一步加强法制机构队伍建设,以适应推进依法行政、建设法治政府艰巨任务的需要,与其承担的职责和任务相适应,充分发挥法制机构为行政决策、依法行政、处理矛盾、解决难题出谋划策,提供服务,当好参谋、助手和法律顾问的作用。强化行政执法队伍建设,不断提高行政执法队伍的思想政治素质和业务工作能力。强化法律服务队伍建设,各级人民政府采取有效措施加大法律服务队伍建设,提高法律服务队伍质量。完善行政工作人员学法用法制度,建立法律知识学习培训长效机制,推动各级行政工作人员带头学法、用法、尊法、守法,养成遇事找法、解决问题用法、化解矛盾靠法的法治思维,牢固树立法治意识,提高依法行政能力。注重选拔法治意识强、善于运用法治思维和法治方式解决问题和推动改革发展的优秀公务员进入各级领导班子,打造一支政治坚定、业务精良、廉洁公正的高素质法治队伍。

九、实施步骤

深入推进依法行政、加快法治政府建设是一项长期、艰巨和渐进的系统工程。实现2020年基本建成法治政府的目标距今只有6年时间,时间紧迫,任务繁重,要不断加大推进力度,建立完善的工作机制,确保取得成效。各地各部门依据本实施意见制定实施规划,每年确定重点工作任务,制定年度计划,做出具体安排,分解落实到责任单位和责任人,形成统一领导、分工负责、相互配合、上下联动、有序推进的工作机制和齐抓共管、协同推进的工作格局。

(三十六)全面实施阶段(2015—2018年)。2015年,推进依法行政、加快法治政府建设工作全面铺开,进行总体部署,广泛开展形式多样的宣传活动,推动全社会关心支持法治政府建设工作。完成科学、操作性强的法治建设指标体系和考核标准的制定工作。县政府加强对各镇政府和县有关部门推进依法行政、加快法治政府建设工作的考核。各镇各部门根据工作实际,有序推进各项改革措施,对推进依法行政、加快法治政府建设中的重难点进行突破。积极抓好各项任务的落实,推动各项配套制度和工作机制的运转。各种社会矛盾和问题得到积极预防和有效治理。

(三十七)完善提高阶段(2019—2020年)。通过深入推进依法行政、加快法治政府建设的全面实践,法治政府建设工作取得阶段性成果。各镇各部门对照本实施意见开展自查自纠,认真总结经验,推广好的做法,对法治政府建设中存在的突出问题及时解决。县政府加强对全面深入推进依法行政、法治政府建设的督查考核,对法治政府建设的成果进行验收,对推进不力的地方和单位予以指导,并责令限期整改。到2020年,法治政府基本建成的阶段性目标全面实现,全县治理体系和治理能力现代化水平明显提高。

陆川县人民政府关于印发《陆川县深化财税体制改革实施方案》的通知

(陆政发〔2015〕25号　2015年12月31日)

各镇人民政府,县政府各工作部门:

《陆川县深化财税体制改革实施方案》已经县人民政府同意,现印发给你们请认真组织实施。

陆川县深化财税体制改革实施方案

为全面落实好各项财税体制改革任务,根据《广西深化财税体制改革方案》和《玉林市深化财税体制改革方案》,制定本实施方案。

一、深化财税体制改革的总体要求

(一)指导思想。

以邓小平理论、"三个代表"重要思想、科学发展观为指导,深入学习贯彻习近平总书记系列重要讲话精神,全面贯彻落实党的十八大和十八届三中、四中、五中全会精神,以及自治区党委十届四次、五次全会精神,按照中央和自治区、玉林市关于深化财税体制改革的部署,以改进预算管理制度、完善税收制度、建立事权和支出责任相适应的制度为重点,统筹规划、积极稳妥、协同推进财税领域各项改革工作,坚持开源、节流、依法、增效,加快打造"五个财政"(发展财政、民生财政、和谐财政、绩效财政、透明财政),逐步建立符合国家治理体系和治理能力现代化新要求,统一完整、法治规范、公开透明、运行高效,有利于优化资源配置、维护市场统一、促进社会公平的科学的可持续的现代财政制度,为全县加快经济建设提供财力基础和财税制度保障。

(二)主要目标。

按照完善立法、明确事权、改革税制、稳定税负、透明预算、提高效率的思路,建立以全面规范、公开透明的现代预算制度,有利于科学发展、社会公平、市场统一的税收制度体系,事权和支出责任相适应的政府间财政关系制度为内容的现代财政制度。2014—2015年预算制度改革要取得决定性进展;2016年基本完成深化财税体制改革的重点工作和任务;2020年各项改革基本到位,现代财税制度基本建立。

(三)基本原则。

——正确处理政府与市场的关系。明确政府与市场的职能边界,把市场在资源配置中起决定性作用和更好发挥政府作用结合起来,摒弃传统的大包大揽思想,坚持有所为有所不为,在发挥好财政在实施宏观调控、优化发展环境、提供公共服务和保护生态环境等方面职能作用的同时,对于应由市场主体发挥作用的领域,财政要坚决退出。

——注重兼顾提高效率与促进公平。既要培育壮大财源,充分挖掘增收潜力,努力做大财税经济蛋糕,又要推进科学理财和预算绩效管理,健全运行机制和监督制度,提高财政管理效率;在此基础上,更加注重公平,让发展成果更多更公平地惠及全体人民,促进社会公平正义,从而进一步激发活力、提高效率。

——统筹协调当前发展与长远利益。既要立足当前,着力解决影响当前经济社会发展的突出矛盾;又要着眼长远,切实增强财政的可持续性。

——坚持顶层设计与因地制宜相结合。一方面,要按照中央和自治区、玉林市确定的改革路线图和时间表稳步推进,确保改革的协同、稳健和实效;另一方面,要结合我县实际大胆探索实践,准确把握各项改革措施推进的时机、力度和节奏,走出一条符合我县实际的财政改革发展新路子。

——协同推进财税改革与其他改革。要充分发挥财税体制改革作为全面深化改革的突破口和基础支撑作用,积极支持其他重要领域和关键环节改革,使财税体制改革与其他改革相互衔接、相互协调,实现各项改革协同推进。

二、深化财税体制改革的主要任务

(一)改进预算管理制度,加快建立全面规范、公开透明的现代预算制度。

1.建立透明预算制度。细化政府预决算公开内容,除涉密信息外,政府预决算支出全部细化公开到功能分类的项级科目;专项转移支付预决算公开到具体项目。扩大部门预决算公开范围,除涉密信息外,所有使用财政资金的部门均应公开部门预决算;细化部门预决算公开内容,逐步将部门预决算公开到基本支出和项目支出,并研究将部门预决算按经济分类科目公开。加大"三公"经费公开力度,细化公开内容,所有财政资金安排的"三公"经费都要公开。积极推进财税优惠政策等财政政策公开。健全预算标准体系,进一步适应预算公开要求。

2.完善政府预算体系。按照中央和自治区、玉林市统一部署,有序推进重点支出与财政收支增幅或生产总值挂

钩项目的清理规范工作,对重点支出根据推进改革的实际需要和确需保障的内容统筹安排、优先保障,不再采取先确定支出总额再安排具体项目的办法。明确一般公共预算、政府性基金预算、国有资本经营预算和社会保险基金预算的支出范围,建立定位清晰、分工明确的政府预算体系,将政府收支全部纳入预算管理。提高政府统筹能力,加大政府性基金预算、国有资本经营预算与一般公共预算的统筹力度。建立政府性基金预算统筹使用部分调入一般公共预算的机制,国有资本经营预算资金调入一般公共预算的比例到2020年提高到30%以上。加强社会保险基金预算管理,确保基金结余保值增值,在精算平衡的基础上实现社会保险基金制度的可持续运行。

3.改进年度预算控制方式。一般公共预算审核的重点由财政收支平衡状态、赤字规模向支出预算和支出政策拓展;预算执行中如需增加或减少支出预算总规模,必须报经县人大常委会审查批准;收入预算从约束性指标转为预期性指标,根据经济形势和政策调整等因素科学预测,强化依法治税管费。政府性基金预算按照以收定支的原则,根据政府性基金项目的收支情况和实际支出需要编制。国有资本经营预算按照收支平衡的原则编制,不列赤字。社会保险基金预算按照统筹层次和社会保险项目分别编制,做到收支平衡。

建立跨年度预算平衡机制。一般公共预算执行中如出现超收,原则上用于削减财政赤字、化解政府债务或补充预算稳定调节基金;如出现短收,通过调入预算稳定调节基金或其他预算资金、削减支出实现平衡。如采取上述措施仍不能实现平衡,县政府通过申请上级人民政府临时救助实现平衡,并在下一年度预算中归还。政府性基金预算和国有资本经营预算执行中如出现超收,结转下年或调入一般公共预算安排使用;如出现短收,通过削减支出实现平衡。

实行中期财政规划管理。中期财政规划按照三年滚动方式编制,第一年规划约束下一年度预算,后两年规划指引相应年度预算;年度预算执行结束后,对后两年规划及时进行调整,再添加一个年度规划,形成新一轮中期财政规划。财政部门会同各部门研究编制三年滚动财政规划,注重勤俭节约、开源节流,对规划期内一些重大改革、重要政策和重大项目,研究提出政策目标、运行机制和评价办法。推进部门编制三年滚动规划,加强项目库管理,健全项目预算审核机制。强化三年滚动财政规划对年度预算的约束,年度预算编制必须在中期财政规划框架下进行,各部门、行业、区域规划中涉及财政政策和资金支持的,要与三年滚动财政规划相衔接。

4.加强预算执行管理。硬化预算约束,预算未安排事项一律不得支出。年度预算执行中除救灾等应急支出通过动支预备费解决外,一般不出台增加当年支出的政策,一些必须出台的政策通过以后年度预算安排资金。不同预算

科目、预算级次或者项目间的预算资金需要调剂使用的，严格按照规定办理。加快预算下达和预算执行进度，进一步提高提前通知转移支付预计数的比例，严格按照中央和自治区、玉林市规定的时限要求及时细化下达预算。加强财政结余结转资金管理，建立财政结余结转资金定期清理机制，对超过使用年限的财政结余结转资金，一律收回总预算或调整用于其他急需的支出；完善财政结余结转资金与预算编制相结合机制，对财政结余结转资金规模较大的部门(单位)，相应核减预算安排资金。加强财政专户管理，除合规且必须开设、并经严格审核程序批准的财政专户外，一律不予新开财政专户；对存量财政专户，除经财政部审核并经国务院批准予以保留外，其余专户逐步取消。规范国库资金管理，科学测算国库库底资金。严格权责发生制核算范围，除国库集中支付年终结余外，一律不得按权责发生制列支。全面清理已经发生的财政借垫款，应当由预算安排支出的按规定列支；符合制度规定的临时性借垫款及时收回；不符合制度规定的借垫款限期收回。加强财政对外借款管理，严禁违规对非预算单位及未纳入年度预算的项目借款和垫付财政资金。所有预算单位必须严肃财经纪律，严格财政资金分配使用的监督和问责，严厉查处违法违规行为。

5. 规范政府性债务管理。健全完善政府性债务管理体系，建立健全政府性债务规模控制、风险预警、债务考核等管理制度。明确和强化财政部门政府性债务归口管理职能，充实政府性债务管理力量，建立各职能部门沟通协调机制，形成管理合力。按照中央和自治区、玉林市的统一部署，逐步建立以政府债券为主体的政府举债融资机制，剥离融资平台公司政府融资职能，对其存量债务分三类进行处置：对商业房地产开发等经营性项目，与政府脱钩，完全推向市场，债务转化为一般企业债务；对供水供气、垃圾处理等可以吸引社会资本参与的公益性项目，积极推广政府与社会资本合作模式(PPP 模式)，其债务由项目公司按照市场化原则举借和偿还，政府按照事先约定，承担特许经营权给予、财政补贴、合理定价等责任，不承担偿债责任；对难以吸引社会资本参与、确实需要政府举债的公益性项目，由政府发行债券融资。统筹各类资金确保已使用政府性债务资金在建项目后续融资，优先保障项目续建和收尾。对全县政府性债务，按照自治区确定的额度实行限额控制，分类纳入预算管理。严格限定政府性债务举借程序和资金用途，在自治区确定限额内举债必须报县人大或其常委会批准，债务资金必须严格用于公益性项目资本支出或偿还存量债务。建立健全政府性债务的动态监控、风险预警及应急处置机制，防范和化解政府性债务风险。完善政府性债务统计报告制度，加快建立权责发生制的政府综合财务报告制度。建立健全考核问责机制，加快政府信用体系建设，建立政府信用评级制度。

6. 健全预算绩效管理机制。逐步扩大预算绩效管理范围和增加预算绩效评价项目，逐步将预算绩效管理范围覆盖各级预算单位和所有财政资金。着力推动财政专项资金的绩效评价，同时开展部门整体支出、财政支出管理和财政政策等方面的绩效综合评价。预算绩效评价结果，作为编制三年滚动财政规划、调整支出结构、完善财政政策制度和预算安排的重要依据。

(二)实施税制改革，建立有利于科学发展、社会公平、市场统一的税收制度体系。

1. 加快增值税改革。按照中央和自治区、玉林市统一部署，密切关注营改增试点运行情况，加强调查研究，掌握试点工作动态，认真做好分析评估，妥善解决各类问题，充分发挥改革试点的政策效应。加强营改增后续改革的政策研究、测算分析和宣传培训等工作，为营改增全面实施做好准备。

2. 配合推进消费税、资源税、环境保护税、房地产税、个人所得税等税收制度改革。贯彻落实中央和自治区关于税收制度改革精神，配合做好税制体系的调研和基础性工作。

三、深化财税体制改革的保障措施

(一)加强组织领导。

要切实提高对深化财税体制改革重要性的认识，进一步加强和改进对财政工作的领导，认真研究分析新形势下面临的新课题新挑战，不断提高在复杂形势下驾驭财政经济工作的能力；要建立在党委、政府及其组成部门、县直属事业单位领导班子配备具有财经岗位经历领导干部的机制；要规范党政机关、事业单位财会人员入职资质，在资产规模和财务支出规模较大的医院和国有大中型企业等配备或委托财务总监、总会计师。各部门要全面落实中央和自治区、玉林市的决策部署，把深化财税体制改革摆在全局工作的重要位置，深入研究和解决本部门财税体制改革重大问题，把改革任务抓紧抓实。要在厘清财税体制改革权限的基础上，属于上级权限的，严格按照上级要求，以"一盘棋"的思想坚决贯彻执行；属于本级权限的，深入探索、积极推进。对于近期能做的，要尽快启动；对条件暂时还不具备的，要抓紧调查研究、做好准备。

(二)明确责任分工。

全面深化财税体制改革工作按照"党委政府统一领导、财税部门牵头、部门分工协作、形成工作合力"的原则，由县财政局、国税局、地税局负责组织实施。要切实强化责任意识、机遇意识和担当意识，积极向自治区财政厅、自治区国税局、地税局汇报沟通，主动协调各方力量，全力推进、督促落实各项财税体制改革任务，及时分析改革中出现的新情况、存在问题，提出解决的办法和措施，确保全面深化财税体制改革取得实效。各部门结合实际认真谋划、科学制定详细的改革工作方案，细化措施，把工作目标和任务分解到具体工作环节；要落实责任分工，做到任务到岗，责任到人。

（三）健全推进机制。

建立财税体制改革组织协调机制,定期召开财税体制改革联席会议,财税等有关部门不定期会商研究,协调解决财税体制改革中遇到的重大事项。建立财税体制改革联络员制度,加强相互沟通,研究讨论财税体制改革中的重大问题以及具体改革部署。建立财税体制改革评估制度,加强对财税体制改革的事前论证和设计、事中监管和执行、事后评估和改进。建立财税体制改革报告制度,对重大改革方案、改革政策措施,要报请上级部门批准后实施。建立工作督促检查制度,及时对各项改革任务的落实情况进行跟踪督导,对财税体制改革各项任务进展情况、完成情况进行通报。

（四）强化宣传引导。

财税体制改革牵一发而动全身。要注意改革方案的科学性、可操作性,协调好各方面的利益关系,尽可能回应好各方面的诉求,尽可能寻求最大公约数,最大限度地争取各方面理解和支持。要坚持正确的舆论导向,采取通俗易懂、生动形象的方式,广泛宣传全面深化财税体制改革的重大意义、目标任务和主要措施,解答社会公众关心的问题,为全面深化财税体制改革营造良好的舆论环境和社会氛围。

陆川县人民政府办公室关于印发《陆川县学前教育三年行动计划(2014—2016年)》的通知

（陆政办发〔2015〕7号　2015年2月3日）

各镇人民政府,县政府各工作部门:

《陆川县学前教育三年行动计划(2014—2016年)》已经县十五届人民政府第50次常务会议审议通过,现印发给你们,请结合实际认真贯彻执行。

陆川县学前教育三年行动计划
(2014—2016年)

认真贯彻落实党的十八大"办好学前教育"的要求,进一步落实《国务院关于当前发展学前教育的若干意见》《广西壮族自治区人民政府办公厅关于创新体制机制加快学前教育发展的若干意见》(桂政办发〔2014〕34号)及自治区、全市教育发展大会精神,促进我县学前教育科学发展,切实解决"入园难"问题,根据我县实际,制定本行动计划。

一、指导思想

以党的十八大和十八届三中、四中全会精神为指导,以公益性和普惠性为原则,以落实政府责任、加大财政投入、加快改革创新为重点,建立完善政府主导、公办为主、社会参与、公办民办并举的办园体制,优化资源配置,促进学前教育协调均衡发展,全面提高学前教育质量,保障城乡适龄幼儿接受公平的、高质量的学前教育。

二、发展现状

（一）基本情况。"十二五"以来,我县积极实施学前教育三年行动计划,深化学前教育发展机制改革,在上级部门的大力支持下,在党委、政府的领导下,县学前教育发展取得了阶段性成果。三年来,全县新建、改扩建98所村级公办幼儿园,实现了村级无公办幼儿园的重大突破,14所镇中心幼儿园得到改造升级,公民办在园幼儿3.1万人,学前三年毛入园率72.3%。

（二）主要问题。一是普惠性学前教育资源仍然短缺,独立公办幼儿园数量少,"家庭作坊"式的民办幼儿园多,进入公办园尤其是优质公办幼儿园比较困难。二是学前教育成本分担和运行保障机制建设滞后,绝大部分幼儿园教师工资和日常运行主要依靠收费,家长负担较重。特别是农村公办幼儿园办园、民办幼儿园条件差,运转困难。三是幼儿园教师数量短缺,工资低、待遇差的现象仍普遍存在,专业素质有待进一步提高。四是幼儿园保育教育质量参差不齐,一些幼儿园办园行为不规范,"小学化"现象仍然比较严重。

三、工作目标

到2016年,基本建立覆盖城乡、布局合理、资源充足、公益普惠、充满活力的学前教育公共服务网络。在学前教育的财政投入、普及水平、规范管理、保教质量等方面,达到全市先进水平。

（一）学前教育普及水平进一步提高。学前三年幼儿毛入园率达75%以上。

表58　2014—2016年学前教育普及程度规划

年份目标	学前一年毛入园率	学前三年毛入园率
2014年	98.2%	73%
2015年	98.6%	74%
2016年	98.8%	75%

（二）幼儿园布局更科学、合理。县城按照服务人口1万人布点1所幼儿园,每3万人口至少有1所独立建制的公办幼儿园;每个镇有1所独立建制的中心幼儿园;农村实行大村独办、小村联合办园,按3000~6000人、服务半径在1.50千米内布点1所幼儿园的标准布局建设,形成覆盖县、镇、村学前教育服务网络。

（三）学前教育公益性、普惠性显著增强。扩大公办幼儿园和普惠性民办幼儿园覆盖率,全县公办幼儿园和普惠性民办幼儿园数覆盖率达90%以上。

（四）优质学前教育资源规模不断扩大。自治区级示范幼儿园达 2 所;市级示范幼儿园达 5 所;县级示范幼儿园达 5 所。

（五）学前教育师资队伍素质大幅度提高。至 2016 年,力争 80% 以上的独立公办幼儿园园长和专任教师达到专科及以上学历,100% 的独立公办幼儿园园长和普惠民办幼儿园园长持证上岗,所有教师参加不同等级、不同类型培训,教师专业化水平明显提升。

（六）保教水平进一步提升。加强对幼儿园保育和教育实践的研究和指导,不断提高幼儿园教师的专业素质和教育实践能力,努力为每个幼儿的学习探索提供最大限度的支持。推动软件和硬件建设相协调,各类幼儿园的师资、班额、玩教具、园舍等达到国家和地方规定的标准。加大学前教育社会宣传,转变家长教育观念,普及科学保教知识。

四、保障措施

（一）加强组织保障

成立县学前教育三年行动计划领导小组,组长由县政府分管领导担任,副组长由县政府办联系副主任和县教育局局长担任。领导小组办公室设在县教育局,负责日常工作。完善学前教育联席会议制度,统筹协调学前教育发展,健全工作机制,形成推进学前教育加快发展的强大合力。

联席会议总召集人由县政府分管领导担任,召集人由县政府办联系副主任和县教育局局长担任,成员单位由县教育、发改、财政、住建、国土、民政、编办、人社、物价、综治、公安、安监、消防、质监、工商、文体广电、卫计、药监、妇联、团委等部门组成。

（二）构建学前教育多元化办园体系

坚持政府主导、社会参与、公办民办并举的办园体制。切实履行政府发展学前教育的责任,在统筹规划、政策引导、制度建设、标准制订、投入保障、评估督导、日常监管等方面发挥主导作用。鼓励多元化办园,扶持并规范民办幼儿园发展,形成公办民办协调发展的良好格局。

1.大力发展公办幼儿园。

加大政府投入,新建、改建、扩建一批符合标准的公办幼儿园,提供"广覆盖、保基本"的学前教育公共服务。自 2014 年起,新增幼儿园以公办为主。中小学布局调整后,富余的教育资源和其他富余公共资源,在符合学前教育规划布局和安全要求的前提下,优先改建成公办幼儿园。要加大农村幼儿园建设力度,完善县、镇、村学前教育网络。抓好县城幼儿园、城乡结合部、镇中心幼儿园、村级幼儿园的布局规划修订和建设工作。2014—2016 年,县城改建 3 所公办幼儿园、城乡结合部新建 2 所公办幼儿园。基本完善 14 所镇公办中心幼儿园基础设施建设。加快村级幼儿园建设,力争到 2016 年每个大村都有 1 所公办幼儿园。

2.配套建设并严格管理居民住宅小区幼儿园。

制定我县城镇小区配套幼儿园建设和管理实施办法,健全小区配套幼儿园管理体制。对小区配套幼儿园的规划、建设、移交、举办以及回收、补建等做出具体规定。

将居民住宅小区配套幼儿园纳入学前教育公共服务体系,在旧城改造和新区建设中,规划建设好与居住人口规模相适应的配套幼儿园,与其他建筑设施同步规划、同步设计、同步建设、同步验收交付使用,建设用地按国家有关规定予以保障。未按规定安排配套幼儿园建设的小区,规划、建设部门不得审批。城镇小区配套幼儿园是教育事业的政策性投资,属国有教育资产,作为公共教育资源由政府统筹安排,要按属地移交当地政府举办公办幼儿园或免除租金委托办成普惠性民办幼儿园,不得改变性质和用途。对已改变性质和用途的,由政府限期收回。

3.积极扶持普惠性民办幼儿园。

民办幼儿园在资格准入、政策扶持、师资培养、质量保障等方面与公办幼儿园一致。民办幼儿园在建设规划、土地供应、规费减免等方面与公办幼儿园享有同等待遇,在申办审批、分类定级、评先评优等方面与公办幼儿园具有同等地位。公用事业单位要落实相关优惠政策和倾斜措施,民办幼儿园水、电等费用按中小学标准收缴。

建立普惠性民办幼儿园认定和扶持办法。根据我县学前教育发展规划、普惠性资源的布局和老百姓的入园需求,认定和扶持一批普惠性民办幼儿园,逐年提高普惠性民办幼儿园的比重。

建立普惠民办幼儿园财政补助制度。研究制定扶持普惠性民办幼儿园实施办法,积极探索通过购买公共服务的方式,对承担普惠性教育任务的达到规定标准的民办幼儿园,按照在园人数给予一定比例的财政补助。创新公办民办幼儿园协同发展机制,选派公办幼儿园教师到民办幼儿园支教,鼓励名园输出管理,支持民办幼儿园提供优质特色保教服务。建立民办幼儿园园长、骨干教师免费培训制度,提高民办幼儿园教师素质。民办幼儿园根据实际需要和岗位要求,参照公办幼儿园岗位设置管理办法的有关规定,自主聘用各类人员。

创新政府购买服务方式,出台支持国有企事业单位和集体办园的具体措施,提高其面向社会提供公共服务的能力。重点加大对农村集体和城镇幼儿园的支持力度,鼓励其提高办园水平。

4.扩大优质学前教育资源。

（1）大力推进区、市示范幼儿园创建。自 2014 年起新建幼儿园须按标准建设。2014—2016 年创建自治区级示范幼儿园 1 所,市级示范幼儿园 2 所,县级示范幼儿园 5 所。

（2）积极推进优质幼儿园集团化发展。鼓励、支持示范幼儿园发挥自身优势,通过承办新园、托管薄弱园、举办分园、合作办园等形式扩大优质学前教育资源;通过"名园加新园""名园加弱园""名园加农园""名园加民园"等办园模式,带动城乡学前教育共同发展;通过城乡幼儿园结对帮扶制度,引导城乡之间、不同园所之间建立发展共同体,推进学前教育均衡发展。

（三）建立保障机制

1. 建立健全公办幼儿园财政保障机制。严格按照自治区公办幼儿园生均经费标准和生均财政拨款标准足额安排财政预算；新增教育经费主要向学前教育倾斜，财政性学前教育经费要在同级财政性教育经费中占合理比例，并逐年提高。

2. 建立多元普惠幼儿园补助机制。

（1）设立多元普惠幼儿园生均补助经费。对达到自治区一星级以上的多元普惠幼儿园，从2014年秋季开始，按照在园幼儿数给予生均每学年10元的补助。补助经费按有关规定使用。

（2）设立集团化办园补助经费。建立集团化办园工作激励机制，推动集团化办园健康发展。2014—2017年，对经自治区教育行政部门认定开展集团化办园的示范幼儿园，在自治区每年对每所集团化办园的龙头示范幼儿园补助10万元的基础上，县政府再给予每所10万元补助。

（3）实行多元普惠幼儿园升级奖励政策。2014—2017年，对经自治区教育行政部门评估认定，达到自治区示范幼儿园标准、自治区星级幼儿园标准的多元普惠幼儿园予以一次性奖励。奖励数额按自治区有关规定执行。

（4）落实多元普惠幼儿园建设用地优惠政策。认真贯彻落实《广西壮族自治区人民政府关于进一步保障教育用地的意见》（桂政发〔2014〕9号）、《广西壮族自治区人民政府办公厅关于城镇规划建设中小学幼儿园的意见》（桂政办发〔2014〕6号），做好教育用地专项规划，合理布局包括幼儿园在内的教育项目，确保幼儿园的规划建设符合就近入学的原则，按照有关规定实行优先、优惠政策。按教育用地专项规划布局要求优先配置学前教育用地，用于建设公办幼儿园、多元普惠幼儿园。幼儿园用地按营利性和非营利性教育项目分别供应土地。多元普惠幼儿园属非营利性幼儿园，享受公办学校同等的用地优惠政策。

（5）落实多元普惠幼儿园税收优惠政策。税务部门要认真落实税收优惠政策，经认定的多元普惠幼儿园，在规定收费标准范围内收取的保育费、教育费收入，免征营业税。多元普惠幼儿园建设涉及的城市建设配套费等行政性、服务性收费及供电、供水、供气等方面收费，均与公办幼儿园享有同等待遇。

（6）建立多元普惠幼儿园规范和体现优质优价的收费制度。要按国家和自治区有关规定加强收费管理。多元普惠的保育教育费收费标准实行政府指导价管理。对办园水平较高、办园具有特色的多元普惠幼儿园，如达到自治区示范幼儿园、自治区三星、自治区二星标准，其保育教育费最高收费标准可视办园成本比同辖区同等级的公办幼儿园收费标准分别上浮适当比例。具体收费标准由幼儿园在标准范围内制定，报县物价、教育、财政部门备案并公示后执行。

（7）建立多元普惠幼儿园师资扶持机制。建立公办、民办幼儿园结对帮扶制度，由公办幼儿园选派1名经验丰富的管理人员到结对帮扶的多元普惠幼儿园挂职1~2年，选派1~2名教学骨干到结对幼儿园任教1~2年，帮助普惠幼儿园规范管理，提高幼儿园的整体管理水平和保教质量。

3. 配齐配好保教设施、设备。根据需要配齐配好各类保教设施。建立保教设备公开招标采购制度，确保幼儿园保教设备质量。完善保教设备使用培训、检测维修制度，做到安全操作。

4. 建立学前教育扶困资助制度。对家庭经济困难子女、孤儿、残疾儿童进入幼儿园就读给予资助。

5. 建立学前教育师资队伍建设机制。

（1）严格按岗位设置标准配备幼儿园教师。严格执行自治区机构编制委员会《关于印发〈广西壮族自治区幼儿园编制标准暂行办法〉的通知》（桂编发〔2012〕6号）要求，逐步配齐补足辖区内公办幼儿园的专任教师、保育员等教职工，我县事业单位编制总量不足的，通过政府购买服务方式解决，确保幼儿园工作正常运转。

建立健全保育教育人员岗位管理制度和聘用制度，规范保育教育人员岗位管理。公办幼儿园原则上要按照自治区编制标准合理确定教职工员额。多元普惠幼儿园参照公办幼儿园教职工编制标准配备教职工，实行自主聘用、合同管理。

（2）认真落实幼儿教师资格准入制度。幼儿园园长、专任教师、保育员、保健人员等均应取得岗位任职资格，实行持证上岗。现尚不具备相关任职资格的在岗人员，要在3年内取得任职资格，逾期仍未获得任职资格的不得上岗。

（3）实施师资队伍培养培训工程。将园长及保教人员的培训纳入到中小学教师继续教育管理范畴，建立并完善培训体系。

①上岗培训。对新聘任的园长、幼儿教师要加强岗前培训，做到先培训后上岗。依托优质学前教育培训机构，采取远程、集中、跟岗学习等多种形式，对非学前专业大中专毕业生和在岗非学前教育专业的教师进行培训，经培训合格后可应聘或继续担任幼儿教师。力争每所新开办的幼儿园园长、教师和其他人员接受过学前教育专业培训并持证上岗。

②实施名师、名园长培训计划，建立幼儿园名师、名园长工作室制度，支持名师、名园长开展带"徒弟"活动。

③全员培训。完善培训体系，县教育部门、幼儿园两级联动，分级规划，分层分类培训公办幼儿园和多元普惠幼儿园教师。实行5年一周期不少于360学时的教师全员培训制度。推进教师培训学分制度。

④建立培训激励机制。建立幼儿教师专业提升激励机制，制定支持公办幼儿园和多元普惠幼儿园的幼儿教师进行在职学历提升和参加培训的政策，鼓励农村幼儿园教师考取教师资格证。充分调动广大幼儿教师参加业务培训

的积极性、主动性。

(4)强化师德师风建设,营造温馨育人环境。

①加强宣传和学习。树立良好教育形象,办人民满意的教育为目的,组织教师广泛学习政风、行风的相关要求。

②切实提高幼儿园教师的职业道德规范。对照《中小学教师职业道德规范》,对教职工认真开展职业道德教育,把师德建设放在保教队伍建设的首位,同时积极开展职业理想教育和心理健康教育,以培养全体教师的教书育人的责任感和使命感。

6.保障幼儿园教师合法权益。

(1)建立幼儿园教师待遇保障机制。公办幼儿园教师实行统一的岗位绩效工资制度,享受规定的工资倾斜政策;多元普惠幼儿园教师的工资由举办者依法保障。公办幼儿园在规定员额内聘用编外教师和多元普惠幼儿园工作人员的工资福利待遇,依据幼儿园举办者和聘用人员双方签订劳动合同执行。幼儿园及其职工应依法参加社会保险并履行缴纳社会保险费义务。

(2)完善幼儿园教师职务评聘制度。根据国家中小学教师职称制度的统一部署与安排,推进幼儿园教师职称制度改革。对长期在农村基层和艰苦边远地区工作的幼儿园教师,在教师职称评聘方面实行倾斜政策。

(3)公办幼儿园编外聘用教师和民办幼儿园教师在继续教育、职称评定、评优评先等方面享有公办幼儿园教师同等待遇。

7.建立健全学前教育质量监管机制。

(1)完善幼儿园监管机制。

①健全幼儿园的监管体系。县政府履行监管主体责任,相关部门按职能履行职责,建立健全日常管理和随机抽查制度。县教育行政部门要设立学前教育管理机构,充实管理力量,配备专职管理人员,加强对幼儿园办园资质、教师资格、办园行为、收费行为的监管。教育督导部门要加强学前教育的专项督导检查,向社会发布督导报告。卫生计生部门要切实把幼儿园的卫生保健工作作为公共卫生服务的重要内容,加强监督和指导,落实妇幼保健、疾病预防控制、卫生监督执法等机构的责任。公安、质检、安全监管、食品药品监督等部门要根据职能分工,加强对幼儿园的监督指导。幼儿园要健全定期自查自纠制度和家长委员会制度,对卫生、消防、园舍等方面的安全隐患及时发现并消除,对事关幼儿园和家长切身利益的事项应充分征求家长委员会的意见。

②加强治理无证幼儿园。一是建立联合执法机制。2015年前,要建立无证幼儿园治理机制,以镇为单位,以村委会为落脚点,明确无证幼儿园排查、上报责任。对未经批准擅自举办学前教育机构的,由县教育行政部门责令限期改正;逾期不改正的,由县教育行政部门提请县人民政府组织相关部门和镇人民政府依法取缔,并妥善安置被取缔无证幼儿园在园儿童。无证幼儿园的治理成效纳入县对各镇的年度综治考核。而是加大对幼儿园相关信息公开力度。建立学前教育机构认证公示制度,每年定期公布辖区内有招生资质的幼儿园、看护点名单;开展学前教育机构办学水平评估认定,公布相应等级的幼儿园名单;建立学前教育机构黑名单制度,实施重点监管,直至依法取缔。

③高度重视幼儿园安全工作。严格执行上级关于加强幼儿园安全防范工作的规定,建立严格的安全管理制度,配备安保人员和安保设施,落实安全措施,确保师生人身安全。幼儿园食品的采购、运送、储存、制作等环节必须严格执行《中华人民共和国食品安全法》的有关规定。加强幼儿园安全教育和管理,及时消除各类安全隐患。坚决取缔存在严重安全隐患的幼儿园(办园点)。加强幼儿园周边环境的综合治理,为幼儿创造良好的成长环境。

(2)健全学前教育教研网络。一是实行学前教育教研指导责任区制度。采取分层次、分类别、分区域、包片到园、指导到人的方式。二是充实教研力量,负责对责任区内幼儿园进行业务指导。教育部门要配备专职学前教育行政管理干部和教科研人员,各镇中心学校要配备1名学前教育专干,各镇中心幼儿园至少要配备1名学前教育辅导员,承担本辖区学前教育的管理和教研业务指导的职责。三是建立幼儿园保教工作质量中心组和专家指导组,对幼儿园的布局规划、环境创设、计划制定和实施、制度的建立、保教活动的开展等进行指导。重点指导农村幼儿园提高办园水平。四是充分发挥实验类、示范类幼儿园和农村乡镇中心幼儿园的辐射指导示范带头作用,开展区域教研和园本教研,及时解决教师在教育实践中的困惑和问题。

(3)加强"一日常规"精细化管理,提升保教质量。

认真贯彻实施《幼儿园工作规程》《幼儿园教育指导纲要(试行)》和《3~6岁儿童学习与发展指南》等,积极推进幼儿园教育改革,科学实施保教工作。加强幼儿园常规管理和用书用品管理。遵循幼儿身心发展特点和教育规律,坚持保育与教育相结合的原则,创设良好的育人环境,防止"小学化""保姆化"倾向。幼儿园要充分利用社会教育资源,加快建设有特色、有活力的园所文化。实现学前教育的本土化、特色化。

①规范保教管理,提高保教质量。一是深入幼儿园,督查幼儿园一日保教活动开展情况。把握幼儿的学习方式和特点,坚持以游戏为基本活动,树立一日活动皆课程的教育理念,寓教育于生活、游戏之中。关注幼儿学习与发展的整体性,加强主题活动设计与实施,大胆进行园本课程开发。对发现的问题及时分析整改,对亮点及时总结推广,在改进整改中规范保教管理,不断提高保教质量;二是加强指导。本着对各园做好服务工作的同时,加强保育教育工作的指导,特别是新任园长的指导,努力提升其实际工作能力。创办园长交流平台,协调不同层次的各园领导交流合作,使各园在联动互动中接受信息与指导,携手共进;三

是完善评价。做好幼儿发展评价工作,组织教师学习《3~6岁儿童学习与发展指南》,领会评价目的与标准,重视幼儿的学习品质,突出评价过程性和多样性,在鼓励幼儿健康成长的同时,检验教学实施效果。

②注重教科研引领,抓教学过程管理,提高集体教学有效性。一是研研结合。充分发挥区域性教研合作共同体和幼儿园特色工作室的研究阵地作用,运用专题和课题研讨方式,以《纲要》《指南》思想指导实践,以本组在实践工作中遇到的问题,精心设计教研活动主题,开展研究活动,立足理论与实践的结合,从而解决教育教学中实际问题,活动反思的切入点放在不断改革教学方法上。二是骨干引领。通过骨干带教,骨干引领示范等措施,充分发挥其带头示范作用。各工作室骨干教师要积极组织开展各种活动,定期向大家进行教学展示和专题讲座,在锻炼自己的同时也带动其他幼儿园教师的专业发展。三是建立健全资源库。通过专家引领、教研合作共同体互动等,沟通分享,拓宽视野,巩固教育观念,建设立足园本,质量上乘的资源库,如教案集,课件集等。

③开展好全国学前教育宣传月活动,创设良好的社会氛围。总结推广《3~6岁儿童学习与发展指南》实验园试点经验。

④加强督导检查,纠正"小学化"教育内容和方式,整治"小学化"教育环境。

8.推进管办分离办园体制改革,创新办园模式。一是深化集团化办园模式改革,根据《广西壮族自治区学前教育集团化试点办法》,通过引入市场机制,盘活园所资产、整合管理力量、拓展服务层次等,扶持市级以上示范幼儿园以多种形式组建学前教育集团。二是积极探索公建民营模式。三是积极探索民办公助模式。鼓励和支持具有办园资质的社会单位或个人按照普惠幼儿园相关标准办园,政府基于一定的补助。

9.实行学前教育三年行动计划落实情况上报、通报制度。各镇、部门每半年向县政府上报本镇、部门学前教育三年行动计划落实情况,并由县学前教育三年行动计划领导小组办公室予以通报。

10.实行督导检查制度。加强对学前教育三年行动计划落实情况的督导检查,并将其纳入对各镇、部门党政主要领导基础教育工作责任考核的内容。2016年年底,县政府对实施本行动计划做出突出成绩的单位和个人给予通报表扬。

11.加强对发展学前教育的宣传。加强对学前教育三年行动计划及进展情况的宣传报道,让学前教育的招生、奖补和资助等政策,以及幼儿园建设进展情况和重要举措家喻户晓,深入人心,形成全社会关心支持学前教育的良好氛围。

附件:
1.学前教育三年行动计划汇总表(2014—2016年)
2.学前教育三年行动计划工程项目汇总表(2014—2016年)

附件1

表59

陆川县学前教育三年行动计划汇总表(2014—2016年)

填表时间:2014年12月29日

基本状况(2013年)

编号	区县名称	乡镇街道数(个)	行政村数(个)	3~5岁幼儿数(人)	幼儿园数(所) 公办园 城区	公办园 镇区	公办园 乡村	民办园 城区	民办园 镇区	民办园 乡村	其中:普惠性民办园 城区	普惠性民办园 镇区	普惠性民办园 乡村	在园幼儿数(人) 公办园	民办园	其中:普惠性民办园就读幼儿	毛入园率(%) 学前一年	学前三年	学前教育财政投入(万元) 总额	所占比例	其中:本级投入	总数	有教师资格证的人数	幼儿教师(人) 公办园 教师数	公办园 在编教师数	民办园 教师数	民办园 已购买社会保险的人数
1	2	3	4	5	6	7	8	9	10	11	12	13	14	15	16	17	18	19	20	21	22	23	24	25	26	27	28
1	陆川县	14	154	43228		17	89		89	63				16585	14668		53.07	72.30	2589	3.17	96	1984	922	673	241	1311	73

注:1.公办园含公办性质的幼儿园;2.普惠性民办园是经当地教育行政部门认定的普惠民办园;3.所占比例指财政性学前教育经费在财政性教育经费总经费中的比例;4.幼儿教师指有县事业单位编制的幼儿教师;5.在编教师指园长和专任教师数;6.已购社会保险的人数指民办园中至少购买三险一金一全体的教师人数。

续上表

2014年度计划

编号	区县名称	规划目标					主要措施																	
		在园幼儿数（人）			毛入园率（%）		公办幼儿园建设数（所）						扶持普惠性民办园数量（所）			学前教育财政投入（万元）			幼儿园教师数（人）					
		公办园	民办园	其中普惠性民办园就读幼儿	学前一年	学前三年	新建			改扩建			城区	镇区	乡村	总额	所占比例	其中本级投入	总数	公办园			民办园	
							城区	镇区	乡村	城区	镇区	乡村								其中有教师资格证的人数	教师数	其中在编教师数	教师数	其中已购买社会保险的人数
		29	30	31	32	33	34	35	36	37	38	39	40	41	42	43	44	45	46	47	48	49	50	51
1	陆川县	19000	16400	9840	98.20	73		1	1		2	19		3	1	2054	33.15	681	2054	956	754	241	1300	90
	合计																							

注：1.公办园含公办性质的幼儿园；2.普惠性民办园是经当地教育行政部门认定的普惠性民办园；3.所占比例指财政性学前教育经费在财政教育经费总经费中的比例；
4.幼儿园教师数指园长和专任教师数；5.在编教师指有具事业单位编制的幼儿教师；6.已购社会保险的人数指民办园中至少购买三险一金的教师人数。

续上表

2015年度计划

编号	区县名称	规划目标					主要措施																	
		在园幼儿数（人）			毛入园率（%）		公办幼儿园建设数（所）						扶持普惠性民办园的数量（所）			学前教育财政投入（万元）			幼儿园教师数（人）					
							新建			改扩建											公办园		民办园	
		公办园	民办园	其中普惠性民办园就读幼儿	学前一年	学前三年	城区	乡镇区	乡村	城区	乡镇区	乡村	城区	乡镇区	乡村	总额	所占比例	其中本级投入	总数	其中有教师资格证的人数	教师数	其中在编教师数	教师数	其中已购买社会保险的人数
		52	53	54	55	56	57	58	59	60	61	62	63	64	65	66	67	68	69	70	71	72	73	74
1	陆川县	19500	16400	10000	98.6	74		3	13	1	17			5	5	5032	20.01	1007	2110	981	780	241	1330	96
	合计																							

注：1. 公办园含公办性质的幼儿园；2. 普惠民办园是经当地教育行政部门认定的普惠民办园；3. 所占比例指财政性学前教育经费在财政性教育总经费中的比例；4. 幼儿园教师指园长和专任教师数；5. 在编教师指有具事业单位编制的幼儿教师；6. 已购社会保险的人数指民办园中至少购买三险一金的教师人数。

续上表

2016年度计划

编号	区县名称	规划目标					主要措施																	
		在园幼儿数（人）			毛入园率（%）		公办幼儿园建设数（所）						扶持普惠性民办园的数量（所）			学前教育财政投入（万元）			幼儿园教师数（人）					
							新建			改扩建											公办园		民办园	
		公办园	民办园	其中普惠性民办园就读幼儿	学前一年	学前三年	城区	乡镇区	乡村村	城区	乡镇区	乡村村	城区	乡镇区	乡村村	总额	所占比例	其中本级投入	总数	其中有教师资格证的人数	教师数	其中在编教师数	教师数	其中已购买社会保险的人数
1	2	75	76	77	78	79	80	81	82	83	84	85	86	87	88	89	90	91	92	93	94	95	96	97
1	陆川县	20000	16400	11000	98.8	75			16		1	9		7	7	3874	20.01	775	2267	1011	917	241	1350	120
	合计																							

注：1.公办园含公办性质的幼儿园；2.普惠性民办园是经当地教育行政部门认定的普惠民办园；3.所占比例指财政性学前教育经费在财政性教育总经费中的比例；4.幼儿教师教指园长和专任教师数；5.在编教师指有其事业单位编制的幼儿教师；6.已购社会保险的人数指民办园中至少购买三险一金的教师人数。

附件2

表60　　　　　　　　　　　　陆川县学前教育三年行动计划工程项目汇总表(2014—2016年)

填表时间:2014年12月29日

项目名称	目标和主要内容	实施范围	时间跨度	资金投入(万元)				其他
				总额	省本级	市本级	县本级	
陆川县乌石镇塘域村中心幼儿园	目标:解决镇区幼儿入园难和缩小乡镇幼儿园服务半径;主要内容:以新建村级公办幼儿园和扶持优质民办幼儿园为重点,加大设施、设备配备投入,合理配备师资力量。	农村地区	2014	165	132		33	改扩建
陆川县乌石镇老圩村中心幼儿园	目标:解决镇区幼儿入园难和缩小乡镇幼儿园服务半径;主要内容:以新建村级公办幼儿园和扶持优质民办幼儿园为重点,加大设施、设备配备投入,合理配备师资力量。	农村地区	2014	233	186.4		46.6	新建
陆川县乌石镇龙化村中心幼儿园	目标:解决镇区幼儿入园难和缩小乡镇幼儿园服务半径;主要内容:以新建村级公办幼儿园和扶持优质民办幼儿园为重点,加大设施、设备配备投入,合理配备师资力量。	农村地区	2014	165	132		33	改扩建
陆川县乌石镇吹塘村中心幼儿园	目标:解决镇区幼儿入园难和缩小乡镇幼儿园服务半径;主要内容:以新建村级公办幼儿园和扶持优质民办幼儿园为重点,加大设施、设备配备投入,合理配备师资力量。	农村地区	2014	165	132		33	新建
陆川县乌石镇双桐村中心幼儿园	目标:解决镇区幼儿入园难和缩小乡镇幼儿园服务半径;主要内容:以新建村级公办幼儿园和扶持优质民办幼儿园为重点,加大设施、设备配备投入,合理配备师资力量。	农村地区	2014	165	132		33	改扩建
陆川县乌石镇那囊村中心幼儿园	目标:解决镇区幼儿入园难和缩小乡镇幼儿园服务半径;主要内容:以新建村级公办幼儿园和扶持优质民办幼儿园为重点,加大设施、设备配备投入,合理配备师资力量。	农村地区	2014	165	132		33	改扩建
陆川县乌石镇坡子村中心幼儿园	目标:解决镇区幼儿入园难和缩小乡镇幼儿园服务半径;主要内容:以新建村级公办幼儿园和扶持优质民办幼儿园为重点,加大设施、设备配备投入,合理配备师资力量。	农村地区	2014	165	132		33	改扩建
陆川县乌石镇安东村中心幼儿园	目标:解决镇区幼儿入园难和缩小乡镇幼儿园服务半径;主要内容:以新建村级公办幼儿园和扶持优质民办幼儿园为重点,加大设施、设备配备投入,合理配备师资力量。	农村地区	2014	165	132		33	改扩建
陆川县乌石镇沙江中心幼儿园	目标:解决镇区幼儿入园难和缩小乡镇幼儿园服务半径;主要内容:以新建村级公办幼儿园和扶持优质民办幼儿园为重点,加大设施、设备配备投入,合理配备师资力量。	农村地区	2014	165	132		33	改扩建
陆川县乌石镇塘域村大松山幼儿园	目标:解决镇区幼儿入园难和缩小乡镇幼儿园服务半径;主要内容:以新建村级公办幼儿园和扶持优质民办幼儿园为重点,加大设施、设备配备投入,合理配备师资力量。	农村地区	2014	165	132		33	改扩建
陆川县乌石镇月桐村中心幼儿园	目标:解决镇区幼儿入园难和缩小乡镇幼儿园服务半径;主要内容:以新建村级公办幼儿园和扶持优质民办幼儿园为重点,加大设施、设备配备投入,合理配备师资力量。	农村地区	2014	165	132		33	改扩建
陆川县乌石镇子良村中心幼儿园	目标:解决镇区幼儿入园难和缩小乡镇幼儿园服务半径;主要内容:以新建村级公办幼儿园和扶持优质民办幼儿园为重点,加大设施、设备配备投入,合理配备师资力量。	农村地区	2014	165	132		33	改扩建
陆川县乌石镇陆选村中心幼儿园	目标:解决镇区幼儿入园难和缩小乡镇幼儿园服务半径;主要内容:以新建村级公办幼儿园和扶持优质民办幼儿园为重点,加大设施、设备配备投入,合理配备师资力量。	农村地区	2014	165	132		33	改扩建

续表

项目名称	目标和主要内容	实施范围	时间跨度	资金投入(万元)				其他
				总额	省本级	市本级	县本级	
陆川县乌石镇王沙村中心幼儿园	目标:解决镇区幼儿入园难和缩小乡镇幼儿园服务半径;主要内容:以新建村级公办幼儿园和扶持优质民办幼儿园为重点,加大设施、设备配备投入,合理配备师资力量。	农村地区	2014	165	132		33	改扩建
陆川县乌石镇谢鲁村中心幼儿园	目标:解决镇区幼儿入园难和缩小乡镇幼儿园服务半径;主要内容:以新建村级公办幼儿园和扶持优质民办幼儿园为重点,加大设施、设备配备投入,合理配备师资力量。	农村地区	2014	165	132		33	改扩建
陆川县古城镇古城小学附属幼儿园	目标:解决镇区幼儿入园难和缩小乡镇幼儿园服务半径;主要内容:以新建村级公办幼儿园和扶持优质民办幼儿园为重点,加大设施、设备配备投入,合理配备师资力量。	农村地区	2014	165	132		33	改扩建
陆川县古城镇盘龙村逸夫小学附属幼儿园	目标:解决镇区幼儿入园难和缩小乡镇幼儿园服务半径;主要内容:以新建村级公办幼儿园和扶持优质民办幼儿园为重点,加大设施、设备配备投入,合理配备师资力量。	农村地区	2014	165	132		33	改扩建
陆川县古城镇楼脚村中心幼儿园	目标:解决镇区幼儿入园难和缩小乡镇幼儿园服务半径;主要内容:以新建村级公办幼儿园和扶持优质民办幼儿园为重点,加大设施、设备配备投入,合理配备师资力量。	农村地区	2014	165	132		33	改扩建
陆川县古城镇盘龙村大陂幼儿园	目标:解决镇区幼儿入园难和缩小乡镇幼儿园服务半径;主要内容:以新建村级公办幼儿园和扶持优质民办幼儿园为重点,加大设施、设备配备投入,合理配备师资力量。	农村地区	2014	122	97.6		24.4	改扩建
陆川县古城镇清耳小学二片幼儿园	目标:解决镇区幼儿入园难和缩小乡镇幼儿园服务半径;主要内容:以新建村级公办幼儿园和扶持优质民办幼儿园为重点,加大设施、设备配备投入,合理配备师资力量。	农村地区	2014	122	97.6		24.4	改扩建
陆川县古城小学丁村幼儿园	目标:解决镇区幼儿入园难和缩小乡镇幼儿园服务半径;主要内容:以新建村级公办幼儿园和扶持优质民办幼儿园为重点,加大设施、设备配备投入,合理配备师资力量。	农村地区	2014	122	97.6		24.4	改扩建
陆川县古城镇良村小学河充幼儿园	目标:解决镇区幼儿入园难和缩小乡镇幼儿园服务半径;主要内容:以新建村级公办幼儿园和扶持优质民办幼儿园为重点,加大设施、设备配备投入,合理配备师资力量。	农村地区	2015	122	97.6		24.4	改扩建
陆川县古城镇良村小学白井教幼儿园	目标:解决镇区幼儿入园难和缩小乡镇幼儿园服务半径;主要内容:以新建村级公办幼儿园和扶持优质民办幼儿园为重点,加大设施、设备配备投入,合理配备师资力量。	农村地区	2015	122	97.6		24.4	改扩建
陆川县古城镇长径小学荣木塘幼儿园	目标:解决镇区幼儿入园难和缩小乡镇幼儿园服务半径;主要内容:以新建村级公办幼儿园和扶持优质民办幼儿园为重点,加大设施、设备配备投入,合理配备师资力量。	农村地区	2015	122	97.6		24.4	改扩建
陆川县古城镇陆因小学大坡幼儿园	目标:解决镇区幼儿入园难和缩小乡镇幼儿园服务半径;主要内容:以新建村级公办幼儿园和扶持优质民办幼儿园为重点,加大设施、设备配备投入,合理配备师资力量。	农村地区	2015	122	97.6		24.4	改扩建
陆川县盘龙村火甲幼儿园	目标:解决镇区幼儿入园难和缩小乡镇幼儿园服务半径;主要内容:以新建村级公办幼儿园和扶持优质民办幼儿园为重点,加大设施、设备配备投入,合理配备师资力量。	农村地区	2015	122	97.6		24.4	改扩建

续表

| 项目名称 | 目标和主要内容 | 实施范围 | 时间跨度 | 资金投入（万元） | | | | 其他 |
				总额	省本级	市本级	县本级	
陆川县横山镇良塘村中心幼儿园	目标:解决镇区幼儿入园难和缩小乡镇幼儿园服务半径;主要内容:以新建村级公办幼儿园和扶持优质民办幼儿园为重点,加大设施、设备配备投入,合理配备师资力量。	农村地区	2015	165	132		33	新建
陆川县横山镇景范村中心幼儿园	目标:解决镇区幼儿入园难和缩小乡镇幼儿园服务半径;主要内容:以新建村级公办幼儿园和扶持优质民办幼儿园为重点,加大设施、设备配备投入,合理配备师资力量。	农村地区	2015	165	132		33	改扩建
陆川县横山镇高冲村中心幼儿园	目标:解决镇区幼儿入园难和缩小乡镇幼儿园服务半径;主要内容:以新建村级公办幼儿园和扶持优质民办幼儿园为重点,加大设施、设备配备投入,合理配备师资力量。	农村地区	2015	165	132		33	改扩建
陆川县横山镇旱塘中心幼儿园	目标:解决镇区幼儿入园难和缩小乡镇幼儿园服务半径;主要内容:以新建村级公办幼儿园和扶持优质民办幼儿园为重点,加大设施、设备配备投入,合理配备师资力量。	农村地区	2015	165	132		33	改扩建
陆川县横山镇清平村中心幼儿园	目标:解决镇区幼儿入园难和缩小乡镇幼儿园服务半径;主要内容:以新建村级公办幼儿园和扶持优质民办幼儿园为重点,加大设施、设备配备投入,合理配备师资力量。	农村地区	2015	165	132		33	改扩建
陆川县良田镇三联村中心幼儿园	目标:解决镇区幼儿入园难和缩小乡镇幼儿园服务半径;主要内容:以新建村级公办幼儿园和扶持优质民办幼儿园为重点,加大设施、设备配备投入,合理配备师资力量。	农村地区	2015	165	132		33	新建
陆川县良田镇甘片村中心幼儿园	目标:解决镇区幼儿入园难和缩小乡镇幼儿园服务半径;主要内容:以新建村级公办幼儿园和扶持优质民办幼儿园为重点,加大设施、设备配备投入,合理配备师资力量。	农村地区	2015	165	132		33	改扩建
陆川县良田镇莲塘村中心幼儿园	目标:解决镇区幼儿入园难和缩小乡镇幼儿园服务半径;主要内容:以新建村级公办幼儿园和扶持优质民办幼儿园为重点,加大设施、设备配备投入,合理配备师资力量。	农村地区	2015	165	132		33	新建
陆川县良田镇竹山村中心幼儿园	目标:解决镇区幼儿入园难和缩小乡镇幼儿园服务半径;主要内容:以新建村级公办幼儿园和扶持优质民办幼儿园为重点,加大设施、设备配备投入,合理配备师资力量。	农村地区	2015	165	132		33	新建
陆川县良田镇良田村中心幼儿园	目标:解决镇区幼儿入园难和缩小乡镇幼儿园服务半径;主要内容:以新建村级公办幼儿园和扶持优质民办幼儿园为重点,加大设施、设备配备投入,合理配备师资力量。	农村地区	2015	165	132		33	新建
陆川县良田镇新村幼儿园	目标:解决镇区幼儿入园难和缩小乡镇幼儿园服务半径;主要内容:以新建村级公办幼儿园和扶持优质民办幼儿园为重点,加大设施、设备配备投入,合理配备师资力量。	农村地区	2015	165	132		33	改扩建
陆川县米场镇旺同村中心幼儿园	目标:解决镇区幼儿入园难和缩小乡镇幼儿园服务半径;主要内容:以新建村级公办幼儿园和扶持优质民办幼儿园为重点,加大设施、设备配备投入,合理配备师资力量。	农村地区	2015	165	132		33	新建
陆川县米场镇旺荐村中心幼儿园	目标:解决镇区幼儿入园难和缩小乡镇幼儿园服务半径;主要内容:以新建村级公办幼儿园和扶持优质民办幼儿园为重点,加大设施、设备配备投入,合理配备师资力量。	农村地区	2015	165	132		33	新建

续表

项目名称	目标和主要内容	实施范围	时间跨度	资金投入（万元）				其他
				总额	省本级	市本级	县本级	
陆川县米场镇乐宁村中心幼儿园	目标:解决镇区幼儿入园难和缩小乡镇幼儿园服务半径;主要内容:以新建村级公办幼儿园和扶持优质民办幼儿园为重点,加大设施、设备配备投入,合理配备师资力量。	农村地区	2015	233	186.4		46.6	新建
陆川县米场镇新民村民安幼儿园	目标:解决镇区幼儿入园难和缩小乡镇幼儿园服务半径;主要内容:以新建村级公办幼儿园和扶持优质民办幼儿园为重点,加大设施、设备配备投入,合理配备师资力量。	农村地区	2015	122	97.6		24.4	改扩建
陆川县清湖镇三水村中心幼儿园	目标:解决镇区幼儿入园难和缩小乡镇幼儿园服务半径;主要内容:以新建村级公办幼儿园和扶持优质民办幼儿园为重点,加大设施、设备配备投入,合理配备师资力量。	农村地区	2015	165	132		33	改扩建
陆川县清湖镇陆坡村中心幼儿园	目标:解决镇区幼儿入园难和缩小乡镇幼儿园服务半径;主要内容:以新建村级公办幼儿园和扶持优质民办幼儿园为重点,加大设施、设备配备投入,合理配备师资力量。	农村地区	2015	165	132		33	改扩建
陆川县清湖镇永平村中心幼儿园	目标:解决镇区幼儿入园难和缩小乡镇幼儿园服务半径;主要内容:以新建村级公办幼儿园和扶持优质民办幼儿园为重点,加大设施、设备配备投入,合理配备师资力量。	农村地区	2015	233	186.4		46.6	新建
陆川县清湖镇红山村中心幼儿园	目标:解决镇区幼儿入园难和缩小乡镇幼儿园服务半径;主要内容:以新建村级公办幼儿园和扶持优质民办幼儿园为重点,加大设施、设备配备投入,合理配备师资力量。	农村地区	2015	233	186.4		46.6	新建
陆川县珊罗镇鹤山村中心幼儿园	目标:解决镇区幼儿入园难和缩小乡镇幼儿园服务半径;主要内容:以新建村级公办幼儿园和扶持优质民办幼儿园为重点,加大设施、设备配备投入,合理配备师资力量。	农村地区	2015	165	132		33	改扩建
陆川县珊罗镇四乐村中心幼儿园	目标:解决镇区幼儿入园难和缩小乡镇幼儿园服务半径;主要内容:以新建村级公办幼儿园和扶持优质民办幼儿园为重点,加大设施、设备配备投入,合理配备师资力量。	农村地区	2015	165	132		33	改扩建
陆川县珊罗镇田龙村中心幼儿园	目标:解决镇区幼儿入园难和缩小乡镇幼儿园服务半径;主要内容:以新建村级公办幼儿园和扶持优质民办幼儿园为重点,加大设施、设备配备投入,合理配备师资力量。	农村地区	2015	233	186.4		46.6	新建
陆川县珊罗镇大山村中心幼儿园	目标:解决镇区幼儿入园难和缩小乡镇幼儿园服务半径;主要内容:以新建村级公办幼儿园和扶持优质民办幼儿园为重点,加大设施、设备配备投入,合理配备师资力量。	农村地区	2015	165	132		33	改扩建
陆川县马坡镇清秀村中心幼儿园	目标:解决镇区幼儿入园难和缩小乡镇幼儿园服务半径;主要内容:以新建村级公办幼儿园和扶持优质民办幼儿园为重点,加大设施、设备配备投入,合理配备师资力量。	农村地区	2015	233	186.4		46.6	新建
陆川县马坡镇界垌村中心幼儿园	目标:解决镇区幼儿入园难和缩小乡镇幼儿园服务半径;主要内容:以新建村级公办幼儿园和扶持优质民办幼儿园为重点,加大设施、设备配备投入,合理配备师资力量。	农村地区	2015	165	132		33	新建
陆川县马坡镇马坡村中心幼儿园	目标:解决镇区幼儿入园难和缩小乡镇幼儿园服务半径;主要内容:以新建村级公办幼儿园和扶持优质民办幼儿园为重点,加大设施、设备配备投入,合理配备师资力量。	农村地区	2016	233	186.4		46.6	新建

续表

项目名称	目标和主要内容	实施范围	时间跨度	资金投入（万元）				其他
				总额	省本级	市本级	县本级	
陆川县马坡镇东西村长冲尾巴幼儿园	目标:解决镇区幼儿入园难和缩小乡镇幼儿园服务半径；主要内容:以新建村级公办幼儿园和扶持优质民办幼儿园为重点,加大设施、设备配备投入,合理配备师资力量。	农村地区	2016	122	97.6		24.4	改扩建
陆川县马坡镇良厚村万安幼儿园	目标:解决镇区幼儿入园难和缩小乡镇幼儿园服务半径；主要内容:以新建村级公办幼儿园和扶持优质民办幼儿园为重点,加大设施、设备配备投入,合理配备师资力量。	农村地区	2016	122	97.6		24.4	改扩建
沙坡镇龙湾小学附属幼儿园	目标:解决镇区幼儿入园难和缩小乡镇幼儿园服务半径；主要内容:以新建村级公办幼儿园和扶持优质民办幼儿园为重点,加大设施、设备配备投入,合理配备师资力量。	农村地区	2016	165	132		33	改扩建
沙坡镇和平小学附属幼儿园	目标:解决镇区幼儿入园难和缩小乡镇幼儿园服务半径；主要内容:以新建村级公办幼儿园和扶持优质民办幼儿园为重点,加大设施、设备配备投入,合理配备师资力量。	农村地区	2016	165	132		33	改扩建
沙坡镇横山小学附属幼儿园	目标:解决镇区幼儿入园难和缩小乡镇幼儿园服务半径；主要内容:以新建村级公办幼儿园和扶持优质民办幼儿园为重点,加大设施、设备配备投入,合理配备师资力量。	农村地区	2016	233	186.4		46.6	新建
沙坡镇六泮小学附属幼儿园	目标:解决镇区幼儿入园难和缩小乡镇幼儿园服务半径；主要内容:以新建村级公办幼儿园和扶持优质民办幼儿园为重点,加大设施、设备配备投入,合理配备师资力量。	农村地区	2016	165	132		33	改扩建
沙坡镇中心村小学附属幼儿园	目标:解决镇区幼儿入园难和缩小乡镇幼儿园服务半径；主要内容:以新建村级公办幼儿园和扶持优质民办幼儿园为重点,加大设施、设备配备投入,合理配备师资力量。	农村地区	2016	165	132		33	新建
沙坡镇大连小学附属幼儿园	目标:解决镇区幼儿入园难和缩小乡镇幼儿园服务半径；主要内容:以新建村级公办幼儿园和扶持优质民办幼儿园为重点,加大设施、设备配备投入,合理配备师资力量。	农村地区	2016	165	132		33	新建
陆川县滩面镇新旺村中心幼儿园	目标:解决镇区幼儿入园难和缩小乡镇幼儿园服务半径；主要内容:以新建村级公办幼儿园和扶持优质民办幼儿园为重点,加大设施、设备配备投入,合理配备师资力量。	农村地区	2016	165	132		33	新建
陆川县滩面镇坡头村中心幼儿园	目标:解决镇区幼儿入园难和缩小乡镇幼儿园服务半径；主要内容:以新建村级公办幼儿园和扶持优质民办幼儿园为重点,加大设施、设备配备投入,合理配备师资力量。	农村地区	2016	165	132		33	新建
陆川县平乐镇平乐村幼儿园	目标:解决镇区幼儿入园难和缩小乡镇幼儿园服务半径；主要内容:以新建村级公办幼儿园和扶持优质民办幼儿园为重点,加大设施、设备配备投入,合理配备师资力量。	农村地区	2016	165	132		33	新建
大桥镇大塘小学幼儿园	目标:解决镇区幼儿入园难和缩小乡镇幼儿园服务半径；主要内容:以新建村级公办幼儿园和扶持优质民办幼儿园为重点,加大设施、设备配备投入,合理配备师资力量。	农村地区	2016	165	132		33	新建
大桥镇三善小学幼儿园	目标:解决镇区幼儿入园难和缩小乡镇幼儿园服务半径；主要内容:以新建村级公办幼儿园和扶持优质民办幼儿园为重点,加大设施、设备配备投入,合理配备师资力量。	农村地区	2016	165	132		33	新建

续表

项目名称	目标和主要内容	实施范围	时间跨度	资金投入（万元）				其他
				总额	省本级	市本级	县本级	
大桥镇平山小学平山分校幼儿园	目标:解决镇区幼儿入园难和缩小乡镇幼儿园服务半径;主要内容:以新建村级公办幼儿园和扶持优质民办幼儿园为重点,加大设施、设备配备投入,合理配备师资力量。	农村地区	2016	122	97.6		24.4	新建
大桥镇大垌周冲分校幼儿园	目标:解决镇区幼儿入园难和缩小乡镇幼儿园服务半径;主要内容:以新建村级公办幼儿园和扶持优质民办幼儿园为重点,加大设施、设备配备投入,合理配备师资力量。	农村地区	2016	122	97.6		24.4	改扩建
大桥镇陆透上陆透分校幼儿园	目标:解决镇区幼儿入园难和缩小乡镇幼儿园服务半径;主要内容:以新建村级公办幼儿园和扶持优质民办幼儿园为重点,加大设施、设备配备投入,合理配备师资力量。	农村地区	2016	122	97.6		24.4	改扩建
大桥镇大垌小学幼儿园	目标:解决镇区幼儿入园难和缩小乡镇幼儿园服务半径;主要内容:以新建村级公办幼儿园和扶持优质民办幼儿园为重点,加大设施、设备配备投入,合理配备师资力量。	农村地区	2016	165	132		33	新建
大桥镇陆透小学幼儿园	目标:解决镇区幼儿入园难和缩小乡镇幼儿园服务半径;主要内容:以新建村级公办幼儿园和扶持优质民办幼儿园为重点,加大设施、设备配备投入,合理配备师资力量。	农村地区	2016	165	132		33	新建
大桥镇北桑小学幼儿园	目标:解决镇区幼儿入园难和缩小乡镇幼儿园服务半径;主要内容:以新建村级公办幼儿园和扶持优质民办幼儿园为重点,加大设施、设备配备投入,合理配备师资力量。	农村地区	2016	165	132		33	新建
大桥镇瓜头大冲分校幼儿园	目标:解决镇区幼儿入园难和缩小乡镇幼儿园服务半径;主要内容:以新建村级公办幼儿园和扶持优质民办幼儿园为重点,加大设施、设备配备投入,合理配备师资力量。	农村地区	2016	122	97.6		24.4	改扩建
大桥镇美坡小学幼儿园	目标:解决镇区幼儿入园难和缩小乡镇幼儿园服务半径;主要内容:以新建村级公办幼儿园和扶持优质民办幼儿园为重点,加大设施、设备配备投入,合理配备师资力量。	农村地区	2016	165	132		33	新建
大桥镇大塘木威塘分校幼儿园	目标:解决镇区幼儿入园难和缩小乡镇幼儿园服务半径;主要内容:以新建村级公办幼儿园和扶持优质民办幼儿园为重点,加大设施、设备配备投入,合理配备师资力量。	农村地区	2016	122	97.6		24.4	新建
大桥镇雅松松柏山分校幼儿园	目标:解决镇区幼儿入园难和缩小乡镇幼儿园服务半径;主要内容:以新建村级公办幼儿园和扶持优质民办幼儿园为重点,加大设施、设备配备投入,合理配备师资力量。	农村地区	2016	122	97.6		24.4	新建
大桥镇瓜头大坡分校幼儿园	目标:解决镇区幼儿入园难和缩小乡镇幼儿园服务半径;主要内容:以新建村级公办幼儿园和扶持优质民办幼儿园为重点,加大设施、设备配备投入,合理配备师资力量。	农村地区	2016	122	97.6		24.4	改扩建
合　计				12310	9848		2462	

陆川县人民政府办公室关于印发《陆川县电子商务进农村三年发展规划(2015—2017)》的通知

（陆政办发〔2015〕131号　2015年12月18日）

各镇人民政府，县直各有关单位：

现将《陆川县电子商务进农村三年发展规划(2015—2017)》印发给你们，请认真贯彻实施。

陆川县电子商务进农村三年发展规划(2015—2017)

一、陆川县电子商务发展现状

（一）电商产业发展机遇。

2014年，我国电子商务交易规模超过10.7万亿元，增长30%，其中网络零售额增长49.3%。刚刚过去的"双十一"期间，淘宝天猫成交额达912亿元，再次创造新纪录。在当下飞速发展的互联网时代，移动互联网、云计算、大数据等正在深刻地改变着人们的生活，影响了世界。今后五到十年，电商产业发展仍处于大有可为的战略机遇期。

（二）电商产业发展亮点。

2014年6月，广西商务厅、广西邮政公司共同实施"广西电子商务进万村工程"，并将陆川定为试点县。截至2014年底，陆川县实施的5个站点共实现化肥销售136吨、农药销售1.21万元、助农取款交易1156笔、助农取款金额62.29万元、金融转账金额3088.47万元、代收快件64件、代收话费9.81万元、网络购物交易额1.76万元。陆川县电子商务产业的发展较好地带动了文化旅游、仓储快递、餐饮住宿等相关产业，促进了产业融合发展。

（三）电商产业发展挑战。

农村电商竞争渐趋白热化。陆川县要充分利用电商的绝对优势，早谋划，尽快实现项目落地，决不能"醒得早、起得迟"，要抢抓机遇，加快发展。

二、电子商务进农村工作指导思想和发展目标

（一）指导思想。

深入贯彻落实科学发展观，按照"工业化、城镇化、信息化、农业现代化"总体要求，以电商产业与农村实体经济融合发展为方向，以完善农村电子商务配送及服务网络、拓宽农特产品网络销售渠道为目标，坚持企业主体、政府引导、县场导向，培育和壮大电子商务经营主体，强化农村电子商务宣传教育和培训，促进农村电子商务普及应用，推进电子商务在陆川县下乡入村。

（二）发展目标。

到2017年，努力构建好农村电子商务服务体系，培养农村电子商务创业人员队伍1000人，培训电子商务应用技术人才500人，实现年电子商务交易额13000万元，占本地销售零售额比重达20%以上，基本实现应用广泛、保障体系健全、配套服务完善、产业相对集聚的农村电子商务格局，打通农村电子商务"最后一公里"，实现农民网购网销快速增长，农产品商品化率大幅提高。

三、电子商务进农村工作主要任务

（一）加快推进农村电商基础配套建设产业集聚发展。

围绕工业品下乡、农产品进城和农村电商综合服务需求，构建农村电子商务支撑服务体系。支持电商落地农村，提高电商在农村应用范围，引导电商服务企业深入农村，培育开发农村电商企业。充分发挥电商综合服务功能，加快发展电子交易、网上购物、在线支付、快递配送等协同发展的居民生活类电子商务生态链。为此需加快推进农村电商基础配套设施建设。主要内容如下：

1.拓展"农村电商服务网点"布局。充分利用乡镇商贸中心、乡镇农家店、乡镇邮政所、村民活动中心、农村青年创业基地等现有资源，将供销、邮政、电商、流通和家电维修企业纳入农村电商服务网点，为农村居民提供网络代购、各类产品代销和配送服务，积极拓展金融、通信、咨询、旅游、健康养老等服务。

2.建设区域信息对接系统。充分利用信息平台传播快、覆盖广的特点，将消费品、农资流通企业、农家店以及农产品产地等纳入农村电子商务信息服务系统，实现网上信息服务、购销对接、交易撮合、在线支付、统计分析、预警预测等功能，提升农村商务信息服务效果和政府调控县场效能。

3.健全农村信息网络建设。督促信息服务企业完善农村宽带、移动信号的覆盖率和信息传输等级，保障农村信息网络畅通，为电商发展做好信息技术保障。

4.拓展乡村物流网点建设。农村目前物流覆盖水平相对较低，快递便捷度不高，时效性差，然而快递是电商经营中的重要环节，因此需要大力发展农村物流体系，提高农村物流服务水平，提升农村网购时效性和快件收发的高效性。

（二）加快推进农村电商平台资源的有效整合。

1.充分利用中国邮政集团陆川分公司已建成的"农邮通"农村网络供销平台，进一步加强"农邮通"农村网络供销体系建设，实现电商加盟、农产品上线（农民）、创业网商入驻，促进农村商品买卖。

2.接通供应商网货链条。整合县内及周边县的农特产品厂商和农产品专业合作社，提供农特产品给分销会员进行销售，实现"让网商在家订货、协会进行统一包装和配送"的流程模式，解决网商找货难、谈价难的问题，并依托平台，对农产品进行品牌包装、设计、拍照、开发适合网络销售的产品。

3.结合大的电商平台（如阿里巴巴、京东、美团等）资

源。鼓励有资源优势的企业开展农产品的网上销售,并配套搭建特色农产品地方馆的建设,实现打包推广销售。

4.畅通政府引导扶持和社会组织主动发展的互动渠道。政府为电子商务发展提供政策、资金、培训等一系列的社会公共服务资源,将资源进行整合,并根据网商、供货商的不同类型分层次、分类型进行资源的分配和管理,促进农产品销售发展。

(三)加快推进农产品、特色商品网销品牌打造。

1.制定农产品、特色商品网销品牌发展规划。牢固树立"品牌就是竞争力"的理念,紧紧围绕本地主导产业和区域特色产业发展需要,按照"集中力量、整合资源、强化培育、扶优扶强"的思路,统筹制定本地区农产品、特色商品品牌培育发展规划,引导支持电商企业培育、创建和整合品牌,坚决防止品牌杂乱和无序竞争。以确保产品质量为关键,挑选有实力的企业进一步重点培育扶持,分年度、按计划、有步骤地培育发展农产品、特色商品品牌。建立层级递进的品牌培育机制,把握层次,梯次推进,加快形成"培育一批、提升一批、推荐一批、储备一批"的品牌发展良好局面。

2.突出农产品、特色商品网销品牌建设重点。创建名、精、优、新农产品品牌为战略方向,以"地理标志""中国名牌产品""中国农业名牌产品"为建设重点,着力打造一批事关全县现代农业发展和农民增收的关键农产品网销品牌。

3.大力推进陆川县农产品地理标志以及特色商品的商标注册工作。按照"统筹兼顾、整体推进、重点突破"的原则,制定推进农产品商标(地理标志)发展规划和相应政策措施,运用商标战略促进农产品品牌快速发展。

4.建立健全农产品、特色商品品牌动态管理机制。不断完善陆川县农产品、特色商品品牌的推荐申报机制,定期向全社会公布农产品品牌名录,建立重点支持的农产品、特色商品品牌企业和产品目录。强化日常监督管理,开展品牌质量评估与社会公众测评,建立健全品牌届期续查、年度审查、动态抽查以及公众监督等动态复核办法,形成能上能下、优胜劣汰的品牌动态管理机制。

5.提高农产品、特色商品的生产管理水平。推进陆川县农产品标准化生产,树立"质量为本、以质取胜"理念,把加快陆川县农业标准化建设与农产品、特色商品品牌培育紧密结合起来,建立和完善农业标准化体系、农产品质量安全检测体系和品牌农产品质量标准体系。为陆川县农产品、特色商品网销品牌把好品质关。积极发展绿色和有机农产品。围绕农产品区域规划布局,以优势农产品产业带为重点,集中建设一批绿色、有机农产品生产基地。推进绿色、有机农产品产地认定与产品认证一体化,加快产地认定和产品认证步伐。把发展绿色、有机农产品与农产品品牌建设相结合,依靠品质打造网销品牌。

6.加强对农产品、特色商品的全程监管。强化农产品、特色商品质量全程监管。加快建立和完善农产品、特色商品质量安全追溯、农产品、特色商品县场准入和质量责任追究制度,明确各相关单位的监管责任,确保在农产品、特色商品品牌建设的各环节、各阶段都置于严格有效的监督之下,严禁不合格农产品、特色商品进入县场。抓好农产品、特色商品生产源头管理,强化对农业资源、农业生态环境、投入品使用的监管,打牢农产品、特色商品品牌发展基础。对品牌农产品进行跟踪监管。做好品牌农产品商标、标识、域名的监督管理和依法保护工作,开展地理标志农产品的开发和保护工作。坚持扶优与打假相结合,严厉打击假冒品牌农产品、特色商品商标和标识的违法活动,保证农产品、特色商品网销品牌的质量和信誉。

7.为农产品、特色商品品牌建设提供优质高效的配套服务。全面深入进行网络宣传推介。充分利用微博、微信、网络视频和网络等媒体,采取专栏节目、新闻发布、专题报道、网上农展等多种形式,大力宣传推介品牌农产品,提高品牌农产品、特色商品的竞争力。加大品牌保护力度,增强电商企业的品牌保护意识,推行主渠道营销配送,改进防伪技术,建立县场监控体系等,防止出现假冒伪劣、以次充好的现象。推进品牌农产品专柜和专业县场建设,防止鱼目混珠,用法律手段保护品牌。加快农产品网销平台建设。根据网络消费特点和县场需求差异,优先打造淘宝、京东、一号店三大平台,借助影响力,辐射团购平台、批发平台、微平台等领域。积极开拓新兴网络县场,加快农产品网销发展。完善品牌建设服务体系。建立品牌建设公共服务平台,鼓励行业协会和中介组织为品牌创建,提供信息咨询、认证咨询、品牌推介、人才培训、商标代理以及社会中介评价等服务。

(四)加快推进农村电子商务的模式创新与实践。

首先由专业合作社(牵头企业)根据农产品的县场需求,或者根据一些企业的订单,指导农民进行生产,从农产品生产的开始就控制好农产品的质量。例如,农产品种子的选择,化肥农药的使用,专业合作社可通过网络进行购买,并且指导农户进行生产使用,这样从开始到农产品的收获都进行了质量控制,以保证农产品达到县场需求的质量。在销售环节,专业合作社以整体的身份和农产品需求企业在网上进行洽谈、签订购销合同等。专业合作社既可以通过别的平台或者政府网站,甚至可以构建自己的网络平台来进行网上交易,建立有特色的农产品交易平台来吸引客户。

在物流环节,专业合作社根据客户的需求进行农产品分拣、加工、包装,按照企业的要求通过第三方物流运送到客户手中。在支付环节上,专业合作社可以通过支付宝、财付通等网络支付平台,也可以通过银行账户直接转账。

(五)加快推进农村电商与三农及实体经济的融合发展。

通过农村服务平台嫁接各种服务于农村的资源,拓展农村信息服务业务、服务领域,使之兼而成为遍布乡、镇、村的三农信息服务站。

同时,通过配合密集的乡村连锁网点,以数字化、信息化的手段,通过集约化管理、县场化运作、成体系的跨区域跨行业联合,作为农村电子商务的实体终端直接扎根于农村,服务于"三农",真正使"三农"服务落地,使农民实现增收,成为平台的最大受益者。另外,农村电子商务构筑紧凑而有序的商业联合体,促进大量商品下乡、生活服务对接,降低了农村商业成本、扩大了农村商业领域、使商家获得新的利润增长点。与此同时农村电子商务运用物联网技术,通过科技手段实现农业增收,并实现农产品追溯,提升了农产品县场竞争力,带动了农产品实体经济的发展。

通过一系列融合发展,为陆川县实体经济的发展打开了农村县场的大门,也同步实现农民增收、农业增长、农村稳定。因此必须进一步加快推进农村电商与"三农"及实体经济的融合发展,实现新农村建设的目标任务。

四、电子商务进农村重点建设项目

1. 打造电商示范园区。陆川县平乐镇现有休闲服产业园,可以升级打造成为电子商务示范园区。通过将平乐镇休闲服向县场推出云仓服务,即结合先进的云端技术,实现与大型电商仓储中心的无缝系统连接,利用西江水域航运、高速公路和高铁的交通优势,进一步确立和巩固陆川县电商仓储中心地位。

2. 农村电商培训项目(千家电商计划)。为大学生和自主创业人员提供全免费的培训支持和零股资创业机会,到2017年年底实现"千家电商"培训计划(培训电商人员2000人)。

五、电子商务进农村保障措施

(一)落实优惠政策。贯彻落实陆川县委、县政府《关于加快电子商务发展的若干意见(试行)》和《关于促进电子商务进农村的实施意见》双优惠政策,合计200万元配套资金。重点在电商产业集聚、农村电子商务服务体系、配送体系等。陆川县还将适时出台或调整具有与周边县比较优势的鼓励政策措施,

(二)尽快成立协会。尽快成立协会陆川县电子商务协会,并以为协会纽带,担负起促进陆川电子商务与实体经济高度融合的重要职责,使电子商务与实体经济相契合、与不同经济主体相衔接。加强宣传引导,扩大实体企业开展电子商务的覆盖面,特别是要帮助小微企业跨入电子商务门槛。密切跟踪电子商务发展动态,积极推广最新技术,为企业提高县场竞争力提供有力支持。

(三)落实要素保障。向电子商务企业倾斜,千方百计争取更多的土地、融资、人才等要素资源配置和供给。

(四)推行信息共享。加强电子商务数据库建设,提高数据库资源的拥有量和开发利用水平。实现数据交换,共享信息资源。为电子商务提供广阔的发展空间和完整的产业链。

(五)完善服务体系。建立网销产品的生产、加工、销售,科研及产品质量检测、监督等一系列的电子商务服务体系。加强为农业电商做好配套服务,规范土地流转管理,指导农作物种植结构调整和种植管理、保鲜运输等各环节工作,建立农产品检测点,建立健全农产品质量安全溯源保障体系,确保农产品质量安全。

陆川县人民政府办公室关于印发《陆川县电子商务进农村三年发展规划(2015—2017)》的通知

(陆政办发〔2015〕131号 2015年12月18日)

各镇人民政府,县直各有关单位:

现将《陆川县电子商务进农村三年发展规划(2015—2017)》印发给你们,请认真贯彻实施。

陆川县电子商务进农村三年发展规划(2015—2017)

一、陆川县电子商务发展现状

(一)电商产业发展机遇。

2014年,我国电子商务交易规模超过10.7万亿元,增长30%,其中网络零售额增长49.3%。刚刚过去的"双十一"期间,淘宝天猫成交额达912亿元,再次创造新纪录。在当下飞速发展的互联网时代,移动互联网、云计算、大数据等正在深刻地改变着人们的生活,影响了世界。今后五到十年,电商产业发展仍处于大有可为的战略机遇期。

(二)电商产业发展亮点。

2014年6月,广西商务厅、广西邮政公司共同实施"广西电子商务进万村工程",并将陆川定为试点县。截至2014年年底,陆川县实施的5个站点共实现化肥销售136吨、农药销售1.21万元、助农取款交易1156笔、助农取款金额62.29万元、金融转账金额3088.47万元、代收快件64件、代收话费9.81万元、网络购物交易额1.76万元。陆川县电子商务产业的发展较好地带动了文化旅游、仓储快递、餐饮住宿等相关产业,促进了产业融合发展。

(三)电商产业发展挑战。

农村电商竞争渐趋白热化。陆川县要充分利用电商的绝对优势,早谋划,尽快实现项目落地,决不能"醒得早、起得迟",要抢抓机遇,加快发展。

二、电子商务进农村工作指导思想和发展目标

(一)指导思想。

深入贯彻落实科学发展观,按照"工业化、城镇化、信息化、农业现代化"总体要求,以电商产业与农村实体经济融合发展为方向,以完善农村电子商务配送及服务网络、拓宽农特产品网络销售渠道为目标,坚持企业主体、政府引导、县场导向,培育和壮大电子商务经营主体,强化农村电子商务宣传教育和培训,促进农村电子商务普及应用,推进电子商务在陆川县下乡入村。

（二）发展目标。

到2017年，努力构建好农村电子商务服务体系，培养农村电子商务创业人员队伍1000人，培训电子商务应用技术人才500人，实现年电子商务交易额13000万元，占本地销售零售额比重达20%以上，基本实现应用广泛、保障体系健全、配套服务完善、产业相对集聚的农村电子商务格局，打通农村电子商务"最后一公里"，实现农民网购网销快速增长，农产品商品化率大幅提高。

三、电子商务进农村工作主要任务

（一）加快推进农村电商基础配套建设产业集聚发展。

围绕工业品下乡、农产品进城和农村电商综合服务需求，构建农村电子商务支撑服务体系。支持电商落地农村，提高电商在农村应用范围，引导电商服务企业深入农村，培育开发农村电商企业。充分发挥电商综合服务功能，加快发展电子交易、网上购物、在线支付、快递配送等协同发展的居民生活类电子商务生态链。为此需加快推进农村电商基础配套设施建设。主要内容如下：

1. 拓展"农村电商服务网点"布局。充分利用乡镇商贸中心、乡镇农家店、乡镇邮政所、村民活动中心、农村青年创业基地等现有资源，将供销、邮政、电商、流通和家电维修企业纳入农村电商服务网点，为农村居民提供网络代购、各类产品代销和配送服务，积极拓展金融、通信、咨询、旅游、健康养老等服务。

2. 建设区域信息对接系统。充分利用信息平台传播快、覆盖广的特点，将消费品、农资流通企业、农家店以及农产品产地等纳入农村电子商务信息服务系统，实现网上信息服务、购销对接、交易撮合、在线支付、统计分析、预警预测等功能，提升农村商务信息服务效果和政府调控县场效能。

3. 健全农村信息网络建设。督促信息服务企业完善农村宽带、移动信号的覆盖率和信息传输等级，保障农村信息网络畅通，为电商发展做好信息技术保障。

4. 拓展乡村物流网点建设。农村目前物流覆盖水平相对较低，快递便捷度不高，时效性差，然而快递是电商经营中的重要环节，因此需要大力发展农村物流体系，提高农村物流服务水平，提升农村网购时效性和快件收发的高效性。

（二）加快推进农村电商平台资源的有效整合。

1. 充分利用中国邮政集团陆川分公司已建成的"农邮通"农村网络供销平台，进一步加强"农邮通"农村网络供销体系建设，实现电商加盟、农产品上线（农民）、创业网商入驻，促进农村商品买卖。

2. 接通供应商网货链条。整合县内及周边县的农特产品厂商和农产品专业合作社，提供农特产品给分销会员进行销售，实现"让网商在家订货、协会进行统一包装和配送"的流程模式，解决网商找货难、谈价难的问题，并依托平台，对农产品进行品牌包装、设计、拍照，开发适合网络销售的产品。

3. 结合大的电商平台（如阿里巴巴、京东、美团等）资源。鼓励有资源优势的企业开展农产品的网上销售，并配套搭建特色农产品地方馆的建设，实现打包推广销售。

4. 畅通政府引导扶持和社会组织主动发展的互动渠道。政府为电子商务发展提供政策、资金、培训等一系列的社会公共服务资源，将资源进行整合，并根据网商、供货商的不同类型分层次、分类型进行资源的分配和管理，促进农产品销售发展。

（三）加快推进农产品、特色商品网销品牌打造。

1. 制定农产品、特色商品网销品牌发展规划。牢固树立"品牌就是竞争力"的理念，紧紧围绕本地主导产业和区域特色产业发展需要，按照"集中力量、整合资源、强化培育、扶优扶强"的思路，统筹制定本地区农产品、特色商品品牌培育发展规划，引导支持电商企业培育、创建和整合品牌，坚决防止品牌杂乱和无序竞争。以确保产品质量为关键，挑选有实力的企业进一步重点培育扶持，分年度、按计划、有步骤地培育发展农产品、特色商品品牌。建立层级递进的品牌培育机制，把握层次，梯次推进，加快形成"培育一批、提升一批、推荐一批、储备一批"的品牌发展良好局面。

2. 突出农产品、特色商品网销品牌建设重点。创建名、精、优、新农产品品牌为战略方向，以"地理标志""中国名牌产品""中国农业名牌产品"为建设重点，着力打造一批事关全县现代农业发展和农民增收的关键农产品网销品牌。

3. 大力推进陆川县农产品地理标志以及特色商品的商标注册工作。按照"统筹兼顾、整体推进、重点突破"的原则，制定推进农产品商标（地理标志）发展规划和相应政策措施，运用商标战略促进农产品品牌快速发展。

4. 建立健全农产品、特色商品品牌动态管理机制。不断完善陆川县农产品、特色商品品牌的推荐申报机制，定期向全社会公布农产品品牌名录，建立重点支持的农产品、特色商品品牌企业和产品目录。强化日常监督管理，开展品牌质量评估与社会公众测评，建立健全品牌届期续查、年度审查、动态抽查以及公众监督等动态复核办法，形成能上能下、优胜劣汰的品牌动态管理机制。

5. 提高农产品、特色商品的生产管理水平。推进陆川县农产品标准化生产，树立"质量为本、以质取胜"理念，把加快陆川县农业标准化建设与农产品、特色商品品牌培育紧密结合起来，建立和完善农业标准化体系、农产品质量安全检测体系和品牌农产品质量标准体系。为陆川县农产品、特色商品网销品牌把好品质关。积极发展绿色和有机农产品。围绕农产品区域规划布局，以优势农产品产业带为重点，集中建设一批绿色、有机农产品生产基地。推进绿色、有机农产品产地认定与产品认证一体化，加快产地认定和产品认证步伐。把发展绿色、有机农产品与农产品品牌建设相结合，依靠品质打造网销品牌。

6. 加强对农产品、特色商品的全程监管。强化农产品、特色商品质量全程监管。加快建立和完善农产品、特色商品质量安全追溯，农产品、特色商品县场准入和质量责任追究制度,明确各相关单位的监管责任,确保在农产品、特色商品品牌建设的各环节、各阶段都置于严格有效的监督之下,严禁不合格农产品、特色商品进入县场。抓好农产品、特色商品生产源头管理,强化对农业资源、农业生态环境、投入品使用的监管,打牢农产品、特色商品品牌发展基础。对品牌农产品进行跟踪监管。做好品牌农产品商标、标识、域名的监督管理和依法保护工作,开展地理标志农产品的开发和保护工作。坚持扶优与打假相结合,严厉打击假冒品牌农产品、特色商品商标和标识的违法活动,保证农产品、特色商品网销品牌的质量和信誉。

7. 为农产品、特色商品品牌建设提供优质高效的配套服务。全面深入进行网络宣传推介。充分利用微博、微信、网络视频和网络等媒体,采取专栏节目、新闻发布、专题报道、网上农展等多种形式,大力宣传推介品牌农产品,提高品牌农产品、特色商品的竞争力。加大品牌保护力度,增强电商企业的品牌保护意识,推行主渠道营销配送,改进防伪技术,建立县场监控体系等,防止出现假冒伪劣、以次充好的现象。推进品牌农产品专柜和专业县场建设,防止鱼目混珠,用法律手段保护品牌。加快农产品网销平台建设。根据网络消费特点和县场需求差异,优先打造淘宝、京东、一号店三大平台,借助影响力,辐射团购平台、批发平台、微平台等领域。积极开拓新兴网络县场,加快农产品网销发展。完善品牌建设服务体系。建立品牌建设公共服务平台,鼓励行业协会和中介组织为品牌创建,提供信息咨询、认证咨询、品牌推介、人才培训、商标代理以及社会中介评价等服务。

(四)加快推进农村电子商务的模式创新与实践。

首先由专业合作社(牵头企业)根据农产品的县场需求,或者根据一些企业的订单,指导农民进行生产,从农产品生产的开始就控制好农产品的质量。例如,农产品种子的选择,化肥农药的使用,专业合作社可通过网络进行购买,并且指导农户进行生产使用,这样从开始到农产品的收获都进行了质量控制,以保证农产品达到县场需求的质量。在销售环节,专业合作社以整体的身份和农产品需求企业在网上进行洽谈、签订购销合同等。专业合作社既可以通过别的平台或者政府网站,甚至可以构建自己的网络平台来进行网上交易,建立有特色的农产品交易平台来吸引客户。

在物流环节,专业合作社根据客户的需求进行农产品分拣、加工、包装,按照企业的要求通过第三方物流运送到客户手中。在支付环节上,专业合作社可以通过支付宝、财付通等网络支付平台,也可以通过银行账户直接转账。

(五)加快推进农村电商与"三农"及实体经济的融合发展。

通过农村服务平台嫁接各种服务于农村的资源,拓展农村信息服务业务、服务领域,使之兼而成为遍布乡、镇、村的"三农"信息服务站。

同时,通过配合密集的乡村连锁网点,以数字化、信息化的手段、通过集约化管理、县场化运作、成体系的跨区域

跨行业联合,作为农村电子商务的实体终端直接扎根于农村,服务于"三农",真正使"三农"服务落地,使农民实现增收,成为平台的最大受益者。另外,农村电子商务构筑紧凑而有序的商业联合体,促进大量商品下乡、生活服务对接,降低了农村商业成本、扩大了农村商业领域、使商家获得新的利润增长点。与此同时农村电子商务运用物联网技术,通过科技手段实现农业增收,并实现农产品追溯,提升了农产品县场竞争力,带动了农产品实体经济的发展。

通过一系列融合发展,为陆川县实体经济的发展打开了农村县场的大门,也同步实现农民增收、农业增长、农村稳定。因此必须进一步加快推进农村电商与三农及实体经济的融合发展,实现新农村建设的目标任务。

四、电子商务进农村重点建设项目

1. 打造电商示范园区。陆川县平乐镇现有休闲服产业园,可以升级打造成为电子商务示范园区。通过将平乐镇休闲服向县场推出云仓服务,即结合先进的云端技术,实现与大型电商仓储中心的无缝系统连接,利用西江水域航运、高速公路和高铁的交通优势,进一步确立和巩固陆川县电商仓储中心地位。

2. 农村电商培训项目(千家电商计划)。为大学生和自主创业人员提供全免费的培训支持和零股资创业机会,到2017年底实现"千家电商"培训计划(培训电商人员2000人)。

五、电子商务进农村保障措施

(一)落实优惠政策。贯彻落实陆川县委、县政府《关于加快电子商务发展的若干意见(试行)》和《关于促进电子商务进农村的实施意见》双优惠政策,合计200万元配套资金。重点在电商产业集聚、农村电子商务服务体系、配送体系等。陆川县还将适时出台或调整具有与周边县比较优势的鼓励政策措施。

(二)尽快成立协会。尽快成立协会陆川县电子商务协会,并以为协会纽带,担负起促进陆川电子商务与实体经济高度融合的重要职责,使电子商务与实体经济相契合,与不同经济主体相衔接。加强宣传引导,扩大实体企业开展电子商务的覆盖面,特别是要帮助小微企业跨入电子商务门槛。密切跟踪电子商务发展动态,积极推广最新技术,为企业提高县场竞争力提供有力支持。

(三)落实要素保障。向电子商务企业倾斜,千方百计争取更多的土地、融资、人才等要素资源配置和供给。

(四)推行信息共享。加强电子商务数据库建设,提高数据库资源的拥有量和开发利用水平。实现数据交换,共享信息资源。为电子商务提供广阔的发展空间和完整的产业链。

(五)完善服务体系。建立网销产品的生产、加工、销售,科研及产品质量检测、监督等一系列的电子商务服务体系。加强为农业电商做好配套服务,规范土地流转管理,指导农作物种植结构调整和种植管理、保鲜运输等各环节工作,建立农产品检测点,建立健全农产品质量安全溯源保障体系,确保农产品质量安全。

表61   2015年陆川县在《广西日报》用稿情况

日期	题目	版面	作者
1月16日	举办"书记论坛""领导月讲" 邀请名师名家作讲座 陆川:创新学习方式促发展	2	罗 钊 陈永坚
3月4日	陆川:"书记论坛"强化党建	2	罗 钊 蓝家龙 谢有武
3月31日	陆川开展"守纪律讲规矩"主题教育活动	2	罗 钊 李伟荣
3月31日	陆川:"生态乡村"成旅游业新"引擎"	3	唐群峰 李婷
4月2日	陆川:改造棚户区建"生态城市"	2	唐群峰 翁海玲
5月13日	陆川:种植中药材 年产两亿元	12	唐群峰 翁海玲
5月18日	陆川配置"综治E通"专用电脑	2	罗 钊 王福鼎
5月18日	陆川发动公众保护母亲河	8	梁雅丽 梁玉桥
5月27日	陆川:"书记论坛"聚焦发展难题	12	唐群峰 翁海玲
6月9日	陆川:投1月85亿元打造生态乡村示范带	8	唐群峰 周里涛
6月11日	严要求换来实作风	11	罗 钊 李伟荣
6月18日	九洲江治污保持高压态势	2	唐群峰 张宗海
6月18日	图片新闻	8	李 婷 摄
6月19日	陆川三网民造谣被处罚	5	陶文燕 罗 钊
7月1日	图片新闻(农家党校培训)	6	叶礼林
7月2日	陆川12个项目开竣工	4	罗 钊 叶礼林
7月6日	陆川:"雨露计划"泽惠寒门学子	4	唐群峰翁海玲
7月24日	陈武实地检查九洲江综合整治工作并召开现场会 统筹解决发展与生态问题打赢九洲江整治攻坚战(图文)	1	罗 猛
7月23日	陆川:扶志与兴业并举	9	唐群峰
7月23日	陆川塘寨:"红色村庄"打响脱贫战	9	唐群峰 甘猛棠
7月30日	陆川:900万元民间资金"种"文化	8	唐群峰 周里涛
8月25日	平乐镇:民主评议"危改"申请	12	唐群峰 覃科权
8月25日	陆川:生源地信用贷款助寒门学子	12	周里涛
9月1日	陆川:就业培训送到家门口	9	覃科权
9月10日	陆川农信社圆农民住房梦	10	何思蓉 庞继升
9月14日	陆川:增加群众话语权 市政工程更得分	12	唐群峰 覃科权
9月24日	陆川:"三会一课"人人讲	11	翁海玲
10月1日	陆川县地税局"四个盯紧"提高监督执纪效果	5	林 琳 丘立为
10月4日	图片新闻	2	罗 钊
10月7日	陆川县地税局落实税收优惠政策成效显著	2	林 琳
10月9日	生态建设促九洲江"蝶变"	9	唐群峰 覃科权
10月15日	陆川县地税局全力冲刺旺征工作	3	吕俊霖 丘立为
10月15日	让社区服务到家又到位——陆川县城乡社区规范化建设扫描	10	卢建宁 陈法清 梁开挺
10月16日	陆川县地税局第三季度土地增值税增长近5倍	3	陈祖健 丘立为
10月16日	陆川:生态养殖年产值超5000万元	16	唐群峰 翁海玲
10月17日	陆川地税"两到位"助力小微企业发展	2	林 琳 丘立为
10月20日	践行"四有" 当好改革发展"一线总指挥"	11	陈杰
10月23日	陆川地税局扎实开展回乡精准扶贫工作	5	丘立为
10月23日	陆川:人均一元钱 保洁不再难	12	李 婷
10月24日	陆川地税局强化绩效管理为税收工作护航	2	罗 军 丘立为
10月27日	陆川地税局强化督察转作风	3	吕俊霖 丘立为
10月27日	陆川地税局启动"三证合一"登记制度改革	3	陈祖健 丘立为
10月28日	陆川地税五措施推动国地税合作规范落地	3	王秋菊 丘立为

索　　引

SUOYIN

2015 年 6 月 16 日，自治区九洲江流域水环境综合整治工作推进会在陆川召开

叶礼林　摄

索引说明

一、本索引采用主题分析索引方法。正文(包括条码、文献、资料、图片和表格)中凡具有独立检索意义的完整资料,均可通过本索引进行检索。少数条目名因语言环境需要,在名称前或者名称后酌加修饰词;有的条目名称动词置后;有的条目名称重复的动词作省略;有的条目名称作简化。为突出图片主题,有的图片文字说明作简略处理。

二、索引按汉语拼音字母(同声字按声调)升序排列。类目、分目、次分目作索引款目用黑体字排印,其余均用宋体字排印。表格、图片在其款目后分别注明"表""图"。

三、索引款目后的阿拉伯数字和拉丁字母(a,b,c)分别表示内容所在的页码和栏别(即左、中、右栏)。

四、索引空两字位起排的款目为上一主题的"附见"。同一主题的"参见"只标页码。为便于读者检索,内容有交叉的款目,在本索引中重复出现。

五、"图片专辑""编辑说明""大事记"等栏目不作索引,阿拉伯数字开头的款目排在索引的前面。

M

N